Dieses Symbol zeigt Ihnen, dass Sie die Inhalte der Seite zusätzlich mit dem **Arbeitsheft** bearbeiten können.

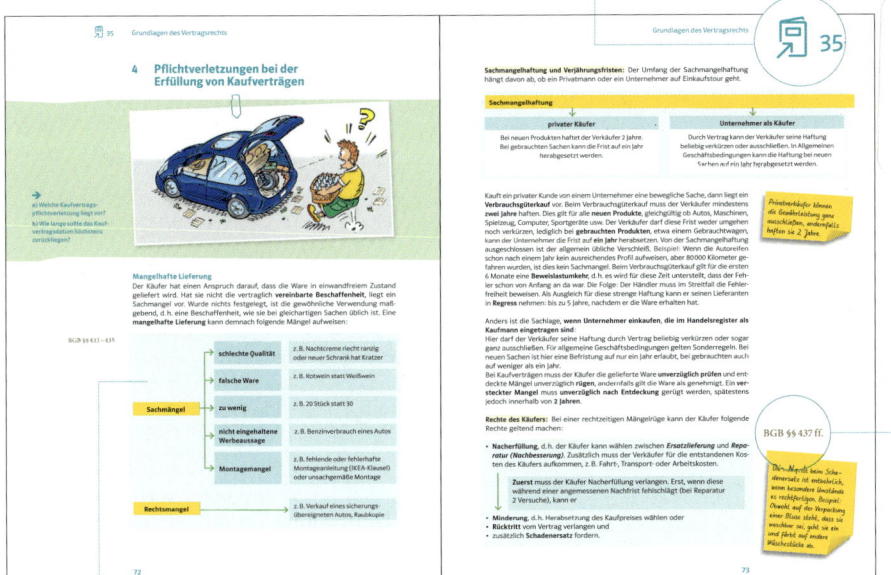

Die in der Randspalte genannten **Gesetzestexte** finden Sie unter dem Online-Code **85xf72**.

Durch **schematische Darstellungen** wird der Lernstoff verdeutlicht und konkretisiert.

Jeder Abschnitt wird durch eine grafische **Zusammenfassung** abgerundet.

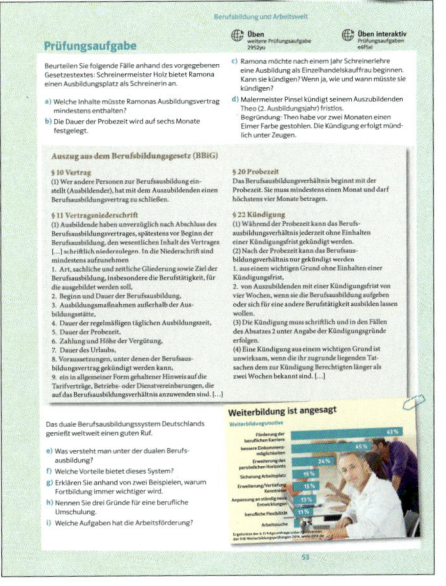

Die **Prüfungsaufgaben** am Ende jedes Hauptkapitels berücksichtigen Ihre reale Prüfungssituation.

Wenn Sie das Schülerbuch inklusive Prüfungs-CD-ROM besitzen, können Sie weitere Prüfungsaufgaben bearbeiten, die zu einer Prüfungsnote führen.

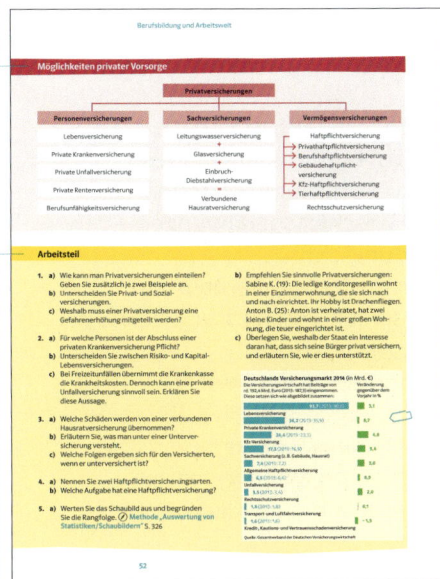

Der abschließende **Arbeitsteil** enthält Fragen unterschiedlichster Art, die der Wiederholung und der Vertiefung dienen.

Dieses Symbol verweist auf die Methoden und Fallbeispiele im Schülerband.

Inhaltsverzeichnis

Berufsbildung und Arbeitswelt

Grundlagen des Vertragsrechts

Verbraucherbewusstes Verhalten

Simulation einer Unternehmensgründung

Grundlagen wirtschaftlichen Handelns

Methoden

Berufsbildung und Arbeitswelt

Formen der Berufsbildung
Berufsausbildungsvertrag
Lebenslanges Lernen
Einflüsse auf die menschliche Arbeitsleistung
Schutzvorschriften in der Arbeitswelt
Sozialversicherungen
Private Zusatzversicherungen

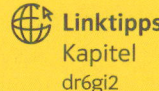

Linktipps
Kapitel
dr6gi2

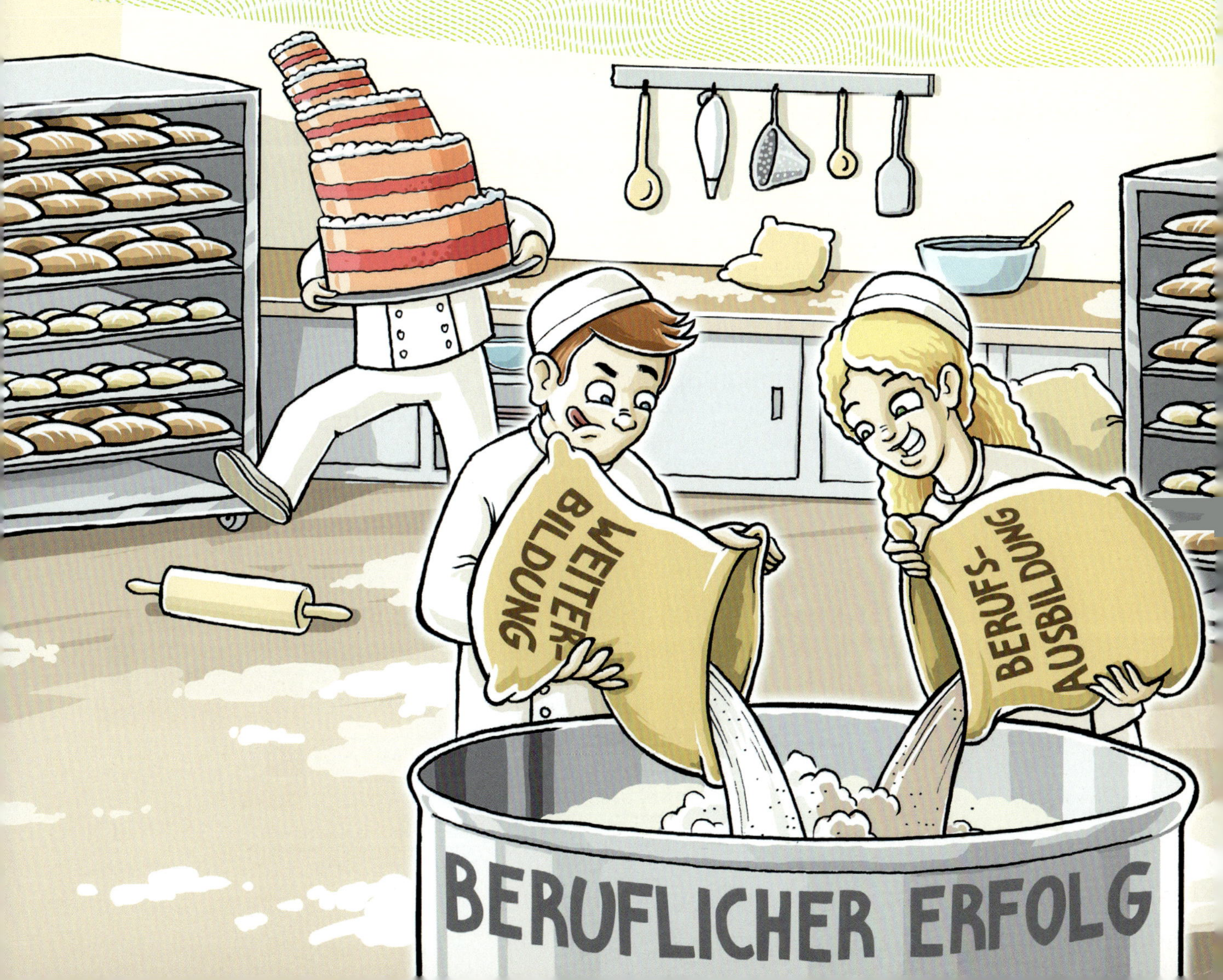

1 Formen der Berufsbildung

Frank und Petra, beide Auszubildende im ersten Ausbildungsjahr, fahren gerade von der Berufsschule nach Hause:

Frank: Ganz schön stressig, so ein Berufsschultag!

Petra: Finde ich auch! Ich musste heute Morgen eine Stunde früher aufstehen als sonst, wenn ich zur Arbeit gehe. Meine Chefin meint, die Berufsschule sei sowieso überflüssig. Ich könnte alles, was ich für meinen Beruf brauche, in ihrem Betrieb lernen.

Frank: Ich weiß nicht. Und wenn du später mal den Betrieb wechseln möchtest?

Petra: Ist doch überall gleich, außerdem habe ich keine Lust auf Deutsch und Wirtschaftskunde. Was soll ich damit? Ich dachte, ich wäre den Schulstress endlich los.

Frank: Stell dir vor, mein Kumpel Emil macht seine Berufsausbildung ganz an der Schule.

Petra: Kann ich mir nicht vorstellen. Geht das denn?

→ **Wie beurteilen Sie die Aussagen in diesem Gespräch?**

Warum wird in den beruflichen Schulen auch Allgemeinbildung vermittelt?

Heutzutage wollen nur wenige Schulabgänger eine Tätigkeit als Ungelernte ausüben. Denn eine Berufsausbildung zahlt sich in jedem Falle aus. Sie erleichtert es, einen Arbeitsplatz zu finden, und gilt somit als bester Schutz vor Arbeitslosigkeit. Des Weiteren ermöglicht sie ein höheres Einkommen und somit einen höheren Lebensstandard.

Das Berufsausbildungssystem der Bundesrepublik Deutschland gilt im Ausland als vorbildlich. Es sieht zwei Ausbildungsformen vor:
• **die Berufsausbildung im dualen System**
• **die Berufsausbildung im schulischen System**

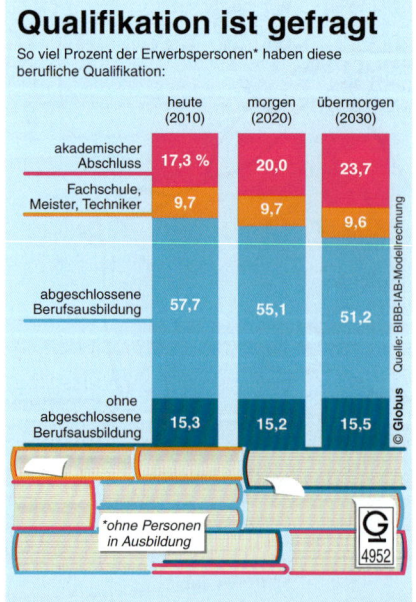

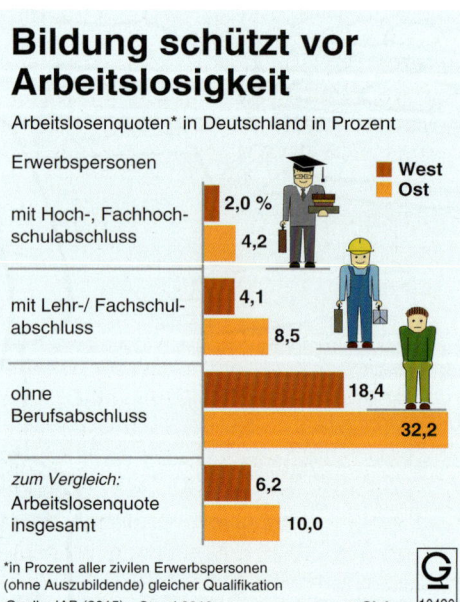

1.1 Berufsausbildung im dualen System

In der Bundesrepublik Deutschland sind an der beruflichen Ausbildung zwei Partner beteiligt, nämlich **Berufsschule** und **Ausbildungsbetrieb**.

Diese Art der Berufsausbildung wird als **duales System** bezeichnet, weil sich zwei Partner die Ausbildungsaufgabe teilen.

Die Hauptaufgabe der Betriebe besteht in der Vermittlung fachtheoretischer und fachpraktischer Kenntnisse. Die Schule hingegen vermittelt vowiegend Allgemeinbildung und Fachtheorie. Im Ausbildungsbetrieb erworbene fachpraktische Fertigkeiten werden in der Schule im praktischen Unterricht sinnvoll ergänzt entsprechend den berufsbezogen gestalteten Lehrplänen.

Eine erfolgreiche Ausbildung wird nachgewiesen durch eine bestandene Schulabschlussprüfung und durch das Bestehen der entsprechenden Kammerprüfung. Die erfolgreiche Teilnahme an diesen Prüfungen wird durch das **Abschlusszeugnis der Berufsschule** und von Seiten der Kammern durch den **Gesellen- oder Gehilfenbrief** bescheinigt.

Duales System	
Vorteile	**Nachteile**
• Die Ausbildung erfolgt praxisbezogen, da sie vorwiegend im Betrieb stattfindet. • Die Steuerzahler sparen Geld, da eine rein schulische Ausbildung wesentlich teurer wäre. • Die Ausbildung wird abwechslungsreicher.	• Die von den Betrieben angebotenen Ausbildungsplätze reichen häufig nicht aus. • Die Qualität der Ausbildungsplätze ist unterschiedlich. • Die Abstimmung der Ausbildungsinhalte zwischen Betrieb und Schule ist schwer zu organisieren.

Gesetzliche Grundlagen

Die duale Berufsausbildung ist für das Handwerk in der **Handwerksordnung (HwO)** und im **Berufsbildungsgesetz (BBiG)** geregelt, für alle übrigen Wirtschaftszweige im Berufsbildungsgesetz. In der Handwerksordnung wird auch geregelt, wer ein Handwerk ausüben darf und für welchen Beruf ein Meister den Betrieb führen muss. Grundlage für eine geordnete und bundeseinheitliche Berufsausbildung sind die staatlich anerkannten Ausbildungsberufe. Maßgebend für die einzelnen Ausbildungsberufe sind die **Ausbildungsordnungen**. Sie werden vom zuständigen Bundesministerium erlassen und sollen eine einheitliche Ausbildung in dem entsprechenden Ausbildungsberuf sicherstellen.

Info
Gesetzestexte im Internet
85xf72

BBIG § 5, Abs. 1

Ausbildungsordnung

Nach dem Berufs-
bildungsgesetz hat
eine **Ausbildungs-
ordnung** folgende
Mindestinhalte:

- genaue **Bezeichnung
  des Ausbildungsberufs**
- **Ausbildungsdauer**
- **Ausbildungsberufsbild**
- **Ausbildungsrahmenplan**
- **Prüfungsanforderungen**

→ Es enthält Kenntnisse und
Fertigkeiten, die zu vermitteln
sind.

→ Er gliedert sachlich und
zeitlich, wie die Kenntnisse
vermittelt werden sollen.

Um eine korrekte Berufsausbildung sicherzustellen, überwachen die zuständigen
Kammern die Einhaltung dieser Vorschriften.

Ausbildungsberufe, Berufsfelder

Insgesamt können sich Berufsanfänger derzeit zwischen 328 staatlich anerkannten Ausbildungsberufen entscheiden (Stand: August 2015). Das Bundesinstitut für
Berufsbildung (BIBB) in Berlin veröffentlicht jedes Jahr ein **Verzeichnis der anerkannten Ausbildungsberufe**. Die nicht in diesem Verzeichnis genannten Ausbildungsberufe gelten als nicht anerkannte Ausbildungsberufe. Neben den nicht anerkannten
Ausbildungsberufen kennt man in der Bundesrepublik Deutschland mehr als 20 000
verschiedene Berufstätigkeiten. Jugendliche unter 18 Jahren dürfen in diesen Berufen
nicht ausgebildet werden, sondern nur in den staatlich anerkannten.
Die anerkannten Ausbildungsberufe hat das BBiB insgesamt **54 Berufsfeldern** zugeordnet. Damit soll erreicht werden, dass miteinander verwandte Berufe zumindest
im ersten Berufsjahr (Grundstufe) nach gleichen Bildungsplänen unterrichtet werden
können. Als Folge der technischen und gesellschaftlichen Entwicklung unterliegt die
Arbeitswelt ständigen Veränderungen. Neue Berufe entstehen, alte fallen weg. So
wurden unter anderem die industriellen Metallberufe neu geordnet.

Industrielle Metallberufe (Auszug)	
Beruf	**Einsatzgebiete in Ausbildungsbetrieben**
Anlagenmechaniker/-in	Anlagenbau, Apparate- und Behälterbau, Instandhaltung, Rohrsysteme, Schweißtechnik
Industriemechaniker/-in	Maschinen- und Anlagenbau, Produktions-technik, Feingerätebau, Instandhaltung
Konstruktionsmechaniker/-in	Stahl- und Metallbau, Schiffbau, Feinblechbau, Schweißtechnik, Ausrüstungstechnik
Werkzeugmechaniker/-in	Formentechnik, Vorrichtungstechnik, Instrumententechnik, Stanztechnik
Zerspanungsmechaniker/-in	Drehautomatensysteme, Drehmaschinen-systeme, Fräsmaschinensysteme, Schleifmaschinensysteme

Auch in anderen Bereichen werden Ausbildungsordnungen der heutigen Arbeitswelt
angepasst. Bei einem großen Teil der Neuordnungen handelt es sich wie z. B. bei den
Bauberufen um eine Stufenausbildung. Zunächst werden gemeinsame Kenntnisse und
Fertigkeiten für eng verwandte Berufsgruppen vermittelt. Auf dieser breiten **Grundstufe** bauen die **Fachstufe I** und die **Fachstufe II** auf, in denen im zweiten und dritten Ausbildungsjahr eine Spezialisierung nach Schwerpunkten und nach Einzelberufen erfolgt.

Danach erreicht man einen **Abschluss**. Diese Regelung soll die Berufswahl erleichtern. Gleichzeitig wird eine umfassende Grundbildung vermittelt, die größere Wahlmöglichkeiten im Berufsleben gestattet. Außerdem kann aufgrund der unterschiedlichen Fachrichtungen besser nach betrieblichen Gegebenheiten ausgebildet werden.

1. Ausbildungsjahr	2. Ausbildungsjahr	3. Ausbildungsjahr
Berufliche Grundbildung in den Bauberufen	Hochbaufacharbeiter/-in	Maurer-/in, Beton- und Stahlbauer/-in, Feuerungs- und Schornsteinbauer-/in
	Ausbaufacharbeiter/-in	Zimmerer/-in, Stuckateur-/in, Fliesen-,Platten- und Mosaikleger-/in, Estrichleger-/in, Wärme-,Kälte- und Schallschutzisolierer/-in, Trockenbaumonteur/-in
	Tiefbaufacharbeiter/-in	Straßenbauer/in, Rohrleitungsbauer-/in, Kanalbauer-/in, Brunnenbauer-/in, Spezialtiefbauer-/in, Gleisbauer/-in
1. Stufe: Abschluss als		**2. Stufe: Abschluss als**

Bauberufe der Bauwirtschafts-Ausbildungsverordnung (Stufenausbildung)

1.2 Berufsausbildung im schulischen System

Berufliche Qualifikationen können auch durch den Besuch einer **beruflichen Vollzeitschule** erworben werden. Man unterscheidet die ein- und mehrjährige Form. Berufliche Vollzeitschulen können im gewerblichen, kaufmännischen, hauswirtschaftlichen und landwirtschaftlichen Bereich besucht werden. Die beruflichen Vollzeitschulen vermitteln eine berufliche Vorbereitung, eine berufliche Grundbildung und unter Umständen eine volle Berufsausbildung.

 **Info**
Bildungswege in weiteren Bundesländern
gk39gz

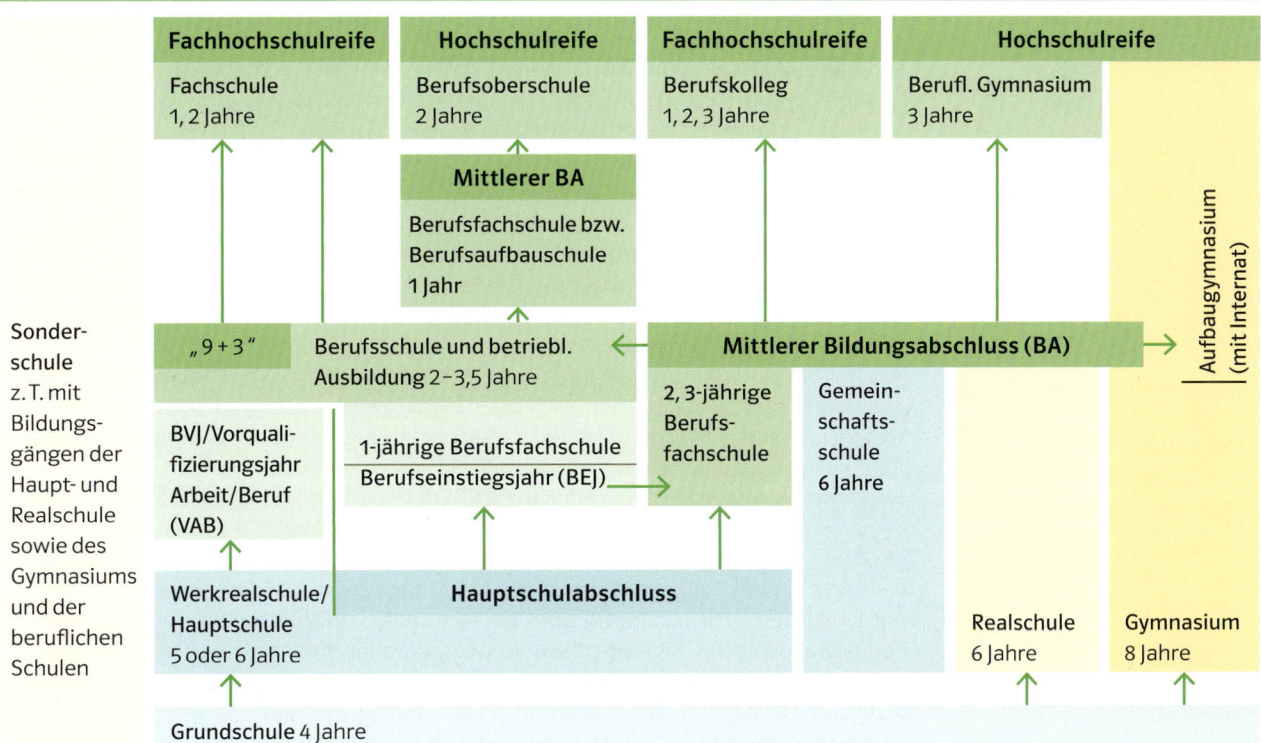

Bildungswege in Baden-Württemberg

Ministerium für Kultus, Jugend und Sport, Stuttgart

Berufliche Vorbereitung

Berufsvorbereitungsjahr (BVJ): Das BVJ ist ein Bildungsangebot an alle Jugendlichen, die ihre neunjährige Pflicht zum Besuch einer allgemeinbildenden Schule erfüllt haben und noch kein Ausbildungsverhältnis beginnen konnten oder wollten. Das Berufsvorbereitungsjahr soll die Allgemeinbildung vertiefen, in berufliche Fächer einführen und die handwerkliche Geschicklichkeit fördern. Des Weiteren soll es die Vermittlungsfähigkeit für ein späteres Ausbildungsverhältnis erhöhen. Außerdem können die Jugendlichen am Ende des Berufsvorbereitungsjahres an einer Abschlussprüfung teilnehmen. Diese Prüfung ist dem Hauptschulabschluss gleichgesetzt. In Baden-Württemberg wurde das BVJ durch das **Vorqualifizierungsjahr Arbeit/Beruf (VAB)** ersetzt. Jugendliche Migrantinnen und Migranten ohne Deutschkenntnisse werden in eigenen Klassen gezielt gefordert (VABO). Schwerpunkt ist der Erwerb von Deutschkenntnissen.

Berufseinstiegsjahr (BEJ): Dieser Bildungsgang wird in Baden-Württemberg angeboten. Er richtet sich an berufsschulpflichtige Jugendliche mit Hauptschulabschluss, die keinen Ausbildungsplatz gefunden haben und keine weiterführende Schule besuchen können. Das BEJ baut auf dem bereits erworbenen Hauptschulabschluss auf mit dem Ziel, die Ausbildungsreife der Schülerinnen und Schüler zu verbessern und so ihre Chancen auf einen Ausbildungsplatz zu erhöhen. Unter anderem soll dies erreicht werden durch eine Vorqualifikation in einem Berufsfeld sowie eine verstärkte Förderung in Deutsch, Mathematik, Projekt- und Sozialkompetenz.

Berufliche Grundbildung

Die immer größer werdende Spezialisierung vieler Ausbildungsbetriebe bewirkt häufig, dass sie ihren Auszubildenden keine umfassende und systematische berufliche Grundbildung ermöglichen können. Vielfach wird durch überbetriebliche Einrichtungen von Kammern oder anderen Organisationen versucht, diesem Problem gerecht zu werden. In letzter Zeit jedoch wird diese Aufgabe verstärkt von schulischen Einrichtungen übernommen.

Berufsgrundbildungsjahr (BGJ): Das BGJ ist eine Vollzeitpflichtschule für alle berufsschulpflichtigen Jugendlichen ohne Ausbildungsverhältnis. Es vermittelt eine Vertiefung der Allgemeinbildung sowie eine berufliche Grundbildung in einem Berufsfeld (z. B. Gesundheit, Körperpflege, Ernährung, Metalltechnik). Erfolgreichen Absolventen des BGJ wird auch ein eventuell fehlender Hauptschulabschluss zuerkannt. Im Berufsgrundbildungsjahr erwerben die Jugendlichen entsprechende Grundkenntnisse und Grundfertigkeiten des 1. Ausbildungsjahres. Dies soll es ihnen erleichtern, sich für einen Einzelberuf aus dem betreffenden Feld zu entscheiden. Der Besuch des Berufsgrundbildungsjahres wird bei einer großen Zahl von Ausbildungsberufen auf die Ausbildungszeit angerechnet.
Das Berufsgrundbildungsjahr kann vollschulisch oder in Verbindung mit Ausbildungsbetrieben erfolgen. Bei der letzteren Form erfolgt die praktische Ausbildung im Betrieb. Hier bestehen auch Ausbildungsverträge mit dem Ausbildungsbetrieb.

Einjährige Berufsfachschule (Einjährige BFS): Diese ergänzt das duale System. Sie entspricht dem ersten Jahr der Berufsausbildung (sogenannte Grundstufe) in dem gewählten Beruf. Der Unterschied zur normalen Ausbildung im dualen System besteht darin, dass auch die praktische Ausbildung an der Schule erfolgt.
Die Einjährige BFS vermittelt also die Kenntnisse und Fertigkeiten des 1. Ausbildungsjahres. Dieses Jahr wird auf die Gesamtdauer einer Berufsausbildung angerechnet. Außerdem sollen „kleine" Ausbildungsbetriebe durch die Einjährige Berufsfachschule entlastet werden. Ein weiteres wichtiges Ziel dieser BFS liegt darin, dass ihr Besuch die Chance erhöht, einen Ausbildungsplatz zu finden.

Zweijährige Berufsfachschule (Zweijährige BFS): Durch ihren Besuch erhalten Hauptschüler eine berufliche Grundbildung und die Fachschulreife. Bei einer anschließenden Berufsausbildung kann der Ausbildungsbetrieb die Ausbildungsdauer um ein Jahr verkürzen. Der Erwerb der Fachschulreife ermöglicht es, weiterführende Schulen – wie z. B. ein Technisches Gymnasium – zu besuchen.

Berufliche Vollausbildung

Dreijährige Berufsfachschule (Dreijährige BFS): Sie ist eine berufliche Vollausbildung, ermöglicht also einen vollwertigen Berufsabschluss.
Beispiel: Berufsfachschule für Kinderpflege.

Berufskolleg (BK): Es baut auf einem mittleren Bildungsabschluss (z. B. Realschulabschluss/Mittlere Reife) auf. Einjährige Berufskollegs vermitteln eine berufliche Grundbildung.
Beispiel: Berufskolleg für Ernährung und Hauswirtschaft I.
Zwei- und dreijährige Berufskollegs vermitteln einen qualifizierten Berufsabschluss.
Beispiele: Chemisch-technischer Assistent, Wirtschaftsassistent.
Durch Zusatzunterricht und eine Zusatzprüfung kann die **Fachhochschulreife** erworben werden, die ein Studium an der Fachhochschule ermöglicht.

1.3 Formen der Berufsausbildung in anderen europäischen Ländern

Unterschiedliche wirtschaftliche, gesellschaftliche und staatliche Entwicklungen haben in den einzelnen Mitgliedsländern der EU auch zu unterschiedlichen Ausbildungsformen geführt. In zahlreichen Ländern spielen private Ausbildungsstätten eine größere Rolle als bei uns.
Eine Ausbildung im dualen System wird außer in Deutschland z. B. in Dänemark, Österreich und Portugal durchgeführt.
Eine Vollzeitschulausbildung im Rahmen des jeweils bestehenden Bildungssystems findet man z. B. in Belgien, Frankreich und Italien.
Daneben gibt es z. B. in Großbritannien, Griechenland, Irland sowie den Niederlanden eine Ausbildung im Betrieb und in der Berufsschule bzw. in der entsprechenden Schule des bestehenden Bildungssystems, allerdings nicht als duales System.

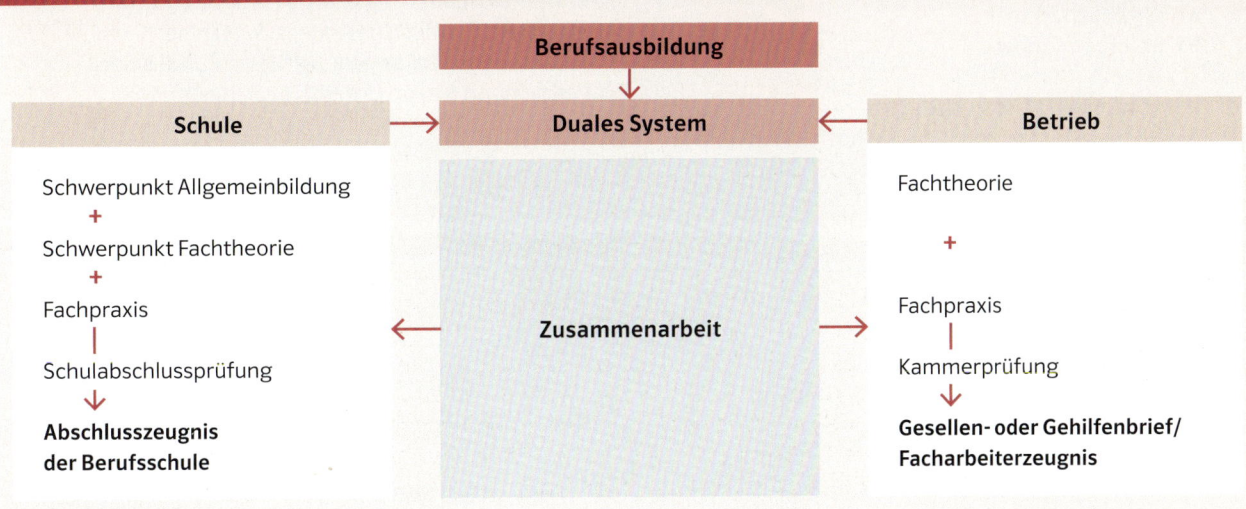

Berufsausbildung: Duales System, Vollzeitschulen

	Berufsausbildung	
Schule	→ Duales System ←	Betrieb
Schwerpunkt Allgemeinbildung + Schwerpunkt Fachtheorie + Fachpraxis | Schulabschlussprüfung ↓ **Abschlusszeugnis der Berufsschule**	← **Zusammenarbeit** →	Fachtheorie + Fachpraxis | Kammerprüfung ↓ **Gesellen- oder Gehilfenbrief/ Facharbeiterzeugnis**

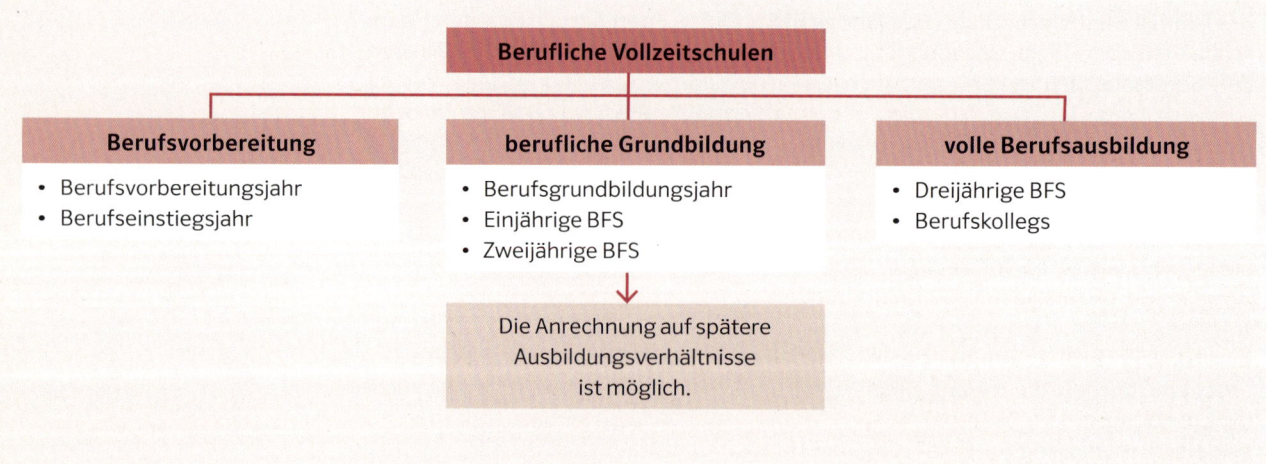

Arbeitsteil

1. Erläutern Sie, was man unter Ausbildung im dualen System versteht.

2. Welche Aufgaben haben im dualen Berufsausbildungssystem
   a) die Betriebe,
   b) die Schulen?

3. Welche Vorteile und welche Nachteile hat das duale System?

4. Welchen Hauptvorteil sehen Sie in einer beruflichen Grundbildung durch schulische Einrichtungen?

5. Nennen Sie schulische Ausbildungsgänge, die eine duale Ausbildung
   a) ergänzen können,
   b) ersetzen können.

6. Petra hat nach Abschluss der Hauptschule keinen Ausbildungsplatz gefunden. Sie hofft, nach dem Besuch des Berufseinstiegsjahrs (BEJ) einen Ausbildungsplatz zu erhalten.
   a) Wozu dient das BEJ?
   b) Welche Hilfen bietet das BEJ für Petra?

7. Der sehnlichste Wunsch von Paul ist es, Ingenieur zu werden, obwohl er die Hauptschule ohne Abschluss verlassen hat. Ist dies trotzdem noch möglich?
   Wenn ja, zeigen Sie mögliche Wege auf.

8. Welche Möglichkeiten bietet das berufliche Schulwesen, um die gesteckten Ziele in den beiden nachfolgenden Fällen zu erreichen?
   a) Carsten möchte nach erfolgreichem Besuch der Hauptschule die Fachschulreife erwerben.
   b) Thorsten hat die Realschule besucht und möchte parallel zu seiner Berufsausbildung die Fachhochschulreife erwerben.

9. In Abschnitt 1.2 wurden die Bildungswege Baden-Württembergs dargestellt. Beschaffen Sie sich (z. B. über den Code, s. S. 11) eine entsprechende Darstellung für Ihr Bundesland. Vergleichen Sie, ob Unterschiede bestehen.

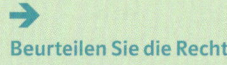
2 Berufsausbildungsvertrag

Die 16-jährige Ariane hat am 1. September eine Ausbildung als Friseurin begonnen. Ihre Chefin vereinbart mit ihr mündlich eine Probezeit bis zum 1. Februar. Nach Ablauf der Probezeit soll dann ein schriftlicher Ausbildungsvertrag erstellt werden.

→
Beurteilen Sie die Rechtslage. War hier alles rechtens?

2.1 Inhalt des Berufsausbildungsvertrags

Um eine qualifizierte und einheitliche Berufsausbildung zu ermöglichen, wurde die Vertragsfreiheit beim Abschluss des Berufsausbildungsvertrags stark eingeschränkt. Die Vertragspartner müssen eine große Anzahl gesetzlicher Bestimmungen beachten. Die wichtigsten Grundlagen sind das **Berufsbildungsgesetz (BBiG)** und die **Handwerksordnung (HwO)** für Handwerksberufe. Zusätzlich müssen weitere Gesetze, Verordnungen und Vorschriften eingehalten werden wie das Jugendarbeitsschutzgesetz (JArbSchG). Entsprechend den gesetzlichen Grundlagen muss der **Berufsausbildungsvertrag** von den Beteiligten, dem **Ausbildenden** und dem **Auszubildenden** unverzüglich nach Abschluss, spätestens jedoch vor Beginn der Berufsausbildung, schriftlich abgeschlossen werden. Bei Minderjährigen ist zusätzlich die Unterschrift der gesetzlichen Vertreter notwendig. Der von allen Beteiligten unterschriebene Vertrag muss anschließend bei der zuständigen **Kammer** eingereicht werden. Die Kammer überprüft, ob folgende Voraussetzungen erfüllt werden:

BBiG §§ 10 f.

- die **persönliche Eignung des Ausbildenden**
  Wer z. B. gegen Ausbildungsverordnungen verstoßen hat, ist ungeeignet.
- die **fachliche Eignung des Ausbildenden**
  Der Ausbildende muss die erforderlichen beruflichen Qualifikationen und die Ausbildungsbefähigung besitzen (z. B. Meisterprüfung).
- die **Eignung der Ausbildungsstätte**

Diese Mindestangaben muss der Berufsausbildungsvertrag enthalten:

BBiG § 11

1. Art, sachliche und zeitliche Gliederung sowie Ziel der Berufsausbildung
2. Beginn und Dauer der Berufsausbildung – mindestens 2, in der Regel 3 Jahre
3. Ausbildungsmaßnahmen außerhalb der Ausbildungsstätte
4. Dauer der regelmäßigen täglichen Ausbildungszeit
5. Dauer der Probezeit – mindestens 1 Monat, höchstens 4 Monate
6. Zahlungstermine und Höhe der Ausbildungsvergütung
7. Dauer des Urlaubs
8. Kündigungsvoraussetzungen
9. Hinweis auf Tarifverträge, Betriebs- oder Dienstvereinbarungen

Wurden sämtliche Voraussetzungen erfüllt, trägt die Kammer den vorliegenden Vertrag in das Verzeichnis der Berufsausbildungsverhältnisse ("Lehrlingsrolle") ein. Hiermit ist ein anerkanntes **Berufsausbildungsverhältnis** begründet.

Handwerkskammer Region Stuttgart

Berufsausbildungsvertrag

Zwischen dem Ausbildenden* (Ausbildungsbetrieb)   und dem Auszubildenden   ☐ männlich ☒ weiblich

Friseursalon HAARmonie Inhaber S. Hilbert
Name
Farbstraße 125
Straße
74321 Bietigheim-Bissingen
PLZ/Ort

Telefon   Telefax

E-Mail

Verantwortlicher Ausbilder

Stefan Hilbert

Zimmermann   Mia
Name   Vorname
Am Buchenrain 10
Straße
74343 Sachsenheim
PLZ/Ort
01.06.1999   deutsch
Geburtsdatum   Staatsangehörigkeit

Abweichende Anschrift des gesetzlichen Vertreters:

Name   Vorname

Straße

PLZ/Ort

wird nachstehender Vertrag zur Ausbildung im Ausbildungsberuf

Friseurin

mit der Fachrichtung/dem Schwerpunkt/der Wahlqualifikation, nach Maßgabe der Ausbildungsordnung, geschlossen:

Langhaarfrisuren

A. Die reguläre Ausbildungszeit beträgt nach der Ausbildungsordnung
☐ 24 Monate   ☒ 36 Monate   ☐ 42 Monate
Hierauf wird die/das
☐ Berufsfachschule (bitte Abschlusszeugnis beilegen)
☐ Mittlere Reife   ☐ Abitur/anderer Schulabschluss (Zeugnis beifügen)
☐ Lebensalter (mindestens 21 Jahre alt)
☐ Sonstige Vor- bzw. Ausbildung als _____
mit ____ Monaten angerechnet, bzw. die entsprechende Verkürzung beantragt.

Das Berufsausbildungsverhältnis

beginnt am: 01.09.2016   endet am: 31.08.2019
Probezeit: ☐ 1 Monat ☐ 2 Monate ☐ 3 Monate ☒ 4 Monate

B. Die Ausbildung findet statt in (bei Filiale mit vollständiger Anschrift):

Bietigheim-Bissingen

C. Berufsschule (Name und Ort)
im 1. Ausbildungsjahr

OWS Ludwigsburg, Römerhügelweg 53, 71636 Ludwigsburg

im 2., 3. und 4. Ausbildungsjahr

OWS Ludwigsburg, Römerhügelweg 53, 71636 Ludwigsburg

D. Überbetriebliche Lehrgänge
Der Auszubildende hat an sämtlichen überbetrieblichen Unterweisungs-maßnahmen, die nach den Beschlüssen der Vollversammlung durchgeführt werden, teilzunehmen.

E. Die regelmäßige wöchentliche Arbeitszeit beträgt 38,5 Stunden.

F. Der Ausbildende zahlt dem Auszubildenden eine angemessene Vergütung. Soweit Vergütungen tariflich geregelt sind oder während der Dauer der Aus-bildung tariflich geregelt werden, gelten grundsätzlich die tariflichen Sätze als angemessen. Besteht keine tarifliche Regelung, werden mindestens die Richtsätze des zuständigen Landesfachverbandes bezahlt.
Bei Änderung der tariflichen Vergütungssätze während der Ausbildung ändert sich die Vergütung entsprechend.
Sie beträgt zur Zeit monatlich brutto Euro

im	1. Ausbildungsjahr	2. Ausbildungsjahr	3. Ausbildungsjahr	4. Ausbildungsjahr
€	435	500	600	

Vereinbarungen über Sachleistungen sind unter I. aufzuführen.

G. Der Ausbildende gewährt dem Auszubildenden Urlaub nach den geltenden Bestimmungen. Die Urlaubsdauer richtet sich grundsätzlich nach dem Jugendarbeitsschutzgesetz, dem Bundesurlaubsgesetz bzw. den gültigen Tarifverträgen. Es besteht zur Zeit ein Urlaubsanspruch von:

Im Jahre	20 16	20 17	20 18	20 19	20
Werktage	9	27	27	23	
Arbeitstage					

H. Auf anzuwendende Tarifverträge und Betriebs- bzw. Dienstvereinbarungen wurde hingewiesen.

I. Sonstige Vereinbarungen:

Die vorstehenden sowie die weiteren Vertragsbestimmungen §§ 1-11 (Rückseite) sind Gegenstand des Vertrages und werden anerkannt.

Ort   Datum
Bietigheim-Bissingen   30.06.2016

Der Ausbildende   *S. Hilbert*
Unterschrift

Der Auszubildende   *Mia Zimmermann*
Unterschrift

Die gesetzlichen Vertreter des Auszubildenden
R. Zimmermann   *F. Zimmermann*
Mutter   Vater   Vormund

Dieser Vertrag ist anerkannt und in das Verzeichnis der Berufsausbildungsverhältnisse eingetragen.
Nr.

am:
Vorgesehener Prüfungstermin   Sommer Winter Jahr

Siegel

Handzeichen

*Aus Lesbarkeitsgründen haben wir im Text auf die weibliche Form verzichtet. Hinweis: Die sich aus dem Berufsausbildungsverhältnis ergebenden Daten gemäß § 28 HWO und § 34/35 BBiG werden bei den zuständigen Stellen gespeichert.

Heilbronner Straße 43 · 70191 Stuttgart · Telefon 0711 1657-0 · Telefax 0711 1657-222 · info@hwk-stuttgart.de · www.hwk-stuttgart.de

Rechte und Pflichten der Vertragspartner

Durch den Berufsausbildungsvertrag entstehen den Vertragspartnern, dem Ausbildenden und dem Auszubildenden, Rechte und Pflichten.

BBiG §§ 13, 14 ff.

Pflichten des Ausbildenden	Pflichten des Auszubildenden
• **Ausbildungspflicht** – d.h. Vermittlung von Kenntnissen, Fertigkeiten und beruflicher Handlungsfähigkeit • kostenlose **Bereitstellung der Ausbildungsmittel** • Freistellung zum **Berufsschulbesuch** • Zahlung der **Ausbildungsvergütung** • **Fürsorgepflicht** – d.h. Zahlung der Beiträge zur gesetzlichen Sozialversicherung, Einhaltung des Jugendarbeitsschutzgesetzes, Beachtung der Unfallschutzbestimmungen • Der Ausbilder darf nur **Arbeiten anordnen**, die zum Ausbildungsberuf gehören. • Pflicht zur Ausstellung eines **Zeugnisses**	• **Lernpflicht** – d.h. der Auszubildende soll bemüht sein, sich die nötigen Kenntnisse und Fähigkeiten anzueignen. • **Sorgfaltspflicht** – d.h. ihm übertragene Arbeiten muss der Auszubildende sorgfältig ausführen. • **Gehorsamspflicht** – d.h. Weisungen des Ausbilders sind zu befolgen. • Pflicht zum **Berufsschulbesuch** • Pflicht, **schriftlichen Ausbildungsnachweis** zu führen • **Schweigepflicht** • Pflicht zur Einhaltung des **Wettbewerbverbots**, d.h. dem Ausbildenden darf keine Konkurrenz gemacht werden.
↓	↓
= **Rechte des Auszubildenden**	= **Rechte des Ausbildenden**

 Info
Ausbildung und Beruf
q564dv

↓

Die Nichteinhaltung kann zur außerordentlichen Kündigung (= fristlos) berechtigen und zur Schadenersatzpflicht führen.

2.2 Beendigung des Berufsausbildungsvertrags

Am Anfang der Berufsausbildung steht eine **Probezeit**, die mindestens einen und höchstens vier Monate beträgt. Während der Probezeit sollen der Ausbildende und der Auszubildende feststellen können, ob der Auszubildende für diese Tätigkeit geeignet ist und ob sie ihm gefällt. Daher können beide Vertragspartner während der Probezeit ohne Einhaltung einer Frist (also jederzeit) und ohne Angabe von Gründen kündigen.

BBiG § 20

Ist die Probezeit abgelaufen, kann der Ausbildende nur aus wichtigem Grund kündigen, zum Beispiel bei Diebstahl oder Beleidigung. Eine solche Kündigung erfolgt fristlos. Der Auszubildende kann bei Berufsaufgabe und bei Berufswechsel mit einer Frist von vier Wochen kündigen. Außerdem kann der Auszubildende aus wichtigen Gründen fristlos kündigen – zum Beispiel wegen Tätlichkeiten oder Beleidigungen.

Unabhängig vom Kündigungsgrund schreibt das Berufsbildungsgesetz vor, dass ein Berufsausbildungsvertrag immer schriftlich gekündigt werden muss. Wird der Berufsausbildungsvertrag nicht gekündigt, so endet er automatisch mit dem Ablauf der vereinbarten Ausbildungszeit.

BBiG § 22, Abs. 3
BBiG § 21

2.3 Überwachung des Berufsausbildungsvertrags

Die Überwachung einer korrekten Berufsausbildung obliegt den dafür zuständigen Stellen. Das sind: die Handwerkskammern für die Handwerksbetriebe, die Industrie- und Handelskammern für Industrie-, Dienstleistungs- und Handelsbetriebe, die Landwirtschaftskammern für die landwirtschaftlichen Betriebe, die Ärztekammern, die Apothekerkammern, die Steuerberaterkammern und die Rechtsanwaltskammern für die Auszubildenden, die in diesen Berufen tätig sind.

Nach dem Berufsbildungsgesetz werden den zuständigen Stellen (Kammern) folgende Aufgaben zugewiesen:

- Führung des Verzeichnisses der Berufsausbildungsverhältnisse („Lehrlingsrolle"),
- Kürzung oder Verlängerung der Ausbildungsdauer auf Antrag des Auszubildenden,
- Überwachung der Eignung der Ausbildungsstätten,
- Überwachung der Berufsausbildung,
- Bildung von Prüfungsausschüssen und Durchführung der Prüfung,
- berufliche Fortbildung.

Berufsausbildung: Beteiligte, Vertrag und Kündigung

Kammern

- Genehmigung der Berufsausbildungsverhältnisse
- Eintragung in die „Lehrlingsrolle"
- Überwachung der Berufsausbildung

Auszubildender

Pflichten
- Lernpflicht
- Gehorsamspflicht
- Berufsschulpflicht
- Sorgfaltspflicht
- Schweigepflicht
- Wettbewerbsverbot

Berufsausbildungsvertrag

Schriftform, vorgeschriebene Inhalte (§§ 10 f. BBiG)
- Art der Ausbildung
- Gliederung der Ausbildung
- Dauer der Probezeit
- Vergütung (Höhe, Termin)
- Anzahl der Urlaubstage
- Kündigungsvoraussetzungen

Ausbildender

Pflichten
- Vergütungspflicht
- Ausbildungspflicht
- Fürsorgepflicht
- Zeugnisausstellung
- Freistellungspflicht

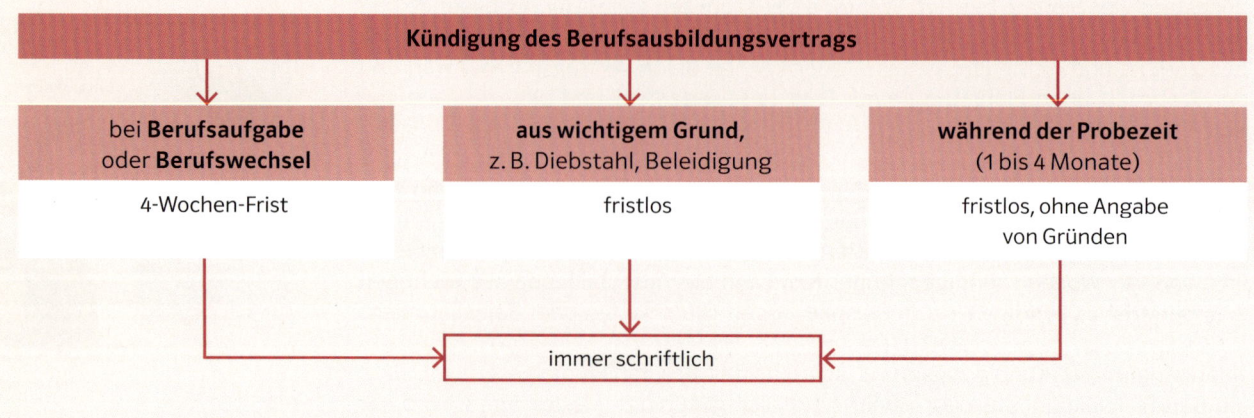

Kündigung des Berufsausbildungsvertrags

bei **Berufsaufgabe** oder **Berufswechsel**	aus wichtigem Grund, z. B. Diebstahl, Beleidigung	während der Probezeit (1 bis 4 Monate)
4-Wochen-Frist	fristlos	fristlos, ohne Angabe von Gründen

immer schriftlich

Arbeitsteil

1. Welche Gesetze regeln die Berufsausbildung?

2. Zählen Sie mithilfe des Formulars auf S. 16 drei Mindestangaben auf, die ein Berufsausbildungsvertrag enthalten muss.

3. Wie werden die Vertragspartner beim Berufsausbildungsvertrag genannt?

4. Nennen Sie drei Pflichten, die durch den Abschluss eines Ausbildungsvertrags entstehen
   a) für den Auszubildenden,
   b) für den Ausbildenden.

5. Die 16-jährige Yasmin erhält einen Ausbildungsvertrag als Kraftfahrzeugmechanikerin.
   a) Wer muss den Ausbildungsvertrag unterschreiben? Begründen Sie.
   b) Welche Voraussetzungen sind bezogen auf den Ausbildungsbetrieb von der zuständigen Handwerkskammer zu prüfen?
   c) Wodurch wird das Ausbildungsverhältnis letztendlich rechtswirksam begründet?

6. a) Wie lange dauert die Probezeit?
   b) Weshalb wird in Berufsausbildungsverträgen eine Probezeit vereinbart?

7. Unter welchen Voraussetzungen kann nach der Probezeit
   a) vom Auszubildenden,
   b) vom Ausbildenden gekündigt werden?

8. Untersuchen Sie die Wirksamkeit der nachfolgenden Kündigungen. Begründen Sie Ihre Entscheidung.
   a) Simone wird innerhalb der vereinbarten Probezeit fristlos von ihrem Chef mündlich gekündigt.

   b) Paul möchte nach 6 Monaten eine neue Lehre in einem anderen Beruf beginnen und kündigt fristlos. Die Kündigung erfolgt schriftlich.
   c) Ines wird nach einem heftigen Streit mit ihrem Chef von diesem geohrfeigt. Obwohl sie schon 12 Monate Ausbildung hinter sich hat, kündigt sie fristlos.
   d) Hans kommt zum zweiten Mal innerhalb eines Jahres 15 Minuten zu spät an seinen Ausbildungsplatz. Sein Chef kündigt ihm daraufhin fristlos mit den Worten: „Für notorische Zuspätkommer ist kein Platz in meinem Betrieb. Du bist ab sofort gekündigt!"

9. Ein Friseur lässt seine Auszubildende im ersten Ausbildungsjahr nur die Haare der Kunden waschen. Gegen welche Pflicht des Ausbildungsvertrags verstößt er damit?

10. Warum gibt es Ihrer Meinung nach strenge Mindestanforderungen an Inhalt und Form des Berufsausbildungsvertrags?

11. a) Welche Stellen überwachen die Berufsausbildung?
    b) Nennen Sie die für Ihren Ausbildungsberuf zuständige Stelle.
    c) Welche Aufgaben haben diese Stellen im Bereich der Berufsbildung?

12. Informieren Sie sich über Ihren Ausbildungsbetrieb. Fragen Sie nach, welche Stellung Ihr Ausbildungsbetrieb in der Branche und in der Gesamtwirtschaft einnimmt. Präsentieren Sie Ihren Ausbildungsbetrieb der Klasse. Nutzen Sie dazu Powerpoint, Flipchart oder ein Plakat.

3   Lebenslanges Lernen

Simone, 22 Jahre alt und seit vier Jahren Bäckereifachverkäuferin, bewirbt sich um eine Stelle als Filialleiterin bei einer Großbäckerei. Ausschnitt aus dem Vorstellungsgespräch mit dem Chef der Großbäckerei, Herrn Frisch:

Herr Frisch: Wie ich Ihren Bewerbungsunterlagen entnehmen kann, haben Sie ein sehr gutes Arbeitszeugnis.

Simone: Ich habe mir stets Mühe gegeben, meine Arbeit zur Zufriedenheit meines Chefs zu erledigen.

Herr Frisch: Schön. Haben Sie außerhalb Ihrer Ausbildung zur Bäckereifachverkäuferin an irgendwelchen Fortbildungsmaßnahmen teilgenommen?

Simone: Welche Fortbildungsmaßnahmen?

→ **Welche Fortbildungsmaßnahmen hätte Simone besuchen können?**

Welche Vorteile könnten diese Fortbildungsmaßnahmen für Simone haben?

3.1   Förderung der Mobilität

Info
Erasmus+
Europass
z29i4r

Internationale Kompetenzen und Auslandserfahrung sind heute sowohl für die Wirtschaft als auch für den Einzelnen zunehmend von Bedeutung. Die Wirtschaft benötigt qualifizierte Fachkräfte, die über internationale Erfahrung, Fremdsprachenkenntnisse und Schlüsselqualifikationen wie z. B. Teamfähigkeit, interkulturelles Verständnis und Belastbarkeit verfügen. Der Einzelne verbessert dadurch seine Chancen auf dem Arbeitsmarkt – national wie international.

Rund 14,8 Milliarden Euro investiert die Europäische Union (EU) von 2014 bis 2020 in das neue Programm **„Erasmus+"**, das alle bisherigen Programme unter einem Dach zusammenfasst. Ziel ist ein Europäischer Bildungsraum, in dem die Europäerinnen und Europäer miteinander und voneinander lernen.

Leonardo da Vinci ist das Einzelprogramm für die Zusammenarbeit in der beruflichen Aus- und Weiterbildung und fördert u. a. berufliches Lernen im Ausland. Eine Zielgruppe sind Lernende, die eine Ausbildung abgeschlossen haben oder über vergleichbare Berufserfahrung verfügen. In der Regel werden die Teilnehmer von den Projektorganisatoren, also den Antragstellern (Betriebe etc.), benannt. Es wird ein finanzieller Zuschuss zu den Kosten für den Aufenthalt, die Fahrt, die sprachliche Vorbereitung der Teilnehmer sowie die Vorbereitung des Projektes gewährt.

Formulare für einen europaweit einheitlichen **EUROPASS** werden online zur Verfügung gestellt. Er bietet eine Möglichkeit, berufliche Qualifikationen und Kompetenzen in den EU-Mitgliedstaaten leicht verständlich zu präsentieren.

Er kann bei der Arbeitssuche oder bei der Teilnahme an Bildungs- und Berufsbildungsprogrammen eingesetzt werden. Besonders eignet er sich für diejenigen, die in einem anderen Land lernen oder arbeiten wollen. Da er Arbeitgebern hilft, die Qualifikationen und Kompetenzen von Arbeitssuchenden aus anderen EU-Mitgliedstaaten besser zu verstehen, ist es wesentlich leichter, sich damit im Ausland zu bewerben und Auslandserfahrung während oder nach der Ausbildung zu sammeln.

Der Europass umfasst:
- den Europass Lebenslauf,
- den Europass Sprachenpass,
- den Europass Mobilität,
- das Europass Diploma Supplement (für Hochschulen),
- die Europass Zeugniserläuterungen (für die Berufsbildung).

3.2 Potenzialanalyse

Die Potenzialanalyse ist ein Verfahren zur Ermittlung der persönlichen Stärken und Schwächen, um von diesen Ergebnissen ausgehend eine berufliche Neuorientierung vorzunehmen. Dieses Verfahren wird auch genutzt, um in Unternehmen eine große Bewerberzahl zu reduzieren. Im Mittelpunkt steht die Frage: Was kann ich?

Die Testverfahren sind sehr unterschiedlich. Dazu gehören Interviewtechniken, PC-unterstützte Testverfahren, psychologische Testverfahren, Systeme zur Leistungsbeurteilung und Assessment-Center. Assessment kommt aus dem Englischen und bedeutet so viel wie „Abschätzung", „Bewertung". Das Assessment-Center ist eine Kombination aus verschiedenen Tests, Planspielen und Gesprächen. Vertreter des Unternehmens prüfen und begutachten die Bewerber ein bis drei Tage lang – in Gruppen und Einzelübungen. Immer mehr Unternehmen organisieren Potenzial-Assessments für ihre Mitarbeiter, um hausintern die Kompetenzen der Angestellten zu überprüfen und richtig einzusetzen. Alle Formen basieren aber auf dem gleichen Schema: Die Teilnehmer werden mittels verschiedener Aufgabentypen getestet.

Europass Lebenslauf	
Angaben zur Person	
Nachname(n) / Vorname(n)	Zimmermann Mia
Adresse	Am Buchenrain 10, 74343 Sachsenheim (Deutschland)
Telefon	07147/123456 Mobil 0151/123456789
E-Mail	zimmermann.mia@gmx.de
Staatsangehörigkeit	deutsch
Geburtsdatum	01/06/1999
Geschlecht	Weiblich
Gewünschte Beschäftigung / Gewünschtes Berufsfeld	Friseurin
Schul- und Berufsbildung	
Zeitraum	01/09/2006–31/08/2010
Name und Art der Bildungs- oder Ausbildungseinrichtung	Anton-Mayer Grundschule Bietigheim 74321 (Deutschland)
Zeitraum	01/09/2010–31/08/2016
Bezeichnung der erworbenen Qualifikation	Hauptschulabschluss
Hauptfächer/berufliche Fähigkeiten	Hauswirtschaft
Name und Art der Bildungs- oder Ausbildungseinrichtung	Heinrich-Schütz-Gesamtschule 74321 Bietigheim-Bissingen (Deutschland)
Persönliche Fähigkeiten	

Europass-Lebenslauf: online Vorlage als Word-Dokument

3.3 Berufliche Fortbildung

Der Abschluss des Berufsausbildungsvertrags stellt für viele junge Arbeitnehmer nur den ersten Schritt in ihrem Berufsleben dar.
Da die moderne Arbeitswelt laufend durch technische Neuerungen weiterentwickelt wird, müssen sich alle daran Beteiligten ständig informieren, d.h. sie müssen ihre Kenntnisse und Fertigkeiten dem neuesten Stand der Technik anpassen. Schätzungen gehen davon aus, dass sich das verfügbare Wissen der Menschheit alle fünf bis zehn Jahre verdoppelt.
Die berufliche Fortbildung, die auf einer abgeschlossenen Berufsausbildung aufbaut, ist für den heutigen Arbeitnehmer eine wichtige Voraussetzung, um den steigenden Anforderungen am Arbeitsplatz gerecht zu werden (z.B. Einsatz von EDV oder CNC-Maschinen).
Wer beruflich aufsteigen will, muss meistens zusätzliche Qualifikationen vorweisen können – z.B. den **Meisterbrief**. Die Meisterprüfung kann nach dem Besuch einer Meisterschule abgelegt werden. Je nach Fachrichtung nimmt dies ½ bis 1½ Jahre in Anspruch. Voraussetzung ist eine bestandene Gesellenprüfung. Ohne Meisterprüfung kann man sich in 41 handwerklichen Berufen nicht selbstständig machen. 2007 wurde der deutsche Meisterbrief durch die EU aufgewertet. Alle deutschen Handwerksmeister werden seitdem mit den Absolventen von Fachhochschulen und Bachelor-Studiengängen gleichgestellt.

Eine immer bedeutendere Rolle spielen die Technikerschulen. In der Vollzeitform dauern sie zwei Jahre. An der Technikerschule erhält der Fachschüler eine Weiterbildung in einer bestimmten Fachrichtung wie etwa Maschinenbau, Elektrotechnik, Bautechnik, Sanitärtechnik u. a. Einzelne Fachrichtungen sind noch weiter unterteilt, so z. B. Elektrotechnik in Nachrichtentechnik, Energietechnik und Elektronik. Am Ende der Schulzeit wird nach bestandener Prüfung folgender Titel verliehen: „Staatlich geprüfter Techniker, Fachrichtung …“. Für den hauswirtschaftlichen, landwirtschaftlichen und kaufmännischen Bereich gibt es ebenfalls entsprechende Fachschulen.
Beispiele: Fachschule für Wirtschafterinnen, Fachschule für Datenverarbeitung und Organisation usw. Die Akademie des Handwerks ist ein Zusatzangebot für fähige Gesellen oder Meister mit mehrjähriger Berufspraxis. Berufsbegleitend oder in Vollzeitform schließt sie ab mit der Bezeichnung „Betriebswirt des Handwerks (HWK)“. Inzwischen bieten fast alle Kammern ebenfalls diese Weiterbildung an.

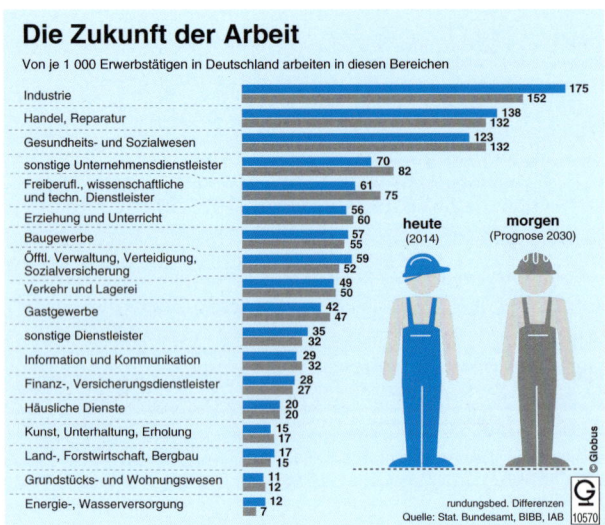

Die Zukunft der Arbeit

Von je 1 000 Erwerbstätigen in Deutschland arbeiten in diesen Bereichen

	heute (2014)	morgen (Prognose 2030)
Industrie	175	152
Handel, Reparatur	138	132
Gesundheits- und Sozialwesen	123	132
sonstige Unternehmensdienstleister	70	82
Freiberufl., wissenschaftliche und techn. Dienstleister	61	75
Erziehung und Unterricht	56	60
Baugewerbe	57	55
Öfftl. Verwaltung, Verteidigung, Sozialversicherung	59	52
Verkehr und Lagerei	49	50
Gastgewerbe	42	47
sonstige Dienstleister	35	32
Information und Kommunikation	29	32
Finanz-, Versicherungsdienstleister	28	27
Häusliche Dienste	20	20
Kunst, Unterhaltung, Erholung	15	15
Land-, Forstwirtschaft, Bergbau	17	15
Grundstücks- und Wohnungswesen	11	12
Energie-, Wasserversorgung	12	7

rundungsbed. Differenzen
Quelle: Stat. Bundesamt, BIBB, IAB

© Globus 10570

3.4 Berufliche Umschulung

Das Schaubild links zeigt, dass das Erlernen nur eines Berufes häufig nicht für ein ganzes Arbeitsleben ausreicht. Diese Tatsache beruht auf folgenden Ursachen:
- Aussterben des erlernten Berufes (z. B. Korbmacher, Wagenbauer),
- erworbene Kenntnisse sind überholt oder werden durch die Veränderung der Arbeitswelt nicht mehr benötigt,
- längere Arbeitslosigkeit,
- Berufsunfähigkeit (hervorgerufen durch Berufskrankheit oder Arbeitsunfall),
- Unzufriedenheit mit dem früher erlernten Beruf.

3.5   Fördermaßnahmen

Info

Bundesagentur für Arbeit
572e63

Arbeitsförderung nach dem Sozialgesetzbuch III (SGB III)

Die **Bundesagentur für Arbeit** fördert nach dem Sozialgesetzbuch (SGB), Drittes Buch (III) – Arbeitsförderung – die **Berufsausbildung** sowie notwendige **Fortbildungs- oder Umschulungsmaßnahmen**, wenn der Antragsteller dazu selbst finanziell nicht in der Lage ist. Der Interessent muss bei der örtlichen Agentur für Arbeit einen Antrag stellen. Gefördert werden Bildungsmaßnahmen, die berufliche Kenntnisse erweitern, erhalten oder dem technischen Fortschritt anpassen. Auch Bildungsmaßnahmen, die einen beruflichen Aufstieg ermöglichen, können unterstützt werden. Für die Ausbildung in einem anerkannten Ausbildungsberuf können **Berufsausbildungsbeihilfen** gewährt werden. Allerdings müssen im Einzelfall für die Gewährung von Fördermaßnahmen eine Reihe von Voraussetzungen erfüllt sein. Liegen diese vor, erhalten die Antragsteller einen monatlichen Unterhaltsbetrag. Daneben werden Ausgaben für Lehrgangsgebühren, Fahrtkosten, Arbeitskleidung, Lernmittel usw. unterstützt. Die Fördermaßnahmen werden voll, teilweise oder auch als Darlehen gewährt.

Aufstiegsfortbildungsförderungsgesetz (AFBG)

Durch das Aufstiegsfortbildungsförderungsgesetz, das sogenannte Meister-BAföG, sollen alle unterstützt werden, die sich nach ihrer Lehre weiterbilden wollen, z. B.

zum Meister, Techniker, Fachwirt, Fachkaufmann, Betriebswirt, Bachelor usw. Mit Darlehen und Zuschüssen werden Lehrgangskosten gefördert. Bei Vollzeitlehrgängen werden auch Beiträge zum Lebensunterhalt gezahlt. Zuständig für den Antrag auf Meister-BAföG ist in der Regel das kommunale Amt für Ausbildungsförderung, in dessen Bezirk der Auszubildende wohnt.

Bundesausbildungsförderungsgesetz (BAföG)

Ziel des Ausbildungsförderungsgesetzes (BAföG) ist es, jedem jungen Menschen die Möglichkeit zu geben, unabhängig von seiner sozialen und wirtschaftlichen Situation eine Ausbildung zu absolvieren, die seinen Fähigkeiten und Interessen entspricht. Die Förderung erstreckt sich auf allgemeinbildende und berufliche Schulen ab Klasse 10.

Berufliche Schulen sind beispielsweise berufliche Gymnasien, Berufskollegs, Berufsfachschulen und das Berufsvorbereitungsjahr. **Allgemeinbildende Schulen** sind z. B. allgemeinbildende Gymnasien, Fachhochschulen, wissenschaftliche Hochschulen. Allerdings wird BAföG nur bei Bedürftigkeit des Antragstellers gewährt. Das Amt für Ausbildungsförderung hat in allen Stadt- und Landkreisen öffentliche Beratungsstellen eingerichtet. Hier werden Beratungen durchgeführt, Antragsformulare ausgegeben und Anträge entgegengenommen. Für Studierende werden BAföG-Mittel derzeit zu 50 % auf Darlehensbasis vergeben, d. h. nach Abschluss der geförderten Ausbildung muss der Antragsteller die Hälfte der gewährten Förderungsmittel zurückzahlen.

BAföG-Anträge von Auszubildenden und Schülern werden von den kommunalen Ämtern für Ausbildungsförderung bearbeitet. Für Anträge von Studenten sind die Studentenwerke der Hochschulen zuständig.

Info
Aktuelles zum BAföG
3gv96z

Formen der beruflichen Bildung

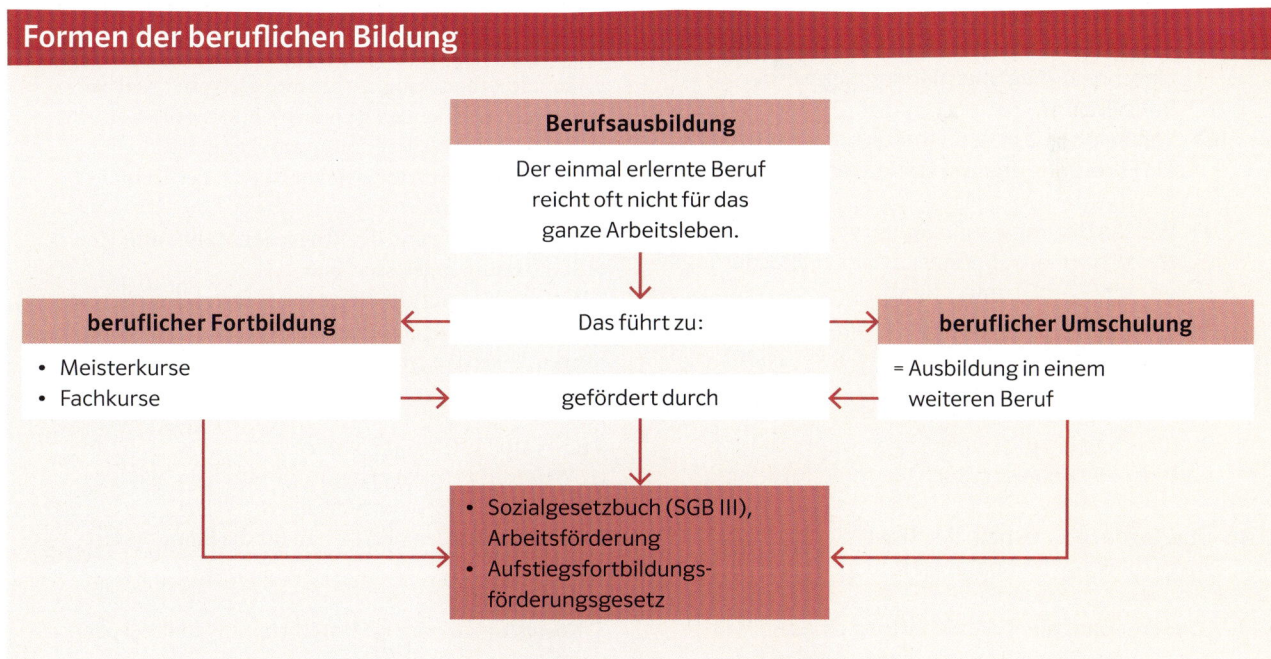

- Mittel nach dem **Bundesausbildungsförderungsgesetz** werden Bedürftigen gewährt für die Ausbildung an beruflichen und an allgemeinbildenden Schulen.
- **Leonardo da Vinci:** Programm der EU zur Unterstützung grenzüberschreitender Aus- und Weiterbildung

Arbeitsteil

1. Nennen Sie die Bereiche, die nach dem Berufsbildungsgesetz unter den Begriff Berufsbildung fallen.

2. Welche Möglichkeiten der allgemeinen und beruflichen Bildung kennen Sie?

3. Weshalb ist eine berufliche Fortbildung für jeden Arbeitnehmer empfehlenswert?

4. Nennen Sie drei Fälle, in denen für einen Arbeitnehmer eine berufliche Umschulung erforderlich sein kann.

Wissen sichert Lebensstandard

„Der Reichtum der Bundesrepublik Deutschland beruht nicht auf Bodenschätzen oder Vorzügen der Natur und des Klimas; er besteht allein in dem Wissen, den Fähigkeiten und dem Fleiß ihrer Bürger."

5. a) Welche Maßnahmen könnten sich bezüglich der Aus- und Fortbildung aus der oben stehenden Aussage ergeben?
   b) Welche Folgen hätten Ihrer Meinung nach einschneidende Sparmaßnahmen bei der Fortbildung?
   c) Weshalb sollte in wirtschaftlichen Krisenzeiten die Förderung eher verstärkt werden?

6. a) Welche Bildungsmaßnahmen werden durch Mittel nach dem Bundesausbildungsförderungsgesetz (BAföG) unterstützt?
   b) Was spricht dafür und was dagegen, dass BAföG-Mittel auf Darlehensbasis vergeben werden?

7. Wofür erhält ein Bildungswilliger Unterstützung nach dem Sozialgesetzbuch III Arbeitsförderung?

8. Überlegen Sie, weshalb der Staat Berufsbildungsmaßnahmen fördert.

9. „Der Europass dient der Schaffung eines einheitlichen europäischen Transparenzrahmens für Bildung und Qualifizierung." Begründen Sie diese Aussage.

10. Erläutern Sie, welche Bildungsmaßnahme nach Ihrer Ausbildung durch das Programm Leonardo da Vinci von der EU gefördert wird.

11. Untersuchen Sie anhand des beigefügten Gesetzestextes, ob eine Förderung nach dem Sozialgesetzbuch (SGB III) möglich ist.
Carsten hat den Beruf des Gerbers erlernt und einige Jahre ausgeübt. Aufgrund der Änderungen der Verbrauchergewohnheiten und der Produktionsverfahren sowie der Verlagerung der Produktion ins Ausland wurde Carsten entlassen und arbeitet seit 4 1/2 Jahren als Bauhelfer. Nun beschließt er, sich zum Bau- und Möbeltischler umschulen zu lassen.

Auszug Sozialgesetzbuch (SGB), Drittes Buch (III) – Berufliche Weiterbildung –

§ 81 Grundsatz

(1) Arbeitnehmerinnen und Arbeitnehmer können bei beruflicher Weiterbildung durch Übernahme der Weiterbildungskosten gefördert werden, wenn
1. die Weiterbildung notwendig ist, um sie bei Arbeitslosigkeit beruflich einzugliedern, eine ihnen drohende Arbeitslosigkeit abzuwenden oder weil bei ihnen wegen fehlenden Berufsabschlusses die Notwendigkeit der Weiterbildung anerkannt ist,
2. die Agentur für Arbeit sie vor Beginn der Teilnahme beraten hat und
3. die Maßnahme und der Träger der Maßnahme für die Förderung zugelassen sind.
Als Weiterbildung gilt die Zeit vom ersten Tag bis zum letzten Tag der Maßnahme mit Unterrichtsveranstaltungen, es sei denn, die Maßnahme ist vorzeitig beendet worden. […]

§ 83 Weiterbildungskosten

(1) Weiterbildungskosten sind die durch die Weiterbildung unmittelbar entstehenden
1. Lehrgangskosten und Kosten für die Eignungsfeststellung,
2. Fahrkosten,
3. Kosten für auswärtige Unterbringung und Verpflegung,
4. Kosten für die Betreuung von Kindern. […]

4 Einflüsse auf die menschliche Arbeitsleistung

Schlechtes Betriebsklima erhöht Krankenstand

GÜTERSLOH (dpa) Schlechtes Betriebsklima erhöht deutlich den Krankenstand unter den Beschäftigten. Zudem tragen autoritäres Führungsverhalten oder demotivierende Arbeitsbedingungen in einem erheblichen Umfang dazu bei, dass große volkswirtschaftliche Kosten durch krankheitsbedingte Fehltage entstehen. Dies ist das Ergebnis einer Studie, die der Bielefelder Gesundheitsforscher Bernhard Badura im Auftrag der Gütersloher Bertelsmann-Stiftung erstellt hat. Unzufriedenheit und Demotivation am Arbeitsplatz entstünden vor allem, wenn Vorgesetzte nicht über ausreichende Qualifikationen verfügten, Leistungen nicht anerkannt würden und keine Möglichkeit zur Mitsprache am Arbeitsplatz bestehe. Besonders negativ wirke sich fehlendes oder zu geringes Vertrauen zwischen Vorgesetzten und Mitarbeitern aus, heißt es in der Studie des Bielefelder Gesundheitsforschers.

Quelle: Stuttgarter Zeitung vom 21.01.1998

→ Schlechtes Betriebsklima erhöht den Krankenstand und senkt die Arbeitsleistung. Wodurch kann ein gutes Betriebsklima gefördert werden?

Kennen Sie weitere Einflüsse auf die menschliche Arbeitsleistung?

Leistungsfähigkeit

Beim Vergleich betrieblicher Arbeit, die verschiedene Kollegen unter gleichen Bedingungen geleistet haben, stellt man oft fest, dass dennoch unterschiedliche Arbeitsmengen vorliegen. Die Ursache dafür liegt in der unterschiedlichen Leistungsfähigkeit der einzelnen Personen.

Wie der Körper des Menschen entwickelt sich auch seine Leistungsfähigkeit. Während der Jugendliche die volle Leistungsfähigkeit erst in Zukunft erreichen wird, verfügt die ältere Generation nicht mehr darüber, denn die Leistungsfähigkeit nimmt mit zunehmendem Alter ab. Von großer Bedeutung ist außerdem die notwendige Begabung für die entsprechende Tätigkeit. Ebenso wichtig kann eine Berufsausbildung sein. Arbeitnehmer, die über eine größere Berufserfahrung verfügen, werden als leistungsfähiger angesehen. In jüngeren Jahren hat der Arbeitnehmer zwar eine größere Leistungsfähigkeit, dafür aber eine geringere Berufserfahrung. Im Alter verhält es sich umgekehrt.

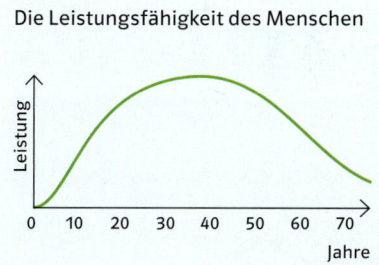
Die Leistungsfähigkeit des Menschen

Leistungsschwankungen

Der arbeitende Mensch verfügt nicht gleichbleibend über dieselbe Leistungsfähigkeit. Vielmehr ist diese starken Schwankungen unterworfen, d. h. man kann nicht jederzeit eine hohe Arbeitsleistung erbringen.

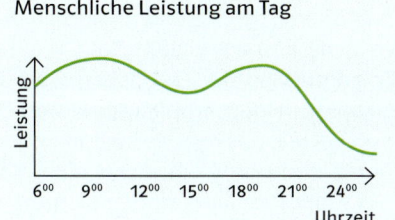
Menschliche Leistung am Tag

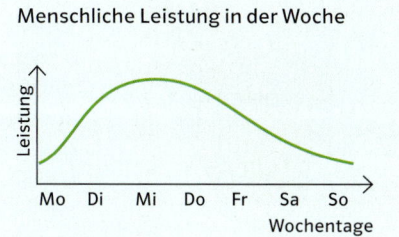
Menschliche Leistung in der Woche

So steigt morgens die Leistung erst allmählich an, da der Nachtschlaf noch nachwirkt. Nach der Höchstleistung am Vormittag sinkt die Leistung ab, der Arbeitnehmer ermüdet. Nach dem Mittagessen vermindert sich die Leistungsfähigkeit weiter. Der Körper ist jetzt mit der Verdauung beschäftigt. Erst am Nachmittag ist wieder eine leichte Leistungszunahme zu verzeichnen.

Eine ähnliche Schwankung ist auch an den einzelnen Wochentagen zu bemerken. Die Leistung der Arbeitswoche beginnt mit einem Tief, erreicht in der Wochenmitte die Höchstleistung und nimmt gegen Ende der Woche wieder ab.

Leistungsbereitschaft

Ohne Leistungsbereitschaft (Motivation) verkümmert jede, auch die beste Leistungsfähigkeit. Der Arbeitnehmer muss den Willen zur Leistung zeigen und so seine Leistungsfähigkeit unter Beweis stellen. Allerdings: Wer dauernd von seinem Körper Höchstleistungen verlangt, schadet sich und „verschleißt" seine Leistungsfähigkeit vorzeitig.

Was am Job wichtig ist

Zustimmung der 16- bis 35-Jährigen in Prozent

Teamarbeit und gute Atmosphäre	85 %
Sinn und Erfüllung	81
Sicherer Arbeitsplatz	81
Abwechslung	77
Lernen, Weiterbildung	72
Selbstständigkeit, flache Hierarchien	71
Geld	70
Flexible Arbeitszeiten und -orte	64
Umgang mit Menschen	64
Kreativität, Selbstverwirklichung	59
Verantwortung	58
Karriere	51
Freizeit/Urlaub, wenig Stress	45
Internationales Arbeitsumfeld	39

G 4176 © Globus   Quelle: Heidelberger Leben Trendmonitor 2011

Die Leistungsbereitschaft, die sich u. a. in Form von Interesse an der Arbeit, Einsatzbereitschaft, Selbstständigkeit, Verantwortungsbewusstsein, Hilfsbereitschaft und Freundlichkeit zeigt, ist auch vom persönlichen Wohlbefinden des Arbeitnehmers abhängig. Krankheiten, private Probleme oder familiäre Schwierigkeiten können Leistungsfähigkeit und Leistungsbereitschaft erheblich vermindern. Die Leistungsbereitschaft kann durch verschiedene Maßnahmen verbessert werden. Die Übertragung von Verantwortung, Mitbeteiligung an Entscheidungen oder der Versuch, die Wünsche des Arbeitnehmers bei der Arbeitszuweisung zu berücksichtigen, sind Beispiele dafür.

Arbeitsplatzgestaltung

Die richtige Gestaltung des Arbeitsplatzes erleichtert die Arbeit sehr und erhöht die Leistungsfähigkeit und Leistungsbereitschaft. Bei einem gut ausgestalteten Arbeitsplatz liegen die Arbeitsmittel in Griffnähe. Ebenso selbstverständlich ist die Einhaltung der gesetzlichen Vorschriften, z. B. der Unfallschutzmaßnahmen. Schlechte Beleuchtung ist eine häufige Unfallquelle. Helligkeit und frische Luft verhindern eine vorzeitige Ermüdung und somit Arbeitsunfälle. Halten die Arbeitnehmer selbst ihren Arbeitsplatz in Ordnung, so erleichtern sie sich die Arbeit und erhöhen ihr Wohlbefinden und ihre Sicherheit am Arbeitsplatz.

Nach neuen Erkenntnissen der Farbpsychologie wird die Leistungsfähigkeit durch ansprechende Farben in den Arbeitsräumen erhöht. In Konferenzräumen sind z. B. gelbe Wände von Vorteil, das regt geistig an und fördert die Gesprächsbereitschaft. Für Sitzungsräume und Büros empfiehlt die Farbforschung Brauntöne, sie wirken ausgleichend. In Montagehallen finden sich oft rote Töne, das fördert die Bewegungsfreude.

Wichtig für den Arbeitserfolg ist auch die Arbeitshaltung am Arbeitsplatz. Um Arbeitnehmer vor einer gesundheitsschädigenden Arbeitshaltung zu bewahren, wurden zahlreiche Schutzvorschriften erlassen, z. B. die Sicherheitsregeln für künstliche Beleuchtung, die Sicherheitsregeln für Büroarbeitsplätze oder die EU-Richtlinie für Bildschirmarbeitsplätze und die Bildschirmarbeitsplatzverordnung in Deutschland.

Arbeitszeit

Nicht nur die Leistungsfähigkeit der Arbeitnehmer, sondern auch ihr Gesundheitszustand hängt wesentlich von der Arbeitszeit ab. Die tägliche und wöchentliche Arbeitsleistung unterliegt erheblichen Schwankungen; nachts und am Wochenende ist sie am geringsten. Wir empfinden deshalb Sonntagsarbeit, Mehrarbeit und Nachtarbeit als starke Belastung, die unsere Gesundheit auf die Dauer angreift, auch wenn diese belastenden Arbeitszeiten besser bezahlt werden. Der Staat hat deshalb zahlreiche Schutzvorschriften erlassen wie das Arbeitszeitgesetz, das Bundesurlaubsgesetz oder das Jugendarbeitsschutzgesetz. Diese gesetzlichen Regelungen sind heute in vielen Tarifverträgen erheblich verbessert worden. So ist heute weitgehend die 5-Tage-Woche üblich und die wöchentliche Arbeitszeit liegt meist zwischen 35 und 40 Stunden.

Um individuelle Leistungsschwankungen ihrer Arbeitnehmer zu berücksichtigen, ermöglichen viele Betriebe ihren Beschäftigten innerhalb „gewisser Grenzen" die selbstständige Festlegung von Beginn und Ende der eigenen Arbeitszeit. Man nennt diese Vereinbarung die „gleitende Arbeitszeit".

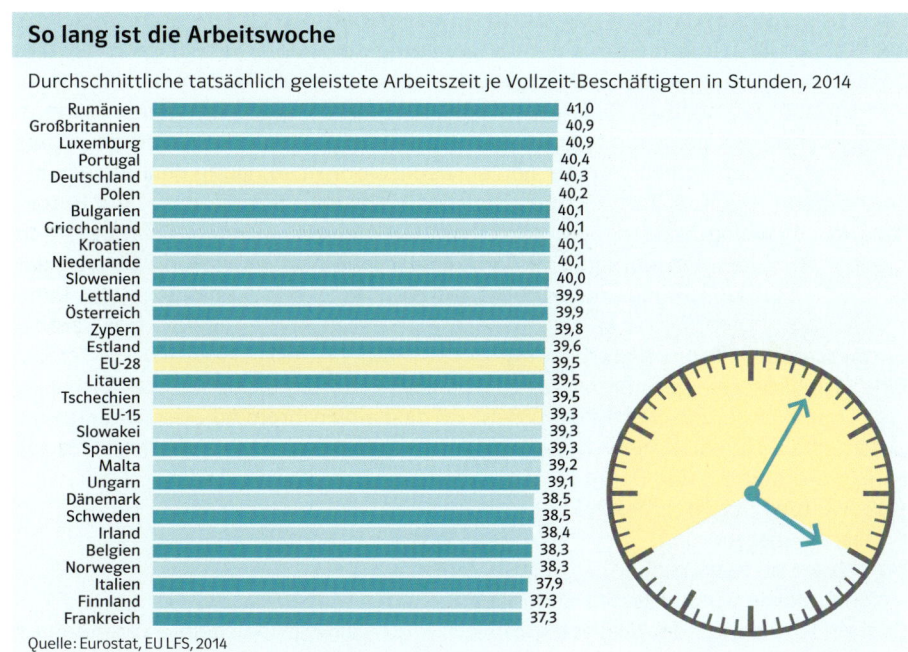

So lang ist die Arbeitswoche

Durchschnittliche tatsächlich geleistete Arbeitszeit je Vollzeit-Beschäftigten in Stunden, 2014

Rumänien	41,0
Großbritannien	40,9
Luxemburg	40,9
Portugal	40,4
Deutschland	40,3
Polen	40,2
Bulgarien	40,1
Griechenland	40,1
Kroatien	40,1
Niederlande	40,1
Slowenien	40,0
Lettland	39,9
Österreich	39,9
Zypern	39,8
Estland	39,6
EU-28	39,5
Litauen	39,5
Tschechien	39,5
EU-15	39,3
Slowakei	39,3
Spanien	39,3
Malta	39,2
Ungarn	39,1
Dänemark	38,5
Schweden	38,5
Irland	38,4
Belgien	38,3
Norwegen	38,3
Italien	37,9
Finnland	37,3
Frankreich	37,3

Quelle: Eurostat, EU LFS, 2014

Betriebsklima

Der einzelne Arbeitnehmer ist an seinem Arbeitsplatz nicht isoliert, sondern er hat im Laufe des Arbeitstages vielfältige Kontakte zu den Kollegen. Innerhalb dieser sozialen Beziehungen entstehen Zuneigung und Sympathie, aber auch Ablehnung. Man spricht von einem guten Betriebsklima, wenn in einem Betrieb nur geringe Spannungen zwischen den Beschäftigten bestehen und wenn Zuneigung und Sympathie überwiegen. Ein gutes Betriebsklima kann unter anderem gefördert werden durch:

- zweckmäßige Ausstattung der Arbeitsplätze,
- Mitentscheidungsmöglichkeiten,
- gute und leistungsgerechte Bezahlung,
- Anerkennung durch Vorgesetzte,
- Teamgeist,
- gerechte Arbeitsaufteilung,
- soziale Leistungen.

Mobbing-Konflikte außer Kontrolle

- **Harmlose Konflikte** stehen am Anfang. Es folgen Sticheleien, Gerüchte, falsche Zuweisung von Aufgaben, Isolation und Drohungen.

- **Ohne Intervention** folgen Krankheit, Alkoholmissbrauch, Depressionen. Das Opfer verhält sich gestört – so wie es ihm vorher unterstellt wurde.

- **Ursachen von Mobbing** sind Angst um den Job, Unter- oder Überforderung, unklare Vorgaben.

- **Chefs** ignorierten viele Jahre das Phänomen. Inzwischen boomen Firmen, die Mobbing-Beratung anbieten. Zahlreiche Selbsthilfegruppen entstanden.

Mobbing (engl. mob, Pöbel) ist Psychoterror. Jeder Vierte wird in seinem Berufsleben irgendwann zum Opfer. Schuld sind meist Organisation und Führung im Unternehmen. Mobbing führt zu Unsicherheit und Angst. Das Opfer kann sich kaum wehren.

Info
Ratgeber zum Umgang mit Mobbing
p3b4ac

Ein gutes Betriebsklima ist für Arbeitnehmer genauso wichtig wie für Arbeitgeber. Können **Arbeitnehmer** in einem angenehmen Umfeld arbeiten, dann hat dies positive Auswirkungen auf ihre Stimmung, ihren Gesundheitszustand und auf ihr Verhalten im Privatleben. Deshalb ist jeder **Arbeitgeber** an einem guten Betriebsklima interessiert. Denn dann geht der Arbeitnehmer gerne zur Arbeit, bringt höhere Arbeitsleistungen, macht weniger Fehler, wechselt nicht so häufig den Betrieb und wird seltener krank. Schätzungsweise bis zu 2 Millionen Beschäftigte sind Betroffene von **Mobbing** in Betrieben. Untersuchungen haben ergeben: Auf Dauer hilft hier nur ein gutes Betriebsklima, in dem Mobbing und Übervorteilung als unsozial, gesundheitsschädlich und unerwünscht gelten.

Einfluss neuer Technologien
Eine erhebliche Steigerung der Arbeitsleistung ermöglichen die „neuen Technologien". Immer mehr Beschäftigte müssen sich deshalb an ihrem Arbeitsplatz mit computergesteuerten Maschinen befassen. Diese neuen Technologien übernehmen z. B.
- Textverarbeitung und Buchführung,
- Verwaltung der Lagerbestände,
- Maschinensteuerung,
- Analyse von Laborproben,
- Konstruktion von Autos und Gebäuden.

Enorme Fortschritte der **Mikroelektronik** bewirken eine grundlegende Veränderung der Produktion und Konstruktion. Zunehmend produzieren Unternehmen mit **vollautomatischen Montage- und Transporteinrichtungen**. Roboter bedienen Werkzeuge wie z. B. Bohrer, Schweißzangen, Spritzpistolen, sie können Maschinen be- und entladen oder Teile zusammenmontieren; dies mit einer Genauigkeit und Geschwindigkeit, die der Mensch nie erreicht. Solche Anlagen haben häufig die Humanisierung der Arbeitswelt zur Folge, indem sie Arbeiten verrichten, die für den Menschen körperlich schwer, monoton oder gesundheitsschädigend sind. Der Anteil der menschlichen Arbeit an der Produktion selbst wird deshalb zurückgehen. Der Mensch wird vorwiegend die Planung, den Aufbau und die Überwachung von Herstellungsvorgängen übernehmen sowie den Dienstleistungsbereich. Auch wenn körperliche Beanspruchungen und Routinetätigkeiten am Arbeitsplatz abnehmen werden, so steigen die Anforderungen an die Beschäftigten erheblich, da bei solchen Geräten fehlerhafte Programme große Schäden an Maschinen und Material verursachen können. Die Qualifikationsanforderungen der Berufe werden sich ständig ändern, lebenslange berufliche Weiterbildung wird nötig sein, um die Gefahren eines Qualifikationsverlustes auszuschalten. Zwei Beispiele sollen dies verdeutlichen:

- Früher bediente der Werkzeugmacher die Werkzeugmaschine, heute überwacht er die teilweise von ihm selbst programmierte Anlage und ist für ihre Wartung zuständig.
- Der Schweißer im Karosserie-Rohbau ist jetzt Anlagen- bzw. Roboterbetreuer.

Viele Bürger sehen allerdings auch Gefahren in einer allzu starken Hinwendung zu neuen Technologien:

- Gefahr erhöhter Monotonie bei Resttätigkeiten (z. B. Einlegen von Werkstücken),
- erhöhte Konzentrationsanforderungen durch die Zunahme von Kontrolltätigkeiten,
- steigende Arbeitslosigkeit durch den Einsatz neuer Technologien.

Arbeitsorganisation

Rationalisierung, Arbeitsteilung und Spezialisierung in der Produktion führen zwar zu einer höheren Arbeitsleistung, weil die Arbeitsaufgabe auf einfache und eintönige Handgriffe reduziert wird. Gleichzeitig führt diese Form der Arbeitsorganisation dazu, dass Millionen von Arbeitnehmern unter erheblichem Stress arbeiten, der sich gesundheitsschädigend auswirken kann. Deshalb gehen viele Unternehmen zu anderen Formen der Arbeitsorganisation über. Unter dem Begriff **„Humanisierung der Arbeitswelt"** versucht man, durch unterschiedliche Maßnahmen Stress zu vermindern und die Arbeitsleistung zu steigern.

- Häufiger **Aufgabenwechsel** (Job Rotation) soll eintöniges Arbeiten verhindern.
- Eintönige Fließbandarbeit wird durch **Gruppenarbeit** ersetzt.
- **Aufgabenbereicherung** (Job Enrichment) soll den Entscheidungsspielraum des einzelnen Arbeitnehmers erweitern.
- Durch **Aufgabenerweiterung** (Job Enlargement) werden mehrere Arbeitselemente zu einer größeren Aufgabe zusammengefasst.
- Die Bildung **teilautonomer Arbeitsgruppen** ermöglicht teamarbeitende Gruppen, die in eigener Verantwortung ihre Arbeitspläne ausgestalten.

Entwicklung der Anforderungen aus Arbeitsinhalt und -organisation

	2011/2012	2005/2006
verschiedenartige Arbeiten gleichzeitig betreuen	58	59
starker Termin- und Leistungsdruck	52	54
ständig wiederkehrende Arbeitsvorgänge	50	52
bei der Arbeit gestört, unterbrochen	44	47
sehr schnell arbeiten müssen	39	45
Konfrontation mit neuen Aufgaben	39	38
Stückzahl, Leistung, Zeit vorgegeben	30	32
Verfahren verbessern, Neues ausprobieren	26	27
Arbeitsdurchführung detailliert vorgeschrieben	26	24
kleine Fehler, große finanzielle Verluste	17	15
arbeiten an Grenze der Leistungsfähigkeit	16	17
nicht rechtzeitig über Entscheidungen, Veränderungen, Pläne für die Zukunft informiert	15	14
nicht alle notwendigen Informationen für die eigene Tätigkeit	9	9
nicht Erlerntes/Beherrschtes wird verlangt	8	9

% der befragten Beschäftigten

Stressreport Deutschland 2012, www.baua.de

Info
Stressreport
Deutschland 2012
3m5t4t

Faktoren der Arbeitsleistung

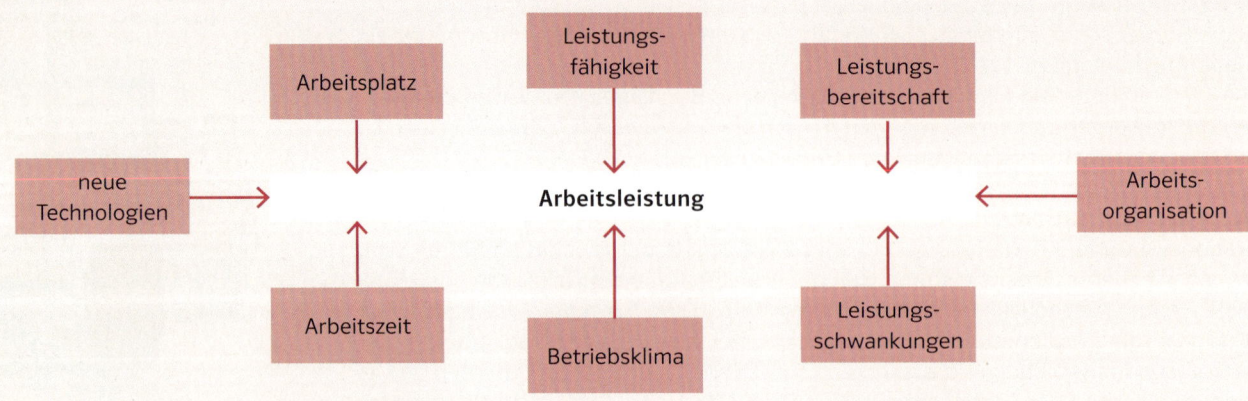

Arbeitsteil

1. a) Wovon hängt die Leistungsfähigkeit eines Arbeitnehmers ab?

b) Wie können Sie Ihre Leistungsfähigkeit erhalten und verbessern?

2. Viele Betriebe stellen vorwiegend jüngere Arbeitnehmer ein, da sie diese für leistungsfähiger halten. Andere hingegen suchen gerade ältere Beschäftigte. Führen Sie Gründe an für beide Entscheidungen.

3. Der arbeitende Mensch unterliegt beachtlichen Leistungsschwankungen. Wann erreicht ein Arbeitnehmer

a) die tägliche Höchstleistung,

b) die wöchentliche Höchstleistung?

4. Auf welche Weise versuchen viele Betriebe, die individuellen Leistungsschwankungen ihrer Arbeitnehmer zu berücksichtigen?

5. Viele Arbeitnehmer leiden unter einem schlechten Betriebsklima, viele unter Mobbing.

a) Welche Ursachen liegen Ihrer Meinung nach einem schlechten Betriebsklima zugrunde, welche können Mobbing auslösen?

b) Was könnte Ihrer Meinung nach dagegen getan werden

1. von Seiten der Unternehmensleitung,

2. von Seiten der Kollegen?

6. Wie könnte man die Leistungsbereitschaft vieler Arbeitnehmer erhöhen?

7. a) Zählen Sie fünf Anforderungen auf, die ein gut ausgestalteter Arbeitsplatz erfüllen muss.

b) Von besonderer Bedeutung ist die richtige Beleuchtung des Arbeitsplatzes. Ordnen Sie den nachfolgenden Abbildungen folgende Aussagen zu:
– richtige Beleuchtung – falsche Beleuchtung
– ideale Beleuchtung.

8. Nennen Sie vier Auswirkungen neuer Technologien auf die menschliche Arbeit.

9. Zunehmend leiden Arbeitnehmer unter Arbeitsstress.

a) Worin sehen Sie mögliche Ursachen für den zunehmenden Arbeitsstress?

b) Was könnte Ihrer Meinung nach dagegen getan werden?

5 Schutzvorschriften in der Arbeitswelt

→ a) Welche Einrichtung versucht durch derartige Plakate Arbeitsunfälle zu verhindern?

b) Wie können Arbeitnehmer vor Arbeitsunfällen geschützt werden?

c) Überlegen Sie, welche Folgen Arbeitsunfälle für die Arbeitnehmer, die Betriebe und die Gesellschaft haben.

5.1 Notwendigkeit des Arbeitsschutzes

Die Schaubilder lassen unschwer erkennen, dass die arbeitende Bevölkerung erheblichen Gefahren für Gesundheit und Leben ausgesetzt ist. Strenge Sicherheitsvorschriften und verstärkte Aufklärung in den Betrieben lassen zwar seit Jahren die Unfallzahlen zurückgehen, dennoch sind sie immer noch erschreckend hoch.

Setzt man die ca. 1,05 Millionen meldepflichtigen Versicherungsfälle des Jahres 2014 ins Verhältnis zu den rund 42,6 Millionen Erwerbstätigen, so erlitt ca. jeder 41. Arbeitende einen mehr oder minder schweren Schaden (**Arbeitsunfälle** rund 84 % und **Wegeunfälle** rund 16 %). Die Zahl der bestätigten **Berufskrankheiten** erscheint verhältnismäßig gering (2014: 36 754 bestätigte Berufskrankheiten). Allerdings darf nicht vergessen werden, dass die Folgen einer Berufskrankheit ganz erheblich sein

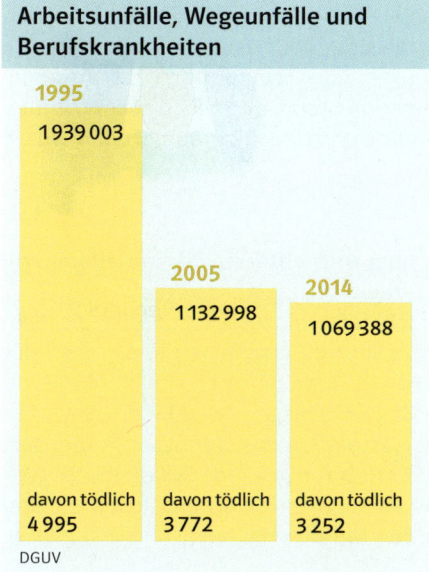

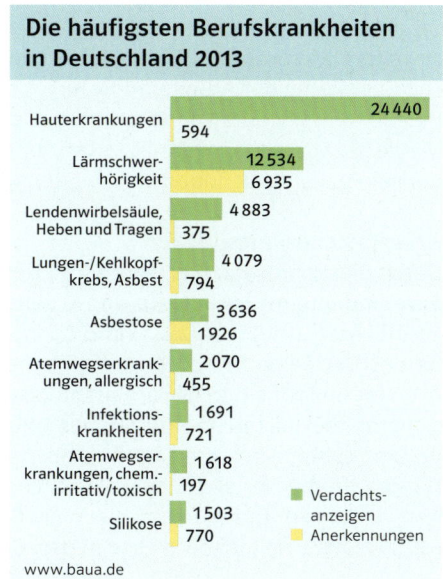

können. Besonders tragisch sind die immer noch sehr vielen tödlich verlaufenden Arbeitsunfälle und Todesfälle infolge von Berufskrankheiten. Außer dem persönlichen Leid für die Betroffenen und deren Angehörige werden riesige Kosten für die Versichertengemeinschaft und die Betriebe verursacht. Selbst Arbeitsunfälle ohne tödlichen Ausgang können enorme Folgekosten erforderlich machen (z. B. bei Erwerbsunfähigkeit), ganz abgesehen von den Unfallfolgen für den Betroffenen. Allein im Jahr 2014 betrugen die gesamten Aufwendungen der Unfallversicherung über 13,6 Milliarden €.

Wenn auch in den einzelnen Wirtschaftszweigen und Berufen die Unfallgefahr unterschiedlich groß ist, so haben die meisten Arbeitsunfälle folgende Ursachen:

- menschliches Versagen in ca. 80 % der Fälle. Dieses menschliche Versagen kann verschiedene Ursachen haben wie fehlende Information, Leichtsinn, Alkohol oder auch nur Bequemlichkeit;
- technische Fehler und ungenügende Sicherheitseinrichtungen in ca. 20 % der Fälle.

5.2 Technischer Arbeitsschutz

Info
Arbeitsschutz
4fq2x7

Der technische Arbeitsschutz soll durch zahlreiche Vorschriften die Gefahren am Arbeitsplatz und im Betrieb bekämpfen. Wichtige Vorschriften des technischen Arbeitsschutzes sind z. B. die Gewerbeordnung, die Arbeitsstättenverordnung, das Arbeitssicherheitsgesetz, die Bildschirmarbeitsverordnung, die Gefahrstoffverordnung, das Produktsicherheitsgesetz, die Betriebssicherheitsverordnung oder das Arbeitsschutzgesetz.

Gewerbeordnung

Bereits 1869 wurde vom Staat die Notwendigkeit von Unfallverhütungsmaßnahmen erkannt. Die in diesem Jahr erlassene Gewerbeordnung enthält neben arbeitsrechtlichen Regelungen auch die grundlegenden Bestimmungen unserer Unfallverhütung. So müssen z. B. Schutzvorrichtungen an Maschinen angebracht werden, Umkleide- und Waschräume so eingerichtet werden, dass die Arbeitnehmer vor Gefahren für Gesundheit und Leben geschützt sind. Die damals erlassenen Bestimmungen sind seitdem mehrfach durch zeitgemäße Regelungen erweitert worden.

Arbeitsstättenverordnung

Die Arbeitsstättenverordnung hat den Arbeitsschutz der Gewerbeordnung erheblich erweitert. Sie enthält die notwendigen Anforderungen für eine menschenfreundliche Gestaltung der Arbeitsräume, d. h. Vorschriften über Temperaturen, Lärmschutz, Beleuchtung, Schutz vor schädlichen Dämpfen und Staub, den Nichtraucherschutz, Mindestanforderungen an Toiletten, Waschräume und Umkleideräume, das Vorhandensein gekennzeichneter Notausgänge usw.

Arbeitssicherheitsgesetz

Durch dieses Gesetz, das eigentlich **„Gesetz über Betriebsärzte, Sicherheitsingenieure und andere Fachkräfte der Arbeitssicherheit"** heißt, werden die Arbeitgeber verpflichtet, Betriebsärzte und Sicherheitsfachkräfte einzustellen. Wenn die Größe des Betriebes keinen eigenen Betriebsarzt sinnvoll erscheinen lässt, kann der Arbeitgeber auf einen der arbeitsmedizinischen Dienste zurückgreifen. Die Arbeitssicherheitsexperten überprüfen bestehende Betriebsanlagen, Maschinen, Werkzeuge und Arbeitsverfahren darauf, ob sie die Gesundheit der Benutzer gefährden. Hauptaufgabe der Betriebsärzte ist es, im Betrieb für gesunde Arbeitsbedingungen zu sorgen. Derzeit sind mehr als 82 000 Fachkräfte für Arbeitssicherheit und 610 000 Sicherheitsbeauftragte in den Betrieben tätig.

Produktsicherheitsgesetz

Das **Produktsicherheitsgesetz (ProdSG)** setzt eine EU-Richtlinie über die allgemeine Produktsicherheit in nationales Recht um. Es verpflichtet alle Hersteller, nur solche Geräte und Produkte in den Verkehr zu bringen, die diesem Gesetz und den darin umgesetzten EU-Richtlinien entsprechen (gekennzeichnet durch CE- oder GS-Zeichen). Auf Produkten für Verbraucher muss der Hersteller angegeben werden. Für etwaige Rückrufaktionen ist eine eindeutige Kennzeichnung vorgeschrieben. Des Weiteren ist umfassend über eine sichere Anwendung und die Gefahren einer Falschanwendung zu informieren. Neben staatlichen Stellen haben sich auch privatrechtliche Vereine die Einhaltung der Gerätesicherheit zur Aufgabe gemacht. Dazu gehören der Verband der Deutschen Elektrotechniker e. V. (VDE) oder der Technische Überwachungs-Verein (TÜV), deren Zeichen heute allgemein bekannt sind.

Schwere und wiederholte Verstöße gegen das Produktsicherheitsgesetz können Geldstrafen bis zu 100 000 € zur Folge haben. Selbst einfache Verstöße „kosten" bis zu 10 000 €. Händlern oder Herstellern, die vorsätzlich oder fahrlässig Verbraucher schädigen, weil sie ihre Pflichten aus dem ProdSG vernachlässigen, drohen sogar Freiheitsstrafen bis zu einem Jahr.

Unfallverhütungsvorschriften

Zuständig sind die **Berufsgenossenschaften** der einzelnen Wirtschaftszweige. Sie erlassen die entsprechenden Unfallverhütungsvorschriften und überwachen in den Betrieben deren Einhaltung durch eigene Aufsichtsbeamte. Unternehmer, welche die Unfallverhütungsvorschriften nicht beachten, können sie mit Ordnungsstrafen (bis 10 000 €) belegen und gegebenenfalls für die finanziellen Unfallfolgen aufkommen lassen. Auch die staatlichen **Gewerbeaufsichtsämter** kontrollieren die Beachtung der Unfallverhütungsvorschriften. Bei Missachtung von Schutzvorschriften können auch sie Geldbußen verhängen. Geschehen dennoch Arbeitsunfälle, müssen Berufsgenossenschaften und Gewerbeaufsichtsämter über den Unfallhergang informiert werden.

5.3 Sozialer Arbeitsschutz

Der soziale Arbeitsschutz soll die Belastung der Arbeitnehmer begrenzen, indem sie durch zahlreiche Gesetze vor körperlicher und seelischer Überforderung geschützt werden.

 Info

Deutsche Gesetzliche Unfallversicherung
dc43pd

Arbeitszeitregelungen für Erwachsene

Das Arbeitszeitgesetz bestimmt für alle Arbeitnehmer, die älter als 18 Jahre sind:
- Die tägliche Arbeitszeit ist auf 8 Stunden begrenzt.
- Die tägliche Arbeitszeit kann auf 10 Stunden ausgedehnt werden, wenn innerhalb von 6 Monaten der Durchschnitt von 8 Stunden pro Werktag nicht überschritten wird.
- Sonntags- und Feiertagsarbeit sind verboten.
- In bestimmten Bereichen ist die Sonntags- und Feiertagsarbeit erlaubt, z.B. in Bäckereien und Konditoreien, im Gastgewerbe, in Verkehrsbetrieben, in Krankenhäusern.
- In Bereichen, in denen Sonntagsarbeit gestattet ist, muss diese innerhalb von 2 Wochen durch Freizeit ausgeglichen werden, erlaubte Feiertagsarbeit innerhalb einer Woche.
- Mindestens 15 Sonntage im Jahr sind beschäftigungsfrei.
- Die Ruhezeit zwischen 2 Arbeitstagen muss mindestens 11 Stunden betragen.
- Bei einer Arbeitszeit von 6 bis 9 Stunden betragen die Ruhepausen mindestens 30 Minuten, 45 Minuten bei einer Arbeitszeit von mehr als 9 Stunden.
- Im Tarifvertrag können auch Überstunden (Mehrarbeit) vereinbart werden.

ArbZG §§ 3–13

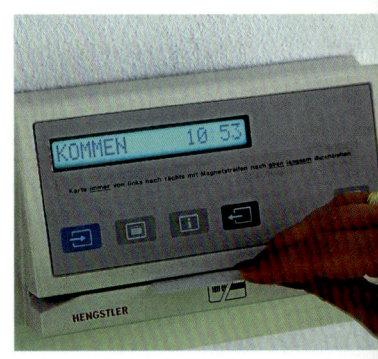

Die meisten Tarifverträge verbessern diese Bestimmungen: So liegt z. B. die gesetzliche Höchstarbeitszeit von 48 Stunden pro Woche über dem heutigen Stand der Tarifverträge.

Zahlreiche Studien beweisen, wie wichtig es ist, die Regelungen des Arbeitszeitgesetzes einzuhalten. So steigt das Risiko, einen Arbeitsunfall zu erleiden, ab der achten Arbeitsstunde. Ab der zwölften Stunde ist es bereits doppelt so hoch. Angestellte, die häufig Überstunden leisten, nehmen das Risiko einer Herz-Kreislauf-Erkrankung und eines Infarkts auf sich. Sie leiden auch überdurchschnittlich oft an Schlafstörungen, um nur drei mögliche Folgen zu nennen. Auch die Fehlerquote steigt bei überlanger Arbeitszeit. Man ist nicht mehr so konzentriert, das Reaktionsvermögen sinkt. Viel bewirkt also nicht unbedingt viel.

BUrlG § 3

Das Bundesurlaubsgesetz sichert jedem Arbeitnehmer einen jährlichen **Mindesturlaub** von 24 Werktagen zu. Den Zeitpunkt bestimmt der Arbeitgeber. Allerdings muss er die Wünsche des Arbeitnehmers berücksichtigen, sofern nicht dringende betriebliche Belange dem entgegenstehen. Der Urlaub ist zusammenhängend zu gewähren. Einen Anspruch auf vollen Urlaub hat der Arbeitnehmer allerdings erst nach einer Beschäftigungsdauer von 6 Monaten. Der gesetzliche Mindesturlaub darf nicht ausbezahlt werden, er muss als Freizeit genommen werden. Eine Ausnahme ist nur gestattet, wenn das Arbeitsverhältnis beendet wird und kein Urlaub mehr gewährt werden kann.

- **Werktage** sind die Tage von Montag bis Samstag, außer Feiertage.
- **Arbeitstage** sind die Tage von Montag bis Freitag, außer Feiertage, die auf einen Wochentag von Montag bis Freitag fallen.
- Wird Urlaub in Werktagen gewährt, hat die Woche 6 Tage, bei Arbeitstagen 5 Tage.

MuSchG §§ 3 f.

Mutterschutzgesetz

Eine besonders geringe Belastbarkeit hat die werdende Mutter. Durch das Mutterschutzgesetz versucht der Staat, diesen besonderen Schutzanspruch zu berücksichtigen. Wichtige Bestimmungen dieses Gesetzes sind:

- **6 Wochen** vor und **8 Wochen** nach der Entbindung besteht ein **Beschäftigungsverbot**. In dieser Zeit wird von der Krankenkasse **Mutterschaftsgeld** gezahlt.
- Schwere und gefährliche Arbeiten, Akkord- und Fließbandarbeit **sind verboten**.
- Während der Schwangerschaft und bis vier Monate nach der Entbindung besteht **besonderer Kündigungsschutz**.

BEEG §§ 1 ff.

Bundeselterngeld- und Elternzeitgesetz

Info

Neuregelungen des Bundesfamilienministeriums
bm7ty2

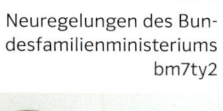

Nach diesem Gesetz kann nach der Entbindung eine 36-monatige **Elternzeit** genommen werden. Eltern können diese Elternzeit bis zum 3. Lebensjahr des Kindes ganz oder zeitweise gemeinsam in Anspruch nehmen. Mit Zustimmung des Arbeitgebers ist sogar eine Übertragung von einem Jahr Elternzeit auf die Zeit zwischen dem 3. und 8. Geburtstag des Kindes möglich. Während der Elternzeit genießen die Eltern Kündigungsschutz.

Für die Kinder erhalten die Eltern ein **einkommensabhängiges Elterngeld**, wenn ein zuvor berufstätiger Elternteil zu Hause bleibt. Das Elterngeld beträgt 65–67 % des bisherigen Nettoeinkommens des erziehenden Elternteils, höchstens jedoch 1 800 € monatlich. Es kann maximal 12 Monate lang bezogen werden. Zwei weitere Monate werden gewährt, wenn auch der zweite Elternteil mindestens zwei Monate Elternzeit nimmt. Alleinerziehende erhalten Elterngeld 14 Monate lang. Ein Mindestelterngeld von 300 € erhalten alle erziehenden Elternteile, auch wenn sie vor der Geburt nicht gearbeitet haben oder weniger verdient haben. Durch **ElterngeldPlus** kann die Bezugszeit verlängert werden.

Schwerbehindertenschutz im Sozialgesetzbuch

Personen, deren Erwerbsfähigkeit auf Dauer um mindestens 50 % eingeschränkt ist (2013 mehr als 7,5 Millionen), stehen unter dem besonderen **Schwerbehinderten-schutz** des Sozialgesetzbuchs (SGB, IX. Buch). Sie erhalten beispielsweise zusätzlich 5 Tage Jahresurlaub, sind nicht verpflichtet, Mehrarbeit zu leisten, und genießen einen besonderen Kündigungsschutz. Um sicherzustellen, dass Schwerbehinderte trotzdem einen Arbeitsplatz erhalten, fördert der Staat deren Beschäftigung durch besondere Zuschüsse. Betriebe, die weniger als 5 % der Arbeitsplätze für Schwerbehinderte zur Verfügung stellen, müssen für jeden nicht besetzten Platz monatlich bis zu 290 € Ausgleichsabgabe zahlen.

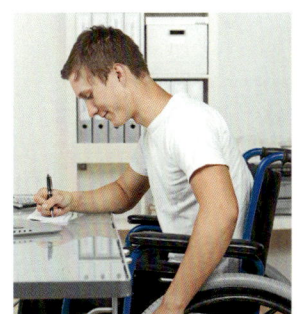

Jugendarbeitsschutzgesetz

Durch das **„Gesetz zum Schutz der arbeitenden Jugend" (JArbSchG)** wird die besondere Situation der Jugendlichen berücksichtigt. Sie stehen noch in ihrer geistigen und körperlichen Entwicklung und bedürfen deshalb eines besonderen Schutzes. Jugendliche im Sinne des Gesetzes sind alle Arbeitnehmer, die 15, aber noch keine 18 Jahre alt sind. Wer noch keine 15 Jahre alt ist, gilt als Kind. Kinderarbeit ist grundsätzlich verboten.

Die folgende Zusammenfassung enthält die wichtigsten Bestimmungen:

Die wichtigsten Bestimmungen des Jugendarbeitsschutzgesetzes		JArbSchG
Arbeitszeit	Höchstens 8 Std. am Tag (Ausnahme: 8 ½ Std. bei Verkürzung an einzelnen Werktagen), 40 Std. in der Woche. Nur an 5 Tagen pro Woche soll gearbeitet werden.	§ 8
Ruhepausen	Bei einer Arbeitszeit von 4 ½ bis 6 Std.: 30 Min., bei mehr als 6 Std. Arbeitszeit 60 Min.	§ 11
Schichtzeit	Arbeitszeit + Pausen: höchstens 10 Std.	§ 12
Freizeit	Mindestens 12 Std. zwischen 2 Arbeitstagen	§ 13
Arbeitsbeginn	Keine Beschäftigung vor 6 Uhr morgens. Ausnahmen: In Bäckereien, Konditoreien und in der Landwirtschaft dürfen 16-Jährige bereits ab 5 Uhr arbeiten, 17-Jährige in Bäckereien ab 4 Uhr.	§ 14
Arbeitsende	Keine Beschäftigung nach 20 Uhr. Ausnahmen: 16-Jährige dürfen in Gaststätten bis 22 Uhr und in mehrschichtigen Betrieben bis 23 Uhr arbeiten.	§ 14
Urlaub	Jugendliche, die zu Beginn des Kalenderjahres noch nicht 16 Jahre alt sind: 30 Werktage; noch nicht 17 Jahre alt sind: 27 Werktage; noch nicht 18 Jahre alt sind: 25 Werktage.	§ 19
Berufsschulzeit	Der Jugendliche muss hierzu freigestellt werden. Mehr als 5 Unterrichtsstunden entsprechen 1 Arbeitstag.	§ 9
Verbotene Arbeiten	Arbeiten, welche die Leistungsfähigkeit übersteigen, z. B. Akkordarbeit, Fließbandarbeit, gefährliche Arbeiten	§§ 22–23
Ärztliche Untersuchungen	Ohne Erstuntersuchung vor Beschäftigungsaufnahme dürfen Jugendliche nicht beschäftigt werden. In den letzten 3 Monaten des 1. Arbeitsjahres muss eine Nachuntersuchung durchgeführt werden, wenn das 18. Lebensjahr noch nicht vollendet ist.	§§ 32–33

5.4   Überwachung der Schutzvorschriften

Damit die Bestimmungen des Arbeitsschutzes Arbeitnehmer auch wirklich schützen, muss ihre Einhaltung kontrolliert werden. Nach dem Betriebsverfassungsgesetz kommt dem **Betriebsrat** eine besondere Bedeutung bei der Kontrolle des Arbeitsschutzes zu. Regelungen zur Verhütung von Arbeitsunfällen bedürfen seiner Zustimmung. Des Weiteren ist es seine Aufgabe zu kontrollieren, ob die bestehenden Arbeitsschutzvorschriften im Betrieb eingehalten werden. In Betrieben, die mehr als 20 Beschäftigte haben, müssen sogenannte **Sicherheitsbeauftragte** vorhanden sein. Sie sollen die Arbeitgeber bei der Durchführung des Arbeitsschutzes unterstützen. In großen Betrieben ist der Arbeitgeber außerdem gesetzlich verpflichtet, weitere Fachkräfte für die Arbeitssicherheit einzustellen. Dies sind z. B. Sicherheitsingenieure und Betriebsärzte. Auch durch außerbetriebliche Einrichtungen wird die Einhaltung des Arbeitsschutzes überwacht.

Die wichtigsten Organe des Arbeitsschutzes sind:
• die **Berufsgenossenschaften,**
• die **staatlichen Gewerbeaufsichtsämter*.**

Gewerbeaufsichtsämter* sind staatliche Behörden. Ihre Beamten, die Betriebskontrollen durchführen, dürfen die Arbeitsräume jederzeit betreten. Werden ihre Anordnungen nicht befolgt, so können sie durch polizeiliche Maßnahmen erzwungen werden. Für die Unfallverhütung sind besonders die **Berufsgenossenschaften** zuständig. Auch sie kontrollieren durch eigene Aufsichtsbeamte die Einhaltung ihrer Unfallverhütungsvorschriften. Unabhängig davon muss jeder Arbeitgeber im Rahmen seiner Fürsorgepflicht alle entsprechenden Schutzvorschriften einhalten. Kommt er dieser Verpflichtung nicht nach, so kann der Arbeitnehmer die Arbeit verweigern oder Schadenersatz verlangen.

* In NRW beispielsweise „Arbeitsschutzdezernate der Bezirksregierungen"

Formen des Arbeitsschutzes

Technischer Arbeitsschutz			Sozialer Arbeitsschutz
Produkt-sicherheitsgesetz	**Arbeitssicherheits-gesetz**	**Unfallverhütungs-vorschriften**	• Arbeitszeitgesetz • Bundesurlaubsgesetz • Mutterschutzgesetz • Bundeselterngeld- und Elternzeitgesetz • Schwerbehindertenschutz (Sozialgesetzbuch) • Jugendarbeitsschutzgesetz
Sicherheits-vorschriften für Geräte und Produkte	Einstellung von Betriebsärzten und Sicherheits-fachkräften	zuständig: Berufsgenossen-schaft	

Gewerbeordnung	**Arbeitsstätten-verordnung**
Grundlage des Unfallschutzes	menschenfreundliche Arbeitsplätze

Überwachung: Berufsgenossenschaften, Gewerbeaufsichtsämter, Betriebsräte, Fachkräfte für Arbeitssicherheit

Arbeitsteil

1. Welchen Gefahren sind arbeitende Menschen ausgesetzt?

2. a) Unterscheiden Sie zwischen Berufskrankheiten und allgemeinen Krankheiten.
   b) Welches sind die häufigsten Berufskrankheiten?

3. a) Welches sind die häufigsten Ursachen von Arbeitsunfällen?
   b) Wie wirkt sich ein Arbeitsunfall aus für den Verletzten und für die Gesellschaft?

4. a) Unterscheiden Sie zwischen technischem und sozialem Arbeitsschutz.
   b) Geben Sie zu jedem Bereich zwei Gesetze oder Vorschriften an.
   c) Welche Personengruppen werden durch den sozialen Arbeitsschutz besonders geschützt?

5. Nennen Sie je drei
   a) Schutzbestimmungen für (werdende) Mütter,
   b) Bestimmungen des Jugendarbeitsschutzgesetzes,
   c) Bestimmungen des Arbeitszeitgesetzes.

6. Wie soll sich ein Jugendlicher verhalten, wenn in seinem Betrieb fortwährend gegen das Jugendarbeitsschutzgesetz verstoßen wird?

7.

   a) Teilen Sie die gezeigten Sicherheitszeichen nach folgendem Schema ein:
   Warnzeichen/Verbotszeichen/Gebotszeichen
   b) Geben Sie die Bedeutung dieser Zeichen an.
   c) Die 16-jährige Nadine wird in einem Lackierbetrieb zur Fahrzeuglackiererin ausgebildet. Welche Warn-, Verbots- und Gebotszeichen sind in ihrem Ausbildungsbetrieb besonders wichtig?

8. Die nachfolgenden Warnzeichen sollen auf Gefahren bei der Verwendung von verpackten Stoffen hinweisen. Wovor warnen diese Zeichen, wenn sie auf einer Verpackung abgebildet sind?

9. Die Zahntechnikerin Michaela Hartwig ist im 9. Monat schwanger. Aus Angst, ihren Arbeitsplatz zu verlieren, arbeitet sie noch im 9. Monat.
   a) Beurteilen Sie den Fall mithilfe des Gesetzestextes.
   b) Wie ist die Rechtslage, wenn der Frauenarzt wegen Komplikationen strikte Bettruhe verordnet?

Auszug aus dem Mutterschutzgesetz

§ 3 Beschäftigungsverbot für werdende Mütter
(1) Werdende Mütter dürfen nicht beschäftigt werden, soweit nach ärztlichem Zeugnis Leben oder Gesundheit von Mutter und Kind bei Fortdauer der Beschäftigung gefährdet ist.
(2) Werdende Mütter dürfen in den letzten sechs Wochen vor der Entbindung nicht beschäftigt werden, es sei denn, dass sie sich zur Arbeitsleistung ausdrücklich bereit erklären; die Erklärung kann jederzeit widerrufen werden.

10. a) Erläutern Sie die Aussage auf dem beschrifteten Spiegel.
    b) Wer überwacht die Einhaltung des Arbeitsschutzes?
    c) Womit muss ein Unternehmer rechnen, wenn er die Bestimmungen des Arbeitsschutzes missachtet?

6   Sozialversicherungen

Tobias hat soeben die erste Abrechnung seiner Ausbildungsvergütung erhalten. Aufgebracht stürmt er in das Büro seines Chefs.

Tobias: Herr Uhl, gerade habe ich meine erste Lohnabrechnung angesehen. Da stimmt was nicht. Im Ausbildungsvertrag hatten wir 650 € vereinbart. Auf der Abrechnung steht aber, dass Sie mir nur 518,54 € ausbezahlen wollen. So war das aber nicht ausgemacht!

Herr Uhl: Im Ausbildungsvertrag steht die Bruttovergütung, ausgezahlt wird selbstverständlich die Nettovergütung.

Tobias: Was heißt hier Nettovergütung?

Herr Uhl: Ist doch logisch, vom Bruttolohn gehen noch die Sozialversicherungsbeiträge ab.

Tobias: Da wüsste ich doch was davon, wenn ich eine Versicherung abgeschlossen hätte, und außerdem bin ich schließlich Auszubildender.

Herr Uhl: Die Sozialversicherung ist eine Pflichtversicherung, die alle Arbeitnehmer zahlen müssen; aus gutem Grund.

Tobias: Aus gutem Grund? Na, da bin ich aber mal gespannt, wie Sie das begründen wollen.

a) Kennen Sie die einzelnen Zweige unseres Sozialversicherungssystems?

b) Begründen Sie anhand von drei selbst gewählten Beispielen die Notwendigkeit unserer Sozialversicherungen.

Entstehung und Bedeutung der Sozialversicherungen

Das 19. Jahrhundert war gekennzeichnet durch die Verelendung der Arbeiterschaft. Niedrige Löhne, überlange Arbeitszeiten, Arbeitsunfälle, Krankheit, schlechte Wohnverhältnisse und Arbeitslosigkeit gehörten zum Alltag der Arbeitnehmer. Auf Druck der Arbeiterbewegung wurde deshalb von Reichskanzler Bismarck die Sozialgesetzgebung angeregt. Bereits 1881 wurde sie durch eine „Kaiserliche Botschaft" eingeleitet und ständig – selbst heute noch – verbessert. Unser heutiges Sozialversicherungssystem umfasst:

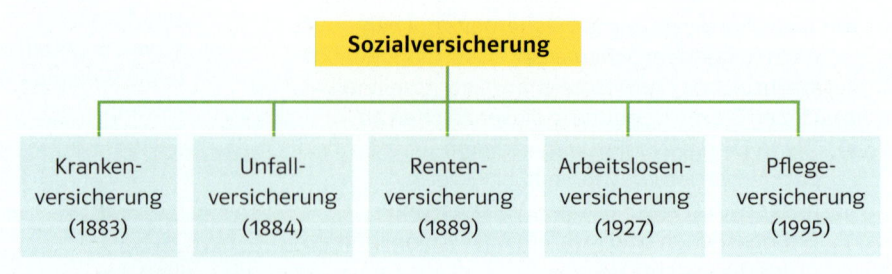

Auch wenn sich die Situation der Arbeiter inzwischen erheblich verbessert hat, ist die Bedeutung der Sozialversicherung keineswegs zurückgegangen. Während früher die drückendste Not gelindert werden sollte, ist ihre derzeitige Aufgabe, den Versicherten bei Krankheit, Alter, Unfall oder Arbeitslosigkeit eine angemessene Lebensführung zu ermöglichen. Da auch heutzutage nur wenige Arbeitnehmer genügend Geld zurücklegen können, um sich gegen alle Risiken selbst abzusichern, sind die

Sozialversicherungen **Pflichtversicherungen** für alle Arbeitnehmer. Für einzelne Personengruppen, z. B. Beamte und Selbstständige, gelten Sonderregelungen. Weitere Merkmale sind:

- Die Versicherten bringen einen Teil der Versicherungsbeiträge selbst auf.
- Den anderen Teil tragen die Arbeitgeber, für die Unfallversicherung bezahlen sie die Beiträge ganz.
- Die Versicherten haben einen Rechtsanspruch auf die Versicherungsleistungen.
- Die Sozialversicherungen sind nach dem Selbstverwaltungsgrundsatz aufgebaut. Ihre Organe werden gewählt und bestehen zur Hälfte aus Arbeitnehmern und Arbeitgebern.
- Sozialversicherungen arbeiten nach dem Solidaritätsprinzip. Dies bedeutet, dass die Beitragshöhe des Versicherten von dessen Einkommen abhängt. Die Versicherungsleistungen dagegen richten sich danach, was der Versicherte benötigt.
- Die Sozialversicherungen erhalten erhebliche Staatszuschüsse.

Krankenversicherung

Die gesetzliche **Krankenversicherung** ist eine Versicherung zum Schutz des Arbeitnehmers und seiner Familie in allen Krankheitsfällen. Sie tritt in erster Linie dann ein, wenn es gilt, die Gesundheit zu erhalten oder wiederherzustellen.

Versicherungsträger sind die Allgemeinen Ortskrankenkassen, Ersatzkassen, Innungskrankenkassen, Betriebskrankenkassen, Landwirtschaftlichen Krankenkassen, die Bundesknappschaft und die Seekrankenkasse.

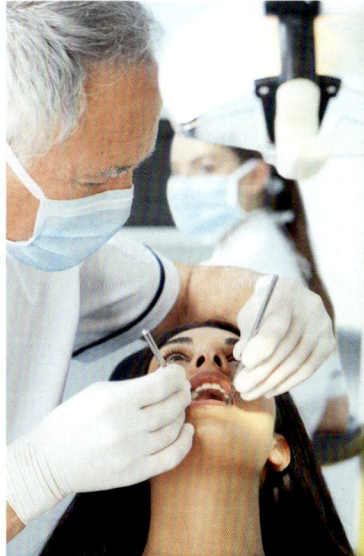

Leistungen:
- Maßnahmen zur **Früherkennung** von Krankheiten (Vorsorgeuntersuchungen) können ab bestimmten Altersgrenzen beansprucht werden.
- **Krankenhilfe:**
  - *Krankenpflege* beinhaltet ärztliche/zahnärztliche Behandlung, Arzneimittel, Verbandsmittel usw.
  - *Krankenhauspflege* erhält ohne zeitliche Begrenzung jeder, der in ein Krankenhaus aufgenommen werden muss.
  - *Krankengeld* beträgt 70 % des Bruttoverdienstes, jedoch nicht mehr als 90 % des letzten Nettoverdienstes. Von dem ermittelten Krankengeld sind im Normalfall noch Beiträge zur Renten-, Pflege- und Arbeitslosenversicherung zu entrichten. Während der ersten sechs Krankheitswochen müssen die Arbeitgeber den vollen Arbeitslohn weiterzahlen (Entgeltfortzahlung).
- **Mutterschaftshilfe** wird geleistet bei Schwangerschaft und Entbindung. Sie besteht aus ärztlicher Behandlung, Hebammenhilfe, Arzneien, Heilmitteln, stationärer Pflege und Mutterschaftsgeld. Das Mutterschaftsgeld wird sechs Wochen vor und acht Wochen nach der Entbindung gezahlt.
- **Familienhilfe** erhalten Ehegatten und Kinder, sofern sie nicht selbst versichert sind.
- **Rehabilitation** dient der Wiedererlangung der körperlichen Leistungsfähigkeit oder der Abwendung von Beeinträchtigungen und Einschränkungen.

Bei Krankheit kann jeder der rund 70 Millionen Versicherten einen Arzt seiner Wahl aufsuchen. Als Versicherungsnachweis dient die **elektronische Gesundheitskarte**. Ärzte und Krankenhäuser rechnen mit deren Hilfe direkt mit der Krankenversicherung ab. Alle wichtigen Daten des Versicherten sind auf der Karte enthalten und zusätzlich in einem Mikrochip gespeichert. Um Missbrauch zu verhindern, ist außerdem ein Foto des Versicherten abgebildet. Bei einem Arztbesuch muss der Patient lediglich seine Karte überreichen. Die Praxishelferin führt die Chip-Karte in ein Lesegerät ein. Durch einen angeschlossenen Drucker können Bescheinigungen, Abrechnungsscheine usw. erstellt werden.

70 Millionen Versicherte sind mit der Gesundheitskarte ausgestattet.

Auf der Gesundheitskarte werden Untersuchungsdaten, Arzneimittelverordnungen, Impfungen sowie Notfalldaten gespeichert. Dies soll die medizinische Versorgung verbessern. Des Weiteren soll die Karte helfen, Arzneimittelunverträglichkeiten und Doppeluntersuchungen zu vermeiden. Nach der vollständigen Umstellung auf die Gesundheitskarte soll das Papierrezept durch ein elektronisches Rezept ersetzt werden. Die Kartenrückseite ist als **Europäische Krankenversichertenkarte** gestaltet, um den Auslandskrankenschein zu ersetzen.

Beiträge übernehmen Arbeitgeber und Arbeitnehmer jeweils zur Hälfte. Bei Auszubildenden mit geringem Einkommen (2016: 325 € monatlich) übernimmt allein der Arbeitgeber die Beiträge. Der Beitragssatz beträgt bei allen gesetzlichen Krankenkassen einheitlich 14,6 % vom Bruttolohn (2016). Somit ergeben sich ein Arbeitnehmeranteil von 7,3 % und ein Arbeitgeberanteil von 7,3 % (siehe Niedriglohnjobs S. 204/205, Minijobs S. 42).

Alle Beiträge von Arbeitgebern und Arbeitnehmern sowie erhebliche Steuermittel fließen in den **Gesundheitsfonds**. Aus dem Fonds erhalten alle Kassen für jeden Versicherten eine Grundpauschale (plus alters-, geschlechts- und risikoabhängige Zu- und Abschläge). Gleichgültig, in welcher Krankenkasse jemand versichert ist, die Höhe des Beitragssatzes ist überall gleich. Beitragsunterschiede gibt es nur durch einen **prozentualen Zusatzbeitrag**. Den darf eine Kasse von den Versicherten einfordern, wenn sie mit dem Geld aus dem Gesundheitsfonds nicht auskommt. Je nach Krankenkasse betragen die Zusatzbeiträge zwischen 0 und 1,7 %. Die Wahl einer günstigeren Krankenkasse kann sich also lohnen.

Für Empfänger von Arbeitslosengeld zahlt die Bundesagentur für Arbeit die Beiträge. Das Gesetz gibt den Krankenkassen die Möglichkeit, unterschiedliche Tarife anzubieten, z. B. für chronisch Kranke oder Kostenerstattungs- und Selbstbehalttarife sowie Vorsorgetarife.

Rund 95 % der Krankenkassenleistungen schreibt der sogenannte **Pflichtleistungskatalog** vor. Neben anerkannten Behandlungsmethoden, Arznei- und Verbandsmitteln oder medizinischen Rehabilitationsmaßnahmen enthält der Pflichtleistungskatalog auch finanzielle Pflichtleistungen wie Krankengeld oder Mutterschaftsgeld. Die gesetzlichen Krankenkassen unterscheiden sich deshalb vor allem durch die **Zusatzleistungen** und den Service. Hierzu gehören z. B. Behandlungsmethoden, Operationstechniken und Therapien, die noch nicht im Pflichtkatalog enthalten sind. Welche Kasse die beste ist, kommt neben dem Beitrag auf die speziellen Bedürfnisse im Einzelfall an.

Versicherungspflichtig sind alle Einwohner Deutschlands. Arbeitnehmer sind nur dann bei einer gesetzlichen Krankenkasse pflichtversichert, wenn ihr Einkommen eine bestimmte Grenze, die **Versicherungspflichtgrenze**, nicht übersteigt (2016: monatlich 4 687,50 €). Liegt ihr Einkommen ein Jahr über dieser Versicherungspflichtgrenze, dann können sie in eine private Krankenversicherung wechseln. Selbstständige, Freiberufler (z. B. Ärzte, Rechtsanwälte) und Beamte sind in der gesetzlichen Krankenversicherung ebenfalls nicht pflichtversichert; sie müssen eine private Krankenversicherung abschließen. Obergrenze für die Beitragsberechnung ist die **Beitragsbemessungsgrenze**, ihre Höhe 2016: 4 237,50 € monatlich (siehe auch: Minijobs S. 42).

Rentenversicherung

Die gesetzliche **Rentenversicherung** schützt die Versicherten und ihre Familien vorwiegend, indem sie bei Erwerbsunfähigkeit, Alter und Tod Renten zahlt.

Versicherungsträger ist die „**Deutsche Rentenversicherung**". Unter diesem Dach haben sich alle Träger der gesetzlichen Rentenversicherung zusammengeschlossen. Im Einzelnen sind dies die „**Deutsche Rentenversicherung Bund**", die „Deutsche Rentenversicherung Regional" und die „**Deutsche Rentenversicherung Knappschaft, Bahn, See**".

Info
Deutsche
Rentenversicherung
m7ce8v

Wechseln der Krankenkasse:
Erst nach 18 Monaten Mitgliedschaft kann man die Krankenkasse wechseln. Eine normale Kündigung ist dann jederzeit mit einer Kündigungsfrist von 2 Monaten möglich, also ab dem Ende des übernächsten Monats. Nach einem Wechsel ist man erneut 18 Monate gebunden.
Ein Sonderkündigungsrecht besteht, wenn die Krankenkasse einen Zusatzbeitrag verlangt, auch wenn man noch keine 18 Monate versichert war. Die Kündigungsfrist beträgt 2 Monate ab Inkrafttreten der Erhöhung.

Leistungen:

- **Rehabilitation** sind alle Maßnahmen, welche die Erwerbstätigkeit sichern oder wiederherstellen. Die gesundheitliche Förderung soll die Arbeitskraft erhalten und so eine frühzeitige Rentenzahlung verhindern. Beispiele: Kuren, berufliche Umschulung.
- **Rentenleistungen:**
  - *Erwerbsminderungsrente* wird gezahlt bei teilweiser oder voller Erwerbsminderung. Versicherte, die täglich weniger als drei Stunden arbeiten können, erhalten eine volle Erwerbsminderungsrente. Wer noch mindestens 3, aber nicht mehr als 6 Stunden täglich arbeiten kann, erhält eine halbe Erwerbsminderungsrente.
  - *Altersrente* wird gewährt, wenn der Versicherte ein bestimmtes Lebensalter erreicht hat, wobei unterschiedliche Altersgrenzen gelten, z.B. derzeit 65 Jahre für die Regelaltersrente. Seit 2012 wird die Altersgrenze schrittweise angehoben, bis sie 2029 die neue Regelaltersgrenze von 67 Jahren erreicht. Wer 45 Versicherungsjahre hat, kann weiterhin mit 65 Jahren ohne Abzüge in Rente gehen.
  - *Witwen- und Witwerrente* erhalten die Ehegatten nach dem Tod des Versicherten. Heiratet der überlebende Ehegatte erneut, dann entfällt die Rente.
  - *Waisenrente* erhalten die Kinder der verstorbenen Versicherten bis zum Ende der ersten Berufsausbildung.

Wie alle Leistungen der Rentenversicherung werden die Renten nur gezahlt, wenn der Versicherte sie beim Versicherungsamt der Gemeinde beantragt, das den Antrag an den zuständigen Versicherungsträger weiterleitet. Anträge können nur gestellt werden, wenn die **Anwartschaftszeiten** (Wartezeiten) erfüllt wurden. Für die normale Regelaltersrente nach dem 65. Lebensjahr (zukünftig 67) werden 5 Versicherungssjahre verlangt, die Altersrente von Schwerbehinderten nach dem 63. Lebensjahr (zukünftig 65) erfordert derzeit 35 Jahre. Bei einer Erwerbsminderungsrente werden derzeit 5 Jahre vorausgesetzt.

Zu den **Beitragszeiten** werden noch Ersatzzeiten (z.B. Wehrdienst) und Ausfallzeiten (z.B. Berufsausbildung, Studium) hinzugerechnet. Jeder Rentenberechtigte kann entscheiden, ob er seine Rente als **Vollrente** oder als **Teilrente** erhalten will. Die Versicherten können so einerseits einen Teil der ihnen zustehenden Altersrente in Anspruch nehmen und andererseits hinzuverdienen. Auf diese Weise ist es möglich, langsam in den Ruhestand hineinzugleiten.

> flexible Altersgrenze:
> Mit 63 Jahren können alle Versicherten die flexible Altersgrenze in Anspruch nehmen, sofern sie mindestens 35 Jahre Wartezeit nachweisen können. Allerdings müssen sie dafür Abschläge in Kauf nehmen, und zwar 0,3% für jeden Monat, den sie vor der gesetzlichen Regelaltersgrenze in Ruhestand gehen.

Generationenvertrag – Probleme der Rentenversicherung: Die Leistungen der Rentenversicherung werden im Wesentlichen aus den laufenden Beiträgen der jetzigen Arbeitnehmer finanziert. Die heutige Generation der Beitragszahler kommt also für die Altersversorgung der heutigen Rentner auf in der Erwartung, dass die folgende Generation die gleiche Verpflichtung übernimmt. In der derzeitigen Bevölkerungsentwicklung sehen viele eine Gefährdung dieses **Generationenvertrags**. Statistische Voraussagen haben ergeben, dass sich die Bevölkerung Deutschlands im Jahr 2040 um Millionen vermindert. Innerhalb dieser Bevölkerung wird eine erhebliche Strukturveränderung eingetreten sein. So wird die Zahl der Rentner erheblich zunehmen, während die Zahl der Erwerbstätigen stark sinken wird, d. h. immer weniger Arbeitnehmer werden immer mehr Rentner versorgen müssen (siehe auch Probleme der sozialen Marktwirtschaft, S. 244).

Info

Bevölkerungsvorausberechnung, Statistisches Bundesamt
6ym8ni

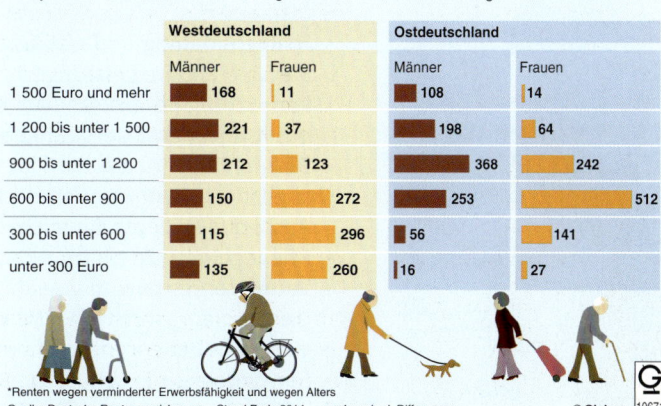

So hoch sind die Renten

Von je 1 000 Versichertenrenten* in der gesetzlichen Rentenversicherung sind so hoch

	Westdeutschland		Ostdeutschland	
	Männer	Frauen	Männer	Frauen
1 500 Euro und mehr	168	11	108	14
1 200 bis unter 1 500	221	37	198	64
900 bis unter 1 200	212	123	368	242
600 bis unter 900	150	272	253	512
300 bis unter 600	115	296	56	141
unter 300 Euro	135	260	16	27

*Renten wegen verminderter Erwerbsfähigkeit und wegen Alters
Quelle: Deutsche Rentenversicherung   Stand Ende 2014   rundungsbed. Differenzen
© Globus   10671

Rentenhöhen: Die Höhe der Rente hängt von verschiedenen Faktoren ab, z.B. von der Zahl der Versicherungsjahre eines Rentners und von der Höhe der Beitragszahlungen. Diese Werte werden noch ins Verhältnis gesetzt zu den durchschnittlichen Verdiensten aller Rentenversicherten. Des Weiteren soll in Zukunft auch die Bevölkerungsentwicklung die Rentenhöhe beeinflussen.

Beiträge übernehmen **Arbeitgeber und Arbeitnehmer jeweils zur Hälfte** (2016: insgesamt 18,7 % des Bruttolohns). Bei Auszubildenden mit geringen Einkommen übernimmt der Arbeitgeber die Beiträge. Das gilt 2016 für Einkommen bis maximal 325 €.

Beitragsbemessungsgrenze: Die Sozialversicherungsbeiträge werden nur bis zu den Beitragsbemessungsgrenzen errechnet. Sie betragen monatlich (Stand 2016):
- 6 200 € in der Renten- und Arbeitslosenversicherung (neue Bundesländer 5 400 €),
- 4 237,50 € in der Kranken- und Pflegeversicherung (bundesweit).

So zahlt z.B. ein Arbeitnehmer, der 7 000 € im Monat verdient, nur Beiträge aus 6 200 € (bzw. 5 400 €) für die Rentenversicherung.

Versicherungspflichtig sind Arbeitnehmer, Handwerker, Landwirte und Auszubildende. Wer nicht versicherungspflichtig ist, kann sich freiwillig versichern.

Nicht sozialversicherungspflichtig sind z.B. **geringfügige Beschäftigungen (Minijobs)**. Diese liegen vor, wenn pro Monat weniger als 450 € (Stand 2016) verdient werden. Die Folge: Die fälligen Beiträge muss der Arbeitgeber zahlen. Er zahlt einen Pauschalbetrag von 15 % als Beitrag zur Rentenversicherung und 13 % an die Krankenversicherung sowie 2 % Pauschalsteuer. Der Arbeitnehmer zahlt keine Steuer. In der Rentenversicherung muss er nur 3,9 % übernehmen, nämlich die Differenz zwischen den 15 % Pauschalbeitrag des Arbeitgebers und dem gültigen Beitragssatz. Er erhält dafür auch keine Leistungen aus der Krankenversicherung, sofern er nicht aus einem anderen Arbeitsverhältnis sozialversichert ist. Jeder, der einen 450-€-Job hat, kann seinem Arbeitgeber schriftlich mitteilen, dass er von der Rentenversicherungspflicht befreit werden will. Dann zahlt nur noch der Arbeitgeber den Pauschalbeitrag von 15 %. Wird der Minijob im Privathaushalt ausgeübt, dann betragen die gesamten Abzüge lediglich 12 %.

Info
Deutsche Gesetzliche
Unfallversicherung
dc43pd

Unfallversicherung

Die wichtigste Aufgabe der gesetzlichen **Unfallversicherung** ist die Verhütung von Arbeitsunfällen. Sollte dennoch ein Arbeitsunfall geschehen, so hat sie die Betroffenen finanziell zu sichern und ihre Erwerbstätigkeit wiederherzustellen.

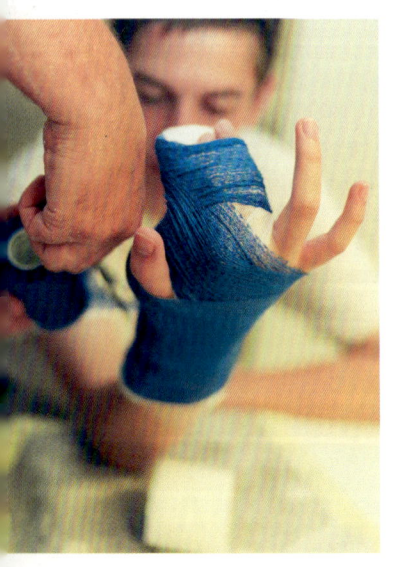

Leistungen:
- **Unfallverhütung (Prävention)** ist die wichtigste Aufgabe der Unfallversicherung. Hierzu erlassen die Berufsgenossenschaften Unfallverhütungsvorschriften und überwachen deren Einhaltung. Bei Verstößen können sie Geldbußen bis zu 10 000 € festsetzen.
- **Heilbehandlung** umfasst ärztliche Behandlung, Arzneimittel, Krankenhausaufenthalt und andere Leistungen.
- **Verletztengeld** ersetzt den Verdienstausfall bei Arbeitsunfähigkeit. Es wird wie das Krankengeld der Krankenversicherung berechnet.
- **Berufshilfe** wird mit dem Ziel gezahlt, den Verletzten wieder ins Arbeitsleben einzugliedern. Kann der Verletzte seinen alten Beruf nicht mehr ausüben, werden die Ausbildungskosten für einen anderen Beruf übernommen (Umschulung).
- **Pflegegeld** bis zu 1 318 € monatlich, wenn Pflege und Unterstützung benötigt wird.
- **Verletztenrente** wird gewährt, wenn die Erwerbsfähigkeit nicht wiederhergestellt werden kann. Ihre Höhe ist abhängig vom Grad der Erwerbsminderung.
- **Hinterbliebenenrente** (Witwen-, Witwer-, Waisenrente) in unterschiedlicher Höhe
- **Sterbegeld** als Zuschuss zu den Bestattungskosten.

Versicherungsträger sind die nach verschiedenen Gewerbezweigen aufgegliederten Berufsgenossenschaften z.B. BG Bau, BG Nahrungsmittel und Gastgewerbe sowie die Unfallkassen der öffentlichen Hand.

Leistungsanspruch: Nicht durch jeden Unfall wird ein Anspruch begründet. Drei Ereignisse sind es, die einen Versicherungsanspruch auslösen können:

- **Arbeitsunfall** wird ein Unfall genannt, den ein Versicherter während der Arbeit und auf Dienstwegen erleidet. Auch Betriebsveranstaltungen und Ähnliches zählen dazu.
- **Wegeunfall** nennt man einen Unfall, der sich ereignet auf dem Weg von der Wohnung zur Arbeitsstätte und umgekehrt. Versichert ist jeweils der kürzeste Weg.
- **Berufskrankheiten** sind die Folge von gesundheitsschädigenden Tätigkeiten, z.B. Staublungen, Bleivergiftungen, Hauterkrankungen durch Chemikalien.

Unfallanzeige: Wird ein Versicherter durch einen Arbeitsunfall getötet oder mehr als drei Tage arbeitsunfähig, dann ist der Arbeitgeber verpflichtet, den Arbeitsunfall durch eine Unfallanzeige zu melden. Er muss dabei den Vordruck der Berufsgenossenschaft verwenden (2 Exemplare an die Berufsgenossenschaft, 1 Exemplar an das Gewerbeaufsichtsamt).

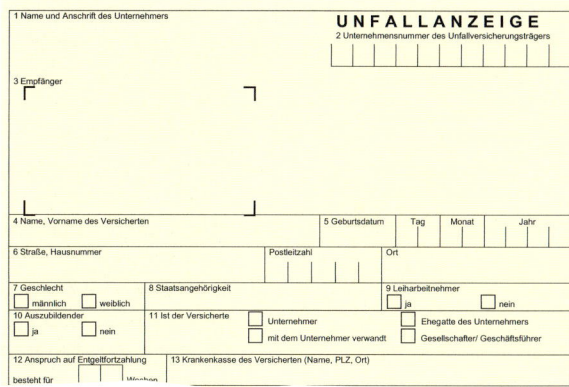

Beiträge bringen die Arbeitgeber alleine auf. Die Höhe hängt ab vom Verdienst der Versicherten in den jeweiligen Unternehmen sowie vom Grad der Unfallgefahr. Gewerbezweige, in denen die Unfallgefahr größer ist, zahlen auch entsprechend höhere Beiträge.

Versichert sind alle Arbeitnehmer, Schüler und Studenten, Hilfeleistende bei Unglücksfällen sowie freiwillig versicherte Unternehmer.

Arbeitslosenversicherung

Die eigentliche Aufgabe der **Arbeitslosenversicherung**, die finanzielle Absicherung bei Arbeitslosigkeit und die Sicherung von Arbeitsplätzen, wurde durch das Arbeitsförderungsrecht des Sozialgesetzbuches erheblich erweitert.

Info
Bundesagentur für Arbeit
572e63

Leistungen:

- **Arbeitsförderung** nennt man Maßnahmen, welche die Bundesagentur für Arbeit ergreift, um die Beschäftigung zu sichern. Diese Maßnahmen umfassen:
  - *Arbeitsmarkt- und Berufsforschung,*
  - *Arbeitsvermittlung und Berufsberatung,*
  - Förderung der beruflichen Bildung, also der Berufsausbildung, der Fortbildung und der Umschulung.
- **Kurzarbeitergeld** wird zur Sicherung von Arbeitsplätzen gezahlt.
- **Saison-Kurzarbeitergeld** soll dafür sorgen, dass Arbeitnehmer in Baubetrieben ganzjährig beschäftigt werden können. Für Arbeitsausfälle während der sogenannten Schlechtwetterzeit (1. Dezember bis 31. März) erhalten sie 60% ihres letzten Nettolohns.
- **berufliche Rehabilitation** fördert die Teilhabe behinderter Menschen am Arbeitsleben.

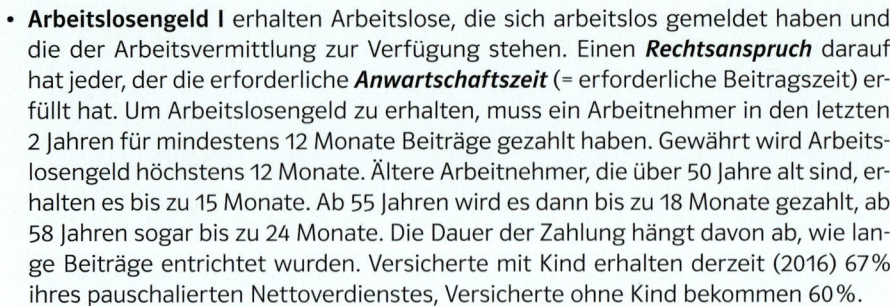

Bezugsdauer von Arbeitslosengeld I (ALG I) Stand 2016	
Beschäftigungszeit	Bezugsdauer ALG I
12 Monate	6 Monate
16 Monate	8 Monate
20 Monate	10 Monate
24 Monate	12 Monate

- **Arbeitslosengeld I** erhalten Arbeitslose, die sich arbeitslos gemeldet haben und die der Arbeitsvermittlung zur Verfügung stehen. Einen **Rechtsanspruch** darauf hat jeder, der die erforderliche **Anwartschaftszeit** (= erforderliche Beitragszeit) erfüllt hat. Um Arbeitslosengeld zu erhalten, muss ein Arbeitnehmer in den letzten 2 Jahren für mindestens 12 Monate Beiträge gezahlt haben. Gewährt wird Arbeitslosengeld höchstens 12 Monate. Ältere Arbeitnehmer, die über 50 Jahre alt sind, erhalten es bis zu 15 Monate. Ab 55 Jahren wird es dann bis zu 18 Monate gezahlt, ab 58 Jahren sogar bis zu 24 Monate. Die Dauer der Zahlung hängt davon ab, wie lange Beiträge entrichtet wurden. Versicherte mit Kind erhalten derzeit (2016) 67% ihres pauschalierten Nettoverdienstes, Versicherte ohne Kind bekommen 60%.
- **Arbeitslosengeld II** erhalten alle erwerbsfähigen Sozialgeld- bzw. Sozialhilfeempfänger sowie alle Arbeitslosen, die noch keinen Anspruch auf Arbeitslosengeld haben oder deren Anspruch abgelaufen ist (Langzeitarbeitslose). Für den Erhalt von Arbeitslosengeld II muss der Antragsteller **Bedürftigkeit** nachweisen. Im Gegensatz zum Arbeitslosengeld I wird Arbeitslosengeld II zeitlich unbegrenzt gewährt. Es ist identisch mit dem Sozialgeld bzw. der Sozialhilfe und beträgt monatlich 404 € (Stand 2016). Hinzu kommen noch andere Leistungen wie Wohngeld. *Anmerkung:* Arbeitslosengeld II ist keine Leistung der Arbeitslosenversicherung, da es aus Steuern finanziert wird. Durch die Bundesagentur für Arbeit erfolgt lediglich die Auszahlung.

Arbeitslosengeld I und Arbeitslosengeld II werden ab dem Tag der Arbeitslos-Meldung gezahlt. Wer die Arbeitslosigkeit jedoch selbst verschuldet hat, erhält erst nach einer **Sperrfrist** von 12 Wochen Arbeitslosenunterstützung. Beispiele: eigene Kündigung, absichtliches Herbeiführen der Kündigung, Weigerung, an Fortbildungs- und Umschulungsmaßnahmen teilzunehmen, Ablehnung von zumutbarer Arbeit. Grundsätzlich muss ein Arbeitsloser der Arbeitsvermittlung zur Verfügung stehen, wenn er Arbeitslosenunterstützung erhalten will.

Auszubildende werden nach bestandener Abschlussprüfung häufig von ihren Ausbildungsbetrieben nicht übernommen – sie werden arbeitslos. Die Grundlage der Berechnung ihres Arbeitslosengeldes ist die Ausbildungsvergütung oder, wenn sich dadurch ein höherer Betrag ergibt, 50% des erzielbaren Tariflohns. Haben Auszubildende die Prüfung nicht bestanden, wird die Ausbildungsvergütung für die Berechnung zugrunde gelegt.

Versicherungsträger ist die Bundesagentur für Arbeit (BA). Sie gliedert sich in die Hauptstelle mit Sitz in Nürnberg, 10 Regionaldirektionen (frühere Landesarbeitsämter) und die Agenturen für Arbeit vor Ort (frühere Arbeitsämter).

Versicherungspflichtig sind alle Arbeitnehmer und Auszubildenden. Versicherungsfrei sind geringfügig Beschäftigte (siehe auch Minijobs S. 42).

A Bundesagentur für Arbeit

Bezirke und Sitze der Regionaldirektionen

© Bergmoser + Höller Verlag AG

⊕ ZAHLENBILDER
152 110

⊘ **Fallbeispiel Pflegeversicherung** S. 54

Beiträge übernehmen Arbeitgeber und Arbeitnehmer jeweils zur Hälfte (Beitragssatz 2016: insgesamt 3,0% des Bruttolohns). Bei Auszubildenden mit geringem Einkommen übernimmt der Arbeitgeber die Beiträge. Diese Regelung gilt 2016 für Einkommen, die maximal 325 € betragen (siehe auch Beitragsbemessungsgrenze, S. 42). Arbeitnehmer in Niedriglohnjobs (450–850 €) zahlen einen ermäßigten Beitragssatz, der nach dem Einkommen gestaffelt ist.

Pflegeversicherung

Die Aufgabe der gesetzlichen **Pflegeversicherung** ist die finanzielle Absicherung bei Pflegebedürftigkeit. Bereits heute sind über 2,8 Millionen Menschen pflegebedürftig, im Jahr 2030 werden mehr als 3,4 Millionen Pflege benötigen. Ohne Pflegeversicherung würden die meisten Pflegeheiminsassen zum „Sozialfall" – sie wären auf

Sozialhilfe angewiesen, da nur wenige die hohen Pflegekosten selbst bezahlen könnten.

Versicherungträger sind die **Pflegekassen**, die bei den Krankenkassen eingerichtet wurden.

Versicherungspflichtig sind alle Personen, die auch krankenversicherungspflichtig sind. Wer eine private Krankenversicherung hat, muss eine private Pflegeversicherung abschließen (siehe auch geringfügige Beschäftigungen [Minijobs] S. 42).

Beiträge leisten Arbeitgeber und Arbeitnehmer jeweils zur Hälfte (Beitragssatz 2016: insgesamt 2,35 % des Bruttolohns). Kinderlose, die zwischen 23 und 65 Jahre alt sind, zahlen 0,25 Prozentpunkte mehr. Hierfür gibt es keinen Arbeitgeberzuschuss. Um die Kosten der Arbeitgeber auszugleichen, wurde auf einen Feiertag verzichtet. In Bundesländern, in denen kein Feiertag gestrichen wurde, tragen die Arbeitnehmer einen höheren Anteil (Sachsen: Arbeitnehmer 1,675 %, Arbeitgeber 0,675 %). Bei Auszubildenden mit geringem Einkommen übernimmt der Arbeitgeber die Beiträge. Diese Regelung gilt 2016 für Einkommen, die maximal 325 € betragen (siehe auch Beitragsbemessungsgrenze S. 42).

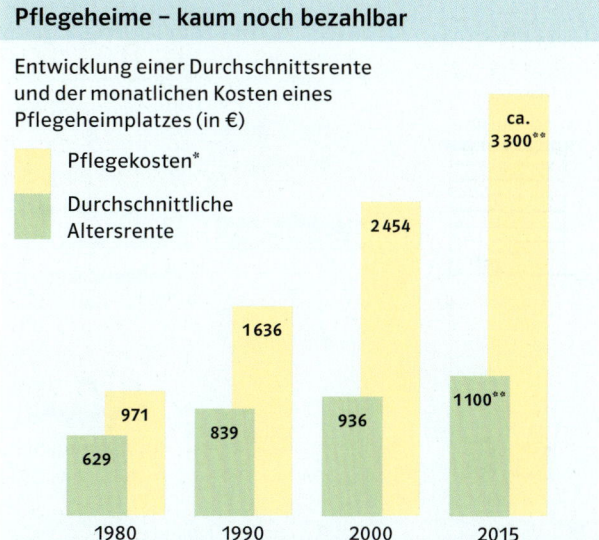

Pflegeheime – kaum noch bezahlbar

Entwicklung einer Durchschnittsrente und der monatlichen Kosten eines Pflegeheimplatzes (in €)

☐ Pflegekosten*

☐ Durchschnittliche Altersrente

	1980	1990	2000	2015
Pflegekosten*	971	1636	2454	ca. 3 300**
Durchschnittliche Altersrente	629	839	936	1100**

Jeder Bundesbürger kann zum Pflegefall werden. Von den heute 25-jährigen Männern wird statistisch gesehen jeder Vierte im Laufe seines Lebens pflegebedürftig.
Für die gleichaltrigen Frauen ist das Risiko noch größer. Jede Dritte wird irgendwann nicht mehr ohne fremde Hilfe leben können.
* Pflegestufe III   ** vorl. Wert (Bundesdurchschnitt)

Leistungen:
Die Leistungen der Pflegeversicherung richten sich nach der Pflegebedürftigkeit, die in drei Pflegestufen eingeteilt ist (Stand 01.01.2016).

- **Häusliche Pflege***
  Für die Betreuung zu Hause wird der Einsatz einer Pflegekraft erstattet:
  – bis zu 231 € monatlich in **Stufe 0** für Personen mit erheblich eingeschränkter Alltagskompetenz,
  – bis zu 468 € monatlich in **Stufe I** für erheblich Pflegebedürftige,
  – bis 1144 € monatlich in **Stufe II** für Schwerpflegebedürftige,
  – bis zu 1612 € monatlich in **Stufe III** für Schwerstpflegebedürftige, in besonderen Härtefällen maximal 1995 €.
  – Anstelle dieser **Sachleistungen** sind auch **Geldleistungen** möglich. Wer Angehörige oder Bekannte pflegt, kann für seine Dienste je nach Pflegestufe ein Pflegegeld von 123 €, 244 €, 458 € oder 728 € pro Monat erhalten.
- **Stationäre Pflege**
  Bei stationärer Pflege werden die Kosten bis monatlich 1612 € übernommen, für Schwerstpflegebedürftige in besonderen Härtefällen bis 1995 €. Die Kosten für Unterkunft und Verpflegung muss der Pflegebedürftige jedoch selbst tragen.

* Demenzkranke erhalten höhere Leistungsbeiträge. Am 01.01.2017 werden die einzelnen Pflegestufen durch 5 Pflegegrade ersetzt.

Sozialgerichtsbarkeit

Gegen Entscheidungen der einzelnen Sozialversicherungsträger, z. B. die Ablehnung eines Antrags auf Erwerbsminderungsrente, kann ein Betroffener **Widerspruch** einlegen. Gibt die zuständige Sozialversicherung dem Widerspruch statt und ändert sie ihren Bescheid, dann ist der Fall erledigt. Hält sie jedoch die Entscheidung aufrecht, so kann der Betroffene Klage beim **Sozialgericht** einreichen.

 Info
Sozialgerichtsbarkeit Bundesrepublik Deutschland
b89py4

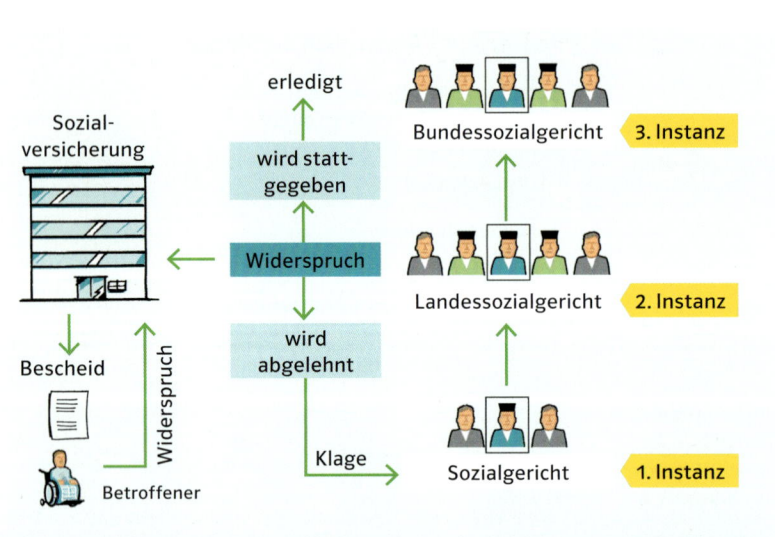

Sozialversicherung

Bescheid

Betroffener

Widerspruch

erledigt

wird statt-gegeben

Widerspruch

wird abgelehnt

Klage

Bundessozialgericht — 3. Instanz

Landessozialgericht — 2. Instanz

Sozialgericht — 1. Instanz

= Vorsitzender (= Berufsrichter)   = Berufsrichter   = ehrenamtlicher Richter (Laienrichter)

Sozialgerichte sind zuständig für Streitigkeiten aus dem Sozialrecht, also für Kindergeld, Sozialgeld usw. Beim **Landessozialgericht** kann **Berufung** gegen Urteile des Sozialgerichtes eingelegt werden. Die **Revisionsinstanz** für Urteile der Landessozialgerichte ist das **Bundessozialgericht** in Kassel.

Alle Gerichtsinstanzen setzen sich aus Berufs- und Laienrichtern (Vertreter der Arbeitgeber und Arbeitnehmer) zusammen. Für die Gerichtskosten gilt der bedeutende Grundsatz, dass alle Instanzen der Sozialgerichtsbarkeit **kostenfrei** sind.

Bei außergerichtlichen Aufwendungen wie den Kosten für den Rechtsanwalt entscheidet das Gericht, wer diese zu tragen hat.

Sozialversicherungen: Arten, Träger, Leistungen, Beiträge

	Sozialversicherungen				
Arten	Kranken-versicherung	Unfall-versicherung	Renten-versicherung	Arbeitslosen-versicherung	Pflege-versicherung
Versicherungs-träger	Krankenkassen	Berufsgenossen-schaften, Unfallkassen	Deutsche Renten-versicherung	Bundesagentur für Arbeit	Pflegekassen der Kranken-kassen
Leistungen	• Krankenhilfe, z. B. Arztbesuch • Krankengeld • Krankenhaus-pflege • Mutterschafts-hilfe • Familienhilfe	• Unfallver-hütung • Heilbehandlung • Berufshilfe • Renten • Sterbegeld bei: • Wegeunfall • Berufskrankheit • Arbeitsunfall	• Altersrente • Erwerbsminde-rungsrente • Hinterbliebe-nenrente	• Arbeits-förderung • Arbeits-sicherung • Arbeitslosen-geld I • Arbeitslosen-geld II (steuer-finanziert, lediglich Auszahlung durch BA)	• Kostenzuschuss zur häuslichen Pflege • Kostenzuschuss zur stationären Pflege
Beiträge	50 % Arbeitgeber 50 % Arbeitnehmer (+ evtl. Zusatzbeitrag) + Steuermittel	100 % Arbeitgeber	50 % Arbeitgeber 50 % Arbeitnehmer	50 % Arbeitgeber 50 % Arbeitnehmer	50 % Arbeitgeber 50 % Arbeitnehmer (Ausnahme Sachsen)

Arbeitsteil

1. a) Nennen Sie die fünf Zweige der Sozialversicherung und deren Träger.
   b) Wer bezahlt die Beiträge zu den einzelnen Versicherungen?
   c) Welche Personengruppen sind nicht sozialversicherungspflichtig?
   d) Nennen Sie drei Merkmale unseres Sozialversicherungssystems.
   e) Begründen Sie, weshalb unsere Sozialversicherung eine Pflichtversicherung ist.

2. Mit einem schweren Herzinfarkt wird ein Arbeitnehmer in ein Krankenhaus eingeliefert.
   a) Wie wird der Unterhalt des Arbeitnehmers während der 14 Krankheitswochen geregelt?
   b) Nennen Sie vier Leistungen der Krankenversicherung.
   c) Erläutern Sie die Bedeutung der Beitragsbemessungsgrenze und der Versicherungspflichtgrenze der Krankenversicherung.

3. a) Wie finanziert die Rentenversicherung die Rentenzahlungen? Erklären Sie in diesem Zusammenhang den Begriff „Generationenvertrag".
   b) Wie wirkt sich die künftige Bevölkerungsentwicklung auf den Generationenvertrag aus? Welche Lösungsvorschläge werden hierzu diskutiert?
   c) Geben Sie je zwei Beispiele an für Versichertenrenten und für Hinterbliebenenrenten.
   d) Welche Faktoren bestimmen die Höhe der Altersrente?

4. a) Worin besteht die wichtigste Aufgabe der Unfallversicherung und wie wird sie erfüllt?
   b) Welche Ereignisse können einen Unfallversicherungsanspruch auslösen?
   c) Nennen Sie drei Leistungen der gesetzlichen Unfallversicherung.
   d) Wem und wie muss ein Arbeitsunfall gemeldet werden?

5. Welcher Zweig der gesetzlichen Sozialversicherung ist in den folgenden Fällen zuständig?
   a) In ihrem Skiurlaub erleidet eine 17-jährige Auszubildende einen komplizierten Beinbruch.
   b) Eine Friseurin, die auf Haarfärbemittel mit heftigen allergischen Hautausschlägen reagiert, muss ihren Beruf aufgeben und umschulen.
   c) Nach einem schweren Schlaganfall muss ein 76-jähriger Rentner in ein Pflegeheim.
   d) Nach bestandener Gesellenprüfung wird Martin L. nicht von seinem Ausbildungsbetrieb übernommen. Eine neue Stelle hat er noch nicht gefunden.
   e) Nach einer schweren Krankheit wird eine 48-jährige Arbeitnehmerin erwerbsunfähig.

6. a) Nennen Sie drei Arbeitsförderungsmaßnahmen der Arbeitslosenversicherung.
   b) Unterscheiden Sie Arbeitslosengeld I und Arbeitslosengeld II.

7. a) Geben Sie an, wer in der Pflegeversicherung pflichtversichert ist.
   b) Welche Leistungen erbringt die Pflegeversicherung?
   c) Begründen Sie die Notwendigkeit einer Pflegeversicherung.

8. Auf der Fahrt zur Arbeit tankt ein Arbeiter. An der Tankstelle läuft er aus Unachtsamkeit in ein heranfahrendes Auto und wird erheblich verletzt. Die Berufsgenossenschaft lehnt die Kostenübernahme ab, da der Unfall nicht auf dem direkten Weg zur Arbeit passiert sei.
   a) Wie kann der Betroffene zunächst gegen den ablehnenden Bescheid vorgehen?
   b) Welches Gericht wäre bei einer gerichtlichen Auseinandersetzung zuständig und wie ist es zusammengesetzt?
   c) Welche Besonderheit unterscheidet diese Gerichtsbarkeit von anderen Gerichten?

Fallbeispiel Pflegeversicherung
S. 54

7   Private Zusatzversicherungen (Individualversicherungen)

Bei einem Sturz in seiner Freizeit verletzt sich ein 17-jähriger Auszubildender schwer.

→
a) Welcher Zweig der Sozialversicherung hilft?

b) Weshalb könnte in diesem Fall eine private Zusatzversicherung von Nutzen sein?

Welche privaten Zusatzversicherungen kennen Sie?

c) Welche private Zusatzversicherung benötigen Auszubildende?

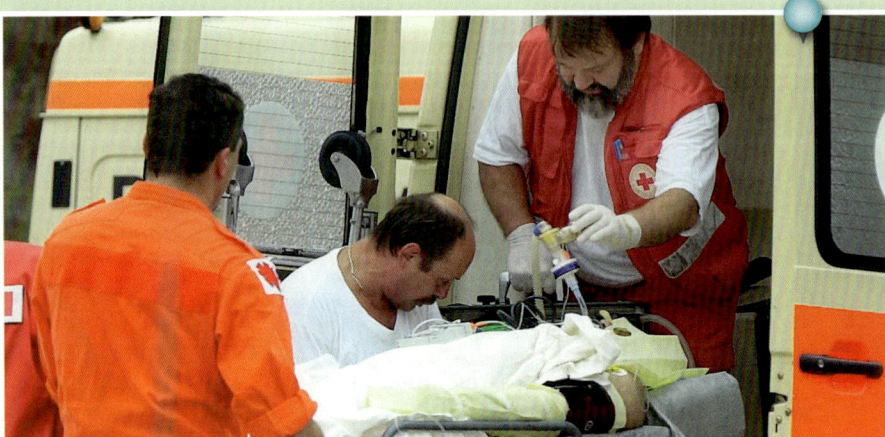

Im Gegensatz zu den Sozialversicherungen, deren Mitgliedschaft gesetzlich vorgeschrieben ist, werden **Individualversicherungen (Privatversicherungen) freiwillig** abgeschlossen. Für bestimmte Bereiche gelten Ausnahmeregelungen, z. B. müssen Kraftfahrzeugbesitzer eine Kfz-Haftpflichtversicherung abschließen.
Der Versicherungsnehmer stellt auf einem Vordruck einen Versicherungsantrag und erhält bei Annahme durch den Versicherer die Police (Versicherungsschein).

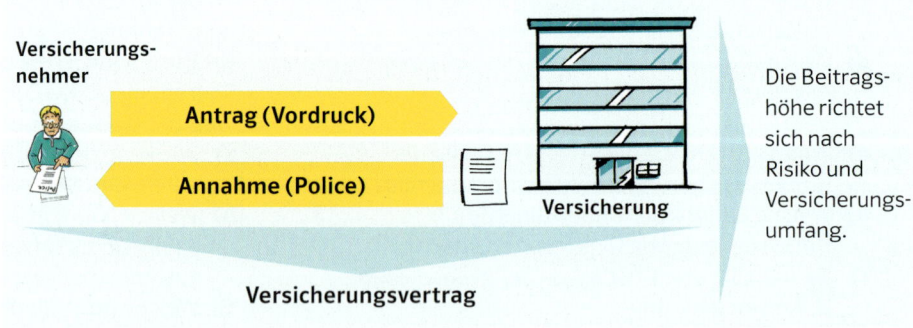

Versicherungs-
nehmer

Antrag (Vordruck)

Annahme (Police)

Versicherung

Die Beitragshöhe richtet sich nach Risiko und Versicherungsumfang.

Versicherungsvertrag

Träger der Privatversicherungen sind Unternehmungen, die einen Gewinn erzielen wollen. Die **Beitragshöhe** richtet sich deshalb, anders als bei der Sozialversicherung, nicht nach dem Einkommen des Versicherten, sondern nach **Risiko** und **gewünschtem Versicherungsumfang**. Beispielsweise zahlt ein Neuling eine höhere Prämie in der Kfz-Versicherung als ein Versicherter, der lange unfallfrei gefahren ist. Die **Beiträge** muss der Versicherte allein aufbringen. Die große Bedeutung der Individualversicherungen liegt vor allem darin, dass sie auch Bereiche abdecken, die von den Sozialversicherungen nicht erfasst werden, z. B. kommt die gesetzliche Unfallversicherung nicht für Privatunfälle auf.

Die gesetzliche Grundlage für die Privatversicherungen ist das **Versicherungsvertragsgesetz**, das durch die Allgemeinen Geschäftsbedingungen der einzelnen Versicherungen ergänzt wird. Am 1. Januar 2008 wurde das aus dem Jahr 1908 stammende Versicherungsvertragsgesetz an einen modernen Verbraucherschutz angepasst. Die Versicherer müssen seitdem vor Abschluss eines Vertrages umfassend beraten und informieren. Die Beratung muss dokumentiert werden und die Ratschläge müssen klar und verständlich sein. Verletzen Versicherer oder Versicherungsvermittler ihre Beratungspflicht, sind sie schadenersatzpflichtig. Neben zahlreichen weiteren Verbesserungen für die Kunden gibt es nun auch ein **allgemeines Widerrufsrecht**. Innerhalb von **2 Wochen** kann jeder Versicherungsnehmer seine Vertragserklärung widerrufen, bei einer **Lebensversicherung** beträgt die Frist sogar **30 Tage**. Erst mit Zugang der gesamten Unterlagen beginnt die Frist zu laufen.

Seit 2012 zahlen Männer und Frauen in neuen Versicherungsverträgen gleiche Beiträge. **Unisex** heißt die Gleichheit. Die Benachteiligung der Frauen in der Personenversicherung ist hiermit beendet.

Personenversicherung

Die Personenversicherung versichert **Personen** gegen Krankheit, Unfall und auf ihr Leben. Sie ist ein wichtiger Schutz für Personen, die nicht der Sozialversicherungspflicht unterliegen wie Beamte oder Selbstständige.
Leistungskürzungen bei den Sozialversicherungen haben in den letzten Jahren dazu geführt, dass Arbeitnehmer vielfach nicht genügend abgesichert sind. Die Personenversicherung wird hier zur wichtigen **Zusatzversicherung**.

Private Krankenversicherung: Sie übernimmt Krankheitskosten von Personen, die in der gesetzlichen Krankenversicherung nicht pflichtversichert sind, z. B. von Beamten, Selbstständigen und besser verdienenden Arbeitnehmern. Seit dem 01.01.2009 gilt eine generelle Krankenversicherungspflicht. Die Folge: Jeder Einwohner von Deutschland muss krankenversichert sein, entweder gesetzlich oder privat.
Teilweise übernehmen Privatversicherungen Kosten, die von der gesetzlichen Krankenversicherung nicht gedeckt sind. Beispiele: volle Erstattung bei Zahnersatz, Zweibettzimmer im Krankenhaus. Viele Krankenversicherungspflichtige schließen deshalb **private Zusatzversicherungen** ab. Neben den **Krankheitskosten** kann auch **Tagegeld** versichert werden. Arbeitnehmer erhalten im Krankheitsfall Lohnfortzahlung, deshalb empfiehlt sich eine Tagegeldversicherung vor allem für Selbstständige, deren Verdienst ausfallen würde.

Private Unfallversicherung: Sie soll den Versicherten bei privaten Unfällen absichern, da hier die gesetzliche Unfallversicherung nicht hilft. Jedes Jahr verletzen sich mehr als 9 Millionen Menschen bei Unfällen, mehr als die Häfte davon in der Freizeit. Zwar springt bei einer Invalidität die gesetzliche Rentenversicherung ein. Bei Berufsanfängern allerdings sind die Ansprüche sehr gering, sofern überhaupt welche vorhanden sind. Auch selbstverschuldete Freizeitunfälle von Kindern können teure und langwierige Behandlungen verursachen, insbesondere, wenn eine Behinderung bleibt. Deshalb ist eine private Unfallversicherung sinnvoll. Hier wird eine bestimmte Versicherungssumme vereinbart, z. B. 100 000 €. Sie wird ausbezahlt, wenn durch Unfall eine Invalidität entsteht. Die Höhe der Zahlung hängt ab vom Grad der Invalidität. Wer z. B. ein Auge oder ein Bein verliert, erhält 50 % der Versicherungssumme. Invalidität infolge einer Krankheit wie etwa Krebs oder Diabetes ist in einer Unfallversicherung meist nicht abgedeckt. Eltern sollten deshalb darauf achten, dass diese Risiken ebenfalls durch eine Police abgesichert sind.

Lebensversicherung: Sie versorgt die Hinterbliebenen des Versicherten oder ihn selbst im Alter. Da die gesetzlichen Renten weit unter den Nettobezügen der Arbeitnehmer liegen, ist sie eine wichtige Altersvorsorge.
- Bei der **Risiko-Lebensversicherung** erhalten die **Hinterbliebenen** die Versicherungssumme. Dadurch soll das finanzielle Risiko eines **vorzeitigen Todes** abgesichert werden.

- Die **Kapital-Lebensversicherung** wird für den Todesfall und den Erlebensfall abgeschlossen. Einerseits erhalten bei vorzeitigem Tod die **Hinterbliebenen** die Versicherungssumme, auch wenn der Vertrag nur kurze Zeit bestanden hat. Andererseits bekommt der **Versicherte** selbst diese Summe ausbezahlt, wenn er das vereinbarte Alter erreicht hat.

Private Rentenversicherung: Zunehmend ergänzen Bundesbürger ihre Altersvorsorge durch eine private Rentenversicherung. Besonders sinnvoll ist sie für Alleinstehende, die keine Familie absichern müssen, da es keine Versicherungssumme beim Tod des Versicherten gibt. In der Regel zahlt die Versicherung nach Vertragsablauf eine lebenslange Rente. Durch Zahlung höherer Beiträge kann bei vielen Versicherungen auch eine Rente für Hinterbliebene vereinbart werden. Durch den Rückgang des Auszahlungsbetrages der gesetzlichen Rentenversicherungen in den nächsten Jahren auf ca. 40 % des letzten Nettoverdienstes ist die Notwendigkeit einer privaten Rentenversicherung so hoch wie nie. Die **Riester-Rente** bietet die Möglichkeit des Sparens für das Alter mit staatlichen Zuschüssen. Dabei fördert der Staat mit Zulagen und Steuervorteilen die **freiwillige private Altersvorsorge**. Die Förderung ist abhängig von Kinderzahl, Familienstand und Einkommenshöhe. Betriebsrenten und fondsgebundene Anlagen für die Zweitrente berücksichtigen auch immer stärker wirtschaftliche und ökologische Anlagestrategien, um dem Prinzip der Nachhaltigkeit zu entsprechen. Beiträge für eine Basisversorgung im Alter wie die Rürup-Rente können in der Einkommensteuererklärung bis zu bestimmten Höchstbeträgen geltend gemacht werden. So mindern sie die Steuerschuld, dafür werden später die ausbezahlten Renten besteuert.

Förderung privater Altersvorsorge ("Riester-Rente") Stand 2016	
Grundzulage pro Person/Ehegatte	154 €
Zulage je Kind	185 €
Zulage je Kind	300 €[1]
Beitragssatz	4 %[2]
Maximalbeitrag	2 100 €

[1] ab 2008 geborene Kinder
[2] des sozialversicherungspflichtigen Vorjahreseinkommens

> Neu:
> Seit 2014 kann der Schutz von Riesterverträgen erweitert werden um Berufsunfähigkeit, verminderte Erwerbsfähigkeit und die Absicherung von Hinterbliebenen.

Berufsunfähigkeitsversicherung: Sind Arbeitnehmer in ihrer Erwerbsfähigkeit eingeschränkt, dann erhalten sie zwar eine Erwerbsminderungsrente der gesetzlichen Rentenversicherung; diese ist allerdings viel niedriger als die normale Altersrente. Besonders in den ersten Berufsjahren sollte darum eine Berufsunfähigkeit abgesichert werden. Denn Ansprüche aus der gesetzlichen Rentenversicherung sind entweder gering oder noch gar nicht vorhanden. Wer dagegen eine Berufsunfähigkeitsversicherung hat, erhält eine monatliche Rente.

Rund jeder vierte Arbeitnehmer muss seinen Beruf wegen Berufsunfähigkeit vorzeitig aufgeben. Mit mehr als 90 % sind schwere Krankheiten – nicht Unfälle – die Hauptursache. Die Absicherung gegen Berufsunfähigkeit zählt deshalb zu den wichtigsten Privatversicherungen überhaupt.

Vermögensversicherung

Diese Art der privaten Versicherung schützt das **Vermögen** des Versicherten vor einer Verminderung durch eingetretene Haftpflichtansprüche (Schadenersatz).

Die **Haftpflichtversicherung** deckt Schäden, die der Versicherte einem Dritten zugefügt hat. Wer keine Haftpflichtversicherung besitzt, muss mit seinem gesamten Vermögen geradestehen, das kann ihn ruinieren. Man unterscheidet folgende Arten:

- **Privathaftpflichtversicherung:** z. B. wirft ein Kunde in einem Kaufhaus versehentlich eine Vase um.

- **Berufshaftpflichtversicherung:** z. B. entstehen durch die falsche Installation des Elektrikers schwere Verletzungen.

- **Kfz-Haftpflichtversicherung:** z. B. verschuldeter Verkehrsunfall.

- **Gebäudehaftpflichtversicherung:** z. B. wird durch eine schadhafte Treppe ein gefährlicher Sturz verursacht.

- **Tierhaftpflichtversicherung:** z. B. beißt ein Hund einen Passanten.

Rechtsschutzversicherung: Sie hilft, eigene Ansprüche durchzusetzen und fremde Ansprüche abzuwehren, indem sie Anwalts- und Gerichtskosten übernimmt. Diese können sehr teuer werden. So verursacht z. B. ein verlorener Prozess bei einem Streitwert von 750 € allein in der ersten Instanz – dem Amtsgericht – Kosten in gleicher Höhe.

Sachversicherung

Hier werden **Sachen** gegen Feuer, Einbruch, Naturkatastrophen oder Ähnliches versichert.

- Die **Feuerversicherung** ersetzt Schäden, die durch Ereignisse wie Brand, Explosion und Blitzschlag sowie durch Löschen eingetreten sind. In manchen Bundesländern ist die Versicherung von Gebäuden durch die Gebäudebrandversicherung gesetzlich vorgeschrieben.

- Die **Leitungswasserversicherung** übernimmt Leitungswasserschäden im Haus und an der Einrichtung.

- Die **Einbruch-Diebstahlversicherung** kommt für Gegenstände auf, die bei einem Einbruch gestohlen oder beschädigt wurden.

- Die **Glasversicherung** trägt Schäden an den im Versicherungsvertrag angegebenen Glasflächen.

Die verbundene **Hausratversicherung** sichert diese Risiken (Schäden) in einem Vertrag ab.

Jeder Versicherungsnehmer sollte darauf achten, dass bei seiner Sachversicherung der Versicherungswert der Versicherungssumme entspricht. Denn wenn eine **Unterversicherung** vorliegt, werden alle entstandenen Schäden nur anteilig ersetzt. In unserem Beispiel beträgt die Versicherungssumme nur 50 % des Versicherungswertes. Die Folge: Alle Schäden werden lediglich zu 50 % erstattet. Ebenso ist eine **Überversicherung** ungünstig, da alle Schäden höchstens mit 100 % des Versicherungswertes bezahlt werden. Die Folge: Der Versicherungsnehmer bezahlt eine überhöhte Prämie.

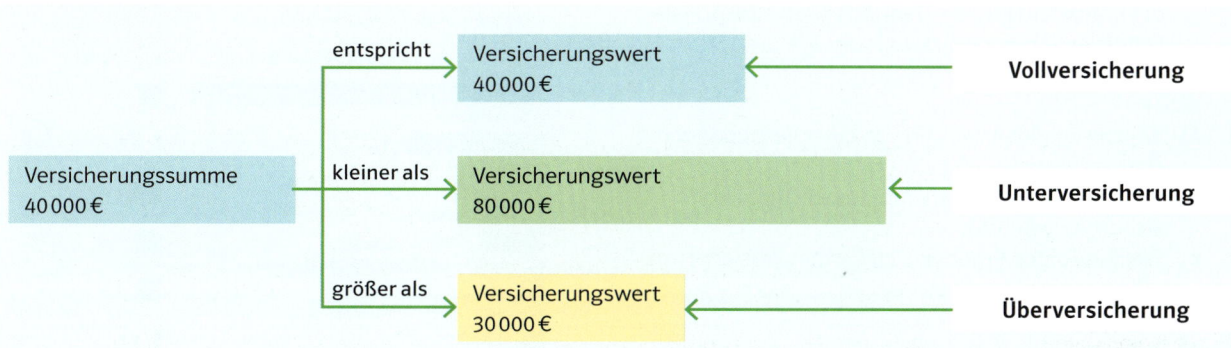

Möglichkeiten privater Vorsorge

```
                        Privatversicherungen

   Personenversicherungen      Sachversicherungen        Vermögensversicherungen

   Lebensversicherung      Leitungswasserversicherung     Haftpflichtversicherung
                                      +                  → Privathaftpflichtversicherung
   Private Krankenversicherung    Glasversicherung        → Berufshaftpflichtversicherung
                                      +                  → Gebäudehaftpflicht-
   Private Unfallversicherung      Einbruch-                 versicherung
                              Diebstahlversicherung       → Kfz-Haftpflichtversicherung
   Private Rentenversicherung          =                  → Tierhaftpflichtversicherung
                                 Verbundene
   Berufsunfähigkeitsversicherung  Hausratversicherung    Rechtsschutzversicherung
```

Arbeitsteil

1. a) Wie kann man Privatversicherungen einteilen? Geben Sie zusätzlich je zwei Beispiele an.
   b) Unterscheiden Sie Privat- und Sozialversicherungen.
   c) Weshalb muss einer Privatversicherung eine Gefahrenerhöhung mitgeteilt werden?

2. a) Für welche Personen ist der Abschluss einer privaten Krankenversicherung Pflicht?
   b) Unterscheiden Sie zwischen Risiko- und Kapital-Lebensversicherungen.
   c) Bei Freizeitunfällen übernimmt die Krankenkasse die Krankheitskosten. Dennoch kann eine private Unfallversicherung sinnvoll sein. Erklären Sie diese Aussage.

3. a) Welche Schäden werden von einer verbundenen Hausratversicherung übernommen?
   b) Erläutern Sie, was man unter einer Unterversicherung versteht.
   c) Welche Folgen ergeben sich für den Versicherten, wenn er unterversichert ist?

4. a) Nennen Sie zwei Haftpflichtversicherungsarten.
   b) Welche Aufgabe hat eine Haftpflichtversicherung?

5. a) Werten Sie das Schaubild aus und begründen Sie die Rangfolge. ✦ **Methode „Auswertung von Statistiken/Schaubildern"** S. 326

b) Empfehlen Sie sinnvolle Privatversicherungen: Sabine K. (19): Die ledige Konditorgesellin wohnt in einer Einzimmerwohnung, die sie sich nach und nach einrichtet. Ihr Hobby ist Drachenfliegen. Anton B. (25): Anton ist verheiratet, hat zwei kleine Kinder und wohnt in einer großen Wohnung, die teuer eingerichtet ist.

c) Überlegen Sie, weshalb der Staat ein Interesse daran hat, dass sich seine Bürger privat versichern, und erläutern Sie, wie er dies unterstützt.

Deutschlands Versicherungsmarkt 2014 (in Mrd. €)

Die Versicherungswirtschaft hat Beiträge von rd. 192,4 Mrd. Euro (2013: 187,3) eingenommen. Diese setzen sich wie abgebildet zusammen:

Veränderung gegenüber dem Vorjahr in %

		Veränderung %
93,7 (2013: 90,8)	Lebensversicherung	3,1
36,2 (2013: 35,9)	Private Krankenversicherung	0,7
24,4 (2013: 23,3)	Kfz-Versicherung	4,8
17,3 (2013: 16,9)	Sachversicherung (z. B. Gebäude, Hausrat)	3,4
7,4 (2013: 7,2)	Allgemeine Haftpflichtversicherung	3,0
6,5 (2013: 6,4)	Unfallversicherung	0,9
3,5 (2013: 3,4)	Rechtsschutzversicherung	2,0
1,8 (2013: 1,8)	Transport- und Luftfahrtversicherung	0,1
1,6 (2013: 1,6)	Kredit-, Kautions- und Vertrauensschadenversicherung	−1,3

Quelle: Gesamtverband der Deutschen Versicherungswirtschaft

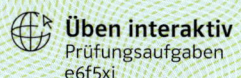

Üben
weitere Prüfungsaufgabe
2952yu

Üben interaktiv
Prüfungsaufgaben
e6f5xi

Prüfungsaufgabe

Beurteilen Sie folgende Fälle anhand des vorgegebenen Gesetzestextes: Schreinermeister Holz bietet Ramona einen Ausbildungsplatz als Schreinerin an.

a) Welche Inhalte müsste Ramonas Ausbildungsvertrag mindestens enthalten?

b) Die Dauer der Probezeit wird auf sechs Monate festgelegt.

c) Ramona möchte nach einem Jahr Schreinerlehre eine Ausbildung als Einzelhandelskauffrau beginnen. Kann sie kündigen? Wenn ja, wie und wann müsste sie kündigen?

d) Malermeister Pinsel kündigt seinem Auszubildenden Theo (2. Ausbildungsjahr) fristlos.
Begründung: Theo habe vor zwei Monaten einen Eimer Farbe gestohlen. Die Kündigung erfolgt mündlich unter Zeugen.

Auszug aus dem Berufsbildungsgesetz (BBiG)

§ 10 Vertrag
(1) Wer andere Personen zur Berufsausbildung einstellt (Ausbildender), hat mit dem Auszubildenden einen Berufsausbildungsvertrag zu schließen.

§ 11 Vertragsniederschrift
(1) Ausbildende haben unverzüglich nach Abschluss des Berufsausbildungsvertrages, spätestens vor Beginn der Berufsausbildung, den wesentlichen Inhalt des Vertrages [...] schriftlich niederzulegen. In die Niederschrift sind mindestens aufzunehmen
1. Art, sachliche und zeitliche Gliederung sowie Ziel der Berufsausbildung, insbesondere die Berufstätigkeit, für die ausgebildet werden soll,
2. Beginn und Dauer der Berufsausbildung,
3. Ausbildungsmaßnahmen außerhalb der Ausbildungsstätte,
4. Dauer der regelmäßigen täglichen Ausbildungszeit,
5. Dauer der Probezeit,
6. Zahlung und Höhe der Vergütung,
7. Dauer des Urlaubs,
8. Voraussetzungen, unter denen der Berufsausbildungsvertrag gekündigt werden kann,
9. ein in allgemeiner Form gehaltener Hinweis auf die Tarifverträge, Betriebs- oder Dienstvereinbarungen, die auf das Berufsausbildungsverhältnis anzuwenden sind. [...]

§ 20 Probezeit
Das Berufsausbildungsverhältnis beginnt mit der Probezeit. Sie muss mindestens einen Monat und darf höchstens vier Monate betragen.

§ 22 Kündigung
(1) Während der Probezeit kann das Berufsausbildungsverhältnis jederzeit ohne Einhalten einer Kündigungsfrist gekündigt werden.
(2) Nach der Probezeit kann das Berufsausbildungsverhältnis nur gekündigt werden
1. aus einem wichtigen Grund ohne Einhalten einer Kündigungsfrist,
2. von Auszubildenden mit einer Kündigungsfrist von vier Wochen, wenn sie die Berufsausbildung aufgeben oder sich für eine andere Berufstätigkeit ausbilden lassen wollen.
(3) Die Kündigung muss schriftlich und in den Fällen des Absatzes 2 unter Angabe der Kündigungsgründe erfolgen.
(4) Eine Kündigung aus einem wichtigen Grund ist unwirksam, wenn die ihr zugrunde liegenden Tatsachen dem zur Kündigung Berechtigten länger als zwei Wochen bekannt sind. [...]

Das duale Berufsausbildungssystem Deutschlands genießt weltweit einen guten Ruf.

e) Was versteht man unter der dualen Berufsausbildung?

f) Welche Vorteile bietet dieses System?

g) Erklären Sie anhand von zwei Beispielen, warum Fortbildung immer wichtiger wird.

h) Nennen Sie drei Gründe für eine berufliche Umschulung.

i) Welche Aufgaben hat die Arbeitsförderung?

Weiterbildung ist angesagt

Weiterbildungsmotive

Motiv	Prozent
Förderung der beruflichen Karriere	63 %
bessere Einkommensmöglichkeiten	45 %
Erweiterung des persönlichen Horizonts	24 %
Sicherung Arbeitsplatz	15 %
Erweiterung/Vertiefung Kenntnisse	15 %
Anpassung an ständig neue Entwicklungen	13 %
berufliche Flexibilität	11 %
Arbeitssuche	3 %

Ergebnisse der 8. Erfolgsumfrage unter Absolventen der IHK-Weiterbildungsprüfungen 2014, www.dihk.de

 **Material**
Gesetzliche Pflegeversicherung (Infoblatt)
a96jr5

Fallbeispiel Pflegeversicherung

Gesetzliche Pflegeversicherung: Selbsttest, Pflegebedürftigkeit

Johanna Becker, 84 Jahre (nicht dement) lebt seit dem Tod ihres Mannes alleine in ihrem Haus. Dank ihrer guten Gesundheit konnte sie sich bis vor kurzem um ihren Haushalt und alles Weitere alleine kümmern. Vor fünf Wochen erlitt sie jedoch plötzlich einen Schlaganfall. Die Krankenhausbehandlung war insoweit erfolgreich, als sie jetzt wieder sprechen und klar denken kann. Körperlich ist Johanna jedoch stark eingeschränkt: ihr rechter Arm ist gelähmt, sie kann nur noch mit Hilfe eines Stockes gehen.

Johanna braucht täglich Hilfe beim Anziehen und bei der Körperpflege. Sie möchte gerne in ihrem Haus wohnen bleiben, ohne Hilfe wird dies jedoch nicht möglich sein. Johanna und ihre Tochter Lilli besprechen, wie es nun weiter gehen soll:

Lilli: „Mutti, ich helfe dir natürlich so gut ich kann. Aber ich muss ja auch arbeiten, da kann ich nicht jeden Morgen und jeden Abend bei dir sein."

Johanna: „Es gibt doch die Pflegeversicherung. Vielleicht kann die mir helfen?"

Lilli: „Ich denke schon. Wir müssen uns erkundigen, ob du die Voraussetzungen erfüllst."

Johanna: „Ich habe Angst, dass die Leute von der Pflegeversicherung mich ins Altersheim stecken wollen. Da gehe ich aber auf keinen Fall hin! So gebrechlich bin ich noch nicht."

Lilli: „Keine Sorge, ich lasse dich nicht ins Altersheim gehen. Wenn es nicht anders geht, gebe ich meine Arbeit auf und kümmere mich selbst jeden Tag um dich."

Johanna: „Das ist ganz lieb von dir. Aber das möchte ich nicht. Dir macht doch deine Arbeit Spaß und das Geld brauchst du auch. Am besten wäre es, wenn jeden Tag eine Altenpflegerin zu mir nach Hause käme."

Gesetzliche Pflegeversicherung (Selbsttest)

Pflegeleistung	durch *Betroffene* geschätzte Zeitrichtwerte (*SOLL-Werte*)	durch Schüler-*MDK* geschätzte Zeitrichtwerte (*SOLL-Werte*)	*tatsächliche* Zeitrichtwerte lt. *MDK* (*IST-Werte*)
	Minuten pro Anwendung	Minuten pro Anwendung	Minuten pro Anwendung
Körperpflege:			

 Material
Gesetzliche Pflegeversicherung (Selbsttest)
x384kv

Johanna Becker braucht täglich folgende Hilfe:

- Waschen (Ganzkörper)
- Duschen
- Zahnpflege
- Essen einschließlich Trinken
- An- und Auskleiden

Daraufhin hat sie bei der zuständigen Pflegekasse ihrer Krankenkasse einen Antrag auf Leistungen aus der gesetzlichen Pflegeversicherung gestellt. Der **M**edizinische **D**ienst der **K**rankenversicherung (**MDK**) hat in einem Vororttermin sämtliche Daten aufgenommen und besprochen. Nun wird der Antrag von Johanna Becker geprüft.

Arbeitsauftrag:

1. Bilden Sie 2 Arbeitsgruppen.
2. Verwenden Sie die unter nebenstehenden Online-Code abgebildete Tabelle (Selbsttest).
3. Einigen Sie sich in den Gruppen (max. 8–10 Minuten) auf die geschätzten Zeitrichtwerte
   I. aus Sicht der Betroffenen (Gruppe 1) und
   II. aus Sicht des Schüler-MDK (Gruppe 2).
4. Vergleichen Sie anschließend beide Werte je Pflegeleistung mit den tatsächlichen Zeitrichtwerten (IST-Werte) des MDK. Bewerten Sie Ergebnisse.
5. Prüfen Sie, ob Johanna Becker die Voraussetzungen für den Erhalt von Leistungen aus der Pflegeversicherung erfüllt.
6. Ermitteln Sie, in welche Pflegestufe Johanna voraussichtlich eingestuft wird. Befürchtet sie zu Recht, dass Pflegebedürftige bevorzugt in einem Pflegeheim untergebracht werden?
7. Johannas Wunsch ist, dass eine Altenpflegerin jeden Tag zu ihr nach Hause kommt. Prüfen Sie, ob die Pflegeversicherung diese Leistung bezahlt und wenn ja in welcher Höhe.

Grundlagen des Vertragsrechts

Rechts- und Geschäftsfähigkeit
Rechtsgeschäfte
Kaufvertrag
Pflichtverletzungen bei der Erfüllung von Kaufverträgen
Weitere wichtige Verträge
Verjährung von Forderungen
Haftung und Schadenersatz

Linktipps
Kapitel
3fx4rr

1   Rechts- und Geschäftsfähigkeit

Verkaufsraum des Hi-Fi-Studios Watt. Der 17-jährige Martin möchte eine Musikanlage kaufen.

Verkäufer: Sie haben sich für eine Spitzenanlage entschieden.

Martin: 1789 € sind auch eine Menge Geld. Hat lange gedauert, bis ich das zusammen hatte. Kann ich sie gleich mitnehmen?

Verkäufer: Entschuldigen Sie die Frage, aber sind Sie schon 18?

Martin: Nein, erst in drei Monaten, ist das von Bedeutung?

Verkäufer: Tut mir leid, ohne die Einwilligung Ihrer Eltern kann ich Ihnen die Anlage nicht verkaufen.

Martin: Meiner Eltern? Da kann ich Sie beruhigen. In der Berufsschule habe ich gelernt, dass ich rechtsfähig bin.

Verkäufer: Natürlich sind Sie rechtsfähig, aber leider nicht voll geschäftsfähig.

Martin: Das ist doch Haarspalterei. Außerdem ist das mein Geld, schließlich bekomme ich jeden Monat 520 € Ausbildungsvergütung. Und mit meinem Taschengeld darf ich doch wohl kaufen, was ich will.

Verkäufer: 1789 € gehen über ein Taschengeld hinaus. Erst neulich habe ich einer 17-Jährigen eine Musikanlage verkauft. Am nächsten Tag stand der Vater da und hat sich beschwert, weil ich an eine Minderjährige so etwas Teures verkauft habe. Dann hat mich mein Chef noch zur Schnecke gemacht. Nein danke, das hat gereicht. Ihre Eltern müssen den Kaufvertrag schon unterschreiben.

Martin: Also gut, wenn 1789 € auf einmal zu hoch sind, vereinbaren wir eben Ratenzahlung. Hier steht, dass die Anlage auch mit 24 Monatsraten zu jeweils 94,50 € bezahlt werden kann, ist mir sowieso lieber, dafür reicht sogar mein Taschengeld.

→

a) Besteht ein Unterschied zwischen Rechtsfähigkeit und Geschäftsfähigkeit?

b) Kann Martin für die Musikanlage einen rechtsgültigen Kaufvertrag eingehen?

c) Wie beurteilen Sie Martins Vorschlag, die Anlage auf Raten mit seinem Taschengeld zu kaufen?

1.1   Rechtsfähigkeit

Wer rechtsfähig ist, hat Rechte und Pflichten.

BGB § 1

Bürgerliches Gesetzbuch (BGB)

§ 1 Beginn der Rechtsfähigkeit
Die Rechtsfähigkeit des Menschen beginnt mit der Vollendung der Geburt.

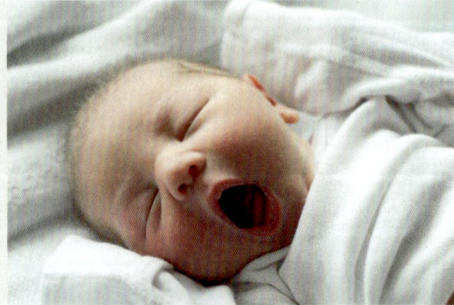

Jeder Mensch ist rechtsfähig, d.h. er kann Träger von Rechten und Pflichten sein. Die **Rechtsfähigkeit** des Menschen beginnt mit der Geburt und endet mit dem Tod. Beispiel: Durch einen Verkehrsunfall verliert ein 3-jähriges Kind seine Eltern. Da jeder Mensch rechtsfähig ist, hat das Kind das Recht, das Vermögen der Eltern zu erben. Gleichzeitig erwachsen ihm auch Pflichten. Es muss z. B. die Erbschaftsteuer bezahlen. Allerdings ist ein Kind nicht in der Lage, seine Rechte selbst wahrzunehmen sowie seine Pflichten zu erfüllen. Für Kinder handeln deshalb ihre gesetzlichen Vertreter. Dies sind die Eltern oder ein Betreuer.
Nicht rechtsfähig sind Tiere. Deshalb ist es beispielsweise in Deutschland nicht möglich, eine Katze als Erben einzusetzen.

Lebende Menschen bezeichnet man als **natürliche Personen**.
Außer den natürlichen Personen können auch **juristische Personen** rechtsfähig sein. Juristische Personen sind Vermögensmassen oder Personenvereinigungen, denen eine eigene Rechtsfähigkeit zuerkannt wird. Dadurch haben sie vergleichbare Rechte und Pflichten. Man unterscheidet hierbei:

- **juristische Personen des Privatrechts**
  Beispiele: eine Aktiengesellschaft (AG), eine Gesellschaft mit beschränkter Haftung (GmbH) oder ein eingetragener Verein (e.V.). Juristische Personen des Privatrechts erlangen die Rechtsfähigkeit durch die Eintragung in einem öffentlichen Register (Handelsregister, Vereinsregister usw.). Sie verlieren die Rechtsfähigkeit, wenn sie in diesen Registern gelöscht werden.

- **juristische Personen des öffentlichen Rechts**
  Beispiele: die Bundesrepublik Deutschland, die Bundesländer, Gemeinden oder Handwerkskammern. Juristische Personen des öffentlichen Rechts werden rechtsfähig durch staatliche Verleihung. Sie verlieren ihre Rechtsfähigkeit durch staatlichen Entzug.

Obwohl juristische Personen rechtsfähig sind, können sie nicht selbstständig im Wirtschaftsleben tätig werden. Hierzu benötigen sie die Hilfe von natürlichen Personen. Für die juristischen Personen handeln deshalb ihre **Organe**. Dies sind z. B. der Vorstand eines Vereins oder einer Aktiengesellschaft. Beispiel: Ein Vorstandsmitglied eines Sportvereins bestellt neue Sportgeräte. Käufer ist der Sportverein. Wird die Lieferung nicht bezahlt, haftet der Verein und nicht das Vorstandsmitglied.

1.2   Geschäftsfähigkeit

Wer geschäftsfähig ist, darf selbstständig voll gültige Geschäfte abschließen.

Die Rechtsfähigkeit des Menschen ist zu unterscheiden von der Geschäftsfähigkeit. Darunter versteht man die Fähigkeit, Rechtsgeschäfte selbstständig und voll gültig abzuschließen. Ein Rechtsfähiger ist dazu nicht in jedem Fall in der Lage. Unsere Rechtsordnung setzt hierfür ein bestimmtes Maß an Urteilsvermögen voraus. Beispiel: Ein 3-jähriges Kind kann zwar einen größeren Geldbetrag erben, da es rechtsfähig ist. Um mit dem Geld etwas kaufen zu können, müsste es jedoch geschäftsfähig sein.

Methode „Umgang mit Rechtsfällen"
S. 318 ff.

Im Gesetz werden drei Stufen der Geschäftsfähigkeit unterschieden:

Geschäftsfähigkeit		
Geschäftsunfähigkeit	beschränkte Geschäftsfähigkeit	volle Geschäftsfähigkeit

BGB § 104

Geschäftsunfähigkeit

Geschäftsunfähig sind Kinder unter 7 Jahren sowie Personen, die dauerhaft geistesgestört sind. Rechtsgeschäfte, die ein Geschäftsunfähiger abschließt, sind nichtig (ungültig).
Beispiel: Ein 6-Jähriger kauft in einem Supermarkt ein. Dieser Kaufvertrag ist nichtig. Für Geschäftsunfähige handeln die gesetzlichen Vertreter, also die Eltern, ein Vormund oder ein Betreuer. Wenn jedoch ein geschäftsunfähiges Kind von der Mutter zum Einkaufen geschickt wird, handelt es als Bote, d. h. es überbringt eine Willenserklärung der Mutter und nicht seine eigene. Der abgeschlossene Kaufvertrag ist folglich gültig.

Unter 7 Jahren:
geschäftsunfähig

BGB § 106

Beschränkte Geschäftsfähigkeit

Beschränkt geschäftsfähig sind Minderjährige ab dem vollendeten 7. und bis zum vollendeten 18. Lebensjahr. Beschränkt Geschäftsfähige können Rechtsgeschäfte abschließen, gültig sind sie allerdings nur mit Zustimmung der gesetzlichen Vertreter. Ohne deren Zustimmung ist ein Rechtsgeschäft eines beschränkt Geschäftsfähigen schwebend unwirksam.
Beispiel: Ein 16-Jähriger kauft ohne Wissen der Eltern ein Mountainbike. Der Kaufvertrag ist schwebend unwirksam. Er wird erst gültig, wenn die Eltern nachträglich zustimmen, nichtig, wenn sie ihre Genehmigung verweigern.

Zwischen 7 und 18 Jahren:
beschränkt geschäftsfähig

Bei folgenden Ausnahmen benötigt ein beschränkt Geschäftsfähiger keine Zustimmung der gesetzlichen Vertreter:

BGB § 110

- Geschäfte, die er mit eigenen Mitteln (Taschengeld) begleicht. Allerdings gilt diese Regelung nur für Bargeschäfte, nicht für Ratenkäufe. Über zukünftiges Taschengeld kann nicht verfügt werden.

BGB § 107

- Geschäfte, die nur rechtliche Vorteile bringen. Beispiel: Ein 12-Jähriger erhält von einem Onkel, den die Eltern nicht mögen, 100 € geschenkt. Da dieses Geschäft nur rechtliche Vorteile bringt, ist es auch ohne Zustimmung der Eltern gültig.

BGB § 113

- Geschäfte, die ein von den Eltern erlaubtes Arbeitsverhältnis betreffen. Beispiele: Kauf von Essensmarken der Betriebskantine, Kauf von Berufskleidung, Auflösung des Arbeitsverhältnisses.

Volle Geschäftsfähigkeit

Voll geschäftsfähig sind alle Personen ab dem vollendeten 18. Lebensjahr. Sie können selbstständig voll gültige Rechtsgeschäfte abschließen und müssen auch selbst die volle Verantwortung dafür übernehmen.

Solange sie existieren, sind juristische Personen ebenfalls voll geschäftsfähig.
Beispiel: Bis zu ihrer Löschung im Handelsregister ist eine GmbH ohne Einschränkungen voll geschäftsfähig.

Ab 18 Jahren:
voll geschäftsfähig

Rechts- und Geschäftsfähigkeit

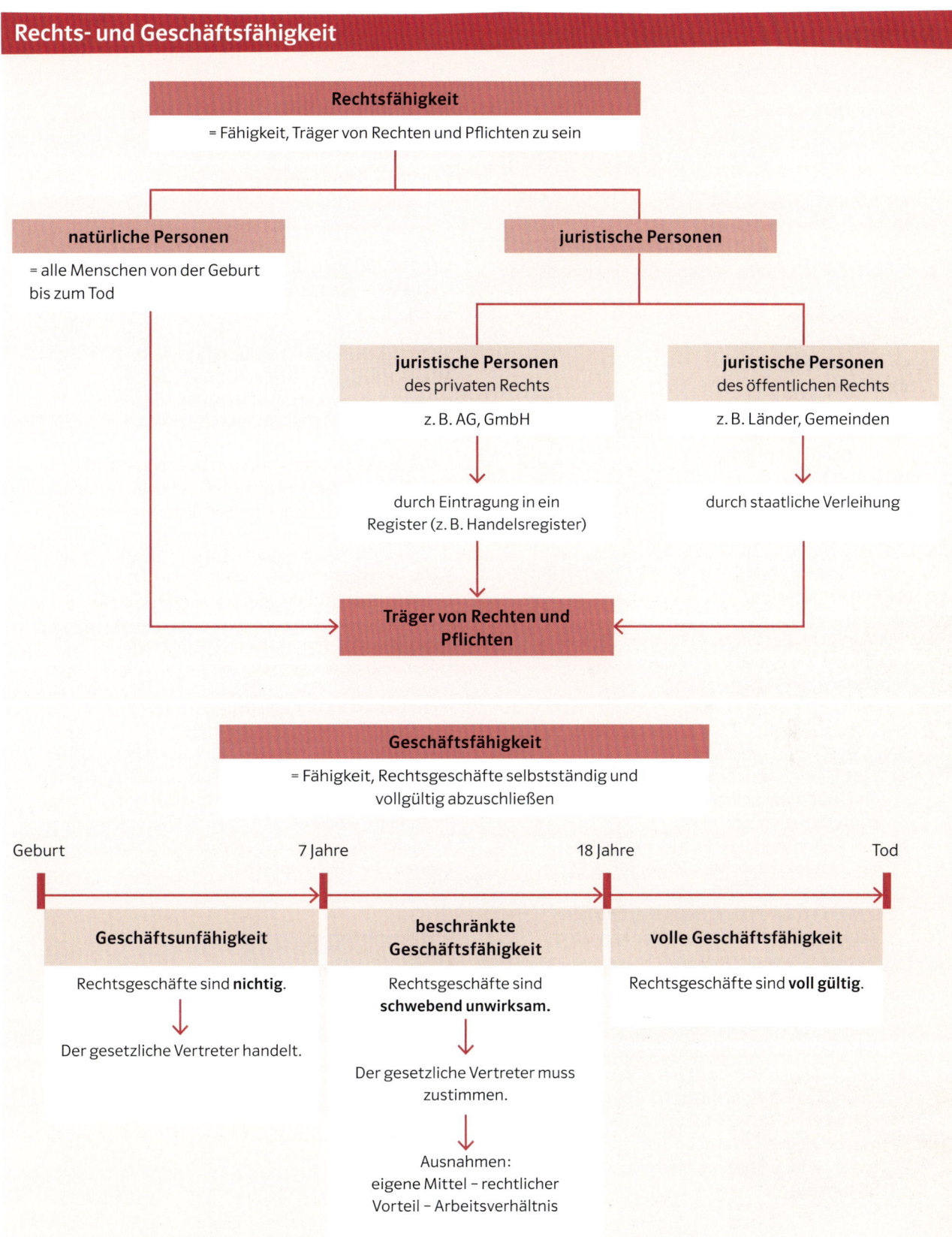

Rechtsfähigkeit

= Fähigkeit, Träger von Rechten und Pflichten zu sein

natürliche Personen

= alle Menschen von der Geburt bis zum Tod

juristische Personen

juristische Personen
des privaten Rechts

z. B. AG, GmbH

durch Eintragung in ein
Register (z. B. Handelsregister)

juristische Personen
des öffentlichen Rechts

z. B. Länder, Gemeinden

durch staatliche Verleihung

**Träger von Rechten und
Pflichten**

Geschäftsfähigkeit

= Fähigkeit, Rechtsgeschäfte selbstständig und
vollgültig abzuschließen

Geburt	7 Jahre	18 Jahre	Tod

Geschäftsunfähigkeit

Rechtsgeschäfte sind **nichtig.**

Der gesetzliche Vertreter handelt.

**beschränkte
Geschäftsfähigkeit**

Rechtsgeschäfte sind
schwebend unwirksam.

Der gesetzliche Vertreter muss
zustimmen.

Ausnahmen:
eigene Mittel – rechtlicher
Vorteil – Arbeitsverhältnis

volle Geschäftsfähigkeit

Rechtsgeschäfte sind **voll gültig.**

Arbeitsteil

1. Unterscheiden Sie zwischen Rechtsfähigkeit und Geschäftsfähigkeit.

2. Wann beginnt und wann endet die Rechtsfähigkeit von
   a) natürlichen Personen,
   b) juristischen Personen?

3. Welche der folgenden Personen ist eine juristische Person?
   a) Staatsanwalt
   b) Siemens AG
   c) Hans Huber
   d) Richter

4. Ordnen Sie die folgenden Personen den einzelnen Stufen der Geschäftsfähigkeit zu.
   a) ein 20-Jähriger
   b) eine 6-Jährige
   c) ein 16-Jähriger

5. Weshalb ist der Grad der Geschäftsfähigkeit abhängig vom Lebensalter?

6. Welche Rechtsgeschäfte können beschränkt Geschäftsfähige auch ohne Zustimmung des gesetzlichen Vertreters abschließen?

7. Lösen Sie die Rechtsfälle mithilfe der nebenstehenden Auszüge aus dem BGB.
   a) Die 6-jährige Anna holt aus ihrer Spardose 10 € und kauft damit eine Puppe: Ist dieser Kaufvertrag gültig?
   b) Die 16-jährige Martina kauft von ihrem Taschengeld einen MP3-Player für 45 €.
   1. Ist dieser Kaufvertrag gültig?
   2. Wie verhält es sich, wenn Martina den Kaufpreis nicht sofort bezahlen kann und sie deshalb mit dem Händler Ratenzahlung vereinbart?
   c) Der 17-jährige Anton kauft ohne Wissen seiner Eltern für 750 € einen Computer. Welche rechtliche Wirkung hat dieser Vertrag?
   d) Der 14-jährige Kurt kauft bei einem Totalausverkauf eine Stereoanlage für 250 €, die normalerweise 780 € kosten würde. Er glaubt, dass er wegen des erheblichen Preisvorteils auf die Erlaubnis seiner Eltern verzichten kann. Stimmt das?

Auszug aus dem Bürgerlichen Gesetzbuch (BGB)

§ 104 Geschäftsunfähigkeit
Geschäftsunfähig ist:
1. wer nicht das siebente Lebensjahr vollendet hat, […].

§ 105 Nichtigkeit der Willenserklärung
(1) Die Willenserklärung eines Geschäftsunfähigen ist nichtig. […]

§ 106 Beschränkte Geschäftsfähigkeit
Minderjähriger. Ein Minderjähriger, der das siebente Lebensjahr vollendet hat, ist […] in der Geschäftsfähigkeit beschränkt.

§ 107 Einwilligung des gesetzlichen Vertreters
Der Minderjährige bedarf zu einer Willenserklärung, durch die er nicht lediglich einen rechtlichen Vorteil erlangt, der Einwilligung seines gesetzlichen Vertreters.

§ 108 Vertragsabschluss ohne Einwilligung
(1) Schließt der Minderjährige einen Vertrag ohne die erforderliche Einwilligung des gesetzlichen Vertreters, so hängt die Wirksamkeit des Vertrages von der Genehmigung des Vertreters ab. […]

§ 110 Bewirken der Leistung mit eigenen Mitteln
Ein von dem Minderjährigen ohne Zustimmung des gesetzlichen Vertreters geschlossener Vertrag gilt als von Anfang an wirksam, wenn der Minderjährige die vertragsmäßige Leistung mit Mitteln bewirkt, die ihm zu diesem Zwecke oder zu freier Verfügung von dem Vertreter oder mit dessen Zustimmung von einem Dritten überlassen worden sind.

 Methode: „Umgang mit Rechtsfällen" S. 318 ff.

 Üben weitere Rechtsfälle z8y357

2 Rechtsgeschäfte

Die 18-jährige Auszubildende Manuela Sorg möchte einen gebrauchten Motorroller kaufen. In der Zeitung entdeckt sie die nebenstehende Anzeige:
Sofort meldet sich Manuela telefonisch auf die Anzeige und einigt sich mit dem Verkäufer, Herrn Fuchs, dass sie den Roller am nächsten Tag abholen und gleich bar bezahlen wird. Als sie wie vereinbart den Roller abholen möchte, ereignet sich Folgendes:

Manuela: Guten Tag, Herr Fuchs, ich bin Manuela Sorg. Ich möchte den Roller abholen. Hier ist das Geld.

Herr Fuchs: Sie? Tut mir leid, den Roller habe ich gestern Abend noch einem jungen Mann verkauft. Der ist sofort gekommen und hat sogar 50 € mehr gezahlt.

Manuela: Wie bitte? Wir hatten doch vereinbart, dass ich heute bezahle und den Roller gleich mitnehme.

Herr Fuchs: Ja, schon. Aber ich konnte nicht sicher sein, ob Sie auch wirklich kommen, und der junge Mann hat, wie gesagt, 50 € mehr bezahlt. Außerdem haben wir ja nichts Schriftliches vereinbart und mündliche Abmachungen sind sowieso nicht gültig. Tut mir wirklich leid, aber da hätten Sie schneller sein müssen.

> Einmalige Gelegenheit
> Motorroller 2 500 km,
> 1 Jahr alt, neuwertig,
> 990 Euro (NP 2 035 Euro)
> Telefon ▉▉▉▉▉

→
a) Kam zwischen Manuela und Herrn Fuchs ein rechtsgültiger Kaufvertrag zustande?

b) Müssen solche Verträge schriftlich abgeschlossen werden, damit sie gültig sind?

2.1 Willenserklärung

Rechtsgeschäfte entstehen durch die Abgabe von **Willenserklärungen**, z. B. die Kündigung des Arbeitsvertrages oder das Jawort auf dem Standesamt.

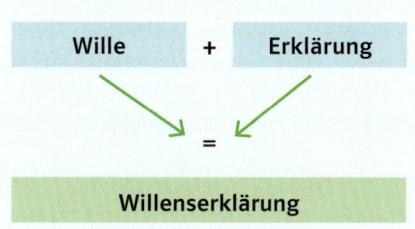

Beispiel: Sie gehen die Straße entlang und winken einer Bekannten zu, die auf der anderen Straßenseite steht. Ein Taxifahrer sieht Ihr Winken, hält an und schaltet den Taxometer ein. Ihre Erklärung ist rechtlich gegenstandslos, da der Wille auf einen rechtlichen Erfolg fehlte, d. h. Sie wollten nicht Taxi fahren.

Willenserklärungen sind möglich:
- durch **ausdrückliche Erklärung:** Sie kann mündlich oder schriftlich erfolgen. Beispiel: Die schriftliche Bestellung bei einem Versandhaus.
- durch **schlüssige Handlung (konkludentes Handeln):** Beispiel: Ein Fahrgast steigt in die Straßenbahn und gibt dem Fahrer einen Zehneuroschein. Dieser händigt wortlos den Fahrschein und das Wechselgeld aus.
- durch **Schweigen:** Schweigen bedeutet grundsätzlich Ablehnung. Unter Kaufleuten jedoch kann es in bestimmten Fällen als Zustimmung gelten. Beispiel: Ein Kaufmann schweigt auf eine abgeänderte Auftragsbestätigung.

2.2   Einseitige und zweiseitige Rechtsgeschäfte

Einseitige Rechtsgeschäfte

Sie entstehen, wenn nur eine Person oder Partei eine Willenserklärung abgibt.

Beispiele: Kündigung, Testament, Anfechtung.

Kündigung und Anfechtung sind empfangsbedürftige Willenserklärungen; d. h. sie sind erst dann wirksam, wenn die betroffene Person sie erhalten hat. Eine nicht empfangsbedürftige Willenserklärung ist beispielsweise ein Testament. Es erlangt seine Gültigkeit bereits bei der Niederschrift, auch wenn die Erben nichts von seinem Inhalt wissen.

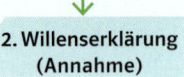

Zweiseitige Rechtsgeschäfte

Sie entstehen durch übereinstimmende Willenserklärungen von mindestens zwei Beteiligten. Diese Willenserklärungen nennt man Antrag und Annahme. Zweiseitige Rechtsgeschäfte werden auch als Verträge bezeichnet.

Beispiele: Arbeitsvertrag, Schenkungsvertrag, Kaufvertrag.

Verträge können einseitig oder zweiseitig verpflichten. So wird z. B. bei einer Schenkung nur der Schenker verpflichtet, nämlich zu schenken. Bei einem Kaufvertrag dagegen haben sich beide Vertragspartner verpflichtet, bestimmte Leistungen zu erbringen.

2.3   Besondere Formvorschriften

Nach dem **Grundsatz der Formfreiheit** können Rechtsgeschäfte in beliebiger Form abgeschlossen werden. So kann z. B. ein Kaufvertrag mündlich oder auch schriftlich zustande kommen. Damit man bei späteren Streitigkeiten ein Beweismittel besitzt, ist es jedoch sinnvoll, wichtige Verträge schriftlich niederzulegen.

Bei manchen wichtigen Rechtsgeschäften schreibt das Gesetz eine bestimmte Form vor. Wird dieser gesetzliche „Formzwang" nicht eingehalten, dann kann das betreffende Rechtsgeschäft nichtig (ungültig) sein. Dadurch soll die Rechtssicherheit erhöht und der Bürger vor Übereilung und Leichtfertigkeit bewahrt werden. Solche Formvorschriften sind:

BGB § 126

- Die **Schriftform**, d. h. verlangt wird ein Schriftstück mit der eigenhändigen Unterschrift der Beteiligten.

  Beispiele: Berufsausbildungsverträge, Ratenkaufverträge, die Kündigung von Arbeitsverträgen, die Kündigung von Mietverträgen über Wohnraum.

BGB § 129

- Die **öffentliche Beglaubigung** umfasst ein Schriftstück, bei dem die eigenhändige Unterschrift von einem Notar oder einer Behörde beglaubigt wurde. Öffentliche Beglaubigungen beziehen sich nur auf die Echtheit der Unterschrift.

  Beispiele: Ausschlagung einer Erbschaft, Anträge auf Eintragung ins Grundbuch, Handelsregister oder Vereinsregister.

BGB § 128

- Die **notarielle Beurkundung** liegt vor, wenn ein Notar die Willenserklärung schriftlich festhält, also die Echtheit von Unterschrift und Inhalt bestätigt.

  Beispiele: Grundstückskaufverträge, Eheverträge, Schenkungsversprechen.

2.4 Anfechtbarkeit und Nichtigkeit von Rechtsgeschäften

Manche zustande gekommenen Rechtsgeschäfte sind **nichtig**, d.h. sie sind von Anfang an unwirksam:

Nichtig sind Geschäfte,
- die gegen ein **gesetzliches Verbot** verstoßen.   BGB § 134
  Beispiele: Rauschgifthandel, Verkauf von Raubkopien.

- die mit **Geschäftsunfähigen** abgeschlossen werden.   BGB § 105
  Beispiel: Der 6-jährige Paul verkauft seinen Roller für 10 €.

- die gegen die **guten Sitten** verstoßen.   BGB § 138
  Beispiele: Kreditvertrag bei 50 % Zinsen; Herr Müller erklärt sich bereit, für 500 € seine Religion zu wechseln.

- die als **Scherz** gedacht sind.   BGB § 118
  Beispiel: Ein gut gelaunter Oktoberfestbesucher bestellt für sich und seine vier Begleiter 1000 Maß Bier.

- die zum **Schein** abgeschlossen wurden.   BGB § 117
  Beispiel: Um Grunderwerbsteuer zu sparen, wird im notariellen Kaufvertrag ein Preis angegeben, der erheblich unter dem wirklich gezahlten Preis liegt.

- bei denen die gesetzlich **vorgeschriebene Form** nicht beachtet wurde.   BGB § 125
  Beispiele: mündliche Kündigung des Arbeitsvertrags, Grundstückskauf gegen Quittung.

Im Gegensatz zum nichtigen Rechtsgeschäft ist ein **anfechtbares** zunächst voll gültig (rechtswirksam). Nachträglich kann es jedoch durch die Anfechtung für ungültig (unwirksam) erklärt werden. Es ist dann rückwirkend, also von Anfang an, nichtig.

Anfechtbar sind Geschäfte,
- die durch **widerrechtliche Drohung** zustande gekommen sind.   BGB § 123
  Beispiel: Ein Hausbesitzer droht im Winter Heizung und Strom abzudrehen, wenn der Mieter nicht sein Auto kauft.

- die durch **arglistige Täuschung** herbeigeführt wurden.   BGB § 123
  Beispiel: Ein Händler verkauft einen Wagen als unfallfrei, obwohl er ihn selbst nach einem Totalschaden repariert hat.

- denen ein **Irrtum** oder **falsche Übermittlung** zugrunde liegt.   BGB §§ 119, 120
  Beispiel: Der kurzsichtige Juwelier verkauft eine echte Perlenkette als Modeschmuck.

Eine Anfechtung wegen Irrtums muss unverzüglich nach Entdeckung des Irrtums erfolgen. Allerdings hat der Anfechtende einen dadurch entstandenen Schaden zu tragen. Rechtsgeschäfte, die durch arglistige Täuschung oder aufgrund einer widerrechtlichen Drohung zustande gekommen sind, können innerhalb eines Jahres angefochten werden.

Rechtsgeschäfte: Arten und Formen, Nichtigkeit und Anfechtbarkeit

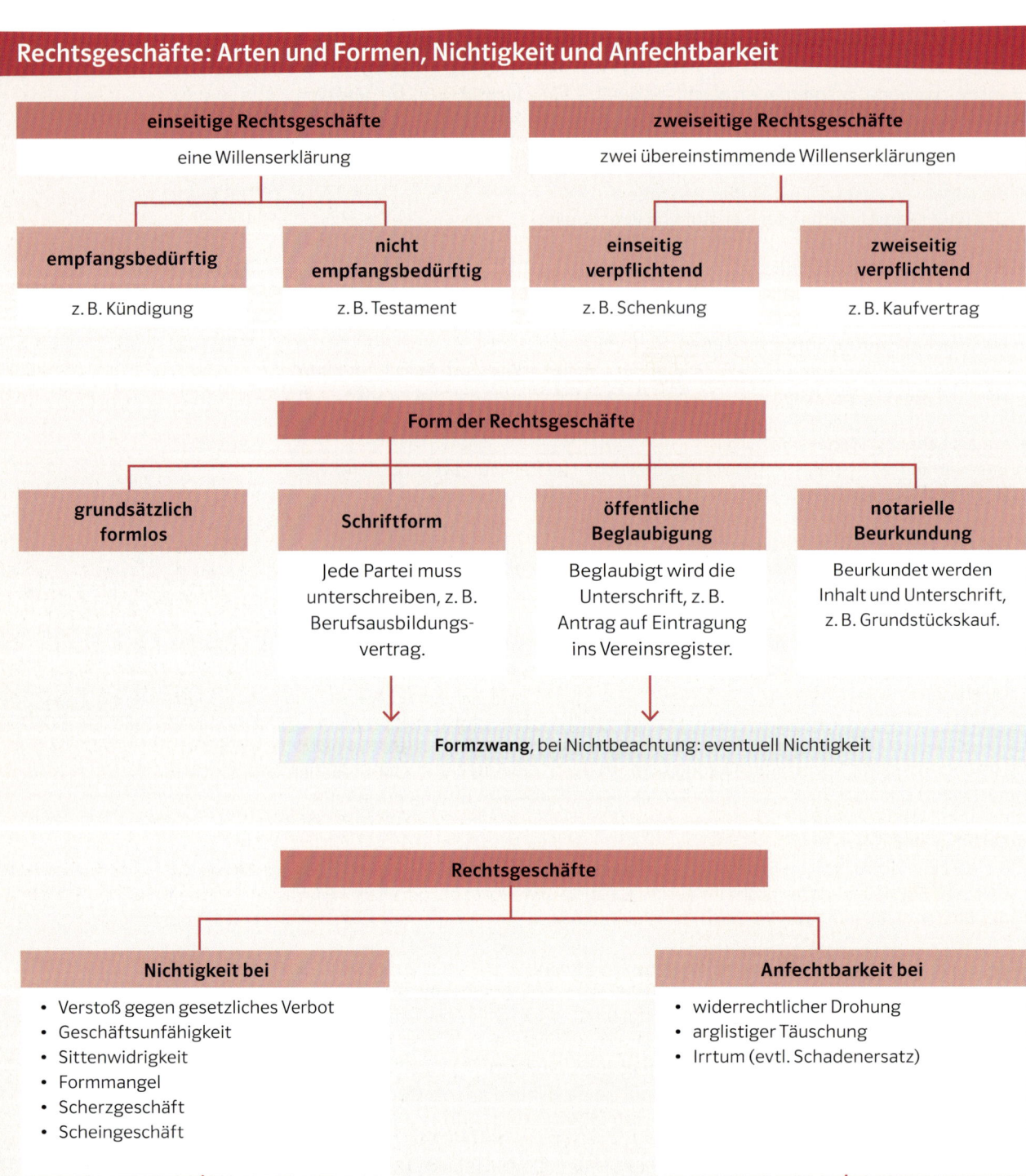

einseitige Rechtsgeschäfte

eine Willenserklärung

zweiseitige Rechtsgeschäfte

zwei übereinstimmende Willenserklärungen

empfangsbedürftig

z. B. Kündigung

nicht empfangsbedürftig

z. B. Testament

einseitig verpflichtend

z. B. Schenkung

zweiseitig verpflichtend

z. B. Kaufvertrag

Form der Rechtsgeschäfte

grundsätzlich formlos

Schriftform

Jede Partei muss unterschreiben, z. B. Berufsausbildungsvertrag.

öffentliche Beglaubigung

Beglaubigt wird die Unterschrift, z. B. Antrag auf Eintragung ins Vereinsregister.

notarielle Beurkundung

Beurkundet werden Inhalt und Unterschrift, z. B. Grundstückskauf.

Formzwang, bei Nichtbeachtung: eventuell Nichtigkeit

Rechtsgeschäfte

Nichtigkeit bei

- Verstoß gegen gesetzliches Verbot
- Geschäftsunfähigkeit
- Sittenwidrigkeit
- Formmangel
- Scherzgeschäft
- Scheingeschäft

von Anfang an nichtig

Anfechtbarkeit bei

- widerrechtlicher Drohung
- arglistiger Täuschung
- Irrtum (evtl. Schadenersatz)

erst durch Anfechtung nichtig

Arbeitsteil

1. **a)** Wodurch entstehen Rechtsgeschäfte?
b) Wie kommt ein Vertrag zustande?

2. Wie können Willenserklärungen abgegeben werden?

3. Zeigen Sie an einem Beispiel, wie durch schlüssiges Handeln ein Vertrag entstehen kann.

4. **a)** Welcher Unterschied besteht zwischen einseitigen und zweiseitigen Rechtsgeschäften?
b) Geben Sie bei den nachfolgenden Rechtsgeschäften an, ob es sich um einseitige oder um zweiseitige Rechtsgeschäfte handelt.
 1. Kaufvertrag
 2. Schenkung
 3. Testament
 4. Kündigung
 5. Mietvertrag

5. **a)** Welche Bedeutung hat der Grundsatz der Formfreiheit bei Rechtsgeschäften?
b) Für bestimmte Rechtsgeschäfte besteht ein gesetzlicher Formzwang. Erläutern Sie die Bedeutung und den Grund dieses Formzwangs.
c) Welche Formvorschrift besteht für
 1. Grundstückskäufe,
 2. Ratenkaufverträge,
 3. Berufsausbildungsverträge?

6. Unterscheiden Sie zwischen anfechtbaren und nichtigen Rechtsgeschäften und geben Sie jeweils zwei Beispiele dazu an.

7. Begründen Sie mithilfe der nebenstehenden Auszüge aus dem BGB, ob die folgenden Rechtsgeschäfte anfechtbar oder nichtig sind.
a) Ein Händler verkauft normale Erzeugnisse als besonders gesundes „Bio-Gemüse" zu einem überhöhten Preis.
b) Von einem Verkäufer wird die 18-jährige Susanne überredet, einen Ratenkaufvertrag für einen Gebrauchtwagen zu unterschreiben. Der effektive Jahreszins soll 28,5 % betragen.
c) Die Renovierungsarbeiten eines Hauses belaufen sich auf 30 000 €. Um Steuern zu sparen, einigen sich Hausbesitzer und Handwerker auf eine „offizielle Rechnung" von lediglich 10 000 €. Der Hausbesitzer will deshalb nur noch 10 000 € bezahlen.

d) Bei einem Grundstückskauf fallen Notargebühren an. Um diese zu sparen, schließt ein Käufer mit dem Verkäufer nur einen schriftlichen Kaufvertrag ab, worin sie vereinbaren, dass nach Zahlung des Kaufpreises der Verkäufer das Grundbuch ändern lässt.
e) Uwe erhält vom Chef den Auftrag, 5 Dutzend Flaschen Berghausener Riesling nachzubestellen. Uwe, ein schwacher Rechner, bestellt 600 Flaschen.

Bürgerliches Gesetzbuch (BGB)

§ 117 Scheingeschäft
(1) Wird eine Willenserklärung, die einem anderen gegenüber abzugeben ist, mit dessen Einverständnis nur zum Schein abgegeben, so ist sie nichtig.
(2) Wird durch ein Scheingeschäft ein anderes Rechtsgeschäft verdeckt, so finden die für das verdeckte Rechtsgeschäft geltenden Vorschriften Anwendung.

§ 120 Anfechtung wegen falscher Übermittlung
Eine Willenserklärung, welche durch die zur Übermittlung verwendete Person oder Einrichtung unrichtig übermittelt worden ist, kann unter der gleichen Voraussetzung angefochten werden wie nach § 119 eine irrtümlich abgegebene Willenserklärung.

§ 123 Anfechtbarkeit wegen Täuschung oder Drohung
(1) Wer zur Abgabe einer Willenserklärung durch arglistige Täuschung oder widerrechtlich durch Drohung bestimmt worden ist, kann die Erklärung anfechten. [...]

§ 125 Nichtigkeit wegen Formmangels
Ein Rechtsgeschäft, welches der durch Gesetz vorgeschriebenen Form ermangelt, ist nichtig. [...]

§ 138 Sittenwidriges Rechtsgeschäft; Wucher
(1) Ein Rechtsgeschäft, das gegen die guten Sitten verstößt, ist nichtig.
(2) Nichtig ist insbesondere ein Rechtsgeschäft, durch das jemand unter Ausbeutung der Zwangslage, der Unerfahrenheit, des Mangels an Urteilsvermögen oder der erheblichen Willensschwäche eines anderen sich oder einem Dritten für eine Leistung Vermögensvorteile versprechen oder gewähren lässt, die in einem auffälligen Missverhältnis zu der Leistung stehen.

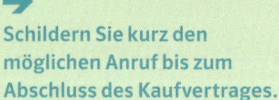

3   Kaufvertrag

Endlich ist es so weit. Der 19-jährige Martin hat die Führerscheinprüfung bestanden. In der Tageszeitung fällt ihm diese Anzeige auf:

→

Schildern Sie kurz den möglichen Anruf bis zum Abschluss des Kaufvertrages.

> Fiesta, Bj. 13, orig 55 000 km, SSD, Radio, unfallfrei, VB 3 650 EUR, Tel.: ████

3.1   Abschluss und Erfüllung des Kaufvertrags

Wie alle Verträge entsteht auch der **Kaufvertrag** durch mindestens zwei übereinstimmende Willenserklärungen, den **Antrag** und dessen **Annahme**.

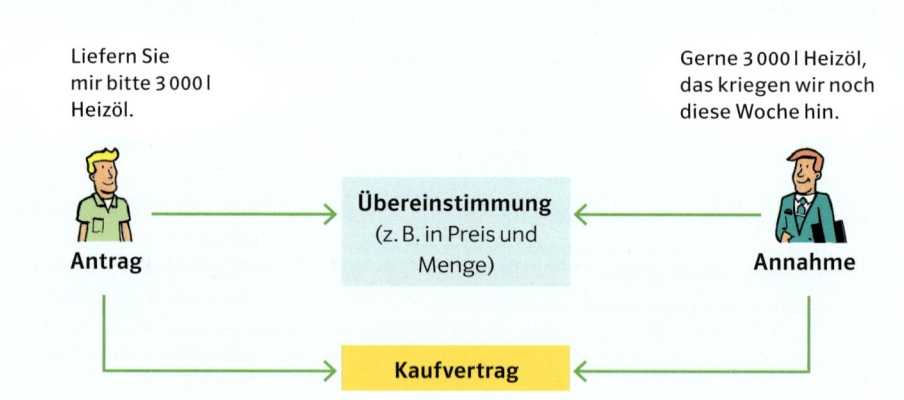

BGB §§ 145 ff.

Antrag und Antragsannahme können sowohl durch den Käufer als auch durch den Verkäufer erfolgen. Die häufigsten Möglichkeiten sind folgende:

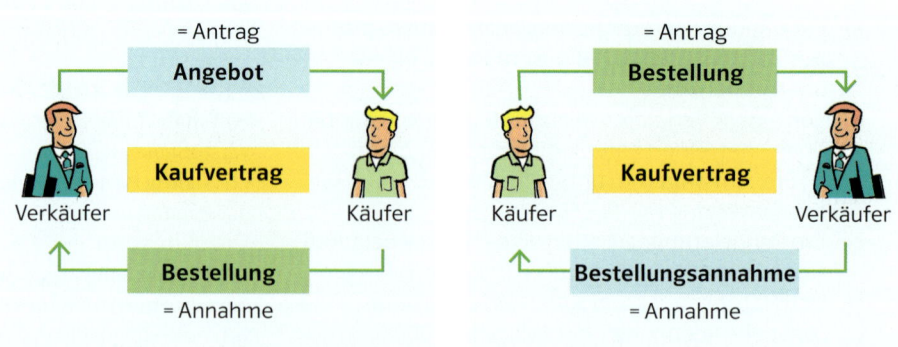

Der Verkäufer macht dem Käufer ein Angebot. Dieser bestellt rechtzeitig, ohne das Angebot abzuändern. Dadurch ist ein Kaufvertrag entstanden.

Bestellt der Käufer ohne ein vorhergehendes Angebot, entsteht ebenfalls ein Kaufvertrag, wenn der Verkäufer die Bestellung annimmt oder Lieferung erfolgt.

Jeder ist an seinen Antrag gebunden:

außer bei

Freizeichnungs-klauseln

verspäteter Bestellung

abgeänderter Bestellung

15.12.2016
Um Platz für neue Ware zu schaffen, geben wir 20% Rabatt auf alle Modelle des Jahres 2016.

15.12.2016
Um Platz für neue Ware zu schaffen, geben wir 20% Rabatt auf alle Modelle des Jahres 2016, **solange der Vorrat reicht**.

28.12.2016
Wir bedanken uns für Ihr Angebot vom 15.12.2016 und bestellen hiermit …

18.12.2016
Wir bedanken uns für Ihr Angebot vom 15.12.2016 und bestellen mit **25% Rabatt …**

Grundsätzlich ist jeder an sein Angebot gebunden. Diese Bindung wird aufgehoben:

- durch **Freizeichnungsklauseln**, d.h. der Absender macht seinen Antrag unverbindlich mit Formulierungen wie z.B. „Angebot frei bleibend", „solange Vorrat reicht", „unverbindlich".

- durch eine **verspätete oder abgeänderte Annahme**. Unter Anwesenden muss ein Antrag sofort angenommen werden, schriftliche Angebote schnellstmöglich. Unter Berücksichtigung der Beförderungsdauer muss bei einem schriflichen Angebot ca. nach einer Woche die Annahme vorliegen. Eine verspätete oder abgeänderte Annahme verpflichtet den Antragsteller nicht mehr. Nimmt er dennoch an, entsteht ein Vertrag (eine verspätete bzw. abgeänderte Annahme ist demnach rechtlich ein neuer Antrag).

BGB § 145

BGB §§ 146 ff.

Schaufensterauslagen, Kataloge, Zeitungsanzeigen oder Postwurfsendungen sollen den Kunden nur auffordern, selbst ein Antrag abzugeben (**Anpreisungen**). Ein Angebot ist immer an eine bestimmte Person gerichtet. Beispiel: Ein Kunde sieht im Schaufenster einen sehr preiswert ausgezeichneten Mantel. Er besteht auf dem Kauf. Da Schaufensterauslagen kein Angebot sind, sondern der Antrag erst durch den Kunden erfolgt, ist der Verkäufer nicht zum Verkauf verpflichtet.

Rechte und Pflichten der Vertragspartner
Die Abgabe eines Antrags und dessen Annahme erfolgen freiwillig. Mit dem Abschluss des Kaufvertrags jedoch werden Käufer und Verkäufer verpflichtet, den abgeschlossenen Vertrag auch zu erfüllen.

Die Pflichten des Verkäufers sind

- Lieferung und Übereignung der Ware (mängelfrei, zur rechten Zeit, am rechten Ort)

- Annahme des Kaufpreises

= Rechte des Käufers

Die Pflichten des Käufers sind

- Annahme der Ware

- Zahlung des Kaufpreises

= Rechte des Verkäufers

Ein Kaufvertrag besteht also aus zwei Teilen. Durch den Vertragsabschluss ensteht zunächst ein **Verpflichtungsgeschäft**, da Käufer und Verkäufer sich zu bestimmten Leistungen verpflichtet haben. Dieses gegenseitige Schuldverhältnis erlischt, wenn jeder Vertragspartner seinen Pflichten nachgekommen ist, also das sogenannte **Erfüllungsgeschäft** bewirkt wurde. **Verpflichtungsgeschäfte** kann man nahezu unbegrenzt abschließen, allerdings muss man sie dann auch erfüllen.

BGB § 433
BGB §§ 362 ff.

3.2 Inhalt des Kaufvertrags

Bei normalen Käufen des Alltags, z. B. dem Einkauf beim Bäcker oder im Supermarkt, ist es nicht nötig, die einzelnen Bedingungen des Kaufs besonders auszuhandeln oder gar schriftlich niederzulegen. Dies empfiehlt sich jedoch unbedingt bei wichtigen Kaufverträgen. Um spätere Streitigkeiten zu vermeiden, sollte man alle Einzelheiten des Vertrags vorher genau vereinbaren und danach schriftlich festhalten. Wenn im Kaufvertrag nichts besonders vereinbart wurde, dann gelten die folgenden gesetzlichen Regelungen:

BGB § 434
- **Art und Güte der Ware:** Wurde vertraglich nichts vereinbart, ist die gewöhnliche Verwendung maßgebend, d. h. eine Beschaffenheit wie bei gleichartigen Sachen üblich.

BGB § 271
- **Lieferzeit:** Wenn keine Lieferzeit festgelegt wurde, ist sofort zu liefern.

BGB § 448
- **Verpackungskosten und Beförderungskosten:** Der Käufer trägt die Beförderungskosten sowie die Kosten der Versandverpackung. Die Kosten der Übergabeverpackung gehen zulasten des Verkäufers.

BGB § 270
- **Zahlungsbedingungen:** Der Käufer muss auf eigene Gefahr und Kosten das Geld überbringen.

- **Preisnachlässe:** Preisabzüge wie Rabatt und Skonto dürfen nur dann vorgenommen werden, wenn sie vorher vereinbart wurden.

BGB § 269
- **Erfüllungsort:** Hier muss der Schuldner seine vertraglichen Pflichten erfüllen. Kosten und Risiko gehen hier auf den Gläubiger über. Der gesetzliche Erfüllungsort gilt immer dann, wenn kein anderer Erfüllungsort vereinbart wurde. Er ist immer der Wohn- bzw. Firmensitz des jeweiligen Schuldners. Beim Kaufvertrag gibt es zwei Schuldner, den Verkäufer als Warenschuldner und den Käufer als Geldschuldner.

BGB § 447
Warenschulden sind nach dem Gesetz **Holschulden**. Der Verkäufer erfüllt also den Vertrag, wenn er die Ware am Ort seiner Niederlassung bereithält und übergibt. Der Käufer muss sie auf eigene Gefahr und Kosten abholen. Lässt er sie durch den Verkäufer zusenden, dann trägt er das Risiko, falls die Ware auf dem Transport beschädigt wird. **Geldschulden** sind nach dem Gesetz **Bringschulden** bzw. **Schickschulden**, d. h. der Käufer muss das Geld auf seine Kosten rechtzeitig an den Verkäufer übermitteln. Er trägt das Verlustrisiko, bis die Zahlung eingegangen ist. Vertraglich kann ein anderer Erfüllungsort vereinbart werden.

- **Gerichtsstand:** Das ist der Ort, an dem der Schuldner wegen Nichterfüllung verklagt werden kann. Wenn kein besonderer Gerichtsstand vereinbart wurde, gilt immer der gesetzliche Gerichtsstand. Er ist der Erfüllungsort des jeweiligen Schuldners, also sein Wohn- und Geschäftssitz. Vertraglich kann ein anderer Gerichtsstand vereinbart werden. Nach

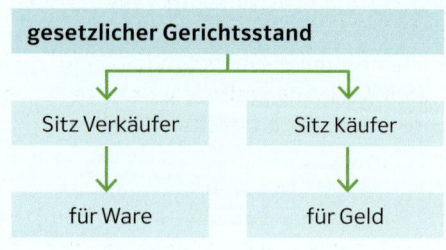

den Bestimmungen des Verbraucherschutzes können Privatkäufer jedoch immer nur am zuständigen Gericht ihres Wohnsitzes klagen und auch nur dort verklagt werden.

3.3 Besitz und Eigentum

Ersatz-Navigationssysteme

Auch festinstallierte Navigationssysteme werden bei Ebay oft günstig angeboten. Doch Interessenten sollten vorsichtig sein, denn die meisten Geräte sind geklaut.
Neun von zehn Navis, die beim Auktionshaus Ebay angeboten werden, sind gestohlen. Insgesamt werden in Deutschland pro Jahr rund 50 000 Navigationssysteme gestohlen. Wie die Zeitschrift „Auto Bild" gemeinsam mit der Polizei Passau ermittelt hat, werden vor allem VW-, Audi- oder Skoda-Navigationssysteme über Ebay verschoben. Die Hehlerware stammt dabei meist aus Deutschland, den Niederlanden, Belgien, Frankreich und Tschechien. So haben Redakteure das VW-Navigationssystem RNS 510 für 950 Euro ersteigert. Doch erst als die Auktion drei Tage lief, wurde das entsprechende Gerät im Rheinisch-Bergischen Kreis geklaut. Da oft auch falsche Ebay-Konten zum Verkauf dienen, ist den Dieben nicht auf die Schliche zu kommen. Ein Leiter der Passauer Polizei rät von einem Gebrauchtkauf im Internet ab. SP-X/fh

© Axel Springer AG 2012. Alle Rechte vorbehalten, http://www.welt.de/motor/news/article109966235/Ersatz-Navigationssysteme.html (letzter Zugriff am 29.10.2012)

➔ **Weshalb warnt die Polizei vor dem Kauf solcher Geräte?**

> **Eigentum** ist die **rechtliche Gewalt** über eine Sache,
> **Besitz** ist die **tatsächliche Gewalt**.

Meistens ist der Besitzer einer Sache auch deren Eigentümer.
Der **Eigentümer** übt die **rechtliche Gewalt** über eine Sache aus. Soweit nicht das Gesetz oder Rechte Dritter entgegenstehen, kann er darüber verfügen, wie er will. Er kann sie beispielsweise verkaufen, verschenken, vermieten, verpfänden oder sogar zerstören. Er kann anderen ihren Besitz erlauben oder sie von jeder Einwirkung ausschließen. *BGB § 903*

Der **Besitzer** einer Sache übt die **tatsächliche Gewalt** über einen Gegenstand aus. *BGB § 854*
Beispiel: Herr Baumann fährt einen Geschäftswagen, d. h. er besitzt zwar einen Pkw, aber er ist nicht der Eigentümer, weil das Auto seiner Firma gehört.

Wird dem Eigentümer oder dem rechtmäßigen Besitzer eine Sache widerrechtlich entzogen, dann darf er sich zur Wehr setzen. Ertappt er den Dieb auf frischer Tat, darf er ihm die Sachen wieder abnehmen, notfalls sogar mit Gewalt. Mithilfe des Gerichts kann er verlangen, dass ihm der Besitz wieder eingeräumt wird. Bei Beeinträchtigung des Besitzes kann er verlangen, dass die Störung beseitigt wird, notfalls kann er auf Unterlassung klagen.

Eigentumsübertragung
Mit Abschluss des Kaufvertrags verpflichtet sich der Verkäufer, die Ware zu übereignen. Wie das Eigentum übertragen wird, hängt von der Sache ab. Der Eigentumsübergang erfolgt: *BGB § 929*
- bei **beweglichen Sachen** (Schmuck, Auto) normalerweise durch Einigung der Vertragspartner und Übergabe. Befindet sich die Sache bei einem Dritten, dann wird der Herausgabeanspruch abgetreten.

BGB § 925

- bei **unbeweglichen Sachen** (Grundstück, Haus) durch Auflassung (= Einigung über den Eigentumsübergang vor dem Notar) und Eintragung im Grundbuch.

Auch von jemandem, der nicht Eigentümer ist, kann Eigentum erworben werden. Dies ist der Fall, wenn der Käufer **gutgläubig** handelte und den Verkäufer für den Eigentümer hielt. Beispiel: Herr Wagner mietet ein Trekkingrad. Danach verkauft er es unberechtigt Herrn Sorg für 300 €. Da dieser annahm, dass das Rad Herrn Wagner gehörte, hat er es gutgläubig erworben und ist somit Eigentümer geworden.

Gestohlene oder **verloren gegangene Sachen** können **nicht gutgläubig** erworben werden. Der rechtmäßige Eigentümer kann auch von einem gutgläubigen Erwerber die Herausgabe seines Eigentums verlangen, ausgenommen Geld oder Wertpapiere.

Eigentumsvorbehalt

BGB § 449

In den meisten Kaufverträgen taucht in den Lieferbedingungen das Wort „Eigentumsvorbehalt" auf. Das bedeutet: Der Verkäufer bleibt Eigentümer der gelieferten Ware bis zur vollständigen Bezahlung. Dem Käufer wird die Ware zwar übergeben, aber er wird zunächst nur ihr Besitzer. Kommt er mit der Zahlung in Verzug, dann kann der Verkäufer die Ware zurücknehmen und vom Vertrag zurücktreten, wenn er zuvor erfolglos eine Nachfrist gesetzt hat. Beantragt der Käufer ein Insolvenzverfahren, dann kann der Verkäufer die Herausgabe seiner Ware verlangen.
Der Eigentumsvorbehalt erlischt jedoch, wenn die Ware einem gutgläubigen Dritten weiterverkauft wird, wenn sie verarbeitet, verbraucht oder zerstört wird.

Kaufvertrag: Entstehung, Inhalte, Rechte und Pflichten

Antrag	→	Übereinstimmung	←	**Annahme**

Wichtige Inhalte
- Art und Güte der Ware
- Lieferzeit
- Verpackungskosten
- Beförderungskosten
- Zahlungsbedingungen
- Preis und Preisnachlässe
- Erfüllungsort
- Gerichtsstand

Kaufvertrag

Pflichten des Verkäufers	**Pflichten des Käufers**
- mängelfreie Lieferung - Annahme des Kaufpreises	- Annahme der Ware - Zahlung des Kaufpreises

Eigentum	← →	**Besitz**
rechtliche Gewalt über eine Sache		tatsächliche Gewalt über eine Sache

Arbeitsteil

1. Wie kommt ein Kaufvertrag zustande und welche Pflichten ergeben sich dadurch für die Vertragspartner?

2. **a)** Wodurch kann ein Verkäufer die Bindung an sein Angebot ausschließen?
  b) Welche rechtliche Wirkung hat eine verspätete oder abgeänderte Annahme?

3. Muss ein Händler auf Wunsch des Kunden seine Schaufensterauslage verkaufen? Begründen Sie Ihre Antwort.

4. Herr Huber wird in 6 Wochen seine neue Wohnung beziehen. Aus diesem Anlass bestellt er eine neue Einbauküche. Der Verkäufer versichert ihm, dass die bestellte Küche ganz sicher innerhalb der nächsten sechs Wochen geliefert würde, also auf jeden Fall vor seinem Einzugstermin. Nachdem er auch nach 7 Wochen noch keine Küche hat, ruft er im Küchenstudio an und beschwert sich. Der Verkäufer bedauert, dass der Hersteller immer noch nicht geliefert hätte. Dass er einen Liefertermin mündlich zugesagt hätte, streitet er jetzt entschieden ab.
  a) Begründen Sie am Fall von Herrn Huber, weshalb es bei wichtigen Kaufverträgen empfehlenswert ist, alle Bedingungen des Kaufvertrags genau auszuhandeln und schriftlich festzuhalten.
  b) Welche wichtigen Inhalte sollten in einem Kaufvertrag geregelt werden?

5. **a)** Wann muss der Verkäufer liefern, wenn keine Lieferzeit vereinbart wurde?
  b) Welche Bedeutung hat der gesetzliche Erfüllungsort beim Kaufvertrag?
  c) Welche Bedeutung hat der Gerichtsstand?
  d) Welche Bestimmungen über den Gerichtsstand enthält der Verbraucherschutz?

6. Beurteilen Sie mithilfe des nachfolgenden Auszuges aus dem BGB, ob ein Angebot oder eine Bestellung vorliegt bzw. ob eine rechtliche Bindung besteht.
  a) Uwe fragt telefonisch bei einem Computerversand nach, wie viel das Modell Profiline 2000 kostet. Der Verkäufer bietet das Gerät für 799 € an. Uwe bestellt nicht sofort, sondern will sich wieder melden.
  b) In der Tageszeitung sieht er die Anzeige eines anderen Händlers, der das Gerät für 789 € anbietet.

Profiline 2000

ab sofort **789 €**

PC-Markt Gruber

  c) Firma Häcker sendet Uwe am 3. 4. einen Brief, in dem sie ihm Profiline 2000 für 749 € anbietet. Uwe bestellt den Computer am 20. 4.

Bürgerliches Gesetzbuch (BGB)

§ 147 Annahmefrist
(1) Der einem Anwesenden gemachte Antrag kann nur sofort angenommen werden. Dies gilt auch von einem mittels Fernsprecher oder einer sonstigen technischen Einrichtung von Person zu Person gemachten Antrag.
(2) Der einem Abwesenden gemachte Antrag kann nur bis zu dem Zeitpunkt angenommen werden, in welchem der Antragende den Eingang der Antwort unter regelmäßigen Umständen erwarten darf.

Fallbeispiel Angebotsvergleich
S. 311

4 Pflichtverletzungen bei der Erfüllung von Kaufverträgen

→ a) Welche Kaufvertrags-
pflichtverletzung liegt vor?

b) Wie lange sollte das Kauf-
vertragsdatum höchstens
zurückliegen?

Mangelhafte Lieferung

Der Käufer hat einen Anspruch darauf, dass die Ware in einwandfreiem Zustand geliefert wird. Hat sie nicht die vertraglich **vereinbarte Beschaffenheit**, liegt ein Sachmangel vor. Wurde nichts festgelegt, ist die gewöhnliche Verwendung maßgebend, d.h. eine Beschaffenheit, wie sie bei gleichartigen Sachen üblich ist. Eine **mangelhafte Lieferung** kann demnach folgende Mängel aufweisen:

BGB §§ 433 – 435

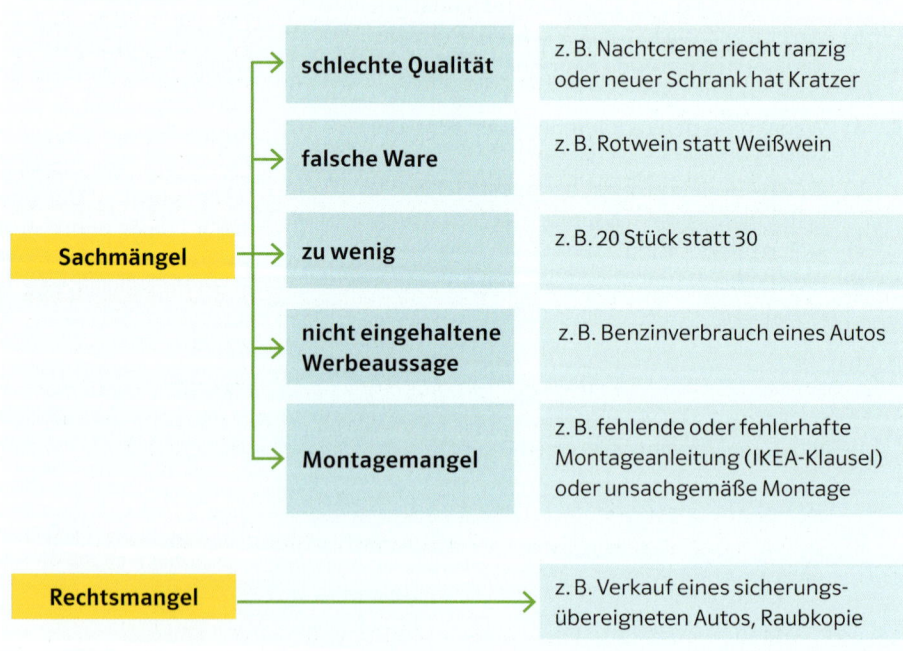

Sachmängel	schlechte Qualität	z. B. Nachtcreme riecht ranzig oder neuer Schrank hat Kratzer
	falsche Ware	z. B. Rotwein statt Weißwein
	zu wenig	z. B. 20 Stück statt 30
	nicht eingehaltene Werbeaussage	z. B. Benzinverbrauch eines Autos
	Montagemangel	z. B. fehlende oder fehlerhafte Montageanleitung (IKEA-Klausel) oder unsachgemäße Montage
Rechtsmangel		z. B. Verkauf eines sicherungs-übereigneten Autos, Raubkopie

Sachmangelhaftung und Verjährungsfristen: Der Umfang der Sachmangelhaftung hängt davon ab, ob ein Privatmann oder ein Unternehmer auf Einkaufstour geht.

Sachmangelhaftung	
privater Käufer	**Unternehmer als Käufer**
Bei neuen Produkten haftet der Verkäufer 2 Jahre. Bei gebrauchten Sachen kann die Frist auf ein Jahr herabgesetzt werden.	Durch Vertrag kann der Verkäufer seine Haftung beliebig verkürzen oder ausschließen. In Allgemeinen Geschäftsbedingungen kann die Haftung bei neuen Sachen auf ein Jahr herabgesetzt werden.

Kauft ein privater Kunde von einem Unternehmer eine bewegliche Sache, dann liegt ein **Verbrauchsgüterkauf** vor. Beim Verbrauchsgüterkauf muss der Verkäufer mindestens **zwei Jahre** haften. Dies gilt für alle **neuen Produkte**, gleichgültig ob Autos, Maschinen, Spielzeug, Computer, Sportgeräte usw. Der Verkäufer darf diese Frist weder umgehen noch verkürzen, lediglich bei **gebrauchten Produkten**, etwa einem Gebrauchtwagen, kann der Unternehmer die Frist auf **ein Jahr** herabsetzen. Von der Sachmangelhaftung ausgeschlossen ist der allgemein übliche Verschleiß. Beispiel: Wenn die Autoreifen schon nach einem Jahr kein ausreichendes Profil aufweisen, aber 80 000 Kilometer gefahren wurden, ist dies kein Sachmangel. Beim Verbrauchsgüterkauf gilt für die ersten 6 Monate eine **Beweislastumkehr**, d.h. es wird für diese Zeit unterstellt, dass der Fehler schon von Anfang an da war. Die Folge: Der Händler muss im Streitfall die Fehlerfreiheit beweisen. Als Ausgleich für diese strenge Haftung kann er seinen Lieferanten in **Regress** nehmen: bis zu 5 Jahre, nachdem er die Ware erhalten hat.

> Privatverkäufer können die Gewährleistung ganz ausschließen, andernfalls haften sie 2 Jahre.

Anders ist die Sachlage, **wenn Unternehmer einkaufen, die im Handelsregister als Kaufmann eingetragen sind**:
Hier darf der Verkäufer seine Haftung durch Vertrag beliebig verkürzen oder sogar ganz ausschließen. Für allgemeine Geschäftsbedingungen gelten Sonderregeln. Bei neuen Sachen ist hier eine Befristung auf nur ein Jahr erlaubt, bei gebrauchten auch auf weniger als ein Jahr.
Bei Kaufverträgen muss der Käufer die gelieferte Ware **unverzüglich prüfen** und entdeckte Mängel unverzüglich **rügen**, andernfalls gilt die Ware als genehmigt. Ein **versteckter Mangel** muss **unverzüglich nach Entdeckung** gerügt werden, spätestens jedoch innerhalb von **2 Jahren**.

Rechte des Käufers: Bei einer rechtzeitigen Mängelrüge kann der Käufer folgende Rechte geltend machen:

- **Nacherfüllung**, d.h. der Käufer kann wählen zwischen *Ersatzlieferung* und *Reparatur (Nachbesserung)*. Zusätzlich muss der Verkäufer für die entstandenen Kosten des Käufers aufkommen, z.B. Fahrt-, Transport- oder Arbeitskosten.

BGB §§ 437 ff.

> **Zuerst** muss der Käufer Nacherfüllung verlangen. Erst, wenn diese während einer angemessenen Nachfrist fehlschlägt (bei Reparatur 2 Versuche), kann er

- **Minderung**, d.h. Herabsetzung des Kaufpreises wählen oder
- **Rücktritt** vom Vertrag verlangen und
- zusätzlich **Schadenersatz** fordern.

> Die Nachfrist beim Schadenersatz ist entbehrlich, wenn besondere Umstände es rechtfertigen. Beispiel: Obwohl auf der Verpackung einer Bluse steht, dass sie waschbar sei, geht sie ein und färbt auf andere Wäschestücke ab.

In den **Allgemeinen Geschäftsbedingungen** (dem Kleingedruckten) behalten sich die meisten Händler ein Nachbesserungsrecht vor. Die Folge: Der Käufer muss die Ware behalten und dem Verkäufer die Gelegenheit einräumen, sie in einer angemessenen Frist zu reparieren. Allerdings dürfen dem Kunden dabei keinerlei Kosten entstehen. Wurde Nachbesserung vereinbart, dann kann der Verkäufer in der Regel zwei Reparaturversuche unternehmen.

Erst wenn die Nachbesserungen erfolglos sind, kann der Kunde vom Vertrag zurücktreten, auf Ersatzlieferung oder Minderung des Kaufpreises bestehen.

Vielfach lehnen Verkäufer eine Ersatzlieferung ab und bieten stattdessen einen Warengutschein an. Einen Gutschein muss der Kunde nicht akzeptieren. Dies gilt auch dann, wenn es sich um Restposten oder Schlussverkaufsware handelt, für die ein Umtausch ausdrücklich ausgeschlossen war. Die gesetzliche Sachmangelhaftungsfrist von 2 Jahren muss eingehalten werden – ausgenommen, der Händler hat vorher auf Mängel hingewiesen. Anders ist die Rechtslage jedoch, wenn kein Mangel vorliegt, sondern dem Kunden die Ware nicht mehr gefällt, etwa weil die neue Jacke zu eng ist. In diesem Fall besteht kein Umtauschrecht. Bietet der Händler dennoch die Rücknahme gegen einen Gutschein an, liegt eine Kulanzleistung vor.

Spätestens 2 Jahre, nachdem die Ware übergeben wurde, müssen die gesetzlichen Ansprüche aus der Sachmangelhaftung geltend gemacht werden, andernfalls erlischt der Anspruch gegen den Händler.

BGB § 443

Vielen gekauften Geräten liegt eine Garantiekarte des Herstellers bei, worin dieser sich verpflichtet, für sein Erzeugnis eine Garantie über einen bestimmten Zeitraum zu übernehmen. Die Haftung bezieht sich in der Regel auf Fabrikationsfehler und verpflichtet den Hersteller, die Sache kostenfrei zu ersetzen oder auszubessern, sofern der Kunde die Garantiebedingungen beachtet hat. Allerdings benutzen viele Firmen solche **Herstellergarantien**, um die gesetzliche Haftungsverpflichtung bei Kaufverträgen einzuschränken. Viele „Garantieurkunden" schließen z. B. das Recht auf Preisnachlass (Minderung) aus und engen das Rücktrittsrecht ein. Es ist deshalb empfehlenswert, die Garantiebedingungen vor dem Kauf genau durchzulesen. Solche Garantieerklärungen entbinden den Händler jedoch keinesfalls von seiner Sachmangelhaftung. Denn nur mit ihm hat der Kunde vertragliche Beziehungen. Rechtlich kommt neben dem normalen Kaufvertrag zusätzlich ein zweiter Vertrag zustande, wenn der Händler stellvertretend für den Hersteller die Garantiekarte ausfüllt und abstempelt. In der Regel kann also der Kunde entscheiden, an wen er sich bei Reklamationen wenden will.

Verzug

BGB § 286

Lieferungsverzug: Ein Verkäufer gerät in Verzug, wenn er schuldhaft eine fällige Ware nicht liefert. Eine Lieferung ist fällig, wenn ein bestimmter Liefertermin vereinbart wurde. Wurde der Termin nicht kalendermäßig festgelegt (z. B. 12. 09.), ist die Lieferung fällig nach der ersten Mahnung, mit deren Zustellung der Verzug beginnt. Ein Verschulden entfällt, wenn aufgrund höherer Gewalt, z. B. Streiks oder Naturkatastrophen, nicht geliefert werden konnte.

Rechte des Käufers bei Lieferungsverzug

Unter Setzen einer Nachfrist kann der Käufer

- auf Lieferung bestehen (Nacherfüllung),
- auf Lieferung bestehen und Schadenersatz wegen verspäteter Lieferung verlangen.

Nach Setzen und Verstreichen einer angemessenen Nachfrist kann der Käufer

- die Lieferung ablehnen und vom Vertrag zurücktreten,
- die Lieferung ablehnen und Schadenersatz statt der Leistung verlangen.

Annahmeverzug: Der Käufer gerät in Verzug, wenn er die ordnungsgemäß und pünktlich gelieferte Ware nicht oder nicht rechtzeitig abnimmt. (§§ 293 ff. BGB)

Rechte des Verkäufers bei Annahmeverzug

- Er kann die Ware in Verwahrung nehmen und auf Abnahme klagen.
- Er kann sich von der Leistungspflicht befreien, indem er die Ware an einem geeigneten Ort sicher einlagert (Lagerhaus) oder öffentlich versteigern lässt (Selbsthilfeverkauf). Bei verderblichen Waren kann er die Ware freihändig verkaufen (Notverkauf). Kosten und Mindererlöse trägt der Käufer.
- Er kann die Lieferung ablehnen und vom Vertrag zurücktreten.
- Er kann zusätzlich Schadenersatz verlangen.

Zahlungsverzug: Zahlt der Käufer die fällige Rechnung nicht, ohne dass er hierfür einen berechtigten Grund hat, wie z. B. mangelhafte Lieferung, dann kommt er mit Zugang der Mahnung in Verzug. Ohne Mahnung gerät der Käufer in Verzug, wenn er zum fest vereinbarten Zahlungstermin oder innerhalb der vereinbarten Zahlungsfrist nicht bezahlt. Mahnt der Gläubiger nicht, so befindet sich der Schuldner spätestens 30 Tage nach Zugang einer Rechnung automatisch in Verzug, d. h. auch ohne Mahnung. Für Verbraucher gilt diese Frist von 30 Tagen allerdings nur, wenn sie in der Rechnung darauf hingewiesen worden sind. (§§ 286 ff. BGB)

Rechte des Verkäufers bei Zahlungsverzug

- Er kann Zahlung verlangen und einklagen.
- Er kann Zahlung und Schadenersatz verlangen (Zahlung zuzüglich Verzugszinsen).
- Er kann vom Vertrag zurücktreten und die Ware zurücknehmen, nachdem er dem Käufer eine angemessene *Nachfrist* gesetzt hat.
- Nach Ablauf einer Nachfrist kann er die Ware zurücknehmen und Schadenersatz fordern (Mindererlös beim Weiterverkauf und Verzugszinsen).

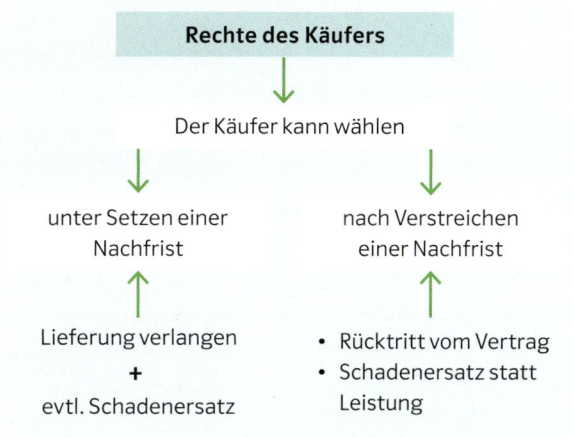

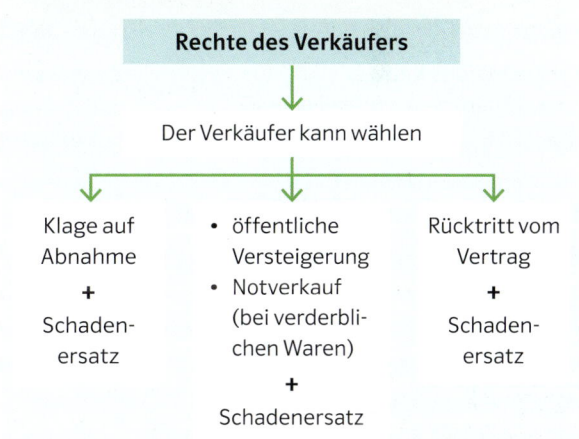

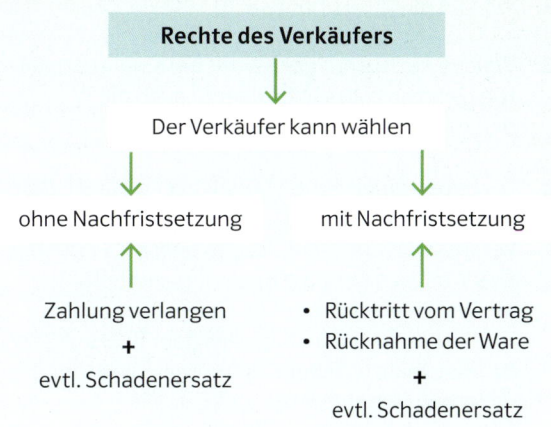

Kaufvertrag: Mängel und Verzug

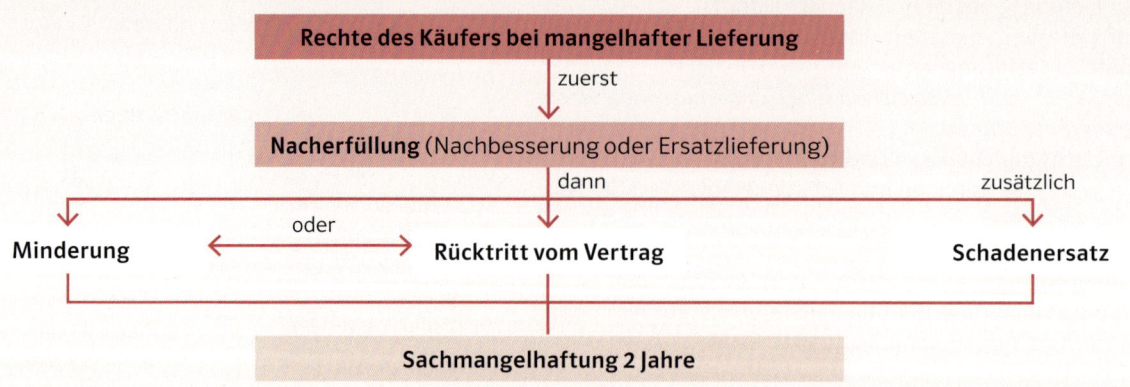

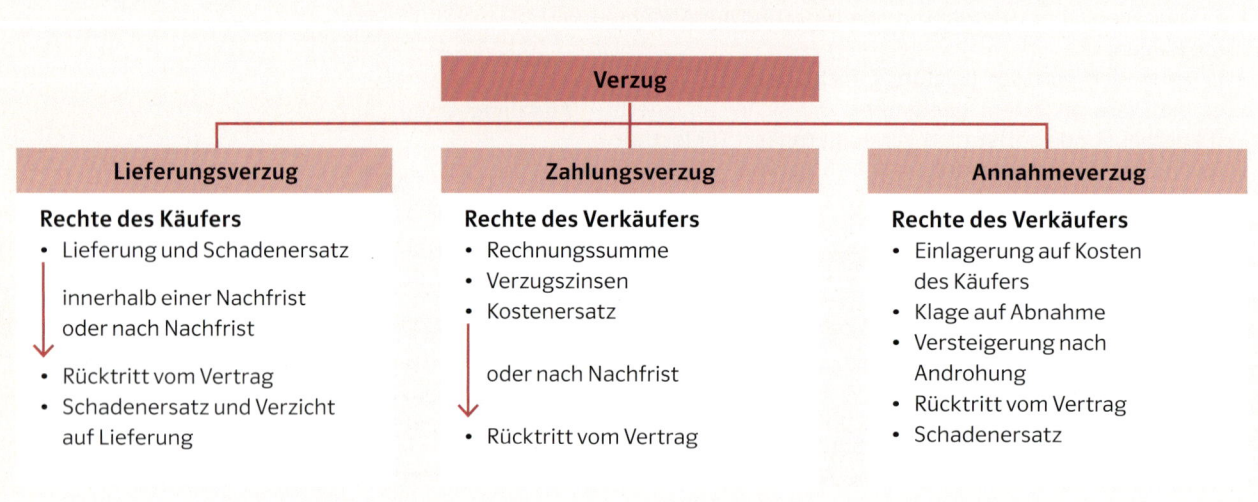

Arbeitsteil

1. Welche Mängel können beim Kaufvertrag auftreten?

2. Welche Rechte hat der Käufer bei einer mangelhaften Lieferung? Lesen Sie hierzu auch die Auszüge aus dem BGB auf S. 77.

3. Sie haben einen neuen MP3-Player gekauft. Beim Auspacken entdecken Sie, dass das Gehäuse stark verkratzt ist und nicht die gewünschte Farbe hat. Des Weiteren fehlt die Bedienungsanleitung.
   a) Welche Rechte können Sie beanspruchen? Lesen Sie hierzu die Auszüge aus dem BGB auf S. 77.
   b) Innerhalb welcher Frist müssen die Mängel gerügt werden?

4. Erna Pfiffig kauft im Elektrohaus Müller einen Fernsehapparat als Sonderangebot zu einem günstigen Preis. Nachdem die Ware beschädigt geliefert wird, setzt sie Herrn Müller eine angemessene Nachfrist für die Lieferung eines mangelfreien Gerätes. Dieser weigert sich, den Mangel zu beseitigen, da er gerade keinen LKW zur Verfügung habe.
   a) Kann Erna Pfiffig vom Vertrag zurücktreten, um den gleichen Apparat anderswo zu kaufen?
   b) Als sie versucht, den Fernseher anderswo zu kaufen, stellt sie fest, dass er überall viel teurer ist. Kann Erna Pfiffig den Mehrpreis von Herrn Müller verlangen?

5. a) Welche Voraussetzungen müssen gegeben sein, damit ein Lieferer in Verzug gerät?

b) Welche Rechte hat der Käufer beim Lieferungsverzug?

c) Welche Rechte hat der Verkäufer beim Zahlungsverzug?

6. Sabine bestellt Möbel im Wert von 2 000 € für ihre neu einzurichtende Wohnung. Als voraussichtliche Lieferzeit gibt der Händler 6 Wochen an.

a) Worauf ist beim Abschluss des Kaufvertrages zu achten?

b) Nach 8 Wochen sitzt Sabine immer noch in ihrer leeren Wohnung. Beurteilen Sie die rechtliche Situation von Sabine.

c) Was kann Sabine tun, damit ihre Möbel möglichst schnell geliefert werden?

d) Angenommen, die Möbel würden nun endlich durch die Möbelfirma ausgeliefert, der Schrank weist aber einen Kratzer auf. Wie sollte sich Sabine verhalten?

e) Welche gesetzlichen Rechte kann Sabine normalerweise aus diesem Mangel ableiten? Welche Regelung werden die AGB der Möbelfirma für diesen Fall vorsehen?

Methode „Umgang mit Rechtsfällen" S. 318 ff.

Auszüge aus dem Bürgerlichen Gesetzbuch (BGB)

§ 434 Sachmangel
(1) Die Sache ist frei von Sachmängeln, wenn sie bei Gefahrübergang die vereinbarte Beschaffenheit hat. Soweit die Beschaffenheit nicht vereinbart ist, ist die Sache frei von Sachmängeln,
1. wenn sie sich für die nach dem Vertrag vorausgesetzte Verwendung eignet, sonst
2. wenn sie sich für die gewöhnliche Verwendung eignet und eine Beschaffenheit aufweist, die bei Sachen der gleichen Art üblich ist […].
Zu der Beschaffenheit […] gehören auch Eigenschaften, die der Käufer nach den öffentlichen Äußerungen des Verkäufers, des Herstellers […] insbesondere in der Werbung oder bei der Kennzeichnung […] erwarten kann […].
(2) Ein Sachmangel ist auch dann gegeben, wenn die vereinbarte Montage […] unsachgemäß durchgeführt worden ist. Ein Sachmangel liegt […] ferner vor, wenn die Montageanleitung mangelhaft ist […].
(3) Einem Sachmangel steht es gleich, wenn der Verkäufer eine andere Sache oder eine zu geringe Menge liefert.

§ 437 Rechte des Käufers bei Mängeln
Ist die Sache mangelhaft, kann der Käufer […]
1. […] Nacherfüllung verlangen,
2. […] von dem Vertrag zurücktreten oder […] den Kaufpreis mindern und
3. […] Schadensersatz […] verlangen.

§ 438 Verjährung der Mängelansprüche
(1) Die in § 437 […] bezeichneten Ansprüche verjähren
1. in 30 Jahren, wenn der Mangel

a) in einem dinglichen Recht eines Dritten, […] oder
b) in einem sonstigen Recht, das im Grundbuch eingetragen ist, besteht,
2. in fünf Jahren
a) bei einem Bauwerk und
b) bei einer Sache, die […] für ein Bauwerk verwendet worden ist und dessen Mangelhaftigkeit verursacht hat, und
3. im Übrigen in zwei Jahren. […]

§ 439 Nacherfüllung
(1) Der Käufer kann als Nacherfüllung nach seiner Wahl die Beseitigung des Mangels oder die Lieferung einer mangelfreien Sache verlangen. […]

§ 440 Besondere Bestimmungen für Rücktritt und Schadensersatz
[…] Eine Nachbesserung gilt nach dem erfolglosen zweiten Versuch als fehlgeschlagen […].

§ 441 Minderung
(1) Statt zurückzutreten kann der Käufer den Kaufpreis […] mindern. […]

§ 323 Rücktritt wegen nicht oder nicht vertragsgemäß erbrachter Leistung
(1) Erbringt bei einem gegenseitigen Vertrag der Schuldner eine fällige Leistung nicht oder nicht vertragsgemäß, so kann der Gläubiger, wenn er dem Schuldner erfolglos eine angemessene Frist zur Leistung oder Nacherfüllung bestimmt hat, vom Vertrag zurücktreten. […]

5 Weitere wichtige Verträge

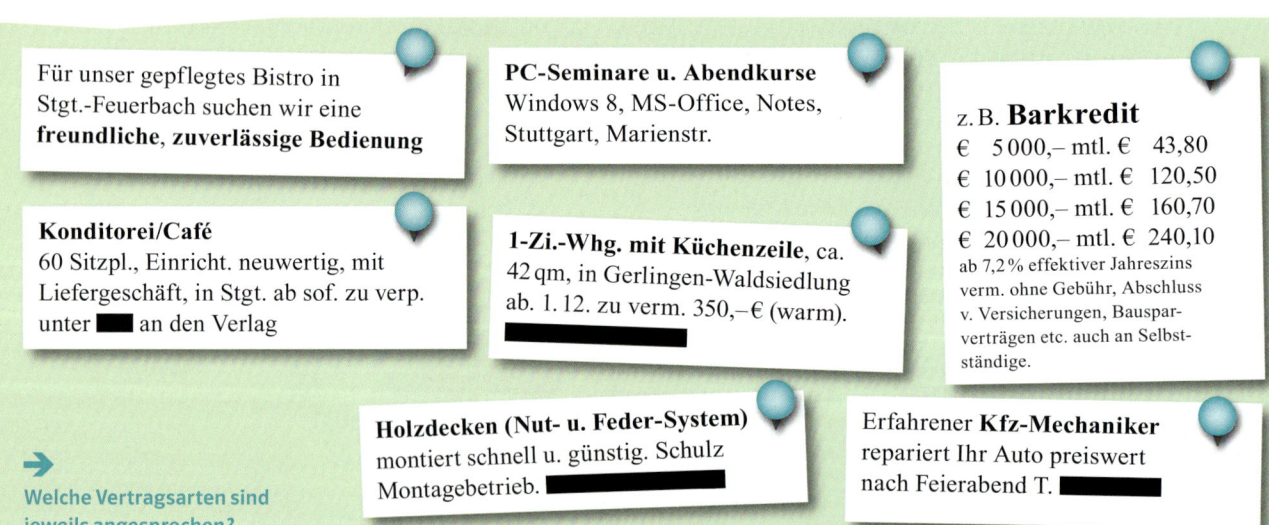

Für unser gepflegtes Bistro in Stgt.-Feuerbach suchen wir eine **freundliche, zuverlässige Bedienung**

PC-Seminare u. Abendkurse
Windows 8, MS-Office, Notes, Stuttgart, Marienstr.

z. B. **Barkredit**
€   5 000,– mtl. € 43,80
€ 10 000,– mtl. € 120,50
€ 15 000,– mtl. € 160,70
€ 20 000,– mtl. € 240,10
ab 7,2 % effektiver Jahreszins
verm. ohne Gebühr, Abschluss
v. Versicherungen, Bausparverträgen etc. auch an Selbstständige.

Konditorei/Café
60 Sitzpl., Einricht. neuwertig, mit Liefergeschäft, in Stgt. ab sof. zu verp. unter ▉ an den Verlag

1-Zi.-Whg. mit Küchenzeile, ca. 42 qm, in Gerlingen-Waldsiedlung ab. 1. 12. zu verm. 350,–€ (warm).

➡ **Welche Vertragsarten sind jeweils angesprochen?**

Holzdecken (Nut- u. Feder-System) montiert schnell u. günstig. Schulz Montagebetrieb. ▉

Erfahrener **Kfz-Mechaniker** repariert Ihr Auto preiswert nach Feierabend T. ▉

Die meisten Rechtsgeschäfte sind Verträge. Sie entstehen durch zwei übereinstimmende Willenserklärungen, den Antrag und dessen Annahme. Entsprechend dem vereinbarten Vertragsinhalt unterscheidet man verschiedene Vertragsarten.

BGB §§ 535 ff.

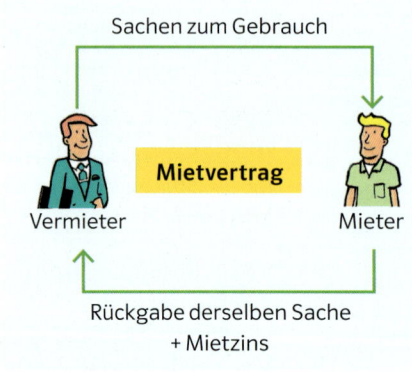

Sachen zum Gebrauch

Mietvertrag

Vermieter   Mieter

Rückgabe derselben Sache + Mietzins

Mietvertrag

Im **Mietvertrag** verpflichtet sich der **Vermieter**, dem **Mieter** den Gebrauch einer Sache zu gestatten. Hierfür erhält er ein Entgelt, den sogenannten Mietzins. Beispiele: Vermietung einer Wohnung, eines Autos.

Mietverträge sind grundsätzlich formfrei, d. h. man kann sie mündlich oder schriftlich abschließen. Empfehlenswert ist die Schriftform, um bei Streitigkeiten eine eindeutige Rechtsgrundlage zu haben. Erfolgt ein Wohnungsmietvertrag für mehr als ein Jahr nicht schriftlich, dann gilt er auf unbestimmte Zeit. In diesem Fall kann frühestens ein Jahr nach Überlassung der Wohnung gekündigt werden.

Der Mietvertrag endet entweder nach Ablauf der vereinbarten Mietzeit oder durch Kündigung. Für vermietete Wohnungen gelten die besonderen Vorschriften des „Mieterschutzes". So darf der Vermieter nur kündigen, wenn er berechtigtes Interesse an der Beendigung des Mietverhältnisses hat.
Beispiele: Eigenbedarf, der Mieter hat den Vertrag schuldhaft verletzt.
Selbst derartigen Kündigungen kann ein Mieter unter Umständen widersprechen, wenn sie eine besondere Härte für ihn bedeuten (sogenannte Sozialklausel).
Beispiele: Der Mieter findet keine angemessene Ersatzwohnung oder er ist schwer erkrankt.
Ebenso wenig darf der Vermieter willkürlich die Miete erhöhen. Er muss hier bestimmte Voraussetzungen beachten.

Pflichten der Vertragspartner: Der Vermieter muss die Sache zum Gebrauch überlassen und in einem benutzbaren Zustand erhalten.

Beispiel: Ist der vermietete Fernseher defekt, muss der Vermieter die Reparatur übernehmen. Der Mieter muss den Mietzins zahlen und die Sache am Ende der Mietzeit zurückgeben.

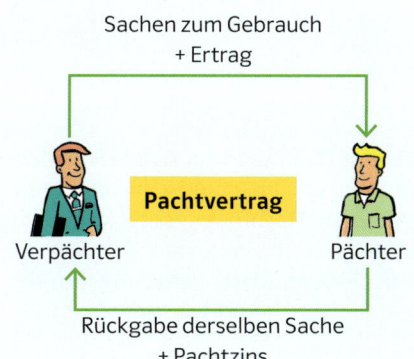

Pachtvertrag

Pachtvertrag und Mietvertrag sind sich sehr ähnlich. Die Vorschriften des Mietvertrags werden deshalb auch bei der Pacht entsprechend angewendet. Der Hauptunterschied zwischen Miete und Pacht besteht darin, dass dem Pächter nicht nur der Gebrauch, sondern auch der Ertrag (sogenannter Fruchtgenuss) zusteht.

Beispiel: Wer einen Garten pachtet, kann die Früchte ernten, was einem Mieter verboten wäre.

BGB §§ 581 ff.

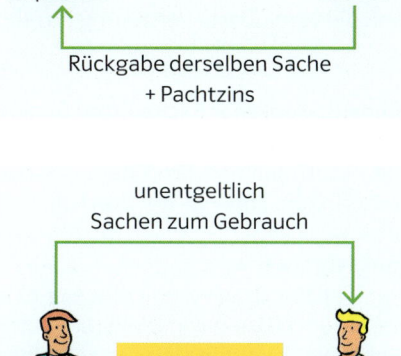

Leihvertrag

Ein **Leihvertrag** liegt vor, wenn eine Sache unentgeltlich zum Gebrauch überlassen wird. Danach hat der Entleiher dem Verleiher die entliehene Sache zurückzugeben. Hat er sie beschädigt, so muss er den entstandenen Schaden ersetzen.

Beispiel: Ein Freund leiht Ihnen eine neue CD. Da dies kostenlos erfolgt, handelt es sich um einen Leihvertrag. Würde er dagegen etwas verlangen, läge ein Mietvertrag vor.

BGB §§ 598 ff.

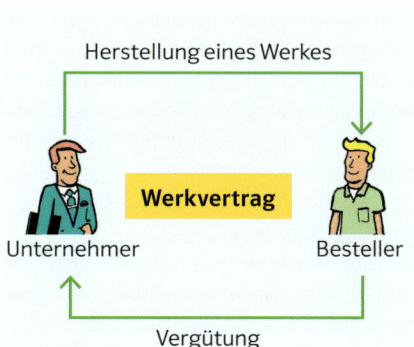

Werkvertrag

Beim **Werkvertrag** verpflichtet sich ein Unternehmer zur Erstellung eines Werkes. Dabei kann das zu verarbeitende Material sowohl vom Auftraggeber als auch vom Unternehmer beschafft werden. Der Auftraggeber, Besteller genannt, zahlt eine Vergütung, wenn der vereinbarte Erfolg eingetreten ist.

Beispiele: Reparatur eines Autos, Haarschnitt beim Friseur, Tapezieren eines Büros.

BGB §§ 631 ff.

Pflichten des Bestellers: Er muss das vertragsgemäß gelieferte Werk abnehmen und die vereinbarte Vergütung bezahlen. Falls er das Werk nicht abnehmen will, kann sich der Unternehmer von einem Gutachter eine **Fertigstellungsbescheinigung** erteilen lassen.

Pflichten des Unternehmers: Der Unternehmer muss das Werk rechtzeitig und mangelfrei herstellen. Wenn es Mängel aufweist, kann der Besteller **zuerst** verlangen, dass der Mangel in einer angemessenen Frist behoben wird **(Nacherfüllung)**. Hierbei kann der Unternehmer wählen, ob er den Mangel beseitigen oder ein neues Werk herstellen will. Sämtliche Aufwendungen wie Transport- oder Arbeitskosten gehen dabei zulasten des Unternehmers.

Ist eine angemessene Frist zur Nacherfüllung erfolglos abgelaufen, kann der Besteller wahlweise

- die Mängel selbst beseitigen **(Selbstvornahme)** und den Ersatz seiner Aufwendungen fordern,
- vom Vertrag **zurücktreten**,
- einen **Preisnachlass** (Minderung) verlangen,
- **Schadenersatz** statt der Leistung verlangen.

Gerät der Unternehmer mit der Herstellung in Verzug, dann kann der Kunde Schadenersatz statt der Leistung verlangen oder die Lieferung ablehnen und vom Vertrag zurücktreten, wenn er zuvor erfolglos eine angemessene Nachfrist gesetzt hat.

Ein gesetzliches Pfandrecht schützt den Unternehmer vor Verlusten. Er muss die hergestellte Sache erst dann herausgeben, wenn die vereinbarte Vergütung bezahlt wurde.

Hat ein Werkvertrag die **Lieferung und Herstellung beweglicher Sachen** zum Gegenstand, dann werden die Vorschriften über den **Kaufvertrag** angewendet.

Beispiel: Ein Kunde sucht beim Schneider einen Stoff aus und lässt daraus einen Anzug schneidern. Würde er den Stoff selbst mitbringen, läge ein Werkvertrag vor.

BGB §§ 611 ff.

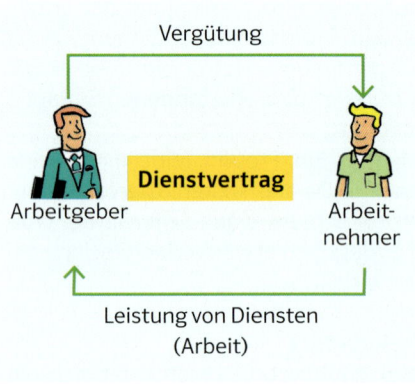

Dienstvertrag

Beim **Dienstvertrag** verpflichtet sich eine Person zur Leistung von Diensten gegen Entgelt. Beispiel: Ein Gärtner soll einen Garten pflegen. Die bekannteste Form des Dienstvertrags ist der Arbeitsvertrag. Der Dienstvertrag ist erfüllt, wenn der eine Partner während der vertraglich bestimmten Zeit tätig wurde, auch wenn seine Dienstleistung nicht erfolgreich war. Beispiel: Ein Arzt untersucht einen Patienten, allerdings erfolglos. Der Vertrag ist erfüllt durch das Tätigwerden des Arztes, ob erfolgreich oder nicht. Im Gegensatz hierzu setzt ein Werkvertrag immer den vereinbarten Erfolg voraus. Beispiel: Ein Arzt soll einen Blinddarm entfernen. Der Vertrag ist erst erfüllt, wenn der Erfolg eingetreten ist, also der Blinddarm entfernt wurde.

BGB §§ 607 ff.

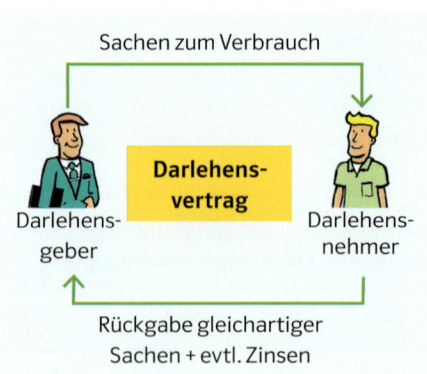

Darlehensvertrag

Im **Sachdarlehensvertrag** verpflichtet sich der Darlehensgeber, entgeltlich oder unentgeltlich Sachen zum Verbrauch zu überlassen. Der Darlehensnehmer verpflichtet sich, gleichartige Sachen nach einer bestimmten Zeit zurückzugeben. Wurde keine Zeit vereinbart, dann muss der Darlehensgeber kündigen. Beispiel: Ihre Nachbarin stellt am Samstag fest, dass ihr zum Kuchenbacken Eier fehlen. Sie helfen aus. Am Montag erhalten Sie von ihr neue Eier.

Läge kein Darlehen, sondern ein Leihvertrag zugrunde, dann müsste die Nachbarin dieselben Eier zurückerstatten, da die Leihe nur den Gebrauch und nicht den Verbrauch gestattet.

Der wichtigste Darlehensvertrag ist der Privatkredit. Er wird gewährt von Privatleuten oder Banken. Eine Kreditgewährung erfolgt in der Regel nur, wenn der Kreditnehmer Sicherheiten anbieten kann, z. B. eine Bürgschaft, Sicherungsübereignung oder Hypothek.

Unterscheidung von Verträgen

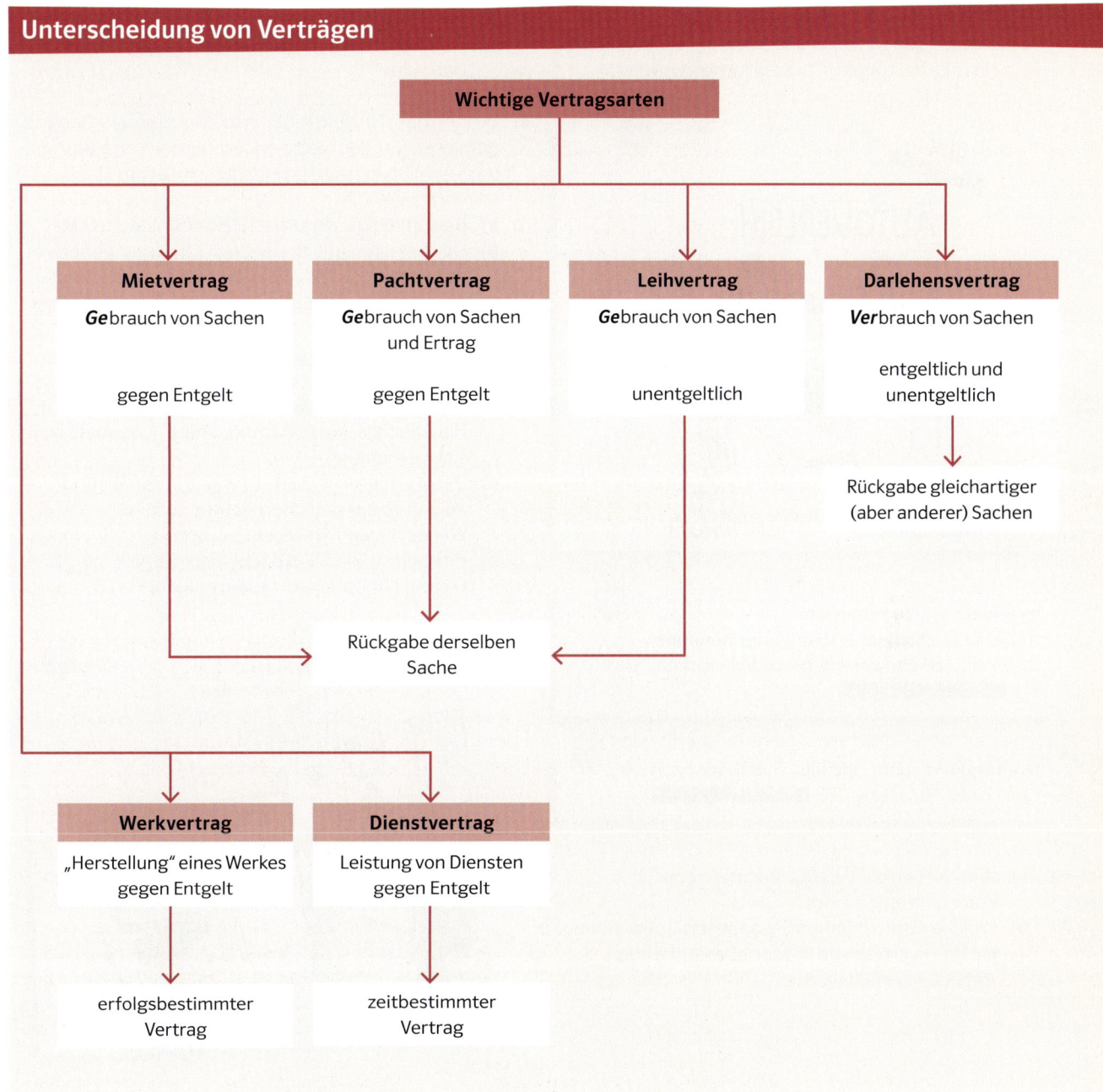

Arbeitsteil

1. a) Welche Pflichten entstehen aus einem Mietvertrag für Mieter und Vermieter?

b) Für vermietete Wohnungen gelten die besonderen Vorschriften des Mieterschutzes. Nennen Sie zwei Beispiele.

c) Unterscheiden Sie zwischen Mietvertrag und Pachtvertrag.

d) Welcher Unterschied besteht zwischen Mietvertrag und Leihvertrag?

e) Überprüfen Sie, ob in den 3 Beispielen jeweils die richtige Vertragsart angesprochen wurde.

„Wir brauchen was Schnelles – nur für 'ne halbe Stunde." © BULLS

In Winnenden zu vermieten:
Änderungsschneiderei/Reinigungsannahme
ca. 90 m², verkehrsgünstig neben Lebensmittelmarkt.
Tel. ▰▰▰▰▰▰

Drehorgel-Verleih – die Idee fürs Fest!
Fam.-Feier, Party usw. Tel. ▰▰▰▰▰

2. a) Wie werden die Vertragspartner beim Werkvertrag genannt?

b) Welche Rechte können Sie beanspruchen, wenn ein Werkvertrag wie in der nebenstehenden Abbildung erfüllt wurde?

c) Wie unterscheidet sich der Dienstvertrag vom Werkvertrag?

d) Eine Autowerkstätte akzeptiert die Zahlung eines Kunden mit Scheck nicht und weigert sich, das reparierte Auto herauszugeben. Stattdessen verlangt sie Barzahlung. Darf der Betrieb den Wagen zurückbehalten?

3. a) Unterscheiden Sie zwischen Darlehen und Leihe.

b) Welche Sicherheiten verlangen Banken für ein Darlehen?

4. Yvonne hat sich eine möblierte Zweizimmerwohnung gemietet. Der Vermieter erklärt bei der Vermietung, dass er Mietverträge grundsätzlich nur per Handschlag abschließe.

a) Beurteilen Sie den Abschluss des Mietvertrags.

b) Nach einiger Zeit ist der dem Vermieter gehörende Gasofen defekt. Der Vermieter verlangt von der Mieterin die Neubeschaffung eines Gasofens. Mit Recht?

c) Der Vermieter erhöht die monatliche Miete von 325 € auf 450 € mit der Begründung, dass er dringend Geld brauche für die Reparatur des Hausdaches. Muss Yvonne zahlen? Wie sollte sie sich verhalten?

d) Der Vermieter verbietet Yvonne, ihren Freund ab und zu bei sich übernachten zu lassen. Wie beurteilen Sie dieses Verbot?

e) Wie beurteilen Sie die Situation, wenn Yvonnes Freund auf Dauer einziehen möchte?

Kein Grund sich so aufzuregen! Das ging nicht anders.

6 Verjährung von Forderungen

→ Halten Sie diese Reklamation für aussichtsreich?

6.1 Fristen der Verjährung

Nach Ablauf einer bestimmten Zeit kann der Schuldner die Leistung verweigern. Der Anspruch bleibt zwar bestehen, aber er kann gerichtlich nicht mehr durchgesetzt werden, wenn der Schuldner die **„Einrede der Verjährung"** geltend macht. Ein Schuldner, der in Unkenntnis der Rechtslage zahlt, kann das Geld nicht mehr zurückverlangen. Normalerweise beträgt die Verjährungsfrist 3 Jahre. In bestimmten Fällen sieht das Gesetz längere Fristen vor. Die wichtigsten Verjährungsfristen sind:

BGB § 195

BGB § 197
BGB § 196
BGB § 438

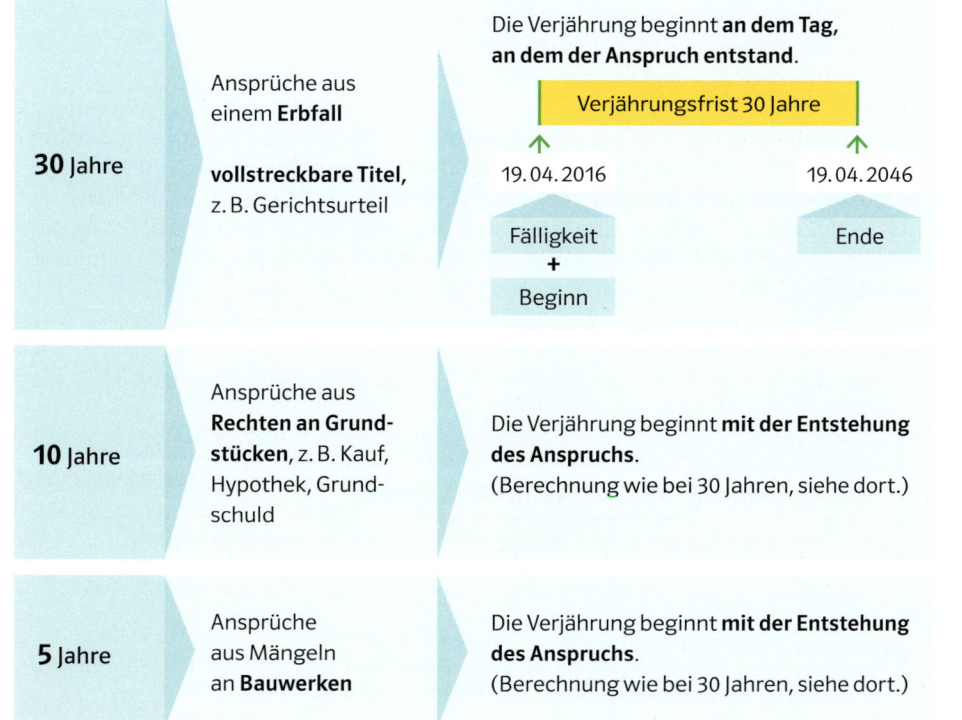

BGB §§ 195, 199, 200

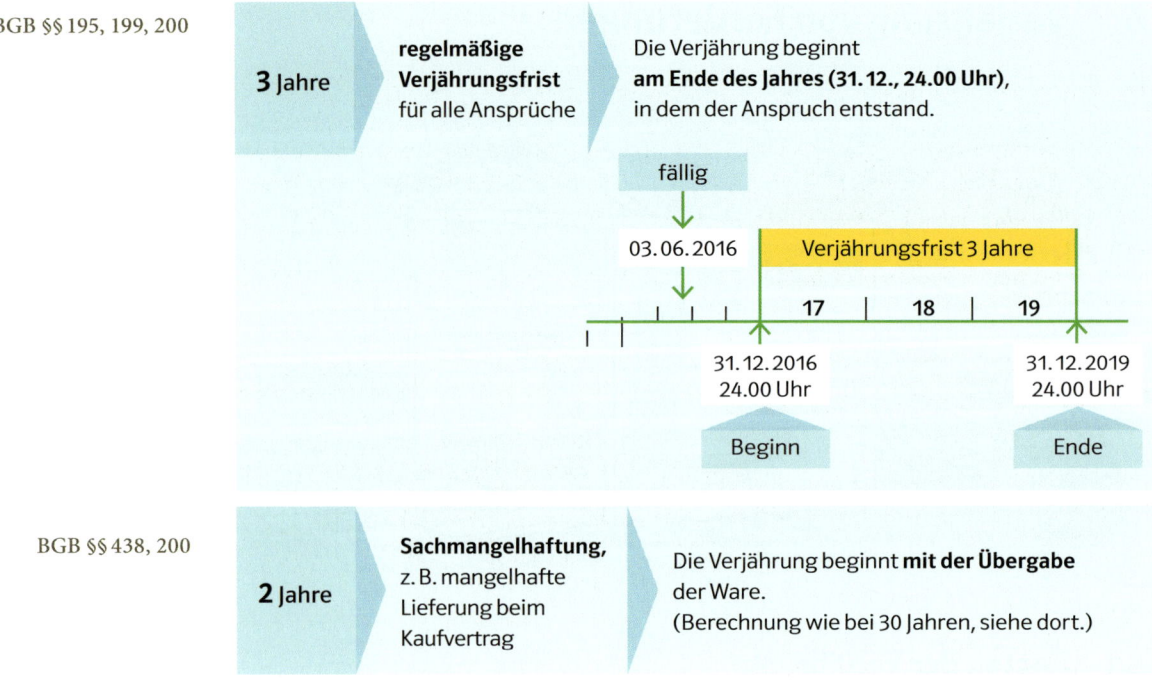

3 Jahre | **regelmäßige Verjährungsfrist** für alle Ansprüche | Die Verjährung beginnt **am Ende des Jahres (31.12., 24.00 Uhr)**, in dem der Anspruch entstand.

BGB §§ 438, 200

2 Jahre | **Sachmangelhaftung,** z. B. mangelhafte Lieferung beim Kaufvertrag | Die Verjährung beginnt **mit der Übergabe** der Ware. (Berechnung wie bei 30 Jahren, siehe dort.)

6.2 Hemmung der Verjährung

BGB §§ 203 ff.

Eine einfache Mahnung des Gläubigers bewirkt keine Hemmung der Verjährung. Die Verjährung kann unter anderem gehemmt werden durch:
• gerichtlichen Mahnbescheid,
• höhere Gewalt,
• Klageerhebung,
• Beginn eines schiedsrichterlichen Verfahrens,
• Verhandlungen über den Anspruch,
• Leistungsverweigerungsrecht des Schuldners.

Bei der **Hemmung** ruht der Verjährungsablauf für einen bestimmten Zeitraum. Die Verjährungsfrist verlängert sich um die **Dauer der Hemmung**. Je nach Hemmungsgrund kann noch eine Nachfrist von 3 oder 6 Monaten hinzugerechnet werden.
Beispiel: Solange Gläubiger und Schuldner über den Anspruch verhandeln, ist die Verjährung gehemmt. Sind die Verhandlungen abgeschlossen, also die Hemmung beendet, tritt die Verjährung frühestens 3 Monate danach ein.

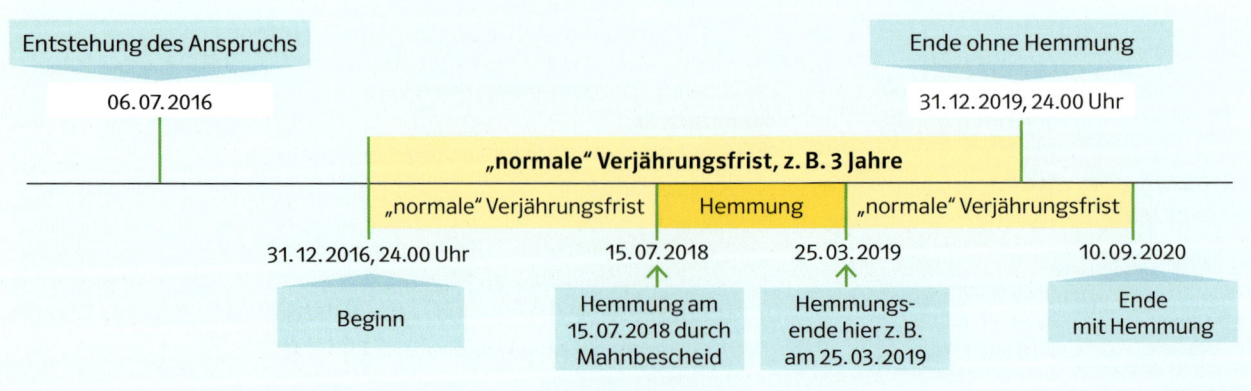

6.3 Neubeginn der Verjährung

Die Verjährung beginnt erneut, wenn der Schuldner dem Gläubiger gegenüber den Anspruch anerkennt durch Abschlagszahlung, Zinszahlung, Teilzahlung oder auf andere Art und Weise. Wurde eine gerichtliche oder behördliche Vollstreckungshandlung beantragt oder vorgenommen, so bewirkt dies ebenfalls einen Neubeginn der Verjährung. Auch die Anerkennung von Mängelansprüchen durch Nacherfüllung lässt die Verjährung neu beginnen.

BGB § 212

Beim **Neubeginn** läuft die **Verjährungsfrist** neu an, beginnend mit dem Tag des Neubeginns.

Verjährung und Verjährungsfristen

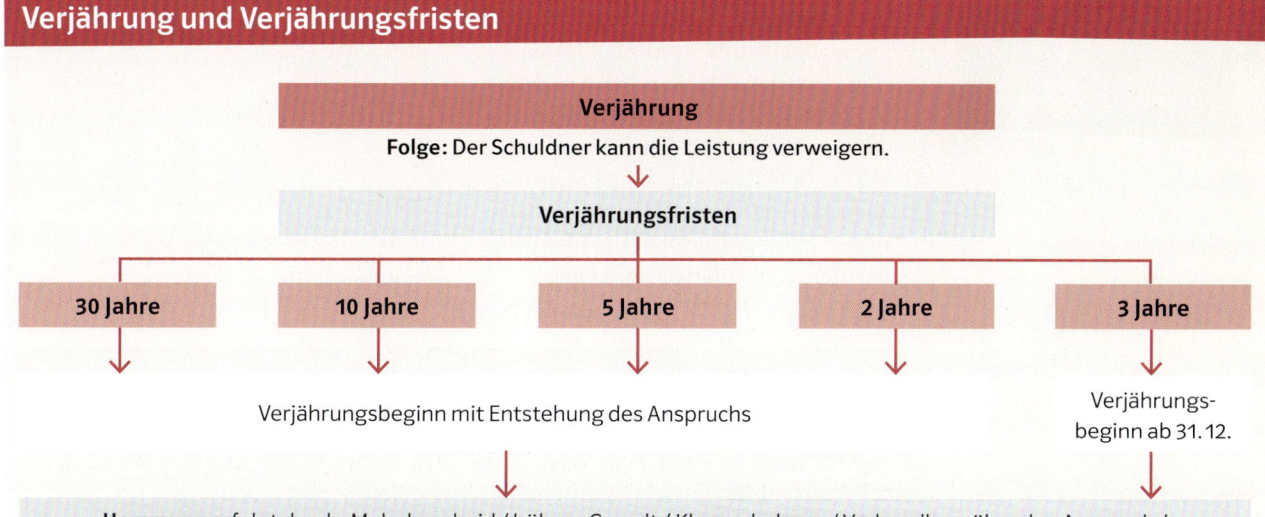

Arbeitsteil

1. Wie wirkt sich die Verjährung aus und wie lang ist die regelmäßige Verjährungsfrist?

2. Welche Verjährungsfrist gilt für Ansprüche aus
   a) der Sachmangelhaftung bei Kaufverträgen,
   b) Gerichtsurteilen,
   c) Mängeln an Bauwerken,
   d) Rechten an Grundstücken?

3. Aufgrund eines rechtskräftigen Urteils haben Sie Anspruch auf 2 000 € Schadenersatz. Wann ist der Anspruch verjährt?

4. a) Wodurch wird die Verjährung gehemmt? Nennen Sie drei Möglichkeiten.
   b) Welche Wirkung hat eine Hemmung der Verjährung?

5. a) Wodurch wird ein Neubeginn der Verjährung bewirkt?
   b) Welche Wirkung hat ein Neubeginn der Verjährung?

6. Sie haben am 15. 08. 15 den Gebrauchtwagen eines Bekannten gekauft.
   a) Wann ist die Forderung verjährt?
   b) Am 18. 08. 15 haben Sie in einem Supermarkt ein neues Autoradio gekauft. Am 20. 08. 16 bringen Sie das Gerät zurück, weil es nicht mehr funktioniert. Der Verkäufer behauptet, die Frist für die Sachmangelhaftung sei bereits abgelaufen. Stimmt das?

7. Überlegen Sie, weshalb die regelmäßige Verjährungsfrist (3 Jahre) einen anderen Verjährungsbeginn hat als alle anderen Verjährungsfristen.

7   Haftung und Schadenersatz

Dreijähriger geht mit Mamas Auto auf Spritztour

Ein Dreijähriger hat seiner schlafenden Mutter in Niedersachsen die Autoschlüssel aus der Handtasche stibitzt und ist zu einer Spritztour gestartet. Diese führte in Wunstorf bei Hannover rückwärts aus einer Parklücke über eine Verkehrsinsel bis zum nächsten Gartenzaun, teilte die Polizei in Hannover mit. Vermutlich habe der Junge sich nach Aufschließen und Starten des Wagens in den Fußraum gesetzt, um überhaupt das Gaspedal betätigen zu können.

Nachbarn holten den Jungen unverletzt aus dem Auto und brachten ihn zu seiner Mutter. Der Schaden an Auto, Zaun und zwei gerammten Schildern beträgt rund 4 500 Euro.

http://www.welt.de/vermischtes/kurioses/ article107914247/Dreijaehriger-geht-mit-Mamas-Auto-auf-Spritztour.html (letzter Zugriff am 29. 10. 2012)

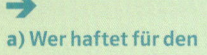

a) Wer haftet für den entstandenen Schaden?

b) Welche Haftungsgründe kennen Sie?

Unter **Haftung** versteht man, dass jemand für eigenes oder fremdes Verschulden einstehen und für einen entstandenen Schaden aufkommen muss.

7.1   Haftung aus Verträgen

Pflichtverletzung

Mit dem Abschluss eines Vertrags verpflichten sich die Vertragspartner zu bestimmten Leistungen. Oftmals erfüllt ein Beteiligter seine Verpflichtungen nicht und fügt dadurch dem anderen einen Schaden zu. Beim Kaufvertrag ist dies beispielsweise der Fall, wenn die gelieferte Ware nicht die erforderliche Beschaffenheit hat oder wenn der Verkäufer sich im Lieferungsverzug befindet. Der Verkäufer dagegen kann Schadenersatz beanspruchen, wenn der Käufer im Zahlungsverzug ist oder wenn er die gelieferte Ware nicht abnimmt und in Annahmeverzug gerät.
Beispiel: Herr Müller erwirbt in einer Tierhandlung den Dackel „Heinrich". Er will den Vierbeiner gewinnbringend an seine alleinstehende Tante verkaufen, die gerade zu Besuch weilt. Der Händler muss ihm deshalb versprechen, das Tier am nächsten Tag zu bringen. Aus Vergesslichkeit erscheint dieser jedoch erst zwei Tage später. Die Tante ist inzwischen abgereist. Der Verkäufer hat schuldhaft, also vorsätzlich oder fahrlässig, seine Verpflichtungen nicht erfüllt. Er muss deshalb den entstandenen Schaden ersetzen.
Die Verpflichtung zum Schadenersatz entfällt, wenn höhere Gewalt vorliegt.
Beispiel: Vor der Übergabe wird Dackel Heinrich während einer „wichtigen geschäftlichen Angelegenheit" unter seinem Lieblingsbaum vom Blitz erschlagen.

Garantieerklärungen

Vielen gekauften Geräten liegt eine **Garantiekarte** des Herstellers bei, in der sich dieser verpflichtet, für sein Erzeugnis eine Garantie von meist 2 oder 3 Jahren zu übernehmen. Die Haftung bezieht sich in der Regel auf Fabrikationsfehler und verpflichtet den Hersteller, die Sache kostenfrei zu ersetzen oder auszubessern, sofern der Kunde die Garantiebedingungen beachtet hat. Rechtlich kommt neben dem normalen Kaufvertrag zusätzlich ein zweiter Vertrag zustande, wenn der Händler stellvertretend für den Hersteller die Garantiekarte ausfüllt und abstempelt. In der Regel kann also der Kunde entscheiden, an wen er sich bei Reklamationen wendet (siehe auch S. 74).

Versicherungsverträge
Schadenersatzansprüche können enorme Höhen erreichen.
Beispiel: Der 18-jährige Steffen überquert die Straße. Dabei beachtet er Frau Elser nicht, die mit dem Rad die Straße entlangfährt. Er rennt direkt in ihr Vorderrad. Frau Elser stürzt vom Rad und erleidet einen komplizierten Oberschenkelbruch. Da Steffen das 18. Lebensjahr vollendet hat, muss er für den verursachten Schaden haften. Nicht immer ist es „nur" ein Oberschenkelbruch, der „nur" mit rund 13 000 € zu Buche schlägt. Denn außer Behandlungskosten und Schmerzensgeld müssen auch die Folgekosten getragen werden. Tritt z. B. ein lebenslanger Pflegefall ein, können das jeden Monat einige tausend Euro für die geschädigte Person sein, lebenslang. Oft schon wurden Kinder mit großen Summen belastet.
Dagegen kann man sich durch einen besonderen Vertrag, einen **Versicherungsvertrag**, schützen. Dann übernimmt eine Versicherung unter bestimmten Voraussetzungen die Verpflichtung zum Schadenersatz. Dies ist z. B. bei **Haftpflichtversicherungen** (Privat-, Berufs- oder Tierhaftpflichtversicherungen) der Fall. Die Kraftfahrzeughaftpflichtversicherung ist sogar gesetzlich vorgeschrieben. **Rechtsschutzversicherungen** helfen, gegnerische Schadenersatzansprüche abzuwenden oder eigene Ansprüche durchzusetzen, indem sie bei einem Rechtsstreit die Anwalts- und Gerichtskosten übernehmen (siehe auch S. 51).

Versicherungsvertrag

Versicherung

Schadenersatz

7.2 Produkthaftung

Werden durch ein fehlerhaftes Produkt Personen verletzt oder Sachschäden verursacht, dann ist der Hersteller der Ware verpflichtet, den entstandenen Schaden zu ersetzen. Dabei ist es nach dem **Produkthaftungsgesetz** in der Regel unerheblich, ob ein Verschulden des Produzenten vorliegt oder nicht (siehe auch S. 107).

Auszug aus dem ProdHaftG

§ 1 Haftung
(1) Wird durch den Fehler eines Produkts jemand getötet, sein Körper oder seine Gesundheit verletzt oder eine Sache beschädigt, so ist der Hersteller des Produkts verpflichtet, dem Geschädigten den daraus entstehenden Schaden zu ersetzen. [...]

7.3   Unerlaubte Handlung

Das gesetzwidrige Verhalten im nebenstehenden Fall nennt man eine **unerlaubte Handlung**. Sie liegt vor, wenn jemand vorsätzlich oder fahrlässig Eigentum, Gesundheit, Körper oder Freiheit eines anderen **widerrechtlich** verletzt hat. Wer eine unerlaubte Handlung begeht, macht sich strafbar und muss außerdem den verursachten Schaden ersetzen. Für Mittäter und Anstifter gelten die gleichen Bestimmungen:

- **Minderjährige unter 7 Jahren** sind nicht verantwortlich für verursachte Schäden. Sie sind **nicht deliktfähig**.

- **Minderjährige zwischen 7 und 18 Jahren** haften nur, wenn sie bei der Tat die erforderliche Einsicht besaßen. Sie sind **bedingt deliktfähig**. Kinder, die am Straßenverkehr teilnehmen, haften erst ab 10 Jahren. Diese Haftungsbefreiung gilt allerdings nicht, wenn sie absichtlich einen Schaden herbeiführen. Beispiel: Die 9-jährige Carola wirft von einer Autobahnbrücke Pflastersteine auf die fahrenden Autos.

> **Auszug aus dem BGB**
>
> **Unerlaubte Handlung**
> **§ 823 Schadenersatzpflicht**
> (1) Wer vorsätzlich oder fahrlässig das Leben, den Körper, die Gesundheit, die Freiheit, das Eigentum oder ein sonstiges Recht eines anderen widerrechtlich verletzt, ist dem anderen zum Ersatze des daraus entstehenden Schadens verpflichtet. [...]

- **Erwachsene** sind verantwortlich für verursachte Schäden. Sie sind **deliktfähig**.

- **Aufsichtspflichtige (z. B. Eltern, Lehrer)** haften nur dann für unerlaubte Handlungen von Minderjährigen, wenn sie ihre Aufsichtspflicht verletzt haben.

7.4   Schadenersatz

Grundsätzlich ist der Schädiger verpflichtet, den ursprünglichen Zustand wiederherzustellen (Naturalherstellung). Wenn dies nicht möglich ist, z. B. bei einer Verletzung oder der Zerstörung eines seltenen Gemäldes, kann der Schadenersatz auch in Geld geleistet werden. Entstehen nicht materielle Schäden (z. B. Schmerzen aufgrund einer Verletzung) oder würde die Wiederherstellung einer Sache unverhältnismäßig hohe Kosten verursachen (z. B. Auto mit Totalschaden), so kann ebenfalls in Geld entschädigt werden.

BGB § 249

Haftung und Schadenersatz

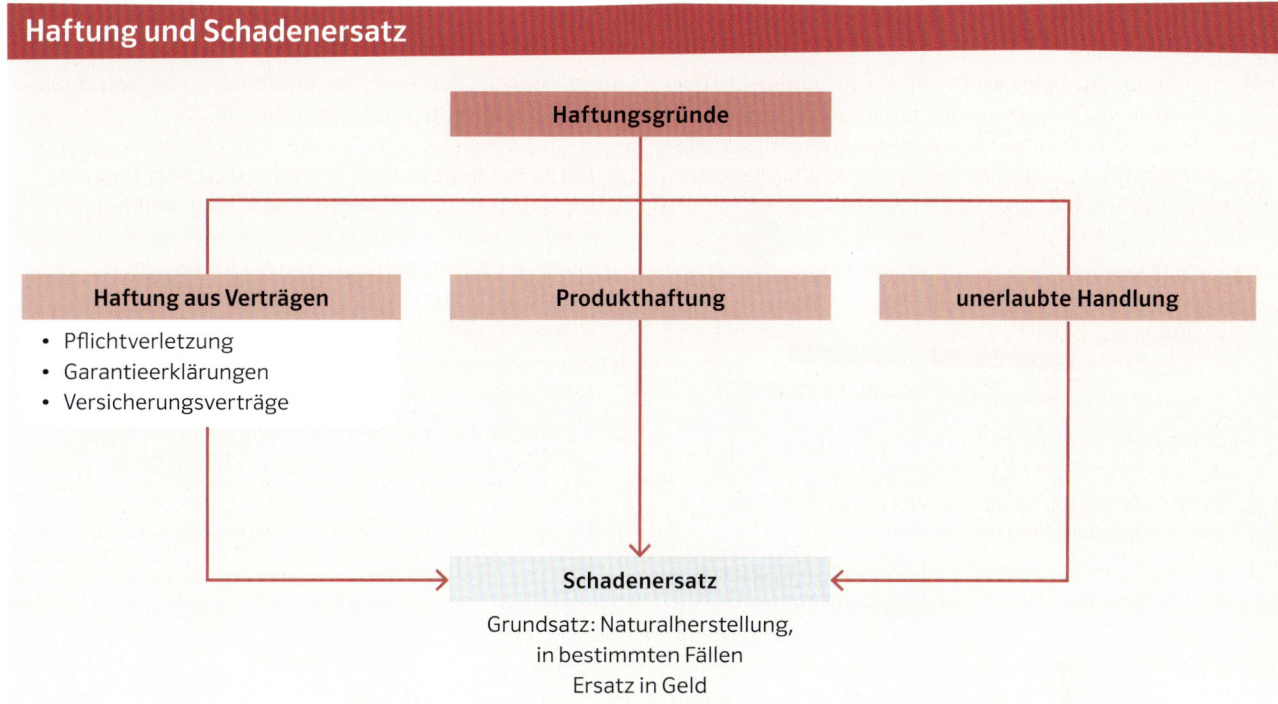

Arbeitsteil

1. Erklären Sie den Begriff „Haftung".

2. Nennen Sie drei Haftungsursachen.

3. a) Erläutern Sie, was man unter schuldhafter Vertragsverletzung versteht.
b) Wann entfällt bei schuldhafter Vertragsverletzung die Verpflichtung zum Schadenersatz?

4. a) Wie haften Minderjährige für unerlaubte Handlungen?
b) Wann haften Eltern für Schäden, die ihre minderjährigen Kinder verursacht haben?

5. Der Vater des 8-jährigen Dennis hatte ihm immer wieder verboten, sich eine Schleuder zu basteln und damit auf andere zu schießen. Doch Dennis kann es nicht lassen. Er besorgt sich ein Gummiband und baut eine Schleuder. Mit einem Metallplättchen als Munition zielt er auf einen Spielkameraden. Diesen trifft das Geschoss so schwer am Auge, dass er erblindet. Wer haftet für diese unerlaubte Handlung?

6. a) Mit welchen Folgen muss jemand rechnen, der eine unerlaubte Handlung begeht?
b) Unterscheiden Sie zwischen Fahrlässigkeit und Vorsatz.

7. Überlegen Sie, weshalb bei höherer Gewalt kein Schadenersatzanspruch besteht.

Prüfungsaufgabe

Üben
weitere Prüfungsaufgabe
y97g8m

Üben interaktiv
Prüfungsaufgaben
s5r54a

Der 18-jährige Auszubildende Bernd kauft aufgrund untenstehender Zeitungsanzeige das angebotene Auto. Bei der ersten Inspektion seines gekauften Golfs stellt die Werkstatt fest, dass das Fahrzeug nicht 80 000 km, sondern bereits 180 000 km gefahren ist.

> **Golf Europe**
> 54 PS, rot, Bj. 11, unfallfrei, orig.
> 80 000 km, 6 000 €,
> Tel. 0 71 41/ ▬▬▬▬

a) Seine Freundin rät Bernd, den Kaufvertrag anzufechten. Sein Freund dagegen meint, dies sei nicht notwendig, da der Vertrag ohnehin nichtig wäre. Wie beurteilen Sie den Fall?

b) Erklären Sie den Unterschied zwischen Nichtigkeit und Anfechtbarkeit von Rechtsgeschäften.

Bearbeiten Sie die restlichen Fragen unter Verwendung der untenstehenden Gesetzesauszüge.

c) Bernd hat dem Verkäufer das Auto zurückgegeben und stattdessen ein neues Motorrad gekauft. Von dem restlichen Geld leistete er sich bei Radio-Huber eine Stereoanlage. Innerhalb weniger Wochen wurde die Stereoanlage zum dritten Mal defekt. Um welche Vertragsstörung handelt es sich?

d) Welche Rechte stehen Bernd nach der offenbar erfolglosen Nachbesserung zu?

e) Kann Bernd gegenüber Radio-Huber einen Anspruch auf Schadenersatz geltend machen (z. B Ersatz der Fahrtkosten und Telefonauslagen)?

f) Innerhalb welcher Frist muss Bernd seine Ansprüche geltend machen?

Auszüge aus dem Bürgerlichen Gesetzbuch (BGB)

§ 434 Sachmangel
(1) Die Sache ist frei von Sachmängeln, wenn sie bei Gefahrübergang die vereinbarte Beschaffenheit hat. Soweit die Beschaffenheit nicht vereinbart ist, ist die Sache frei von Sachmängeln,
1. wenn sie sich für die nach dem Vertrag vorausgesetzte Verwendung eignet, sonst
2. wenn sie sich für die gewöhnliche Verwendung eignet und eine Beschaffenheit aufweist, die bei Sachen der gleichen Art üblich ist […].

§ 437 Rechte des Käufers bei Mängeln
Ist die Sache mangelhaft, kann der Käufer […]
1. […] Nacherfüllung verlangen,
2. […] von dem Vertrag zurücktreten oder […] den Kaufpreis mindern und
3. […] Schadensersatz […] verlangen.

§ 438 Verjährung der Mängelansprüche
(1) Die in § 437 […] bezeichneten Ansprüche verjähren
1. in 30 Jahren, wenn der Mangel
   a) in einem dinglichen Recht eines Dritten, […], oder
   b) in einem sonstigen Recht, das im Grundbuch eingetragen ist, besteht,
2. in fünf Jahren
   a) bei einem Bauwerk und
   b) bei einer Sache, die […] für ein Bauwerk verwendet

worden ist und dessen Mangelhaftigkeit verursacht hat, und
3. im Übrigen in zwei Jahren. […]

§ 439 Nacherfüllung
(1) Der Käufer kann als Nacherfüllung nach seiner Wahl die Beseitigung des Mangels oder die Lieferung einer mangelfreien Sache verlangen.
(2) Der Verkäufer hat die zum Zwecke der Nacherfüllung erforderlichen Aufwendungen, insbesondere Transport-, Wege-, Arbeits- und Materialkosten zu tragen. […]

§ 440 Besondere Bestimmungen für Rücktritt und Schadensersatz
[…] Eine Nachbesserung gilt nach dem erfolglosen zweiten Versuch als fehlgeschlagen […].

§ 441 Minderung
(1) Statt zurückzutreten, kann der Käufer den Kaufpreis […] mindern. […]

§ 323 Rücktritt wegen nicht oder nicht vertragsgemäß erbrachter Leistung
(1) Erbringt bei einem gegenseitigen Vertrag der Schuldner eine fällige Leistung nicht oder nicht vertragsgemäß, so kann der Gläubiger, wenn er dem Schuldner erfolglos eine angemessene Frist zur Leistung oder Nacherfüllung bestimmt hat, vom Vertrag zurücktreten. […]

Verbraucherbewusstes Verhalten

Warenkennzeichnung
Verbraucherberatung
Verbraucherschutzgesetze
Folgen von Zahlungsverzug

Linktipps
Kapitel
w637vv

1   Warenkennzeichnung

Dirk König, Gärtner
Wenn ich die Wahl zwischen zwei Produkten habe, ziehe ich das mit dem Gütezeichen vor. In meiner Sparte gibt es für Baden-Württemberg das Qualitäts- und Herkunftszeichen. Für den Verbraucher ist das hilfreich. Zu viele Gütezeichen sind aber verwirrend. Man könnte da vereinfachen.

Waltraud Essig, Friseurin
Beim Kauf von Elektroartikeln achte ich auf das GS-Zeichen und bei chemischen Produkten auf den Blauen Engel. Viel mehr Zeichen kenne ich nicht. Sehr wichtig wäre mir die Kennzeichnung von genmanipulierten Lebensmitteln.

Sebastian Zaiser, Schüler
Ich achte auf Preis und Qualität der Ware. Für mich sind die vielen Gütezeichen verwirrend. Ich weiß oft nicht, welche Bedeutung sie im Einzelnen haben. Zum besseren Verständnis sollte in den Läden eine Informationstafel aufgestellt sein.

Kaufen nach Gütezeichen?

Firmen schmücken ihre Produkte gerne mit Prüfzeichen. Da gibt es das GS-Zeichen für geprüfte Sicherheit, den Blauen Engel für umweltfreundliche Produkte und etliches mehr. Lassen Sie sich bei der Kaufentscheidung davon beeinflussen?

Henrik Wagner, Student
In den meisten Fällen achte ich nicht auf irgendwelche Gütezeichen oder Qualitätssiegel. Mein wichtigstes Kriterium ist der Preis, denn ich habe nicht so viel Geld, um mir immer das beste Produkt zu kaufen.

Birgit Feierling, Bürokauffrau
Vor einiger Zeit habe ich neue Matratzen gekauft, da habe ich mich vorher bei der Stiftung Warentest informiert. Auch auf GS- und TÜV-Zeichen achte ich normalerweise. Natürlich muss trotz Siegel auch der Preis stimmen. Die Bedeutung anderer Zeichen kenne ich nicht.

Albert Schmidt, Beamter
Wenn ich's mir leisten kann und es der Gesundheit zuträglich ist, kaufe ich auch mal etwas mit Gütesiegel. Bei mir zählen aber die vertrauensvolle Empfehlung und Erfahrung von Bekannten mehr als irgendwelche Aufkleber. Auf die kann man sich nicht immer verlassen.

Stefanie Konrad, Hausfrau
Nein, eigentlich achten wir nicht auf Gütezeichen. Ich kenne ihre Bedeutung nicht, da wir längere Zeit im Ausland waren. Beim Einkauf von Lebensmitteln schauen wir auf das Herkunftsland und auf die Inhaltsstoffe, da wir uns gesundheitsbewusst ernähren.

Michaela Kurz, Speditionskauffrau
Ich achte auf den Blauen Engel und bei Elektrogeräten darauf, dass sie wenig Energie verbrauchen. Man muss aber schon genau hinschauen, denn es wird viel Schindluder mit ähnlich aussehenden Produkten getrieben.

Illustrierte Wochenzeitung vom 19.08.1997 (geändert)

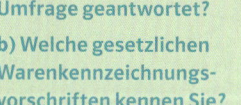

a) Wie hätten Sie auf die Umfrage geantwortet?

b) Welche gesetzlichen Warenkennzeichnungsvorschriften kennen Sie?

c) Auf welche Güte- und Prüfzeichen achten Sie beim Kauf?

1.1   Gesetzliche Warenkennzeichnung

Ein Supermarkt hat heute zwischen 2000–20000 Artikel im Sortiment; beim Kauf eines Fotoapparates kann man unter mehreren Hundert Modellen wählen. Bereits diese Beispiele zeigen: Der einfache Verbraucher kann das riesige Angebot kaum noch überschauen; er steht vor einem Auswahlproblem, das er allein nicht lösen kann. Ihm fehlt die Marktübersicht und oft auch das nötige Fachwissen, um die für ihn richtigen Kaufentscheidungen zu treffen. Um den Verbraucher vor einer Übervorteilung zu schützen, gibt es eine Reihe von Gesetzen und Verordnungen sowie zahlreiche Informations- und Beratungsmöglichkeiten.

Eine wichtige Hilfe bei der Kaufentscheidung ist die Warenkennzeichnung. Die gesetzlich vorgeschriebene und die freiwillige Warenkennzeichnung sollen den Käufer bei der Warenauswahl unterstützen.

Damit Vorschriften auch eingehalten werden, können Gerichte oder zuständige Behörden bei einem Verstoß Bußgelder, Freiheitsstrafen oder Berufsverbote verhängen. Eine Strafverfolgung kann durch die Strafanzeige eines geschädigten Verbrauchers oder durch eine Behörde (z. B. Eichamt, Ordnungsamt) veranlasst werden.

Lebensmittelinformations-Verordnung

Die meisten Lebensmittel werden durch das Vordringen von Supermärkten nur noch in verpacktem Zustand angeboten. Auf solchen Fertigpackungen müssen in der gesamten EU (Europäischen Union) folgende Angaben aufgedruckt sein:

- die Verkehrsbezeichnung
- die Anschrift des Herstellers
- das Verzeichnis der Zutaten (Inhaltsstoffe) in der Reihenfolge des Mengenanteils
- die allergenen Stoffe
- die Füllmenge

- das Mindesthaltbarkeitsdatum
- die Los- bzw. Chargennummer zur Rückverfolgung bei Packungen ohne Mindesthaltbarkeitsdatum
- die Nährwerttabelle bzw. Nährwertkennzeichnung

Mess- und Eichgesetz

Auf der Grundlage des **Mess- und Eichgesetzes** wurden etliche Rechtsverordnungen erlassen, wie beispielsweise die Lebensmittelinformations-Verordnung. Dadurch werden Hersteller zu eindeutigen Mengenangaben verpflichtet. Bei „krummen Gewichten" (nicht standardisierten Mengen), z. B. abgepacktem Hackfleisch, muss neben dem Endpreis zusätzlich der Grundpreis, d. h. der Preis für ein Kilogramm oder einen Liter angegeben werden, bei kleinen Mengen der Preis für 100 Gramm oder 100 Milliliter. Nur so kann der Käufer ohne umständliches Rechnen richtige Preisvergleiche vornehmen.

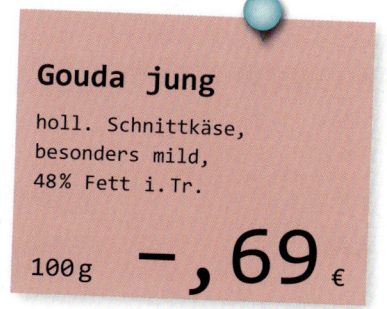

Fertigverpackungen, die eine größere Füllmenge vortäuschen (sogenannte **Mogelpackungen**) sind verboten. Dies sind z. B. Verpackungen mit doppelten Böden, Umkartons oder dicken Wandungen bei Töpfen, Tiegeln oder Gläsern.

Preisangabenverordnung

PAngV §§ 1 ff.

Die Vorschriften der **Preisangabenverordnung** sollen dem Verbraucher auf einfache Art Preisvergleiche ermöglichen. So müssen

- ausgestellte Waren deutlich ersichtlich mit einer Preisangabe versehen werden,
- die angegebenen Preise Endpreise sein, d. h. einschließlich Mehrwertsteuer,
- für Waren, die noch abgewogen werden, müssen die Preise immer für 1000 g oder 100 g angegeben werden,
- die Kraftstoffpreise bei Tankstellen für heranfahrende Kraftfahrer deutlich lesbar sein,
- die Preise für angebotene Dienstleistungen (z. B. beim Friseur oder in Gaststätten) im Schaufenster oder Schaukasten ausgehängt sein,
- alle Kreditinstitute und Darlehensvermittler den „effektiven Jahreszins" (siehe auch S. 151) für alle Kredite angeben.

EU-Textilkennzeichnungsverordnung

Textilerzeugnisse dürfen laut **EU-Textilkennzeichnungsverordnung** EU-weit nur unter Angabe des Rohstoffgehalts (nach Art und Gewichtsanteilen) der verwendeten textilen Rohstoffe verkauft werden. Die Kennzeichnung erfolgt an der Ware selbst, und zwar leicht lesbar und dauerhaft mit einheitlichem Schriftbild z. B. auf eingenähten Etiketten, Webkanten oder auf der Verpackung. Wurden zusätzlich Bestandteile tierischen Ursprungs (z. B. Perlmutt oder Leder) verwendet, dann ist folgender Zusatz auf dem Etikett vorgeschrieben: *„enthält nichttextile Teile tierischen Ursprungs"*.
Manche Hersteller ergänzen auf freiwilliger Basis die gesetzliche Rohstoffkennzeichnung durch Pflegehinweise.

Qualitätsklassen

Alle wichtigen Obst- und Gemüsesorten müssen vom Handel entsprechend nationaler oder EG-Normen nach Qualitätsklassen (Handelsklassen) gekennzeichnet werden.

Handelsklassen

„Extra"
Höchste bzw. hervorragende Qualität Sortentypisch in Form, Entwicklung und Färbung; besondere Einheitlichkeit im Reifegrad; frei von allen Mängeln.

„I"
Gute Qualität
Sortentypische Merkmale wie in Klasse „Extra". Vollkommen gesundes Fruchtfleisch. Leichte Form-, Entwicklungs- und Farbfehler in begrenztem Umfang zulässig. Oberflächliche Hautfehler, die allgemeines Aussehen und Haltbarkeit nicht beeinträchtigen, sind in begrenztem Umfang zugelassen.

„II"
Mittlere oder marktfähige Qualität
Die in Klasse I zugelassenen Fehler sind in großem Umfang gestattet, dazu stärkere Abweichungen hinsichtlich der Gleichmäßigkeit. Die Ware muss in jedem Fall genussfähig sein.

Milcherzeugnisse:
Butter muss nach Handelsklassen gekennzeichnet sein, z. B. als Markenbutter oder Molkereibutter; Käse muss nicht, kann aber so gekennzeichnet sein.

1.2 Freiwillige Warenkennzeichnung

Neben den gesetzlich vorgeschriebenen Kennzeichnungen versehen viele Hersteller und Dienstleister ihre Produkte und Leistungen mit freiwilligen Kennzeichen, die auf besondere Qualität und die Sicherheit von Erzeugnissen/Leistungen hinweisen sollen.

Gütezeichen

Sie sollen einen genau festgelegten **Qualitätsstandard** verbürgen, indem sie eine bestimmte Mindestqualität garantieren. Nur wenn ihre Waren genau festgelegten Qualitätsanforderungen entsprechen, dürfen Hersteller diese Zeichen verwenden. Träger eines Gütezeichens ist jeweils eine Gütegemeinschaft, in der sich Hersteller gleichartiger Produkte zusammenschließen. Sie legen die Qualitätsanforderungen für die Vergabe des Zeichens fest. Die Gütesicherung wird u. a. vom RAL (Deutsches Institut für Gütesicherung und Kennzeichnung e. V.) wahrgenommen.

Beispiele für Gütezeichen

 Die technischen Güteanforderungen und Prüfungen der gesundheitlichen und ökologischen Unbedenklichkeit von Wandbekleidungen (Tapeten) werden durch das RAL Gütezeichen Tapete bestätigt.

 Das RAL Gütezeichen Döner legt hohe Anforderungen u. a. an die Herstellung und den Verkauf von Dönerfleischgerichten.

 Kennzeichnung für Deutsche Markenbutter und deutschen Markenkäse. Herstellung und Qualität unterliegen strengen gesetzlichen Anforderungen.

Prüfzeichen (Sicherheitszeichen)

Sie sollen einen genau festgelegten **Sicherheitsstandard** verbürgen.

Beispiele für Prüfzeichen

Abkürzung für „Deutsches Institut für Normung e. V.": mit Sitz in Berlin. DIN steht für die Einhaltung bestimmter Normen wie z. B. bei Abmessungen (Schrauben, Papier), Qualitätsmerkmalen, Untersuchungs- und Messverfahren sowie Sicherheitsanforderungen. DIN-Normen sind Empfehlungen und enthalten Mindestanforderungen. International bemüht sich vor allem die ISO (Internationale Organisation für Standardisierung) um eine weltweite Förderung der Normung.

VDE = Verband Deutscher Elektrotechniker: Elektrogeräte mit diesem Prüfzeichen wurden geprüft und entsprechen den Anforderungen im Bereich der Funktionsfähigkeit und elektrischen Sicherheit.

GS = geprüfte Sicherheit: Technische Geräte mit dem GS-Zeichen entsprechen den Sicherheitsanforderungen des Geräte- und Produktsicherheitsgesetzes.

CE = Communautées Européennes = Europäische Gemeinschaften: Die CE-Kennzeichnung wird seit 1995 für Konsumgüter und technische Produkte verwendet, die innerhalb der EU-Länder auf den Markt kommen. Sie müssen den in europäischen Richtlinien festgelegten Mindestanforderungen an die Sicherheit entsprechen.

deutsches Biosiegel

Info
Bio-Siegel
xm2k5u

Bio-Siegel und EU-Biosiegel

Zunehmend wollen Verbraucher Lebensmittel, die aus ökologischer Landwirtschaft stammen. Durch die Bio-Siegel können sie sich darauf verlassen: „Wo **Bio** draufsteht, ist auch **Bio** drin". Denn nur Erzeuger und Hersteller, die sich an die Bestimmungen der EG-Öko-Verordnung halten und sich den vorgeschriebenen Kontrollen unterziehen, dürfen ihre Produkte als Bio- oder Ökoware verkaufen und mit dem **Bio-Siegel** kennzeichnen. Bis Dezember 2015 haben 4 609 Unternehmen die Nutzung des Bio-Siegels für 72 303 Produkte angezeigt. Um das begehrte Siegel zu bekommen, müssen Produzenten zahlreiche **Verbote** einhalten, z. B. verzichten sie auf Bestrahlung von Öko-Lebensmitteln, auf gentechnisch veränderte Organismen oder auf leicht lösliche, mineralische Dünger.

Darüber hinaus müssen Erzeuger zahlreiche **Anforderungen** erfüllen, wie z. B. abwechslungsreiche und weite Fruchtfolgen, flächengebundene und artgerechte Tierhaltung oder die Fütterung mit ökologisch produzierten Futtermitteln ohne Zusatz von Antibiotika und Leistungsförderern.

Seit 01.07.2010 müssen Bio-Produkte aus der Europäischen Union das **EU-Biosiegel** tragen. Das gilt europaweit und macht es einfacher, ausländische Bioprodukte zu erkennen und von unseriösen Verwirrsiegeln zu unterscheiden – gleichgültig, ob im Urlaub in Spanien oder beim italienischen Feinkosthändler um die Ecke. Für das EU-Bio-Logo gelten dieselben Richtlinien wie für das deutsche Bio-Siegel, das weiterhin zusätzlich verwendet werden darf.

EU-Biosiegel

Umweltzeichen

Das von den Umweltministern von Bund und Ländern geschaffene Umweltzeichen wird an Produkte verliehen, die sich durch besondere Umweltfreundlichkeit auszeichnen. Dabei darf weder die Gebrauchstauglichkeit noch die Sicherheit beeinträchtigt sein.

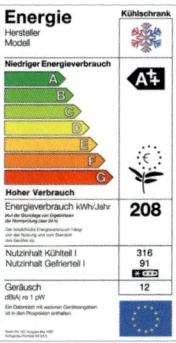

Produktinformation

Die Produktinformation ist eine Form der informativen Warenkennzeichnung, die seit 1978 bei einer Reihe von Haushaltsgeräten angewendet wird. Sie soll den Verbraucher durch Etiketten am Gerät und standardisierte Angaben in den Prospekten über wesentliche, objektiv nachprüfbare und durch Kontrollen gesicherte Warenmerkmale unterrichten und ihm damit eine vergleichende Beurteilung erleichtern. Bei einer Waschmaschine sind solche Angaben z. B. der Energieverbrauch, der Wasserverbrauch, das Fassungsvermögen. Der Produktinformation eines Kühlschranks wären beispielsweise Angaben über den Nutzungsinhalt, den Energieverbrauch oder die Abtauvorrichtung zu entnehmen.

Gesetzliche und freiwillige Warenkennzeichnung

Warenkennzeichnung

gesetzlich

festgelegt durch Gesetze oder Verordnungen, z. B.
- Lebensmittelinformations-Verordnung
- Mess- und Eichgesetz
- Preisangabenverordnung
- EU-Textilkennzeichnungsverordnung
- EG-Qualitätsklassen (Handelsklassen)

freiwillig

festgelegt durch die jeweilige Gütegemeinschaft; diese legt auch die Qualitätsanforderungen fest, z. B.
- Güte- und Prüfzeichen (DIN, VDE-, GS-Zeichen)
- Umweltzeichen
- Bio-Siegel
- Produktinformation

bessere Marktübersicht und mehr Produkttransparenz

Arbeitsteil

1. Nennen Sie fünf gesetzliche Warenkennzeichnungsvorschriften.

2. Welche Angaben müssen Fertigverpackungen nach der Lebensmittelinformations-Verordnung enthalten?

3. Nennen Sie drei Regelungen der Preisangabenverordnung.

4. Wozu verpflichtet die EU-Textilkennzeichnungsverordnung die Hersteller?

5. Weshalb ist Ihrer Meinung nach auf abgepackten Waren der Grundpreis für 1000 oder 100 Gramm angegeben? Geben Sie außerdem an, welches Gesetz diese Angaben vorschreibt.

6. a) Nennen Sie drei Prüfzeichen.
   b) Welchen Vorteil bietet der Kauf eines Gerätes mit dem GS-Zeichen für den Verbraucher?

7. a) Untersuchen Sie verschiedene Waren auf Gütezeichen und erklären Sie deren Bedeutung.
   b) Welche Garantie erhält der Käufer eines mit Gütezeichen versehenen Erzeugnisses?
   c) Überlegen Sie, weshalb die Industrie verstärkt Gütegemeinschaften einrichtet.

8. a) Welche Anforderungen werden an ein Produkt gestellt, das mit dem Umweltzeichen ausgezeichnet werden soll?
   b) Wer verleiht dieses Zeichen?
   c) Wie erklären Sie sich, dass immer mehr Produkte mit dem Umweltzeichen versehen sind?

9. Während Verbraucherverbände eine verstärkte gesetzliche Warenkennzeichnungspflicht verlangen, will die Industrie eine verstärkte freiwillige Kennzeichnung. Wie erklären Sie sich diese unterschiedlichen Auffassungen?

2   Verbraucherberatung

Horror beim Computerkauf?

Der nächste Sondervortrag „Horror beim Computerkauf? – Tipps für Einsteiger" der Verbraucherzentrale Baden-Württemberg e. V. findet statt am Mittwoch, 8. Oktober, 17 Uhr (bis ca. 19 Uhr), Paulinenstraße 47, 70178 Stuttgart. Die Teilnahmegebühr beträgt 5 €.

Stuttgarter Wochenblatt

→

a) Braucht der „mündige" Verbraucher überhaupt Beratung?

b) In welchen Bereichen beraten die Verbraucherzentralen?

c) Gibt es noch andere Organisationen, die Verbraucher beraten?

2.1   Organisationen der Verbraucherberatung

Jeder, der heute einen Computer kaufen möchte, muss sich entscheiden zwischen zahlreichen Anbietern und noch mehr verschiedenen Computertypen in ganz unterschiedlichen Preisklassen. Selbst Fachleute haben Probleme, diesen Markt zu überschauen.

Alle Verbraucher gehen ständig Verträge ein wie Mietverträge, Kreditverträge oder Lebensmittelkäufe. Über mögliche Rechtsfolgen, die sich dadurch ergeben, sind sich die meisten Verbraucher im Unklaren.

Wie diese wenigen Beispiele zeigen, benötigen viele deshalb die kompetente und objektive Beratung von Fachleuten. Häufig geraten Konsumenten in Rechtsstreitigkeiten mit unredlichen Geschäftsleuten. Auch hier bieten die Fachleute der Verbraucherberatung einen gewissen Schutz. Es gibt eine Reihe von Einrichtungen, die dem Verbraucher helfen können,

• seine Rechte zu erkennen,
• vorteilhaft zu verhandeln,
• diese Rechte auch durchzusetzen.

Verbraucherzentralen

Die **Verbraucherzentralen** der Bundesländer vertreten auf Landesebene die Verbraucherinteressen. In größeren Städten unterhalten sie ihre Außenstellen, die **Verbraucherberatungsstellen**. Hier wird jeder Bürger neutral und in der Regel kostenlos beraten. Da die Bundesländer die Arbeit der Verbraucherzentralen durch Zuschüsse unterstützen, sind sie weder auf Werbeeinnahmen noch auf Industriegelder angewiesen und somit völlig unabhängig.

Info ⊕

Verbraucherzentrale Baden-Württemberg p68h7b

verbraucherzentrale
Baden-Württemberg

Beratung durch Verbraucherberatungsstellen

Rechts-beratung	Geräte-beratung	Budget-beratung	Ernährungs-beratung	Energie-beratung
Verbraucher-berater informieren über Verbraucher-schutzgesetze bei Streitigkeiten mit Händlern, Vermietern usw.	Verbraucherbe-ratungsstellen besitzen wichtige Informationen über die meisten Geräte. Material über Energiever-brauch, Tester-gebnisse, Preis-vergleiche usw. kann man hier entweder kostenlos oder gegen geringe Gebühr erhalten.	Die Zahl der Familien, die mit ihrem Geld nicht mehr zu-rechtkommen, nimmt vor allem durch die Arbeitslosigkeit ständig zu. Ver-braucherbera-ter helfen beim Aufstellen von Ausgabenplä-nen oder beim Umschuldungs-verfahren.	Verbraucher-beratungs-stellen informieren über Schadstoffe in Lebensmitteln und über eine gesunde Ernäh-rung.	Bei der Ver-braucherbera-tung erhält man Informationen, wie man die Strom-, Heizöl- oder Gasrech-nung senken kann.

Die Aufgaben der Verbraucherberatungsstellen sind vielfältig. Sie
- führen Beratungsgespräche in den Bereichen Ernährung, Gartenbau, Energie-einsparung, Wohnen, Recht im Alltag,
- halten Informationsschriften für interessierte Verbraucher zu den genannten Themen bereit,
- informieren durch Pressemitteilungen und Veröffentlichungen,
- führen Erhebungen und eigene Untersuchungen (z. B. über Kontoführungsgebüh-ren und Kreditkosten) durch,
- setzen sich regional und überregional für die Interessen der Verbraucher ein,
- führen Schuldnerberatung, insbesondere Verbraucherinsolvenzberatung durch (siehe auch Gefahren der Kreditaufnahme S. 153 ff.).

Verbraucherzentrale Bundesverband (vzbv)
Verbraucherschutz und Verbraucherberatung sind vor allem die Aufgabe der **Verbraucherzentrale Bundesverband**, der 25 verbraucherpolitisch orientierte Verbände und 16 Verbraucherzentralen angehören, unter anderem:

⊕ **Info**
Verbraucherzentrale
Bundesverband
y6f8y5

- die Verbraucherzentralen der Bundesländer
- Deutscher Mieterbund e. V. (DMB)
- Bund der Energieverbraucher e. V. (BDE)
- Stiftung Warentest
- DHB – Netzwerk Haushalt. Berufsverband der Haushaltsführenden e. V.

Nach seiner Satzung strebt der vzbv folgende Ziele an:
- Er will zur Information des Verbrauchers beitragen; entweder durch eigene Einrichtungen oder durch Förderung und Koordination der verbraucherberatenden Mitgliedsorganisationen.
- Er möchte die Interessen der Verbraucher vertreten, indem er auf staatliche Stellen (Gesetzgebung, Verwaltung) und private Wirtschaftsorganisationen einwirkt.

Diese Ziele werden erreicht durch:
- Produktinformationen
- Preisvergleichslisten für bestimmte Produkte
- regelmäßig erscheinende Veröffentlichungen wie z. B. die Verbraucherrundschau
- Interessenvertretung für Verbraucher bei Gesetzesvorbereitungen (Hearings) der Ministerien.

Mieterschutzvereine

In jeder größeren Stadt gibt es einen Mieterschutzverein, der die Interessen der Mieter vertritt. Mieterschutzvereine beraten ihre Mitglieder in allen Fragen des Mietrechts wie z. B. Mieterhöhungen, Kündigung, Nebenkostenabrechnung, Schönheitsreparaturen usw. Des Weiteren wirken sie bei gerichtlichen Auseinandersetzungen oder beim Aufstellen von Mietspiegeln mit. Auch beim **Deutschen Mieterbund (DMB)** in Köln kann man Ratschläge und Informationen einholen. Zu allen Problemen des Mietrechts hat der DMB Informationsmaterial veröffentlicht.
Ebenso wie bei den Mieterschutzvereinen muss man im Deutschen Mieterbund Mitglied sein, wenn man beraten werden möchte.

Info
Deutscher Mieterbund
h7s3xm

2.2 Verbraucherberatung in den Medien

Schluss mit Gebühren für das Girokonto

Warum jeden Monat 5 oder 10€ für das Girokonto zahlen, wenn es auch kostenlos geht? Finanztest […] hat 177 Angebote von Banken und Sparkassen untersucht und dabei 25 Konten gefunden, die ohne Bedingungen kostenlos sind. Weit über 100€ können so jährlich gespart werden. Mit der kostenlosen Kreditkarte mancher Anbieter fällt die Ersparnis noch viel höher aus.

Kostenlos heißt, keine Gebühren für Girocard und Kontoführung sowie Verzicht auf weitere Vorgaben.

Kostenlos, aber häufig wird die Kostenfreiheit an bestimmte Bedingungen geknüpft. Verbraucher müssen deshalb sehr genau hinschauen, unter welchen Voraussetzungen sie von Kontoführungskosten befreit sind. […] Kunden müssen z. T. monatlich 1 200€ bringen. Fehlt der geforderte Geldeingang, sind Gebühren fällig.

Kostenloses Bargeld ist wichtig

Geldabheben an Automaten der kontoführenden Bank ist immer kostenlos. Wichtig bei einem neuen Konto ist neben dem Preis, dass der Kunde ohne viel Mühe kostenlos an Bargeld kommt. Deshalb haben sich Banken mit kleinem Automatennetz zu Verbünden zusammengetan, damit ihre Kunden bessere Möglichkeiten haben, sich kostenlos Bargeld zu besorgen. Hebt ein Kunde jedoch an Geldautomaten außerhalb seines Bankenverbundes ab, werden jedes Mal zwischen 1,75 und 10,00€ fällig.

Der Wechsel ist einfach, aber das ideale Girokonto ist rar. Es soll gut verzinst sein, mit kostenloser Girocard, und Kreditkarte sowie viele Geldautomaten haben. […] Deshalb sollte jeder mit drei Fragen seinen persönlichen Kontocheck machen: Wie teuer ist mein Konto im Vergleich zu anderen Angeboten? Werden Bedingungen verlangt, welche kann ich erfüllen? Gibt es genügend Geldautomaten für kostenloses Bargeld?

Stiftung Warentest, Finanztest 01/2013 (geändert und aktualisiert 2015)

→
a) Überlegen Sie anhand dieses Artikels, ob es sich für Verbraucher lohnt, die Verbraucherberatung in den Medien zu beachten.

b) Wie können Sie die Untersuchungsergebnisse der Stiftung Warentest erhalten?

c) Wer veröffentlicht noch Verbrauchertipps?

Veröffentlichungen der Stiftung Warentest

Die Stiftung Warentest wurde von der Bundesregierung als Stiftung des privaten Rechts gegründet. Sie ist gemeinnützig und darf keinen Gewinn erzielen. Jeden Monat gibt sie die Zeitschrift **test** heraus. Stiftung Warentest gehört zu den Fördermitgliedern, die die Arbeit der Verbraucherzentralen unterstützen.

test In-Ohr-Kopfhörer							8/2015
www.test.de	Mittlerer Preis ca. (Euro)	Ton	Hand-habung	Störein-flüsse	Halt-barkeit	Schad-stoffe	test-QUALITÄTS-URTEIL
Gewichtung		55%	30%	5%	5%	5%	100%
Sennheiser Momentum In-Ear (M2 IEi)	99,00	++	+	+	+	++	GUT (1,8)
Sony MDR-EX650AP	64,50	+	+	+	+	++	GUT (1,9)
Philips SHE8100	26,70	+	O	+	++	++	GUT (2,0)
Sennheiser CX 5.00G	74,50	+	+	+	+	++	GUT (2,0)
Teufel Move	80,00[1]	+	+	O	+	++	GUT (2,1)
Beyerdynamic DX 160 iE	99,00	+	+	O	+	O	GUT (2,2)
Bose Soundtrue in-ear headphones	94,50	O	+	O	++	++	GUT (2,3)
Philips Fidelio S2	122,00	+	O	O	++	++	GUT (2,3)
Sony MDR-EX110LP	19,30	O	+	O	+	++	GUT (2,4)
AKG K376	91,50	+	O	O	++	++	GUT (2,4)
Beyerdynamic MMX 102 iE	73,50	+	O	+	O	++	GUT (2,4)
Bowers & Wilkins C5 Serie 2	179,00	+	O	+	++	++	GUT (2,4)
Philips Fidelio S1	84,00	+	O	O	+	++	GUT (2,4)
Sony XBA-H1	88,50	O	+	+	++	++	GUT (2,4)
JBL Synchros S200a	82,50	+	O	+	+	O	GUT (2,5)
Denon AH-C120MA	83,50	+	O	O	++	O	BEFRIEDIGEND (2,8)
Pioneer SE-CX8	179,00	O	O	O	++	++	BEFRIEDIGEND (2,8)
Panasonic RP-HJX20	79,50	O	⊖	+	++	++	BEFRIEDIGEND (3,0)

Bewertungsschlüssel der Prüfergebnisse: **++** = Sehr gut (0,5–1,5). **+** = Gut (1,6–2,5). O = Befriedigend (2,6–3,5). ⊖ = Ausreichend (3,6–4,5). **—** = Mangelhaft (4,6–5,5).
Bei gleichem Qualitätsurteil Reihenfolge nach Alphabet.
1) Preis laut Anbieter.
Einkauf der Prüfmuster: April 2015.

Info
Stiftung Warentest
et35be

Hier findet der interessierte Verbraucher Warentests, aktuelle Verbrauchertipps und Verbrauchernachrichten. Zusammenfassungen der durchgeführten Tests eines Jahres werden in „test-Jahrbüchern" angeboten. Darüber hinaus werden laufend Sonderhefte zu besonderen Themen veröffentlicht wie z. B. Umweltschutz, Kosmetik, Foto usw.

Die Zeitschrift **Finanztest** vergleicht und bewertet Finanzdienstleistungen wie Geldanlagen, Versicherungen, Baufinanzierungen. Außerdem gibt sie Rechts- und Steuertipps.

Bei Tests von Gütern werden in verschiedenen Geschäften mehrere Produkte zumeist einer gleichen Preis- und Güteklasse gekauft. Von Herstellern direkt werden keine Produkte angenommen. Untersuchungen im Auftrag der Industrie werden nicht durchgeführt. Untersucht werden alle Produkte grundsätzlich bei unabhängigen Spezialinstituten nach neuesten Untersuchungsmethoden und -techniken.

Andere Medien des Verbraucherschutzes

Des Weiteren gibt es Ratgeber von **Verbraucherzentralen** und Verbraucherverbänden wie z. B. dem Deutschen Mieterbund.

Info
Bundesministerium für
Ernährung, Landwirtschaft
und Verbraucherschutz
5d59rc

Die entsprechenden **Ministerien von Bund und Ländern** haben ebenfalls zahlreiche Informationsschriften zu Verbraucherproblemen herausgegeben wie z. B.:

- Tipps für Verbraucher
- Wegweiser für Verbraucher
- Dein Recht als Mieter
- Mehr Schutz vor den Tücken des „Kleingedruckten"

In fast jeder **Tageszeitung oder Zeitschrift** findet der Verbraucher Informationen und Tipps. Aktuelle Urteile von deutschen Gerichten zu Fragen des Kaufvertragsrechts oder zum Mieterschutz gehören ebenso dazu wie kritische Informationen über neue Produkte und Anleitungen zu verbraucherbewusstem Verhalten. Daneben gibt es noch zahlreiche **Fachzeitschriften**, auf die ein Verbraucher zurückgreifen kann.

Wie die folgenden Beispiele zeigen, bieten **Fernsehen** und **Hörfunk** in verschiedenen Programmen regelmäßig Verbrauchersendungen an:

Fernsehen	Hörfunk
1. Programm ARD • Wirtschaftsmagazin Plusminus **2. Programm ZDF** • WISO (Wirtschaft und Soziales) • Volle Kanne – Servicemagazin **3. Programm, z. B. SWR** • Marktcheck (Verbrauchermagazin)	**Südwestrundfunk** • Arbeitsplatz (SWR 1) • Informationen und Hintergründe aus Politik, Wirtschaft und Kultur in SWR 1 **Mitteldeutscher Rundfunk usw.** • ...

Verbraucherberatung auf verschiedenen Ebenen

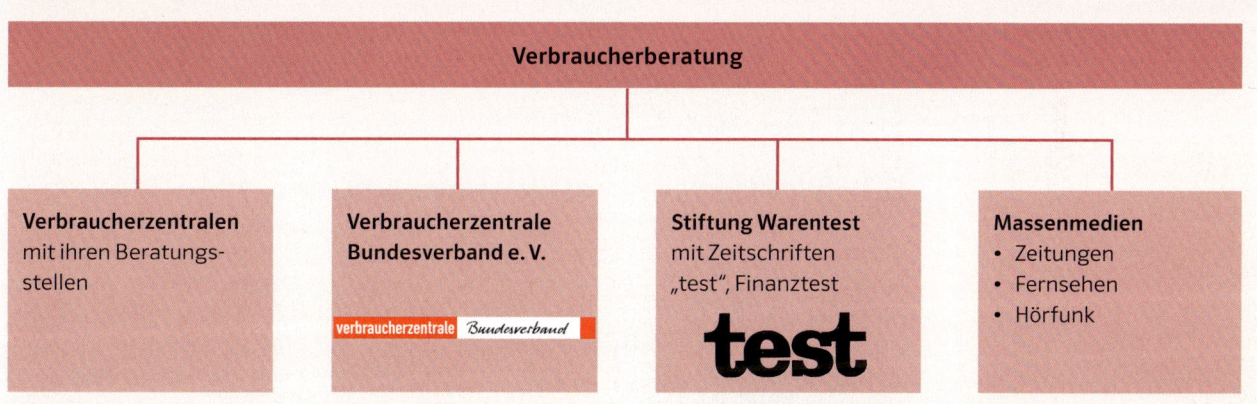

Arbeitsteil

1. Clemens möchte sich einen neuen In-Ohr-Kopfhörer kaufen. Das Angebot ist riesig und Clemens ist verwirrt. Welches Gerät soll er nun kaufen?

   a) Wie kann sich Clemens einen Überblick über das Angebot von In-Ohr-Kopfhörern verschaffen?

   b) Welche Gesichtspunkte könnten neben dem Preis bei der Kaufentscheidung eine Rolle spielen?

   c) Bei welchen Institutionen könnte er sich Informationen verschaffen?

   d) Die Stiftung Warentest hat Geräte getestet. Erklären Sie die Aufgabe der Stiftung Warentest.

   e) Beschreiben Sie die Vorgehensweise der Stiftung Warentest beim Testen von Geräten.

   f) Zu welchem In-Ohr-Kopfhörer würden Sie Clemens raten, wenn Sie die Testergebnisse der Stiftung Warentest (S. 101) zugrunde legen?

2. Begründen Sie die Notwendigkeit einer Verbraucherberatung aus der Sicht der Verbraucher.

3. Worin sehen Sie die Bedeutung einer Verbraucherberatung durch die Massenmedien?

4. Nehmen Sie Stellung zu folgender Aussage: „Eine Verbraucherberatung durch die Hersteller und den Fachhandel ist vollkommen ausreichend."

3 Verbraucherschutzgesetze

3.1 Wettbewerbsrechtliche Regelungen

Bei einem gut funktionierenden **Wettbewerb** kann der Verbraucher seine Ware unter den Angeboten vieler Anbieter auswählen. Eine große Zahl von Anbietern wetteifert um die Kunden, indem sie versucht, ihre Konkurrenten durch immer bessere und immer preisgünstigere Waren zu übertreffen. Wird der Wettbewerb dagegen eingeschränkt, dann nimmt die Produktauswahl ab und der Verbraucher muss überhöhte Preise zahlen. Um den Wettbewerb zwischen den Unternehmen sicherzustellen, hat der Staat deshalb verschiedene Gesetze erlassen.

Gesetz gegen den unlauteren Wettbewerb (UWG)

Das **UWG** schützt Anbieter und Verbraucher vor wettbewerbswidrigem Verhalten einzelner Anbieter. Es wendet sich gegen Handlungen, die zwar zum Zweck des Wettbewerbs erfolgen, die aber **unlauter** und somit unzulässig sind. Nach dem UWG sind dies beispielsweise Werbemaßnahmen

UWG § 4

- die beim Käufer Angst verursachen, z. B. „Grippe überrollt Ulm. Sofort Grippex kaufen!",
- die Konkurrenten anschwärzen und verunglimpfen,
- bei denen die Teilnahme an einem Gewinnspiel von einem Kauf abhängt,
- die fremde Geschäfts-, Waren-, oder Firmenzeichen benutzen.

UWG § 5

Des Weiteren verbietet das UWG **irreführende Werbung** wie z. B.

- irreführende Angaben über angebotene Waren wie Ursprung, Herstellungsart und Preise. Beispiel: Ein Bäcker vertreibt industriell gefertigte Teigwaren als eigene Erzeugnisse.
- irreführende Angaben über den Verkaufsanlass. Beispiel: Ein Räumungsverkauf wegen Umbaus wird angekündigt, obwohl nur eine Wand gestrichen wird.
- Mondpreiswerbung, d. h. für eine unangemessen kurze Zeit wird ein besonders hoher Preis angesetzt, nur um ihn dann mit viel Getöse schnell wieder herabzusetzen.
- Lockvogelangebote. Sie liegen vor, wenn die beworbene Ware nicht mindestens zwei Tage vorrätig ist.
- Werbung mit Selbstverständlichkeiten wie „Bei uns gibt es zwei Jahre Garantie".

Vergleichende Werbung ist nur zulässig, wenn keine Mitbewerber herabgesetzt werden.

Für die meisten Verstöße sieht das UWG den Anspruch auf **Unterlassung** vor, d. h. man kann von dem betreffenden Anbieter verlangen, dass er diese Handlung unterlässt. Daneben sind auch **Schadenersatzforderungen** vorgesehen, z. B. für den Geschäftsmann, den sein Konkurrent bei den Kunden angeschwärzt hat. Besonders extreme Verstöße können sogar mit Geldbußen oder Freiheitsentzug geahndet werden. „Unrecht soll sich nicht lohnen!" Deshalb können **Gewinne abgeschöpft** werden, die unlautere Wettbewerber zu Lasten einer Vielzahl von Personen erzielt haben, z. B. als „0900er-Abzocker" oder „Füllmengenunterschreiter".

Unzumutbar belästigende Werbung ist ausdrücklich verboten, wenn erkennbar ist, dass der Empfänger diese Werbung nicht wünscht, z. B. durch Briefkastenaufkleber. Generell verboten ist daher auch Werbung durch Telefon, E-Mail, Telefax oder SMS, wenn der Beworbene einer solchen Werbung zuvor nicht zugestimmt hat. Genauso wenig ist das Zusenden unbestellter Waren gestattet. Belästigend sind auch unangemeldete Hausbesuche, ebenso das Ansprechen auf der Straße, wenn der Werbende nicht sofort als solcher zu erkennen ist.

Für E-Mail-Werbung gilt eine Ausnahme. Hat der Unternehmer die E-Mail-Adresse durch eine Bestellung erhalten, darf er Kunden eine Werbemail für ähnliche Produkte schicken.

Allerdings kann ein Verbraucher nicht selbst gegen einen Anbieter vorgehen. Dies können nur Konkurrenten, Verbraucherverbände, Kammern oder gewerbliche Interessenverbände wie z. B. der Einzelhandelsverband. Ein Verbraucher, der Verstöße festgestellt hat, wendet sich deshalb am besten an eine Kammer oder einen Verbraucherverband.

Gesetz gegen Wettbewerbsbeschränkungen (Kartellgesetz)

Bei einem gut funktionierenden Wettbewerb konkurrieren die Anbieter um die Kunden. Diese Konkurrenz kann mit dem Preis, mit der Qualität, mit dem Service, mit den Geschäftsbedingungen, mit der Werbung und vielem mehr ausgetragen werden. Wettbewerb ist die Antriebskraft unserer sozialen Marktwirtschaft. Er sorgt dafür, dass die Anbieter sich um die Kunden bemühen und dass diese unter vielen unterschiedlichen Angeboten auswählen können. Verständlicherweise gefällt starker Wettbewerb nicht allen Unternehmen. Immer wieder versuchen deshalb einige, den Wettbewerb auszuschließen, indem sie z. B. gemeinsame Absprachen treffen, d. h. Kartelle bilden. Leidtragende solcher Absprachen sind die Kunden, da sie durch den Wegfall der Konkurrenzsituation schlechter bedient werden. Auf der anderen Seite ist es genauso wenig im Interesse der Verbraucher, wenn durch übermäßigen Wettbewerb ein Großteil der Unternehmen einer Branche vom Markt verdrängt wird. So sind z. B. die Tante-Emma-Läden fast völlig verschwunden, stattdessen haben sich einige Handelsriesen mit großer Marktmacht durchgesetzt. Das **Gesetz gegen Wettbewerbsbeschränkungen**, auch als Kartellgesetz bezeichnet, soll diesen Entwicklungen entgegenwirken. Nach diesem Gesetz sind Kartelle grundsätzlich verboten. Des Weiteren können Unternehmenszusammenschlüsse untersagt werden, wenn sie zu einer marktbeherrschenden Stellung führen würden (siehe auch S. 223 Kartelle und S. 224, 227 Kartellgesetz).

3.2 Fernabsatzverträge und E-Commerce

Privatkäufer, die per Katalog, Fax, Brief, Telefon oder im Internet bestellt haben, werden durch das **BGB** (Bürgerliche Gesetzbuch) besonders geschützt. Im Juni 2014 wurde dieser Schutz auf Veranlassung der EU erweitert durch das **Gesetz zur Umsetzung der Verbraucherrechterichtline.** Denn Firmen müssen Waren, die dem Käufer nicht gefallen, innerhalb von 14 Tagen zurücknehmen, und zwar zum vollen Preis

BGB §§ 312 b–d

Geschäfte, die per Katalog, Fax, Telefon, Brief oder im Internet abgeschlossen wurden

Widerrufsrecht
14 Tage, bei unerlaubten Werbeanrufen 1 Monat

einschließlich der Versandkosten. Bei **unerlaubten Werbeanrufen** beträgt die Widerrufsfrist sogar 1 Monat. Fehlt die Belehrung über die Widerrufsmöglichkeit oder wird sie erst nach Vertragsabschluss mitgeteilt, verlängert sich die Frist auf 12 Monate. Sogar ein Formular für den Widerruf muss der Händler bereitstellen. Die Kosten der Rücksendung trägt grundsätzlich der Verbraucher, sofern er vom Händler vor Vertragsabschluss darauf hingewiesen wurde.

Die **14-tägige Widerrufsfrist** beginnt an dem Tag, an dem die Ware dem Käufer zugestellt wurde.

Der Käufer muss den Widerruf ausdrücklich erklären, es genügt nicht, wenn er die Ware nur zurücksendet. Dafür kann der Widerruf auch telefonisch oder per E-Mail erfolgen. Der Händler muss sogar ein Formular bereitstellen. Die Verbraucherzentralen empfehlen jedoch, nicht per E-Mail, sondern auf dem traditionellen, sicheren Weg schriftlich per **Einschreiben** und Rückschein zu widerrufen.

Keine Anwendung findet diese Regelung bei der Lieferung von Speisen und Getränken, z. B. von einem Pizzaservice. Entsiegelte Audio-, Video- und Softwareträger können ebenfalls nicht zurückgegeben werden. Allerdings gilt sie für Finanzdienstleistungen wie Kontoeröffnungen oder Kredite. Für Versicherungen gibt es ebenfalls eine 14-tägige Widerrufsfrist, bei Lebensversicherungen sind es sogar 30 Tage. Geregelt sind diese Fristen nicht im BGB, sondern im Versicherungsvertragsgesetz. Es genügt nicht, wenn der Anbieter den Kunden nur über sein Widerrufsrecht informiert. Er muss weitere Angaben machen, z. B. über das bestellte Produkt, über Zahlungsmodalitäten und Versandkosten. Unterlässt ein Händler diese Angaben, dann verlängert sich das Widerrufsrecht des Kunden um 1 Jahr.

Werden Verträge auf elektronischem Weg (in der Regel im Internet) abgeschlossen, dann sind die Kunden durch das BGB besonders geschützt. Im **elektronischen Geschäftsverkehr (E-Commerce)** muss der Unternehmer dafür sorgen, dass
- Eingabefehler vor Abgabe der Bestellung erkannt und berichtigt werden können,
- der Kunde Vertragstext und Verhaltensrichtlinien nicht nur am Bildschirm abrufen, sondern auch problemlos auf seinen PC überspielen und ausdrucken kann,

BGB § 312 e

- der Eingang einer Bestellung unverzüglich mit elektronischer Post bestätigt wird.
Verstößt der Händler gegen eine der Bedingungen, dann verlängert sich das 14-tägige Widerrufsrecht um 1 Jahr, d.h. der Kunde kann innerhalb von 1 Jahr und 14 Tagen den Vertrag widerrufen.

3.3   Allgemeine Geschäftsbedingungen

Ein Verkäufer, der bei jedem Kaufvertrag die Bedingungen einzeln aushandeln und danach schriftlich festhalten würde, müsste dafür sehr viel kostbare Zeit aufbringen. Daher verwenden die Kaufleute die **Allgemeinen Geschäftsbedingungen (AGB)**. Dies sind vorformulierte Vertragsklauseln, die für alle Kaufverträge gelten, welche der betreffende Kaufmann abschließt. Das **BGB** verhindert, dass Geschäftsleute durch diese AGB die gesetzlichen Bestimmungen zu ihren Gunsten abändern und so die Käufer übervorteilen. Um die Kunden zu schützen, schreibt das **BGB** vor:

BGB §§ 305 ff.

- AGB werden nicht automatisch Vertragsbestandteil, sondern nur, wenn der Kunde darauf hingewiesen wurde und sie angemessen zur Kenntnis nehmen kann.
- Das „Kleingedruckte" muss mühelos lesbar und verständlich sein.
- Überraschende Klauseln sind unzulässig.
- Unangemessen lange Lieferfristen sind unzulässig.
- Preiserhöhungen können frühestens 4 Monate nach Vertragsabschluss erfolgen.
- Die gesetzlichen Fristen zur Sachmangelhaftung dürfen nicht verkürzt werden.
- Bei mangelhafter Lieferung gelten grundsätzlich die Regelungen des BGB. Eine Beschränkung auf Nacherfüllung ist nicht zulässig.

3.4 Produkthaftung

Das **Produkthaftungsgesetz (ProdHaftG)** soll Verbraucher vor fehlerhaften Waren schützen. Werden durch den Fehler eines Produktes Personen- oder Sachschäden verursacht, dann muss der Hersteller den entstandenen Schaden ersetzen. Dabei ist es in der Regel unerheblich, ob ein Verschulden des Fabrikanten vorliegt oder nicht. Die verschuldensunabhängige Haftung nach dem Produkthaftungsgesetz erstreckt sich nur auf das Privatleben. Schäden in Gewerbebetrieben werden davon nicht abgesichert. Des Weiteren gilt dieses Gesetz nicht für Arzneimittel. Tritt ein Schadensfall ein, dann kann die Haftung bis zu 85 Millionen € betragen. Bei Sachschäden entfällt auf den Geschädigten eine Selbstbeteiligung bis 500 €.

3.5 „Haustürgeschäfte" (Außerhalb von Geschäftsräumen geschlossene Verträge)

Plötzlich klingelt es an der Tür. Man öffnet und steht überrascht einer jungen Dame gegenüber, die einem die neueste Entwicklung auf dem Gebiet der Teppichreinigung anbietet. Man bummelt durch die Fußgängerzone und wird von Mitarbeitern eines Buchklubs angesprochen, die ein besonderes Angebot unterbreiten, sofern man sofort unterschreibt. Durch das **BGB** haben die Verbraucher die Möglichkeit, unbedacht abgeschlossene Verträge **innerhalb von 14 Tagen** schriftlich zu **widerrufen**. Dieses Widerrufsrecht erstreckt sich auf Geschäfte, die durch mündliche Verhandlungen am Arbeitsplatz, an der Haustür, in der Wohnung, bei Verkaufsfahrten oder durch überraschendes Ansprechen auf der Straße zustande gekommen sind, also **außerhalb der Geschäftsräume**. Die zweiwöchige Frist beginnt in dem Augenblick, in dem der Kunde eine **deutliche Belehrung** über das Widerrufsrecht erhalten und gesondert unterschrieben hat. Unterbleibt die Widerrufsbelehrung, dann erlischt das Widerrufsrecht überhaupt nicht. Kein Widerrufsrecht besteht jedoch, wenn der Kunde den Vertreter selbst ins Haus bestellt hat, wenn ein Bagatellgeschäft (unter 40 €) vorliegt oder wenn ein Vertrag notariell beurkundet worden ist. Für abgeschlossene **Versicherungverträge** gibt es nach dem **Versicherungsvertragsgesetz** ein spezielles Widerrufsrecht von 14 Tagen, sofern der Vertrag länger als ein Jahr laufen soll.

BGB §§ 312, 355 f.

Geschäfte nach mündlichen Verhandlungen am Arbeitsplatz, an der Haustür, auf Kaffeefahrten oder auf der Straße

Widerrufsrecht
innerhalb von 14 Tagen

3.6 Teilzahlungsgeschäfte

Bei größeren Anschaffungen können viele Käufer den Kaufpreis nicht sofort bezahlen. Vereinbaren daraufhin Kunde und Händler, dass der Kaufpreis in Raten beglichen werden soll, dann handelt es sich um ein **Teilzahlungsgeschäft**, auch **Ratenkauf** genannt. Durch das **BGB** werden die Käufer vor einer Übervorteilung geschützt, denn für Ratenkäufe gelten besonders strenge Schutzvorschriften (siehe auch S. 150 ff. Verbraucherkredite). Das **BGB** gilt außerdem für alle **Verbraucherkredite über 200 €**. Seine wichtigsten Bestimmungen sind:

BGB §§ 491 ff.
EBGB Art. 247 § 3

- Ratenkauf muss **schriftlich** abgeschlossen werden. Eine Kopie erhält der Käufer.
- Der Vertrag muss folgende Bestandteile enthalten:
  - den Barzahlungspreis und den Teilzahlungspreis,
  - die Anzahl, Höhe und Fälligkeit der Raten,
  - den Nominalzins und alle Nebenkosten,
  - den **effektiven Jahreszins,**
  - eine deutliche Belehrung (2. Unterschrift), dass der Vertrag **innerhalb von 14 Tagen** ohne Angabe von Gründen schriftlich **widerrufen** werden kann.
- Werden Teilzahlungskäufe von Banken oder Sparkassen finanziert, dann kann man bei mangelhafter Ware die Mängel auch dem Kreditinstitut entgegenhalten und die Raten (vorerst) zurückbehalten.

Durch diese Angaben sieht der Käufer, wie viel teurer ein Ratenkauf gegenüber einem Barkauf wird und ob ein Bankkredit nicht billiger wäre. Allgemein sollte der Käufer bedenken, dass er beim Ratenkauf einen höheren Preis bezahlen muss. Außerdem erhält er keinen Barzahlungsnachlass (Skonto).

BGB §§ 495, 355

Fehlt die Belehrung über das Widerrufsrecht, dann kann der Käufer auch später als zwei Wochen nach Vertragsabschluss vom Vertrag zurücktreten. Sicherheitshalber erfolgt ein Widerruf durch Einschreibebrief. So kann der Käufer jederzeit beweisen, dass er den Widerruf rechtzeitig innerhalb der Widerrufsfrist von 14 Tagen abgeschickt hat. Um von pfiffigen Vertretern nicht hinters Licht geführt zu werden, achtet man bei der Unterschrift genau auf das eingetragene Datum. Windige Vertreter bringen den Käufer durch Zurückdatieren um sein Rücktrittsrecht. Zur Sicherheit liefert der Händler meist unter **Eigentumsvorbehalt**.

BGB § 449

Der Kunde wird also nur Besitzer der Ware. Bis zur vollständigen Bezahlung bleibt sie das Eigentum des Verkäufers. Falls der Käufer die Raten nicht mehr zahlt, hat der Händler ein Rücknahmerecht.

BGB §§ 505, 312

Die Schutzvorschriften des BGB gelten auch für Verträge mit wiederkehrenden Leistungen wie Zeitschriftenabonnements oder den Vertrag mit einem Buchklub.

Herbert Volt

Elektronikversand
Spezialgeschäft für Elektronik und Computer

Breitenbachplatz 12
14195 Berlin
Telefon (030) 56 73 45
Fax (030) 56 45 67

Bankkonto:
IBAN DE601003025000200036672
Deutsche Bank AG Berlin
BIC DEUTDEBB105

Teilzahlungskaufvertrag

Die Firma Herbert Volt (Verkäufer), Breitenbachplatz 12, 14195 Berlin 30, schließt mit
Herrn/Frau **Martin Leybold** _____ (Käufer)
in **72622 Würtingen, Europastraße 34** _____ einen
Teilzahlungs-Kaufvertrag über die nachstehend aufgeführten Artikel:

Stückzahl	Artikel	Preis €
1	Musikanlage, Weltklang 3000	998,00
2	Frontlautsprecher	638,00
3	Surround-Lautsprecher und Subwoofer	380,00
	Gesamtpreis/Barzahlungspreis	**2016,00**
	Teilzahlungspreis	**2157,36**

Die Summe wird in __12__ Raten zu je __179,78 €__ zurückbezahlt. Die erste Rate ist am __19.05.2016__ fällig, die nächstfolgende jeweils einen Monat später. Der jährliche Teilzahlungszuschlag beträgt __8,95 %__, die Vermittlungsgebühr __2 %__. Dies ergibt einen effektiven Jahreszins von __13,47 %__.
Bis zur vollständigen Bezahlung des Kaufpreises bleibt die Ware trotz Übergabe an den Käufer das Eigentum des Verkäufers. Der Käufer verpflichtet sich für die Dauer des Eigentumsvorbehaltes zu einer sachgemäßen Lagerung. Mündliche Nebenabsprachen haben keine Gültigkeit. Für die Vermittlungsgebühr wurde ein zusätzlicher Vermittlungsvertrag abgeschlossen.

Besondere Vereinbarungen:

Berlin, den __19.04.2016__   Berlin, den __19.04.2016__

H. Volt   _M. Leybold_

Rücktrittsrecht
Der Käufer erklärt, dass er ausdrücklich darauf hingewiesen wurde, dass er das Recht hat diesen Vertrag innerhalb von 14 Tagen zu widerrufen.

Berlin, den __19.04.2016__   _M. Leybold_

3.7   Verbraucherinformationsgesetz

VIG §1

Pferdefleisch in der Lasagne, Gammelfleisch im Döner, neue Etiketten auf altem Hackfleisch, Pestizide in Babynahrung – die letzten Jahre waren geprägt von zahlreichen Lebensmittelskandalen. Durch das am 1. Januar 2008 in Kraft getretene **Verbraucherinformationsgesetz (VIG)** soll unser täglicher Konsum besonders geschützt werden durch eine verbesserte gesundheitsbezogene Verbraucherinformation.

Als Konsequenz aus mehreren Gammelfleischskandalen werden die Behörden dazu verpflichtet, die Bevölkerung zu informieren und den Namen der Firma und des Produktes zu veröffentlichen, auch wenn die Ware bereits verkauft ist.

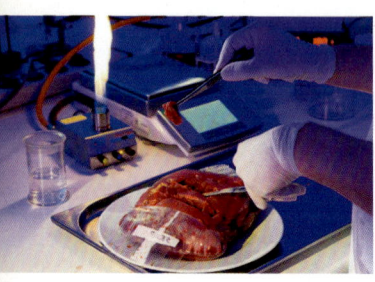

Nach dem VIG sind die Verbraucher zu informieren über Gesundheitsgefahren, das Inverkehrbringen von ekelerregenden Lebensmitteln, schwerwiegende Verbrauchertäuschungen und Rechtsverstöße.

Darüber hinaus haben die Verbraucher erstmals das Recht, auf Informationen über Lebensmittel und Bedarfsgegenstände zuzugreifen, die bei Behörden vorliegen. Beispielsweise können sie bei den zuständigen Ämtern nachfragen, wie die Pestizidbelastung von bestimmten Gemüsesorten ist oder welche allergenen Stoffe ihr Shampoo enthält. Da die Behörden nun „Ross und Reiter" nennen müssen, haben die Verbraucher eine Entscheidungsgrundlage, ob sie noch die Produkte einer bestimmten Firma kaufen wollen.

Der Anwendungsbereich des Verbraucherinformationsgesetzes erstreckt sich auf Lebensmittel, Futtermittel, Wein, Kosmetika und Bedarfsgegenstände wie Bekleidung, Lebensmittelverpackungen oder Reinigungsmittel.

Verbraucherschutzgesetze

Wettbewerbsrechtliche Regelungen	Gesetze zum Schutz von Verbraucherrechten		

Gesetz gegen den unlauteren Wettbewerb

verbietet irreführende und unlautere Werbung.

Kartellgesetz

verbietet Kartelle und marktbeherrschende Unternehmenszusammenschlüsse.

Produkthaftungsgesetz

Hersteller haften für fehlerhafte Produkte.

Bürgerliches Gesetzbuch

Es regelt:
- **Verbraucherkredite** und schützt vor Übervorteilung bei Kreditverträgen.
- **Fernabsatzverträge** und schützt bei Bestellungen im Versandhandel.
- **„Haustürgeschäfte"** und schützt bei Verträgen an der „Haustür" usw.
- **Allgemeine Geschäftsbedingungen** und schützt vor dem Kleingedruckten.

Verbraucherinformationsgesetz

Verbesserung der gesundheitsbezogenen Verbraucherinformationen

Verbraucher sollen bei ihrer Kaufentscheidung nicht wettbewerbswidrig beeinflusst werden.

Verbraucher sollen vor übereiltem Vertragsabschluss und Übervorteilung geschützt werden.

Arbeitsteil

1. Nennen Sie drei wichtige Verbraucherschutzgesetze.

2. a) Welche Absichten verfolgt das Gesetz gegen den unlauteren Wettbewerb (UWG)?
b) Nennen Sie Beispiele für unlautere Werbung.

3. Beurteilen Sie folgende Situationen. Gegen welche Vorschrift wird verstoßen?
a) Ein Elektrohändler preist in seiner Werbung einen Herd als „absolute Luxusausführung" an, obwohl das Gerät keine Spitzenausstattung aufweist.
b) In einem Supermarkt hängt dieses Angebotsplakat:

> *Unser Knüller:*
> *Schweinefilet*
> *500g* **9,99** *Euro*

c) Jemand erhält unbestellt ein Buch im Wert von 50 € zugesandt.
d) Das BGB regelt den Abschluss von Fernabsatzverträgen. Welches besondere Recht kann ein Verbraucher dadurch in Anspruch nehmen?

4. a) Welche Aussagen enthält der nachfolgende Zeitungsartikel?
b) Für welche Produkte gilt dieses Gesetz nicht?

5. a) Weshalb regelt das BGB die „AGB"?
b) Warum verwenden viele Geschäftsleute AGB?

[…] **Sektflasche explodiert: Hersteller zu Schadensersatz und Schmerzensgeld verurteilt**

Explodiert eine Sektflasche in der Hand eines Kunden, so kann sich der Sekthersteller nicht einfach darauf berufen, dass es möglicherweise erst nach dem Verkauf zu einer Beschädigung der Flasche gekommen sein könnte.
Geklagt hatte […] eine Lehrerin. Diese war auf einer Dienstbesprechung verletzt worden, als der Schulrektor den 21 Lehrern des Kollegiums jeweils eine 0,2 Liter Flasche Piccolo überreicht hatte. Beim Übergeben einer der Flaschen explodierte diese in der Hand des Rektors. Die Klägerin wurde von umherfliegenden Glassplittern am rechten Auge getroffen und verletzt. Sie verklagte daraufhin den Sekthersteller und Flaschenabfüller sowie den Hersteller der Glasflasche auf Schadensersatz sowie auf Schmerzensgeld von mindestens 50 000 Euro. […]

http://www.kostenlose-urteile.de/OLG-Muenchen_5-U-315810_Sektflasche-explodiert-Hersteller-zu-Schadensersatz-und-Schmerzensgeld-verurteilt.news11628.htm (letzter Zugriff 15.10.2012)

---

6. a) Weshalb müssen Verbraucher beim Abschluss von „Haustürgeschäften" besonders geschützt werden?
b) Nennen Sie drei Beispiele für „Haustürgeschäfte".
c) Nennen Sie drei Geschäfte, die nicht unter den Schutz des BGB fallen.

7. a) Welches besondere Recht haben Kunden, die „Haustürgeschäfte" oder Ratenkäufe abschließen?
b) Welche Formvorschrift besteht für den Abschluss von Kreditverträgen bzw. Ratenkäufen?

4   Folgen von Zahlungsverzug

In der Flaschnerei Rohrer kommt es häufig vor, dass Kunden ihre Rechnungen nicht pünktlich bezahlen. Drei Wochen nach Rechnungsstellung – die Rechnungen sind gewöhnlich sofort zahlbar – wird dem Kunden folgende Mahnung zugeschickt:

> **1. Mahnung, Rechnung Nr. … vom …**
>
> Sehr geehrter Kunde, sehr geehrte Kundin,
>
> unsere Lieferer erwarten, dass wir ihre Rechnungen pünktlich begleichen. Dasselbe können wir auch von unseren Kunden verlangen. Sie haben Ihre Rechnung immer noch nicht bezahlt. Wir gewähren Ihnen noch eine Woche Nachfrist.
>
> Mit freundlichen Grüßen

Hat der Kunde auch nach dieser Woche nicht bezahlt, dann erhält er die 2. Mahnung:

a) Ist in diesem Fall die 1. Mahnung gerechtfertigt? Halten Sie es für sinnvoll, wenn das Mahnverfahren mit diesen Formulierungen beginnt?

b) Wie reagieren die Kunden, vor allem solche, die eine 2. Mahnung erhalten?

c) Verbessern Sie die Schreiben mündlich so, dass sie kundenfreundlicher, aber dennoch wirksam erscheinen.

d) Muss ein Rechtsanwalt unbedingt eingeschaltet werden?

> **2. Mahnung, Rechnung Nr. … vom …**
>
> Sehr geehrter Kunde, sehr geehrte Kundin,
>
> jetzt reicht's; unsere Geduld ist erschöpft. Obwohl wir Ihnen bereits eine Mahnung zuschicken mussten, haben Sie es nicht für nötig gehalten, unsere Rechnung zu begleichen. Stellen Sie sich einmal vor, alle Kunden würden sich so verhalten. Sollten Sie unsere Rechnung auch nach dieser Mahnung nicht sofort bezahlen, dann werden wir unseren Rechtsanwalt beauftragen, den Rechnungsbetrag bei Ihnen einzuziehen. Die damit verbundenen Gebühren gehen dann selbstverständlich zu Ihren Lasten.
>
> Hochachtungsvoll

4.1   Außergerichtliches Mahnverfahren

Jeder Gewerbetreibende muss laufend den rechtzeitigen Eingang seiner Forderungen überwachen. Dadurch bleibt er zahlungsfähig und vermeidet Verluste wie z. B. durch Verjährung oder Zinsausfall.
Zahlungsverzögerungen von Kunden können verschiedene Ursachen haben: Zahlungsunfähigkeit, Zahlungsunwilligkeit oder nur Vergesslichkeit. Diese Gründe sind im Einzelnen maßgebend für die Art und den Stil einer Mahnung. Normalerweise geht ein Gläubiger folgendermaßen vor:

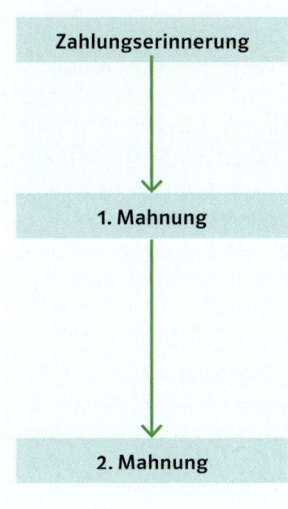

Zahlungserinnerung ist sehr höflich gehalten, da der Schuldner die Zahlung möglicherweise nur vergessen hat und auf eine richtige Mahnung verärgert reagieren könnte. Bleibt dieser höflich gehaltene Versuch ohne Wirkung, erfolgt der nächste Schritt.

1. Mahnung wird nicht unfreundlich, aber dennoch entschieden formuliert. Unter Hinweis auf die Fälligkeit der Schuld enthält sie die bestimmte Aufforderung zur Zahlung. Wurde kein bestimmter Zahlungstermin vereinbart und sind seit Zugang einer Rechnung noch keine 30 Tage verstrichen, dann gerät der Schuldner erst durch diese Mahnung in Verzug.

2. Mahnung wird abgeschickt, wenn der Kunde immer noch keine Reaktion zeigt. Sie enthält die schärfer formulierte Aufforderung zur Zahlung, evtl. auch die Androhung gerichtlicher Maßnahmen (Mahnbescheid oder Klage).

Aus Gründen der Beweisbarkeit erfolgen Mahnungen schriftlich. Wiederholte Mahnungen werden als Übergabe-Einschreiben zugestellt.

Welche Schritte ein Gläubiger ergreift, kann im Einzelfall sehr unterschiedlich sein. Je nach Ursache des Zahlungsverzugs ist es durchaus möglich, zusätzliche Mahnstufen einzubauen oder einzelne Stufen zu überspringen. Erklärt beispielsweise ein Schuldner, dass er nicht zahlen wird, leitet man sofort gerichtliche Schritte ein, da ein außergerichtliches Mahnverfahren hier nichts bewirkt.

Nach dem BGB (Bürgerlichen Gesetzbuch) gerät ein Schuldner spätestens **„in Verzug"**, wenn er nicht innerhalb von 30 Tagen nach Zugang einer Rechnung zahlt, sofern er in der Rechnung darauf hingewiesen wurde. Er muss dann neben seinen Schulden auch hohe Verzugszinsen zahlen, nämlich 5 % über dem Basiszinssatz der Deutschen Bundesbank.

BGB § 286

Hartnäckige Schuldner!
Lassen Sie sich nicht länger an der Nase herumführen! Wir kümmern uns professionell und konsequent um den Einzug Ihrer Forderung ab € 5 000,– Auch Altforderungen. T. ▬▬▬▬

Inkassogesellschaften

Viele Gläubiger beauftragen eine **Inkassogesellschaft** mit dem Eintreiben von Forderungen. In diesem Fall müssen die Schuldner zusätzlich die Kosten der Inkassofirma tragen. Inkassogesellschaften nutzen alle Möglichkeiten des außergerichtlichen und gerichtlichen Mahnverfahrens sowie des Klageverfahrens und der Zwangsvollstreckung.

4.2 Gerichtliches Mahn- und Klageverfahren

Gerichtliches Mahnverfahren

Mahnbescheid: Nach erfolglosen außergerichtlichen Mahnungen leitet der Gläubiger das gerichtliche Mahnverfahren ein, indem er bei der zuständigen Zentralstelle des jeweiligen Bundeslandes (z. B. in Baden-Württemberg das Amtsgericht Stuttgart; für Sachsen, Sachsen-Anhalt und Thüringen das Amtsgericht Aschersleben) den Erlass eines **Mahnbescheids** beantragt. Hierzu kauft er in einem Schreibwarengeschäft den auf S. 112 abgebildeten Vordruck, füllt ihn aus und reicht ihn beim zuständigen Amtsgericht ein. Über die angefallenen Gebühren erhält er vom Gericht einen Kostenbescheid. Die Gebühren des Amtsgerichts für den Erlass eines gerichtlichen Mahnbescheids richten sich nach der Höhe der Forderung.

Gerichtsgebühren beim Mahnbescheid	
Forderung bis €	Gerichts-gebühr in €
500	35,00
1000	53,00
1500	71,00
2000	89,00
3000	108,00
4000	127,00
usw.	usw.

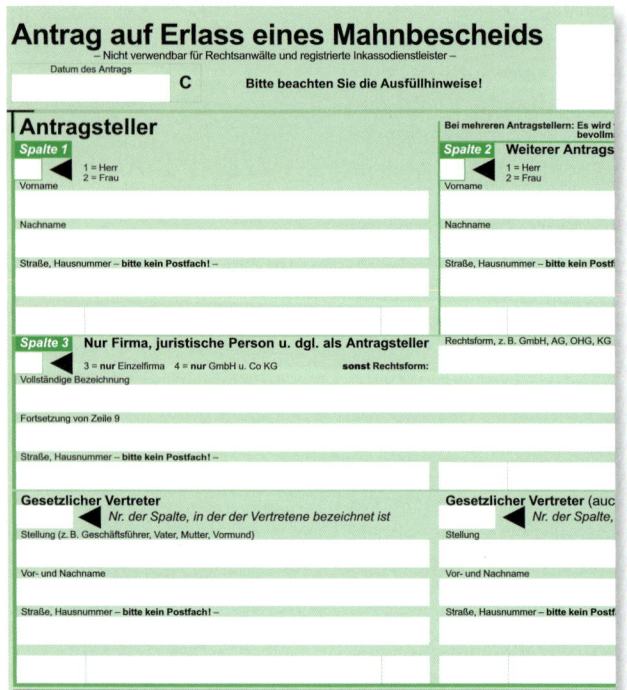

Ohne zu überprüfen, ob der Anspruch berechtigt ist, erlässt nun das Amtsgericht den Mahnbescheid und stellt ihn dem Schuldner zu. Dieser hat drei Möglichkeiten:

- Er **zahlt**. Das Verfahren ist damit beendet.
- Er erhebt innerhalb von 14 Tagen **Widerspruch**. Auf Antrag einer der Parteien kann daraufhin eine mündliche Gerichtsverhandlung angesetzt werden.
- Er **reagiert nicht**. Dann kann der Gläubiger nach 14 Tagen einen Vollstreckungsbescheid beantragen.

Vollstreckungsbescheid ist eine Vollstreckbarkeitserklärung, die das Gericht auf den Mahnbescheid setzen kann, wenn der Gläubiger dies beantragt. Nach der Zustellung des Vollstreckungsbescheids hat der Schuldner drei Möglichkeiten:

- Er **zahlt**. Das Verfahren ist damit beendet.
- Er erhebt innerhalb von 14 Tagen **Einspruch**. Das Gericht setzt dann einen Termin zur mündlichen Verhandlung an.
- Er **reagiert nicht**. Der Gläubiger kann nach Ablauf der Einspruchsfrist (14 Tage) durch den Gerichtsvollzieher die Zwangsvollstreckung durchführen lassen.

Anmerkung:
Mahnbescheide können auf der Internetseite des zuständigen Amtsgerichts auch online ausgefüllt werden.

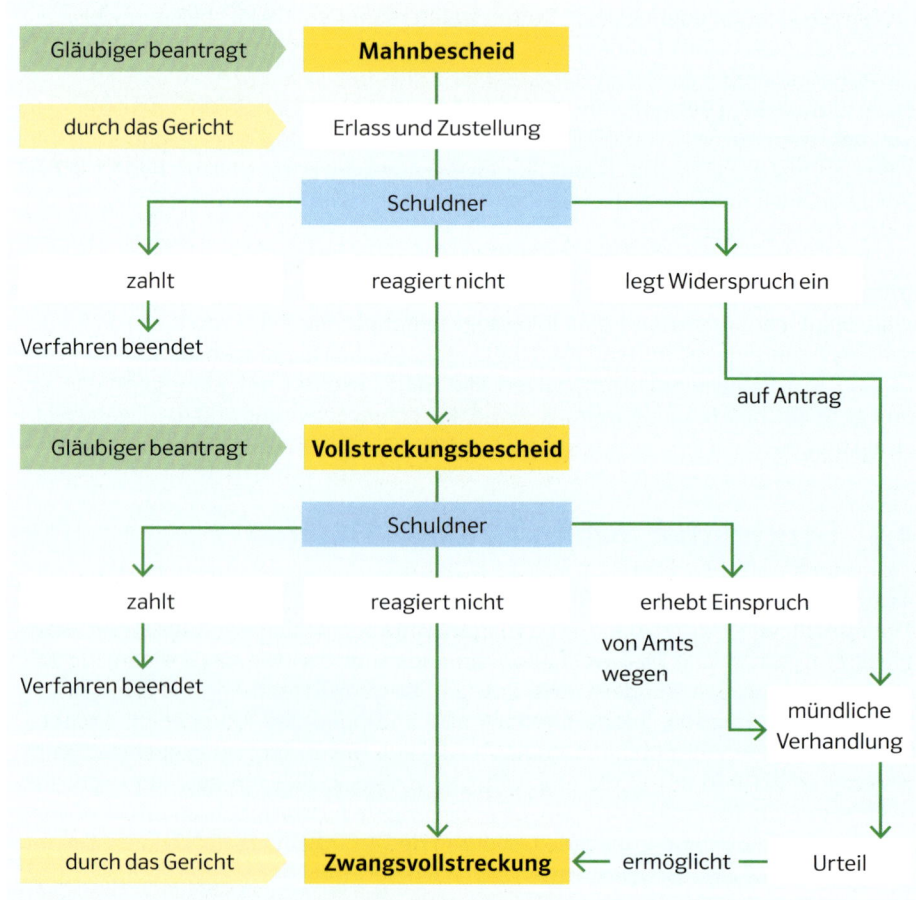

Zwangsvollstreckung: Sie erfolgt durch **Pfändung** und öffentliche Versteigerung der gepfändeten Sachen. Der Gerichtsvollzieher pfändet, indem er bewegliche Sachen wie Schmuck oder andere Waren in seinen Besitz nimmt. Schwer zu transportierende Gegenstände versieht er mit einem Pfandsiegel („Kuckuck") und belässt sie zunächst beim Schuldner. Lebensnotwendige Dinge wie z. B. ein Bett, ein Herd oder ein Fernseher dürfen nicht gepfändet werden. Haben solche lebensnotwendigen Güter jedoch einen höheren Wert, so können sie im Rahmen einer Austauschpfändung durch geringwertigere ersetzt werden. Unpfändbar sind Sachen, die zur Berufsausübung benötigt werden wie z. B. die Trompete eines Musikers. Unbewegliche Sachen, z. B. Grundstücke oder Gebäude, werden mit einer Sicherungshypothek belastet oder zwangsversteigert. Auch Forderungen und Rechte, z. B. der Arbeitslohn, können gepfändet werden. Der Arbeitslohn kann jedoch nicht ganz gepfändet werden, sondern nur bis zum Existenzminimum.

Wenn die Pfändung erfolglos verlief oder der Versteigerungserlös nicht ausreicht, kann der Gläubiger beantragen, dass der Schuldner ein Verzeichnis seiner Vermögensteile aufstellt. Über die Vollständigkeit und Richtigkeit muss er eine **eidesstattliche Versicherung** abgeben. Eine „Falsche Versicherung an Eides statt" wird mit Gefängnis bestraft und zwar bis zu 3 Jahren. Jeder, der diese Versicherung abgeben musste, wird in ein Schuldnerverzeichnis beim Amtsgericht aufgenommen. Entsprechende Eintragungen kann man auf Antrag erfahren. Verweigert der Schuldner diese eidesstattliche Versicherung, dann kann er zur Erzwingung bis zu sechs Monate inhaftiert werden.

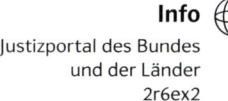

Info
Justizportal des Bundes und der Länder
2r6ex2

Ablauf der Zwangsvollstreckung

durch das Gericht	**Pfändung**	
	erfolglos	erfolgreich
Gläubiger beantragt	**eidesstattliche Versicherung**	Versteigerung
Gläubiger beantragt	**Haft bei Weigerung**	Abrechnung

Zwar verjähren Ansprüche der Gläubiger spätestens nach 30 Jahren. Dennoch gibt es seit 1999 für die rund 6,7 Millionen überschuldeten Bürger wieder Hoffnung. 1999 trat die neue **Insolvenzordnung (InsO)** in Kraft. Durch das neue Insolvenzrecht können mittlerweile auch Privatleute von ihren Restschulden befreit werden; sie dürfen von vorn anfangen. Dazu muss ein Schuldner zumutbare Arbeit angenommen, in der Regel sechs Jahre lang sein pfändbares Einkommen abgeliefert, sein Vermögen offengelegt und sich finanziell korrekt verhalten haben (siehe S. 154 Verbraucherinsolvenzverfahren).

Info
Schlichten statt richten
29b56e

Klageverfahren

Häufig verzichtet ein Gläubiger auf das gerichtliche Mahnverfahren und verklagt den Schuldner direkt auf Zahlung. Dies empfiehlt sich, wenn der Schuldner zahlungsunwillig ist oder wenn die Ansprüche umstritten sind. Des Weiteren entsteht ein Zivilprozess

- auf Antrag des Gläubigers oder Schuldners nach einem Mahnbescheid,
- von Amts wegen nach einem Einspruch gegen einen Vollstreckungsbescheid.

Örtlich zuständig ist das Gericht, in dessen Bezirk der Beklagte wohnt, sofern kein vertraglicher Gerichtsstand vereinbart wurde.

Sachlich zuständig ist bei einem Streitwert bis 5 000 € das Amtsgericht, bei Beträgen darüber das Landgericht.

Verfahrensablauf: Der Kläger reicht beim zuständigen Gericht die Klage ein. Dieses stellt dem Beklagten die Klageschrift zu und teilt ihm einen Termin für die mündliche Verhandlung mit. Dort soll der Tatbestand aufgeklärt werden. Hierzu werden beide Parteien gehört. Beweismittel können z. B. Zeugenaussagen oder Urkunden sein.

§ 278 der Zivilprozessordnung (ZPO) schreibt vor, dass zunächst eine **Güteverhandlung** angesetzt wird. Hier soll versucht werden, durch einen Vergleich zu schlichten. Ausnahmen: erkennbare Aussichtslosigkeit oder Widerspruch einer Partei.

Das Verfahren endet normalerweise durch:
- **Vergleich**, wenn sich die Parteien einigen.
- **Urteil**, wenn sich die Parteien nicht einigen; ein rechtskräftiges Urteil kann der Gläubiger vollstrecken lassen.
- **Zurücknahme der Klage**, wenn der Kläger erkennt, dass seine Klage keinen Erfolg haben wird.
- **Versäumnisurteil**, wenn eine Partei nicht zur Verhandlung erscheint.

Berufung und Revision: Gegen ein Urteil kann die unterlegene Partei **Berufung** einlegen. Berufungsinstanzen sind das Landgericht und das Oberlandesgericht. In der Berufung wird das ganze Verfahren noch einmal durchgeführt, neue Beweise können vorgebracht werden. Gegen Urteile des Oberlandesgerichts kann Revision beim Bundesgerichtshof in Karlsruhe eingelegt werden. Bei der **Revision** jedoch wird nur überprüft, ob in der vorigen Instanz die Gesetze richtig angewendet wurden.

Außergerichtliches und gerichtliches Mahnverfahren

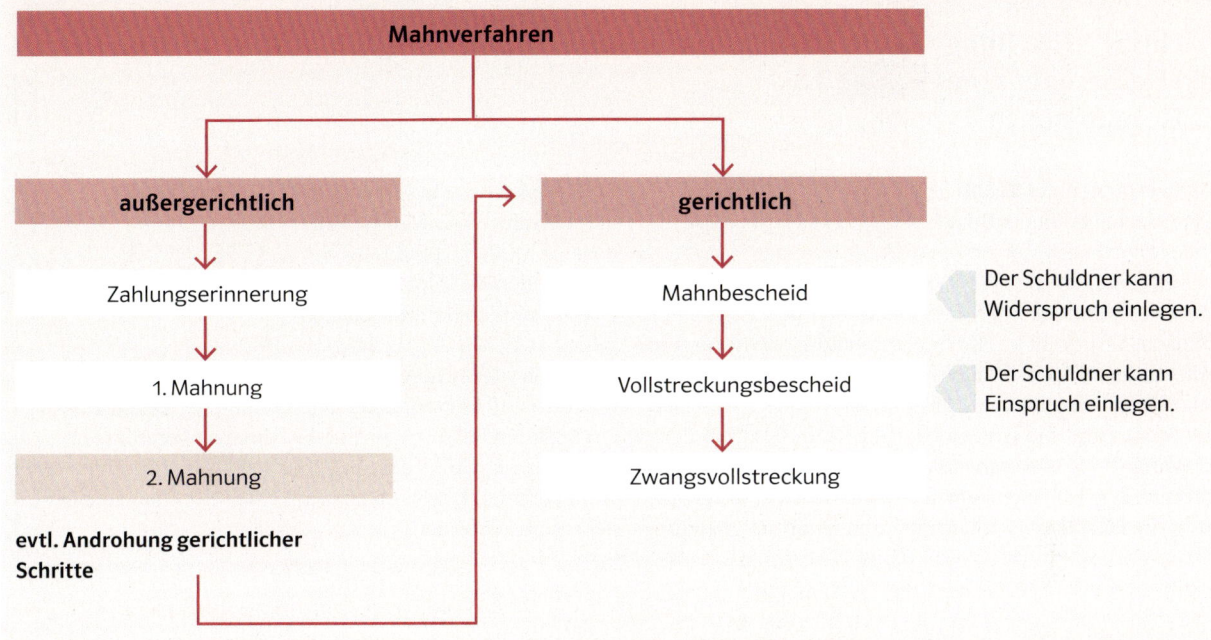

Arbeitsteil

1. a) Begründen Sie, weshalb das außergericht-
   liche Mahnverfahren meist in mehreren Stufen
   erfolgt.
   b) Nennen Sie die wichtigsten Stufen des außergerichtlichen Mahnverfahrens.

2. a) Weshalb sollte jeder Mahnbescheid vom
   Empfänger sehr genau überprüft werden?
   b) Wie kann man gegen einen Mahnbescheid
   vorgehen?

3. Max hat ein Fernsehgerät gekauft. Trotz einer
   Zahlungsaufforderung und zweier Mahnungen hat
   er das Gerät immer noch nicht bezahlt. Einige Zeit
   später erhält er einen gerichtlichen Mahnbescheid
   zugestellt, den er nicht beachtet. Drei Wochen später
   wird ihm ein Vollstreckungsbescheid zugestellt.

   a) Womit muss Max rechnen, wenn er den
   Vollstreckungsbescheid wieder nicht beachtet?
   b) Was geschieht, wenn Max gegen den
   Vollstreckungsbescheid fristgerecht Einspruch
   erhebt?
   c) Aus welchen Gründen verzichten manche
   Gläubiger auf das gesamte gerichtliche
   Mahnverfahren und reichen lieber sofort Klage
   bei Gericht ein?

4. Ein Zivilprozess kann auf verschiedene Weise
   beendet werden. Wie enden die folgenden
   Verfahren?
   a) Der Kläger erscheint nicht zur Verhandlung.
   b) Die Parteien einigen sich.
   c) Der Kläger erkennt, dass er keinen Erfolg haben
   wird.

5. Wie unterscheiden sich Berufung und Revision?

Prüfungsaufgabe

 **Üben**
weitere Prüfungsaufgabe
35iz2e

 **Üben interaktiv**
Prüfungsaufgaben
q34zm8

Wichtige Mitteilung an alle Besitzer eines ███ T8 Kaffeeautomaten Typ 468.

An Glaskannen der ███ T8 Kaffeeautomaten Typ 468 (Typenbezeichnung auf der Unterseite des Gerätes) wurde ein Fabrikationsfehler entdeckt.

Es handelt sich hierbei um Kaffeeautomaten, die nach dem 1. November 2005 hergestellt wurden. Das Fabrikationsdatum Ihres Kaffeeautomaten ermitteln Sie anhand der 5 Ziffern unter dem Gerät. Die beiden ersten Ziffern bezeichnen den Tag, die beiden weiteren den Monat und die letzte Ziffer das Jahr. 01115 bedeutet demnach 1. November 2005. Wurde Ihr T8 Kaffeeautomat Typ 468 nach dem 1. November 2005 gefertigt, bittet Sie ███ aus Sicherheits- und Qualitätsgründen, die Glaskanne umzutauschen. Es besteht die Möglichkeit, dass sich der Handgriff von der Kanne löst. Der Umtausch erfolgt selbstverständlich kostenlos.

Rufen Sie gebührenfrei montags bis samstags von 8.30 Uhr bis 17.30 Uhr unter der Telefonnummer ███ an, um den Umtausch Ihrer Glaskanne zu veranlassen. ███ entschuldigt sich bei Ihnen für die entstandenen Unannehmlichkeiten und bedankt sich für das entgegengebrachte Vertrauen.

a) Weshalb veranstalten Hersteller derart „unangenehme bzw. peinliche Rückrufaktionen"?

b) Welches Gesetz verpflichtet die Hersteller einer Ware, für Schäden zu haften, die ein fehlerhaftes Produkt verursacht hat?

c) Frau Saubermann hat die abgebildete Kaffeemaschine gekauft.
Aufgrund des Materialfehlers löst sich der Kannengriff und der Inhalt ergießt sich über dem teuren Lederkostüm ihrer Bekannten. Für 80 € muss das Kostüm nun in einer Spezialreinigung gesäubert werden. Welche Ansprüche hat Frau Saubermann an den Hersteller der Kaffeemaschine, welchen Anspruch hat sie an den Händler, der ihr die Maschine verkauft hat?

d) Jemand sagt: „Wir haben heute den aufgeklärten Verbraucher. Schaffen wir doch diese wettbewerbsregelnden und verbraucherschützenden Gesetze ab." Nehmen Sie Stellung.

e) Sind Aktionen, wie sie der nebenstehende Artikel beschreibt, auch in der Bundesrepublik Deutschland erforderlich, oder kann hier mithilfe des Gerichts ausstehendes Geld eingetrieben werden?
Wie heißt die Mahnung, die durch das Gericht verschickt wird?

f) Womit muss ein Schuldner rechnen, der diese gerichtliche Mahnung nicht beachtet?

g) Weshalb beauftragen immer mehr Gläubiger eine Inkassogesellschaft mit der Eintreibung ihrer Forderungen?

h) Welche Auswirkungen hat das Einschalten einer Inkassogesellschaft für die Schuldner?

Das große Los gezogen

KIEW (AP) – Die ukrainische Stadt Lwow hat Probleme mit der Zahlungsmoral ihrer Bürger, die häufig ihre Elektrizitätsrechnung nicht begleichen. Um dies zu ändern, griff die Stadt zu einer ungewöhnlichen Maßnahme: Wer pünktlich zahlt, nimmt an einer Lotterie teil. Den Gewinnern winken Geldpreise bis zu 1 000 Griwna (rund 475 €), wie eine Sprecherin der Stadtverwaltung am Freitag mitteilte. Darüber hinaus hätten einige Unternehmen Sachpreise gestiftet. Nach Angaben der staatlichen Elektrizitätswerke zahlen nur 60 % der Kunden ihre Rechnung.

Umgang mit Geld

Linktipps
Kapitel
8mm3zy

1   Zahlungsmöglichkeiten

Tim: Gestern Abend wollte ich noch tanken, hatte aber leider kein Geld mehr im Geldbeutel und die Bank hatte schon geschlossen. Habe ich vielleicht gezittert, ob der Sprit noch zum Heimfahren reicht.

Andy: Kann mir nicht passieren. Mit der Girokarte meiner Bank oder meiner Kreditkarte bin ich immer flüssig. Seit Neuestem erledige ich sogar meine Geldgeschäfte mit meiner Bank über Homebanking an meinem PC. Echt super! Kann ich dir nur empfehlen.

➜ **a)** Erklären Sie die Begriffe Girokarte, Kreditkarte und Homebanking.

b) Welche Voraussetzungen sind nötig, damit auch Tim diese Zahlungsmöglichkeiten nutzen kann?

Je nachdem, ob eine Zahlung mit Bargeld oder unter Einbeziehung von Konten (Buchgeld) bewerkstelligt wird, unterscheidet man drei grundsätzlich verschiedene Zahlungsarten:

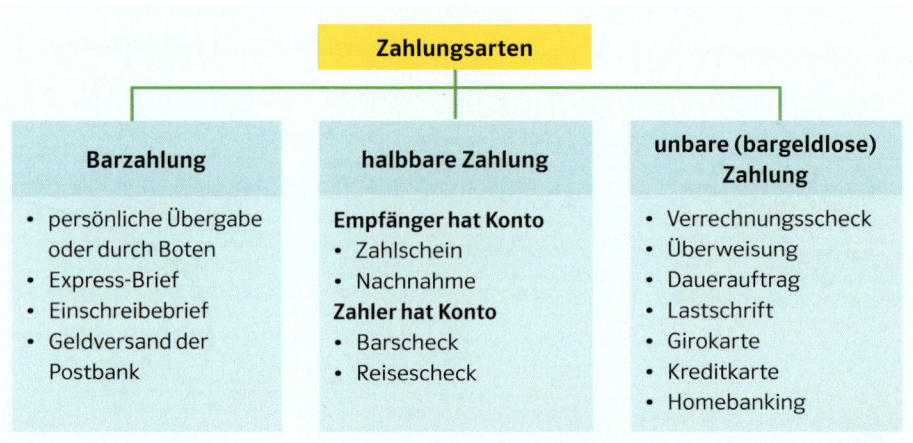

Zahlungsarten		
Barzahlung	**halbbare Zahlung**	**unbare (bargeldlose) Zahlung**
• persönliche Übergabe oder durch Boten • Express-Brief • Einschreibebrief • Geldversand der Postbank	**Empfänger hat Konto** • Zahlschein • Nachnahme **Zahler hat Konto** • Barscheck • Reisescheck	• Verrechnungsscheck • Überweisung • Dauerauftrag • Lastschrift • Girokarte • Kreditkarte • Homebanking

Auszubildenden und Arbeitnehmern wird die monatliche Vergütung auf ihr Girokonto überwiesen; sie erhalten sie bargeldlos als **Buchgeld**. Dieses Geld ist weder greifbar noch direkt sichtbar, da es nur in den Büchern der Banken steht. Dennoch können die Kunden jederzeit darüber verfügen.

1.1   Barzahlung

Bei der **Barzahlung** gibt der Zahler **Bargeld** (Banknoten und Münzen), der Zahlungsempfänger erhält ebenfalls Bargeld. Ein Bote kann zwischengeschaltet werden.

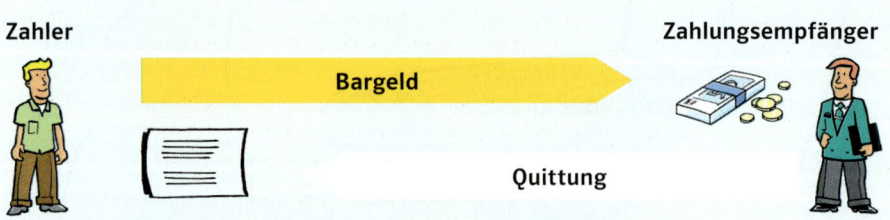

Zahler · Bargeld · Zahlungsempfänger · Quittung

In jedem Fall sollte der Zahler sich einen **Kassenbon** oder eine **Quittung** aushändigen lassen, damit er später den Zahlungsvorgang beweisen kann.

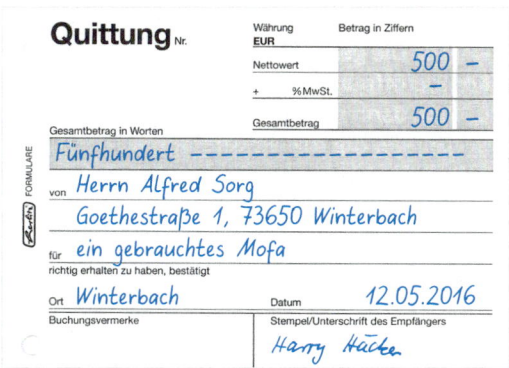

Barzahlung durch Geldversand der Postbank

Der Zahler füllt den Vordruck für den **Geldversand** aus und zahlt den zu übermittelnden Betrag nebst einer Gebühr bar am Postschalter ein. Bei der Einzahlung erhält er eine sogenannte Geldtransferkontrollnummer, die er dem Zahlungsempfänger mitteilt.

Der kann sich das Geld Minuten später in jeder Postfiliale bar auszahlen lassen, nachdem er zuvor die Geldtransferkontrollnummer genannt und sich ausgewiesen

hat. Beträge über 1500 € werden allerdings nur in größeren Postfilialen ausgezahlt. Der Geldversand ist innerhalb Deutschlands in unbegrenzter Höhe möglich, bei Zahlungen ins Ausland gelten je nach Land unterschiedliche Höchstbeträge. Geht das Geld verloren, haftet die Postbank in Höhe des versendeten Betrages. Wer bei der Postbank ein Girokonto unterhält, kann den Geldversand auch online erledigen.

Barzahlung mit Einschreibebrief, Wertbrief und Express-Brief

Geld sollte man nicht in einem Brief versenden. Ist das dennoch unumgänglich, kann man bis zu 25 € mit einem **Einschreibebrief**, bis zu 100 € mit einem **Wertbrief** und Beträge bis 500 € mit einem **Express-Brief** versenden. Die Post haftet für das Verschwinden dieser Briefe mit den angegebenen Höchstbeträgen. Die Versendung mit Express-Brief ist allerdings umständlich und relativ teuer. Ein Express-Brief wird normalerweise in einer Postfiliale aufgegeben. Gegen eine zusätzliche Gebühr holt die Post ihn auch von zu Hause ab. Zugestellt wird ein Express-Brief über Nacht, gegen eine entsprechende Zusatzgebühr sogar vor 9 Uhr, 10 Uhr oder 12 Uhr.

1.2 Girokonto

Um an der **halbbaren** und der **bargeldlosen Zahlung** teilnehmen zu können, benötigt man ein Girokonto bei einer Bank oder Sparkasse. Wer ein solches eröffnen möchte, muss
- voll geschäftsfähig und volljährig sein,
- sich durch Personalausweis oder Reisepass ausweisen (Legitimationsprüfung),
- seine Unterschrift zu Prüfzwecken beim Kreditinstitut hinterlegen. Durch die Unterschrift auf dem Kontoeröffnungsantrag erkennt der Antragsteller automatisch die allgemeinen Geschäftsbedingungen seiner Bank oder Sparkasse an.

Für **Bankgeschäfte mit Jugendlichen**, die noch keine 18 Jahre alt sind, gelten strikte Regeln. Die **gesetzlichen Vertreter** – in der Regel also beide Elternteile – müssen der Kontoeröffnung **zustimmen**. Soll der Jugendliche bestimmte Bankgeschäfte allein führen, dann werden diese inhaltlich genau bestimmt. Eine Ausnahme gilt für Minderjährige, die mit Einverständnis der Eltern einen Arbeitsvertrag unterschrieben haben. Sie können auf eigene Faust ein Konto eröffnen, auf das ihr Gehalt überwiesen wird. Allerdings gilt ihr Freiraum nur für Bargeldabhebungen.

Eine Vorschrift gilt für alle Minderjährigen: Kredit gibt es nicht; es wird lediglich ein Guthabenkonto eingeräumt. Eine Kreditgewährung ist nur dann zulässig, wenn das Betreuungsgericht seine Zustimmung gibt. Das Gleiche gilt für Kontoüberziehungen und Scheckausstellungen. Neuerdings bieten fast alle Banken Kinder- und Jugendkonten an, zu denen eine Girokarte mit Geheimzahl (PIN) gehört. Mit der Karte und der PIN können die Minderjährigen im Handel bezahlen und Bargeld an Automaten abheben. Solange sie noch nicht 18 Jahre alt sind, geht dies allerdings nur im Rahmen des Guthabens auf dem Konto.

Der Alltag ohne Girokonto ist schwierig. Deshalb müssen Banken seit Juni 2016 jedem ein **Basiskonto** einrichten, wenn er ein Aufenthaltsrecht in der EU hat. Somit können auch Bürger mit belastendem Schufaeintrag (z.B. Insolvenz), Geringverdiener, Obdachlose oder Asylbewerber ein Girokonto eröffnen. Auf Guthabensbasis können sie Girokarten nutzen, Überweisungen tätigen, Lastschriften eingehen, staatliche Leistungen überweisen lassen usw. Auch ein möglicher Arbeitgeber, der beispielsweise einen Obdachlosen einstellt, möchte eine Kontoverbindung sehen.

§ 850 k ZPO

Verschuldete Haushalte können eine Blockade und Pfändung ihres Girokontos verhindern, wenn sie es als **Pfändungsschutzkonto** (P-Konto) einrichten. Für Guthaben auf diesem Konto besteht dann Pfändungsschutz bis zur jeweiligen Pfändungsfreigrenze. Daueraufträge und Überweisungen für die alltäglichen Geschäfte können dann auch im Falle einer Pfändung weiterlaufen.

Info ⊕
Pfändungsschutzkonto
6zw2xe

Bevor man ein Girokonto eröffnet, sollte man die Angebote der verschiedenen Kreditinstitute sorgfältig vergleichen. Unterschiede bestehen z.B. bei der Berechnung von:

Kontonummer	Wert	Text	Soll	Umsätze	Haben
1234567890	28.04.	Überweisung	174,50		
	30.04.	Ausbildungs-vergütung			576,50
Bank in Berghausen	30.04.	Dauerauftrag	40,00		
	30.04.	Lastschrift, Telekom	48,94		
	02.05.	Geldautomat Sparkasse Wa	200,00		
	03.05.	Lastschrift, Kaufmarkt	49,00		

Herrn Harry Häcker Platinenweg 5 76327 Berghausen	Alter Saldo		
	H 210,05		
	Neuer Saldo		
	H 274,11		
	Buch.-Datum	Auszug-Nr.	Blatt-Nr.
	04.06.16	6	1

- Guthabenzinsen
- Überziehungszinsen
- Kontoführungsgebühren (Pauschale oder Einzelberechnung? Was ist in der Pauschale enthalten?)
- Kosten von Serviceleistungen wie z.B. Kontoauszüge, Daueraufträge (Neuanlage, Änderung, Löschung), Scheck- und Überweisungsformulare, Girokarte, Onlinebanking

Jede Veränderung auf seinem Girokonto erfährt der Kunde durch Kontoauszüge. Für Privatpersonen dient der Kontoauszug als Ersatz für eine eigene Buchführung. Der **Kontoauszug**
- informiert über die aktuelle finanzielle Situation,
- erleichtert den Überblick über Einnahmen und Ausgaben,
- dient als Kontrolle.

1.3 Halbbare Zahlung durch Zahlschein und Nachnahme

Zahlschein: Verfügt der Zahlungsempfänger über ein Girokonto, dann kann der Schuldner (Zahler) den zu zahlenden Betrag bei einer Bank oder am Postbankschalter mit einem **Zahlschein** bar einzahlen. Dem Zahlungsempfänger wird dieser Betrag auf seinem Girokonto gutgeschrieben. Die Zahlung mit Zahlschein ist allerdings sehr teuer. Je nach Bank werden bei der Einzahlung zwischen 5 und 10 € fällig.

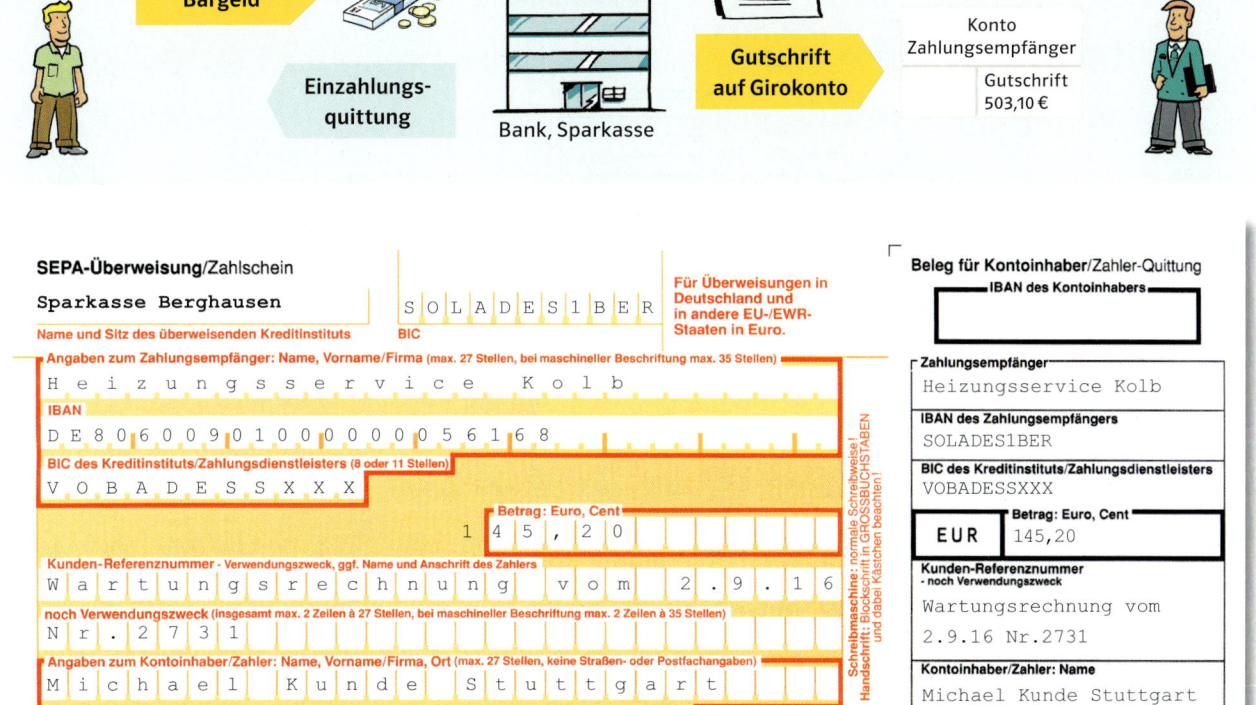

Zunehmend verwenden Banken und Sparkassen auch einteilige Formulare.

Nachnahme: Mit Sendungen, die per Postnachnahme verschickt werden, beauftragt ein Gläubiger die Post, Geld von einem Schuldner einzuziehen. Dies ist vor allem im Versandhandel der Fall. Der Absender muss hierzu eine Nachnahmekarte und einen Zahlschein ausfüllen. Die bestellte Ware wird dem Empfänger erst dann vom Postboten ausgehändigt, wenn er den Nachnahmebetrag vollständig bezahlt hat. Der eingezogene Geldbetrag wird dem Girokonto des Gläubigers gutgeschrieben. Zwar hat der Gläubiger die Sicherheit, dass der Rechnungsbetrag mit der Übergabe der Sendung auch bezahlt wird, dafür kosten Nachnahmesendungen zusätzliche Gebühren.

 **Info**
Portokalkulator
3gc3e5

1.4   Halbbare und unbare (bargeldlose) Zahlung durch Scheck

Scheck

Wer Zahlungen mit Scheck begleichen möchte, muss über ein Girokonto verfügen. Ein Scheck darf nur ausgestellt werden, wenn das Konto gedeckt ist, d.h. es muss ein Guthaben in Höhe des Scheckbetrags vorhanden sein oder der eingeräumte Kreditspielraum ist so hoch, dass der Scheck eingelöst werden kann. Ein Scheck ist nach dem Scheckgesetz (SchG) eine schriftliche Anweisung an ein Kreditinstitut, aus einem Guthaben einen bestimmten Betrag zu zahlen.

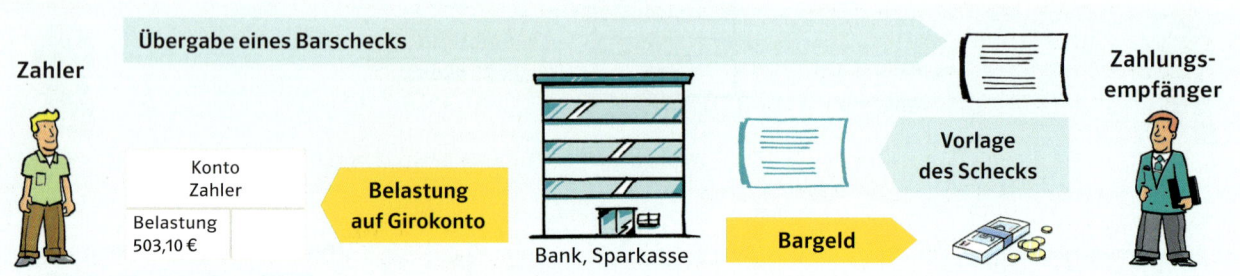

Soll ein Scheck Gültigkeit haben, sind folgende **gesetzlichen Bestandteile** zwingend vorgeschrieben:

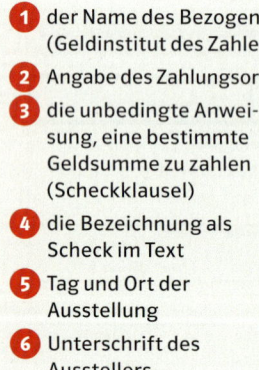

1. der Name des Bezogenen (Geldinstitut des Zahlers)
2. Angabe des Zahlungsortes
3. die unbedingte Anweisung, eine bestimmte Geldsumme zu zahlen (Scheckklausel)
4. die Bezeichnung als Scheck im Text
5. Tag und Ort der Ausstellung
6. Unterschrift des Ausstellers

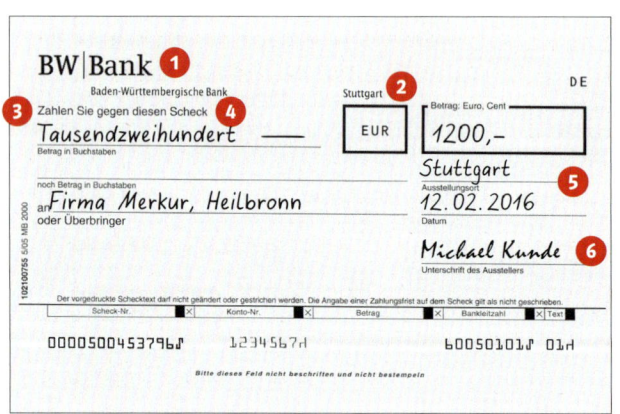

Neben diesen zwingenden gesetzlichen Bestandteilen gibt es noch eine Reihe sogenannter **kaufmännischer Bestandteile** wie Kontonummer, Schecknummer, Angabe des Zahlungsempfängers. Diese sollen die Bearbeitung des Schecks erleichtern, haben jedoch auf die Gültigkeit keinen Einfluss.

Stimmen beispielsweise auf einem ausgefüllten Scheck der Betrag in Ziffern und der Betrag in Worten nicht überein, so gilt nach dem Scheckgesetz der ausgeschriebene Betrag, da der Wert in Ziffern lediglich ein kaufmännischer Bestandteil des Schecks ist.

Einlösen von Schecks: Ein Scheck muss bei **Sicht** eingelöst werden, d.h. sobald der Inhaber ihn am Bankschalter vorlegt. Die gesetzliche **Vorlegungsfrist** beträgt acht Tage. Danach ist die Bank nicht mehr zur Einlösung verpflichtet. Sofern sie zwischenzeitlich nicht vom Aussteller widerrufen wurden, lösen Banken Schecks auch nach Ablauf der Vorlegefrist ein. Fehlt dem Konto die erforderliche Deckung, dann kann das Geldinstitut ebenfalls die Einlösung verweigern. Da jeder Überbringer einen Scheck einreichen kann, sollte man bei einem **Scheckverlust** sofort bei der bezogenen Bank unter Angabe der Schecknummer eine Schecksperre beantragen. In diesem Fall wird die Bank den Scheck nicht mehr ausbezahlen. Wird er dennoch ausbezahlt, haftet sie nur, wenn zusätzlich die Vorlegefrist abgelaufen ist.

Barscheck: Die im Scheck genannte Bank oder Sparkasse zahlt den genannten Betrag an denjenigen aus, der den Scheck vorlegt, und prüft dabei nicht, ob der Überbringer zum Geldempfang berechtigt ist. Dies birgt die Gefahr, dass z. B. auch ein unehrlicher Finder diesen Scheck dort abheben könnte.

Verrechnungscheck: Bei einem Verrechnungsscheck darf die Bank den Scheckbetrag dem Konto des Überbringers nur gutschreiben, keinesfalls aber bar auszahlen. Neben speziellen Verrechnungsscheckformularen kann auch ein Barscheck zu einem Verrechnungsscheck gemacht werden. Der Barscheck muss dazu den Vermerk „Nur zur Verrechnung" erhalten. Umgekehrt kann ein Verrechnungsscheck durch Streichung dieses Vermerks nicht zu einem Barscheck gemacht werden. Die Streichung gilt als nicht erfolgt.
Die missbräuchliche Verwendung eines Verrechnungsschecks ist zwar nicht auszuschließen, wird jedoch wesentlich dadurch erschwert, dass der Einreicher stets ein Girokonto unterhalten muss. Bei einer Kontoeröffnung muss er sich ausweisen. Dies ermöglicht es, einen unberechtigten Scheckeinreicher ausfindig zu machen.

Reisescheck: Wer in andere Länder reist, kann **Reiseschecks** benutzen. Reiseschecks sind über einen bestimmten Euro-Betrag oder über einen bestimmten anderen Währungsbetrag (z. B. US-Dollar) ausgestellte Schecks, die im Inland bei Banken und Sparkassen gekauft werden können. Sie müssen bei Ausstellung bezahlt werden. Reiseschecks müssen sofort nach Erhalt unterschrieben werden. Bei der Einlösung ist in Gegenwart des Einlösenden eine zweite Unterschrift zu leisten. Zusätzlich muss oft ein Ausweis oder eine Kaufquittung vorgelegt werden. So ist sichergestellt, dass nur der Käufer die Schecks einlösen kann. Nicht benötigte Reiseschecks werden nach Beendigung der Reise von den Banken zurückgekauft. Die Gebühren für Reiseschecks enthalten eine Versicherung, die verlorene oder gestohlene Reiseschecks vollständig ersetzt, meist innerhalb von 24 Stunden. Dennoch haben Reiseschecks an Bedeutung verloren, da mittlerweile Kreditkarten und Girokarten wesentlich einfacher zu handhaben sind, sei es beim Bezahlen oder bei der Beschaffung von Bargeld.

1.5 Unbare (bargeldlose) Zahlung

Dabei verfügen sowohl Zahler als auch Zahlungsempfänger über ein Girokonto. Dem Zahler wird der Betrag auf dessen Girokonto belastet, dem Zahlungsempfänger gutgeschrieben. Eine Zahlung erfolgt über eine Umbuchung auf beiden Girokonten.

SEPA-Überweisung

Mit der Ausstellung einer **Überweisung** gibt der Zahler seiner Bank den Auftrag, einen bestimmten Betrag von seinem Girokonto auf das Girokonto des Zahlungsempfängers zu übertragen. Die Überweisungsformulare der Kreditinstitute sind genormt und unterscheiden sich nur durch die farbliche Aufmachung. Mit einer SEPA-Überweisung kann der Zahler Geld in unbegrenzter Höhe von seinem Konto auf ein anderes Konto überweisen lassen. Das Empfängerkonto kann im Inland oder im europäischen Ausland sein.

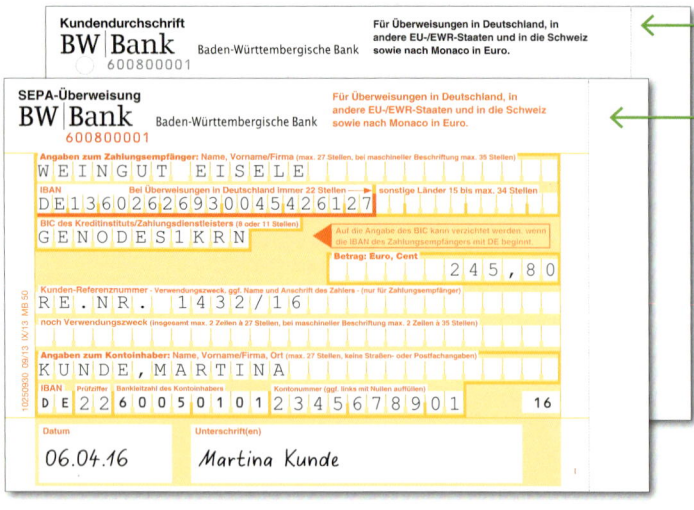

→ **Durchschrift (Quittung)** für den Auftraggeber (Zahler).

→ **Überweisungsauftrag,** der bei der Bank des Zahlers (Auftraggebers) verbleibt. Er enthält die Unterschrift des Auftraggebers.

Internationale Bankkontonummer (IBAN)

Länderkennzeichen mit 2 Stellen

Prüfziffer mit 2 Stellen

Bankleitzahl mit 8 Stellen

Kontonummer mit 10 Stellen

Europa befindet sich in einem ständigen Wandel. Ländergrenzen verlieren immer mehr an Bedeutung. Durch das Internet kann man Waren und Dienstleistungen in ganz Europa erwerben – **Auslandsüberweisungen** nehmen zu. Seit Januar 2008 ist der **Einheitliche Europäische Zahlungsraum,** die sogenannte **Single Euro Payments Area (SEPA)**, Realität. Zum Einheitlichen Europäischen Zahlungsraum gehören die 28 EU-Länder sowie die Schweiz, Liechtenstein, Monaco, San Marino, Norwegen und Island. Eine Überweisung innerhalb des SEPA-Raumes kostet nicht mehr als eine Inlandsüberweisung. Überweisungen über 12 500 € muss der Bankkunde allerdings der Bundesbank melden. Sie verwendet die Daten zu Erstellung der Zahlungsbilanz. Des Weiteren muss das **Euroüberweisungsformular (SEPA-Überweisung)** verwendet werden und die 22 Stellen umfassende internationale Bankkontonummer **(IBAN)** von Zahlungsempfänger und Zahler angegeben werden, außerdem der Internationale Bank-Code **(BIC)** der Empfängerbank. Die IBAN ersetzt die aus Kontonummer und Bankleitzahl bestehende Angabe der Bankverbindung. Sie wird von der Hausbank aus Bankleitzahl und Kontonummer errechnet. Die darin enthaltene **Prüfziffer** soll fehlerhafte Eingaben, wie z.B. Zahlendreher verhindern. Bei einem korrekt ausgefüllten **Euroüberweisungsformular** darf eine Online-Überweisung nur noch einen Tag dauern. Bei Papierbelegen ist ein Tag mehr erlaubt. Seit Februar 2016 kann auch für nationale Überweisungen nur noch das Euroüberweisungsformular benutzt werden. Die **IBAN** ist nun verbindlich, d.h. die Kontodaten werden länger. Dafür kann bei nationalen Überweisungen und Auslandsüberweisungen auf die Angabe des **BIC**-Codes verzichtet werden.

Sonderformen des Überweisungsverkehrs
Dauerauftrag: Ein Dauerauftrag dient der Zahlung von gleichbleibenden Beträgen zu regelmäßig wiederkehrenden Zahlungsterminen. Er eignet sich z.B. für Miete und Versicherungsbeiträge. Solche Daueraufträge können auf unbestimmte Zeit bis auf Widerruf erteilt oder von vornherein befristet werden. Die Einrichtung eines Dauerauftrags ist sehr bequem, weil man den Auftrag nur einmal erteilen muss. Außerdem ist sichergestellt, dass eine Zahlung nicht vergessen wird.

Lastschrifteinzugsverfahren: Bei manchen Zahlungen kann der Zahler den Zahlungsempfänger ermächtigen, von seinem Girokonto Geld abzubuchen. Wie beim Dauerauftrag erspart diese Zahlungsart unnötige Arbeit und verschafft die Gewissheit, dass eine Zahlung nicht vergessen wird. Das Lastschriftverfahren ist sinnvoll bei Zahlungen, die unregelmäßig oder in unterschiedlicher Höhe anfallen. Beispiele: Telefon- und Stromkosten, Abwassergebühren, Gemeindesteuern. Solche Einzugsermächtigungen können vom Schuldner (Zahler) jederzeit widerrufen werden. Damit erlischt die Einzugsberechtigung.

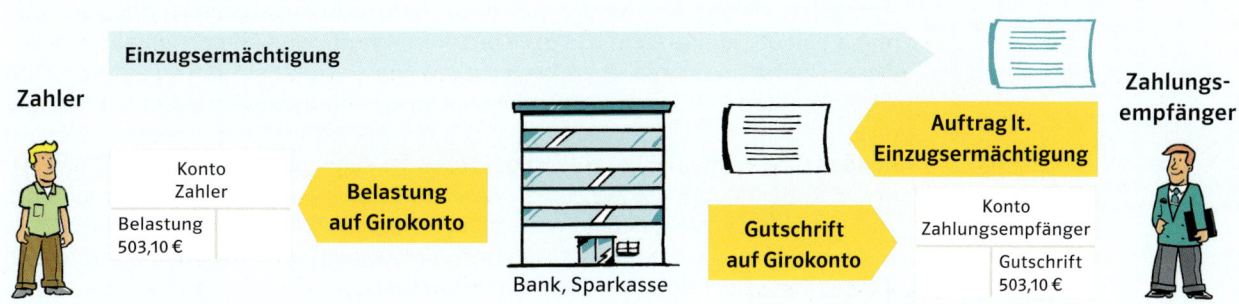

SEPA-Lastschriftverfahren

Seit 2014 gibt es in Deutschland nur noch das **SEPA-Lastschriftverfahren**. Hier erteilt der Zahler dem Zahlungsempfänger eine schriftliche Einzugsermächtigung. Damit ist dieser berechtigt, vom Konto des Zahlers bestimmte Beträge für einen vereinbarten Verwendungszweck abzubuchen. Fehlerhaften oder unberechtigten Abbuchungen kann man innerhalb von **8 Wochen widersprechen**, ohne Angabe von Gründen. Der Betrag wird dann sofort wieder gutgeschrieben, und zwar kostenlos. Bei SEPA müssen die Internationale Bankkontonummer (**IBAN**) und der Internationale Bank-Code (**BIC**) angegeben werden. Dadurch kann nicht nur national, sondern europaweit Geld eingezogen werden. Ein besonderer Vorteil der SEPA-Lastschrift ist die größere Planungssicherheit für den Zahlungspflichtigen. Da der Zahlungsempfänger dem Zahler spätestens 14 Tage vor dem Einzug eine Information mit dem genauen Tag der Belastung zusenden muss, kann sich dieser auf die Zahlung einstellen.

Wer als Zahlungsempfänger SEPA-Lastschriften einziehen will, benötigt eine **Gläubiger-Identifikationsnummer**, die EU-weit gültig ist. In Deutschland muss diese über das Internet bei der Deutschen Bundesbank beantragt werden. Außerdem muss eine SEPA-Lastschrift die sogenannte **Mandatsreferenz** enthalten. Dies ist ein Kennzeichen, das der Zahlungsempfänger individuell vergeben kann. Mit diesen zwei Angaben kann der Zahlungspflichtige einen Lastschrifteinzug eindeutig identifizieren.

Stadtwerke Berghausen

Hauptstraße 96 · 72341 Berghausen

Gläubiger-Identifikationsnummer DE97ZEB05678901342
Mandatsreferenz SB618GEZ7455231

SEPA-Lastschriftmandat

Ich ermächtige die Stadtwerke Berghausen, Zahlungen von meinem Konto mittels Lastschrift einzuziehen. Zugleich weise ich mein Kreditinstitut an, die von den Stadtwerken Berghausen auf mein Konto gezogenen Lastschriften einzulösen.

Hinweis: Ich kann innerhalb von 8 Wochen, beginnend mit dem Belastungsdatum, die Erstattung des belasteten Betrages verlangen. Es gelten dabei die mit meinem Kreditinstitut vereinbarten Bedingungen.

Vorname und Name (Kontoinhaber): *Michaela May*
Straße und Hausnummer: *Bussardstr. 23*
Postleitzahl und Ort: *72341 Berghausen*
Kreditinstitut: *Sparkasse Berghausen*
BIC: *SOLADES1BER*
IBAN: *DE23642610501234567890*

Ort, Datum: *Berghausen, 12.03.2016*
Unterschrift: *Michaela May*

Dieses SEPA-Lastschriftmandat gilt für den Vertrag mit:

Michaela May
Bussardstraße 23
72341 Berghausen

1.6 Zahlungen mit Karten

Kreditkarten bieten ohne das Risiko einer vollen Brieftasche und unabhängig von den Banköffnungszeiten eine ständige Zahlungsbereitschaft.

Kreditkarten können bei einer der Kreditkartenfirmen oder bei der Hausbank gegen Zahlung einer Jahresgebühr beantragt werden. Allein in Deutschland sind ca. 26 Millionen Kreditkarten im Umlauf. Diese Karten, versehen mit dem Namen des Karteninhabers und der Kartennummer, können zur Zahlung von Rechnungen (z. B. bei Einkäufen, Hotelübernachtungen) vorgelegt werden. Der Kartenkunde unterschreibt den anhand der Karte ausgedruckten Beleg und erhält zu seiner Kontrolle einen Durchschlag. Häufig genügt auch die Angabe der Kartennummer, z. B. beim Versandhandel.

Mit vielen Kreditkarten kann an dafür vorgesehenen Geldautomaten über Bargeld verfügt werden. Einmal im Monat (je nach Abrechnungszeitraum der Kartenfirma) erhält der Kunde dann von der Kreditkartenfirma eine Abrechnung über alle in diesem Zeitraum angefallenen Rechnungen. Der Gesamtbetrag wird aufgrund der zuvor erteilten Einzugsermächtigungen vom Girokonto des Karteninhabers abgebucht.

Minderjährige erhalten keine Kreditkarte, es sei denn das Kind bekommt eine Partnerkarte zur Hauptkarte der Eltern. Das setzt natürlich ein großes Vertrauen der Eltern voraus. Ein recht neues Produkt ist die **Prepaid-Kreditkarte** für Minderjährige. Sie wird genau wie ein Prepaid-Handy im Voraus mit Euro „geladen"; danach kann mit der Karte über das Guthaben verfügt werden.

Girokarten heißen jetzt offiziell die ca. 105 Millionen ec-Karten der Banken und Sparkassen. Damit wird das deutsche „Electronic Cash" in den Einheitlichen Europäischen Zahlungsraum (SEPA) eingebunden, einen Zusammenschluss von über 30 europäischen Ländern. Girokarten dienen vor allem dem bargeldlosen Bezahlen am **POS** (**P**oint **o**f **S**ale = Ort des Verkaufs und der Zahlung). Die Karten enthalten alle notwendigen Daten wie Kontonummer, Name und Anschrift der Bank, die persönliche Identifikationsnummer (PIN) usw. Mit Girokarten kann man allein in Deutschland rund um die Uhr an mehr als 60 000 Geldautomaten bis 1000 € pro Tag abheben. Hierzu muss lediglich die PIN eingetippt werden (siehe auch Electronic Cash, S. 127). Girokarten können nicht nur in Deutschland, sondern weltweit benutzt werden. Überall dort, wo das **Maestro-Zeichen** angebracht ist, kann man mit Girokarte und Geheimzahl (PIN) bezahlen. In Europa sind rund 7 Millionen Kassen in Restaurants, Kaufhäusern, Tankstellen usw. an das System angeschlossen. Weltweit sind es fast 14 Millionen sowie über 1 Million Geldautomaten. An den Maestro-Kassen können Zahlungen bis 1000 € pro Tag in der jeweiligen Landeswährung erfolgen.

Viele Banken rüsten derzeit ihre Girokarten vom Maestro-Zeichen auf das neue **V-Pay-Zeichen** um. V-Pay mit Pin wird innerhalb des Europäischen Zahlungsraums (SEPA) von über 9 Mio. Händlern und mehr als 370 000 Geldautomaten akzeptiert.

Girokarte/Geldkarte mit Geldkartenfunktion: Die **Girokarte** und die **Geldkarte** sind mit einem Chip versehen, der zum bargeldlosen Bezahlen mittels elektronischer Geldbörse (Geldkartenfunktion) und Electronic Cash (siehe S. 127) genutzt werden kann. Die Geldkarte muss zuvor mit bis zu 200 € „aufgeladen" werden. Bei der reinen Geldkarte benötigt der Nutzer kein Girokonto. Die Aufladung erfolgt an speziell dafür vorgesehenen Ladeautomaten.

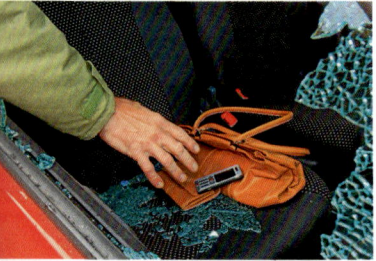

Untersuchungen haben ergeben, dass Kartenbesitzer mehr Geld ausgeben als Barzahler. Verbraucherverbände kritisieren deshalb die Zunahme des Plastikgeldes. Sie sind der Ansicht, dass die Verbraucher dadurch zu zusätzlichen Ausgaben verführt werden und dass die Gefahr der Kontoüberziehung erheblich zugenommen hat. Auch weisen sie auf das Risiko des Missbrauchs hin. Jeder Kreditkartenbesitzer sollte sich der größeren Verantwortung bewusst sein, die der Besitz einer solchen Karte erfordert.

Wie kann sich der Karteninhaber vor Missbrauch schützen? Grundsätzlich sollten Karten mit der gleichen Sorgfalt behandelt werden wie Bargeld. So sollten sie möglichst nah am Körper getragen werden und nicht ohne Aufsicht liegen bleiben. Geheimnummern sollten nicht aufgeschrieben oder aufbewahrt werden. Der sicherste Ort ist immer noch das Gedächtnis des Inhabers. Beim Bezahlen in Geschäften sollte der Kunde seine Karte nicht aus den Augen verlieren.

1.7 Moderne Bankdienste

Electronic Cash

Immer mehr Geschäfte bieten ihren Kunden die Möglichkeit der Zahlung mit der Girokarte (bzw. Bankkarte oder Sparkassenkarte) als „Electronic Cash" (auch **P**oint-of-**S**ale-Banking = **POS** genannt) an. Bei diesem Zahlungsverfahren steckt der Kunde seine Girokarte in ein Terminal, das den Rechnungsbetrag anzeigt und die Karte auf Echtheit prüft. Der Kunde tippt seine persönliche Geheimzahl (**P**ersönliche **I**dentifikations**n**ummer = **PIN**) ein und bestätigt den Rechnungsbetrag. Nachdem die Bank geprüft hat, ob die PIN korrekt, die Karte nicht gesperrt und das Konto gedeckt ist, garantiert sie die Einlösung. Die Rechnung wird dann innerhalb von Sekunden von seinem Konto abgebucht. Der Zahlungsvorgang ist beendet. Zur Kontrolle erhält der Kunde eine Quittung über den Rechnungsbetrag.

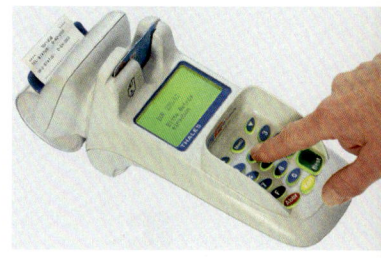

Elektronisches Lastschriftverfahren (ELV)

Beim Elektronischen Lastschriftverfahren (ELV) bezahlt der Kunde mit der Girokarte und seinem „guten Namen". Mit einem speziellen Gerät liest der Händler aus dem Magnetstreifen der Karte die Bankleitzahl und die Kontonummer aus und erzeugt eine ganz normale Lastschrift mit Einzugsermächtigung, die der Kunde anschließend mit seiner Unterschrift erteilt. Im Gegensatz zum Electronic-Cash-Verfahren wird hier nicht überprüft, ob die Karte gesperrt und das Konto gedeckt ist. Die Folge: Der Händler trägt das Betrugsrisiko und das Zahlungsausfallrisiko. Auch kann der Kunde innerhalb von acht Wochen die Lastschrift bei seiner Bank problemlos widerrufen und das Geld zurückbuchen lassen.

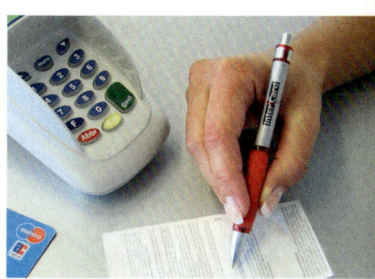

Home- oder Onlinebanking

PC-Nutzer können rund um die Uhr Bankgeschäfte tätigen wie zum Beispiel:
- Überweisungen ausführen,
- Daueraufträge erteilen, ändern oder löschen,
- Wertpapiere kaufen oder verkaufen,
- den Kontostand abfragen,
- Termingelder anlegen,
- Karten sperren lassen (z. B. Girokarten).

Das Konto des Nutzers ist neben der Kontonummer noch zusätzlich durch eine PIN gesichert, die nur der Nutzer kennt. Für Geldtransaktionen ist außerdem eine nur einmalig nutzbare **T**ransaktions**n**ummer **(TAN)** notwendig. Diese wird dem Kunden per SMS auf sein Handy zugeschickt oder er kann sie einem **TAN-Generator** entnehmen, der an den Bildschirm gehalten wird. Mittlerweile kann man auch mit dem Handy Online-Banking betreiben. Das nebenstehende Beispiel zeigt, wie Bankgeschäfte am Bildschirm eines PCs mit TAN-Generator und entsprechender Software abgewickelt werden können.

TAN-Generator

Als besonders sicher gilt das **HBCI**-Verfahren (**H**ome**b**anking **C**omputer **I**nterface). Hier wird eine besondere Chipkarte benötigt. Zusammen mit einem Lesegerät und einer PIN wird damit eine digitale Unterschrift erzeugt.
Apps von Banken, Handelsketten und Mobilfunkanbietern ermöglichen das **Bezahlen mit dem Handy**. Da sich die einzelnen Systeme in der Anwendung sehr unterscheiden, bleibt abzuwarten, welche sich durchsetzen.

Neben sogenannten **Direktbanken** (Banken ohne Zweigstellennetz) bieten fast alle Banken und Sparkassen die Erledigung von Bankgeschäften mittels Telefon **(Telefonbanking)** an. Von zunehmender Bedeutung ist das **Onlinebanking**. Hier können Banktransaktionen über das Internet 24 Stunden täglich weltweit getätigt werden. In Deutschland nutzten 2015 ca. 37 Millionen Menschen das Onlinebanking.

Symbole im modernen Zahlungsverkehr und deren Bedeutung

Symbol	Zahlungsverwendung	Zahlungsvoraussetzungen
girocard	• **Electronic Cash:** Bargeldloses Bezahlen an automatisierten Kassen, Online-Abbuchung im Inland. Die Bank garantiert die Zahlung. • **Abheben von Bargeld** an allen Geldautomaten von Banken und Sparkassen.	**Girokarte** PIN
ec	**ELV (Elektronisches Lastschriftverfahren)** Bargeldloses Bezahlen an automatisierten Kassen mittels Lastschriftbeleg, den der Käufer unterschreibt. (Einzelhandelsgeschäfte, Kaufhäuser, Tankstellen etc.). Der Händler trägt das Risiko, dass das Konto nicht gedeckt ist.	**Girokarte** Unterschrift
Maestro	Bargeldloses Bezahlen wie **Electronic Cash** und **Abheben** von Bargeld **weltweit**, im In- und Ausland an fast 15 Millionen Akzeptanzstellen.	**Girokarte** PIN
V PAY	Bargeldloses Bezahlen wie Electronic Cash und Abheben von Bargeld, nur im europäischen Zahlungsraum (SEPA), im In- und Ausland an mehr als 9 Millionen Akzeptanzstellen.	**Girokarte** PIN
Cirrus	Abheben von Bargeld weltweit.	**Girokarte** PIN
GeldKarte	Bargeldloses Bezahlen an automatisierten Kassen, bis aufgeladener Betrag verbraucht ist (Einzelhandelsgeschäfte, Kaufhäuser, Tankstellen, Fahrkartenautomaten).	**Geldkarte** (Girokarte) mit ausreichend Guthaben
girogo	Bargeldloses Zahlen von **Kleinbeträgen bis 20 €. Kontaktlos**, Karte muss nur an Lesegerät des Händlers gehalten werden. Karte kann bis 200 € aufgeladen werden. Derzeit nur in Deutschland.	**Girokarte** mit ausreichend Guthaben
z. B. VISA	Bargeldloses Bezahlen mittels Lastschrift (Fachgeschäfte, Tankstellen, Restaurants, Hotels etc.). Bargeld an dafür vorgesehenen Automaten im In- und Ausland.	**Kreditkarte** Unterschrift bei Barabhebung: **Kreditkarte** + PIN

Besondere Zahlungsformen im Internet

Die meisten Internetgeschäfte liefern Waren erst, wenn die Zahlung erfolgt ist; z. B. per Überweisung, Lastschrift, Scheck, Kreditkarte oder Nachnahme. Vielen Käufern ist dies zu unsicher. Sie wollen ihre Bankverbindung nicht preisgeben oder fürchten, dass bezahlte Waren nicht geliefert werden. Deshalb schalten sie Treuhänder ein. Diese bieten unterschiedliche Leistungen: Die einen leiten das Geld erst weiter, wenn die Ware beim Empfänger eingetroffen ist, andere garantieren den Lieferanten die Zahlung oder sichern die Käufer im Betrugsfall ab. Bekannte Zahlsysteme im Internet sind:

Symbol	Zahlungsverwendung
PayPal www.paypal.de	**Paypal** ist eine Tochterfirma von eBay. Um das System zu nutzen, muss der Kunde ein Konto eröffnen; seine Einkäufe im Internet werden davon bezahlt. Das Konto wiederum wird vom Girokonto des Kunden aufgefüllt. Paypal sichert seine Kunden bis zu 1000 € gegen Betrug ab. Genutzt wird Paypal von mehr als 210 Millionen Kunden weltweit.
giropay www.giropay.de	**Giropay** gehören ca. 1500 Banken und Sparkassen an. Der Käufer gibt die Bankleitzahl ein und wird zum Onlinebanking seiner Bank umgeleitet, wo er sich einloggt. Das Überweisungsformular ist bereits automatisch ausgefüllt, er muss nur noch eine TAN eingeben.
pay direkt www.paydirekt.com	**Paydirekt** ist ein neuer Online-Bezahldienst für die 54 Mio. Kunden deutscher Banken und Sparkassen. Um das kostenlose System zu nutzen, muss man sich einmalig im Online-Banking seiner Bank für paydirekt registrieren. Beim Einkauf im Internet muss der Kunde nur seinen Nutzernamen oder seine E-Mail-Adresse und sein Kennwort angeben. Damit gibt er die Zahlung von seinem Girokonto frei. Sollte die Ware nicht ankommen, garantiert das System einen Käuferschutz.

Zahlung: Möglichkeiten und Abwicklung

Zahlungsmöglichkeiten

Barzahlung

Weder Zahler noch Zahlungsempfänger verwenden ein Konto, **Übergabe von Bargeld**.
- persönliche Übergabe oder durch Boten
- Einschreibebrief
- Express-Brief
- Geldversand der Postbank

halbbare Zahlung

Ein Beteiligter verwendet ein Konto, d.h. einer erhält Bargeld oder bezahlt mit Bargeld.
Empfänger hat ein Konto.
- Zahlschein
- Nachnahme

Zahler hat ein Konto.
- Barscheck
- Reisescheck

unbare (bargeldlose) Zahlung

Beide Beteiligten verwenden ein Konto, d.h. die Zahlung erfolgt bargeldlos von Konto zu Konto.
- Verrechnungsscheck
- Überweisung
- Dauerauftrag, Lastschrift
- Kreditkarte
- Girokarte, Geldkarte

Zahlungsabwicklung

Bank oder Sparkasse	Erledigung der Bankgeschäfte am Bankschalter Girokarte – selbstständiges Ausdrucken von Kontoauszügen
Geldautomat	Barabhebung mittels Girokarte/Kreditkarte und Geheimnummer (PIN) Abfragen des Kontostands
Electronic Cash	Zahlung am Händlerterminal beim Einkauf, Fahrkartenkauf etc. mittels Girokarte oder Geldkarte
Telefonbanking	Abwicklung von Bankgeschäften mittels Telefon oder Telefax
Home- oder Onlinebanking	Über Internetanschluss und einen PC können rund um die Uhr weltweit viele Bankgeschäfte getätigt werden.

Arbeitsteil

1. Erläutern Sie das Prinzip der Barzahlung.

2. Erklären Sie den Unterschied zwischen den verschiedenen Zahlungsarten.

3. Barzahlung und halbbare Zahlung spielen eine immer geringere Rolle. Begründen Sie diese Entwicklung.

4. Die 16-jährige Sonja möchte zu Beginn ihrer Ausbildung ein Girokonto eröffnen.
   a) Warum sollte sie Angebote verschiedener Banken und Sparkassen vergleichen?
   b) Was muss Sonja bei der Einrichtung eines Girokontos tun?
   c) Warum sollte sie sich regelmäßig Kontoauszüge ausdrucken?

5. Erklären Sie den Unterschied zwischen einem Bar- und einem Verrechnungsscheck.

6. Was versteht man unter Reiseschecks und wann ist deren Anwendung sinnvoll?

7. Markus verfügt über ein Girokonto und möchte folgende Zahlungen tätigen:
   a) Rechnung für Autoreparatur
   b) monatliche Miete
   c) Telefonrechnung
   d) Stromkosten
   Welche Zahlungsform sollte gewählt werden?

8. Beschreiben Sie die Sonderformen des Überweisungsverkehrs und nennen Sie je zwei Anwendungsbeispiele.

9. Beschreiben Sie, wie anhand von Kreditkarten Rechnungen bezahlt werden.

10. Daniela hat sich in einem Fachgeschäft ein Fernsehgerät für 190 € gekauft. An der Eingangstür des Geschäftes sind folgende Zahlungssymbole abgebildet:

   a) Wie kann hier bargeldlos bezahlt werden?
   b) Daniela verfügt über eine Girokarte mit Geldkartenfunktion und möchte damit bezahlen. Welche Zahlungsmöglichkeiten (Formen der Zahlungsabwicklung) kann sie mit ihrer Girokarte in diesem Geschäft nutzen?

11. Wie läuft die Zahlung beim Electronic Cash ab.

12. Als Auszubildender hatte Sven ein gebührenfreies Girokonto bei der Volksbank. In Zukunft muss er Gebühren zahlen. Er vergleicht diese mit den Gebühren bei der Sparkasse anhand der Anzahl seiner erwarteten Buchungen.

Kostenposition	Sparkasse	Volksbank	erwartete Buchungen
Grundgebühr (mtl.)	2,95 €	5,00 €	
Überweisung mit Beleg	0,80 €	0,40 €	6
Überweisung online	0,05 €	kostenfrei	10
Dauerauftrag	0,15 €	kostenfrei	6
Kontoauszug mit Zusendung	0,80 €	1,00 €	2
Kontoauszug am Auszugsdrucker	0,35 €	kostenfrei	2
Barabhebung am Geldautomaten	kostenfrei	kostenfrei	3
Barabhebung am Schalter	1,00 €	0,50 €	3
Girokarte (pro Jahr)	6,00 €	12,00 €	ja

   a) Führen Sie einen Kostenvergleich durch.
   b) Was könnte Sven dazu veranlassen, auch bei günstigeren Konditionen eines anderen Geldinstituts bei seiner bisherigen Bank zu bleiben (drei Gründe)?
   c) Wo könnte Sven bei den monatlich anfallenden Buchungen weitere Kosten einsparen?

13. Durch Scheck- und Kreditkartenbetrug entstehen in Deutschland jährlich Schäden von über 80 Millionen Euro.
   a) Wie kann es zu solchen Betrügereien kommen?
   b) Wie können Sie sich davor schützen?
   c) Warum wird die Girokarte nach dreimaligem falschen Eintippen der PIN eingezogen?

14. Welche Vor- und Nachteile bietet Onlinebanking?

15. Sven will im Internet bei einem Elektronikversand einen 200 € teuren Tablet-PC kaufen.
   Der Händler bietet folgende Zahlungsmöglichkeiten:
   – 3 % Skonto und kostenlosen Versand bei Überweisung des Rechnungsbetrages vor Lieferung,
   – 6,50 € Versandkosten bei Zahlung per Lastschrift,
   – 5,00 € Aufpreis und 6,50 € Versandkosten bei Zahlung mit PayPal.
   a) Vergleichen Sie die Vorteile und Nachteile jeder der angebotenen Zahlungsmöglichkeiten.
   b) Welche Zahlungsmöglichkeit sollte Sven Ihrer Meinung nach wählen.

2 Binnenwert des Geldes

Beim Untergang eines luxuriösen Kreuzfahrtschiffs können sich zwei Männer, der Schiffskoch Schmidt und der Millionär Müller, als einzige Überlebende auf eine unbewohnte Insel retten. Außer einer Quelle gibt es dort nichts Essbares. Schmidt rettet eine Kiste mit Lebensmitteln, Müller seine Brieftasche mit 100 000 € Bargeld. Schmidt kennt die Insel von früheren Fahrten und weiß, dass dort ab und zu Schiffe anlegen, um Trinkwasser aufzunehmen. Er erzählt Müller davon und macht diesem den Vorschlag, ihm die Hälfte seiner Vorräte für 1000 € zu verkaufen. Dazu ist der „Geizhals" Müller zunächst nicht bereit. Müller sagt: „Seien Sie kein Narr, Schmidt. Wenn in den nächsten Tagen ein Schiff anlegt, sind Ihre Vorräte höchstens noch 100 € wert." „Das schon", antwortet Schmidt, „wenn es aber erst in drei Monaten oder später kommt, sind meine Vorräte mein Leben wert."

Nach zähen Verhandlungen verkauft Schmidt nach fünf Tagen dem ausgehungerten Müller die Hälfte seiner Vorräte für 50 000 €. Zwei Tage später legt ein Schiff an und rettet die beiden. Schmidt hat das Geschäft seines Lebens gemacht, Müller ärgert sich zeitlebens darüber.

➜
a) Warum kauft Müller anfangs die Vorräte nicht für 1000 €?

b) Wie erklären Sie sich die Preissteigerung auf 50 000 €?

c) Wovon ist der Wert des Geldes abhängig?

d) Welche allgemeinen Erkenntnisse lassen sich aus diesem Beispiel für die Kaufkraft des Geldes ableiten?

2.1 Kaufkraft

Ein Zwanzigeuroschein ist, wenn man nur den Papierwert betrachtet, natürlich nicht 20 € wert. Der Einkauf in einem Geschäft zeigt aber sehr wohl, dass dieses Papier etwas wert ist, denn der Käufer erhält dafür z.B. eine CD, die auf dem Preisschild mit 20 € ausgezeichnet ist. Der Wert des Geldes ist also immer davon abhängig, was man dafür kaufen kann. Deshalb bezeichnet man den **Binnenwert** des Geldes (Geldwert) auch als **Kaufkraft**. Wenn aber der Wert des Geldes davon abhängig ist, dass damit die Preise der Güter bezahlt werden können, muss es eine Beziehung zwischen Geldwert und Preisentwicklung geben.

Preissteigerung bedeutet: Der Käufer muss mehr Geld aufwenden, d.h. die Kaufkraft des Geldes nimmt ab, der Geldwert sinkt. Preissenkung bedeutet: Der Käufer muss weniger Geld bezahlen, d.h. die Kaufkraft des Geldes nimmt zu, der Geldwert steigt.

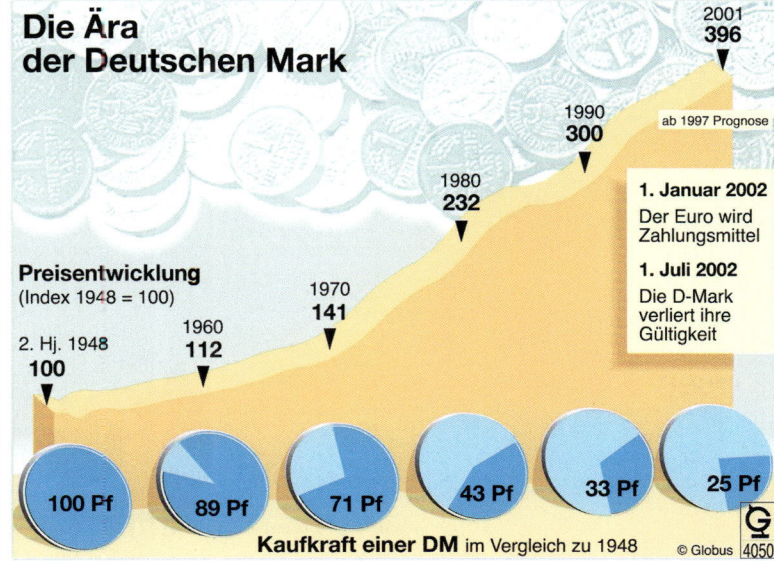

Die Ära der Deutschen Mark

Preisentwicklung (Index 1948 = 100)

2. Hj. 1948 **100**
1960 **112**
1970 **141**
1980 **232**
1990 **300**
2001 **396**

ab 1997 Prognose

1. Januar 2002 Der Euro wird Zahlungsmittel

1. Juli 2002 Die D-Mark verliert ihre Gültigkeit

100 Pf   89 Pf   71 Pf   43 Pf   33 Pf   25 Pf

Kaufkraft einer DM im Vergleich zu 1948

© Globus 4050

So hatte sich beispielsweise die Kaufkraft der Deutschen Mark seit ihrer Einführung im Rahmen der Währungsreform von 1948 stark verringert. Die Preise für die Lebenshaltung sind um ein Mehrfaches gestiegen. Trotzdem war in diesem Zeitraum eine erhebliche Steigerung des Wohlstands zu verzeichnen. Diesen Umstand hatten wir der Tatsache zu verdanken, dass die Lohnsteigerungen in diesem Zeitraum die Preissteigerungen insgesamt erheblich übertroffen haben.

2.2   Preisindex für die Lebenshaltung

Die Industrie und damit die Werbung haben neue Zielgruppen und deren Konsumverhalten als Erste entdeckt. Das sind die 8- bis 12-Jährigen, die mit ihren Milliarden Euro Taschengeld als Käufer stärker umworben werden, und das ist die immer stärker anwachsende Käufergruppe der über 60-Jährigen mit speziellen Konsumwünschen. Die Medien berichten monatlich über die Veränderung der Lebenshaltungskosten gegenüber dem Vergleichsmonat des Vorjahres. Dabei ist von prozentualen Veränderungen die Rede. Um die Veränderungen des Preisniveaus einer Volkswirtschaft genau zu messen, müsste man normalerweise die Preisentwicklung aller Güter berücksichtigen. Dies erscheint bei der unermesslichen Anzahl der verschiedenen Güter nahezu unmöglich, bzw. das Ergebnis einer solchen Untersuchung würde den Aufwand dafür nicht rechtfertigen. Aus diesem Grund wird der Verbrauch an Waren und Dienstleistungen aller privaten Haushalte aufgrund von repräsentativen Erhebungen ermittelt.

Diese Zusammenstellung nennt man **„Warenkorb"**: Er enthält den Wurstverbrauch eines Haushalts ebenso wie die Bezahlung eines Friseurs und selbstverständlich auch anteilig die Beschaffung von Gebrauchsgütern wie Möbel oder Küchengeräte. Der Anteil der Ausgaben wird gewichtet. Den Gesamtpreis des Warenkorbs im Basisjahr setzt man dann gleich 100 Prozent.

Info
Statistisches
Bundesamt
„Warenkorb"
fj8a5q

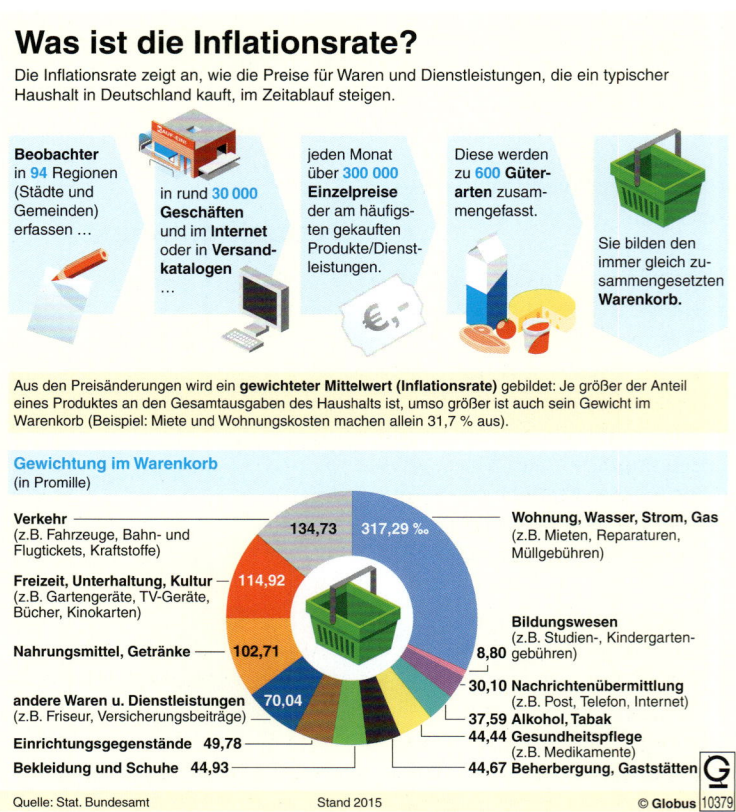

Nachdem man nun sehr genau auf Bundesebene die Preisveränderungen des Warenkorbinhalts registriert hat, ist es möglich, die prozentuale Steigerung der Preise zu messen und eine Veränderung des Preisniveaus zu registrieren. Die durchschnittlichen Preisveränderungen dieser Güter werden ausgedrückt im **Preisindex für die Lebenshaltung**.

Sind die Preise gegenüber dem Basisjahr um 2 % gestiegen, ist der **Index für Lebenshaltung** auf 102 % gestiegen: Das **Preisniveau** hat sich erhöht.

Im Warenkorb sind ca. 700 verschiedene Güter und Dienstleistungen erfasst. Verbrauchergewohnheiten ändern sich aber und ständig kommen neue Güter auf den Markt (z. B. CD-Player und Computer). Dieser Erscheinung wird dadurch Rechnung getragen, dass der Warenkorb von Zeit zu Zeit überprüft und neu zusammengestellt wird. Zuständig für die Ermittlung des Warenkorbs ist das Statistische Bundesamt.

---

570 000 Prozent Inflation monatlich

Die größte Banknote Restjugoslawiens, der 500-Milliarden-Dinar-Schein, ist ein wertloser Lappen. Das bunte Papier war am Dienstag gerade mal umgerechnet 50 Cent wert, Tendenz sinkend. Sieben Tage zuvor bekam man in dem aus Serbien und Montenegro bestehenden Staatsgebilde für 50 Cent „nur" 20 Milliarden Dinar. Die Inflation beträgt derzeit surrealistische 570 000 Prozent monatlich. Anfang Januar wird sie 107 Prozent täglich erreichen. „Dann haben wir eine Megainflation von 240 Milliarden Prozent pro Monat", sagt Grozdana Miljanovic' vom regimefreundlichen Gewerkschaftsbund. Eine Damenbluse kostet zur Zeit 104 Billionen Dinar, ein Kilo Speck 20 Billionen, eine Flasche Wein 4,5 Billionen. Aber genau kann man das nicht sagen, denn alle Preise werden mehrmals täglich geändert. „Für immer größere Summen bekomme ich ständig weniger Waren", beklagt sich eine Rentnerin, die 3,4 Billionen Dinar an Rente bekommt. Das sind rund drei Euro. Am ersten Januar 1994 werden neun Nullen von den Preisschildern und Banknoten gestrichen. Schon Anfang Oktober wurden sechs Nullen getilgt. Ohne diese Zahlenkosmetik wäre das serbische Nullsummenspiel schon längst beendet. „Diese Ziffer können nicht einmal die besten Computer bearbeiten", sagt eine Bankangestellte, während sie freundlich für einen Zehneuroschein einen Berg wertloser Dinarnoten hinblättert: „Das reicht für eine Taxifahrt." dpa

Stuttgarter Zeitung vom 29.12.2003

2.3 Inflation und Deflation

Wenn das Angebot an Waren in einer Volkswirtschaft der Menge des Geldes entspricht, mit dem die Konsumenten die von ihnen nachgefragten Waren bezahlen, wird es nicht zu Preissteigerungen kommen. In einer solchen Situation mit stabilen Preisen spricht man von **Geldwertstabilität**. Die Kaufkraft verändert sich nicht. Dieses Gleichgewicht zu halten gelingt nur selten, und es kommt zu **Geldwertschwankungen**. Dabei werden zwei völlig gegensätzliche Situationen unterschieden: **Inflation** und **Deflation**.

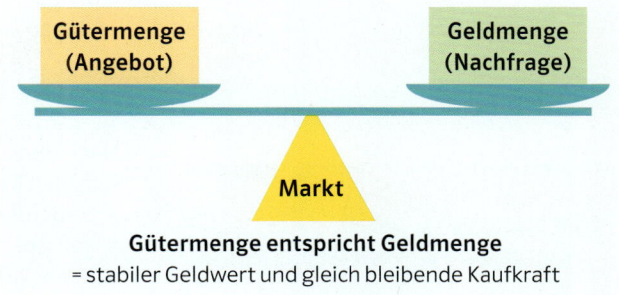

Gütermenge entspricht Geldmenge
= stabiler Geldwert und gleich bleibende Kaufkraft

Inflation

Wird von den am Wirtschaftsleben beteiligten Gruppen (Unternehmen, Staat, Haushalte) mehr nachgefragt, als Waren vorhanden sind, und steht für diese höhere Nachfrage mehr Geld zur Verfügung, wird der notwendige Ausgleich zwischen Angebot und Nachfrage über Preiserhöhungen erfolgen. Das Ergebnis ist eine Inflation. Gleiches geschieht auch, wenn bei gleichbleibender Nachfrage mit einer entsprechenden Geldmenge das Angebot an Gütern verringert wird.

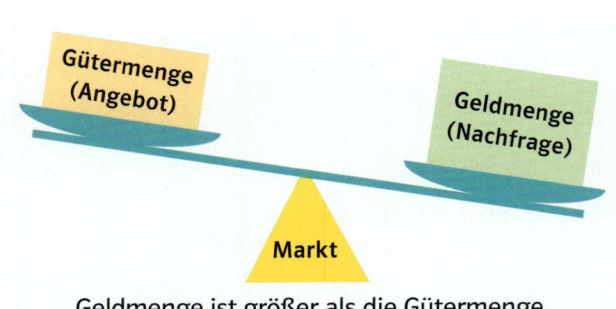

Gütermenge
(Angebot)

Geldmenge
(Nachfrage)

Markt

Geldmenge ist größer als die Gütermenge

Man kann generell sagen: Wenn die Geldmenge größer ist als das zur Verfügung stehende Güterangebot, kommt es zur Inflation. Die Ursachen für eine Inflation sind im Wesentlichen im Verhalten der am Wirtschaftsleben beteiligten Gruppen zu suchen. So spricht man von einer **Nachfrageinflation**, wenn eine gestiegene Nachfrage zu Preiserhöhungen führt. Ausgelöst wird die steigende Nachfrage

- durch eine Erhöhung der Verbrauchereinkommen infolge von Lohnsteigerungen, Steuersenkungen und Subventionen,
- eine verstärkte Nachfrage des Auslands nach inländischen Gütern,
- Zinssenkungen der Banken, die bewirken, dass die Sparbereitschaft nachlässt und in stärkerem Maße Kredite aufgenommen werden.

Bezieht eine Volkswirtschaft viele Güter aus dem Ausland und steigen diese im Preis, kann das eine **importierte Inflation** auslösen. Die Importeure der Waren (z. B. Rohöl) geben die Preissteigerungen weiter.

Von einer **Kosteninflation** spricht man, wenn die Unternehmen Preissteigerungen, die sie selbst in Kauf nehmen mussten, über den Preis an die Käufer ihrer Waren weitergeben. Ursachen für solche Preissteigerungen sind zum Beispiel:
- Lohn- und Gehaltssteigerungen durch einen neuen Tarifvertrag
- Verteuerung der zur Produktion benötigten Rohstoffe
- zusätzliche Investitionen aufgrund neuer Gesetze (z. B. im Umweltschutz).

Auswirkungen einer Inflation

- Durch den sinkenden Geldwert verlieren die Sparguthaben an Wert.
- Um dem drohenden Kaufkraftverlust auszuweichen, legen die Sparer ihr Geld in Sachwerten an wie Edelmetalle, Grundstücke oder andere wertbeständige Gegenstände (z. B. Schmuck, Stilmöbel). Man bezeichnet dieses Verhalten als „Flucht in die Sachwerte".
- Andere Kapitaleigentümer legen ihr Geld in Ländern mit hoher Geldwertstabilität an (Kapitalflucht).
- Der Wert der Schulden verringert sich: Die Schuldner gewinnen, die Gläubiger verlieren.

Banknote von Simbabwe aus dem Jahr 2009

Nach der Geschwindigkeit unterscheidet man:
- **schleichende Inflation** mit geringen Inflationsraten bis 5 %,
- **trabende Inflation** mit Inflationsraten zwischen 5 und 20 %,
- **galoppierende Inflation** mit Inflationsraten von weit über 20 %,
- **Hyperinflation** mit Inflationsraten von mindestens 50 % pro Monat. Beispiele: Deutschland 1923, Simbabwe 2009. Diese Form führt bei entsprechender Höhe an den Rand des Zusammenbruchs der betroffenen Volkswirtschaft.

Nach der Erscheinungsform werden unterschieden:
- **offene Inflation**, bei der diese Preissteigerungen offen zutage treten, und die
- **verdeckte Inflation**, bei der der Staat durch Lohn- und Preisstopps die Inflation eindämmen will, tatsächlich aber den Zustand des Ungleichgewichts zwischen Güterangebot und Güternachfrage nur verdeckt.

Deflation

Die **Deflation** ist gekennzeichnet durch ein Güterangebot, dem nicht die notwendige Geldmenge gegen-
übersteht. Wenn die Nachfrage aber hinter dem
Warenangebot zurückbleibt, muss es zwangsläufig
zu Preissenkungen kommen. Ursachen sind z. B.:

- Die am Wirtschaftsgeschehen beteiligten Gruppen
  entwickeln eine geringe Investitions- und Kaufnei-
  gung (z. B. wegen fehlender Zukunftsaussichten).
- Es wird mehr gespart.
- Die im Inland zur Verfügung stehende Geldmenge
  wird vorwiegend zur Bezahlung von Importen verwendet, weil die Konsumenten ausländische Produkte vorziehen.

Geldmenge ist kleiner als die Gütermenge

Auswirkungen einer Deflation

- Durch den steigenden Geldwert gewinnen die Sparguthaben an Kaufkraft.
- Der Nachfragerückgang zwingt die Unternehmen zur Drosselung ihrer
  Produktion. Dies hat Kurzarbeit, Entlassungen und schließlich auch Insolvenzen
  zur Folge.
- Der Wert der Schulden steigt: Die Schuldner verlieren, die Gläubiger gewinnen.

Kaufkraft des Geldes

Kaufkraft

Kaufkraftermittlung

durch den Preisindex
für die Lebenshaltung.
Grundlage: Warenkorb

Kaufkraftschwankungen

Inflation

Geldmenge ist **größer**
als Gütermenge.

↓

Auswirkungen
- Sparguthaben verlieren an
  Kaufkraft
- Flucht in Sachwerte
- Kapitalflucht ins Ausland
- Wert der Schulden nimmt ab

Deflation

Geldmenge ist **kleiner**
als Gütermenge.

↓

Auswirkungen
- Sparguthaben gewinnen an
  Kaufkraft
- Rückgang der Produktion
  (Kurzarbeit, Entlassungen,
  Insolvenzen)
- Wert der Schulden steigt

Arbeitsteil

1. Wovon ist der Wert des Geldes abhängig?

2. Erläutern Sie, was man unter der Kaufkraft des Geldes versteht.

3. Erklären Sie die Auswirkungen von Preissteigerungen und -senkungen auf die Kaufkraft.

4. Wie lässt sich eine Steigerung des Wohlstands in Deutschland trotz Verringerung der Kaufkraft der DM erklären (s. Schaubild S. 131)?

5. Erklären Sie den Begriff „Preisniveau".

6. Was versteht man in diesem Zusammenhang unter dem Begriff „Warenkorb"?

7. Wie wird der Preisindex für die Lebenshaltung berechnet?

8. Wann spricht man von Preisstabilität?

9. Wann spricht man von Inflation, wann von Deflation?

10. Wie wirkt sich eine Inflation auf die Bürger aus? Zählen Sie mindestens drei Auswirkungen auf.

11. Beschreiben Sie das Verhältnis von Geldmenge und Güterangebot bei einer Inflation.

12. Nennen Sie mögliche Ursachen einer Inflation.

13. Weshalb sind Sparer und Gläubiger besonders stark von einer Inflation betroffen?

14. Wie versucht die Bevölkerung während einer Inflation, die Entwertung ihrer Ersparnisse zu vermeiden?

15. a) Welche Gründe haben zur Inflation geführt (siehe nachfolgenden Text)?
    b) Welche Auswirkungen haben sich aus dieser Entwicklung ergeben?
    c) Welche Voraussetzungen wären notwendig gewesen, um Geldwertstabilität herzustellen?

Wirtschaftliche Situation in Deutschland nach dem Ersten Weltkrieg

Um das Wirtschaftsleben nach dem Kriege überhaupt einigermaßen in Gang zu halten, musste die Regierung in Berlin weiterhin unbegrenzt Papiergeld ausgeben, das keinerlei Deckung hatte. Da aber außer Geld kaum etwas produziert wurde, hatten die Banknoten keine Kaufkraft, ihr Wert sank mehr und mehr und immer schneller. Und je schneller er sank, umso mehr Geld musste nachgedruckt werden – ein unheimliches Teufelsrad hatte sich in Bewegung gesetzt, rotierte schneller und schneller und niemand schien es stoppen zu können. Fast stündlich stiegen die Preise. Schon rechnete man nicht mehr mit Hundertern und Tausendern, nicht mehr mit Millionen, sondern mit der Bill-Mark, der Billion, die kaum einen Dollar wert war. 1923 erreichte der Bargeldumlauf schließlich die schier unaussprechliche Höhe von 496 585 346 000 000 000 000 Mark, fast 500 Trillionen. Eine Währungsumstellung war nötig oder man hätte neue Zahlen erfinden müssen. Kurzerhand wurden am 20. 11. 1923 zwölf Nullen am Geldwert gestrichen: Eine Billion Mark wurde zu einer Rentenmark: 4,2 Bill-Mark wurden einem Dollar gleichgesetzt. Wohlhabende Leute, deren Vermögen nur aus Geld bestanden hatte, wurden arm.

Broschüre „Geld zu jeder Zeit", Verlag Deutsche Jugendbücherei, o. J., Autor: Claus D. Grupp

16. a) Wodurch ist eine Deflation gekennzeichnet?
    b) Welche Auswirkungen hat eine Deflation?

17. Nennen Sie zwei Auswirkungen einer Deflation für:
    a) Unternehmer
    b) den Staat
    c) Arbeitnehmer

18. Untersuchen Sie die Richtigkeit folgender Aussage: „Der Geldwert lässt sich durch einen staatlich verordneten Preis- und Lohnstopp stabil halten."

19. Wie lässt sich die Tatsache erklären, dass manche Länder eine sehr niedrige Preissteigerungsrate (unter 5 %), andere dagegen eine Preissteigerungsrate von über 100 % haben?

3 Außenwert des Geldes

Die beiden Freundinnen Tamara und Sabrina planen einen gemeinsamen Urlaub. Tamara möchte in die Schweiz, Sabrina nach Ungarn an den Balaton. Da beide chronisch knapp bei Kasse sind und je nur über einen Urlaubsetat von 800 € verfügen, soll die Reise in das Land gehen, wo sie für ihr Geld die höchste „Gegenleistung" oder Kaufkraft erwarten können.

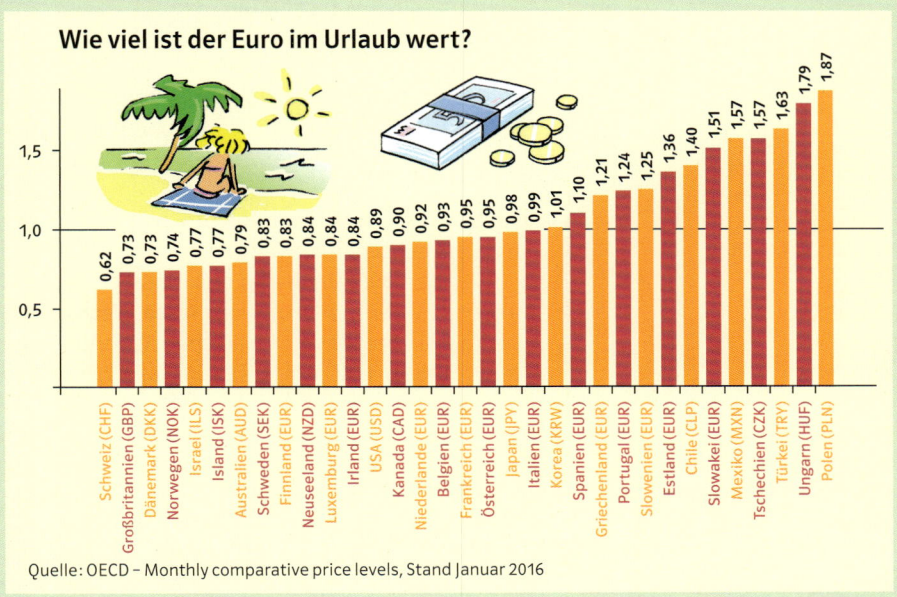

Wie viel ist der Euro im Urlaub wert?

Werte (von links nach rechts): Schweiz (CHF) 0,62; Großbritannien (GBP) 0,73; Dänemark (DKK) 0,73; Norwegen (NOK) 0,74; Israel (ILS) 0,77; Island (ISK) 0,77; Australien (AUD) 0,79; Schweden (SEK) 0,83; Finnland (EUR) 0,83; Neuseeland (NZD) 0,84; Luxemburg (EUR) 0,84; Irland (EUR) 0,84; USA (USD) 0,89; Kanada (CAD) 0,90; Niederlande (EUR) 0,92; Belgien (EUR) 0,93; Frankreich (EUR) 0,95; Österreich (EUR) 0,95; Japan (JPY) 0,98; Italien (EUR) 0,99; Korea (KRW) 1,01; Spanien (EUR) 1,10; Griechenland (EUR) 1,21; Portugal (EUR) 1,24; Slowenien (EUR) 1,25; Estland (EUR) 1,36; Chile (CLP) 1,40; Slowakei (EUR) 1,51; Mexiko (MXN) 1,57; Tschechien (CZK) 1,57; Türkei (TRY) 1,63; Ungarn (HUF) 1,79; Polen (PLN) 1,87

Quelle: OECD – Monthly comparative price levels, Stand Januar 2016

→
a) Welche Kaufkraft hätte ihr Urlaubsetat in den beiden Ländern?

b) Wie erklären Sie sich die Unterschiede?

Was sind mögliche Gründe dafür?

Wie viel man in der Bundesrepublik für den Euro kaufen kann, darüber sagt der Binnenwert unserer Währung etwas aus, also der Wert im „Euroland". Zwar gibt es innerhalb des Eurolandes auch leichte Kaufkraftunterschiede, große Differenzen bestehen jedoch zu vielen Nichteuroländern. Damit ist allerdings noch nicht festgelegt, ob man mit unserer Währung in einem anderen Land außerhalb der Euroregion den gleichen Warenwert erhält wie bei uns. Neben dem Binnenwert hat unsere Währung also noch einen **Außenwert**.

Wechselkurse
Die meisten Länder der Erde stehen heute in sehr engen wirtschaftlichen Beziehungen. Diese entstehen durch
- gegenseitigen Güteraustausch (Import und Export),
- Urlaubsreisen in das Ausland,
- Kapitalanlagen im Ausland. Hierbei fließt deutsches Geld zu Anlage- und Spekulationszwecken in das Ausland oder ausländisches Geld nach Deutschland.

Jeder, der eine Auslandsreise macht, wird feststellen, dass der Euro außerhalb der Euroregion als Zahlungsmittel nur bedingt angenommen wird. Um die Ausgaben in diesen Ländern bestreiten zu können, müssen sich Urlaubsreisende ebenso wie Importeure die Währung des Auslandes beschaffen. Sie kaufen die benötigte ausländische Währung an den **Devisenbörsen** und bezahlen dafür einen Preis. Diesen Preis für eine bestimmte Anzahl ausländischer Währungseinheiten nennt man **Wechselkurs**. Der Wechselkurs gibt an, wie viele Einheiten einer ausländischen Währung auf **einen Euro** entfallen. So besagt z. B. der Kurs 1,08 für US-Dollar, dass man für 1,08 US-Dollar einen Euro erhält.

Sorten sind ausländisches Bargeld wie Münzen und Scheine. Ausländische Münzen werden normalerweise nicht am Bankschalter verkauft. **Devisen** sind dagegen unbare Zahlungsmittel wie Schecks, Wechsel und Zahlungsanweisungen in ausländischer Währung.

Devisen und Noten 08.02.2016					
Devisenkurse 1 € entspricht			Banknotenpreise 1 € entspricht		
Geld[1]	Brief[2]	Einheit	Geld[1]	Brief[2]	
1,1096	1,1156	US-$	1,1555	1,0838	
0,7696	0,7736	brit. £	0,8030	0,7525	
1,5411	1,5531	can. $	1,6359	1,4931	
1,1057	1,1097	sfr	1,1378	1,0683	
7,4430	7,4830	dkr	7,7421	7,1710	
9,5446	9,5926	nkr	10,0486	9,1675	
9,3983	9,4463	skr	9,8782	9,0166	
3,2595	3,2795	TRL	3,5496	3,0423	
129,58	130,06	Yen	134,49	123,80	
26,6455	27,4455	Tsch Kr	28,9373	25,0512	
307,3250	313,3250	Forint	353,1296	287,7552	
1,5587	1,5787	Aus. $	1,6553	1,5004	
1,6629	1,6929	NZ $	1,8534	1,5648	
17,8126	18,0126	Rand	21,1677	16,7408	

1 Ankauf, 2 Verkauf

Freie (flexible) Wechselkurse: Sie bilden sich an den internationalen Devisenbörsen frei nach Angebot und Nachfrage. Man spricht bei diesem Vorgang auch von **„Floaten"**. Für die Außenhandelsunternehmen stecken in Kursschwankungen jedoch große Risiken. Exporteure wie Importeure sichern sich daher durch sogenannte Devisentermingeschäfte ab oder vereinbaren in Verträgen, dass in der eigenen Währung gezahlt wird.

Feste (fixe) Wechselkurse: Um die Risiken der freien Wechselkurse weitgehend auszugleichen, hatten sich die Bundesrepublik Deutschland und andere EU-Partnerländer auf **feste Wechselkurse** im Rahmen des **Europäischen Währungssystems (EWS)** verständigt. Durch das EWS sollten die Währungsschwankungen in Grenzen gehalten und eine stabile europäische Währungszone geschaffen werden. Am 1. Januar 1999 wurden die meisten nationalen Währungen durch den Euro ersetzt und das EWS durch den **Wechselkursmechanismus II (WKM II)** abgelöst (siehe auch Europäische Währungsunion, S. 140 ff.). Der WKM II umfasst derzeit nur noch Dänemark, also ein EU-Land, das vorerst nicht an der Währungsunion teilnehmen will. Für künftige Euroländer ist der WKM II eine verbindliche Vorstufe für deren Teilnahme an der Währungsunion.

Grundlage des WKM II ist der Leitkurs, auch **Parität** genannt. Von diesem Leitkurs darf der Kurs jeder Währung gegenüber dem Euro nur um einen vereinbarten Prozentsatz abweichen. So darf der Kurs der dänischen Krone gegenüber dem Euro laut Vereinbarung nur jeweils 2,25 % nach oben oder unten abweichen, der Kurs neuer Währungen im WKM II höchstens 15 %. Diesen Bereich nennt man **Bandbreite**.

Droht der Wechselkurs einer Währung, z. B. der dänischen Krone, nun diese vereinbarte Bandbreite zu verlassen, dann müssen die nationalen Notenbanken und die Europäische Zentralbank (EZB) dafür sorgen, dass der Kurs der dänischen Krone diesen Bereich nicht über- oder unterschreitet.

Droht der Kurs die obere Grenze **(oberer Interventionspunkt)** der Bandbreite zu überschreiten, müssen sie Kronen verkaufen. Damit steigt auf dem Devisenmarkt das Angebot an Kronen und der Kurs bewegt sich nach unten. Umgekehrt handeln sie, wenn der Kurs den **unteren Interventionspunkt** erreicht, d. h. sie kaufen dänische Kronen auf dem Devisenmarkt auf. Durch die erhöhte Nachfrage steigt der Kurs wieder in Richtung Parität.

Ist der Kurs selbst durch nachhaltige Käufe oder Verkäufe nicht mehr zu korrigieren und bricht aus der Bandbreite aus, verändert man die Parität, d. h. man legt einen neuen Leitkurs fest. Es erfolgt eine **Auf- oder Abwertung** der betreffenden Währung. Bei einer Aufwertung wird der amtliche Kurs einer Währung gegenüber dem Euro angehoben. Die Folge: Die Währung ist gegenüber dem Euro teurer geworden. Bei einer Abwertung dagegen wird der Kurs einer Währung herabgesetzt, d. h. sie hat gegenüber dem Euro an Wert verloren.

Die Aufwertung einer Währung verteuert die Ausfuhren des betreffenden Landes, die einhei-

Bandbreite für Wechselkurse im EWS

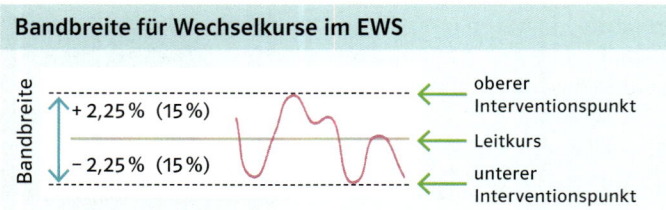

mischen Exportunternehmen können darunter leiden. Allerdings werden im Gegenzug die Einfuhren günstiger. Auch Touristen, die ihren Urlaub im Ausland verbringen, erhalten beim Geldumtausch mehr ausländische Währung, wodurch sich ihr Auslandsurlaub verbilligt. Wird eine Währung abgewertet, ergeben sich entgegengesetzte Auswirkungen.

Info
Big-Mac-Index
rb3ti2

Big-Mac-Index

Ein Big Mac ist auf der ganzen Welt gleich. Es ist das gleiche drin, das Gleiche drauf und er schmeckt immer gleich. Deshalb ist er das ideale Vergleichsobjekt. Das englische Wirtschaftsmagazin „Economist" ermittelt seit fast 30 Jahren aus über 140 Ländern seinen Big-Mac-Index. Der Preis eines Big Mac in Landeswährung wird in US-Dollar umgerechnet. Der Big-Mac-Index hilft, die Kaufkraft eines Landes zu messen. Beispielsweise ist der Burger in der Schweiz mehr als doppelt so teuer wie in Polen, d. h. das Geld der Menschen in Polen hat eine größere Kaufkraft. Allerdings eignet sich der Big-Mac-Index nur für einen groben Vergleich. Für einen exakten Kaufkraftvergleich benötigt man jedoch einen ganzen Warenkorb.

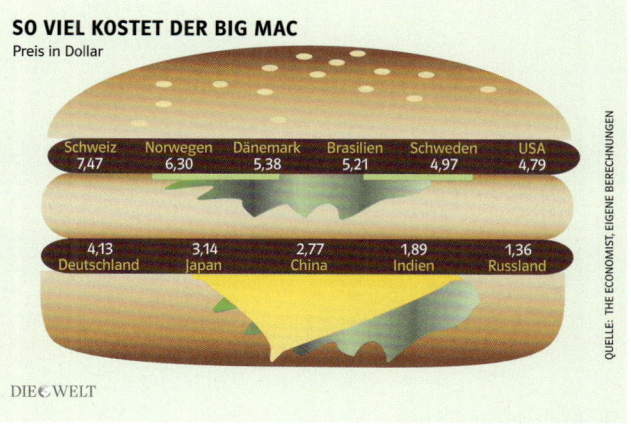

SO VIEL KOSTET DER BIG MAC
Preis in Dollar

| Schweiz 7,47 | Norwegen 6,30 | Dänemark 5,38 | Brasilien 5,21 | Schweden 4,97 | USA 4,79 |

| Deutschland 4,13 | Japan 3,14 | China 2,77 | Indien 1,89 | Russland 1,36 |

QUELLE: THE ECONOMIST, EIGENE BERECHNUNGEN

DIE WELT

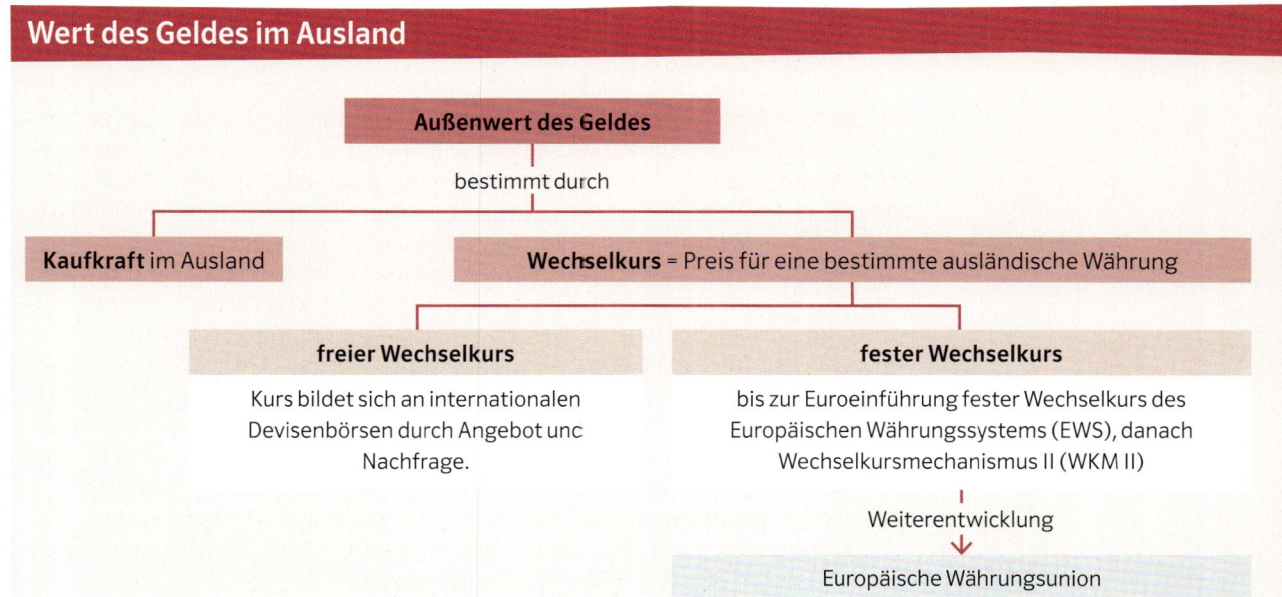

Wert des Geldes im Ausland

Außenwert des Geldes

bestimmt durch

Kaufkraft im Ausland

Wechselkurs = Preis für eine bestimmte ausländische Währung

freier Wechselkurs

Kurs bildet sich an internationalen Devisenbörsen durch Angebot und Nachfrage.

fester Wechselkurs

bis zur Euroeinführung fester Wechselkurs des Europäischen Währungssystems (EWS), danach Wechselkursmechanismus II (WKM II)

Weiterentwicklung

Europäische Währungsunion

Arbeitsteil

1. Warum bevorzugen Exportfirmen stabile Wechselkurse?

2. Worin sehen Sie den Unterschied zwischen freier und festen Wechselkursen?

3. Was versteht man unter Sorten, was unter Devisen?

4. Im April 2014 kostete 1 € an den Devisenbörsen 1,38 US-Dollar, im Januar 2016 waren es 1,08 US-Dollar. Welche Auswirkungen hatte diese Kursveränderung des Euro
   a) für deutsche Exporteure,
   b) für deutsche Urlauber in den USA,
   c) für Importe aus den USA,
   d) für amerikanische Exporteure?

4   Euro – Europäische Währungsunion

Euro-Zone

EU-Staaten, die zur-
zeit nicht den EURO
eingeführt haben

➔ a) Stellen Sie anhand der Karte fest, in welchen Ländern die europäische Währung (Euro) eingeführt ist.

b) Stellen Sie außerdem fest, welche Mitgliedstaaten der EU ihre nationalen Währungen beibehalten haben.

Der entscheidende Schritt zu einer einheitlichen europäischen Währung erfolgte 1992 durch den Vertrag von Maastricht. Hier wurde vereinbart, eine europäische Zentralbank zu errichten und eine **gemeinsame Währung**, den **Euro**, einzuführen. Länder, die am 01.01.1999 an der Europäischen Währungsunion teilnehmen wollten, mussten folgende Leistungsnachweise erbringen:

Info
Der Euro
73b2bn

- **Stabile Preise.** Der Anstieg der Verbraucherpreise (Inflationsrate) durfte um höchstens 1,5 Prozentpunkte höher liegen als in den drei preisstabilsten Ländern.
- **Niedrige Zinsen.** Die langfristigen Zinsen durften im Jahr vor dem Beitritt um maximal 2 Prozentpunkte höher sein als in den drei preisstabilsten Ländern.
- **Stabile Wechselkurse.** Vor dem Beitritt musste mindestens 2 Jahre am Wechselkursmechanismus II (WKM II) teilgenommen werden. Dabei durfte sich der Wechselkurs der einzelnen Währung nicht nennenswert bewegt haben. Der WKM II ist der Nachfolger des Europäischen Währungssystems (EWS) (siehe auch S. 138).
- **Gesunde Staatsfinanzen.** Die jährliche Neuverschuldung im Staatshaushalt durfte nicht höher sein als 3 %des Bruttoinlandsprodukts (BIP). Die gesamten Staatsschulden durften nicht größer sein als 60 % des BIP.

Diese sogenannten **Konvergenzkriterien** mussten vor dem Eintritt in die Währungsunion erfüllt werden. Damit sollte sichergestellt sein, dass die teilnehmenden Länder nicht die Stabilität der neuen Währung gefährden.

Ursprünglich erfüllten 12 Mitgliedsländer der EU diese Konvergenzkriterien. Sie konnten am 1. Januar 2002 das Euro-Bargeld einführen und den Euro zum **alleinigen gesetzlichen Zahlungsmittel** machen. Mittlerweile ist die Zahl der Euroländer auf 19 angewachsen (Stand 01.01.2016), nämlich: Belgien, Deutschland, Estland, Finnland, Frankreich, Griechenland, Irland, Italien, Lettland, Litauen, Luxemburg, Malta, Niederlande, Österreich, Portugal, Slowakei, Slowenien, Spanien und Zypern.

Dänemark, Großbritannien und Schweden haben sich entschieden, **noch nicht** an der Währungsunion **teilzunehmen**.

2004 und 2006 hat die EU weitere Staaten aufgenommen. 6 davon werden erst in einigen Jahren zum „Euro-Land" gehören, nämlich Bulgarien, Kroatien, Polen, Rumä-

nien, Tschechien und Ungarn. Sie müssen zuerst mindestens 2 Jahre am Wechselkursmechanismus II (WKM II) teilnehmen und die Konvergenzkriterien erfüllen.
Seit dem 01.01.1999 wird der große Teil der geldpolitischen Aufgaben von der **Europäischen Zentralbank (EZB)** in Frankfurt am Main wahrgenommen. Oberstes Ziel der EZB ist die **Preisstabilität**.
Die Einführung des Euro bringt zahlreiche Vorteile:

- Zwischen den beteiligten Ländern gibt es keine Wechselkursschwankungen mehr, keine Währungsumrechnungen und keinen Geldumtausch.
- Das Wechselkursrisiko für Unternehmen und Verbraucher im grenzüberschreitenden Waren-, Dienstleistungs- und Kapitalverkehr entfällt.
- Der bargeldlose Zahlungsverkehr wird erleichtert, Auslandsüberweisungen kosten nicht mehr als Überweisungen im Inland.
- Außenhandelsunternehmen, Touristen und Kapitalanleger sparen die beachtlichen Umtauschkosten für Sorten und Devisen.
- Der Handel wird erleichtert und der Verbraucher hat ein größeres Warenangebot.
- EU-weit können Preise und Löhne besser verglichen werden; dies erhöht den Wettbewerb und soll zu sinkenden Preisen führen.
- Die Staaten sind gezwungen, ihre Finanz-, Wirtschafts-, Haushalts- und Sozialpolitik stärker aufeinander abzustimmen und den Euro zu stützen. Dadurch wachsen die EU-Staaten noch enger zusammen.
- Schwache Währungen müssen an den internationalen Devisenmärkten nicht mehr gestützt werden.
- Der Euro stellt eine wichtige Leitwährung in der Welt dar.

Europäische Zentralbank in Frankfurt a. M.

Kritiker des Euro befürchten jedoch, dass die klare Vergleichbarkeit von Löhnen zu verstärkten Wanderbewegungen von Arbeitnehmern in Hochlohnländer führen und dort für erhebliche Arbeitslosigkeit sorgen könnte. Im Gegenzug könnten Unternehmen in Billiglohnländer abwandern. Auch wird bemängelt, dass Auf- und Abwertungen entfallen sind. Dies schränkt die Möglichkeiten der Wirtschaftspolitik zur Konjunkturbelebung beziehungsweise Konjunkturdämpfung in den einzelnen Ländern erheblich ein. Vor der Euroeinführung konnten Länder wie Griechenland bei finanzpolitischen Problemen ihre Währung abwerten oder mehr Geld drucken. Die Abwertung passte den Wechselkurs nach unten an, eigene Güter wurden im Ausland günstiger, was den Export förderte oder Ausländern den Urlaub verbilligte. Dies trug zur Ankurbelung der Wirtschaft bei. Seit Einführung des Euro können Entscheidungen nur noch für den gesamten Euroraum getroffen werden, was die Möglichkeiten sehr begrenzt, denn die wirtschaftliche Lage in den einzelnen Mitgliedstaaten ist unterschiedlich. Maßnahmen, die einem Land nützen, können anderswo schaden.
Der Vertrag von Maastricht sollte sicherstellen, dass der Euro eine stabile Währung wird. Um das zu erreichen, verpflichteten sich alle Teilnehmerstaaten in einem **Stabilitätspakt**, solide Staatshaushalte vorzulegen und Defizite zu vermeiden. Die jährliche Neuverschuldung durfte höchstens 3 % des Bruttoinlandsprodukts (BIP) betragen, die gesamte Staatsverschuldung höchstens 60 %. Die Einhaltung dieser Stabilitätskriterien wurde in der Vergangenheit nicht konsequent durchgesetzt. Deshalb haben mittlerweile einige Euroländer so viele Schulden angehäuft, dass sie sich keine neuen Kredite mehr leisten können. Weil die Geldgeber Angst haben, das Geld nicht zurückzuerhalten, sind auch die Zinsen gestiegen. Solche Probleme haben z. B. Griechenland, Irland, Portugal, Spanien und Italien. Da Anleger befürchten, dass sich die Pleite eines Eurolandes auf die Währung Euro und die anderen Euroländer auswirkt, spricht man inzwischen von der **Eurokrise**. Mit verschiedenen Maßnahmen wollen die Euroländer der Krise begegnen. So kauft die EZB Staatsanleihen verschuldeter Eurostaaten zu niedrigen Zinsen auf. Der „**Dauerhafte Europäische Stabilitätsmechanismus (ESM)**" hilft als neugegründete Gesellschaft überschuldeten Ländern mit günstigen Krediten.

Damit der Euro wieder das Vertrauen der Kapitalanleger genießt, haben sich die Eurostaaten vertraglich verpflichtet, in ihre Verfassung eine **Schuldenbremse** einzubauen. Außerdem sollen **drastische Geldbußen** automatisch fällig werden, wenn ein Staat die **Stabilitätskriterien** verletzt.

Europäische Währungsreform

Euro-Stabilitätskriterien nach „Maastricht"

- stabile Preise
- niedrige Zinsen
- stabile Wechselkurse
- gesunde Staatsfinanzen

Euroländer

- Belgien
- Deutschland
- Estland
- Finnland
- Frankreich
- Griechenland
- Irland
- Italien
- Lettland
- Litauen
- Luxemburg
- Malta
- Niederlande
- Österreich
- Portugal
- Slowakei
- Slowenien
- Spanien
- Zypern

Einführung des Euro

Euro alleiniges gesetzliches Zahlungsmittel

Stabilitätspakt

jährliche Neuverschuldung höchstens 3 % des Bruttoinlandsprodukts

Beitritt weiterer Länder zum Währungsgebiet des Euro

Arbeitsteil

1. Nennen und erläutern Sie die Maastricht-Kriterien.

2. Welche Vorteile und welche Nachteile bringt die Einführung des Euro?

3. In welchen Ländern wurde der Euro als gesetzliches Zahlungsmittel eingeführt?

4. **a)** Wer könnte mit Konkurrenz gemeint sein?
   b) Welche Auswirkungen könnten für Deutschland daraus entstehen?

> „Ein Binnenmarkt mit mehreren Währungen ist wie ein Unternehmen mit mehreren Chefs: Es geht, aber es kostet zu viel, die Entscheidungen fallen zu spät und die Konkurrenz lacht sich ins Fäustchen."

Euro – Unser Geld fürs nächste Jahrhundert, Hrsg.: Aktionsgem. Euro: Bundesregierung, Europ. Kommission u. Europ. Parlament, 1997.

5. Diese Karikatur ist aus dem Jahre 1997. Analysieren Sie die Karikatur.
   Hat der Zeichner aus heutiger Sicht recht behalten?

Methode „Analyse von Karikaturen"
S. 325

5   Sparformen

Clemens besucht seine Großmutter.

Clemens: Hallo, Oma, wie geht's? Ich bin gerade auf dem Rückweg von meiner Bank.

Oma: Hast du wieder Geld gebraucht?

Clemens: Im Gegenteil. Ich habe mir Aktien und Fondsanteile gekauft.

Oma: Davon verstehe ich nichts. Ich vertraue der Bank nicht. Mein Geld liegt bei mir sicher im Sparstrumpf.

Clemens: Aber Oma, wie kann man nur so altmodisch sein. Dein Sparstrumpf bringt dir doch keine Rendite. Außerdem verliert dein Geld an Wert durch die Preissteigerungsrate.

Oma: Kann nicht sein. Hab's heute Morgen gezählt. Es fehlt nichts.

→

a) Ist der Sparstrumpf die schlechteste aller Geldanlagen?

b) Welche Sparformen kennen Sie?

c) Warum sind hohe Renditen häufig mit einem hohen Anlagerisiko verbunden?

Die zu den Kreditinstituten gebrachten Spargelder sind eine Grundvoraussetzung für die Vergabe von Krediten. Kredite wiederum sind unverzichtbare Voraussetzungen für Investitionen und Wirtschaftswachstum. Kreditinstitute übernehmen damit die Vermittlung von Spargeldern an Kreditsuchende in Form von Krediten. „Omas Sparstrumpf" bleibt für die Entwicklung der Volkswirtschaft ohne Wirkung, da dieses Geld stillgelegt wird und somit nicht „arbeiten" kann.

5.1   Entscheidungsmerkmale für die Wahl der Sparform

Welche **Sparform (Anlageform)** ein Sparer verwirklichen möchte, hängt in der Regel entscheidend von drei Faktoren ab:
- dem Ertrag (Rendite),
- der Sicherheit (Rückzahlung) und
- der Verfügbarkeit.

Leider gibt es keine Anlageform, die diese drei Faktoren in idealer Weise in sich vereinigt. So sind z. B.
- Geldanlagen, die eine sehr hohe Verzinsung (Rendite) versprechen, in ihrer Verfügbarkeit (Liquidität) beschränkt und umgekehrt,
- Geldanlagen mit hohen Gewinnchancen mit vergleichsweise hohen Risiken behaftet.

Verteilung des Geldvermögens privater Haushalte in Deutschland (2014) in Mrd. € (insgesamt 5 072 Mrd. €)

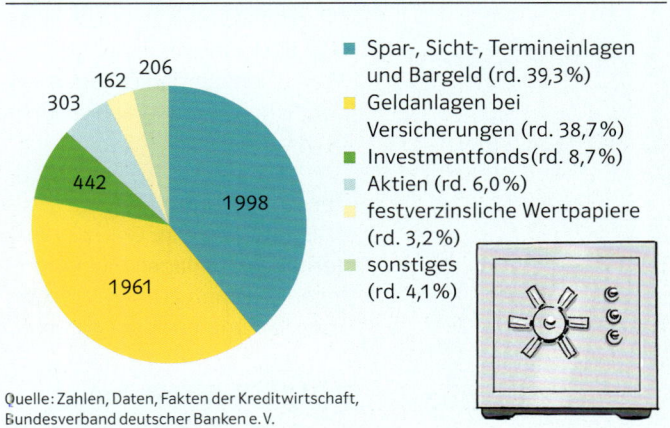

162 206
303
442
1998
1961

- Spar-, Sicht-, Termineinlagen und Bargeld (rd. 39,3 %)
- Geldanlagen bei Versicherungen (rd. 38,7 %)
- Investmentfonds (rd. 8,7 %)
- Aktien (rd. 6,0 %)
- festverzinsliche Wertpapiere (rd. 3,2 %)
- sonstiges (rd. 4,1 %)

Quelle: Zahlen, Daten, Fakten der Kreditwirtschaft, Bundesverband deutscher Banken e. V.

Faustregeln für eine optimale Geldanlage:
- Jeder Geldanleger sollte seinen persönlichen Vermögensstand, seine Sparfähigkeit und seine Sparziele ermitteln.
- Ab einer bestimmten Sparsumme empfiehlt es sich, verschiedene Anlageformen zu mischen (Streuung). Je größer das anzulegende Vermögen ist, desto breiter sollte die Vermögensstreuung sein.

5.2 Sparformen

Man unterscheidet hauptsächlich folgende Sparformen:

Sparbuch/Sparkonto

Die beliebteste Sparform der Bundesbürger ist das Sparen auf dem **Sparkonto**. Wer ein Sparkonto eröffnet, erhält als Urkunde ein **Sparbuch**. Darin werden alle Einzahlungen und alle Abhebungen eingetragen sowie der jeweils aktuelle Kontostand. Viele Banken geben mittlerweile für Sparkonten keine Sparbücher mehr aus. Statt dessen erhalten die Kunden nach jeder Buchung einen Kontoauszug, den sie als Loseblattsammlung abheften.

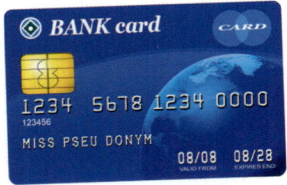

Auf den meisten Sparkonten wird das Geld als „normale Spareinlage" angelegt. Genauer gesagt: auf **Sparkonten mit dreimonatiger Kündigungsfrist**. Pro Kalendermonat können hier je nach Bank zwischen 1500 € und 2000 € abgehoben werden. Wer mehr Geld möchte, muss dies 3 Monate vorher ankündigen, andernfalls muss er Vorschusszinsen bezahlen. Der Vorschusszins beträgt in der Regel ein Viertel des Zinses, der sonst auf die Spareinlage gezahlt wird.
Der Sparer kann zwar recht problemlos über sein Geld verfügen und muss keine Kursverluste befürchten, wie sie bei börsennotierten Wertpapieren eintreten können, bekommt dafür aber relativ wenig Zinsen. Höhere Zinsen erhält man bei vereinbarten Kündigungsfristen (z. B. von 12, 24 oder 48 Monaten). Allerdings muss der Sparer den Ablauf der jeweiligen Kündigungsfrist abwarten, bevor er über sein Geld verfügen kann. Abgesehen vom Inflationsrisiko ist die Anlage auf Sparkonten nahezu risikolos, da in der EU das Spargeld in Höhe von 100000 € pro Anleger und Bank gesetzlich gesichert ist.

Sparbriefe

Sparbriefe sind Wertpapiere, die nicht an der Börse notiert werden. Sie unterliegen keinem Kursrisiko. Verkauft werden sie von Banken und Sparkassen, die sich auf diese Weise von ihren Kunden Geld beschaffen. Sparbriefe werden normalerweise auf den Namen des Kunden ausgestellt. Erhalten kann man sie häufig schon für 100 €. Wegen ihrer Laufzeit (4 bis 8 Jahre) sind es langfristige Geldanlagen, da eine vorzeitige Rückzahlung meist nicht möglich ist.
Verglichen mit den Einlagen auf dem Sparbuch, werden sie deutlich besser verzinst, verglichen mit den an der Börse notierten festverzinslichen Wertpapieren jedoch etwas schlechter.

Termingeldeinlagen

Anleger, die auf ihr Geld nur kurze Zeit verzichten können, entscheiden sich meist für **Termingeldeinlagen**. Für einen kurzen Zeitraum (z. B. 30, 60, 90, 180 oder 360 Tage) legen sie einen größeren Betrag (meist ab 5000 €) auf einem speziellen Termingeldkonto an und erhalten dafür einen erhöhten Zins.

Versicherungssparen

Der Staat fördert den Abschluss bestimmter **Privatversicherungen**. Deshalb ist das Versicherungssparen eine beliebte Sparform. Hier werden Beiträge für eine

Privatversicherung gezahlt, z. B. für eine Lebens-, eine private Renten- oder Ausbildungsversicherung. Obwohl der Staat nur private Rentenversicherungen fördert, ist die beliebteste Form des Versicherungssparens immer noch die Lebensversicherung, z. B. die Kapital-Lebensversicherung. Sie soll als Altersvorsorge für den Versicherungssparer die Leistungen der gesetzlichen Rentenversicherung ergänzen und beim vorzeitigen Tod des Versicherten dessen Hinterbliebene finanziell absichern (siehe auch private Zusatzversicherungen S. 48 ff). Verbraucherschutzverbände warnen, dass die **Rendite** einer Kapitallebensversicherung sehr fraglich sei. Die eingerechnete Risikovorsorge, Provisionen und hohe Verwaltungskosten mindern diese sehr. Des Weiteren wurde der **garantierte Zinssatz** auf den verbleibenden Sparanteil in den letzten Jahren immer mehr gesenkt. Zwar werben Versicherungsgesellschaften mit Gewinnüberschüssen, können sie jedoch nicht für die Zukunft nicht garantieren. Besteht bereits vor Versicherungsablauf dringender Geldbedarf, dann fallen bei einem **Rückkauf** die Verwaltungskosten um so stärker ins Gewicht, je früher gekündigt wird. Statistiken belegen: Sehr viele Kapitallebensversicherungen werden mit hohen Verlusten vorzeitig gekündigt.

Bausparen

Fast jeder dritte Bundesbürger ist Bausparer. Mit dem Abschluss eines **Bausparvertrags** verpflichtet sich ein Bausparer, entsprechend der vereinbarten Bausparsumme (z. B. 50 000 €) regelmäßig Bausparbeiträge an eine Bausparkasse zu zahlen. Durch den Bausparvertrag erwirbt er das Anrecht auf ein zinsgünstiges Bauspardarlehen. Damit ein Darlehen beantragt werden kann, müssen bestimmte Voraussetzungen erfüllt sein, die im Einzelnen von dem gewählten Tarif der Bausparkasse abhängen, z. B. die Mindestansparsumme von 40 % und eine Mindestansparzeit von 18 Monaten. Wurde ein Bausparvertrag zugeteilt, dann erhält der Bausparer sein Sparguthaben einschließlich der Zinsen zurück. Die Differenz zur vereinbarten Bausparsumme steht ihm als zinsgünstiges Darlehen zur Verfügung. Da der Zweck des Bausparens im Erwerb, Bau oder der Instandhaltung von Wohneigentum besteht, wird diese Sparform vom Staat gefördert.

Investmentanteile

Beim **Investmentsparen** vertraut der Sparer das Geld einer Kapitalanlagegesellschaft **(Investmentgesellschaft)** an. Im Gegenzug erhält er **Investmentzertifikate** (Urkunden) ausgehändigt. Diese Scheine verbriefen einen Anteil an einem Geldtopf, in den viele Sparer einzahlen. Genauer gesagt: an einem **Fonds**. Je nachdem, wie die Investmentgesellschaft das Geld anlegt, unterscheidet man unterschiedliche Fonds. Will ein Sparer höhere Erträge und ist er auch bereit, höhere Risiken einzugehen, kann er Anteile an einem **Aktienfonds** erwerben. Hier fließt das Geld in Aktien. Bei **Rentenfonds** wird in festverzinsliche Wertpapiere investiert. **Gemischte Fonds** setzen sich aus Aktien und festverzinslichen Wertpapieren zusammen. Bei **Immobilienfonds** fließen die Geldmittel in Grundstücke und Gebäude.
Investmentfonds unterliegen weit geringeren Kursschwankungen als Aktien, weil die Wertpapiere breit gestreut sind und anzunehmen ist, dass nicht alle Papiere gleichzeitig im Wert sinken. Eine weitere Sicherheit besteht darin, dass die Kapitalanlagegesellschaften sehr streng vom Staat kontrolliert werden. Außerdem müssen die Anteilsscheine jederzeit zum geltenden Anteilswert von der Gesellschaft in Geld umgetauscht werden, d. h. das Geld ist jederzeit verfügbar. Allerdings fallen Kosten an für Ankauf, Verkauf und Verwaltung von Investmentzertifikaten.
Risikofreudige können ihr Geld in **geschlossenen Fonds** anlegen, bei denen nur in einem festgelegten Zeitraum in bestimmte Objekte investiert werden kann, wie z. B. Immobilien, Schiffe oder Windkraftanlagen. Danach wird der Fonds geschlossen. Der Erwerber eines Anteils wird Unternehmer mit entsprechenden Gewinnchancen aber auch beachtlichen Risiken. Ein Verkauf solcher Anteile ist nur möglich, wenn man selbst einen Käufer findet.

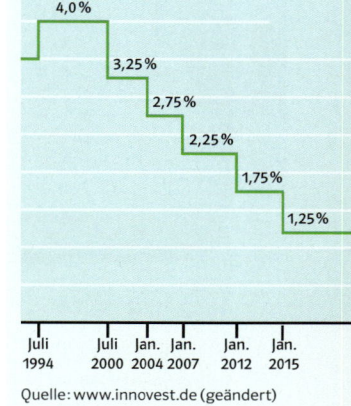

Entwicklung des Garantiezinses von Lebensversicherungen

4,0 %
3,25 %
2,75 %
2,25 %
1,75 %
1,25 %

Juli 1994 — Juli 2000 — Jan. 2004 — Jan. 2007 — Jan. 2012 — Jan. 2015

Quelle: www.innovest.de (geändert)

Abschluss eines Bausparvertr

Beispiel	
Bausparsumme	50 000 €
Ansparsumme (meist 40 %)	20 000 €
Bauspardarlehen	**30 000 €**

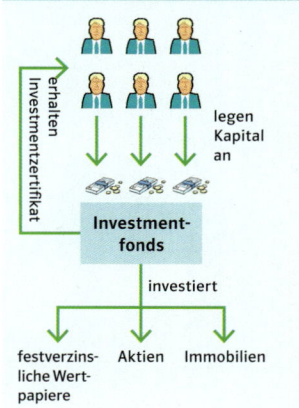

Investmentfonds

erhalten Investmentzertifikat
legen Kapital an
Investmentfonds
investiert
festverzinsliche Wertpapiere — Aktien — Immobilien

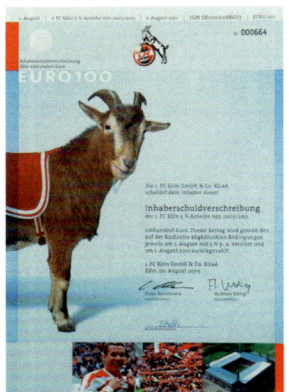

Festverzinsliche Wertpapiere

Ein Weg, den Ertrag seiner Ersparnisse aufzubessern, ist der Kauf von **festverzinslichen Wertpapieren** wie z. B. Pfandbriefe, Anleihen oder Kommunalobligationen. Festverzinsliche Wertpapiere garantieren einen gleichbleibenden Zinsertrag während ihrer Laufzeit (daher auch die Bezeichnung Rentenpapiere). Normalerweise beträgt die Laufzeit 5 und mehr Jahre. Herausgegeben werden diese Papiere von bestimmten Kreditinstituten (z. B. Hypothekenbanken), Industrieunternehmen, vom Bund, den Ländern oder den Gemeinden.

Festverzinsliche Wertpapiere haben eine gute Verzinsung. Außerdem können sie jederzeit an der Börse verkauft werden. Allerdings entstehen für Ankauf, Verkauf und Verwaltung der Papiere zum Teil beachtliche Kosten. Dafür sind die Kursschwankungen recht gering. Sie ergeben sich nur, wenn der Kapitalmarktzins gegenüber dem Zins des Papiers steigt oder fällt. An der 100 %igen Endauszahlung am Ende der Laufzeit ändert dies jedoch nichts.

Aktien

Aktien sind Urkunden, die dem Inhaber einen Anteil an einer Aktiengesellschaft verbriefen. Für seine Beteiligung erhält der Aktionär jährlich einen Gewinnanteil, die **Dividende**. Aktien werden jedoch weniger wegen der Dividende erworben, sondern weil sich der Käufer Kursgewinne an der Börse erhofft.

Mit einer Aktie beteiligt man sich nämlich an einem Unternehmen, seinem Vermögen und seinen Fähigkeiten. Wenn sich die Bewertung des Unternehmens ändert, steigt der Kurs oder er fällt. Verschlechtern sich beispielsweise die Ertragsaussichten, kann der Kurs langfristig auch unter dem Einstandskurs liegen. Der Kauf von Aktien birgt also ein erhebliches Kursrisiko. Außerdem fallen Kosten an für Ankauf, Verkauf und Verwaltung durch die Banken.

Weitere Sparformen

Neben den genannten Anlagegruppen gibt es noch weitere Anlagemöglichkeiten wie z. B. Immobilien (Grundstücke, Gebäude), Edelmetalle (Platin, Gold, Silber) und sonstige Wertgegenstände (Schmuck, Stilmöbel).

Die Anlagemotive liegen bei diesen Anlageformen in der Sicherheit durch Sachwertanlagen sowie der Spekulation auf eine Wertsteigerung.

Kursverlauf Daimler-Aktie	
Datum	**Schlusskurs**
25.01.2000	67,50
25.01.2002	47,15
26.01.2004	38,90
25.01.2006	45,32
25.01.2008	51,38
25.01.2010	32,40
25.01.2011	56,20
25.01.2012	43,25
25.01.2013	43,81
25.01.2014	62,83
25.01.2015	80,74
25.01.2016	64,94

5.3   Abgeltungssteuer

Die Sparer und der Freibetrag

Ab dem 1. Januar 2007 sinkt der Sparerfreibetrag* für allein Stehende von **1 421** Euro auf **801** Euro und für Verheiratete von **2 842** Euro auf **1 602** Euro pro Jahr

Zinseinkünfte aus Anlagebeträgen bis zu dieser Höhe bleiben steuerfrei bei einem jährlichen Zinssatz von

*einschl. 51/102 Euro Werbungskosten-Pauschbetrag

Seit 2010 betragen die Sparer-Pauschbeträge bei der Einkommensteuer 801 € für Ledige und 1602 € für Verheiratete. Kapitalerträge (z. B. Sparbuchzinsen, Wertpapierzinsen), die diese Freibeträge übersteigen, werden bei der Auszahlung der Zinsen mit der 25 %igen **Abgeltungssteuer** belegt (Stand 2016). Zusätzlich fallen darauf noch Solidaritätszuschlag und ggf. Kirchensteuer an. Diese Steuer wird von den Kreditinstituten einbehalten und an die Finanzämter weitergeleitet. Über die bezahlte Steuer erhält der Sparer eine Bescheinigung von seiner Bank. Damit er den Sparer-Pauschbetrag bereits bei der Zinsauszahlung in Anspruch nehmen kann, muss der Sparer seinem Kreditinstitut einen sogenannten **Freistellungsauftrag** erteilen. Wer sein Geld bei verschiedenen Instituten angelegt hat, muss mehrere Freistellungsaufträge erteilen. Deren Summe darf den Sparer-Pauschbetrag, früher Sparerfreibetrag genannt, jedoch nicht übersteigen. Sparer, deren persönlicher Einkommensteuersatz unter 25 % liegt, erhalten zu viel gezahlte Abgeltungssteuer zurück, wenn sie eine Steuererklärung abgeben. Sparer, deren Steuersatz über 25 % liegt, müssen keine Steuer nachzahlen.

5.4 Sparförderung

Arbeitnehmer bekommen in der Regel von ihrem Arbeitgeber **vermögenswirksame Leistungen (VL)**, die bis zu 40 € pro Monat betragen können. Ausbezahlt werden sie zusätzlich zum Lohn. Nach dem Willen des Gesetzgebers sollen diese VL der Vermögensbildung dienen. Deshalb werden sie nicht direkt mit dem Gehalt ausbezahlt, sondern sie müssen vom Arbeitgeber auf einen speziellen vermögenswirksamen Sparvertrag eingezahlt werden. Außerdem darf über das Geld mehrere Jahre – meist 7 Jahre – nicht verfügt werden. Die genauen Bedingungen des vermögenswirksamen Sparens sind im **Vermögensbildungsgesetz** festgelegt.

So fördert der Staat das Sparen
Wer bekommt für welchen Sparaufwand wie viel Zuschuss?

	Arbeitnehmer bis zu diesem Einkommen* ...	... und einem jährlichen Sparbetrag ...	... bekommen darauf diese staatliche Sparzulage
ARBEITNEHMER-SPARZULAGE			
Beteiligungssparen (z. B. Aktienfonds)	max. 20 000 Euro/ 40 000 Euro (Verheiratete)	bis max. 400 Euro	20 % Sparzulage
Bausparen	max. 17 900 Euro/ 35 800 Euro (Verheiratete)	bis max. 470 Euro	9 % Sparzulage
WOHNUNGS-BAUPRÄMIE			
Bausparen	max. 25 600 Euro/ 51 200 Euro (Verheiratete)	bis max. 512 Euro bzw. 1 024 Euro (Verheiratete)	8,8 % Sparzulage

Quelle: BMAS *zu versteuerndes Jahreseinkommen Stand 2016 © Globus 6139

Seit 2009 ist die Vermögensbildung neu geregelt. Dadurch sollen die Arbeitnehmer stärker am Produktivvermögen beteiligt werden. Mit der neuen Sparförderung ist die Zahl der Anspruchsberechtigten auf eine **Arbeitnehmersparzulage** angestiegen. Die derzeitige Sparförderung umfasst das Beteiligungssparen, das Bausparen und die Mitarbeiterbeteiligungsfonds.

Beteiligungssparen

Beim Kauf von **Beteiligungspapieren** (z. B. Aktien oder Aktienfondsanteilen) gewährt der Staat für höchstens 400 € pro Jahr eine 20 %ige **Arbeitnehmersparzulage**. Die Spargelder können auch als Mitarbeiterbeteiligungen von Arbeitnehmern verwendet werden.

Bausparen

Zusätzlich können auf einen **Bausparvertrag** bis zu 470 € vermögenswirksam eingezahlt werden. Hierfür wird eine **Arbeitnehmersparzulage** von 9 % gewährt. Für weitere Bausparleistungen von jährlich höchstens 512 € bei Ledigen und 1 024 € bei Verheirateten kann eine 8,8 %ige **Wohnungsbauprämie** beantragt werden. Allerdings dürfen bei der Wohnungsbauprämie folgende Einkommensgrenzen nicht überschritten werden: 25 600 € bei Ledigen bzw. 51 200 € bei Verheirateten. Neu eingeführt hat der Staat die Möglichkeit, auch bei **Bausparverträgen zu „riestern".** Grundlage hierfür ist das „Eigenheimrentengesetz". Mittlerweile haben alle Bausparkassen entsprechende Produkte im Angebot. Die Förderung ist attraktiv: Mindestens 154 € im Jahr, für jedes Kind mindestens 185 €. Für nach 2007 geborene Kinder gibt es sogar 300 € (siehe auch „Riesterrente" S. 50).

5.5 Individuelle Vermögensbildung

Haushaltsplan

Einnahmen pro Monat

Nettoeinkommen		1448,-
Sonstige Einnahmen		-
Gesamteinnahmen		1448,-

Ausgaben pro Monat

Wohnung	Miete mit Nebenkosten	430,-
	Strom	40,-
	GEZ-Gebühren	17,50
Haushalt	Lebensmittel	170,-
	Kleidung	80,-
	Versicherungen	20,-
	Sonstiges	28,-
Kfz-Kosten	Versicherung, Steuer	110,-
	Tanken	70,-
	Finanzierung	155,-
Öffentliche Verkehrsmittel		-
Telefon/Handy		40,-
Freizeit (Disco, Kino, usw.)		60,-
Sparen	Rente	84,-
	Bausparen	30,-
	Sonstiges	-
Sonstige Ausgaben	Fitnessstudio	30,-
– Gesamtausgaben		1364,50
= monatlich frei verfügbarer Betrag		83,50

Beispiel: 20-jährige Gesellin (Ein-Personen-Haushalt)

Die Säulen der Vermögensbildung sind die Altersvorsorge und die eigentliche Vermögensbildung sowie deren Absicherung. Damit sind zwei Ziele gemeint, einerseits einen Notgroschen für kurzfristige finanzielle Engpässe bereitzuhalten, andererseits der Aufbau eines Geld- oder Immobilienvermögens. Beratungen bieten dazu Banken, Bausparkassen, Versicherungen und weitere Finanzdienstleister an. Wichtig ist es, sich von mehreren Seiten Angebote als Vergleichsgrundlage einzuholen und erst dann langfristige Verträge abzuschließen. Vorher sollte mit einem Haushaltsplan das frei verfügbare Einkommen ermittelt werden.

Sparen für das Alter ist unverzichtbar. Aber folgende Punkte sollten auch beachtet werden:
- Risikoabsicherung und Schuldenabbau gehen vor Sparen.
- Nicht jeden Cent in die Altersvorsorge stecken, dann können „ungeplante" Geldausgaben wie z. B. eine defekte Waschmaschine auch nicht zu Engpässen führen. Notgroschen sollten so angelegt werden, dass ein schneller Zugriff jederzeit möglich ist. Hier bieten sich z. B. Tagesgeldkonten an, sie bieten deutlich bessere Zinserträge als Sparbücher und Girokonten.
- Gleichgültig, ob risikofreudig oder eher sicherheitsliebend, in jedem Fall raten Finanzexperten zu einem Anlagemix, z. B. einen Teil Aktien, einen Teil festverzinsliche Wertpapiere. Nach wie vor gilt das Börsianer-Motto: „Wer gut essen will, investiert in Aktien, wer gut schlafen will, investiert in Anleihen."

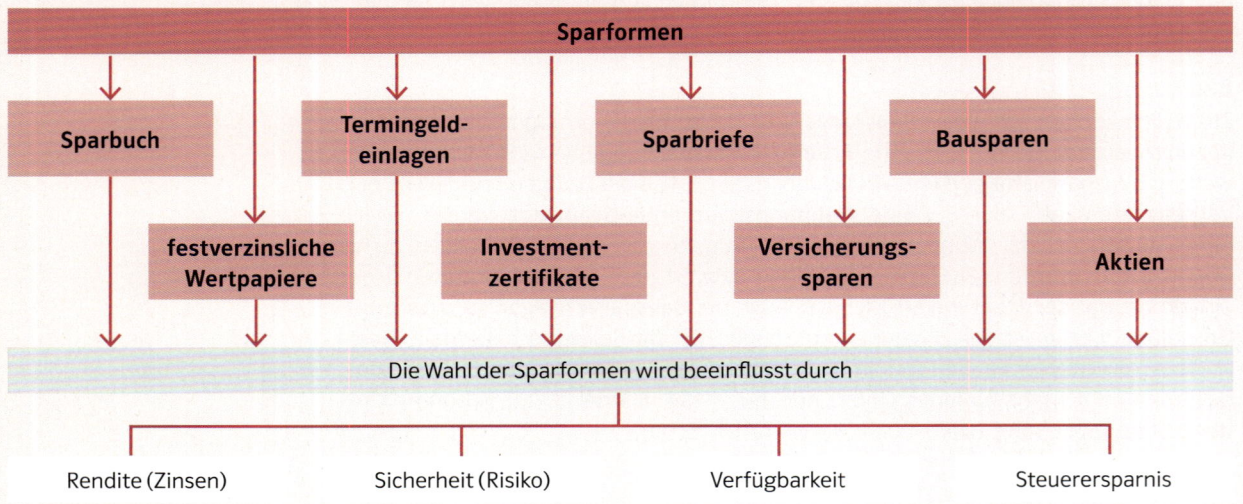

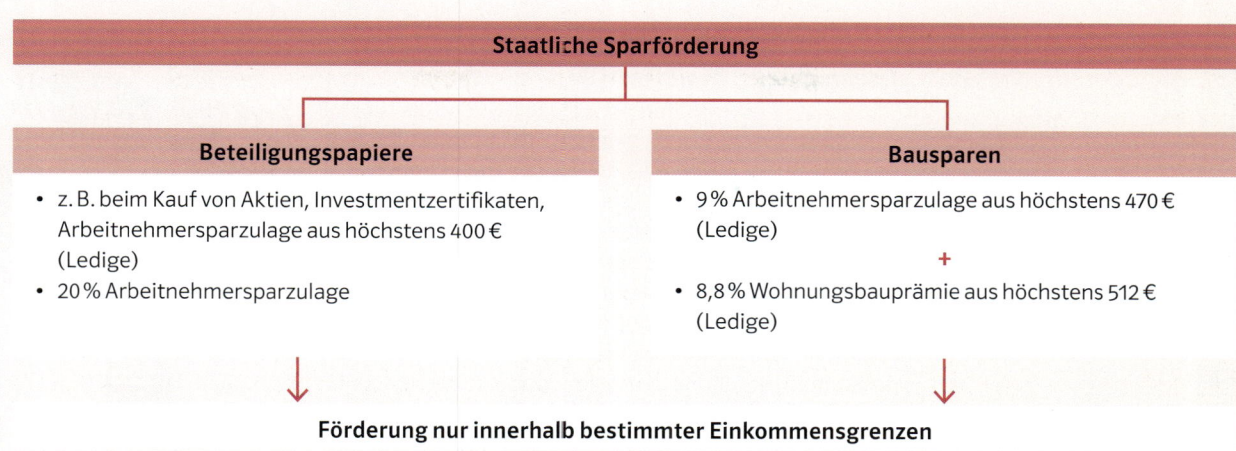

Staatliche Sparförderung

Beteiligungspapiere

- z. B. beim Kauf von Aktien, Investmentzertifikaten, Arbeitnehmersparzulage aus höchstens 400 € (Ledige)
- 20 % Arbeitnehmersparzulage

Bausparen

- 9 % Arbeitnehmersparzulage aus höchstens 470 € (Ledige)

  +

- 8,8 % Wohnungsbauprämie aus höchstens 512 € (Ledige)

Förderung nur innerhalb bestimmter Einkommensgrenzen

Arbeitsteil

1. Von welchen Faktoren sollte die Wahl der Anlageform abhängig gemacht werden?

2. Welche Faustregeln gilt es für eine optimale Geldanlage zu bedenken?

3. a) Zählen Sie fünf verschiedene Sparformen auf.
   b) Beschreiben Sie drei Sparformen hinsichtlich ihrer Merkmale, der Verfügbarkeit, des Ertrags und des Risikos.

4. a) Wie viel Euro kann man von einem Sparbuch mit dreimonatiger Kündigungsfrist pro Kalendermonat abheben?
   b) Womit muss ein Sparer rechnen, der mehr Geld abheben möchte?

5. Begründen Sie folgende Aussage: „Aktien-Sparen ist die risikoreichste Sparform, festverzinsliche Wertpapiere sind dagegen eine sichere Anlageform."

6. a) Was versteht man unter Investmentzertifikaten?
   b) Warum erfreut sich die Geldanlage in Investmentfonds immer größerer Beliebtheit?

7. Woraus setzt sich die Rendite von Aktien zusammen?

8. a) Bis zu welcher Höhe sind die Kapitalerträge eines Alleinstehenden steuerfrei?
   b) Mit wie viel Prozent werden Zinserträge besteuert, die über dem Sparer-Pauschbetrag liegen?
   c) Wie muss ein Sparer verfahren, wenn er den Sparer-Pauschbetrag bereits bei der Zinsauszahlung in Anspruch nehmen möchte?

9. Welche Gründe sprechen dafür, dass Sparkonten trotz niedriger Verzinsung noch immer einen großen Anteil an den Anlageformen haben?

10. Warum ist es sinnvoll, seine Ersparnisse nicht nur in einer Anlageform anzulegen, sondern sie auf verschiedene Anlageformen zu verteilen?

11. a) Nennen Sie die Einkommensgrenzen für eine staatliche Sparförderung.
    b) Welche Sparleistungen fördert der Staat durch Arbeitnehmersparzulagen?
    c) Für welche Sparleistungen wird eine Wohnungsbauprämie gewährt und wie hoch ist sie?

12. Verwenden Sie den auf S. 148 abgebildeten Haushaltsplan und ermitteln Sie, welchen Betrag Sie bei Ihrem Einkommen monatlich für die Vermögensbildung zur Verfügung haben.

6   Kredite

Erfahrungsbericht von Ines, 20 Jahre alt:

„Mit 16 Jahren habe ich meine Ausbildung als Köchin begonnen. Zur Überweisung meiner Ausbildungsvergütung musste ich ein Girokonto eröffnen. Mit 18 erhielt ich eine Girokarte sowie einen Dispokredit über 2000 €. Ich habe mir todschicke Klamotten gekauft. Plötzlich war mein Girokonto mit 4000 € in den Miesen. Der Geldautomat spuckte kein Geld mehr aus, die Bank hat meine Girokarte eingezogen. Nun soll ich meine Kontoüberziehung abdecken. Dabei habe ich noch zwei Anschaffungsdarlehen mit festen Raten für mein Auto und meine Wohnungseinrichtung laufen.
Ich weiß nicht, wie ich alle meine Schulden zurückbezahlen soll, obwohl ich in meiner Freizeit schon einen Nebenjob als Bedienung angenommen habe. Irgendetwas habe ich wohl falsch gemacht?"

➜
a) Welchen Fehler hat Ines wohl gemacht?

b) Wie könnte Ines aus dieser „Schuldenfalle" wieder herauskommen?

6.1   Kreditarten

Je nachdem, welcher Finanzierungsanlass vorliegt, unterscheidet man verschiedene Kreditarten. Die für Privatpersonen wichtigsten Kreditarten sind:
- der **Überziehungskredit (Dispositionskredit)**
- der **Ratenkredit (Konsumentenkredit)**
- das **Hypothekendarlehen**.

Merkmale	Überziehungskredit (Dispositionskredit)	Ratenkredit (Konsumentenkredit)	Hypothekendarlehen
Zweck	kurzfristiger Geldbedarf zur Abdeckung von Kontoüberziehungen	mittelfristiger Geldbedarf zur Finanzierung größerer Anschaffungen wie Autos	langfristiger Geldbedarf zur Finanzierung von Immobilienkäufen
Kreditaufnahme	Überziehung des Girokontos	Abschluss eines Kreditvertrags und Einrichtung eines besonderen Darlehenskontos	Abschluss eines Kreditvertrags und Einrichtung eines besonderen Darlehenskontos
Laufzeit	unbefristet	vertraglich geregelt	vertraglich geregelt
Tilgung (Rückzahlung)	durch Ausgleich des Girokontos, in der Regel durch Lohnzahlungen	feste monatliche Raten	feste Raten, meist monatlich
Zinsen	prozentualer Jahreszins vom beanspruchten Kreditbetrag, deutlich höher als bei den anderen Kreditarten. Wird der vereinbarte Dispositionsrahmen überzogen, steigt der Zins um weitere 4–5 %	prozentualer Jahreszins	prozentualer Jahreszins

6.2 Beispiel Ratenkredit (Konsumentenkredit)

Vor der Aufnahme eines Ratenkredits (z. B. für den Kauf eines Gebrauchtwagens) sollten Kreditangebote von verschiedenen Kreditinstituten eingeholt werden. Dabei lässt sich feststellen, dass die Konditionen (Kreditbedingungen) sehr unterschiedlich sein können. Außerdem gilt es, Angebote von sogenannten „Kredithaien" herauszufiltern; dies sind Kreditanbieter, die Kredite zu weit überhöhten Konditionen vermitteln oder anbieten.

Die Kosten eines Darlehens bzw. Kredits setzen sich meist aus mehreren Positionen zusammen. Die Summe aus Zinsen und monatlicher Rückzahlung (Tilgung) bezeichnet man als **Annuität**. Je nach Anbieter sind die Gesamtkosten eines Darlehens abhängig von

- dem verlangten **Zinssatz**: Seine Höhe hängt unter anderem ab von der Bonität (Zahlungsfähigkeit) des Kunden, den vorhandenen Sicherheiten, der Laufzeit sowie der Kreditart.
- den Kosten einer **Restschuldversicherung**, deren Abschluss manche Banken verlangen: Sie soll Kreditnehmer und Bank gegen unvorhergesehene Ereignisse absichern; in der Regel gegen Arbeitslosigkeit, Krankheit, Berufsunfähigkeit, Erwerbsunfähigkeit oder Tod.
- der **Vermittlungsgebühr** (Provision), wenn der Kreditvertrag über einen Kreditvermittler abgeschlossen wurde.

Effektivverzinsung

Für den Kreditnehmer stellt sich aufgrund der unterschiedlichen Kreditkosten der einzelnen Kreditinstitute das fast unüberwindliche Problem des Preisvergleichs. Deshalb schreiben **Preisangabenverordnung** und **BGB** (Bürgerliches Gesetzbuch) zwingend vor, dass Kreditinstitute bei Krediten an Privatpersonen die **Effektivverzinsung** angeben müssen. Der **Effektivzins** gibt Auskunft über den tatsächlich zu zahlenden Zins einschließlich aller Gebühren und sonstiger Kosten. Der mit einer komplizierten Formel errechnete Effektivzinssatz wird mit Computerprogrammen ermittelt, die bei verschiedenen Zinssätzen und Laufzeiten den jeweiligen effektiven Jahreszins angeben.

PAngV § 6

Für die Berechnung der Gesamtbeträge eines Darlehens verwenden Banken ebenfalls Computerprogramme, mit deren Hilfe Kunden im Beratungsgespräch der Gesamtbetrag und sich daraus ergebende Monatsraten genannt werden können.

Angebot Kreditvermittler				
Laufzeit	12 Monate	24 Monate	36 Monate	48 Monate
Kreditbetrag	10 000,00 €	10 000,00 €	10 000,00 €	10 000,00 €
Sollzins (Nominalzins)	4,20 %	5,30 %	6,00 %	7,15 %
Effektivzins	13,44 %	13,02 %	13,36 %	14,57 %
Vermittlungsgebühr 2 %	200,00 €	200,00 €	200,00 €	200,00 €
Restschuldversicherung	240,00 €	480,00 €	720,00 €	960,00 €
monatliche Rate	889,08 €	468,39 €	329,78 €	264,33 €
Zinsen gesamt	228,96 €	561,41 €	951,90 €	1 527,63 €
Gesamtaufwand	10 668,96 €	11 241,41 €	11 871,90 €	12 687,63 €

Hinweis: Neben den Zinsen wird eine laufzeitunabhängige Vermittlungsgebühr von 2 % erhoben.

Beispiel: Bei 5,3 % Sollzins, 24 Monaten Laufzeit und 480 € Restschuldversicherung beträgt die Effektivverzinsung pro Jahr 13,44 %.

Fallbeispiel Kreditvergleich S. 310

Zunächst erscheinen die 5,3 % für 24 Monate im obigen Beispiel sehr gering.

Wie die Tabelle zeigt, ist die effektive Verzinsung pro Jahr erheblich höher, da bei Krediten weitere Kosten anfallen können wie Vermittlungsgebühren, Restschuldversicherungen oder ein Disagio. Das **Disagio** ist ein Abzug vom Auszahlungsbetrag. Wurde in einem Kredit über 10 000 € ein Disagio von 5 % vereinbart, dann werden dem Kreditnehmer nur 9 500 € ausbezahlt, er muss aber 10 000 € zurückbezahlen. Folge: Diese zusätzlichen Kosten lassen den Effektivzins ansteigen.

Angebot Bank				
Laufzeit	12 Monate	24 Monate	36 Monate	48 Monate
Kreditbetrag	10 000,00 €	10 000,00 €	10 000,00 €	10 000,00 €
Sollzins (Nominalzins)	6,20 %	7,30 %	7,70 %	8,30 %
Effektivzins	6,38 %	7,55 %	7,98 %	8,62 %
Vermittlungsgebühr	keine	keine	keine	keine
Restschuldversicherung	keine	keine	keine	keine
monatliche Rate	861,58 €	449,09 €	311,98 €	245,54 €
Zinsen gesamt	339,02 €	778,09 €	1231,34 €	1785,91 €
Gesamtaufwand	10 339,02 €	10 778,09 €	11 231,34 €	11 785,91 €

Zunächst erscheint das Angebot der Bank wegen des höheren Sollzinssatzes (Nominalzinssatzes) schlechter. Bei genauerem Vergleich wird jedoch deutlich, dass es wegen fehlender Vermittlungsgebühr und nicht verlangter Restschuldversicherung erheblich günstiger ausfällt. Der Effektivzins bei der Bank liegt lediglich bei 7,55 %. Des Weiteren fällt bei beiden Angeboten auf, dass eine längere Laufzeit zwar zu einer niedrigeren Monatsrate führt, andererseits die Gesamtkosten aber deutlich erhöht.

Verbraucherschutz durch das BGB

Die Regelungen des BGB und der Verbraucherkreditrichtlinie sollen die Kunden vor einer Übervorteilung durch übereilt abgeschlossene Kreditverträge schützen. Das BGB gilt für alle Kreditverträge über 200 € sowie für Ratenkaufverträge. Seine wichtigsten Bestimmungen:

- Kreditverträge müssen schriftlich abgeschlossen werden.
- Dem Kreditnehmer müssen bestimmte Mindestangaben gemacht werden (Nominalzins, Effektivzins, Gesamtbetrag der Raten, Nebenkosten, verlangte Sicherheiten usw.).
- Kreditverträge können innerhalb von zwei Wochen widerrufen werden. Diese Widerrufsmöglichkeit muss schriftlich mitgeteilt und vom Kreditnehmer unterschrieben werden.
- Werden Abzahlungskäufe von Banken oder Sparkassen finanziert, dann kann man bei mangelhafter Ware diese Mängel auch dem Kreditinstitut entgegenhalten und die Raten (vorerst) zurückbehalten.

Verbraucherkreditrichtlinie
BGB §§ 491, 492
EBGB Art. 247 § 3

Sicherheiten

Kreditinstitute vergeben Spareinlagen von Kunden in Form von Krediten an andere Kunden. Dies erfordert ein Höchstmaß an Absicherung. Neben der persönlichen Zuverlässigkeit des Kreditnehmers verlangen sie meist zusätzliche Sicherheiten:

BGB §§ 765 f.

Bürgschaften: Grundlage dieser Kreditsicherung ist der Bürgschaftsvertrag, der nach BGB schriftlich abgeschlossen werden muss. Darin verpflichtet sich der Bürge, bei der Bank für die Schuld des Kreditnehmers einzustehen. Der Bürge kann die Bürgschaft grundsätzlich nicht kündigen oder zurückziehen; sie entfällt erst, wenn die Schuld nicht mehr besteht.

Lohn- und Gehaltsabtretung: Sie kommt vor allem bei Privatkrediten infrage. Um den Lebensunterhalt des Schuldners zu sichern, besteht ein Abtretungsverbot für den unpfändbaren Teil des Einkommens.

Verpfändung von Wertpapieren und sonstigen Vermögenswerten: Bei einer Verpfändung von Gegenständen geht das Pfandobjekt (meist Schmuck oder Wertpapiere) so lange in den Besitz der Bank über, bis der Kredit zurückgezahlt ist.

Sicherungsübereignung von beweglichen Sachen: Bei einer Sicherungsübereignung wird das Eigentum an dem sicherungsübereigneten Gegenstand der Bank übertragen. Der Schuldner kann ihn jedoch unter gewissen Absicherungen nutzen. Beispiel: Wird ein über Kredit finanziertes Auto sicherungsübereignet, kann der Kreditnehmer es zwar nutzen, muss aber eine Vollkaskoversicherung abschließen. Der Kfz-Brief verbleibt bei der Bank, damit ein unberechtigter Verkauf unmöglich ist.

Grundschuld oder Hypothek: Eine Grundschuld oder eine Hypothek ist ein Pfandrecht an Grundstücken oder Gebäuden. Jedes Grundstück mit daraufstehenden Gebäuden ist beim Grundbuchamt im Grundbuch eingetragen. Wird ein Grundstück mit einer Grundschuld oder einer Hypothek belastet, so wird diese ins Grundbuch eingetragen. Kann der Schuldner sein Hypothekendarlehen nicht wie vereinbart zurückzahlen, dann hat die darlehensgebende Bank die Möglichkeit, diese Hypothek zu verwerten, d.h. sie kann das Gebäude zwangsversteigern lassen.

BGB §§ 1113 f., 1191 ff.

Gefahren der Kreditaufnahme

Kreditinstitute, die einen Kredit vergeben, überprüfen zur eigenen Sicherheit zuerst die Kreditwürdigkeit ihrer Kunden. Eine wichtige Entscheidungsgrundlage sind hierbei Auskunfteien wie die **SCHUFA** (Schutzgemeinschaft für allgemeine Kreditsicherung). Auf Anfrage geben diese unter anderem an Banken und Sparkassen Bonitätsauskünfte zu den Kreditsuchenden. Im Gegenzug informieren die Kreditinstitute über abgeschlossene Kreditverträge und über Unregelmäßigkeiten bei deren Ablauf. So erfahren die Auskunfteien, ob ein Kreditnehmer seine Raten pünktlich zahlt oder ob Zahlungsausfälle vorliegen. Kreditsuchende, über die nachteilige Informationen gespeichert sind, bekommen häufig nur schwer einen neuen Kredit.

Trotzdem steigt die Zahl der Haushalte, die von der Zins- und Tilgungslast hoffnungslos überfordert sind. Rund 6,7 Millionen Schuldner können derzeit ihren Zahlungsverpflichtungen nicht mehr nachkommen, sie sind **überschuldet**. Die wichtigsten Auslöser einer Überschuldung sind: moderne Zahlungsmöglichkeiten wie Kredit- oder Kundenkarten (z.B. Bankkarten, Sparkassenkarten), Arbeitslosigkeit, Scheidungsfolgen, Sorglosigkeit, mangelnde Erfahrung mit Kreditangeboten, Scheitern bei Selbstständigkeit.

Bei jeder Kreditaufnahme sollte deshalb auf folgende Punkte geachtet werden:

- Reicht das Einkommen aus, um die anfallenden Raten zu zahlen und um den Lebensunterhalt (Miete, Nahrungsmittel usw.) zu bestreiten?
- Können die Zahlungsverpflichtungen auch bei Krankheit oder Arbeitslosigkeit erfüllt werden?
- Wie hoch sind die gesamten Kreditkosten? Wie hoch ist der effektive Jahreszins? Welche Bank macht das günstigste Angebot?
- Unterschreiben Sie keinen Vertrag blanko, d.h. die Verträge sollten vollständig ausgefüllt sein.
- Verlangen Sie eine Kopie des Vertrags.
- Treffen Sie keine mündlichen Nebenabreden. Da Kreditverträge schriftlich abgeschlossen werden müssen, sind derartige Abreden ungültig.
- Achten Sie darauf, dass die Laufzeit des Kredits kürzer ist als die Lebensdauer des mit Kredit gekauften Geräts.
- Oft verzichten Banken auf den Abschluss einer Restschuldversicherung, wenn Kreditnehmer eine vorhandene Lebensversicherung als Pfand einsetzen.

 Info
Schufa
cq82cq

 Info
Musterbonitäts-
auskünfte der Schufa
6xb5wk

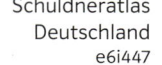

Anlaufstelle für seriöse
Schuldnerberatung:
– Verbraucherzentralen in
  vielen Städten
– Bundesverband der
  Verbraucherzentralen und
  Verbände (VzBv)

Wenn Sie bereits in Schwierigkeiten sind:

- Wenden Sie sich an die Bank oder bitten Sie andere Personen um Hilfe.
- Richten Sie ein **Pfändungsschutzkonto** ein, damit Ihr Girokonto nicht durch Pfändung blockiert wird (s. S. 120).
- Suchen Sie eine **Schuldnerberatungsstelle** auf. Derartige Einrichtungen gibt es im gesamten Bundesgebiet.
- Nehmen Sie auf keinen Fall die „Hilfe" von unseriösen Kreditvermittlern **(Kredithaien)** in Anspruch. Ein Kreditvermittler gewährt keinen Kredit, er vermittelt ihn nur. Dafür berechnet er außer Zinsen, Bearbeitungsgebühren, Auskunftsprämien, Inkassoprämien usw. Erst diese machen Kreditvermittlungen zum lohnenden Geschäft. Da niemand zu wohltätigen Zwecken ein Kreditvermittlungsbüro betreibt, werden die Schulden durch eine Kreditvermittlung nur erheblich höher.

Verbraucherinsolvenzverfahren

Seit 1999 können die mehr als 3,35 Millionen überschuldeten Haushalte aufatmen. Jetzt können Gerichte auch Privatleuten ihre Schulden erlassen. Das **Insolvenzrecht** gibt Überschuldeten die Chance, sich von alten Schulden zu befreien. Doch die Bedingungen sind hart:

Info 🌐
Schuldneratlas
Deutschland
e6i447

Inso §§ 304 ff.

1. **Der Schuldner** muss **dokumentieren**, dass er versucht hat, sich mit seinen Gläubigern zu einigen.
2. **Ein Richter** schaltet sich im zweiten Schritt ein. Er versucht, die Parteien zu einem Kompromiss (Vergleich) zu bewegen.
3. **Scheitert der Einigungsversuch**, beginnt das **Insolvenzverfahren**: Der Richter teilt das Vermögen des Schuldners auf die Gläubiger auf.
4. **Sechs Jahre** lang muss der Schuldner nun den pfändbaren Teil seines Einkommens abtreten. Diesen verteilt ein Treuhänder an die Gläubiger. Des Weiteren muss er jede bezahlte Arbeit annehmen und dem Gericht Arbeits- und Wohnortswechsel anzeigen.
5. Die **Belohnung** folgt im siebten Jahr, wenn das Gericht dem Privatmann seine restlichen **Schulden erlässt**.
6. Begleicht der Schuldner innerhalb der ersten 3 Jahre mindestens 35% der Gläubigerforderungen und die Verfahrenskosten, dann ist er bereits nach dieser Zeit seine Schulden los. (gilt für Anträge ab 01.07.2014)
7. Zahlt er nach 5 Jahren zumindest die Verfahrenskosten zurück, dann ist er ebenfalls vorzeitig von seinen Schulden befreit.

Das neue Insolvenzrecht bietet vielen Überschuldeten einen Ausweg aus der „Schuldenfalle". Dennoch sollte diese Möglichkeit nur als wirklich allerletzte Lösung gewählt werden. Denn es ist anzunehmen, dass abgewickelte Privatinsolvenzen bei der Schufa registriert werden. Die Folge: Die von ihren Schulden befreite Privatperson hat zwar ihre Schulden verloren, gleichzeitig aber auch ihre Kreditwürdigkeit. Selbst Jahre später wird sie Mühe haben, einen Kredit zu erhalten.
Viele Banken werden die Eröffnung eines Girokontos ablehnen oder zumindest keine Scheckformulare, Kreditkarten und Girokarten ausstellen. Mobilfunkunternehmen werden keinen „Handy-Vertrag" abschließen.

Hauptgründe für die Überschuldung von Privatpersonen 2015	
Arbeitslosigkeit	17,9 %
Scheidung, Trennung, Tod	12,2 %
Erkrankung, Sucht, Unfall	12,4 %
unwirtschaftliche Haushaltsführung	11,5 %
gescheiterte Selbstständigkeit	7,9 %
sonstige Auslöser	38,1 %

nach: creditreform, Schuldneratlas 2015

Kreditgeschäfte: Bedingungen und Gefahren

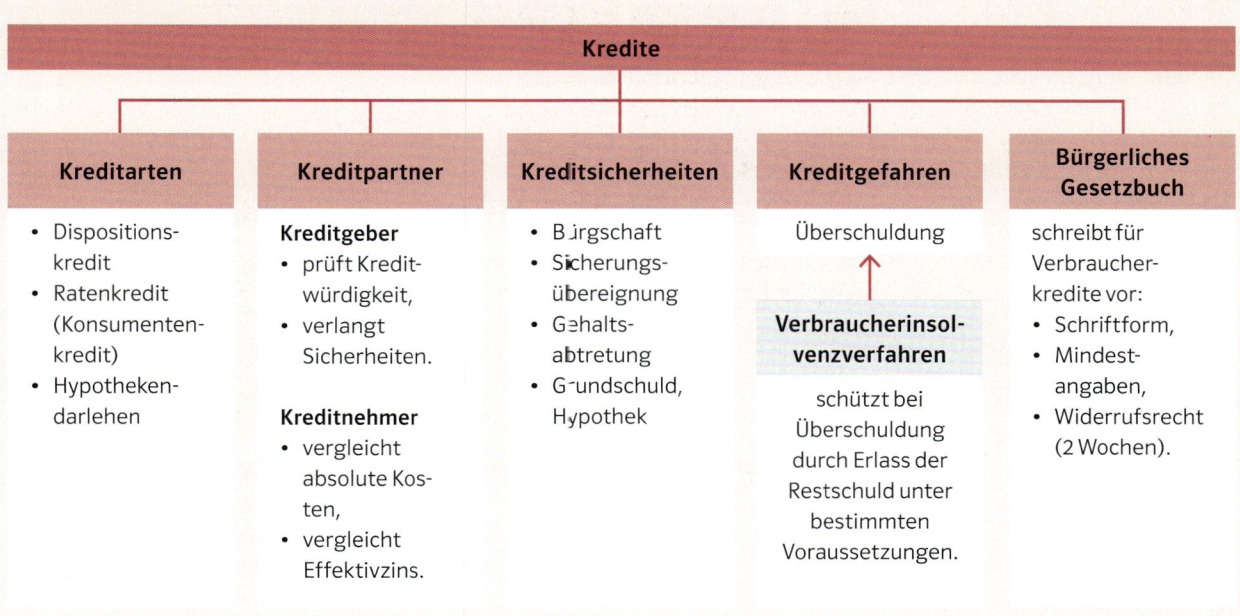

Kredite				
Kreditarten	**Kreditpartner**	**Kreditsicherheiten**	**Kreditgefahren**	**Bürgerliches Gesetzbuch**
• Dispositions-kredit • Ratenkredit (Konsumenten-kredit) • Hypotheken-darlehen	**Kreditgeber** • prüft Kredit-würdigkeit, • verlangt Sicherheiten. **Kreditnehmer** • vergleicht absolute Kosten, • vergleicht Effektivzins.	• Bürgschaft • Sicherungs-übereignung • Gehalts-abtretung • Grundschuld, Hypothek	Überschuldung ↑ **Verbraucherinsolvenzverfahren** schützt bei Überschuldung durch Erlass der Restschuld unter bestimmten Voraussetzungen.	schreibt für Verbraucher-kredite vor: • Schriftform, • Mindest-angaben, • Widerrufsrecht (2 Wochen).

Arbeitsteil

1. Welche Kredit- bzw. Darlehensarten sind für Privatpersonen am bedeutendsten?

2. Wie unterscheiden sich Dispositionskredit und Ratenkredit?

3. Worauf sollten Sie beim Vergleich von Darlehensangeboten besonders achten?

4. Worüber gibt der effektive Jahreszins Auskunft?

5. Welche Sicherheiten kommen bei Ratenkrediten (Anschaffungsdarlehen) normalerweise infrage?

6. Was versteht man unter dem gesetzlichen Abtretungsverbot bei Lohn- und Gehaltsabtretungen?

7. a) Welche Formvorschrift besteht für den Abschluss eines Kreditvertrags?
   b) Innerhalb welcher Frist können Kreditverträge vom Kunden widerrufen werden?
   c) Nennen Sie drei Mindestangaben, die ein Kreditvertrag enthalten muss.

8. Beschreiben Sie den Ablauf des Verbraucherinsolvenzverfahrens.

9. Stimmen Sie folgender Aussage zu? „Es ist immer besser, den Kaufpreis für geplante Anschaffungen anzusparen, als einen Kredit aufzunehmen." Begründen Sie.

10. Familie Berger will ein neues Auto kaufen. Insgesamt fehlen noch 7 500 €. Diese sollen durch einen Ratenkredit finanziert werden. Die Hausbank macht für den Kredit folgendes Angebot: 6,07 % Zinsen pro Jahr, Tilgung in 36 Monatsraten. Familie Berger hat jeden Monat folgende Einnahmen und Ausgaben:

Einnahmen		Ausgaben	
Frau Berger	560,00 €	Miete	660,00 €
Herr Berger	1870,00 €	Lebenshaltungs-kosten	745,00 €
Kindergeld (2 Kinder)	368,00 €	Kfz-Kosten	165,00 €
		Sonstiges	240,00 €

a) Berechnen Sie den Rückzahlungsbetrag und die Höhe der monatlichen Zins- und Tilgungsrate.
b) Würden Sie Familie Berger zur Aufnahme des Kredits raten? Begründen Sie Ihre Antwort.

 Fallbeispiel Kreditvergleich S. 310

Prüfungsaufgabe

 **Üben**
weitere Prüfungsaufgabe
9zb3hg

 **Üben interaktiv**
Prüfungsaufgaben
975q39

Ralf Maier, 19 Jahre, arbeitet als Maschinenschlosser bei der Firma Freud GmbH in Weinheim. Sein Gehalt überweist ihm die Firma Freud pünktlich zum Monatsersten auf das Konto Nr. 12345678 bei der Starkenburg Sparkasse in Heppenheim.
Am 17. Oktober druckt Ralf folgenden Auszug am Kontoauszugsdrucker aus.

Sparkasse Starkenburg	BLZ 509 514 69	Auszug 53	Blatt 1
Nr. 12345678			

Datum	Erläuterung	Betrag
Kontostand 31.09.2015, Auszug Nr. 52		435,18 H
Währung: EUR		
• 01.10. Lohn, Gehalt Freud GmbH 6543/654865		1.124,12 H
• 02.10. Miete DA-NR 0123456		320,00 S
• 06.10. Scheck Nr. 333, Zahlung für Fahrrad, Bitsch		150,00 H
• 11.10. Geldautomat Sparkasse GA NR000123 BLZ509 514 69 11.10/12 UHR Weinheim		50,00 S
• 12.10. Scheck Nr. 321321321		80,00 S
• 13.10. Lastschrift Wert: 13.10.20XX RUNDFUNKANSTALT Teilnehmernummer 123456		48,45 S
• 15.10. Lastschrift MediaMarkt, Mannheim 05748984660 ELV56743 12.10. XX 9.20 MEZ		210,00 S
• 16.10. Kartenzahlung SHELL 5432 Weinheim EC 700021345 15.11 7.30 MEZ		61,85 S

Ralf Maier

Int. Bank Account Nummer:
DE30 5674 1234 0055 7650 65
SWIFT-BIC.: HELADEF3HPE

a) Um welche Art von Bankkonto handelt es sich?

b) Erklären Sie, welche Vorgänge bzw. Handlungen den Buchungen vom 2. Oktober, 6. Oktober, 11. Oktober, 12. Oktober und 13. Oktober zugrunde liegen könnten.

c) Vergleichen Sie die Lastschrift vom 15. Oktober mit der Kartenzahlung vom 16. Oktober. Worin unterscheiden sich die beiden Zahlungsarten?

d) Franz möchte im Computerladen seinen PC im Wert von 800 € mit einem Scheck bezahlen. Der Verkäufer lehnt ab. Warum?

e) Uta möchte ihre Geburtstagsfete in der Pizzeria Guiseppe mit Kreditkarte bezahlen. Beschreiben Sie den Vorgang der Kreditkartenzahlung. Worauf hat Uta zu achten?

f) Robert möchte in einem Musikgeschäft seine gekauften CDs im Wert von 30 € mit Girokarte bezahlen. Der Verkäufer besteht aber auf Zahlung mit Bargeld. Kann Robert auf Zahlung mit der Girokarte seiner Bank bestehen?

g) Valerie möchte folgende Zahlungen erledigen:
– monatliche Miete
– Einkauf im Supermarkt
– monatliche Telefonrechnung
– Rechnung vom Versandhaus
– Kauf einer Fahrkarte für die Straßenbahn
Welche Zahlungsmöglichkeiten würden Sie jeweils empfehlen? Begründen Sie.

h) Beschreiben Sie das Schaubild.

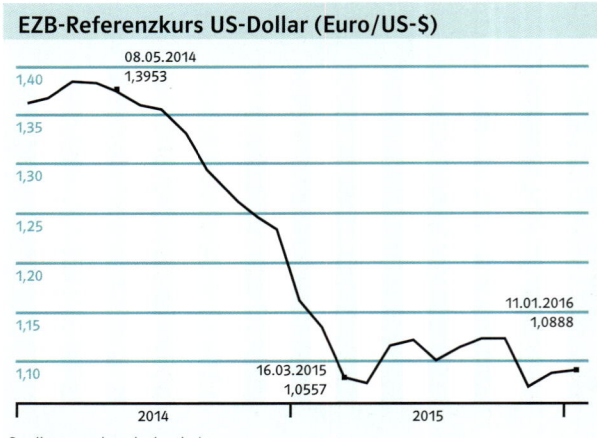

EZB-Referenzkurs US-Dollar (Euro/US-$)

Quelle: www.bundesbank.de

i) Welche Auswirkungen könnte die Wechselkursänderung des Euro zwischen Mai 2014 und Januar 2016 auf eine Firma gehabt haben, die mit Sportgeräten aus den USA handelt (zwei Auswirkungen)?

j) Die Firma importiert u. a. Golfschläger, die in den USA 120 USD kosten. Wie viele Euro waren das am 08.05.2014 und am 11.01.2016?

Grundlagen des Arbeitsrechts

Einzelarbeitsvertrag
Tarifverträge
Betriebsvereinbarungen
Interessenvertretung der Arbeitnehmer
Arbeitsgericht

 Linktipps
Kapitel
3y8p4v

1   Einzelarbeitsvertrag

→
Dieses Bewerbungsgespräch scheint nicht optimal verlaufen zu sein.

Schildern Sie kurz, wie ein Arbeitsvertrag zustande kommt, von der Anbahnung bis zum Abschluss.

1.1   Anbahnung und Abschluss

Bürgerliches Gesetzbuch (BGB)

§ 611 Vertragstypische Pflichen beim Dienstvertrag
(1) Durch den Dienstvertrag wird derjenige, welcher Dienste zusagt, zur Leistung der versprochenen Dienste, der andere Teil zur Gewährung der vereinbarten Vergütung verpflichtet.
(2) Gegenstand des Dienstvertrages können Dienste jeder Art sein.

Die Voraussetzung für jedes **Arbeitsverhältnis** ist der **Arbeitsvertrag**. Er ist die wichtigste Form des Dienstvertrags. Abgeschlossen wird ein Arbeitsvertrag zwischen **Arbeitnehmer** und **Arbeitgeber**. Genauer gesagt: Er entsteht durch zwei übereinstimmende Willenserklärungen, nämlich den Antrag einer Seite und die Annahme der anderen Seite. Durch den Vertragsabschluss verpflichtet sich der Arbeitnehmer zur **Arbeitsleistung** unter der Leitung des Arbeitgebers. Von diesem erhält er dafür eine **Vergütung**, den Lohn bzw. das Gehalt.

Die Anbahnung des Arbeitsvertrags kann sehr unterschiedlich sein. So melden viele Arbeitgeber der Agentur für Arbeit eine frei gewordene Stelle. Diese versucht dann, einen geeigneten Bewerber zu vermitteln. Andere Betriebe werden von sich aus tätig und suchen durch Stellenanzeigen in Tageszeitungen oder Fachzeitschriften nach geeigneten Mitarbeitern. Auch das Auswerten von Stellengesuchen ist eine Möglichkeit. Normalerweise bewerben sich viele Arbeitnehmer um einen Arbeitsplatz. Wie viele das sind, hängt von verschiedenen Faktoren ab, unter anderem vom angebotenen Arbeitsplatz, von der Vergütung, der Aufmachung der Stellenanzeige, vom Ansehen der Firma, der Lage auf dem Arbeitsmarkt usw.
Anhand der **Bewerbungsunterlagen** treffen die Betriebe unter den Bewerbern eine **Vorauswahl**. Zu den Bewerbungsunterlagen gehören: das Bewerbungsschreiben, der Lebenslauf mit Bewerbungsfoto, Kopien der letzten Schulzeugnisse, der Nachweis der Berufsausbildung (z. B. der Gesellenbrief), Arbeitszeugnisse (siehe auch Europass S. 20 f.).
Eine besondere Bedeutung kommt dabei dem **Bewerbungsschreiben** zu. Ihm entnimmt ein Arbeitgeber, wie wichtig dem Arbeitnehmer die ausgeschriebene Stelle ist. Er sieht dies an der Sorgfalt und der Mühe, die sich ein Arbeitnehmer mit der Formulierung des Schreibens und mit der Zusammenstellung der Unterlagen gemacht hat.
Dem **Lebenslauf** kann der Arbeitgeber entnehmen, ob ein Bewerber zielstrebig seine Berufsziele verfolgt hat, ob er es lange in anderen Firmen ausgehalten hat oder ob er bei nächster Gelegenheit auch den neuen Betrieb wieder verlassen wird.
In einem persönlichen Gespräch, dem **Vorstellungsgespräch**, stellen Arbeitgeber und Arbeitnehmer letztlich fest, ob sie miteinander einen Arbeitsvertrag abschließen wollen.

Meist verhandeln Arbeitgeber und Arbeitnehmer bei dieser Gelegenheit über die wichtigsten Vertragsinhalte wie Arbeitszeit, Lohnhöhe, Urlaubsanspruch und Art der zu leistenden Arbeit. Erfolgt eine Einigung, ist ein Arbeitsvertrag entstanden und der Arbeitnehmer gibt seine **Arbeitspapiere** ab. Dazu gehören die Urlaubsbescheinigung des vorherigen Arbeitgebers, die Mitgliedsbescheinigung der gewählten Krankenkasse sowie sein Sozialversicherungsausweis. Die Besteuerungsmerkmale erhält der Arbeitgeber online vom Bundeszentralamt für Steuern, nachdem er die Steueridentifikationsnummer und das Geburtsdatum des Arbeitnehmers eingegeben hat.

Staatsangehörige von **Mitgliedsländern** der **Europäischen Union** können nach **EU-Recht** in jedem EU-Land einen Arbeitsvertrag unterschreiben. Eine Arbeitserlaubnis ist nicht mehr erforderlich.

Pflichten vor Abschluss eines Arbeitsvertrags

Schon vor Abschluss des Arbeitsvertrags haben die Vertragspartner bestimmte Pflichten. So muss der **Arbeitgeber** mit den vertraulich überlassenen **Bewerbungsunterlagen** auch **diskret** umgehen. Hat er den Bewerber zu einem Vorstellungsgespräch eingeladen, muss er die entstandenen **Kosten ersetzen**, es sei denn, das Unternehmen hat dies ausgeschlossen. Im Vorstellungsgespräch darf er bestimmte Fragen nicht stellen. **Nicht gestattet** sind z.B. Fragen nach den Vermögensverhältnissen, zur Gesundheit, nach Vorstrafen, nach einer Religions-, Partei- oder Gewerkschaftszugehörigkeit sowie nach einer Schwangerschaft (**unzulässige Fragen**). Eine Schwangerschaft darf auch kein Ablehnungsgrund sein. Fragen nach einer Schwerbehinderung, nach beruflichen Kenntnissen, Erfahrungen und Prüfungsergebnissen oder nach der Höhe des bisherigen Gehalts sind dagegen zulässig.

Der **Arbeitnehmer** muss wahrheitsgemäß über seine Qualifikationen Auskunft geben. In diesem Zusammenhang muss er mitteilen, welche Bedingungen des Arbeitsvertrags er nicht erfüllen kann. Beispielsweise darf eine Friseurin nicht verschweigen, dass sie bestimmte Chemikalien nicht verträgt. Auch eine Lohnpfändung muss mitgeteilt werden.

Soziale Rechte in Europa

Zwischen den einzelnen EU-Staaten gibt es große Unterschiede. Die seit 2009 gültige Charta der Grundrechte der Europäischen Union soll verhindern, dass das Arbeiten im Ausland zur bösen Überraschung wird. Mit Ausnahme von Großbritannien, Polen und Tschechien ist sie in allen EU-Staaten verbindlich. In Kapitel IV enthält sie soziale Rechte und Rechte am Arbeitsplatz, wie ein Informations- und Anhörungsrecht am Arbeitsplatz, den Schutz vor ungerechtfertigter Entlassung, das Verbot von Kinderarbeit und den Jugendarbeitsschutz, den Mutterschutz oder das Recht auf Sozialleistungen bei Mutterschaft, Arbeitslosigkeit, Krankheit, Pflegebedürftigkeit und im Alter.
Über die EU hinaus gilt die Europäische Sozialcharta, die vom Europarat beschlossen wurde, in dem fast alle Staaten Europas Mitglied sind. Sie enthält nahezu die gleichen Rechte. Allerdings ist sie in manchen Ländern noch nicht in Kraft getreten. Die Aussagen der Charta der Grundrechte der EU bzw. der Europäischen Sozialcharta sind oft sehr allgemein gehalten oder legen Mindeststandards fest. Wer anderswo in Europa leben oder arbeiten will, tut gut daran, sich mit den jeweiligen Regelungen vor Ort vertraut zu machen.

Das erwarten Betriebe von Ausbildungsbewerbern	
Zuverlässigkeit	98%
Lernbereitschaft	98%
Verantwortungsbewußtsein	94%
Konzentrationsfähigkeit	92%
Durchhaltevermögen	91%
Beherrschung der Grundrechenarten	91%
Höflichkeit	87%
Fähigkeit zur Selbstkritik	85%
Konfliktfähigkeit	83%

Die wichtigsten, für alle Ausbildungsberufe zwingend erforderlichen Merkmale, Expertenbefragung Quelle: BIBB

1.2   Form und Inhalt

Der Abschluss eines Arbeitsvertrags ist **formfrei**, d. h. er kann schriftlich, mündlich oder durch schlüssiges Handeln zustande kommen. Viele Arbeitsverträge werden daher noch immer durch „Handschlag" besiegelt, d. h. der Vertragsabschluss erfolgt nur mündlich. Das bringt häufig Schwierigkeiten mit sich, vor allem dann, wenn ein Vertragspartner vereinbarte Ansprüche aus Beweismangel nicht durchsetzen kann. Schriftliche Arbeitsverträge sind deshalb für beide Seiten von Vorteil, da sie mehr Sicherheit bieten und dazu beitragen, unnötige Streitigkeiten zu vermeiden.

> **Mindestinhalte eines schriftlichen Arbeitsvertrages nach EU-Recht und „Nachweisgesetz"**
>
> • Name und Anschrift der Vertrags-
>   partner
> • Beginn des Arbeitsverhältnisses
>   und, sofern befristet, dessen Ende
> • Arbeitsort
> • Beschreibung der Arbeit
> • Höhe und Zusammensetzung des
>   Arbeitsentgeltes einschließlich
>   aller Zusatzleistungen wie Prämien,
>   Zulagen, Zuschläge
> • vereinbarte Arbeitszeit
> • Dauer des Jahresurlaubs
> • Kündigungsfristen
> • Hinweise auf anwendbare Tarifver-
>   träge und Betriebsvereinbarungen

Um EU-Vorschriften umzusetzen, hat der Bundestag 1995 das sogenannte **„Nachweisgesetz"** erlassen. Es verpflichtet jeden Arbeitgeber, entweder schriftliche Arbeitsverträge abzuschließen oder zumindest den Inhalt des Vertrags schriftlich niederzulegen. Spätestens einen Monat nach Beginn des Arbeitsverhältnisses muss er die wesentlichen Vertragsinhalte schriftlich festhalten, die Niederschrift unterschreiben und dem Arbeitnehmer aushändigen. Diese Niederschrift muss die nebenstehenden Vertragsinhalte enthalten.

Auch wenn kein schriftlicher Nachweis vorliegt, wird der Vertrag trotzdem nicht ungültig, der Arbeitnehmer kann sogar vor dem Arbeitsgericht auf die Erfüllung der Nachweispflicht klagen.

TzBfG § 14

Wird ein **befristeter Arbeitsvertrag** nicht schriftlich abgeschlossen, hat dies zur Folge, dass die Befristung unwirksam ist und der Arbeitsvertrag als unbefristet gilt. Um Benachteiligungen von Arbeitnehmern auszuschließen, hat der Staat durch Gesetze und Verordnungen die Vertragsfreiheit beim Arbeitsvertrag stark eingeschränkt. So müssen unter anderem folgende gesetzliche Regelungen beim Vertragsabschluss und bei der Festlegung der Inhalte berücksichtigt werden:

• Bürgerliches Gesetzbuch	• Jugendarbeitsschutzgesetz	• Schwerbehindertengesetz
• Gewerbeordnung	• Nachweisgesetz	• Tarifvertragsgesetz
• Handelsgesetzbuch	• Entgeltfortzahlungsgesetz	• Betriebsverfassungsgesetz
• Arbeitszeitgesetz	• Mutterschutzgesetz	• Entgeltfortzahlungsgesetz
• Bundesurlaubsgesetz	• Handwerksordnung	• Teilzeit- und Befristungsgesetz
• Kündigungsschutzgesetz	• Arbeitsplatzschutzgesetz	• Sozialgesetzbuch

Die Bestimmungen der einzelnen Gesetze und Verordnungen dürfen immer nur zugunsten der Arbeitnehmer geändert werden. So kann der Arbeitgeber die im Arbeitszeitgesetz auf 8 Stunden täglich festgelegte Arbeitszeit jederzeit auf 7 Stunden verkürzen, nicht aber dauerhaft auf 9 Stunden verlängern. Meist wird zu Beginn des Arbeitsverhältnisses eine **Probezeit** vereinbart. In der Regel dauert sie ein bis drei Monate, höchstens jedoch 6 Monate. Während der Probezeit können beide Seiten das Arbeitsverhältnis mit einer Kündigungsfrist von 14 Tagen beenden.

Durch den Arbeitsvertrag entstehen dem Arbeitgeber und dem Arbeitnehmer folgende Rechte und Pflichten:

Pflichten des Arbeitgebers	Pflichten des Arbeitnehmers
• **Beschäftigung:** Der Arbeitnehmer muss mit der vertraglich vereinbarten Arbeit beschäftigt werden. Er kann z. B. nicht gegen seinen Willen in einen zweimonatigen unbezahlten Urlaub geschickt werden.	• **Arbeitsleistung:** Der Arbeitnehmer ist verpflichtet, die vereinbarte Arbeitsleistung zu erbringen.
• **Vergütung:** Der Arbeitgeber muss für die geleistete Arbeit den vereinbarten Lohn bzw. das Gehalt zahlen.	• **Gehorsamspflicht:** Die Arbeitsanweisungen des Arbeitgebers müssen befolgt werden.
• **Fürsorge:** Der Arbeitgeber ist verpflichtet, alles zu tun, um die Gesundheit und das Leben seines Arbeitnehmers zu schützen. Beispiele: Abführung der Sozialversicherungsbeiträge, Beachtung der Unfallverhütungsvorschriften, Einhaltung des Jugendarbeitsschutzgesetzes oder des Arbeitszeitgesetzes.	• **Sorgfaltspflicht:** Der Arbeitnehmer muss die übertragenen Arbeiten gewissenhaft, d. h. nach bestem Wissen und Können erledigen.
	• **Treuepflicht:**
	– **Schweigepflicht:** Der Arbeitnehmer muss Betriebsgeheimnisse wahren.
• **Zeugnis:** Bei Beendigung des Arbeitsverhältnisses kann der Arbeitnehmer ein Arbeitszeugnis verlangen.	– **Wettbewerbsverbot:** Der Arbeitnehmer darf dem Arbeitgeber keine Konkurrenz machen.
↓	↓
= Rechte des Arbeitnehmers	**= Rechte des Arbeitgebers**

↓

Die Nichteinhaltung der Pflichten kann zu Kündigung und Schadenersatzpflicht führen.

1.3 Befristete Arbeitsverträge und Teilzeitverträge

Die meisten Arbeitsverträge werden unbefristet abgeschlossen. Nach dem sogenannten **Teilzeit- und Befristungsgesetz (TzBfG)** sind **befristete Arbeitsverträge** nur zulässig, wenn ein besonderer **sachlicher Grund** vorliegt. Dies ist z. B. die Vertretung von erkrankten Arbeitnehmern, die Vertretung während der Elternzeit, Saisonarbeit, Aushilfsarbeit oder die Einstellung zur Probe. Werden Auszubildende unmittelbar nach der Berufsausbildung weiterbeschäftigt, so gilt dies ebenfalls als besonderer sachlicher Grund.

Um die Arbeitslosenzahl zu senken, sieht das Teilzeit- und Befristungsgesetz **drei Ausnahmen** vor, in denen auch ohne sachlichen Grund befristete Arbeitsverträge abgeschlossen werden können. Solche Zeitverträge sind demnach möglich, wenn Arbeitnehmer **neu eingestellt** werden, **wenn Beschäftig-**

Suche Verkäufer/-in für

Stuttgarter Weihnachtsmarkt

vom 28. November bis 23. Dezember

täglich 10 – 21 Uhr ▮▮▮▮▮

Junge/r Siebdrucker/in

Wir bieten guten Verdienst und befristete Anstellung für 24 Monate. Bei guter Auftragsentwicklung unserer neuen Firma erwarten Sie gute Aufstiegsmöglichkeiten und Festanstellung. Wir erwarten Arbeiten im Team und Einarbeitung in neue Aufgabenbereiche. Schriftliche Bewerbungen bitte an: ▮▮▮▮▮

te das **58. Lebensjahr vollendet haben** oder wenn **Existenzgründer** in den ersten 4 Jahren Arbeitsverträge abschließen. Die befristeten Arbeitsverträge dürfen in diesem Fall höchstens dreimal verlängert werden. Allerdings darf ihre Gesamtlaufzeit maximal 2 Jahre betragen, bei Existenzgründern 4 Jahre. Eine Besonderheit gilt für Arbeitnehmer, die das **52. Lebensjahr** vollendet haben. Wenn sie bereits 4 Monate arbeitslos sind, können sie ohne sachlichen Grund bis zu 5 Jahre befristet eingestellt werden. So lange ist auch eine mehrfache Verlängerung möglich.

Mit Zeitverträgen können Unternehmen besser auf Veränderungen der Auftragslage reagieren und für manchen befristet eingestellten Arbeitnehmer bilden sie den Einstieg in ein unbefristetes Arbeitsverhältnis. Auch Auszubildende sind froh, wenn sie nach Abschluss der Berufsausbildung nicht sofort arbeitslos sind, selbst wenn sie zunächst nur befristet übernommen werden.

Wenn Arbeitnehmer regelmäßig eine kürzere Wochenarbeitszeit haben als vergleichbare vollzeitbeschäftigte Arbeitnehmer, gelten sie als Teilzeitbeschäftigte. Die **Teilzeitbeschäftigung** wird im Teilzeit- und Befristungsgesetz geregelt. Es soll die Teilzeitarbeit fördern und verhindern, dass teilzeitbeschäftigte Arbeitnehmer diskriminiert (benachteiligt) werden. So haben Arbeitnehmer einen **Anspruch** auf Teilzeitbeschäftigung, wenn ihr Arbeitsverhältnis mehr als 6 Monate besteht, das Unternehmen mehr als 15 Arbeitnehmer beschäftigt und keine betrieblichen Gründe gegen Teilzeitarbeit sprechen.

1.4 Arbeitszeugnis

BGB § 630

Schon mancher Arbeitnehmer bekam bei seiner Kündigung ein Arbeitszeugnis, von dem er auf den ersten Blick recht angetan war. Es wurde ihm z. B. bescheinigt, dass er sich „stets bemüht hat, zur Zufriedenheit der Firma zu arbeiten". Ein Arbeitnehmer, der diese verschlüsselte Ausdrucksweise nicht kennt, wird von einem „guten Zeugnis" sprechen. Personalchefs und Personalsachbearbeiter dagegen werden es sofort als „mangelhaft" oder „ungenügend" einstufen.

Jedes Arbeitszeugnis muss nämlich zwei Seiten gerecht werden. Einerseits soll es dem ausscheidenden Arbeitnehmer eine wichtige Hilfe und Bewerbungsunterlage sein, wenn er einen neuen Arbeitsplatz sucht. Die Rechtsprechung verlangt deshalb, dass es **wohlwollend** formuliert werden muss. Einmalige Vorfälle dürfen sich nicht negativ auf das Gesamturteil auswirken. Andererseits muss sich ein möglicher Arbeitgeber mithilfe des Zeugnisses ein Bild von den Fähigkeiten des Arbeitnehmers machen können. Um beide Seiten zu berücksichtigen, ist es üblich, „verschlüsselte Arbeitszeugnisse" zu verfassen. Im Laufe der Zeit haben sich folgende Bewertungsstufen eingebürgert:

Formulierungsbeispiele

	Note
… hat die übertragenen Arbeiten stets zu unserer vollsten Zufriedenheit erledigt	1
… hat die übertragenen Arbeiten stets zu unserer vollen Zufriedenheit erledigt	2
… hat die übertragenen Arbeiten zu unserer vollen Zufriedenheit erledigt.	3
… hat die übertragenen Arbeiten zu unserer Zufriedenheit erledigt.	4
… hat die übertragenen Arbeiten im Großen und Ganzen zu unserer Zufriedenheit erledigt	5
… hat sich bemüht, die übertragenen Arbeiten zu unserer Zufriedenheit zu erledigen	6

Nicht immer werden genau diese Formulierungen verwendet. Jeder Arbeitnehmer sollte deshalb „zwischen den Zeilen" lesen. Wenn er beispielsweise in einem Arbeitszeugnis liest: „Er bemühte sich immer, seine Aufgaben zur Zufriedenheit der Firma zu erledigen. Dadurch hatte er Gelegenheit, sich in verschiedenen Abteilungen auf unterschiedlichen Gebieten Kenntnisse anzueignen", dann ist dies eine sehr schlechte Beurteilung. (Vereinfacht ausgedrückt: Man schob ihn von einer Abteilung in die andere, da ihn keiner wollte.)

Zeugnisse werden auch auf „Lücke" gelesen. Fehlt also eine wichtige Angabe, dann schließt der potenzielle Arbeitgeber messerscharf: Das Zeugnis ist unvollständig, weil es sonst schlecht wäre.

Für die Ausstellung des Arbeitszeugnisses ist es gleichgültig, von wem gekündigt wurde, ob vom Arbeitgeber oder vom Arbeitnehmer. In jedem Fall darf der ausscheidende Mitarbeiter während der Kündigungsfrist ein Zeugnis verlangen, damit er leichter einen neuen Arbeitsplatz finden kann.

Ein Arbeitszeugnis muss schriftlich erstellt werden und durch die Überschrift (Zeugnis) auch als solches erkennbar sein. Üblicherweise enthält ein **einfaches Arbeitszeugnis** Angaben über die Art und Dauer der Beschäftigung. Auf Wunsch des Arbeitnehmers kann erwähnt werden, dass er selbst gekündigt hat. Eine außerordentliche Kündigung darf im Arbeitszeugnis nicht erwähnt werden.

Wird auf Wunsch des Arbeitnehmers die Führung und Leistung in das Zeugnis mit einbezogen, dann spricht man von einem **qualifizierten Arbeitszeugnis**.

Zeugnis

Herr Alfred Vogel, geb. am 12.11.1982, war vom 01.06.2011 bis 30.04.2016 in unserem Betrieb als Kfz-Mechaniker tätig. In dieser Zeit hatte er in unserer Reparaturwerkstatt alle vorkommenden Reparatur- und Wartungsarbeiten an Pkws verschiedener Typen durchzuführen.

Herr Vogel verfügt über eine große Berufserfahrung und handwerkliches Geschick. Er hat die ihm übertragenen Arbeiten zügig und zu unserer vollen Zufriedenheit erledigt.

Zu Vorgesetzten und Mitarbeitern bemühte er sich stets um ein gutes Verhältnis.

Im gegenseitigen Einvernehmen endet das Arbeitsverhältnis von Herrn Vogel mit dem heutigen Tage. Wir wünschen ihm für seinen weiteren Lebensweg alles Gute.

Heilbronn, den 30.04.2016
Autohaus Neubert

Hermann Neubert

(Hermann Neubert)

Beispiel eines qualifizierten Arbeitszeugnisses

1.5 Beendigung von Arbeitsverhältnissen

Ein Arbeitsverhältnis wird normalerweise beendet durch:
- **Zeitablauf**, wenn der Vertrag nur für eine bestimmte Zeit geschlossen wurde,
- **Aufhebungsvertrag**, d.h. Arbeitnehmer und Arbeitgeber beenden in gegenseitigem Einvernehmen das Arbeitsverhältnis,
- **Kündigung** eines Vertragspartners.

Zeitablauf
Wurde beim Abschluss des Arbeitsvertrags ein bestimmter Zeitraum vereinbart, dann endet das Arbeitsverhältnis mit dem Ablauf dieser Frist. Eine Kündigung ist bei befristeten Arbeitsverhältnissen nicht erforderlich.

Aufhebungsvertrag
Im Unterschied zu einer einseitigen Kündigung erklären sich bei einem **Aufhebungsvertrag** beide Seiten bereit, das Arbeitsverhältnis zu beenden. Der Arbeitnehmer stimmt also dem Verlust seines **Arbeitsplatzes** zu. Dafür erhält er meistens eine Abfindung. Trotzdem sollte jeder Arbeitnehmer gut überlegen, bevor er einen Aufhe-

bungsvertrag unterschreibt. Nach dem Sozialgesetzbuch ruht nämlich der Anspruch auf Arbeitslosengeld für eine bestimmte Zeit, wenn der Arbeitnehmer ohne Wahrung der für ihn geltenden Kündigungsfristen ausgeschieden ist. Außerdem gehen die Arbeitsämter bei einem Aufhebungsvertrag davon aus, dass der Arbeitnehmer seine Arbeitslosigkeit selbst verursacht hat. Sie verhängen deshalb bis zu drei Monate **Sperrzeit** beim Bezug von Arbeitslosengeld. Um eine Sperrzeit abzuwenden, muss der Arbeitnehmer einen wichtigen Grund für seine Unterschrift darlegen, beispielsweise wenn dem Aufhebungsvertrag entnommen werden kann, dass das Arbeitsverhältnis aus betriebsbedingten Gründen beendet wurde.

Des Weiteren bedeutet ein Aufhebungsvertrag den **Verzicht auf den allgemeinen Kündigungsschutz**. Für werdende Mütter oder Schwerbehinderte z. B. bewirkt er sogar den **Verlust des besonderen Kündigungsschutzes**.

**Methode
„Durchführung
eines Rollenspiels"**
Problemsituation
Kündigung S. 327 ff.

BGB § 623

Kündigung

Arbeitsverträge werden normalerweise durch die Kündigung beendet. Sie ist eine einseitige, empfangsbedürftige Willenserklärung und wird erst wirksam, wenn sie dem anderen Vertragspartner zugegangen ist. Kündigen kann sowohl der Arbeitnehmer als auch der Arbeitgeber. Seit dem 1. Mai 2000 sind nur schriftliche Kündigungen wirksam. Obwohl ein einfaches Schreiben genügt, empfiehlt sich aus Gründen der Beweisbarkeit, das Kündigungsschreiben per Einschreiben zustellen zu lassen. Man unterscheidet:

- **die ordentliche (gesetzliche) Kündigung,**
- **die außerordentliche Kündigung.**

Ordentliche (gesetzliche) Kündigung: Bei der **ordentlichen Kündigung** endet das Arbeitsverhältnis nach Ablauf der entsprechenden **Kündigungsfrist**. Diese beträgt nach dem Gesetz **4 Wochen zum 15. eines Monats oder zum Monatsende**. Bei mehrjähriger Betriebszugehörigkeit gelten verlängerte Kündigungsfristen.

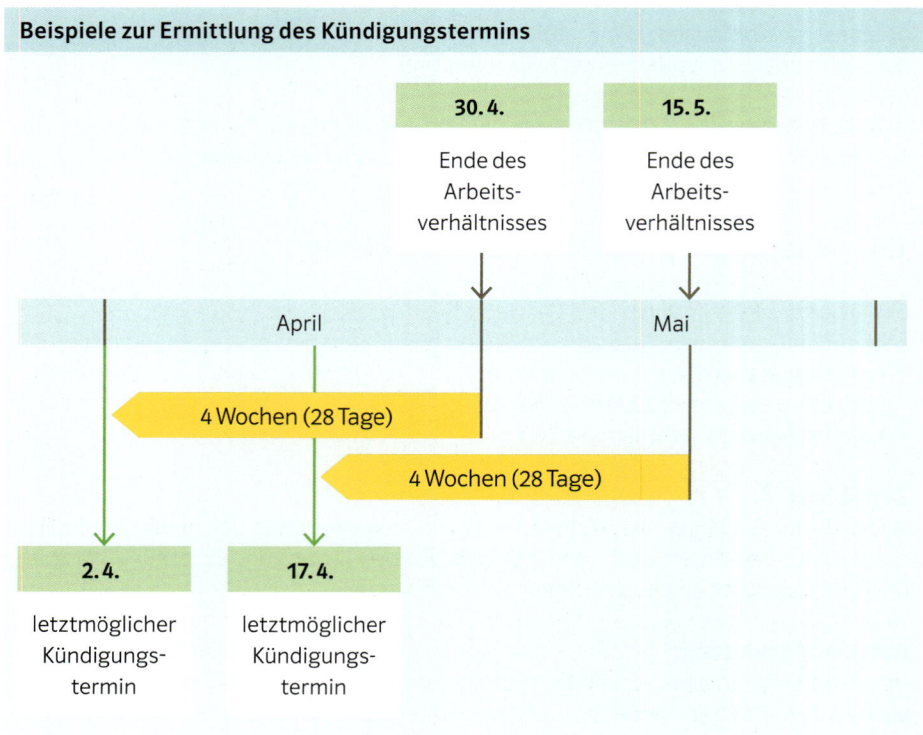

Beispiele zur Ermittlung des Kündigungstermins

| 30. 4. | 15. 5. |
| Ende des Arbeitsverhältnisses | Ende des Arbeitsverhältnisses |

April — Mai

4 Wochen (28 Tage)

4 Wochen (28 Tage)

| 2. 4. | 17. 4. |
| letztmöglicher Kündigungstermin | letztmöglicher Kündigungstermin |

Bei **langjährigen Mitarbeitern** muss **der Arbeitgeber** verlängerte Kündigungsfristen beachten.

Verlängerte Kündigungsfrist für langjährige Mitarbeiter	
Betriebs- zuhörigkeit	**gesetzliche Kündigungsfrist**
ab 2 Jahren	⟶ **1 Monat** zum Monatsende
ab 5 Jahren	⟶ **2 Monate** zum Monatsende
ab 8 Jahren	⟶ **3 Monate** zum Monatsende
ab 10 Jahren	⟶ **4 Monate** zum Monatsende
ab 12 Jahren	⟶ **5 Monate** zum Monatsende
ab 15 Jahren	⟶ **6 Monate** zum Monatsende
ab 20 Jahren	⟶ **7 Monate** zum Monatsende

BGB § 622

Kündigt der Arbeitnehmer, dann gilt die **einfache Kündigungsfrist**, 4 Wochen auf den 15. eines Monats oder auf das Monatsende, sofern im Tarifvertrag nichts anderes steht. In den meisten Arbeitsverträgen wird eine **Probezeit** vereinbart, die höchstens sechs Monate betragen darf. Während der Probezeit kann das Arbeitsverhältnis mit einer **Frist von 2 Wochen** gekündigt werden.

Außerordentliche Kündigung: Die **außerordentliche (fristlose) Kündigung** ist nur möglich, wenn ein wichtiger Grund vorliegt. Wichtige Gründe können sein: Diebstahl, Arbeitsverweigerung, Vorenthaltung des Lohnes, Beleidigungen, Tätlichkeiten usw. Die fristlose Kündigung kann also, je nach Grund, durch den Arbeitgeber oder den Arbeitnehmer erfolgen. Vorbedingung ist immer, dass es der kündigenden Partei nicht mehr zugemutet werden kann, das Arbeitsverhältnis aufrechtzuerhalten. Eine fristlose Kündigung ist nur dann möglich, wenn der Kündigungsgrund nicht mehr als zwei Wochen zurückliegt.

BGB §§ 626 ff.

Kleine Diebstähle rechtfertigen Kündigung

Bereits 1984 sah das Bundesarbeitsgericht in einer Grundsatzentscheidung die Kündigung einer Verkäuferin als rechtens an, nur, weil diese ein Stück Bienenstich vertilgte. In vielen ähnlichen Fällen, wurde die Kündigung ebenfalls bestätigt, weil das Vertrauen zerstört worden sei. Allerdings prüfen die Gerichte genau, ob auch im Einzelfall ein wichtiger Grund für eine fristlose Kündigung vorliegt. So hielt das Arbeitsgericht Dortmund 2009 die Entlassung eines Bäckereiverkäufers, der Brotaufstrich im Wert von 50 Cent gekostet hatte, für unverhältnismäßig. Gnade zeigten sie auch bei 3 mitgenommenen Briefumschlägen oder bei einem Joghurt mit abgelaufenem Haltbarkeitsdatum.

Kündigungsschutz

Fast alle Arbeitnehmer beziehen ihr gesamtes Einkommen aus dem Arbeitsverhältnis. Damit sie nicht ihre Existenzgrundlage verlieren, gibt es Vorschriften, die eine Kündigung erschweren.

Allgemeiner Kündigungsschutz: Im Dezember 2003 wurde das Kündigungsschutzgesetz geändert. Es schützt nunmehr alle Arbeitnehmer, die dem Betrieb länger als 6 Monate angehören, gegen sozial ungerechtfertigte Kündigungen, sofern der Betrieb mehr als 5 Arbeitnehmer beschäftigt. Bei Neueinstellungen beträgt ab 2004 die Schwelle für den vollen Kündigungsschutz 10 Arbeitnehmer. Mitarbeiter, die nach der alten Regelung (5 Arbeitnehmer) schon Kündigungsschutz genossen, verlieren diesen aber nicht. Ein Arbeitgeber darf nach diesem Gesetz nur dann kündigen, wenn der Arbeitnehmer durch seine **Person** oder sein **Verhalten** einen Kündigungsgrund gibt oder wenn **betriebliche Erfordernisse** vorliegen.

Wird aufgrund betrieblicher Gründe gekündigt, so müssen vier soziale Gesichtspunkte berücksichtigt werden, nämlich die Dauer der Betriebszugehörigkeit, das Lebensalter, Unterhaltspflichten sowie der Grad einer Schwerbehinderung. Von dieser **Sozialauswahl** können Arbeitnehmer ausgenommen werden, wenn deren Weiterbeschäftigung aufgrund ihrer Kenntnisse und Fähigkeiten im berechtigten betrieblichen Interesse liegt. Ein dringend benötigter Spezialist darf also weiterbeschäftigt werden, auch wenn er keines der vier sozialen Kriterien erfüllt. Vor jeder Kündigung ist der **Betriebsrat** anzuhören. Unterbleibt diese Anhörung, ist die Kündigung unwirksam. Widerspricht der Betriebsrat einer Kündigung und der Arbeitnehmer reicht innerhalb von 3 Wochen Klage ein, dann muss er so lange weiterbeschäftigt werden, bis das Arbeitsgericht entschieden hat. Bei einer betriebsbedingten Kündigung kann der Arbeitnehmer wählen, ob er Kündigungsschutzklage erhebt oder ob er die gesetzliche **Abfindung** von einem halben Monatsgehalt pro Beschäftigungsjahr annimmt, sofern der Arbeitgeber eine Abfindung anbietet.

Bei **Massenentlassungen** muss der Arbeitgeber so früh wie möglich mit dem Betriebsrat beraten, wie soziale Härten vermieden werden können. Außerdem müssen die Entlassungen der Agentur für Arbeit mindestens 90 Tage zuvor angezeigt werden. Die Regionaldirektion der Bundesagentur für Arbeit kann eine zeitlich begrenzte Entlassungssperre festsetzen.

Kündigungsgründe nach dem Kündigungsschutzgesetz		
in der Person des Arbeitnehmers	**im Verhalten des Arbeitnehmers**	**aufgrund betrieblicher Erfordernisse**
• mangelnde Leistung • mangelnde körperliche und geistige Eignung • lange Krankheit (wenn nichts anderes hilft, ist Kündigung die letzte Möglichkeit) • wiederholte Krankheit (wenn wirtschaftliche Belastung für Arbeitgeber zu groß wird)	• Störung des Betriebsfriedens • Beleidigungen • Arbeitsverweigerung • häufige Unpünktlichkeit • fehlende Krankmeldungen • Verweigerung von Überstunden • Alkoholgenuss (wenn dieser bei der Arbeit verboten ist)	• Auftragsmangel • Betriebseinschränkungen • Rationalisierungsmaßnahmen • neue Produktionsmethoden
	Voraussetzung für eine Kündigung: **vorherige schriftliche Abmahnung**	Voraussetzung für eine Kündigung: **Berücksichtigung sozialer Gesichtspunkte**

Ist der Kündigungsgrund auf das Verhalten des Arbeitnehmers zurückzuführen, dann muss der Arbeitgeber vor einer Kündigung **abmahnen**, d.h. er muss den Arbeitnehmer auf sein Fehlverhalten hinweisen. Dadurch bekommt der Arbeitnehmer die Chance, sein Verhalten zu ändern. Üblicherweise erfolgen Abmahnungen schriftlich. Ändert er trotz Abmahnung sein Verhalten nicht, dann kann der Arbeitgeber die Kündigung aussprechen. Beispiel: Auch nach der Abmahnung kommt ein Arbeiter weiterhin unpünktlich zur Arbeit.

Besonderer Kündigungsschutz: Neben dem allgemeinen Kündigungsschutz, der allen Arbeitnehmern zusteht, gibt es für bestimmte Arbeitnehmergruppen einen besonderen Kündigungsschutz. Sie sind unkündbar, außer es liegt ein wichtiger Grund für eine fristlose Kündigung vor. Einen besonderen Kündigungsschutz genießen die folgenden Personengruppen.

Besonderer Kündigungsschutz

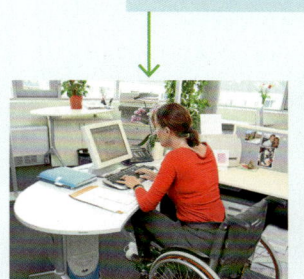

Schwerbehinderten darf nur mit Zustimmung des Integrationsamtes gekündigt werden.

(Werdende) Mütter sind unkündbar während der Schwangerschaft und bis vier Monate nach der Entbindung. Wird die Elternzeit in Anspruch genommen, kann erst nach deren Ablauf gekündigt werden.

Betriebsratsmitgliedern sowie **Jugend- und Auszubildendenvertretern** darf während ihrer Amtszeit und ein Jahr danach nicht gekündigt werden.

Auszubildenden kann nach der Probezeit nur aus wichtigem Grund gekündigt werden.

Rechte des Arbeitnehmers nach der Kündigung

BGB § 629

Nach der Kündigung hat der Arbeitnehmer folgende Rechte:

- Der Arbeitnehmer hat Anspruch auf angemessene Freistellung, um einen anderen Arbeitsplatz zu suchen (z. B. für Vorstellungsgespräche).
- Der Arbeitgeber muss die Arbeitspapiere wie Urlaubsbescheinigung, Lohnsteuerbescheinigung oder Sozialversicherungsnachweis aushändigen.
- Der Arbeitgeber hat dem Arbeitnehmer auf Wunsch ein Arbeitszeugnis auszustellen.
- Der Arbeitgeber muss den Arbeitnehmer darüber informieren, dass er sich spätestens 3 Arbeitstage nach der Kündigung persönlich bei der Agentur für Arbeit melden muss, denn bei verspäteter Meldung vermindert sich das Arbeitslosengeld um eine einwöchige Sperrzeit.
- Der Arbeitgeber muss den Arbeitnehmer zur Meldung bei der Agentur für Arbeit freistellen. Des Weiteren muss er erforderliche Qualifizierungsmaßnahmen ermöglichen.

Arbeitsvertrag: Rechte und Pflichten, Beendigung

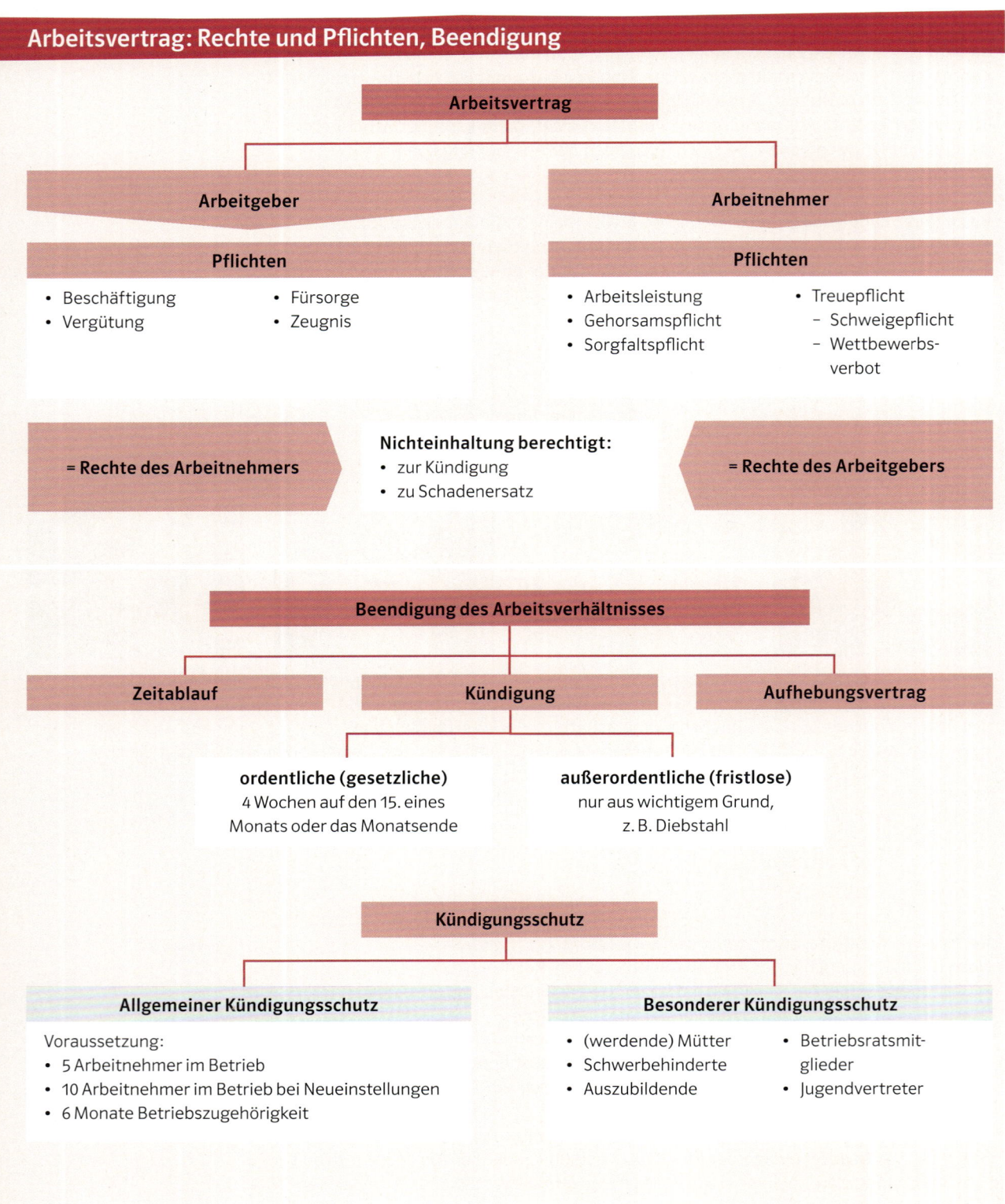

Arbeitsvertrag

Arbeitgeber

Pflichten
- Beschäftigung
- Vergütung
- Fürsorge
- Zeugnis

Arbeitnehmer

Pflichten
- Arbeitsleistung
- Gehorsamspflicht
- Sorgfaltspflicht
- Treuepflicht
  - Schweigepflicht
  - Wettbewerbs-verbot

= Rechte des Arbeitnehmers

Nichteinhaltung berechtigt:
- zur Kündigung
- zu Schadenersatz

= Rechte des Arbeitgebers

Beendigung des Arbeitsverhältnisses

Zeitablauf

Kündigung

Aufhebungsvertrag

ordentliche (gesetzliche)
4 Wochen auf den 15. eines Monats oder das Monatsende

außerordentliche (fristlose)
nur aus wichtigem Grund, z. B. Diebstahl

Kündigungsschutz

Allgemeiner Kündigungsschutz
Voraussetzung:
- 5 Arbeitnehmer im Betrieb
- 10 Arbeitnehmer im Betrieb bei Neueinstellungen
- 6 Monate Betriebszugehörigkeit

Besonderer Kündigungsschutz
- (werdende) Mütter
- Schwerbehinderte
- Auszubildende
- Betriebsratsmit-glieder
- Jugendvertreter

Arbeitsteil

1. Welche Unterlagen gehören zu den Arbeitspapieren, die ein Arbeitnehmer dem Arbeitgeber aushändigen muss?

2. Benötigen Bürger aus einem Mitgliedstaat der Europäischen Union eine Arbeitserlaubnis, wenn sie in einem anderen EU-Land einen Arbeitsvertrag abschließen möchten? Erläutern Sie die derzeitige Situation.

3. a) Arbeitgeber und Arbeitnehmer gehen mit dem Arbeitsvertrag bestimmte Pflichten ein. Geben Sie jeweils vier Pflichten an.
   b) Ein Arbeiter verletzt sich an einer Maschine, an der die vorgeschriebene Schutzeinrichtung fehlt. Welche Vertragspflicht wurde verletzt? Welche rechtlichen Folgen ergeben sich?
   c) Eine Friseurin bedient heimlich Stammkunden ihres Chefs zum halben Preis in ihrer Wohnung. Welche Vertragspflicht wurde verletzt? Welche rechtlichen Folgen ergeben sich?

4. Nennen Sie wichtige Vertragsinhalte, die ein schriftlicher Arbeitsvertrag nach dem „Nachweisgesetz" enthalten muss.

5. Welche gesetzlichen Regelungen müssen beim Abschluss eines Arbeitsvertrags beachtet werden? Nennen Sie fünf Beispiele.

6. a) Unterscheiden Sie zwischen einem einfachen und einem qualifizierten Arbeitszeugnis.
   b) Warum handelt es sich bei dem auf S. 163 abgebildeten Zeugnis um ein qualifiziertes Arbeitszeugnis?
   c) Beurteilen Sie gemeinsam mit einem Mitschüler das abgebildete Zeugnis und entscheiden Sie, ob Sie anhand dieses Zeugnisses eine Einstellung vornehmen würden.

7. Wodurch kann ein Arbeitsverhältnis beendet werden?

8. a) Unterscheiden Sie zwischen einer ordentlichen und einer außerordentlichen Kündigung.
   b) Nennen Sie jeweils zwei wichtige Gründe für den Arbeitgeber und den Arbeitnehmer, die zur außerordentlichen Kündigung berechtigen.
   c) Welche gesetzlichen Kündigungsfristen gelten grundsätzlich für alle Arbeitnehmer?
   d) Ein Arbeitnehmer erhält am 20. Januar die Kündigung. Wann läuft der Arbeitsvertrag aus? (Betriebszugehörigkeit 1 Jahr und 2 Monate)
   e) Ein Arbeitnehmer kündigt am 1. März. Wann kann er den Betrieb verlassen?
   f) Nennen Sie bestimmte Personengruppen, die einen besonderen Kündigungsschutz genießen, und geben Sie den Zweck dieses Kündigungsschutzes an.
   g) Ein Betriebsrat kündigt termin- und fristgerecht. Ist diese Kündigung wirksam?

9. Stellen Sie fest, welche Kündigungsfristen in den nachfolgenden Fällen jeweils gelten.
   a) Eine 53-jährige Facharbeiterin ist seit 7 Jahren in einer Fabrik beschäftigt.
   b) Ein 38-jähriger Fleischergeselle arbeitet seit 12 Jahren in der gleichen Fleischerei.
   c) Ein 24-jähriger ungelernter Arbeiter gehört seit 7 Jahren der gleichen Firma an.
   d) Eine 28-jährige Verkäuferin, die seit 10 Jahren in einem Kaufhaus beschäftigt ist, wird beim Diebstahl ertappt.

Weitere Fragen auf S. 170.

10. Alfred Sorg, 53 Jahre alt, arbeitet seit 18 Jahren bei der Massivmöbel GmbH. Die Firma beschäftigt 18 Mitarbeiter, davon vier seit 5 Monaten. Alfred Sorg wird fristgemäß gekündigt. In dem Kündigungsschreiben wird ihm mitgeteilt, dass er zum 31. März entlassen wird. Als Kündigungsgrund führt der Geschäftsführer den starken Auftragsmangel an. Alfred Sorg hält die Kündigung für nicht ausgewogen. Er meint, dass etliche jüngere Kollegen viel leichter einen neuen Arbeitsplatz finden würden, vor allem die neu eingestellten Arbeitnehmer.

a) Überprüfen Sie mithilfe des Kündigungsschutzgesetzes, ob die Kündigung zulässig ist.

b) Wie beurteilen Sie eine Kündigung der neu eingestellten Mitarbeiter?

c) Angenommen, in der Massivmöbel GmbH würden nur 9 Mitarbeiter beschäftigt. Würde sich dieser Umstand auf die Kündigung von Alfred Sorg auswirken?

d) Welche Schritte könnte Alfred Sorg gegen die Kündigung unternehmen?

Auszug aus dem Kündigungsschutzgesetz (KSchG)

§ 1 Sozial ungerechtfertigte Kündigungen
(1) Die Kündigung des Arbeitsverhältnisses gegenüber einem Arbeitnehmer, dessen Arbeitsverhältnis in demselben Betrieb oder Unternehmen ohne Unterbrechung länger als sechs Monate bestanden hat, ist rechtsunwirksam, wenn sie sozial ungerechtfertigt ist.
(2) Sozial ungerechtfertigt ist die Kündigung, wenn sie nicht durch Gründe, die in der Person oder in dem Verhalten des Arbeitnehmers liegen, oder durch dringende betriebliche Erfordernisse, die einer Weiterbeschäftigung des Arbeitnehmers in diesem Betrieb entgegenstehen, bedingt ist. […]
(3) Ist einem Arbeitnehmer aus dringenden betrieblichen Erfordernissen im Sinne des Absatzes 2 gekündigt worden, so ist die Kündigung trotzdem sozial ungerechtfertigt, wenn der Arbeitgeber bei der Auswahl des Arbeitnehmers die Dauer der Betriebszugehörigkeit, das Lebensalter, die Unterhaltspflichten und die Schwerbehinderung des Arbeitnehmers nicht oder nicht ausreichend berücksichtigt hat; […]

§ 3 Kündigungseinspruch
Hält der Arbeitnehmer eine Kündigung für sozial ungerechtfertigt, so kann er binnen einer Woche nach der Kündigung Einspruch beim Betriebsrat einlegen. Erachtet der Betriebsrat den Einspruch für begründet, so hat er zu versuchen, eine Verständigung mit dem Arbeitgeber herbeizuführen. […]

§ 4 Anrufung des Arbeitsgerichtes
Will ein Arbeitnehmer geltend machen, dass eine Kündigung sozial ungerechtfertigt ist oder aus anderen Gründen rechtsunwirksam ist, so muss er innerhalb von drei Wochen nach Zugang der Kündigung Klage beim Arbeitsgericht auf Feststellung erheben, dass das Arbeitsverhältnis durch die Kündigung nicht aufgelöst ist. […]

§ 23 Geltungsbereich
(1) Die Vorschriften des Ersten […] Abschnitts gelten […] nicht für Betriebe und Verwaltungen, in denen in der Regel fünf oder weniger Arbeitnehmer […] beschäftigt werden, […]. In Betrieben und Verwaltungen, in denen in der Regel zehn oder weniger Arbeitnehmer […] beschäftigt werden, gelten die Vorschriften des Ersten Abschnitts […] nicht für Arbeitnehmer, deren Arbeitsverhältnis nach dem 31. Dezember 2003 begonnen hat, diese Arbeitnehmer sind bei der Feststellung der Zahl der beschäftigten Arbeitnehmer […] bis zur Beschäftigung von in der Regel 10 Arbeitnehmern nicht zu berücksichtigen, […].

 Methode „Durchführung eines Rollenspiels"
Problemsituation Kündigung S. 327 ff.

2 Tarifverträge

→
a) Welche Forderungen vertreten die Arbeitnehmer auf diesen Bildern?

b) Welche Einstellung scheinen die Arbeitgeber zu haben?

c) Wo werden die Ergebnisse einer Einigung vertraglich festgehalten?

2.1 Tarifvertragsparteien

Ein **Tarifvertrag** ist ein Vertrag, in dem einheitliche Arbeitsbedingungen für die Arbeitnehmer ganzer Wirtschaftszweige einer Region festgelegt werden.
Beispiele: Fleischerhandwerk, Bauindustrie, Metallindustrie.
Tarifverträge werden von den **Tarifpartnern** abgeschlossen. Dies sind auf der Arbeitnehmerseite die **Gewerkschaften** und auf der Unternehmerseite die **Arbeitgeberverbände**. Die Vertragsparteien werden auch **Sozialpartner** genannt.

Gewerkschaften
Die Entstehung der Gewerkschaften geht zurück auf die Notsituation der Arbeitnehmer im 19. Jahrhundert. Durch die industrielle Revolution herrschte ein großes Überangebot an Arbeitskräften. Dies hatte schlechte Arbeitsbedingungen (z. B. Kinderarbeit, niedrige Löhne, lange Arbeitszeiten pro Tag) zur Folge. Da der Staat sich nicht einmischen wollte, waren die Arbeitnehmer gezwungen, sich zu Interessengruppen zusammenzuschließen, um ihre Situation zu verbessern.
Während derartige Zusammenschlüsse damals verboten waren, werden sie heute durch unser **Grundgesetz** (Art. 9 Vereinigungsfreiheit) ausdrücklich garantiert. Auch haben sich inzwischen die Aufgaben der Gewerkschaften gewandelt. So handeln sie heute nicht nur Tarifverträge aus, sondern vertreten ihre Mitglieder bei arbeitsgerichtlichen und sozialgerichtlichen Streitigkeiten, leisten finanzielle Unterstützung in Notfällen oder stellen gewerkschaftliche Bildungseinrichtungen zur Verfügung. Mehr als ein Drittel der Arbeitnehmer sind heute Gewerkschaftsmitglieder.

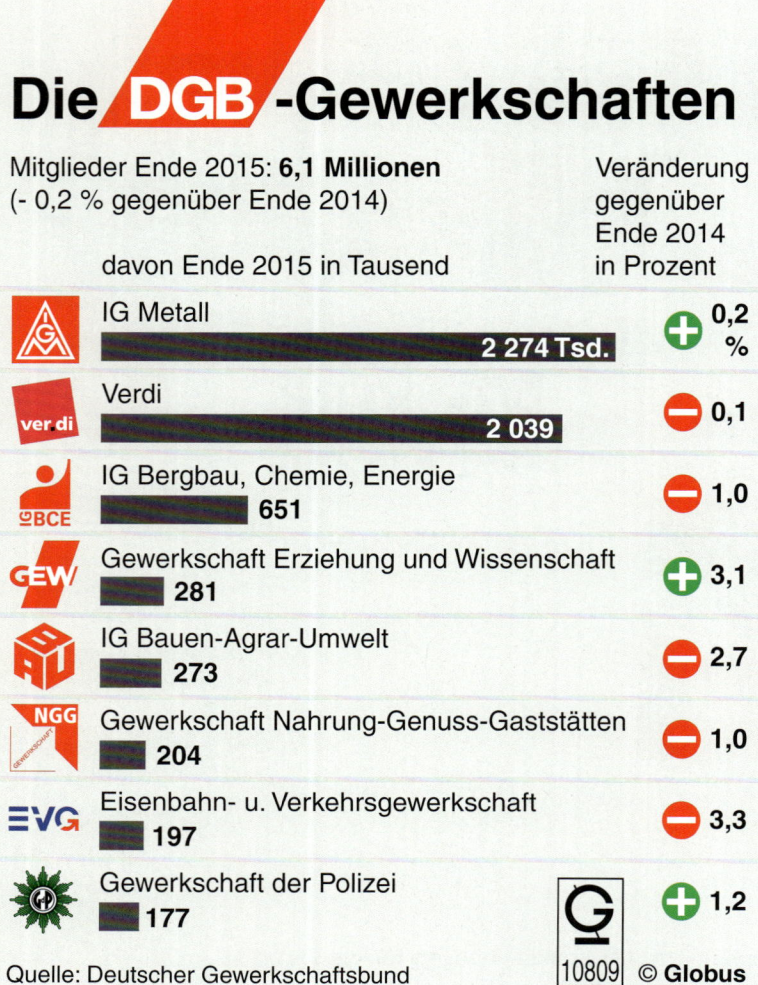

Die DGB-Gewerkschaften

Mitglieder Ende 2015: 6,1 Millionen
(- 0,2 % gegenüber Ende 2014)

davon Ende 2015 in Tausend

Veränderung gegenüber Ende 2014 in Prozent

	Gewerkschaft	in Tausend	Veränderung %
IGM	IG Metall	2 274 Tsd.	➕ 0,2 %
ver.di	Verdi	2 039	➖ 0,1
IGBCE	IG Bergbau, Chemie, Energie	651	➖ 1,0
GEW	Gewerkschaft Erziehung und Wissenschaft	281	➕ 3,1
IG BAU	IG Bauen-Agrar-Umwelt	273	➖ 2,7
NGG	Gewerkschaft Nahrung-Genuss-Gaststätten	204	➖ 1,0
EVG	Eisenbahn- u. Verkehrsgewerkschaft	197	➖ 3,3
GdP	Gewerkschaft der Polizei	177	➕ 1,2

Quelle: Deutscher Gewerkschaftsbund

🅖 10809 © **Globus**

Wie das Schaubild zeigt, können sich die Arbeitnehmer in verschiedenen Gewerkschaften organisieren.

Die größte Vereinigung ist der DGB, der allein acht Einzelgewerkschaften mit mehr als 6 Millionen Mitgliedern hat.

Arbeitgeberverbände

In Fachverbänden organisieren sich Arbeitgeber gleicher Wirtschaftszweige. So gibt es für jede Branche den entsprechenden Arbeitgeberverband wie zum Beispiel den Verband der Metallindustrie in Baden-Württemberg e.V. Insgesamt sind es 50 Bundesfachspitzenverbände, die in Deutschland bei Tarifverhandlungen auftreten. Eine Interessenvertretung der Arbeitgeber ist auf allen Ebenen notwendig. Deshalb schließen sie sich zu Orts- und Bezirksverbänden zusammen, diese vereinigen sich in den einzelnen Bundesländern zu insgesamt 14 Landesvereinigungen.

Die Dachorganisation ist die **Bundesvereinigung der Deutschen Arbeitgeberverbände (BDA)**.

Im Handwerk werden die Aufgaben der Arbeitgeberverbände von den **Landesinnungsverbänden** wahrgenommen.

2.2 Grundsätze und Tarifvertragsarten

Für Tarifverhandlungen gilt der Grundsatz der **Tarifautonomie:** Die Tarifpartner sind unabhängig vom Staat und haben das Recht, selbstständig Tarifverträge auszuhandeln und abzuschließen. Grundsätzlich gelten die ausgehandelten Tarifverträge nur für Arbeitnehmer und Arbeitgeber, die den Tarifvertragsparteien angehören. Folglich muss der Arbeitnehmer Mitglied der Gewerkschaft sein und der Arbeitgeber dem Arbeitgeberverband angehören. Andernfalls hat der Arbeitnehmer keinen Anspruch auf die Regelungen des Tarifvertrags.

Durch das Bundesministerium für Arbeit und Soziales können jedoch Tarifverträge auf Antrag der Tarifparteien für **allgemein verbindlich** erklärt werden. Diese binden dann auch diejenigen Arbeitgeber und Arbeitnehmer, die nicht den vertragschließenden Parteien angehören, die also nicht im Arbeitgeberverband oder in der Gewerkschaft sind.

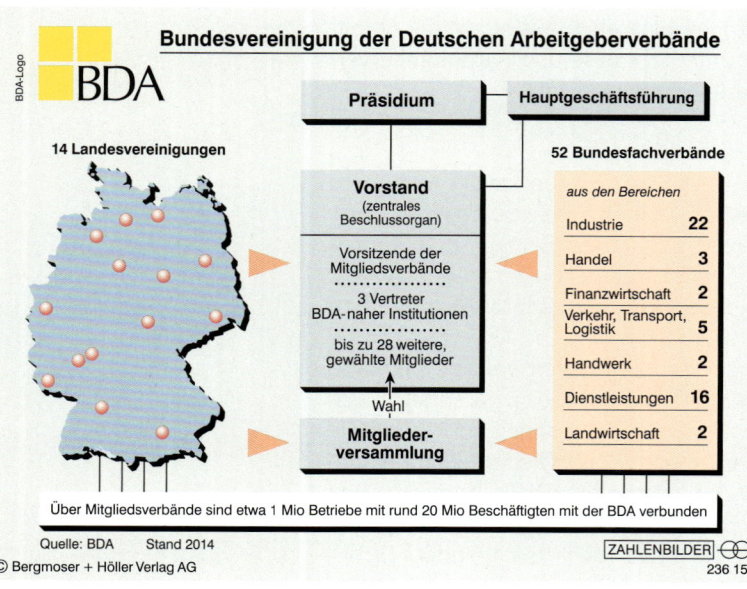

Bundesvereinigung der Deutschen Arbeitgeberverbände

BDA-Logo **BDA**

14 Landesvereinigungen

52 Bundesfachverbände

Präsidium | Hauptgeschäftsführung

Vorstand
(zentrales Beschlussorgan)

Vorsitzende der Mitgliedsverbände
⋯⋯⋯⋯⋯⋯
3 Vertreter BDA-naher Institutionen
⋯⋯⋯⋯⋯⋯
bis zu 28 weitere, gewählte Mitglieder

Wahl

Mitgliederversammlung

aus den Bereichen

Industrie	22
Handel	3
Finanzwirtschaft	2
Verkehr, Transport, Logistik	5
Handwerk	2
Dienstleistungen	16
Landwirtschaft	2

Über Mitgliedsverbände sind etwa 1 Mio Betriebe mit rund 20 Mio Beschäftigten mit der BDA verbunden

Quelle: BDA   Stand 2014

© Bergmoser + Höller Verlag AG

ZAHLENBILDER ⬭
236 150

Die Arbeitsbedingungen des Einzelarbeitsvertrags können gegenüber dem Tarifvertrag nur verbessert, niemals jedoch verschlechtert werden. So kann z. B. übertariflicher Jahresurlaub gewährt werden, untertariflicher allerdings nicht. Von dieser Regelung des Tarifvertrags darf nicht abgewichen werden **(Unabdingbarkeit)**.

Während der Laufzeit eines Tarifvertrags gilt die **Friedenspflicht**, d. h. es dürfen keine Arbeitskampfmaßnahmen wie Streik oder Aussperrung durchgeführt werden.

Man unterscheidet generell drei Arten von Tarifverträgen:

Lohn- und Gehaltstarifvertrag
Er enthält die Lohn- bzw. Gehaltshöhe oder – genauer gesagt – die Höhe der einzelnen Lohn- oder Gehaltsgruppen. Deren Einteilung erfolgt nach Arbeitsschwierigkeit und Vorbildung. Die Laufzeit von Lohn- und Gehaltstarifverträgen beträgt normalerweise ein Jahr.
Ausgangslohn bei Tarifverhandlungen ist der **Ecklohn**, der Normalstundenlohn eines Facharbeiters in einer bestimmten Lohngruppe (z. B. Gruppe 7).
Die Lohnsätze der anderen Lohngruppen ergeben sich je nach Anforderung des Arbeitsplatzes aus prozentualen Zu- oder Abschlägen.

Info
Allgemeinverbindliche Tarifverträge
az9e7g

Metallindustrie Nordwürttemberg/Nordbaden
Gehaltstafel für kaufmännische und technische Angestellte gültig ab 1. April 2011 (in EURO)

Gehaltsgruppe	K1	T1
im 1. Beschäftigungsjahr	1 727,64	2 007,95
im 2. Beschäftigungsjahr	1 825,00	2 117,07
im 3. Beschäftigungsjahr	1 923,63	2 230,76
im 4. Beschäftigungsjahr	2 032,11	2 345,75
	K2	**T2**
im 1. Beschäftigungsjahr	2 118,36	2 392,81
im 2. Beschäftigungsjahr	2 231,40	2 526,10
im 3. Beschäftigungsjahr	2 348,36	2 660,70
im 4. Beschäftigungsjahr	2 490,81	2 802,50
Meister		
M1	2 802,50	
M2	3 277,52	
M3	3 723,80	
M4	4 151,13	
M5	4 583,03	

Manteltarifvertrag für Arbeiter und Angestellte in der Metallindustrie in Nordwürttemberg/Nordbaden
gültig ab 14. 06. 2005

§   Inhalt
§ 1   Geltungsbereich
§ 2   Einstellung und Probezeit
§ 3   Arbeitsplatz, Arbeitsablauf, Arbeitsumgebung und Arbeitszeit
§ 4   Kündigung und Aufhebungsvertrag
§ 5   Zeugnis
§ 6   Alterssicherung
§ 7   Regelmäßige Arbeitszeit
§ 8   Abweichende Arbeitszeit
§ 9   Zuschlagspflichtige Mehr-, Spät-, Nacht-, Sonntags- und Feiertagsarbeit
§ 10 Höhe der Zuschläge […]

Mantel- oder Rahmentarifvertrag
Er enthält Regelungen, die für längere Zeit (ca. 3 bis 5 Jahre) gelten. Inhalte sind Arbeitszeit, Urlaub, Kündigung, Arbeitsbedingungen, Mehrarbeit usw.

Lohn- und Gehaltsrahmentarifverträge
In manchen Wirtschaftszweigen werden Lohn- und Gehaltstarifverträge durch Lohnrahmentarifverträge bzw. Gehaltsrahmentarifverträge ergänzt. Sie regeln Bereiche der Entlohnung, die länger unverändert bleiben. Dazu gehören z. B. die Bezeichnung der Tarifgruppen, die Zuordnung bestimmter Tätigkeiten zu bestimmten Tarifgruppen oder die Grundsätze der Arbeitsbewertung. Die Laufzeit von Lohn- bzw. Gehaltsrahmentarifverträgen beträgt normalerweise mehrere Jahre.

Durch diese „Aufspaltung" in zwei bzw. drei Tarifvertragsarten wird erreicht, dass bei der jährlichen Lohnerhöhung die für längere Zeit geltenden Bestimmungen im Manteltarifvertrag nicht jedes Mal neu beschlossen werden müssen. Dies wäre der Fall, wenn alle Regelungen in nur einem Tarifvertrag enthalten wären.

2.3   Bedeutung von Tarifverträgen

Könnten Arbeitgeber nicht auf Tarifverträge zurückgreifen, dann müssten sie bei jeder Einstellung alle Arbeitsbedingungen vom Verdienst über den Urlaub bis zur Arbeitszeit usw. einzeln aushandeln und danach schriftlich festhalten. Dafür müsste sehr viel kostbare Zeit aufgebracht werden. Es ist fraglich, ob dies bei großen Unternehmen überhaupt möglich wäre.

Außerdem würde es dazu führen, dass jeder Arbeitsvertrag andere Verhandlungsergebnisse enthalten würde. Beispielsweise könnten gute Verhandlungspartner mehr Jahresurlaub durchsetzen, ungeschickte Verhandlungspartner müssten einen niedrigeren Verdienst akzeptieren. Während einer Hochkonjunktur müssten Unternehmen Spitzenlöhne bezahlen, wohingegen Arbeitnehmer, die in wirtschaftlich schlechten Zeiten eingestellt wurden, Niedriglöhne bekämen. In den Betrieben wären die Arbeitsbedingungen nicht gleich und der Verdienst verschieden. Die Arbeitnehmer hätten das Gefühl, ungerecht behandelt zu werden. Unzufriedenheit und schlechtes Betriebsklima wären die Folge.

Hinzu kommt, dass beim Aushandeln eines Einzelarbeitsvertrags meist der Arbeitgeber in der stärkeren Verhandlungsposition ist. Anders ist es, wenn Gewerkschaften Tarifverträge aushandeln. Da Gewerkschaften notfalls sogar Arbeitskämpfe führen können, werden sie in ihren Tarifverträgen bessere Verhandlungsergebnisse erzielen. Es wird deutlich:

Tarifverträge
- vereinfachen den Abschluss von Arbeitsverträgen,
- schaffen mehr Gerechtigkeit durch die Gleichstellung mit anderen Arbeitnehmern,
- tragen dazu bei, den Arbeitsfrieden in den Betrieben zu sichern,
- sorgen für mehr Chancengleichheit zwischen Arbeitgebern und Arbeitnehmern,
- begrenzen die Macht der Arbeitgeber.

2.4   Tarifverhandlungen und Schlichtung

Tarifverträge sind zeitlich begrenzt, d.h. sie haben eine vereinbarte Laufzeit. Ist ein Tarifvertrag abgelaufen, so sind neue **Tarifverhandlungen** nötig. Da naturgemäß große Interessengegensätze zwischen den Gewerkschaften und den Arbeitgeberverbänden bestehen, stellen die Ergebnisse von Tarifverhandlungen immer einen Kompromiss dar. Selten wird also eine Seite ihre Vorstellungen ganz verwirklichen können. Allerdings kann die Verhandlungsposition der Partner unterschiedlich stark

Arbeitgeberverbände wollen z. B.	Tarifvertrag = Kompromiss	Gewerkschaften wollen z. B.
• niedrigere Löhne		• höhere Löhne
• weniger Urlaub		• mehr Urlaub
• längere Arbeitszeit		• kürzere Arbeitszeit
• weniger Sozialleistungen		• mehr Sozialleistungen
• weniger Mitbestimmung		• mehr Mitbestimmung

sein. Beispielsweise sind Gewerkschaften mit wenigen Mitgliedern keine starken Verhandlungspartner und in Zeiten der Vollbeschäftigung haben die Arbeitgeber eine schwächere Verhandlungsposition.

Gewerkschaften und Arbeitgeberverbände bilden jeweils eine Kommission, die **Tarifkommission**, deren Aufgabe die Durchführung von Tarifverhandlungen ist. Verlaufen die Verhandlungen ergebnislos, wird zunächst ein **Schlichtungsverfahren** eingeleitet. Der Schlichtungsausschuss, der wiederum aus Vertretern beider Sozialpartner zusammengesetzt ist, wird von einem unabhängigen Vorsitzenden geleitet. Dieser unabhängige Schlichter muss von beiden Seiten akzeptiert werden. Führt auch das Schlichtungsverfahren zu keiner Einigung, kann es zum Arbeitskampf kommen.

2.5 Arbeitskampf

Streik

Der **Streik** ist das Kampfmittel der Arbeitnehmer. Sie legen die Arbeit nieder und hoffen, dass durch die Verluste, die dadurch den Arbeitgebern entstehen können, ihre Forderungen durchzusetzen sind. Wenn in einem Betrieb die Produktion ruht, haben die Arbeitgeber weiterhin Kosten wie Mieten, Abschreibungen, Kreditzinsen, aber keine Erträge. Voraussetzung für den Streik ist eine **Urabstimmung**, bei der in der Regel 75 % der Gewerkschaftsmitglieder, die ihre Stimme abgeben, einem Streik zustimmen müssen. Die Genehmigung zur Urabstimmung erfolgt durch den Gewerkschaftsvorstand. Soll der Streik abgebrochen werden, müssen in der Regel 25 % der Gewerkschaftsmitglieder zustimmen. Erfolgt ein Streik ohne Genehmigung der Gewerkschaft und ohne Urabstimmung, so spricht man von einem **„wilden Streik"**. Die Arbeitgeber sind in diesem Fall berechtigt, die streikenden Arbeitnehmer fristlos zu entlassen.

 Methode „Durchführung eines Rollenspiels"
Problemsituation Tarifverhandlung S. 327 ff.

Weitere Streikarten

- Der **Generalstreik** legt die gesamte Wirtschaft lahm, weil sich alle Arbeitnehmer daran beteiligen. Er ist im Allgemeinen politisch begründet.
- Der **„totale Streik" (Flächenstreik)** schaltet einen ganzen Wirtschaftszweig aus, z. B. die Druckindustrie.

Spielregeln für den Arbeitskampf

Tarifverhandlungen
Gewerkschaften – Arbeitgeber
(oft begleitet von Warnstreiks)

Erklärung des
Scheiterns

Schlichtungs-
verfahren
möglich*

Erklärung
des Scheiterns
(Ende der Friedenspflicht)

Urabstimmung
der Gewerkschafts-
mitglieder über Streik

Urabstimmung
über Ergebnis;
Streik-Ende

Neuer
Tarifvertrag

Neue
Verhandlungen

Gegenmaßnahme
der Arbeitgeber:
Aussperrung**

STREIK

3247 © Globus   *im öffentl. Dienst zwingend, wenn von einer Seite gefordert   **im öffentl. Dienst nicht praktiziert

- Der **Schwerpunktstreik** betrifft normalerweise die wichtigsten Betriebe eines Wirtschaftszweigs. Beispiel: Die Gewerkschaft ver.di (Vereinigte Dienstleistungsgewerkschaft) lässt „nur" die Beschäftigten der Müllabfuhr streiken, um Streikgeld zu sparen und kann dennoch eine große Wirkung erzielen.

- Beim **Warnstreik** wird die Arbeit nur für kurze Zeit (Minuten oder Stunden) unterbrochen, um die Streikbereitschaft zu zeigen.

- Beim **Sympathiestreik** sollen streikende Arbeitnehmer aus anderen Wirtschaftszweigen indirekt unterstützt werden. Man erklärt sich solidarisch.

Aussperrung

Die **Aussperrung** ist das Kampfmittel der Arbeitgeber. Sie schließen die Arbeitnehmer von der Arbeit aus und zahlen während dieser Zeit keinen Lohn. Besonders hart betroffen von der Aussperrung sind die nichtorganisierten Arbeitnehmer, da für Ausgesperrte kein Arbeitslosengeld gezahlt wird. Die Gewerkschaftsmitglieder hingegen erhalten von ihrer Gewerkschaft Streikgelder. Durch die Aussperrung hoffen die Arbeitgeber, die Gewerkschaften, die Streikunterstützung zahlen müssen, zum Einlenken zu bewegen.

Arbeitskämpfe in Deutschland

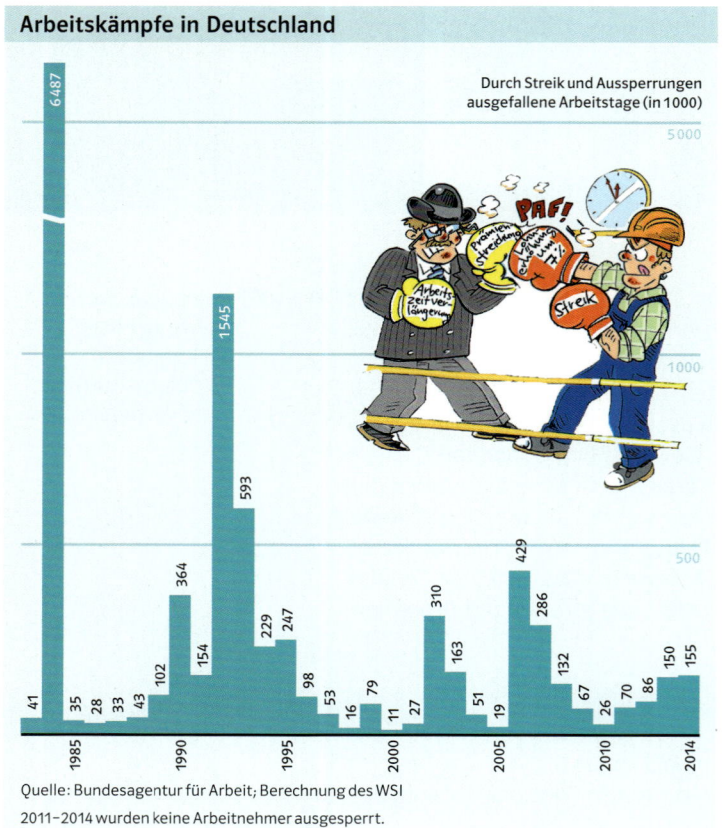

Durch Streik und Aussperrungen
ausgefallene Arbeitstage (in 1000)

Quelle: Bundesagentur für Arbeit; Berechnung des WSI
2011–2014 wurden keine Arbeitnehmer ausgesperrt.

Bedeutung von Streik und Aussperrung

Ein Arbeitskampf schwächt nicht nur die betroffenen Parteien, sondern die gesamte **Volkswirtschaft**. Wird beispielsweise ein großer Betrieb bestreikt, wirkt sich dies auch auf **Zulieferer** aus. Für die **Verbraucher** kann sich die Güterversorgung verschlechtern. Produktionsausfall und verlorene Arbeitstage verschlechtern die **Konjunktur**, das Wirtschaftswachstum und das **Bruttoinlandsprodukt** werden beeinträchtigt. Der **Staat** wird geschädigt durch Steuerausfälle, die **Sozialversicherungen** durch die geringen Einnahmen. Die bestreikten **Unternehmen** erleiden Verluste durch Produktionsausfälle, gleichzeitig fallen weiterhin Kosten an. Bei manchen Unternehmen kann sogar die internationale Wettbewerbsfähigkeit leiden, z. B. wenn Kunden durch einen Streik verloren gehen. Auch für die **Gewerkschaften** ist ein Streik kostspielig, da sie Streikgeld zahlen müssen. Selbst der einzelne **Arbeitnehmer** hat dabei Nachteile. Sein Streikgeld ist niedriger als sein Lohn. Nicht organisierte Arbeitnehmer müssen von ihren Ersparnissen leben, falls sie keine haben, sind sie auf Arbeitslosengeld II angewiesen.

Tarifverträge: Verhandlungen, Schlichtung, Arbeitskampf

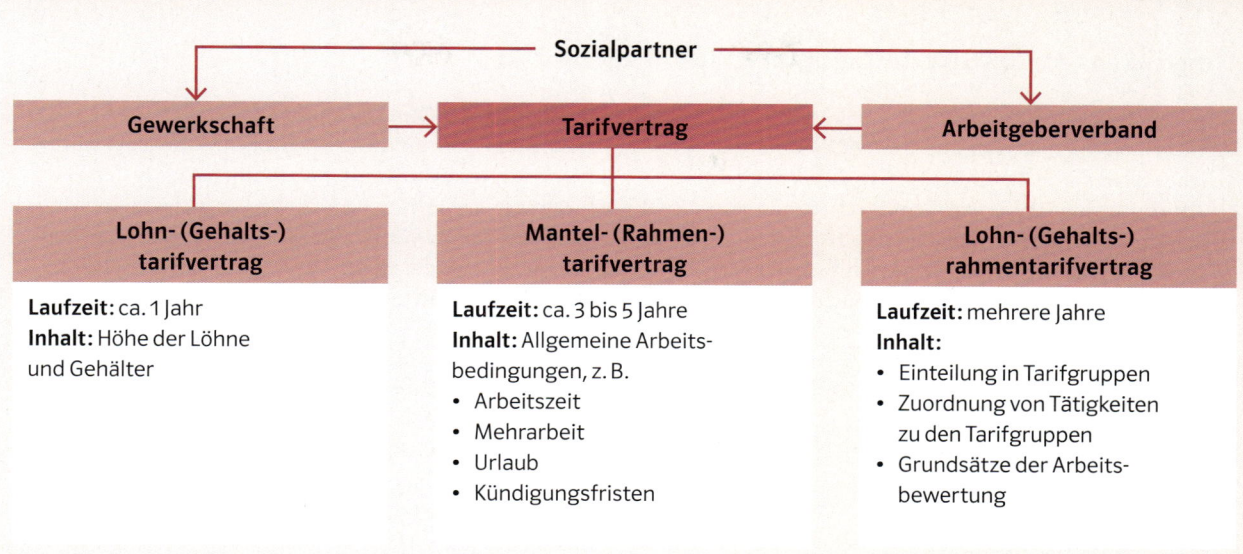

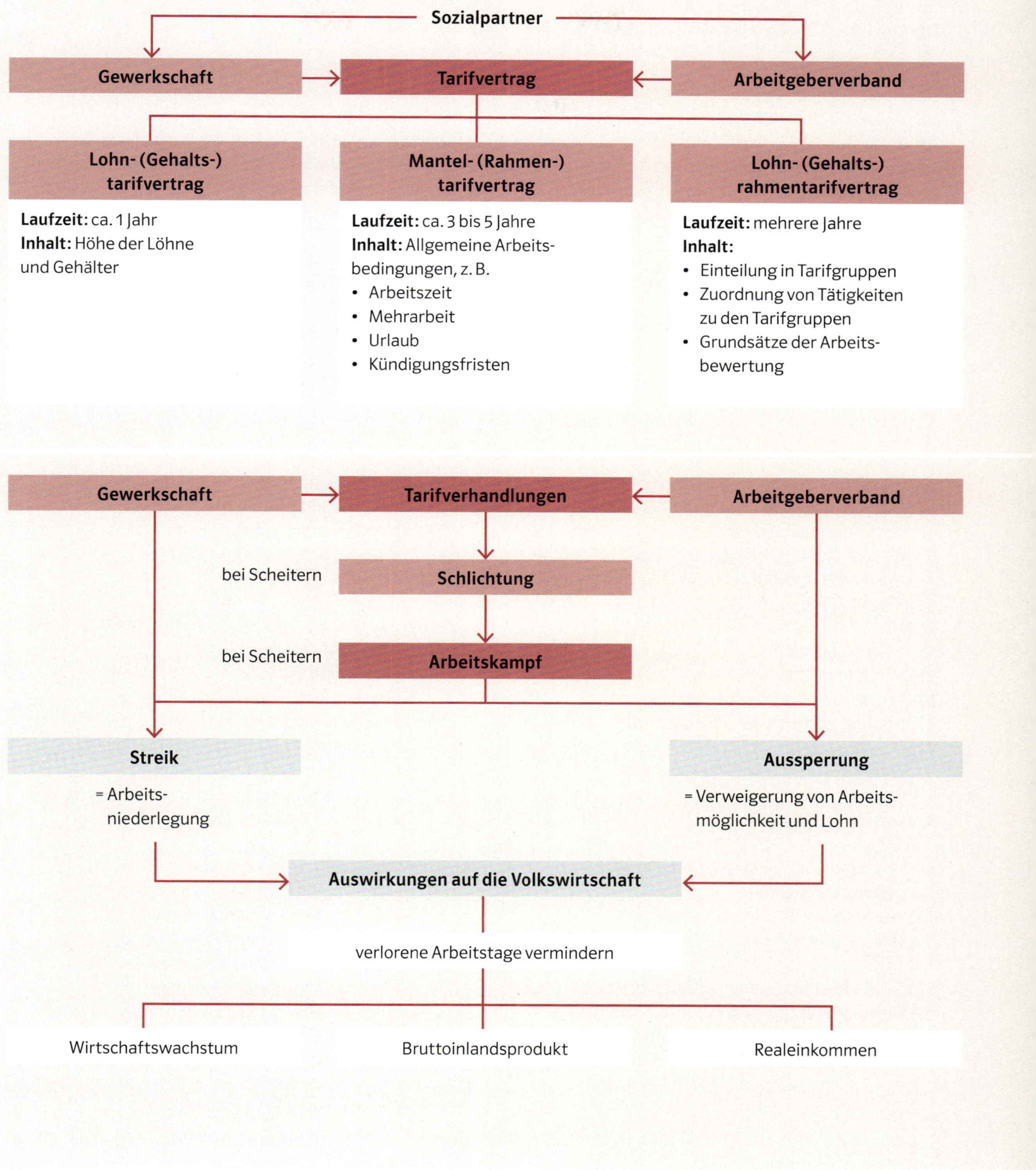

Sozialpartner

Gewerkschaft → **Tarifvertrag** ← **Arbeitgeberverband**

Lohn- (Gehalts-) tarifvertrag
Laufzeit: ca. 1 Jahr
Inhalt: Höhe der Löhne und Gehälter

Mantel- (Rahmen-) tarifvertrag
Laufzeit: ca. 3 bis 5 Jahre
Inhalt: Allgemeine Arbeitsbedingungen, z. B.
- Arbeitszeit
- Mehrarbeit
- Urlaub
- Kündigungsfristen

Lohn- (Gehalts-) rahmentarifvertrag
Laufzeit: mehrere Jahre
Inhalt:
- Einteilung in Tarifgruppen
- Zuordnung von Tätigkeiten zu den Tarifgruppen
- Grundsätze der Arbeitsbewertung

Gewerkschaft → **Tarifverhandlungen** ← **Arbeitgeberverband**

bei Scheitern → **Schlichtung**

bei Scheitern → **Arbeitskampf**

Streik
= Arbeitsniederlegung

Aussperrung
= Verweigerung von Arbeitsmöglichkeit und Lohn

Auswirkungen auf die Volkswirtschaft

verlorene Arbeitstage vermindern

Wirtschaftswachstum   Bruttoinlandsprodukt   Realeinkommen

Arbeitsteil

Auszug aus dem Tarifvertragsgesetz (TVG)

§ 2 Tarifvertragsparteien
(1) Tarifvertragsparteien sind Gewerkschaften, einzelne Arbeitgeber sowie Vereinigungen von Arbeitgebern.
(2) Zusammenschlüsse von Gewerkschaften und von Vereinigungen von Arbeitgebern (Spitzenorganisationen) können im Namen der ihnen angeschlossenen Verbände Tarifverträge abschließen, wenn sie eine entsprechende Vollmacht haben. […]

§ 5 Allgemeinverbindlichkeit
(1) Das Bundesministerium für Arbeit und Soziales kann einen Tarifvertrag […] auf gemeinsamen Antrag der Tarifvertragsparteien für allgemeinverbindlich erklären, wenn die Allgemeinverbindlicherklärung im öffentlichen Interesse geboten erscheint. Die Allgemeinverbindlicherklärung erscheint in der Regel im öffentlichen Interesse geboten, wenn
1. der Tarifvertrag in seinem Geltungsbereich für die Gestaltung der Arbeitsbedingungen überwiegende Bedeutung erlangt hat oder
2. die Absicherung der Wirksamkeit der tarifvertraglichen Normsetzung gegen die Folgen wirtschaftlicher Fehlentwicklung eine Allgemeinverbindlicherklärung verlangt. […]

1. a) Wer sind die Vertragsparteien beim Tarifvertrag?
b) Erläutern Sie, was man unter Allgemeinverbindlichkeit versteht und geben Sie an, unter welchen Voraussetzungen ein Tarifvertrag für allgemein verbindlich erklärt werden kann.

2. Erläutern Sie folgende Begriffe aus dem Tarifvertragsrecht:
a) Friedenspflicht,
b) Tarifautonomie,
c) Unabdingbarkeit des Tarifvertrags.

3. a) Welche Tarifvertragsarten werden unterschieden?
b) Geben Sie die wesentlichen Inhaltspunkte jeder Art an.
c) Überlegen Sie, weshalb diese Einteilung vorgenommen wurde.
d) Worin sehen Sie die Bedeutung von Tarifverträgen?

4. Sind beim Abschluss eines Arbeitsvertrags die Tarifbestimmungen verbindlich, wenn der Arbeitgeber im Arbeitgeberverband, der Arbeitnehmer jedoch nicht in der Gewerkschaft ist?

5. a) Nennen Sie drei Streitpunkte bei Tarifverhandlungen.
b) Welches Hauptziel haben Schlichtungsverfahren?
c) Wie ist ein Schlichtungsausschuss zusammengesetzt?

6. Nach gescheiterten Tarifverhandlungen sind häufig Arbeitskämpfe die Folge.
a) Welches sind die äußersten Mittel von Gewerkschaften und Arbeitgebern?
b) Das Arbeitskampfmittel der Arbeitgeber ist in Deutschland sehr umstritten. Überlegen Sie, welche Argumente aus Sicht der Gewerkschaften gegen dieses Mittel sprechen und welche aus Sicht der Arbeitgeber dafür.

7. a) Wann spricht man von einem „wilden Streik"? Welche Folgen können sich daraus ergeben?
b) Unterscheiden Sie zwischen einem Schwerpunktstreik und einem Flächenstreik.
c) Um politische Forderungen durchzusetzen, haben in den vergangenen Jahren alle Arbeitnehmer in Griechenland die Arbeit niedergelegt. Welche Streikart liegt vor?

8. Überlegen Sie, weshalb ausgesperrte Arbeitnehmer kein Arbeitslosengeld I beziehen.

Methode „Durchführung eines Rollenspiels"
Problemsituation Tarifverhandlung S. 327 ff.

3 Betriebsvereinbarungen

Auf dem Gang zum Pausenraum entdeckt Helga Müller am schwarzen Brett eine Mitteilung der Geschäftsleitung. Entrüstet stellt sie fest, dass die Vereinbarung über die gleitende Arbeitszeit gekündigt wurde. Aufmerksam geworden, lesen auch Ralf Schmidt und Martina Neubert die Mitteilung:

Helga: Das ist doch der Gipfel, jetzt haben die einfach die Betriebsvereinbarung über die gleitende Arbeitszeit abgeschafft. Dafür sollen wir ab sofort im Wechsel bis 20 Uhr arbeiten.

Martina: Ich kann doch nicht jede zweite Woche abends bis 20 Uhr arbeiten. Wer soll nach den Kindern sehen, wenn mein Mann Spätschicht hat? Nur vormittags, während die Kinder in der Schule sind, war vereinbart. Das geht doch nicht.

Ralf: „Kein Problem für Sie, Sie sind doch ledig und ungebunden", wird es bei mir wieder heißen. Was mache ich dann mit dem Training im Verein oder mit dem Computerkurs? Soll ich vielleicht meine Freunde erst abends um neun oder um zehn Uhr treffen? Was glauben die eigentlich? Wofür haben wir eigentlich einen Betriebsrat gewählt?

Helga: Ich glaube nicht, dass da was zu machen ist. Die da oben sitzen am längeren Hebel, die bestimmen, was gemacht wird, da kann auch der Betriebsrat nichts erreichen.

DIE GESCHÄFTSLEITUNG INFORMIERT

Kündigung der Betriebsvereinbarung über gleitende Arbeitszeit

Da sich die geltende Regelung zur gleitenden Arbeitszeit als unzweckmäßig erwiesen hat, haben wir diese Betriebsvereinbarung im Sinne einer besseren Kundenorientierung fristgemäß zum Ende des Jahres gekündigt.

➔
Wie beurteilen Sie die Rechtslage?

Wann die Arbeitnehmer eines Betriebs zu arbeiten hatten und welche Pausenregelung galt, das bestimmte vor gar nicht allzu langer Zeit ausschließlich der Arbeitgeber. In vielen Betrieben, die keinen Betriebsrat haben, ist dies noch heute so. 1972 trat das Betriebsverfassungsgesetz in Kraft. Seitdem haben Arbeitnehmer durch den Betriebsrat beachtliche Mitbestimmungsrechte. Unter anderem handelt er mit der Unternehmensleitung sogenannte Betriebsvereinbarungen aus.

Betriebsvereinbarung über gleitende Arbeitszeit

Zwischen der Geschäftsleitung und dem Betriebsrat wird folgende Betriebsvereinbarung geschlossen:
Die gleitende Arbeitszeit bietet die Möglichkeit, innerhalb festgelegter Grenzen (Gleitzeitspannen) Beginn und Ende der täglichen Arbeitszeit zu wählen.
Der **Arbeitsbeginn** kann zwischen 6.45 Uhr und 8.45 Uhr erfolgen.
Das **Arbeitsende** kann zwischen 15.15 Uhr und 18.00 Uhr erfolgen.
Gleitzeitspanne: Der Zeitraum, in dem Arbeitsbeginn bzw. Arbeitsende liegen können, also von 6.45 Uhr bis 8.45 Uhr (Arbeitsbeginn) und 15.15 Uhr bis 18.00 Uhr (Arbeitsende).

Beispiel einer Betriebsvereinbarung

Während Tarifverträge Bestimmungen für ganze Wirtschaftszweige enthalten können, betrifft die **Betriebsvereinbarung** den einzelnen Betrieb. Sie wird zwischen **Betriebsrat** und **Arbeitgeber** eines Betriebs abgeschlossen. Arbeitgeber, Betriebsrat und alle Betriebsangehörigen müssen sich dann daran halten. Betriebsvereinbarungen sind vom Arbeitgeber und vom Betriebsrat zu unterzeichnen und für jeden sichtbar im Betrieb zu veröffentlichen. Wichtige Inhaltspunkte sind Beginn und Ende der täglichen Arbeitszeit und der Pausen, Unfallverhütungsvorschriften, betriebliche Sozialeinrichtungen oder Urlaubspläne.

BetrVG § 77

Wichtige arbeitsrechtliche Bestimmungen

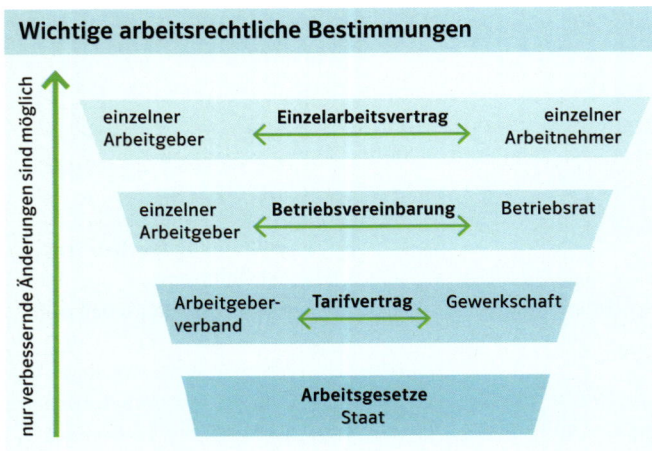

nur verbessernde Änderungen sind möglich

einzelner Arbeitgeber	Einzelarbeitsvertrag	einzelner Arbeitnehmer
einzelner Arbeitgeber	Betriebsvereinbarung	Betriebsrat
Arbeitgeberverband	Tarifvertrag	Gewerkschaft
	Arbeitsgesetze Staat	

Die bekannteste Betriebsvereinbarung ist die **Betriebsordnung**. Sie regelt die im Betrieb geltenden Ordnungsvorschriften wie z. B. Rauchverbot, Alkoholgenuss, Arbeitskleidung, Arbeitszeiten, Ruhepausen.

Betriebsvereinbarungen sollen also den Bestimmungen des Tarifvertrags nicht entgegenstehen, sondern sie ergänzen und den Besonderheiten des einzelnen Betriebes anpassen. Dies bedeutet, dass sie die tariflichen Bestimmungen nur verbessern, nicht jedoch verschlechtern dürfen, sofern dies der Tarifvertrag nicht durch sogenannte Öffnungsklauseln gestattet. Ebenso darf der Einzelarbeitsvertrag niemals schlechtere Bedingungen enthalten als die Betriebsvereinbarung.

Betriebsvereinbarungen

| Arbeitgeber | → | Betriebsvereinbarung | ← | Betriebsrat |

Inhalte sind z. B. Betriebsordnung, Arbeitsbeginn, Ende, Pausen, Urlaubspläne, betriebliche Sozialeinrichtungen.

Arbeitsteil

Auszug aus dem Betriebsverfassungsgesetz (BetrVfG)

§ 77 [...] Betriebsvereinbarungen
[...]
(2) Betriebsvereinbarungen sind von Betriebsrat und Arbeitgeber gemeinsam zu beschließen und schriftlich niederzulegen. [...]
(4) Betriebsvereinbarungen gelten unmittelbar und zwingend. Werden Arbeitnehmern durch die Betriebsvereinbarung Rechte eingeräumt, so ist ein Verzicht auf sie nur mit Zustimmung des Betriebsrats zulässig. [...]
(5) Betriebsvereinbarungen können, soweit nichts anderes vereinbart ist, mit einer Frist von 3 Monaten gekündigt werden. [...]

Bearbeiten Sie die folgenden Aufgaben, sofern erforderlich, mithilfe des Gesetzestextes.

1. a) Wer sind die Vertragspartner bei einer Betriebsvereinbarung?
 b) In welchem Gesetz ist der Abschluss von Betriebsvereinbarungen geregelt?

 c) Nennen Sie drei Beispiele für Regelungen, die eine Betriebsvereinbarung enthalten kann.
 d) Erkundigen Sie sich bei Kollegen, welche Betriebsvereinbarungen in Ihrem Betrieb bestehen. Geben Sie außerdem an, welche Regelungen darin getroffen worden sind.

2. Ein Arbeitnehmer erhält laut Arbeitsvertrag 26 Werktage Jahresurlaub. Das Bundesurlaubsgesetz jedoch sieht lediglich 24 Werktage vor.
Im entsprechenden Tarifvertrag ist von 25 Tagen die Rede. Außerdem liegt eine Betriebsvereinbarung vor, die 27 Tage Jahresurlaub vorsieht.
Wie viele Urlaubstage kann der Arbeitnehmer wirklich beanspruchen?

3. Die Massivmöbel GmbH ist in ernsthafte Absatzschwierigkeiten geraten. Der Geschäftsführer verlangt deshalb von den Beschäftigten, dass sie auf das zusätzlich gewährte Urlaubsgeld verzichten. Um Probleme von vornherein auszuschließen, verzichtet er bei dieser Entscheidung auf die Zustimmung des Betriebsrats. Wie beurteilen Sie die Rechtslage?

4 Interessenvertretung der Arbeitnehmer

Betriebsrat darf bei Überstunden mitbestimmen

Der Betriebsrat hat nach einer Entscheidung des Bundesarbeitsgerichts ein Mitspracherecht darüber, ob Überstunden bezahlt oder durch Freizeit abgegolten werden. In der jetzt veröffentlichten Entscheidung heißt es, die Höhe der Abgeltung müsse sich nach dem Tarifvertrag richten. Das Gericht gab damit dem Betriebsrat einer Speditionsfirma Recht, die sich geweigert hatte, die Arbeitnehmervertretung bei der Abgeltung der Nachtarbeit von Fernfahrern mitbestimmen zu lassen.

Quelle: dapd

→
a) Beurteilen Sie anhand des Artikels die Mitbestimmungsrechte des Betriebsrats.
b) Wer wählt den Betriebsrat?
c) Gibt es noch andere Interessenvertretungen der Arbeitnehmer?

Mehrere Gesetze regeln die Interessenvertretung der Arbeitnehmer im Betrieb:

- Das **Betriebsverfassungsgesetz** regelt die Interessenvertretung der Arbeitnehmer durch den Betriebsrat. Außerdem sind darin die Rechte des einzelnen Arbeitnehmers festgelegt sowie die Aufgaben und die Bildung von weiteren Vertretungsorganen.

- Im **Personalvertretungsgesetz** ist die Mitbestimmung der Beschäftigten des öffentlichen Dienstes festgelegt.

- Das **Mitbestimmungsgesetz** regelt die Mitbestimmung der Arbeitnehmer im Aufsichtsrat und Vorstand von Kapitalgesellschaften, sofern die Unternehmen mehr als 2 000 Beschäftigte haben.

- Das **Montanmitbestimmungsgesetz** regelt die Mitbestimmung der Arbeitnehmer im Aufsichtsrat und Vorstand von Unternehmen der Montanindustrie (Bergbau, Eisen- und Stahlerzeugung).

- Das **Arbeitsgerichtsgesetz** bestimmt, dass für gerichtliche Streitigkeiten aus dem Arbeitsleben die Arbeitsgerichte zuständig sind. Des Weiteren ist hier der Verfahrensablauf festgelegt.

Sofern bestimmte Voraussetzungen vorliegen (z. B. Zahl der Beschäftigten, Unternehmensform), dann gestatten diese Gesetze, dass folgende Interessenvertretungen bestellt werden:

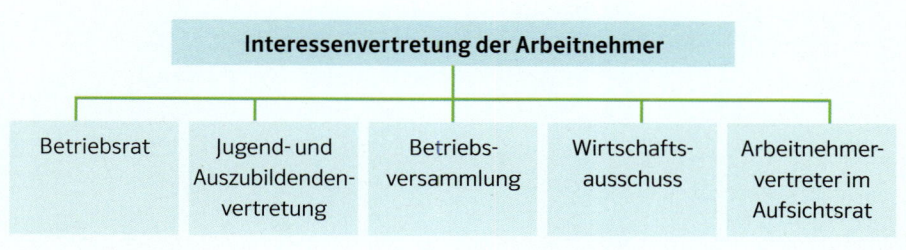

4.1 Möglichkeiten der betrieblichen Mitbestimmung durch Auszubildende und Arbeitnehmer

Jeder einzelne Arbeitnehmer ist berechtigt, sich mit Beschwerden persönlich an den Arbeitgeber zu wenden, und zwar unabhängig davon, ob ein Betriebsrat vorhanden ist oder nicht. Darüber hinaus muss der Arbeitgeber ihn über wichtige Vorgänge informieren, wenn sie ihn persönlich betreffen. So muss der Arbeitgeber nach dem Betriebsverfassungsgesetz u. a.

- Beschwerden des Arbeitnehmers entgegennehmen, wenn dieser sich ungerecht behandelt fühlt; sie prüfen und ihn über das Ergebnis informieren,
- den Arbeitnehmer in seine **Personalakten** einsehen lassen,
- ihn zu Angelegenheiten, die ihn betreffen, während der Arbeitszeit **anhören**,
- ihn über seine **Aufgaben** und über Änderungen seines **Aufgabenbereichs** informieren,
- über **Unfall- und Gesundheitsgefahren** am Arbeitsplatz informieren,
- die Zusammensetzung und Berechnung des **Verdienstes** erläutern,
- auf Verlangen Auskunft geben über die **Beurteilung** der Leistung des Arbeitnehmers und über dessen Aufstiegschancen.

Um seine Rechte durchzusetzen oder um Beschwerden vorzubringen, kann sich der Arbeitnehmer aber auch an seine Interessenvertretung wenden, vor allem an den Betriebsrat. Der hat hierzu **Sprechstunden** einzurichten und den Arbeitnehmer zu **beraten**. Beschwerden des Arbeitnehmers muss er beim Arbeitgeber vorbringen.

Des Weiteren hat jeder einzelne Arbeitnehmer auch die Möglichkeit, seine Beschwerden, Anregungen, Anträge usw. auf Betriebsversammlungen vorzubringen. Zuletzt besteht die Möglichkeit, sich in den **Gewerkschaften** zu organisieren und so bei der Gestaltung der Tarifverträge und bei den Tarifverhandlungen aktiv mitzuwirken.

4.2 Interessenvertretung im Betrieb

Betriebsrat

Der **Betriebsrat** ist die wichtigste Interessenvertretung der Arbeitnehmer im einzelnen Betrieb. Er wird auf **vier Jahre** gewählt. Betriebsratswahlen finden deshalb alle vier Jahre zwischen dem 1. März und dem 31. Mai statt.

Wahlberechtigt sind alle Arbeitnehmer, die das 18. Lebensjahr vollendet haben. Wählbar sind alle Arbeitnehmer, die dem Betrieb mindestens 6 Monate angehören und das 18. Lebensjahr vollendet haben.

BetrVG § 9

Zahl der Betriebsratsmitglieder

* Betriebsobmann

35	33	31	29	27	25	23	21	19	17	15	13	11	9	7	5	3	1*
7001–9000	6001–7000	5001–6000	4501–5000	4001–4500	3501–4000	3001–3500	2501–3000	2001–2500	1501–2000	1001–1500	701–1000	401–700	201–400	101–200	51–100	21–50	5–20

Zahl der wahlberechtigten Arbeitnehmer

Betriebsräte können in Betrieben, die mindestens fünf wahlberechtigte Arbeitnehmer haben, gewählt werden. Die Zahl der zu wählenden Betriebsratsmitglieder richtet sich nach der Anzahl der wahlberechtigten Arbeitnehmer.

Der Arbeitgeber muss die Betriebsratsmitglieder für die Durchführung ihrer Betriebsratsaufgaben von der Arbeit freistellen, wobei das Arbeitsentgelt weitergezahlt werden muss. In Betrieben, die mehr als 200 Arbeitnehmer beschäftigen, ist ein Betriebsratsmitglied ganz von der Arbeit freizustellen, in größeren Betrieben gilt dies für mehrere Betriebsratsmitglieder (in Betrieben mit mehr als 9 000 Arbeitnehmern z. B. 12).

BetrVG § 38

Der Betriebsrat wählt aus seiner Mitte einen Vorsitzenden und dessen Stellvertreter. Sie vertreten den Betriebsrat nach außen. Die Sitzungen des Betriebsrats finden normalerweise während der Arbeitszeit statt. Der Arbeitgeber muss die erforderlichen Räume und Mittel unentgeltlich zur Verfügung stellen, die der Betriebsrat für die laufende Arbeit, für Sprechstunden oder Sitzungen benötigt. Er übernimmt auch die Kosten der Betriebsratswahlen.

Der Betriebsrat hat folgende **allgemeine Aufgaben:**

BetrVG § 80

- Er achtet darauf, dass die **Bestimmungen**, die zugunsten der Arbeitnehmer gelten, auch eingehalten werden.
- Er nimmt **Beschwerden** von Arbeitnehmern entgegen und verhandelt mit dem Arbeitgeber darüber, sofern die Beschwerden berechtigt sind.
- Er beantragt beim Arbeitgeber **Maßnahmen**, die dem Betrieb und der Belegschaft dienen.
- **Schutzbedürftigen** Arbeitnehmern wie Schwerbehinderten, ausländischen Arbeitnehmern oder Jugendlichen hilft er besonders bei der Eingliederung in den Betrieb.
- Er schließt mit dem Arbeitgeber **Betriebsvereinbarungen** ab (siehe S. 179 f.).

Der Betriebsrat muss einmal in jedem Kalendervierteljahr eine **Betriebsversammlung** abhalten und einen Bericht über seine Tätigkeit ablegen. Arbeitgeber und Arbeitnehmer, die hierzu eingeladen sind, haben das Recht, auf der Versammlung zu sprechen. Gleiches gilt für Vertreter der Tarifvertragsparteien, also der Gewerkschaften und Arbeitgeberverbände.

BetrVG § 43

In Unternehmen mit mehr als 100 Beschäftigten muss ein **Wirtschaftsausschuss** gebildet werden, der aus mindestens drei und höchstens sieben sachverständigen Betriebsangehörigen besteht, die vom Betriebsrat bestellt werden. Der Wirtschaftsausschuss muss über wirtschaftliche und finanzielle Angelegenheiten informiert werden. Er soll die Unternehmensleitung in wirtschaftlichen Angelegenheiten beraten und den Betriebsrat unterrichten.

BetrVG §§ 106 ff.

Mitbestimmungsrechte des Betriebsrats

Über den Betriebsrat sind die Arbeitnehmer an zahlreichen betrieblichen Entscheidungen beteiligt. Diese Beteiligung erstreckt sich auf den sozialen, den personellen und den wirtschaftlichen Bereich. Das Betriebsverfassungsgesetz gibt dem Betriebsrat in den einzelnen Bereichen unterschiedliche Beteiligungsrechte. Diese sind in ihrer Wirkung unterschiedlich:

- **Mitbestimmungsrechte:** Hier ist der Betriebsrat der gleichberechtigte Verhandlungspartner der Unternehmensleitung. Ohne seine Zustimmung kommt keine betriebliche Einigung zustande. Mitbestimmungsrechte bestehen in **sozialen Angelegenheiten.** Beispiele: Betriebsordnung, Urlaubsplanung, Arbeitszeit, Sozialeinrichtungen, Berufsausbildung, Entlohnungsgrundsätze, Unfallverhütung.

BetrVG § 87

BetrVG §§ 92 ff.
- Ein **eingeschränktes Mitbestimmungsrecht** hat der Betriebsrat bei **personellen Angelegenheiten**. Beispiele: Einstellungen, Versetzungen, Umgruppierungen oder Entlassungen. Der Betriebsrat kann hier seine Zustimmung nur verweigern, wenn er schwerwiegende Gründe anführen kann.

BetrVG §§ 106 ff.
- **Mitwirkungsrechte:** Die Unternehmensleitung muss den Betriebsrat über anstehende Maßnahmen unterrichten und sich mit ihm darüber beraten. Verweigert dieser seine Zustimmung oder legt er Widerspruch ein, bleibt dies ohne Auswirkung auf die Entscheidung des Arbeitgebers. Mitwirkungsrechte haben die Arbeitnehmervertreter vorwiegend in **wirtschaftlichen Angelegenheiten**. Beispiele: Stilllegung des Betriebs, Rationalisierung, Produktion, Absatz, Betriebsverlegungen, Investitionen.

Zur Vermeidung von wirtschaftlichen Härten hat der Betriebsrat ein Mitbestimmungsrecht bei der Aufstellung eines Sozialplans.

Jugend- und Auszubildendenvertretung

BetrVG §§ 60 ff.
Jugendliche Arbeitnehmer stehen noch in ihrer körperlichen Entwicklung. Sie haben – ebenso wie die Auszubildenden – beim Eintritt in den Betrieb und in das Arbeitsleben andere Probleme als ihre erwachsenen Kollegen. Das Betriebsverfassungsgesetz sieht deshalb alle **zwei Jahre** die Wahl einer **Jugend- und Auszubildendenvertretung (JAV)** vor.
Gewählt wird in Betrieben mit mindestens fünf Arbeitnehmern unter 18 Jahren und Auszubildenden. Wahlberechtigt sind alle Jugendlichen sowie Auszubildenden, die das 25. Lebensjahr noch nicht vollendet haben.

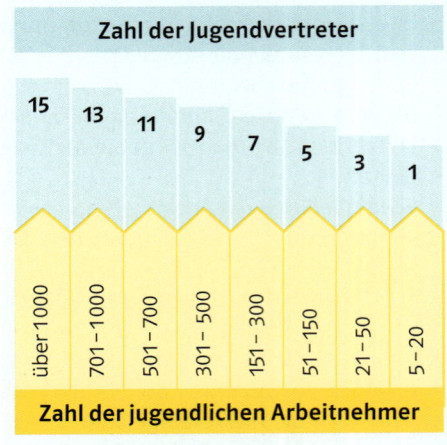

Wählbar sind alle Arbeitnehmer des Betriebs, die das 25. Lebensjahr noch nicht vollendet haben. Betriebsratsmitglieder können nicht gewählt werden. Die regelmäßigen Wahlen finden im Herbst statt.
Hauptaufgabe der JAV ist es, die besonderen Belange der Jugendlichen und Auszubildenden gegenüber dem Arbeitgeber zu vertreten. Da die JAV nicht in direkte Verhandlungen mit dem Arbeitgeber eintreten kann, muss sie ihre Interessen über den Betriebsrat durchsetzen. Aus diesem Grund kann an jeder Betriebsratssitzung ein JAV-Mitglied teilnehmen. Behandelt der Betriebsrat Fragen, die überwiegend jugendliche Arbeitnehmer oder Auszubildende betreffen, sind alle JAV-Mitglieder zur Teilnahme und zur Abstimmung berechtigt.
Vor jeder Betriebsversammlung führt die JAV eine Jugend- und Auszubildendenversammlung durch. Ohne den zeitlichen Bezug zur Betriebsversammlung dürfen die Jugendlichen und Auszubildenden nur tagen, wenn im Einvernehmen mit Betriebsrat und Arbeitgeber ein anderer Zeitpunkt vereinbart wird.

Mitbestimmung im Aufsichtsrat

In Kapitalgesellschaften (vorwiegend AG und GmbH) besteht zusätzlich eine gewählte Arbeitnehmervertretung in den Aufsichtsräten. Diese Beteiligung der Arbeitnehmer in den Aufsichtsräten wird auch als **Mitbestimmung** bezeichnet, weil dadurch die Belegschaft an der Kontrolle des Vorstands (Unternehmensleitung) beteiligt ist. Man unterscheidet drei verschiedene Mitbestimmungsformen:

Mitbestimmung nach dem Betriebsverfassungsgesetz von 1952, bzw. Drittelbeteiligungsgesetz von 2004

Dieses Gesetz ermöglicht eine **Ein-Drittel-Beteiligung** der **Arbeitnehmer** im Aufsichtsrat. Unter das Betriebsverfassungsgesetz fallen Aktiengesellschaften (AG), die **weniger als 2 000 Arbeitnehmer** beschäftigen, sowie Gesellschaften mit beschränkter Haftung (GmbH) und Genossenschaften (eG), die jeweils zwischen 500 und 2 000 Beschäftigte haben. Wie die Abbildung erkennen lässt, besitzen die Anteilseigner bei betrieblichen Entscheidungen ein deutliches Übergewicht. Außerdem sitzt bei diesen Unternehmen kein Arbeitnehmervertreter im Vorstand.

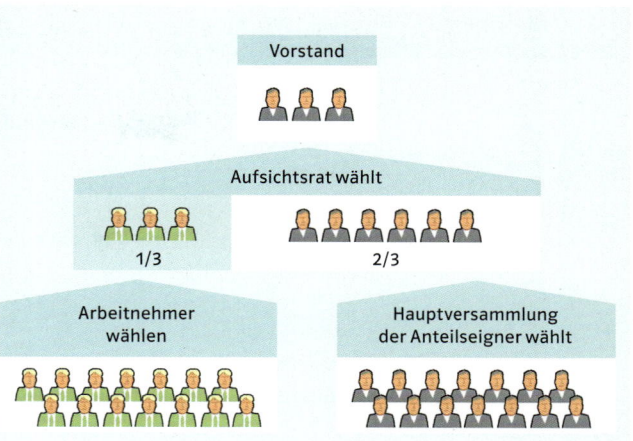

Mitbestimmung nach dem Mitbestimmungsgesetz von 1976

Unter dieses Gesetz fallen Großunternehmen mit **mehr als 2 000 Beschäftigten**. In solchen Unternehmen erhalten die **Arbeitnehmer** und Anteilseigner jeweils die **Hälfte der Aufsichtsratssitze**. Obwohl der Aufsichtsrat paritätisch (gleichberechtigt) zusammengesetzt ist, überwiegt dennoch der Einfluss der Anteilseigner (Kapitalgeber), da sie den Aufsichtsratsvorsitzenden bestimmen können. Bei Stimmengleichheit verfügt dieser über ein **doppeltes Stimmrecht**. Außerdem müssen unter den Arbeitnehmervertretern auch leitende Angestellte sein, und diese stehen häufig den Anteilseignern näher als den Arbeitnehmern. Darüber hinaus verlangt das Gesetz, dass ein **Arbeitsdirektor** im Vorstand sein muss, der vorwiegend für personelle Angelegenheiten zuständig ist.

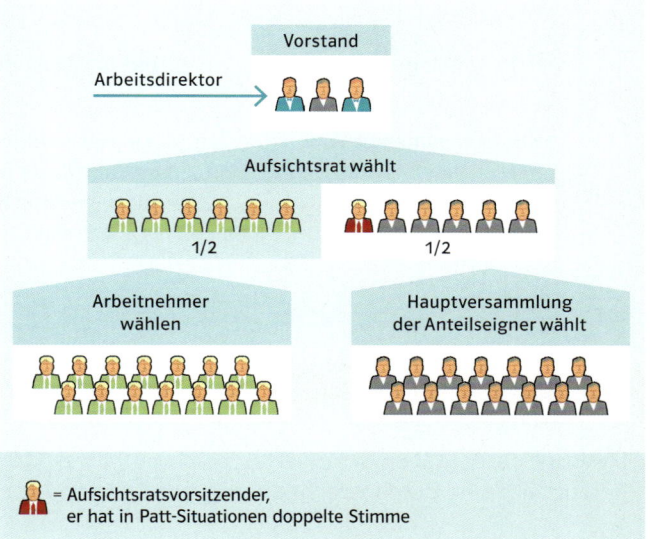

Mitbestimmung nach dem Montanmitbestimmungsgesetz von 1951

Bereits 1951 wurde für die **Montanindustrie** (Bergbau, Eisen- und Stahlerzeugung) festgelegt, dass die Aufsichtsräte **paritätisch**, also jeweils zur Hälfte aus Anteilseignern und Arbeitnehmervertretern zusammengesetzt sind. Um Stimmengleichheit zu vermeiden, müssen sich die Vertreter von Anteilseignern und Arbeitnehmern auf ein weiteres – **neutrales Aufsichtsratsmitglied** – einigen. Eine weitere Mitbestimmungsmöglichkeit haben die Arbeitnehmer durch einen **Arbeitsdirektor** im Vorstand. Er hat die gleichen Rechte wie die anderen Direktoren und ist vorwiegend für personelle Aufgaben zuständig.

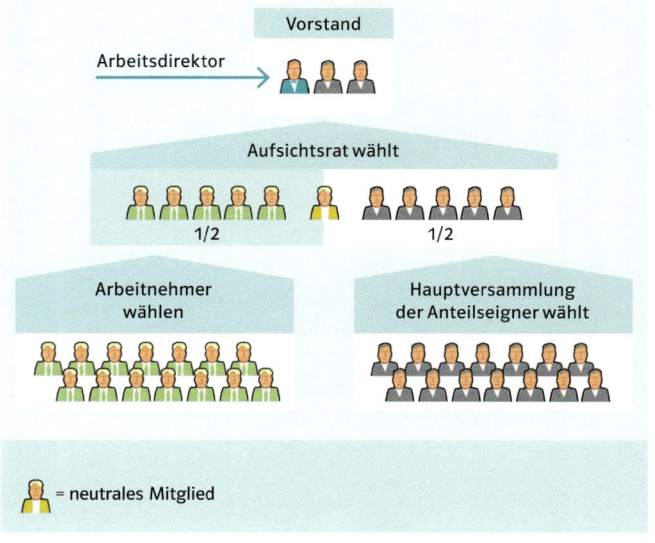

Interessenvertretung der Arbeitnehmer

Vertretungsorgane der Arbeitnehmer

am Arbeitsplatz

= arbeitsrechtliche Mitbestimmung

Arbeitnehmer wählen
Betriebsrat + Jugend- und Auszubildendenvertretung

in der Unternehmensleitung

= unternehmerische Mitbestimmung

Arbeitnehmer wählen
einen Teil (1/3 bzw. 1/2) des **Aufsichtsrats**

Mitbestimmungsrechte des Betriebsrats

soziale Angelegenheiten

Mitbestimmungsrecht,
ohne Zustimmung des
Betriebsrats sind keine
Beschlüsse möglich.

personelle Angelegenheiten

**Eingeschränktes Mitbestim-
mungsrecht**, der Betriebsrat kann
nur aus wichtigen Gründen die
Zustimmung verweigern.

wirtschaftliche Angelegenheiten

Mitwirkungsrecht (Unterrichtung),
die Maßnahmen müssen vorher
dem Betriebsrat mitgeteilt und mit
ihm beraten werden.

Arbeitsteil

Lösen Sie die Aufgaben, sofern erforderlich, mithilfe des
Auszugs aus dem Betriebsverfassungsgesetz auf S. 187.

1. **a)** Wovon hängt die Zahl der Betriebsratsmitglieder
        eines Betriebs ab?
    b) Welche Voraussetzungen muss ein Arbeitnehmer
        erfüllen, damit er bei Betriebsratswahlen
        kandidieren kann?
    c) Unter welcher Voraussetzung ist ein Arbeit-
        nehmer wahlberechtigt bei Betriebsratswahlen?
    d) Nennen Sie drei allgemeine Aufgaben des
        Betriebsrats.

2. Erläutern Sie die Aufgabe einer Betriebsversamm-
    lung und des Wirtschaftsausschusses.

3. In welchen betrieblichen Bereichen hat der
    Betriebsrat ein Mitbestimmungsrecht, in welchen
    hat er ein eingeschränktes Mitbestimmungsrecht
    und in welchen hat er ein Mitwirkungsrecht?

4. **a)** Welche Gründe sprechen für eine gesonderte
        Jugend- und Auszubildendenvertretung (JAV)?
    b) Welche Hauptaufgabe hat die JAV?
    c) Ein Betrieb hat 250 jugendliche Arbeitnehmer
        und Auszubildende. Wie viele JAV-Mitglieder
        dürfen gewählt werden?
    d) Erklären Sie anhand der Abbildung, wie die JAV
        ihre Aufgaben wahrnimmt.

Betriebliche Jugend- und Auszubildendenvertretung

5. Erklären Sie die folgende betriebliche Situation in Hinsicht auf die Mitbestimmungsrechte.

  a) Einige Mitarbeiter sollen in ein Zweigwerk versetzt werden.

  b) Die Geschäftsleitung verlegt den täglichen Arbeitsbeginn eine Stunde vor.

  c) Die monatliche Lohnzahlung soll auf Anweisung der Geschäftsleitung jeweils 10 Tage später erfolgen.

  d) Eine neu zu besetzende Arbeitsstelle wird nicht im Betrieb ausgeschrieben.

  e) Betriebsrat und Geschäftsleitung einigen sich nicht über die Verwaltung der Betriebskantine.

  f) Der Arbeitgeber hat bei der Auswahl des zu kündigenden Arbeitnehmers soziale Gesichtspunkte nicht ausreichend berücksichtigt.

6. Welche Gesetze regeln die Mitbestimmung in Großunternehmen?

7. a) Erklären Sie den Begriff „Montanbereich".

  b) Wie setzt sich der Aufsichtsrat einer Montanunternehmung zusammen?

8. In welchen Fällen müssen Arbeitnehmervertreter in den Aufsichtsrat gewählt werden?

  a) GmbH mit 800 Beschäftigten

  b) OHG mit 2 700 Beschäftigten

  c) AG mit 1 800 Beschäftigten

  d) GmbH mit 130 Beschäftigten

  e) eG mit 2 500 Beschäftigten

9. Die Gewerkschaften fordern eine Ausweitung der Mitbestimmung. Tragen Sie mögliche Argumente für und gegen eine Ausweitung der Mitbestimmung zusammen.

10. Obwohl nach dem Mitbestimmungsgesetz von 1976 der Aufsichtsrat paritätisch zusammengesetzt ist, haben die Anteilseigner im Aufsichtsrat mehr Einfluss. Begründen Sie, weshalb.

Auszug aus dem Betriebsverfassungsgesetz (BetrVG)

§ 1 Errichtung von Betriebsräten
In Betrieben mit in der Regel mindestens fünf ständigen wahlberechtigten Arbeitnehmern, von denen drei wählbar sind, werden Betriebsräte gewählt. [...]

§ 7 Wahlberechtigung
Wahlberechtigt sind alle Arbeitnehmer des Betriebs, die das 18. Lebensjahr vollendet haben. [...]

§ 8 Wählbarkeit
Wählbar sind alle Wahlberechtigten, die sechs Monate dem Betrieb angehören [...].

§ 87 Mitbestimmungsrechte
(1) Der Betriebsrat hat [...] in folgenden Angelegenheiten mitzubestimmen:

1. Fragen der Ordnung des Betriebs und des Verhaltens der Arbeitnehmer im Betrieb;

2. Beginn und Ende der täglichen Arbeitszeit einschließlich der Pausen sowie Verteilung der Arbeitszeit auf die einzelnen Wochentage;

3. vorübergehende Verkürzung oder Verlängerung der betriebsüblichen Arbeitszeit;

4. Zeit, Ort und Art der Auszahlung der Arbeitsentgelte;

5. Aufstellung allgemeiner Urlaubsgrundsätze und des Urlaubsplans [...];

6. Einführung und Anwendung von technischen Einrichtungen, die dazu bestimmt sind, das Verhalten oder die Leistung der Arbeitnehmer zu überwachen;

7. Regelungen über die Verhütung von Arbeitsunfällen und Berufskrankheiten [...];

8. Form, Ausgestaltung und Verwaltung von Sozialeinrichtungen [...];

10. Fragen der betrieblichen Lohngestaltung, insbesondere die Aufstellung von Entlohnungsgrundsätzen [...];

11. Festsetzung der Akkord- und Prämiensätze [...].

§ 95 Auswahlrichtlinien
(1) Richtlinien über die personelle Auswahl bei Einstellungen, Versetzungen, Umgruppierungen und Kündigungen bedürfen der Zustimmung des Betriebsrats. [...]

§ 102 Mitbestimmung bei Kündigungen
(1) Der Betriebsrat ist vor jeder Kündigung zu hören. Der Arbeitgeber hat ihm die Gründe für die Kündigung mitzuteilen. Eine ohne Anhörung des Betriebsrats ausgesprochene Kündigung ist unwirksam. [...]

5   Arbeitsgericht

„Ab zum Arzt und dann Kofferpacken" ...

… lautete der Eintrag, den eine Auszubildende auf Facebook gepostet hatte. Sie ließ sich von ihrem Arzt krankschreiben und meldete sich bei ihrem Arbeitgeber krank. Dann düste sie nach Mallorca, verbrachte dort ihren Urlaub und veröffentlichte ihre Urlaubsfotos auf Facebook. Diese zeigten sie fröhlich feiernd in einer Diskothek. Während ihrer Arbeitsunfähigkeit ließ sie sich auch noch tätowieren. Offenbar hatte sie nicht damit gerechnet, dass nicht nur die ganze Welt, sondern eben auch ihr

Arbeitgeber mitliest. Dieser kündigte daraufhin seiner Auszubildenden fristlos mit der Begründung, sie habe ihre Arbeitsunfähigkeit nur vorgetäuscht. Im anschließenden Kündigungsschutzprozess trafen sich die Parteien vor dem Arbeitsgericht Düsseldorf. Dieses gab dem Arbeitgeber Recht, schlug jedoch im Gütetermin vom 28.08.2011 (Az.: 7 Ca 2591/11) einen Vergleich vor, in dem die Beteiligten sich auf die Beendigung des Arbeitsverhältnisses einigten.

→
a) Vor welchem Gericht fand die Verhandlung statt?

b) Welche Streitigkeiten werden vor diesem Gericht verhandelt?

Arbeitsgerichte sind zuständig für alle Streitigkeiten im Arbeitsleben. Im Einzelnen sind dies Streitigkeiten zwischen
- Arbeitgebern und Arbeitnehmern aus dem Arbeitsvertrag,
- Auszubildenden und Ausbildenden aus dem Berufsausbildungsvertrag,
- den Tarifvertragsparteien aus dem Tarifvertrag,
- Betriebsrat und Arbeitgebern aus dem Betriebsverfassungsrecht.

Info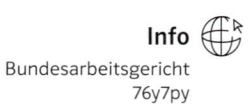
Bundesarbeitsgericht
76y7py

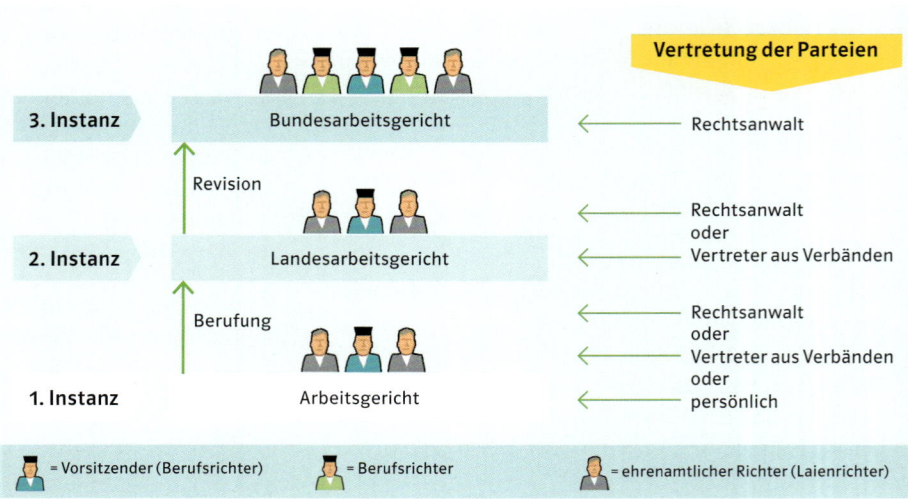

Gerichte in erster Instanz sind die Arbeitsgerichte. Gegen deren Urteil kann bei den **Landesarbeitsgerichten Berufung** eingelegt werden. In der Berufung wird das ganze Verfahren noch einmal durchgeführt, neue Beweise können vorgebracht werden. Die Revisionsinstanz ist das **Bundesarbeitsgericht** in Erfurt. Bei der **Revision** jedoch wird nur geprüft, ob in der vorigen Instanz die Gesetze richtig angewendet wurden.

In allen Instanzen sind Berufsrichter und ehrenamtliche Richter (Laienrichter) tätig. Um die Praxis des Arbeitslebens ausgewogen zu berücksichtigen, werden die Laienrichter jeweils von Arbeitnehmer- und Arbeitgebervertretern gestellt. Die Parteien können an den Arbeitsgerichten ihren Rechtsstreit selbst führen oder sich durch Gewerkschaften oder Arbeitgeberverbände vertreten lassen. Ebenso ist die Vertretung durch einen Rechtsanwalt möglich. Vor dem Landesarbeitsgericht und dem Bundesarbeitsgericht herrscht Anwaltszwang.

Die Voraussetzung für eine Verhandlung ist die Klage, die beim zuständigen Arbeitsgericht eingereicht oder mündlich zu Protokoll gegeben werden muss.

In einer **Güteverhandlung** wird zunächst versucht, die Streitigkeiten durch einen Vergleich zu schlichten, um Gerichtskosten und unnötige Arbeit zu sparen.

Die Gerichtskosten sind niedriger als bei normalen Gerichtsverfahren. Sie richten sich nach dem Streitwert und betragen in der 1. Instanz mindestens 25 € und sind je nach Streitwert nach oben offen. Wenn in der Güteverhandlung eine Einigung erzielt wurde, die Klage zurückgezogen wird oder ein Vergleich zustande kommt, fallen überhaupt keine Kosten an.

In der ersten Instanz vor dem Arbeitsgericht trägt jede Partei ihre Kosten selbst, auch wenn sie in dem Verfahren gewinnt. Es gilt also nicht das sonst herrschende Prinzip, dass der Verlierer eines Rechtsstreits die Kosten tragen muss.

Die Fristen für die Bearbeitung eines Rechtsstreits beim Arbeitsgericht sind wesentlich kürzer als bei anderen Zivilprozessen.

> **Methode „Durchführung eines Rollenspiels"**
> Problemsituation Kündigung
> S. 327 ff.

Arbeitsstreitigkeiten vor Gericht

Arbeitsgerichtsbarkeit

Arbeitsgericht → Berufungsinstanz → **Landesarbeitsgericht** → Revisionsinstanz → **Bundesarbeitsgericht**

regeln Streitigkeiten aus:

Arbeitsverhältnissen, Berufsausbildungsverhältnissen, Tarifverträgen, Betriebsverfassungsgesetz

Arbeitsteil

1. Welche Streitigkeiten fallen in den Zuständigkeitsbereich der Arbeitsgerichte?

2. Nennen Sie die Instanzen der Arbeitsgerichtsbarkeit.

3. a) Wie ist ein Arbeitsgericht in der 1. Instanz zusammengesetzt?
   b) Begründen Sie diese Zusammensetzung.

4. Überlegen Sie, weshalb die folgenden Regelungen für das Arbeitsgericht getroffen wurden:
   – Die Gerichtskosten sind sehr niedrig.
   – Die Fristen für die Bearbeitung eines Rechtsstreits sind relativ kurz.

5. Wie unterscheiden sich Berufung und Revision?

Prüfungsaufgabe

Üben
weitere Prüfungsaufgabe
4f3ct3

Üben interaktiv
Prüfungsaufgaben
c2u78d

Martin Schneider (21) hat vor einem Jahr seine Ausbildung zum Automobilmechaniker abgeschlossen. Seit einem Jahr arbeitet er im Autohaus Rapp. Eines Morgens kommt er wieder mal zu spät in den Betrieb. Verärgert stellt ihn der Chef zur Rede.

Chef: „Wieso kommen Sie schon wieder zu spät? Haben Sie vergessen, dass wir Ihnen erst vor drei Wochen deswegen eine Abmahnung geschickt haben?"

Martin: „Sorry, aber meinem Wecker ging das Benzin aus. Habe ich inzwischen was verpasst?"

Chef: „Jetzt reicht's! Sie sind fristlos entlassen."

Schimpfend packt Martin seine Sachen zusammen und geht. Abends trifft er seine Freundin Sabine und erzählt ihr den Vorfall.

Martin: „So was Blödes, heute hat mich mein Chef entlassen. Jetzt können wir unseren Urlaub auf Mallorca wohl streichen."

Sabine: „Das musst du dir nicht gefallen lassen. Diese Kündigung ist ungültig. Was sagt denn der Betriebsrat?"

Martin: „Keine Ahnung, ich musste ja gleich gehen."

a) Erläutern Sie, welche Bedeutung die Abmahnung für Martin hatte.

b) Weshalb wird Martins Chef dessen häufiges Zuspätkommen nicht zulassen und ein derartiges Verhalten nicht dulden?

c) Prüfen Sie anhand des Betriebsverfassungsgesetzes (BetrVG), ob Sabine recht hat.

d) Welche Rechte räumt das Betriebsverfassungsgesetz in diesem Fall dem Betriebsrat ein?

e) Sabine bedauert, dass Martin nicht zu den Personengruppen gehört, denen fast nicht gekündigt werden kann. Gibt es solche Personengruppen? Wenn ja, nennen Sie diese.

f) Angenommen, Martin würde nicht fristlos gekündigt werden, sondern er einigt sich mit seinem Chef auf eine ordentliche Kündigung. Welche gesetzlichen Kündigungsfristen müssten in diesem Fall eingehalten werden?

g) Martin bewirbt sich inzwischen bei verschiedenen Firmen. Bei jeder Bewerbung wird ein Arbeitszeugnis verlangt. Unterscheiden Sie in diesem Zusammenhang zwischen einem einfachen und einem qualifizierten Zeugnis.

h) Nur auf besonderen Wunsch des Arbeitnehmers muss ein qualifiziertes Zeugnis ausgestellt werden. Aus gutem Grund möchte Martin darauf verzichten; wegen seines Verhaltens rechnet er nämlich mit unklaren und nachteiligen Formulierungen. Halten Sie diesen Entschluss für eine gute Idee (Begründung)?

Auszug aus dem Betriebsverfassungsgesetz (BetrVG)

§ 102 Mitbestimmung bei Kündigungen
(1) Der Betriebsrat ist vor jeder Kündigung zu hören. Der Arbeitgeber hat ihm die Gründe für die Kündigung mitzuteilen. Eine ohne Anhörung des Betriebsrats ausgesprochene Kündigung ist unwirksam.
(2) Hat der Betriebsrat gegen eine ordentliche Kündigung Bedenken, so hat er diese unter Angabe der Gründe dem Arbeitgeber spätestens innerhalb einer Woche schriftlich mitzuteilen. Äußert er sich innerhalb dieser Frist nicht, gilt seine Zustimmung zur Kündigung als erteilt. Hat der Betriebsrat gegen eine außerordentliche Kündigung Bedenken, so hat er diese unter Angabe der Gründe dem Arbeitgeber unverzüglich, spätestens jedoch innerhalb von drei Tagen, schriftlich mitzuteilen. […]

Entlohnung der Arbeit

Lohnformen
Gerechte Entlohnung
Grundsätze der Lohnabrechnung
Wirtschaftliche Aspekte der Entlohnung

Linktipps
Kapitel
t5tk4i

1 Lohnformen

→
a) Wie kann ein Arbeitgeber solche Leistungsunterschiede vermeiden?

b) Wie werden die beiden Arbeitnehmer derzeit wohl entlohnt?

Arbeitsplatz 1

Arbeitsplatz 2

1.1 Zeitlohn

Der Zeitlohn ist die älteste und am häufigsten verwendete Lohnform. Maßgebend für die Entlohnung ist die im Betrieb aufgewandte Arbeitszeit und nicht die geleistete Arbeitsmenge. Arbeitnehmer erhalten ihn als Stundenlohn oder als monatlich festes Gehalt. Auch bei schlechter Arbeitsleistung muss der Arbeitgeber den Lohn ausbezahlen. Der Zeitlohn kann nach folgender Formel leicht berechnet werden:

Bruttolohn = Arbeitsstunden × Stundenlohn

Beispiel: 1539 € = 162 Std. × 9,50 €/Std.

Eine Bezahlung nach Zeitlohn ist üblich, wenn
- Sorgfalt, Gewissenhaftigkeit und Qualität wichtiger sind als die Arbeitsmenge,
- das Arbeitsergebnis nicht oder nur schwer zu messen ist, z. B. bei Bürotätigkeiten oder bei Beratungsberufen,
- unterschiedliche Arbeitsmengen anfallen, z. B. bei Verkäuferinnen oder bei Reparaturarbeiten,
- der Arbeitnehmer das Arbeitstempo nicht beeinflussen kann, z. B. am Fließband.

Vorteile des Zeitlohns	Nachteile des Zeitlohns
• Der Hauptvorteil besteht darin, dass der Zeitdruck im Vergleich zu anderen Lohnarten geringer ist.	• Der Leistungsanreiz ist geringer, denn eine höhere Arbeitsleistung hat keinen höheren Lohn zur Folge.
• Arbeitnehmer werden vor körperlicher Überforderung und Stress bewahrt.	• Die Folge ist Unzufriedenheit bei leistungsfreudigen Arbeitnehmern.
• Die Anzahl der Arbeitsunfälle geht zurück; Maschinen können schonender behandelt und gepflegt werden.	• Zur Überwachung der Leistung werden Kontrollen durchgeführt.
	• Die Lohnkosten sind bei Angebotskalkulationen schwer abzuschätzen.

1.2 Leistungslohn

Durch den Leistungslohn wird die tatsächlich geleistete Arbeit bezahlt. Wer mehr leistet, erhält einen höheren Lohn. Zum Leistungslohn gehören:
• der **Akkordlohn,**
• der **Prämienlohn**.

Akkordlohn

Beim Akkordlohn erhält der Arbeitnehmer für eine genau festgelegte Einzelleistung (z. B. Löcher stanzen, Schaltungen löten) ein genau bestimmtes Entgelt. Er kann also durch persönlichen Einsatz die Arbeitsmenge steigern und dadurch seinen Lohn erhöhen.

Damit Akkord gearbeitet werden kann, muss ein Arbeitsplatz folgende Voraussetzungen erfüllen:
• Der Arbeitsgang muss exakt festgelegt werden können.
• Die Arbeitsgänge müssen gleich sein und sich ständig wiederholen.
• Der Arbeitnehmer muss das Arbeitstempo beeinflussen können.
• Durch Arbeitszeitstudien muss die für einen Arbeitsgang notwendige Bearbeitungszeit **(Vorgabezeit)** vorher ermittelt werden.

Der Akkordlohn bietet dem Arbeitnehmer die Möglichkeit, durch Mehrleistung seinen Lohn zu steigern. Andererseits kann aus persönlichen Gründen die Leistung sinken. Deshalb ist der Akkordlohn heute durch einen garantierten Mindestlohn (Zeitlohn) nach unten abgesichert. Der Akkordlohn setzt sich wie folgt zusammen:

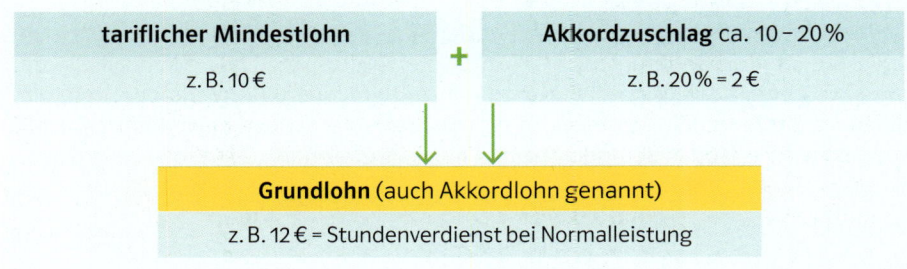

tariflicher Mindestlohn	+	Akkordzuschlag ca. 10 – 20 %
z. B. 10 €		z. B. 20 % = 2 €

Grundlohn (auch Akkordlohn genannt)

z. B. 12 € = Stundenverdienst bei Normalleistung

Die **Normalleistung** ist die Leistung, die ein durchschnittlicher Arbeitnehmer ohne besondere körperliche Beanspruchung erbringt. Sie entspricht 100 %.
Auch wenn die Arbeitsleistung erheblich unter der Normalleistung liegt, bekommt der Arbeiter seinen garantierten Mindestlohn, in diesem Fall 10 €, ausbezahlt. Andererseits erhält er eine höhere Vergütung, wenn er die Normalleistung übertrifft.

Stückgeldakkord: Beim Stückgeldakkord wird für das Stück bzw. den einzelnen Arbeitsgang bezahlt. Der Bruttolohn wird ermittelt, indem man die produzierte Menge (Stückzahl) mit dem Stückgeldakkord (Lohnsatz je Stück) multipliziert.

Bruttolohn = Stückzahl × Stückgeldakkordsatz

Beispiel: 108,90 € = 198 Stück × 0,55 €/Stück

Will man den tatsächlichen Stundenlohn ermitteln, so teilt man den Bruttolohn durch die geleisteten Arbeitsstunden.
Beispiel: 108,90 € : 8 Std. = 13,61 €/Std.

Der Stückgeldakkord verliert heute immer mehr an Bedeutung, da bei Lohnerhöhungen alle Stückgeldakkordsätze eines Betriebs neu berechnet werden müssen, was bei größeren Betrieben einen enormen Aufwand darstellt. Deshalb wird er vorwiegend für Heimarbeit gezahlt. Auch in der Bauindustrie findet er noch Verwendung.

Stückzeitakkord: Hier wird für das einzelne Stück bzw. den einzelnen Arbeitsgang eine **Vorgabezeit** festgelegt. Diese Zeit wird jeweils vergütet. Beispiel: 2,5 Minuten Vorgabezeit für ein bestimmtes Werkstück.
Der Grundlohn wird in Minutenlohn umgerechnet. Dies ist der **Minutenfaktor**.
Beispiel: 13,20 € Akkordrichtsatz (Grundlohn) geteilt durch 60 Minuten ergibt einen Minutenfaktor (Minutenlohn) von 0,22 € je Vorgabezeitminute.
Multipliziert man die produzierte Menge von 198 Stück mit der Vorgabezeit (auch Stückzeit genannt), so erhält man die Zeit, die dem Arbeitnehmer vergütet wird. Der Bruttolohn ergibt sich durch Multiplikation der Arbeitszeit mit dem Minutenfaktor (Minutenlohn).

$$\text{Minutenfaktor} = \frac{\text{Grundlohn}}{60\,\text{min}} \qquad \text{Beispiel: } 0,22\,€/\text{min} = \frac{13,20\,€}{60\,\text{min}}$$

Bruttolohn = Stückzahl × Stückzeit × Minutenfaktor*

Beispiel: 108,90 € = 198 St. × 2,5 min × 0,22 €/min

*Um besser und genauer rechnen zu können, verwenden viele Betriebe sogenannte Dezimalstunden (= 100 Minuten) und Dezimalminuten (= 100 Sekunden).

Gegenüber dem Stückgeldakkord bietet der Stückzeitakkord den Vorteil, dass man bei einer Lohntarifänderung nicht alle Stückgeldakkordsätze neu durchkalkulieren muss. Es genügt, die Minutenfaktoren neu zu berechnen. Die Vorgabezeiten, die durch Arbeitszeitstudien einmal ermittelt worden sind, bleiben unverändert. Dieser Lohn ist vorwiegend in der Industrie und im produzierenden Gewerbe anzutreffen.

Vorteile des Akkordlohns	Nachteile des Akkordlohns
• Der Hauptvorteil des Akkords ist der größere Leistungsanreiz, denn eine höhere Arbeitsleistung hat einen höheren Lohn zur Folge.	• Der Arbeitnehmer, der möglichst viel verdienen will, arbeitet mit Höchstleistung. Überanstrengung und Gesundheitsschäden können die Folge sein.
• Arbeitskontrollen sind weitgehend überflüssig.	• Maschinen und Werkzeuge werden nicht so schonend behandelt, weniger gewartet und gepflegt, da hierfür verwendete Zeit den Lohn verringert.
• Die Entlohnung wird leistungsgerecht, da Mehrleistungen berücksichtigt werden.	
• Einfache Kalkulation, da die Lohnkosten feststehen.	• Die Qualität der Produkte kann abnehmen und der Materialverbrauch (Ausschuss) wird steigen.
	• Arbeitsunfälle nehmen zu, weil unvorsichtig und hastig gearbeitet wird.

Prämienlohn

Beim Prämienlohn wird zusätzlich zum Grundlohn (normalerweise Zeitlohn, manchmal Akkordlohn) für besondere Leistungen eine Prämie gezahlt. Je nach Art der besonderen Leistung unterscheidet man verschiedene Leistungsprämien. Qualitativ gute Arbeit kann z. B. mit einer Qualitätsprämie vergütet werden, die mengenmäßige Mehrleistung mit einer Mengenprämie. Weitere Beispiele sind: Materialeinsparungsprämie, Termineinhaltungsprämie, Vermittlungs- und Umsatzprämie.

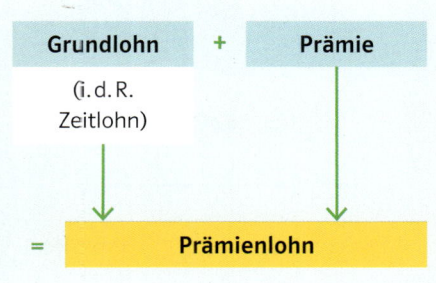

Grundlohn	+	Prämie
(i. d. R. Zeitlohn)		

= **Prämienlohn**

Der Prämienlohn soll die Leistungsbereitschaft erhöhen und so die Arbeitsproduktivität steigern. Während man den Zeitlohn vorwiegend für Qualitätsarbeiten verwendet und der Akkordlohn für mengenmäßige Leistungen herangezogen wird, versucht man mit dem Prämienlohn, die Nachteile der anderen beiden Lohnarten zu mindern.

Der Arbeitnehmer kann beim Prämienlohn leistungsgerecht entlohnt werden, ohne dass dadurch eine Überanstrengung herausgefordert wird, denn bei Prämienlöhnen sind in der Regel Obergrenzen festgelegt. Das ist anders als beim Akkordlohn. Neben diesem Gesichtspunkt hat die vielfältige Anwendbarkeit den Prämienlohn zu einem beliebten Mittel unternehmerischer Lohngestaltung gemacht.

1.3 Beteiligungslohn

Für seine Arbeitsleistung erhält der einzelne Arbeitnehmer Lohn bzw. Gehalt. Manche Unternehmen beteiligen ihre Beschäftigten zusätzlich noch am Erfolg des Unternehmens. Dieser **Beteiligungslohn** erfolgt als Zuschlag zur normalen Bezahlung. Die häufigsten Varianten sind:

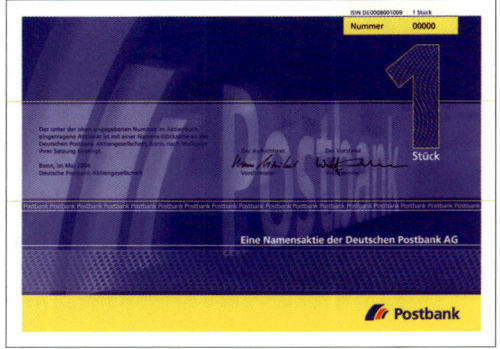

- die **Kapitalbeteiligung:** Der Beteiligungslohn wird nicht ausbezahlt, sondern verbleibt im Betrieb als Darlehen oder in Form von Belegschaftsaktien.

- die **Gewinnbeteiligung:** Die Arbeitnehmer erhalten einen Teil des Reingewinns der Unternehmung ausbezahlt. Sie können über den ausgezahlten Betrag frei verfügen.

Der Beteiligungslohn soll das Interesse der Arbeitnehmer am Unternehmenserfolg wecken und somit die Leistung steigern. Der Hauptvorteil des Unternehmens liegt in der Steuerersparnis und unter Umständen in einem erhöhten Investitionskapital, da die gezahlten Lohnbestandteile den steuerpflichtigen Gewinn mindern. Eine Mehrleistung der Arbeitnehmer erhöht den Unternehmenserfolg und somit ihren Beteiligungslohn.

Allerdings sind die Gewinne von Unternehmung zu Unternehmung unterschiedlich hoch und somit auch die Beteiligungslöhne. Manche Unternehmen, z. B. öffentliche, erwirtschaften keine Gewinne. Häufig wird auch gefordert, dass die Arbeitnehmer im Falle einer Gewinnbeteiligung an eventuellen Verlusten ebenso beteiligt werden sollten.

Verschiedene Formen der Entlohnung

```
                              Lohnformen

     Zeitlohn              Leistungslohn           Beteiligungslohn

Entlohnung nach                                   Erfolgsbeteiligung durch
Arbeitszeit                                       • Gewinnbeteiligung
                    Prämienlohn    Akkordlohn         (Auszahlung)
                                                  • Kapitalbeteiligung
                Grundlohn + Prämie                    (z. B. Aktien)
                für besondere
                Leistungen, z. B.
                Qualitätsprämie

                       Stückgeldakkord    Stückzeitakkord

                       Geld für ein Stück  Zeitgutschrift für
                                           ein Stück
```

Arbeitsteil

1. a) Für welche Tätigkeiten bietet sich eine Entlohnung nach Zeitlohn besonders an?
    b) Welchen Hauptnachteil hat der Zeitlohn jeweils für den Arbeitnehmer und den Arbeitgeber?
    c) Welche Vorteile sehen Sie in einer Bezahlung nach Zeitlohn?

2. Unterscheiden Sie zwischen Stückgeld- und Stückzeitakkord.

3. Ein Arbeitnehmer produziert an einem Arbeitstag von 8 Stunden 76 Werkstücke, der Stückgeldakkordsatz beträgt 1,32 €.
    a) Berechnen Sie den Tagesverdienst.
    b) Berechnen Sie den Stundenlohn.
    c) Jedem fertigen Werkstück muss der Arbeiter den abgebildeten Zettel beilegen. Erläutern Sie die Bedeutung dieses Zettels.

Kontroll-Nr.

10

Bei Reklamationen bitte einsenden

---

4. Max hat in seinem Betrieb einen Auftrag zu fertgen. Folgende Daten liegen vor: Grundlohn 13,20 €, Vorgabezeit 12 min/Stück, Auftragsmenge 150 Stück, tatsächliche, für den Auftrag benötigte Zeit 28 Stunden.

    a) Nennen Sie die Voraussetzungen für das Arbeiten im Akkord.
    b) Beschreiben Sie die Vorteile, die der Akkordlohn für den Arbeitnehmer und den Arbeitgeber hat.
    c) Berechnen Sie die Auftragszeit in Minuten und Stunden.
    d) Wie hoch sind der Akkordrichtsatz und der Minutenfaktor?
    e) Ermitteln Sie die Lohnkosten für den Auftrag.
    f) Berechnen Sie den Akkordstundenlohn für die Istleistung (tatsächliche Arbeitsleistung).

5. Ein Akkordarbeiter liegt erheblich unter der Normalleistung. Welchen Lohn erhält er ausbezahlt?

6. a) Geben Sie zwei Beispiele für die Anwendung des Prämienlohns.
    b) Inwiefern mindert der Prämienlohn die Nachteile von Zeitlohn und Akkordlohn und verbindet deren Vorteile?

7. a) Nennen Sie zwei Möglichkeiten für die Gewährung eines Beteiligungslohns.
    b) Welche Gründe können einen Arbeitgeber veranlassen, seine Mitarbeiter am Unternehmenserfolg zu beteiligen?
    c) Führen Sie zwei Gründe an, wonach die allgemeine Einführung eines Beteiligungslohns Probleme bereitet.

2   Gerechte Entlohnung

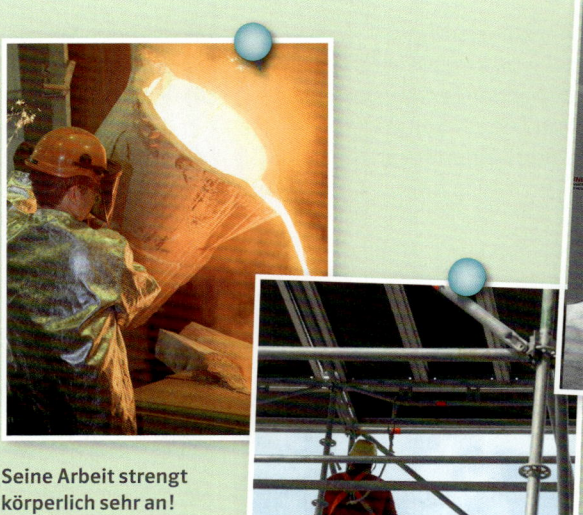

Ihre Arbeit erfordert vor allem Fachkenntnisse!

Seine Arbeit strengt körperlich sehr an!

Seine Arbeit ist besonders verantwortungsvoll!

Seine Arbeit ist nicht ungefährlich!

→

a) Wie können derart unterschiedliche Arbeitsplätze gerecht entlohnt werden?

b) Wie können so unterschiedliche Anforderungen gerecht berücksichtigt werden?

2.1   Arbeitsbewertungsverfahren

Ein grundsätzliches Problem aller Lohnsysteme ist die Festsetzung der „gerechten" Lohnhöhe. Voraussetzung dabei ist die Bewertung der Arbeitsleistung. Wer eine höhere Arbeitsleistung erbringt, soll auch einen höheren Lohn erhalten. Für gleiche Leistungen kann man zwar die gleichen Löhne festsetzen – aber wie verfährt man bei unterschiedlichen Leistungen?

Dieses Problem kann nur durch ein Bewertungssystem gelöst werden, das z. B. die Schwierigkeit einer Arbeit, die notwendigen Fachkenntnisse, die Verantwortung und andere Anforderungsarten berücksichtigt. Unter Einbeziehung dieser Anforderungen bildet man verschiedene **Lohngruppen**. Die Lohngruppen werden von den Tarifpartnern ausgehandelt und in Manteltarifverträgen übernommen. Ähnliche Arbeiten oder Arbeitsplätze werden denselben Lohngruppen zugeordnet. Meistens werden die Bedingungen für die Eingruppierung und für die Arbeitsbewertung in den Manteltarifverträgen festgelegt.

Man unterscheidet grundsätzlich zwei Systeme der **Arbeitsbewertung**:
- die **summarische Arbeitsbewertung**
- die **analytische Arbeitsbewertung**.

Summarische Arbeitsbewertung
Bei der **summarischen Arbeitsbewertung** werden die einzelnen Anforderungsarten einer Arbeit pauschal als Ganzes (summarisch) bewertet. Man fasst Anforderungen zusammen und bringt die so erhaltenen Tätigkeitsbeispiele in eine Rangordnung.

In der Praxis erfolgt dies durch die Einteilung in **Lohngruppen**, die den Tarifverträgen zugrunde liegen. Ausschlaggebend für die Zuordnung einzelner Arbeitsplätze zu bestimmten Lohngruppen sind die erforderliche Ausbildung, die Berufserfahrung, das fachliche Können und die Verantwortung. Folglich werden in Lohngruppe 1 Arbeitsplätze eingruppiert, die nur einfache Arbeiten mit geringer Belastung erfordern und die ohne Vorkenntnisse nach kurzer Einweisung erledigt werden können. Da für solche Tätigkeiten der niedrigste Lohn bezahlt wird, bezeichnet man Gruppe 1 auch als Leichtlohngruppe.

Die summarische Arbeitsbewertung wird allerdings als ungenau angesehen, weil sie die besonderen Anforderungen des einzelnen Arbeitsplatzes nicht genügend berücksichtigen kann.

In Tarifverhandlungen wird normalerweise nur über die Höhe des **Ecklohns** verhandelt. Das ist der Lohn eines 21-jährigen Facharbeiters. Diese Lohngruppe wird gleich 100 % gesetzt. Die anderen Lohngruppen werden durch feststehende prozentuale Zu- oder Abschläge ermittelt. Sie betragen z. B. 85 % oder 130 % des Ecklohns.

Auszug aus der Lohngruppeneinteilung eines Tarifvertrags

Gruppe 3

Arbeiten einfacher Art, die ohne vorherige Arbeitskenntnisse nach kurzer Anweisung ausgeführt werden können.

Gruppe 4

Arbeiten, die ein Anlernen von 4 Wochen erfordern.

Gruppe 5

Arbeiten, die ein Anlernen von 3 Monaten erfordern.

Gruppe 6

Arbeiten, die eine abgeschlossene Anlernausbildung in einem anerkannten Anlernberuf oder eine gleichwertige betriebliche Ausbildung erfordern.

Gruppe 7

Arbeiten, deren Ausführung ein Können voraussetzt, das erreicht wird durch eine entsprechende ordnungsgemäße Berufsausbildung (Facharbeiten). Arbeiten, deren Ausführung Fertigkeiten und Kenntnisse erfordert, die Facharbeiten gleichzusetzen sind.

Gruppe 8

Arbeiten schwieriger Art, deren Ausführung Fertigkeiten und Kenntnisse erfordert, die über jene der Gruppe 7 wegen der notwendigen mehrjährigen Erfahrung hinausgehen.

Analytische Arbeitsbewertung

Mithilfe der **analytischen Arbeitsbewertung** wird versucht, ein möglichst genaues Bild der Arbeitsanforderungen zu ermitteln, indem man den Arbeitsplatz nach verschiedenen Anforderungen untersucht und bewertet. Die Bewertung erfolgt etwa wie die Notengebung in der Schule. Für jede Anforderungsart wird durch Vergleich mit dem möglichen Höchstwert eine Wertzahl vergeben. Die Summe der Wertzahlen ergibt den Arbeitsplatzwert. Je höher die Wertzahlensumme, desto höher die Lohngruppe.

Selbstverständlich ist es möglich, die einzelnen Anforderungen in anderer Art und Weise zu gewichten (siehe nachfolgendes Beispiel).

Anforderungsarten		höchstmögliche Wertzahlen	verteilte Wertzahlen
Können	1. Fachkenntnisse, Berufsausbildung, Berufserfahrung	16	6
Belastung	2. Körperliche Geschicklichkeit	13	7
	3. Muskelbelastung	9	4
	4. Aufmerksamkeit, Konzentration	8	3
	5. Nachdenken	10	2
Verantwortung	6. Verantwortung für die eigene Arbeit	6	2
	7. Verantwortung für die Arbeit anderer	6	0
	8. Verantwortung für Arbeitsmittel	4	1
Umgebungseinflüsse	9. z. B. Temperatur, Feuchtigkeit, Schmutz, Gase, Lärm, Unfallgefahr	8	5
Summe der Teilarbeitswerte		80	30

Lohntafel zum analytischen System

Arbeitswerte	Lohngruppe	Stundenlohn	in % des tariflichen Grundgehaltes	
0 – 22	I	7,64	80 %	
23 – 30	II	8,12	85 %	
31 – 40	III	8,60	90 %	
41 – 48	IV	9,55	100 %	= Ecklohn
49 – 59	V	10,51	110 %	
60 – 68	VI	10,98	115 %	
69 – 75	VII	12,42	130 %	
76 – 80	VIII	14,33	150 %	

2.2   Soziale Aspekte der Entlohnung

Bei älteren Arbeitnehmern kann die Arbeitsleistung abnehmen, andererseits verfügen gerade diese über ein Höchstmaß an Berufserfahrung. Würde man jedoch nur die Leistung beachten, könnte dies zu Benachteiligungen führen. Eine gerechte Entlohnung berücksichtigt deshalb neben der Leistung auch **soziale Gesichtspunkte:**
- Alter: In Tarifverträgen oder Betriebsvereinbarungen können Alterszuschläge zum Grundlohn oder Grundgehalt vorgesehen werden.
- Familienstand: Verheiratete Arbeitnehmer und Arbeitnehmer mit Kindern erhalten unter Umständen Zuschläge.
- Dauer der Betriebszugehörigkeit: Arbeitnehmer, die länger dem Betrieb angehören, erhalten in der Regel ein höheres Weihnachts- und Urlaubsgeld sowie einen höheren Beteiligungslohn.

Einen wesentlichen Beitrag zum familiengerechten Lohn leistet der Staat, indem er den Familienstand durch die Lohnsteuerklassen bei der Besteuerung berücksichtigt, um Alleinverdiener in der Familie zu unterstützen. Mit der gleichen Zielsetzung zahlt er Kindergeld und Wohngeld, fördert das vermögenswirksame Sparen und gewährt Arbeitnehmersparzulagen.
Jüngere Arbeitnehmer, welche die gleiche Arbeitsleistung wie ältere Kollegen erbringen, fühlen sich benachteiligt, wenn der soziale Aspekt der Entlohnung zu stark betont wird. Ein **„gerechter Lohn"** sollte deshalb Leistung und soziale Gesichtspunkte in angemessenem Verhältnis berücksichtigen.

Verfahren der Arbeitsbewertung

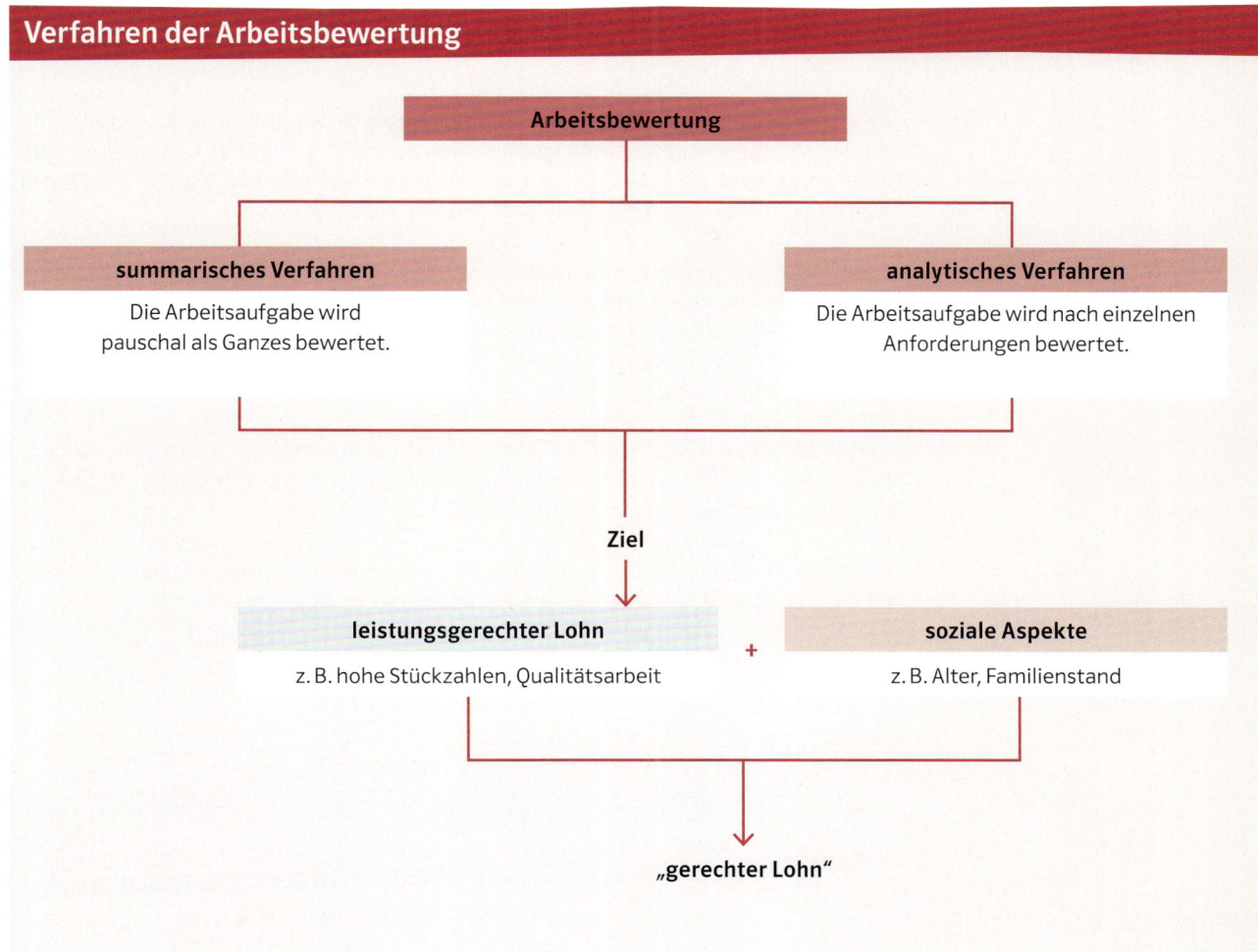

Arbeitsteil

1. Unterscheiden Sie zwischen
   a) summarischer Arbeitsbewertung und
   b) analytischer Arbeitsbewertung.

2. Ein Kranführer und ein Packer streiten sich, wem wohl der höhere Lohn zusteht.
   Mit welchem Verfahren könnte man den anforderungsgerechten Lohn am besten ermitteln?

3. a) Bewerten Sie die vier Arbeitsplätze auf S. 198, indem Sie für jeden die Summe der Arbeitswerte mithilfe des Schemas auf S. 200 ermitteln.
   b) Vergleichen Sie das Ergebnis mit dem Ihrer Mitschüler.
   c) Kann man aufgrund Ihrer Vergleiche sagen, dass die analytische Arbeitsbewertung ein vollkommen objektives Verfahren ist?

4. Erläutern Sie, was man unter dem Ecklohn versteht.

5. a) Begründen Sie, warum soziale Gesichtspunkte die Lohnhöhe beeinflussen sollten.
   b) Nennen Sie Beispiele für soziale Bestandteile des Lohns.

3   Grundsätze der Lohnabrechnung

Anton Vogel erhält seine erste Lohnabrechnung als Geselle. Anton ist ledig, hat keine Kinder und hat einen vermögenswirksamen Sparvertrag über 35 € abgeschlossen. Sehr enttäuscht entdeckt Anton nach längerem Suchen, wie viel Euro er netto ausgezahlt bekommt. Am Abend trifft er seine Freundin Karin:

Anton: Eigentlich wollte ich dich groß einladen von meinem ersten richtigen Lohn nach der bestandenen Prüfung. Aber von dem tollen Lohn sind nach den Abzügen nur noch 759,68 € übrig geblieben. Da habe ich als Lehrling fast genauso viel verdient. Wenn ich dann noch die Kreditrate für das neue Auto bezahlt habe, bleibt ja fast nichts mehr übrig.

Karin: Stimmt, das erscheint mir etwas wenig. Du bist doch jetzt als Geselle eingestellt, sogar noch über Tarif. Hast du eigentlich schon mal überprüft, ob dein neuer Chef den Lohn auch richtig berechnet hat?

Anton: Nein, ich war so fertig, dass ich daran noch gar nicht gedacht habe. Aber du hast recht, so ganz geheuer kommt mir die Abrechnung nicht vor.

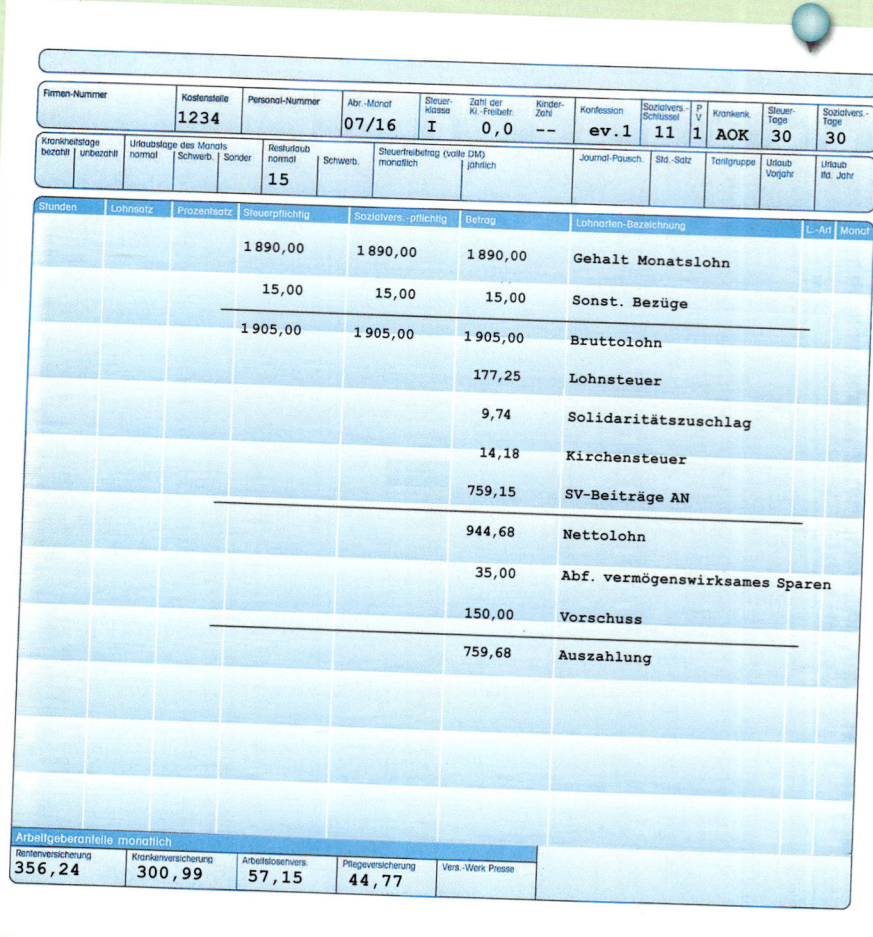

→

a) Welche Abzüge haben den Lohn von Anton so vermindert?

b) Überprüfen Sie überschlägig, ob die Abrechnung fehlerhaft sein könnte.

Info

Abgabenrechner
qw26ze

3.1 Lohnabzüge

Es ist die Pflicht des Arbeitgebers, seinen Beschäftigten schriftliche Lohnabrechnungen auszuhändigen, aus denen Arbeitsentgelt und **Lohnabzüge** ersichtlich sind. Der in Tarif- oder Arbeitsverträgen festgelegte **Bruttolohn** wird folgendermaßen ermittelt:

Grundlohn	z. B. Zeitlohn, Akkordlohn
+ Zulagen + Zuschläge + sonstige finanzielle Leistungen	z. B. Schmutzzulage (in Euro, z. B. 40 €) z. B. Sonntagsarbeit, Überstunden (in %, z. B. 25 %) z. B. Weihnachtsgeld, Urlaubsgeld, vermögenswirksame Leistungen

= Bruttolohn

Die Arbeitnehmer erhalten nicht den **Bruttolohn** ausgezahlt, sondern den **Nettolohn**. Er ergibt sich, wenn man den Bruttolohn um die **gesetzlichen Abzüge** vermindert.

Bruttolohn – gesetzliche Abzüge = Nettolohn

Häufig ist der **ausgezahlte Lohn** geringer als der Nettolohn, weil von diesem noch **sonstige Abzüge** einbehalten werden.

Gesetzliche Lohnabzüge

Lohnsteuer, **Solidaritätszuschlag** und **Kirchensteuer** werden anhand der Lohnsteuertabelle ermittelt. Der Solidaritätszuschlag soll helfen, die Vereinigung Deutschlands zu finanzieren. Er wird für die nächsten Jahre erhoben (2016 beträgt er 5,5 % der Lohn- oder Einkommensteuer, bei niedrigen Einkommen sogar weniger). Der Kirchensteuer unterliegen die Mitglieder der einzelnen Religionsgemeinschaften. Der Steuersatz beträgt in Bayern und Baden-Württemberg 8 % der Lohn- bzw. Einkommensteuerschuld, in allen anderen Bundesländern 9 %.

Die **Sozialversicherungsbeiträge** werden zur Hälfte vom Arbeitnehmer aufgebracht. Dies sind 2016 in der Rentenversicherung 9,35 % Arbeitnehmeranteil, in der Krankenversicherung 7,3 % (je nach Krankenkasse kann für den Arbeitnehmer noch ein Zusatzbeitrag anfallen, z. B. 0,9 %), in der Arbeitslosenversicherung 1,5 % und 1,175 %* in der Pflegeversicherung. Kinderlose Arbeitnehmer, die älter als 23 Jahre sind, zahlen 1,425 %* Beitragssatz für die Pflegeversicherung. Der Arbeitgeber führt die Beiträge an die Krankenkasse ab, die sie an die einzelnen Versicherungsträger weiterleitet (siehe auch S. 204 f. Erstellung der Lohnabrechnung).

Sonstige Abzüge

Sonstige Abzüge werden in der Regel vertraglich vereinbart. Sie reduzieren den Auszahlungsbetrag.
Beispiele: Mietzahlungen für Betriebswohnungen, Sparbeiträge im Rahmen eines Vertrags über vermögenswirksame Leistungen oder die Einbehaltung von ausgezahlten Vorschüssen.
Darüber hinaus können Abzüge auch gerichtlich angeordnet werden infolge einer Lohnpfändung oder eines Vollstreckungsbefehls.

* Ausnahme: Sachsen

Vom Bruttolohn zum ausbezahlten Lohn

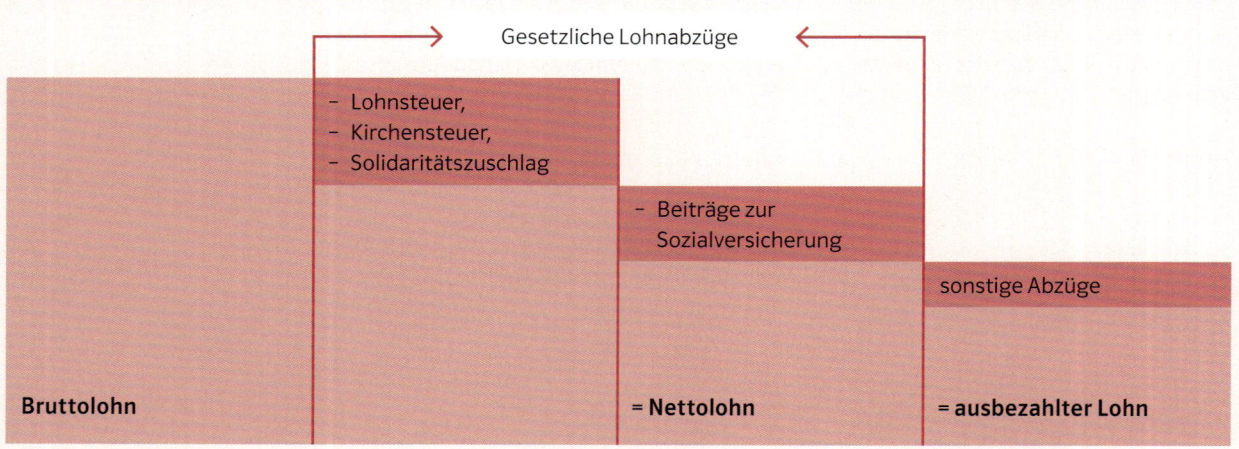

Gesetzliche Lohnabzüge

- Lohnsteuer,
- Kirchensteuer,
- Solidaritätszuschlag

- Beiträge zur Sozialversicherung

sonstige Abzüge

Bruttolohn   = Nettolohn   = ausbezahlter Lohn

3.2   Erstellung der Lohnabrechnung

Um die Lohnabrechnung durchzuführen, benötigen die Arbeitgeber Abrechnungs-formulare, die Lohnsteuertabelle und die Sozialversicherungssätze. Die meisten Unternehmen setzen spezielle Computerprogramme ein, mit deren Hilfe die Abrechnung erheblich erleichtert wird.

Monat (Euro)

Lohn/ Gehalt bis Euro	Steuerklasse	Lohn-steuer	ohne Kinderfreibetrag			0,5 Kinderfreibetrag			1,0 Kinderfreibetrag			1,5 Kinderfreibetrag			2,0 Kinderfreibetrag			2,5 Kinderfreibetrag			3,0 Kinderfreibetrag		
			SolZ 5,5%	Kirchensteuer 8%	9%	SolZ 5,5%	Kirchensteuer 8%	9%	SolZ 5,5%	Kirchensteuer 8%	9%	SolZ 5,5%	Kirchensteuer 8%	9%	SolZ 5,5%	Kirchensteuer 8%	9%	SolZ 5,5%	Kirchensteuer 8%	9%	SolZ 5,5%	Kirchensteuer 8%	9%
1844,99	I	163,41	8,98	13,07	14,70	1,40	7,04	7,92	0,00	1,92	2,16	0,00	0,00	0,00	0,00	0,00	0,00	0,00	0,00	0,00	0,00	0,00	0,00
	II	123,08	6,76	9,84	11,07	0,00	4,13	4,64	0,00	0,00	0,00	0,00	0,00	0,00	0,00	0,00	0,00	0,00	0,00	0,00	0,00	0,00	0,00
	III	0,00	0,00	0,00	0,00	0,00	0,00	0,00	0,00	0,00	0,00	0,00	0,00	0,00	0,00	0,00	0,00	0,00	0,00	0,00	0,00	0,00	0,00
	IV	163,41	8,98	13,07	14,70	6,87	10,00	11,25	1,40	7,04	7,92	0,00	4,26	4,79	0,00	1,92	2,16	0,00	0,00	0,00	0,00	0,00	0,00
	V	380,50	20,94	30,46	34,27																		
	VI	410,66	22,58	32,85	36,95																		
1847,99	I	164,08	9,02	13,12	14,76	1,51	7,08	7,97	0,00	1,95	2,19	0,00	0,00	0,00	0,00	0,00	0,00	0,00	0,00	0,00	0,00	0,00	0,00
	II	123,75	6,80	9,90	11,13	0,00	4,17	4,69	0,00	0,00	0,00	0,00	0,00	0,00	0,00	0,00	0,00	0,00	0,00	0,00	0,00	0,00	0,00
	III	0,00	0,00	0,00	0,00	0,00	0,00	0,00	0,00	0,00	0,00	0,00	0,00	0,00	0,00	0,00	0,00	0,00	0,00	0,00	0,00	0,00	0,00
	IV	164,08	9,02	13,12	14,76	6,91	10,06	11,31	1,51	7,08	7,97	0,00	4,30	4,84	0,00	1,95	2,19	0,00	0,04	0,04	0,00	0,00	0,00
	V	381,66	20,99	30,53	34,34																		
	VI	411,50	22,63	32,92	37,03																		

Sozialversicherungsbeitragssätze
(Stand 2016)

Krankenversicherung	14,6 %	*
Rentenversicherung	18,7 %	
Arbeitslosenversicherung	3,0 %	
Pflegeversicherung	2,35 %	**

* Krankenkasse kann vom Arbeitnehmer Zusatzbeiträge verlangen. (derzeit 0–1,7 %)
** Kinderlose Arbeitnehmer über 23 Jahre zahlen zusätzlich zu ihrem Anteil 0,25 %.

Alle Sozialversicherungsbeiträge sind gesetzlich festgelegt.
Die Krankenversicherungsbeiträge betragen bei allen Krankenkassen einheitlich 14,6 %. Kommt eine Krankenkasse mit dem Beitragssatz nicht aus, dann kann sie vom Arbeitnehmer einen Zusatzbeitrag verlangen, z. B. 0,9 %. Die nebenstehende Tabelle enthält die derzeit geltenden Sozialversicherungsbeitragssätze. Davon trägt die Hälfte der Arbeitnehmer. Der Arbeitgeber übernimmt die andere Hälfte und führt die gesamten Beiträge an die Krankenkasse ab, die sie weiterleitet. Abgaben auf sogenannte **Minijobs** (siehe S. 42) erhält die Bundesknappschaft.

Eine besondere Regelung gilt für **Niedriglohnjobs**, d.h. für Einkommen zwischen 450,01 und 850 €. Hier entrichtet der Arbeitgeber weiterhin die Hälfte des regulären Sozialversicherungsbeitragssatzes. Der Arbeitnehmer dagegen zahlt einkommensabhängig einen ermäßigten Beitragssatz, der langsam ansteigt und zwischen 10 und 21% liegt. Berechnet wird dieser Beitragssatz anhand einer komplizierten Formel. Jeder Arbeitgeber kann diese Beiträge entweder seinem Computerprogramm entnehmen oder sogenannte Gleitzonenrechner nutzen, die von jeder Krankenkasse entweder online oder zum Download zur Verfügung gestellt werden.

Info

Gleitzonenrechner
f8w65u

Beispiel einer monatlichen Lohn-/Gehaltsabrechnung

Martina Gruber hat Steuerklasse I, sie ist alleinstehend ohne Kind und hat ein Alter von 20 Jahren. Ihr Monatsgehalt beträgt 1817,00 €. Frau Gruber hat einen vermögenswirksamen Vertrag in Höhe von 35 € pro Monat abgeschlossen. Hier gibt ihr der Arbeitgeber 27 € monatlich dazu. Ihre Krankenkasse verlangt einen Zusatzbeitrag von 0,9%.

	Grundgehalt		1817,00 €
+	vermögenswirksame Leistungen des Arbeitgebers		27,00 €
=	**Bruttogehalt**		**1844,00 €**
–	*Lohnsteuer* (siehe Tabelle S. 204)	163,41 €	
–	*Solidaritätszuschlag* (siehe Tabelle S. 204)	8,98 €	
–	*Kirchensteuer* (siehe Tabelle S. 204)	13,07 €	
–	*Sozialversicherungsbeiträge* (siehe Tabelle S. 204)		
	Krankenversicherung (Arbeitnehmeranteil 7,3 % + 0,9 %)	151,21 €	
	Rentenversicherung (Arbeitnehmeranteil 9,35 %)	172,41 €	
	Arbeitslosenversicherung (Arbeitnehmeranteil 1,5 %)	27,66 €	
	Pflegeversicherung (Arbeitnehmeranteil 1,175 %*)	21,67 €	558,41 €
=	**Nettogehalt**		**1285,59 €**
–	vermögenswirksames Sparen		35,00 €
=	**Auszahlungsbetrag**		**1250,59 €**

* (Ausnahme: Sachsen 1,525%)

Lohnabrechnung

Bruttolohn/ -gehalt − gesetzliche Abzüge = **Nettolohn/ -gehalt**

Nettolohn/ -gehalt − sonstige Abzüge = **Auszahlungs- betrag**

- Lohnsteuer
- Kirchensteuer
- Solidaritätszuschlag
- Sozialversicherungsbeiträge

z.B.
- vermögenswirksames Sparen
- Mietzahlung für Betriebswohnung
- Lohnpfändung

Arbeitsteil

1. a) Unterscheiden Sie zwischen Bruttolohn und Nettolohn.

b) Unterscheiden Sie zwischen Nettolohn und ausbezahltem Lohn.

c) Welche Lohnabzüge sind gesetzlich vorgeschrieben?

d) Neben den gesetzlichen Abzügen können auch sonstige Abzüge anfallen. Geben Sie hierzu drei Beispiele an.

2. Eine 24-jährige Verkäuferin erzielt ein Grundgehalt von 1776 €. Außerdem bekommt sie eine monatliche Kassenzulage von 30,00 €.

a) Berechnen Sie das Bruttogehalt.

b) Berechnen Sie das Nettogehalt und berücksichtigen Sie dabei folgende Abzüge: Arbeitnehmeranteile zur Sozialversicherung 20,475 %, Lohnsteuer 155,58 €, Kirchensteuer 8 % der Lohnsteuer, Solidaritätszuschlag 5,5 % der Lohnsteuer.

c) Wie hoch ist der auszuzahlende Betrag, wenn zusätzlich vermögenswirksames Sparen in Höhe von 35,00 € zu berücksichtigen ist?

4   Wirtschaftliche Aspekte der Entlohnung

4.1   Lohnzusatzkosten

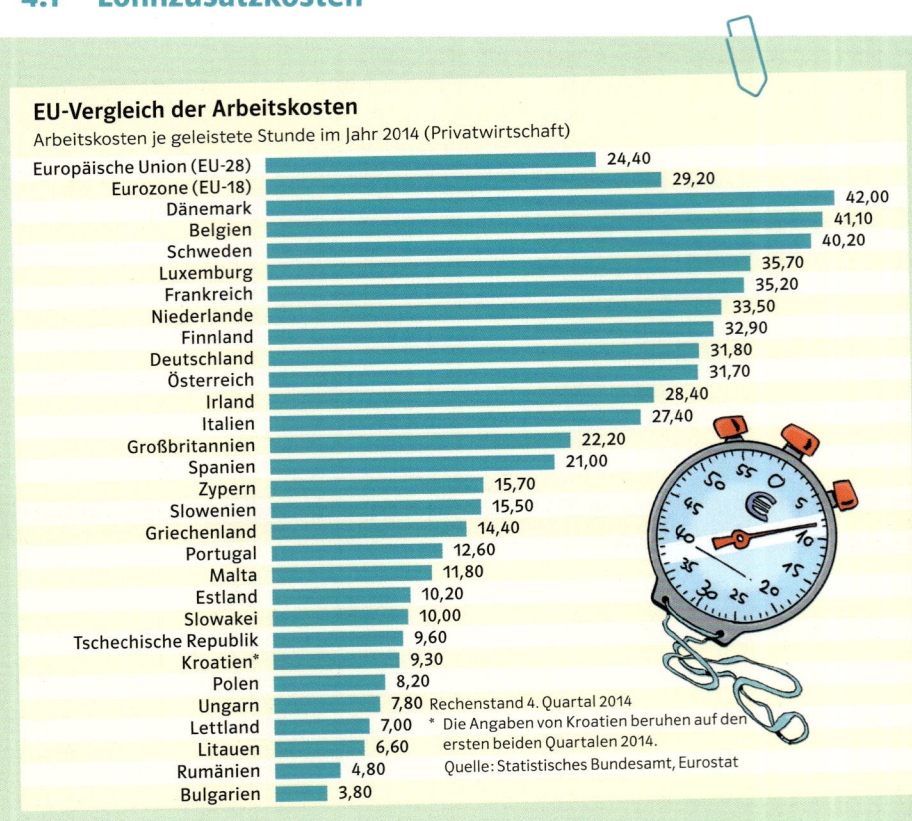

EU-Vergleich der Arbeitskosten

Arbeitskosten je geleistete Stunde im Jahr 2014 (Privatwirtschaft)

Europäische Union (EU-28)	24,40
Eurozone (EU-18)	29,20
Dänemark	42,00
Belgien	41,10
Schweden	40,20
Luxemburg	35,70
Frankreich	35,20
Niederlande	33,50
Finnland	32,90
Deutschland	31,80
Österreich	31,70
Irland	28,40
Italien	27,40
Großbritannien	22,20
Spanien	21,00
Zypern	15,70
Slowenien	15,50
Griechenland	14,40
Portugal	12,60
Malta	11,80
Estland	10,20
Slowakei	10,00
Tschechische Republik	9,60
Kroatien*	9,30
Polen	8,20
Ungarn	7,80
Lettland	7,00
Litauen	6,60
Rumänien	4,80
Bulgarien	3,80

Rechenstand 4. Quartal 2014
* Die Angaben von Kroatien beruhen auf den ersten beiden Quartalen 2014.
Quelle: Statistisches Bundesamt, Eurostat

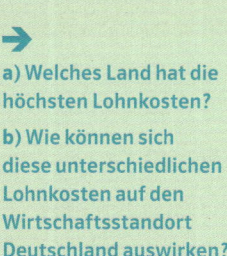

→
a) Welches Land hat die höchsten Lohnkosten?

b) Wie können sich diese unterschiedlichen Lohnkosten auf den Wirtschaftsstandort Deutschland auswirken?

Eine besondere Stärke im internationalen Wettbewerb waren bisher die Motivation und die Qualifikation der deutschen Arbeitnehmer. Allerdings machen die hohen Lohnkosten zusammen mit den Lohnzusatzkosten die deutschen Arbeitnehmer beinahe zu den teuersten Beschäftigten der Welt. Die hohen Lohnkosten beeinträchtigen die Wettbewerbsfähigkeit der Unternehmen, vor allem auf den Weltmärkten.

Deutsche Produkte werden teurer, vielfach zu teuer. Sofern dem nicht andere Gründe wie beispielsweise eine besondere Wertschätzung entgegenstehen, kann die Nachfrage abnehmen. Wegen des hohen Exportanteils der deutschen Wirtschaft hätte eine derartige Entwicklung schlimme Folgen, unter anderem eine Zunahme der Arbeitslosigkeit. Glücklicherweise werden deutsche Erzeugnisse nach wie vor als Qualitätsprodukte angesehen, die auch bei relativ hohen Preisen ihre Käufer finden. Aber die Unternehmer und ihre Verbände sind sehr besorgt, denn auch die anderen Kosten wie z. B. die Grundstückspreise sind in Deutschland besonders hoch. Wegen des starken Kostendrucks werden deutsche Produkte vielfach gar nicht mehr in Deutschland hergestellt. Dies könnte auf längere Sicht dazu führen, dass der Absatz unserer Waren zurückgeht, weil sie nicht mehr dieselbe Wertschätzung erfahren. Man erachtet es deshalb als sehr wichtig, die Lohnzusatzkosten in Deutschland zu senken, damit die Unternehmen im internationalen Wettbewerb ihre Produkte zu konkurrenzfähigen Preisen anbieten können.

Zwar hat Deutschland im internationalen Vergleich sehr hohe Lohnkosten, die deutschen Arbeitnehmer jedoch bekommen keineswegs die höchsten Löhne in der Welt. Nicht die Lohnkosten, sondern die **Lohnzusatzkosten** machen unsere Produkte so teuer. Zu diesen **Lohnzusatzkosten** gehören im Einzelnen:
- **Entgeltfortzahlung** für Urlaub, Feiertage und Krankheit
- **Arbeitgeberanteile zur Sozialversicherung**, d. h. der Arbeitgeber trägt die Hälfte der Beiträge zur Kranken-, Renten-, Arbeitslosen- und Pflegeversicherung (die Unfallversicherung bezahlt er zu 100 %)
- **Sonderzahlungen** wie 13. Monatslohn, Urlaubs- und Weihnachtsgeld
- **vermögenswirksame Leistungen**, die von vielen Arbeitgebern ganz oder teilweise übernommen werden.

Oftmals werden die Lohnzusatzkosten auch als **Lohnnebenkosten** oder als **Personalzusatzkosten** bezeichnet.

Der Anteil der Lohnzusatzkosten ist in Deutschland höher als in den meisten anderen Ländern. Die Folge: Aufgrund der höheren Lohnzusatzkosten wird in Deutschland ein geringerer Nettolohn als im Ausland ausbezahlt, gleichzeitig müssen die Unternehmen mit deutlich höheren Lohnkosten kalkulieren.

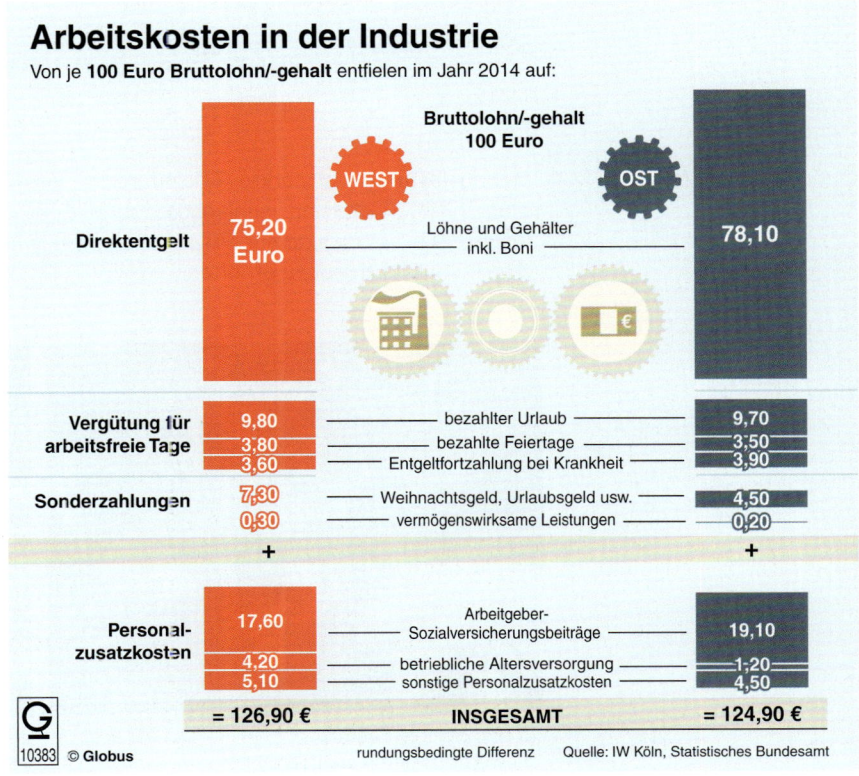

Arbeitskosten in der Industrie

Von je **100 Euro Bruttolohn/-gehalt** entfielen im Jahr 2014 auf:

Bruttolohn/-gehalt 100 Euro

WEST | OST

	WEST		OST
Direktentgelt	75,20 Euro	Löhne und Gehälter inkl. Boni	78,10
Vergütung für arbeitsfreie Tage	9,80	bezahlter Urlaub	9,70
	3,80	bezahlte Feiertage	3,50
	3,60	Entgeltfortzahlung bei Krankheit	3,90
Sonderzahlungen	7,30	Weihnachtsgeld, Urlaubsgeld usw.	4,50
	0,30	vermögenswirksame Leistungen	0,20
	+		**+**
Personalzusatzkosten	17,60	Arbeitgeber-Sozialversicherungsbeiträge	19,10
	4,20	betriebliche Altersversorgung	1,20
	5,10	sonstige Personalzusatzkosten	4,50
	= 126,90 €	**INSGESAMT**	**= 124,90 €**

10383 © Globus

rundungsbedingte Differenz   Quelle: IW Köln, Statistisches Bundesamt

4.2 Veränderung der Produktivität

Sind die Lohnkosten und damit die Preise zu hoch, dann kann der Absatz darunter leiden. Außerdem führt dies in vielen Unternehmen zu einer geringeren **Arbeitsproduktivität**, vereinfacht gesagt: Die mengenmäßige Produktion pro Arbeitnehmer ist geringer. In der Regel produzieren solche Firmen deshalb teurer als ihre Konkurrenten. Meist bleibt dann nur noch ein Ausweg: umfangreiche Rationalisierungsmaßnahmen und Personaleinsparungen. Wird die Arbeitsproduktivität nicht gesteigert, kann das Unternehmen zugrunde gehen. Besonders deutlich mussten dies viele Bürger in den neuen Bundesländern erleben, als nach der Wiedervereinigung Deutschlands viele „unproduktive" Betriebe geschlossen werden mussten. Flexiblere Arbeitszeiten und bessere Maschinenauslastung, verstärkte Teilzeitarbeit, Verminderung der Lagerkosten durch „Just-in-time-Lieferung", schlankere Produktion oder verstärkter Einsatz von automatisierter Fertigung sind nur ein paar Beispiele, wie viele Unternehmen versuchen, die Arbeitsproduktivität zu erhöhen.

$$\text{Produktivität} = \frac{\text{Erzeugte Menge}}{\text{Material- bzw. Arbeitseinsatz}}$$

Beispiel: 1988 produzierte in der DDR das ehemalige Olympia-Werk in Erfurt mit 6 000 Mitarbeitern 250 000 Schreibmaschinen. Im gleichen Jahr produzierte AEG-Olympia in Wilhelmshaven mit 2 000 Mitarbeitern ebenfalls 250 000 Schreibmaschinen.

Produktivität Olympia Erfurt:

$\frac{250\,000 \text{ Maschinen}}{6\,000 \text{ Mitarbeiter}}$ ≈ **42 Maschinen/Mitarbeiter**

Produktivität AEG-Olympia Wilhelmshaven:

$\frac{250\,000 \text{ Maschinen}}{2\,000 \text{ Mitarbeiter}}$ = **125 Maschinen/Mitarbeiter**

Neuer Maurerroboter: Er soll drei Maurer ersetzen.

„Kollege Computer" liest täglich 4,5 Millionen Adressen.

4.3   Nominal- und Reallohnentwicklung

Erhöht sich der Nettolohn eines Arbeitnehmers in einem Jahr um 3 %, so bedeutet das nicht automatisch, dass er sich nun gegenüber dem Vorjahr 3 % mehr Waren leisten kann. Hat sich im gleichen Zeitraum das Preisniveau z. B. um 2 % erhöht, bleibt dem Arbeitnehmer ein Anstieg seiner Kaufkraft um 1 %. Man unterscheidet daher den

- **Nominallohn** als den Betrag, den jemand netto verdient hat, und den
- **Reallohn** als die Größe, mit der die tatsächliche Kaufkraft des Nominallohns ausgedrückt wird.

	Nominallohnsteigerung
–	Preissteigerungsrate
=	Reallohnsteigerung

Diese Unterscheidung ist wichtig bei der Gegenüberstellung von Lohnsteigerungen und Preissteigerungen. Nur dann, wenn die Nettolohnsteigerungen größer ausfallen als die Preissteigerungen, können die Arbeitnehmer einen Kaufkraftzuwachs und damit eine Steigerung ihres Wohlstands feststellen.

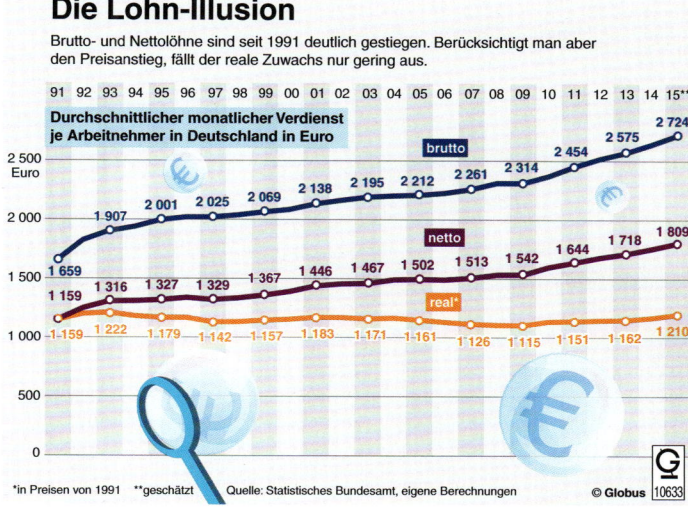

Lohn-Preis-Spirale

Jedes Jahr verhandeln die Gewerkschaften und die Arbeitgeberverbände darüber, wie durch Lohnerhöhungen die Preissteigerungen ausgeglichen werden sollen. Hierbei beurteilen beide Seiten den Zusammenhang zwischen Preiserhöhung und Lohnerhöhung vollkommen gegensätzlich.

Die **Arbeitgeber** vertreten die Auffassung, dass die steigenden Lohnkosten in den Unternehmen zu höheren Preisen führen. Sie sprechen deshalb von der **Lohn-Preis-Spirale**.

Die **Gewerkschaften** sind dagegen der Ansicht, dass die steigenden Preise den Anstoß geben für Lohnerhöhungen. Sie sprechen daher von einer **Preis-Lohn-Spirale**.

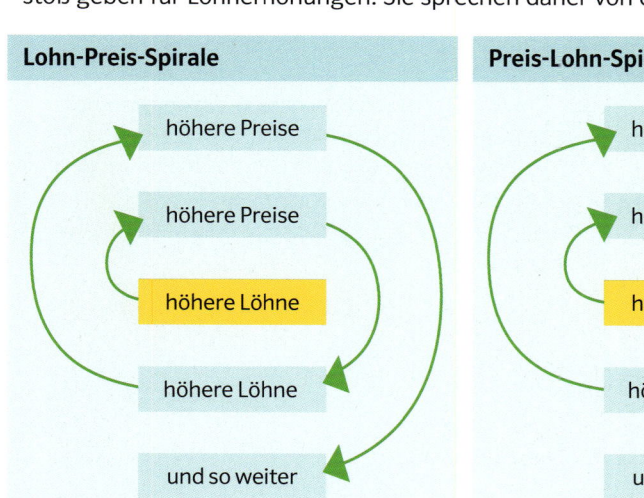

Entlohnung aus unterschiedlicher Sichtweise

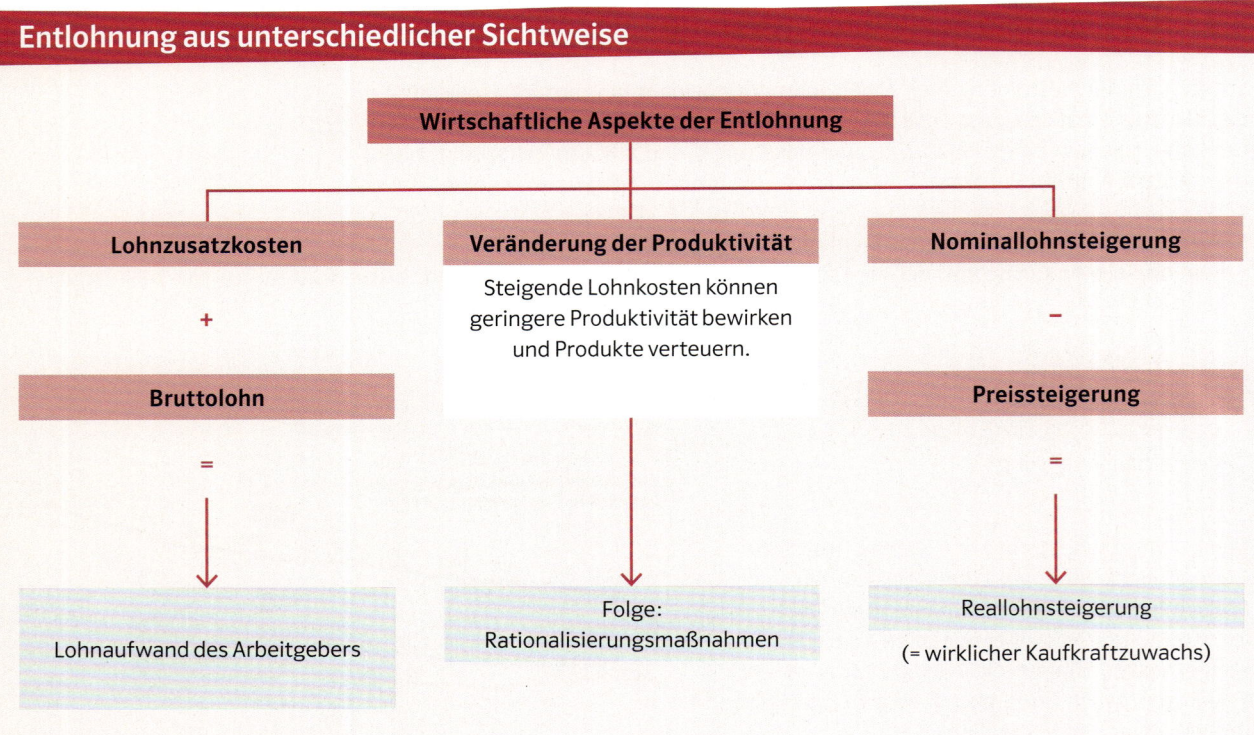

Arbeitsteil

1. Erläutern Sie, was man unter Lohnzusatzkosten versteht.

2.
   a) Welche Länder innerhalb der Europäischen Union kommen als „Billiglohnländer" für Investoren infrage?
   b) Überlegen Sie, ob selbst diese „Billiglohnländer" innerhalb von Europa ihre Konkurrenten haben.
   c) Informieren Sie sich darüber, welche bekannten deutschen Hersteller bereits im Ausland produzieren.
   d) Welche Problematik sehen Sie bei einer Senkung der Lohnzusatzkosten?

3.
   a) Wie können sich hohe Lohnkosten auf die Arbeitsproduktivität auswirken?
   b) Welche Maßnahmen ergreifen viele Unternehmen, deren Arbeitsproduktivität gesunken ist?

4.
   a) Erklären Sie den Unterschied zwischen Nominallohn und Reallohn.
   b) Erläutern Sie, was eine Reallohnsteigerung bedeutet.
   c) Der Nominallohnzuwachs eines Arbeitnehmers beträgt 5 %, die Preissteigerungsrate der Volkswirtschaft 6 %. Wie wirkt sich dies auf den Reallohn des Arbeitnehmers aus?

Üben interaktiv
Prüfungsaufgaben
m4w54p

Prüfungsaufgabe

Martin Bauer (Auszubildender): „Sobald ich die Lehre hinter mir habe, wird erst mal **Akkord** gearbeitet, damit auch die Kasse stimmt. Ist sicher nicht so schlimm, wie immer behauptet wird."
Christian Gruber (Geselle): „Da lob ich mir meinen **Zeitlohn**. 22 Jahre alt und 1940 € brutto, da kann man nicht meckern."

a) Erklären Sie die hervorgehobenen Begriffe.

b) Welche Voraussetzungen müssen vorliegen, damit Akkord gearbeitet werden kann?

c) Wie würden Sie sich entscheiden? Was spricht für und was gegen die von Ihnen gewählte Lohnform?

d) Welche Lohnart wird in den folgenden Beispielen angewendet?
   - Eine Näherin erhält für geringen Ausschuss einen zusätzlichen Betrag.
   - Für jedes produzierte Stück werden einem Heimarbeiter 1,25 € bezahlt.
   - Der Lohn eines Monteurs beträgt 15 € in der Stunde.

e) Christian, der seine Wohnung renovieren lassen möchte, berichtet entrüstet vom Kostenvoranschlag eines Malers: „Stell dir vor, der verlangt für einen Gesellen 48 € Stundenlohn und für einen Auszubildenden 37 €. Bei dem kostet ein Auszubildender mehr als ich verdiene." Erklären Sie Christian, weshalb ein Handwerker so hohe Stundensätze verlangt.

f) Berechnen Sie den Bruttostundenlohn von Christian. Gehen Sie davon aus, dass Christian durchschnittlich 167 Stunden im Monat arbeitet.

g) Worauf müssen Sie achten, wenn Sie anhand der nebenstehenden Sozialversicherungsbeitragssätze Christians Sozialversicherungsbeiträge ermitteln wollen?

h) Berechnen Sie mithilfe der nebenstehenden Tabelle den Nettostundenlohn, den Christian bekommt. Er ist ledig und hat keine Kinder. Die Kirchensteuer beträgt 8 %.

Monat (Euro)

Lohn/ Gehalt bis Euro	Steuerklasse	Lohn- steuer	ohne Kinderfreibetrag		
			SolZ 5,5%	Kirchensteuer 8%	9%
1934,99	I	183,25	10,07	14,66	16,49
	II	142,25	7,82	11,38	12,80
	III	8,33	0,00	0,66	0,74
	IV	183,25	10,07	14,66	16,49
	V	407,00	22,38	32,56	36,63
	VI	437,50	24,06	35,00	39,37
1937,99	I	183,91	10,11	14,71	16,55
	II	142,91	7,86	11,43	12,86
	III	8,66	0,00	0,69	0,77
	IV	183,91	10,11	14,71	16,55
	V	408,00	22,44	32,64	36,72
	VI	438,33	24,10	35,06	39,44
1940,99	I	184,58	10,15	14,76	16,61
	II	143,58	7,89	11,48	12,92
	III	9,00	0,00	0,72	0,81
	IV	184,58	10,15	14,76	16,61
	V	408,83	22,48	32,70	36,79
	VI	439,33	24,16	35,14	39,53
1943,99	I	185,25	10,18	14,82	16,67
	II	144,16	7,92	11,53	12,97
	III	9,33	0,00	0,74	0,83
	IV	185,25	10,18	14,82	16,67
	V	409,83	22,54	32,78	36,88
	VI	440,16	24,20	35,21	39,61

Sozialversicherungsbeitragssätze
(Stand 2016)

Krankenversicherung	14,6 % *
Rentenversicherung	18,7 %
Arbeitslosenversicherung	3,0 %
Pflegeversicherung	2,35 % **

* Christians Krankenkasse verlangt einen Zusatzbetrag von 0,9 %. Sein Arbeitnehmeranteil beträgt also 8,2 %.
** Kinderlose Arbeitnehmer über 23 Jahre zahlen zusätzlich zu ihrem Anteil 0,25 %.

Prüfungsaufgabe

Tarifabschluss im Bäckerhandwerk

3 % Lohnerhöhung ab April

Statistisches Bundesamt meldet 2,1 % Inflationsrate

a) Um welches Ereignis geht es in der Karikatur?

b) Welche Meinung vertritt der Karikaturist?

c) Aus welcher Sicht betrachten die beiden Herren das Problem?

d) Die Unternehmen in Deutschland klagen vor allem über die hohen Lohnzusatzkosten. Erklären Sie diesen Begriff und geben Sie zusätzlich drei Beispiele dazu an.

e) Grundlage für die Festsetzung der Lohnhöhe ist häufig ein Arbeitsbewertungsverfahren. Welche Arbeitsbewertungsverfahren werden grundsätzlich unterschieden?

f) Welche Faktoren werden bei der Arbeitsbewertung berücksichtigt?

g) Welches Problem sprechen die beiden Zeitungsschlagzeilen an?

h) Erklären Sie, was man unter Arbeitsproduktivität versteht und erläutern Sie mithilfe des unten stehenden Schaubilds, wie diese sich in Deutschland in den letzten Jahren verändert hat.

Entwicklung der Produktivität

Personalbedarf, um pro Jahr Waren und Dienstleistungen im Werte von 500 000 € herzustellen

1965	21 Personen
1975	15 Personen
1985	12 Personen
1995	11 Personen

Soziale Marktwirtschaft

 Linktipps
Kapitel
b6n7mj

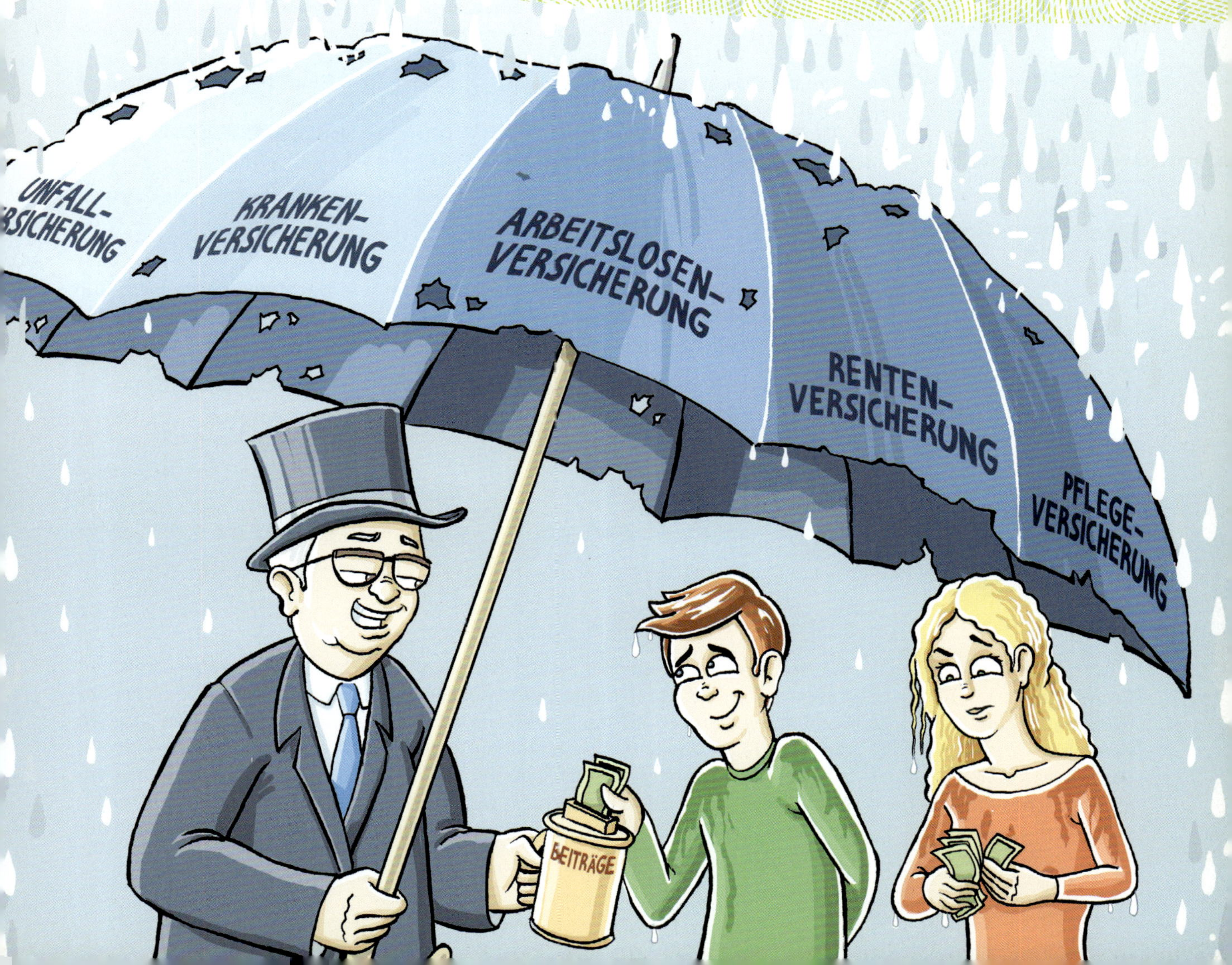

1 Markt als Koordinator von Angebot und Nachfrage

→
a) Erläutern Sie anhand der Abbildungen, was man unter einem Markt versteht.

b) Welche gegensätzlichen Zielsetzungen haben Anbieter und Nachfrager auf einem Markt?

c) Welche Marktarten sind durch die Abbildungen jeweils angesprochen?

Willkommen im Team!

Fester Arbeitsvertrag, faire Bezahlung, gute Sozialleistungen, abwechslungsreiche Arbeit und nette Kollegen für

Löterinnen

Rufen Sie uns an:

Industriehelfer/innen für sofort gesucht Tel. ▆▆▆

Putzstelle gesucht. Tel. ▆▆▆

Zur Unterstützung unseres Architekturbüros in Remseck/N. suchen wir eine/n engagierte/n

Bauzeichner/in

mit Berufserfahrung u. CAD-Kenntnissen. Erfahrung in Bauleitung und AVA von Vorteil. Bewerbungen mit Gehaltsvorstellungen erbeten unter Z ▆▆▆ an den Verlag.

Kippfahrer, Kl. 2, sucht feste Arbeit. Tel. ▆▆▆

20-jähr. Koch su. dringend WG-Zimmer jd. Wohnung in S-Weilimdorf, Tel. ▆▆▆ von 18–20.30 Uhr

C 180 T, JW, 7 500 km, Klima, azurit-blau, Extras, VB, Tel. ▆▆▆

Fiat Punto, Bj. 11, CD-Player, 98 000 km, regelmäßiger Kundendienst, VB 3 200,– Tel. ▆▆▆

Schreinermeister mit Frau u. Kind sucht 4-Zimmer-Wohnung in Stgt.-West Tel. ▆▆▆

S-Heumaden, 3 ½-Zi.-DG-Whg., 86 m², 2 Badezi., Balk., Stellpl., KM 790,– + Kt. ✉ erb. unter Z ▆▆▆ an den Verlag

Schöne 3-ZW, 76 m², Bj. 80, S-Möhringen – gute Wohnlage, KM 780,– + 40,– Garage + NK. ✉ erb. unter Z ▆▆▆ an den Verlag

Ein **Markt** bildet sich immer dann, wenn **Angebot** und **Nachfrage** nach einem Gut zusammentreffen. Dies kann auf dem Marktplatz sein, am Telefon, im Büro, im Supermarkt oder bei einer Versteigerung.

Anbieter eines Gutes

Markt = Treffpunkt von Angebot und Nachfrage

Nachfrager eines Gutes

Grundlagen wirtschaftlichen Handelns
Bedürfnisse, Güter, ökonomisches Prinzip
→ S. 312 ff.

Anbieter und Nachfrager treten auf dem Markt grundsätzlich mit gegensätzlichen Interessen auf. Während die Anbieter möglichst viele Güter zu einem möglichst hohen Preis verkaufen möchten, um so einen maximalen Gewinn zu erzielen, streben die Nachfrager genau das Gegenteil an. Sie wollen möglichst niedrige Preise bezahlen, damit sie mit ihrem Einkommen möglichst viele Güter kaufen können. Im **Marktpreis** ergibt sich schließlich ein Ausgleich der entgegengesetzten Einstellungen; er ist ein Kompromiss aus den Preisvorstellungen der Anbieter und denen der Nachfrager.

1.1 Marktarten

Großmarkt Wohnungsmarkt
KAPITALMARKT Getreidemarkt
Antiquitätenmarkt IMMOBILIENMARKT Freizeitmarkt
BÜCHERMARKT Wochenmarkt AKTIENMARKT
AUTOMARKT Jahrmarkt
Modemarkt Computermarkt Arbeitsmarkt

Nach der **Art der gehandelten Güter** unterscheidet man verschiedene **Marktarten** wie z.B.:

Marktarten	Gegenstand des Marktes
Konsumgütermarkt	Handel mit Gütern für die Endverbraucher, wie z.B. Nahrungsmittel oder Fernsehgeräte
Investitionsgüter-markt	Handel mit Gütern, die zur Herstellung von anderen Gütern verwendet werden, wie z.B. Maschinen
Geldmarkt	Bereitstellung von kurzfristigen Krediten durch Banken, Sparkassen und Privatpersonen
Kapitalmarkt	Bereitstellung von langfristigen Krediten durch Banken, Sparkassen und Privatpersonen
Arbeitsmarkt	menschliche Arbeitskraft wird angeboten bzw. nachgefragt
Immobilienmarkt	Handel mit Grundstücken und Gebäuden
Devisenmarkt	Handel mit ausländischen Währungen (Devisen)
Sonstige Märkte	Handel mit Rohstoffen, Gebrauchtwagen, Kunstgegenständen usw.

Diese Märkte gliedern sich wiederum in eine Vielzahl weiterer **Teilmärkte**. So lässt sich beispielsweise der Konsumgütermarkt in einen Gebrauchsgütermarkt und einen Verbrauchsgütermarkt unterteilen. Innerhalb des Gebrauchsgütermarktes gibt es unter anderem einen Pkw-Markt. Selbst der Pkw-Markt müsste man weiter in einen Markt für Kleinwagen, Mittelklassewagen, Luxuswagen, aber auch für Neu- und Gebrauchtwagen einteilen.

Märkte werden nicht nur nach den gehandelten Gütern eingeteilt, sondern auch nach räumlichen Gesichtspunkten wie dem Markt einer Gemeinde, der EU oder der Welt. Auch nach Funktionen kann eingeteilt werden. Man unterscheidet hierbei den Beschaffungsmarkt und den Absatzmarkt.

Des Weiteren kennt man organisierte Märkte wie Wochenmärkte, Messen oder Börsen und nichtorganisierte Märkte wie beispielsweise das zufällige Zusammentreffen von Käufern und Verkäufern im Ladengeschäft. Nicht organisierte Märkte sind die häufigste Form.

Gliederung der Märkte

Beispiel Automarkt

sachlich	räumlich	nach Funktionen

• Pkw	• Welt	• Beschaffungsmärkte
		  – Importmarkt
		  – Binnenmarkt

• Lkw	• EU	

• Mittelklassewagen	• Bundesrepublik	• Absatzmärkte:
		  – Exportmarkt
		  – Binnenmarkt

• Gebrauchtwagen	• Bezirk	
• Sportwagen	• Gemeinde	

1.2   Marktformen – Verhalten der Marktteilnehmer

Das Verhalten der Marktteilnehmer auf einem Markt hängt entscheidend davon ab, wie viele Anbieter und Nachfrager es für ein Gut gibt. Je nachdem, wie viele Anbieter und wie viele Nachfrager teilnehmen, werden drei verschiedene **Marktformen** unterschieden: **Polypol**, **Oligopol** und **Monopol**.

Polypol

Wenn auf einem Markt viele Nachfrager auf viele Anbieter treffen, so spricht man von einem **Polypol**. Dieser Zustand wird auch als „**vollständige Konkurrenz**" bezeichnet, da keiner der Marktteilnehmer groß genug ist, um den Marktpreis zu beeinflussen. Verlangt zum Beispiel ein Anbieter einen höheren Preis, so wechseln sofort alle Nachfrager zur Konkurrenz über. Fordert er dagegen einen niedrigeren Preis, dann könnte er die gesamte Nachfrage, die bei ihm entstehen würde, in keinem Falle befriedigen.

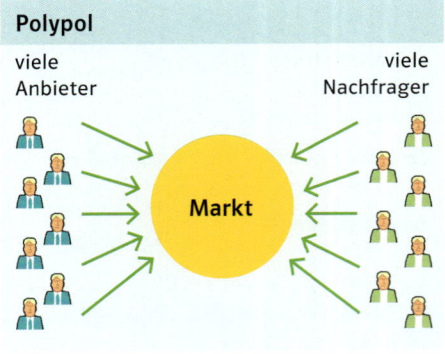

Hierzu wäre sein Marktanteil zu klein. Das Gleiche gilt für den Nachfrager. Polypole, also vollständige Konkurrenz, findet man vor allem an den Wertpapierbörsen.

Oligopol

Eine Marktform, die in den Industriegesellschaften besonders häufig vorkommt, ist das **Angebotsoligopol**. Hier stehen sich wenige Anbieter und viele Nachfrager gegenüber. Beispiele: Automarkt, Zigarettenmarkt oder Benzinmarkt.
Wenn jedoch vielen Anbietern nur wenige Nachfrager gegenübertreten, bezeichnet man dies als **Nachfrageoligopol**.
Beispiele: Vielen Landwirten stehen wenige Molkereien gegenüber. Bürger, die Polizisten werden wollen, können nur zwischen dem Bund und den Ländern wählen.
Bei Angebotsoligopolen herrscht oft eine starke gegenseitige Abhängigkeit unter Oligopolisten. Dies sieht man z. B. sehr deutlich auf dem Benzinmarkt. Erhöht oder senkt ein Anbieter seine Preise, so werden die anderen Oligopolisten ebenfalls ent-

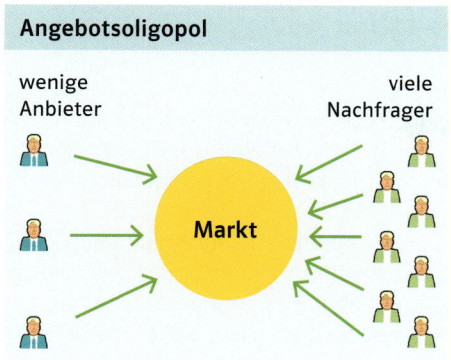

Angebotsoligopol

wenige Anbieter — viele Nachfrager

Markt

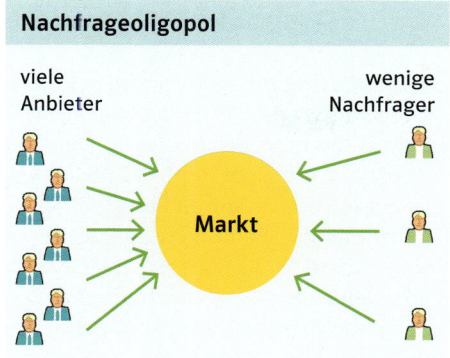

Nachfrageoligopol

viele Anbieter — wenige Nachfrager

Markt

sprechend reagieren. Im Extremfall kann ein äußerst scharfer Wettbewerb entstehen mit dem Ziel, den Mitbewerber auszuschalten oder die Marktführerschaft zu erreichen. Andererseits besteht auch die Gefahr, dass die Anbieter sich absprechen und so den Wettbewerb ausschalten. Derartige Abmachungen sind aber nach dem Gesetz gegen Wettbewerbsbeschränkungen verboten.

Monopol

Bei einem **Monopol** gibt es für eine Ware entweder nur einen Anbieter oder nur einen Nachfrager auf dem Markt. Dementsprechend unterscheidet man das **Angebotsmonopol** und das **Nachfragemonopol**. So hatte in der Vergangenheit die Deutsche Bahn AG als Nachfrager nach Lokomotiven oder Eisenbahnwagen die seltene Stellung eines Nachfragemonopolisten. Das Gleiche gilt für die Bundeswehr als Nachfrager nach Schützenpanzern.

Auf der Angebotsseite sind z. B. die Wasserwerke konkurrenzlos. Ein weiteres bekanntes Angebotsmonopol hatte die Deutsche Post AG bis 2007 im überregionalen Briefverkehr. Aber auch private Unternehmer, die eine patentierte Erfindung vermarkten, sind in diesem Bereich Angebotsmonopolisten.

Besitzt ein Anbieter eine Monopolstellung, dann muss er auf keinen Konkurrenten Rücksicht nehmen, d. h. er kann die Preishöhe weitgehend selbst festlegen. Aber auch der Monopolist wird feststellen, dass bei höheren Preisen die Nachfrage zurückgeht, während sie bei einem niedrigeren Preis sehr groß sein wird. Setzt er den Preis zu hoch an, riskiert er, dass die Nachfrager sich einschränken oder auf Ersatzgüter umsteigen. Ein privater Monopolbetrieb wird danach streben, den größtmöglichen Gewinn zu erzielen. Dies wird bei dem Preis der Fall sein, wo der Unterschied zwischen Einnahmen und Kosten am größten ist.

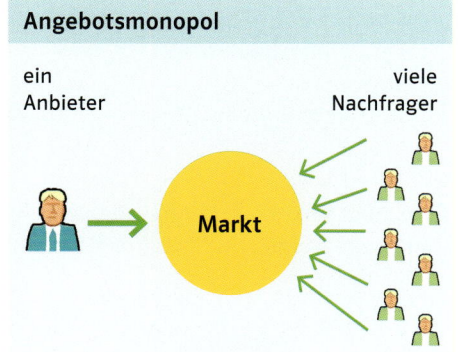

Angebotsmonopol

ein Anbieter — viele Nachfrager

Markt

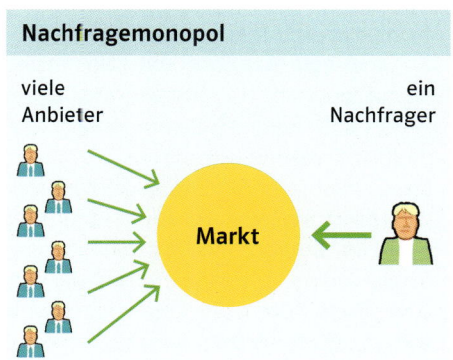

Nachfragemonopol

viele Anbieter — ein Nachfrager

Markt

1.3   Preisbildung unter Wettbewerb

Preisbildung bei vollständiger Konkurrenz

Auf einem Markt treffen die gegensätzlichen Interessen von Anbietern und Nachfragern zusammen. Der Anbieter möchte einen hohen Preis erzielen, der Nachfrager so wenig wie möglich bezahlen. Können sich beide auf einen gemeinsamen Preis einigen, so spricht man von Preisbildung.

Jedes Frühjahr kann man beobachten, dass die Erdbeerpreise zunächst sehr hoch sind, während der Haupterntezeit sinken und schließlich wieder ansteigen. Diese Schwankungen hängen offensichtlich mit der angebotenen Menge zusammen. In der Haupterntezeit ist das Angebot an Erdbeeren so groß, dass die Anbieter ihre Preise senken müssen, wenn sie hierfür genügend Käufer finden wollen. Andererseits ist außerhalb der Saison das Erdbeerangebot gering. Da die Nachfrage aber auch in dieser Zeit unvermindert hoch ist, können die Verkäufer ihre Preise heraufsetzen. Sie werden dies so weit tun, dass es gerade noch genügend Nachfrager für ihre Produkte gibt. Aus diesen Verhaltensweisen lässt sich folgende Erkenntnis gewinnen: Angebot und Nachfrage bestimmen den Preis eines Gutes.

Der Preis wirkt sich jedoch auf Angebot und Nachfrage aus. Können die Anbieter einen hohen Preis erzielen, dann wird das Angebot zunehmen. In unserem Fall werden die Erzeuger, die durch den Erdbeeranbau Gewinne erzielt haben, ihre Produktion steigern. Andere Produzenten werden nun ebenfalls Erdbeeren anbauen und somit das Angebot vergrößern. Das nunmehr gestiegene Angebot wird den Marktpreis sinken lassen.

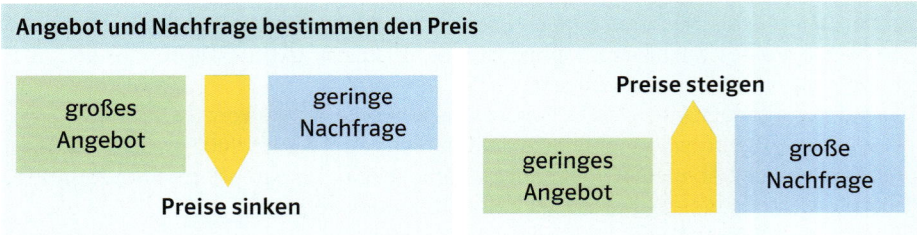

Den niedrigeren Preis können zwar immer mehr Nachfrager bezahlen, aber andererseits werden immer weniger Anbieter bereit sein, zu diesem Preis zu verkaufen. Das Angebot wird wieder zurückgehen, die Preise werden wieder steigen. So verändert sich der Preis für ein Gut fortlaufend, bis Angebot und Nachfrage nach dem Gut gleich groß sind und sich Anbieter und Nachfrager auf einen gemeinsamen Preis einigen können. Diesen Preis nennt man **Gleichgewichtspreis**. Zum Gleichgewichtspreis verkaufen fast alle Anbieter ihre Ware, und fast alle Nachfrager werden bei diesem Preis zufriedengestellt, d. h. bei diesem Preis wird die größte Menge umgesetzt. Man sagt: „Der Markt ist geräumt."

Anhand von Angebot und Nachfrage nach Erdbeeren einer bestimmten Güteklasse soll dieser Zusammenhang verdeutlicht werden.

Das Schaubild auf S. 219 zeigt, dass sich der Marktpreis bei 3 € einpendelt. Hier sind die angebotene und die nachgefragte Menge gleich groß. Nur bei diesem Preis, dem Gleichgewichtspreis, wird die größte Menge umgesetzt. Wäre die Ware billiger, dann müssten viele Nachfrager leer ausgehen: So würde beim Preis von 2 € eine Nachfrage von

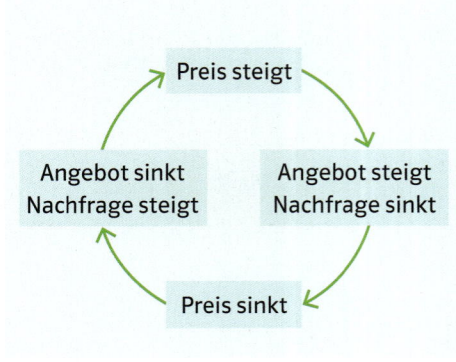

(vereinfachte Darstellung)

320 kg nicht befriedigt werden. Wenn die Anbieter dagegen mehr als 3 € verlangen würden, dann könnten sie einen Teil ihrer Erzeugnisse nicht mehr absetzen. Allerdings haben alle Anbieter eine sogenannte **Preisuntergrenze**, die sich aus ihren Selbstkosten ergibt. Ohne Insolvenzrisiko kann kein Betrieb diese Grenze für längere Zeit unterschreiten.

Preis in € je kg	Angebot in kg	Nachfrage in kg	Differenz	
1,00	250	1000	750	Nachfrage-überschuss
2,00	430	750	320	
3,00	570	570	—	Gleichge-wichtspreis
4,00	680	470	210	
5,00	770	380	390	
6,00	850	310	540	Angebots überschuss
7,00	920	250	670	
8,00	1000	190	810	
9,00	1070	150	920	

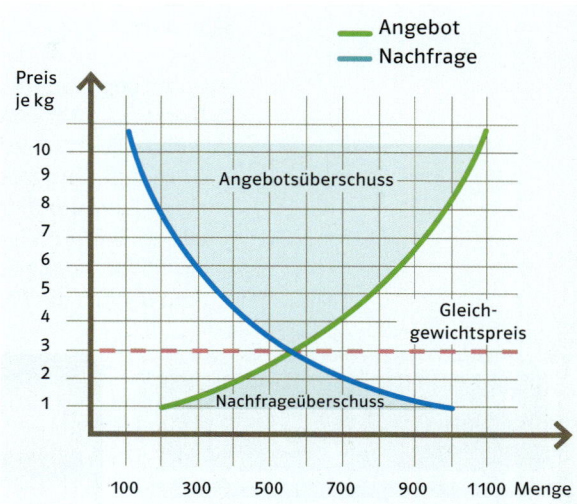

Zusammenfassend lassen sich folgende Erkenntnisse gewinnen:
• Der Preis eines Gutes wird bestimmt durch Angebot und Nachfrage.
• Wenn die Nachfrage größer ist als das Angebot, steigt der Preis.
• Wenn das Angebot größer ist als die Nachfrage, sinkt der Preis.
• Beim Gleichgewichtspreis wird die größte Warenmenge umgesetzt, Angebot und Nachfrage sind ausgeglichen.
• Bei einem hohen Preis wird mehr produziert, bei einem niedrigen Preis vermindern die Hersteller ihre Produktion.
• Die Selbstkosten sind die langfristige Preisuntergrenze einer Unternehmung.

Die bisher geschilderte Preisbildung ist modellhaft, d.h. sie kommt so in der Praxis nicht vor. Unser bisheriges Modell geht davon aus, dass jeder Anbieter, der mit seinem Preis über dem Gleichgewichtspreis liegt, auf seinen Waren sitzen bleibt. Ein Nachfrager, der weniger bezahlen möchte, würde leer ausgehen. In Wirklichkeit jedoch werden unterschiedliche Preise verlangt und auch bezahlt. Dies kann daran liegen, dass die Waren eine unterschiedliche Qualität haben (nicht alle Erdbeeren haben die gleiche Güte) oder dass aufgrund persönlicher Beziehungen manche Kunden immer beim gleichen Erzeuger kaufen. Vielfach besitzen die Marktteilnehmer einfach keine Übersicht über die unterschiedlichen Preise und Eigenschaften der angebotenen Produkte.
Nur die **Börsen** kommen dem Modell der Preisbildung nahe. Neben der erforderlichen Marktform, dem Polypol, sind auch die anderen Voraussetzungen gegeben. So werden gleichartige Güter, z.B. Aktien, gehandelt, alle Marktteilnehmer können schnell reagieren und niemand wird bevorzugt – weder zeitlich noch räumlich oder persönlich.

Preisbildung bei eingeschränkter Konkurrenz (beim Angebotsoligopol)

Aufgrund der zunehmenden Unternehmenskonzentration entstehen **Angebots-oligopole** immer häufiger. Hier werden die Absatzmöglichkeiten nicht nur vom Verhalten der Nachfrager, sondern auch von den Aktionen und Reaktionen der anderen Oligopolisten bestimmt. Bei der Preisbildung können die Anbieter folgende Strategien anwenden:

- Durch sogenannte **„ruinöse Konkurrenz"** versucht ein Anbieter, die anderen vom Markt zu verdrängen, indem er die Preise seiner Mitbewerber unterbietet. Dadurch will er die Verbraucher dazu bewegen, bei ihm und nicht bei der Konkurrenz zu kaufen. Dies lassen die Mitanbieter nicht zu und senken ebenfalls ihre Preise, oft sogar unter die Selbstkosten. In diesem Fall haben die Nachfrager den Vorteil billiger Preise. Allerdings besteht die Gefahr, dass durch den Konkurrenzkampf ein Teil der Anbieter vom Markt ausscheiden muss und ein Monopol entsteht, bei dem danach die Preise wieder angehoben werden.

- Häufig erfolgen **Preisabsprachen** unter den wenigen Anbietern, um möglichst hohe Preise zu erzielen. Benachteiligt sind hier die Nachfrager. Allerdings können die Anbieter ihre Preise nicht beliebig erhöhen. Sonst versuchen die Verbraucher, sich so weit wie möglich einzuschränken, oder sie steigen um auf Ersatzgüter (Tee statt Kaffee, Margarine statt Butter). Da Preisabsprachen den Wettbewerb ausschalten, sind sie in der Bundesrepublik Deutschland nach dem Gesetz gegen Wettbewerbsbeschränkungen (Kartellgesetz) grundsätzlich verboten.

- Oftmals übernimmt auch ein Anbieter die **Preisführung**. Wenn z. B. in einer Stadt mit 3 Großbetrieben der Betrieb A ¾ des Marktes beliefert und B und C zusammen nur einen Marktanteil von ¼ haben, so liegt es nahe, dass A die Preise bestimmt und die anderen ihm folgen. Würden B oder C versuchen, sein Verhalten zu behindern, so müssten sie mit existenzbedrohenden Maßnahmen von A rechnen. Deshalb verzichten sie darauf.

- Vielfach verlagern die Konkurrenten den Wettbewerb auf die **Qualität**, den Service, die Werbung und die Aufmachung ihrer Erzeugnisse und vermeiden so eine gegenseitige Herausforderung durch die Preise.

Bei uns ohne Mehrpreis: 12 Monate 48 Stunden Vor-Ort-Service!

Märkte und Preisbildung

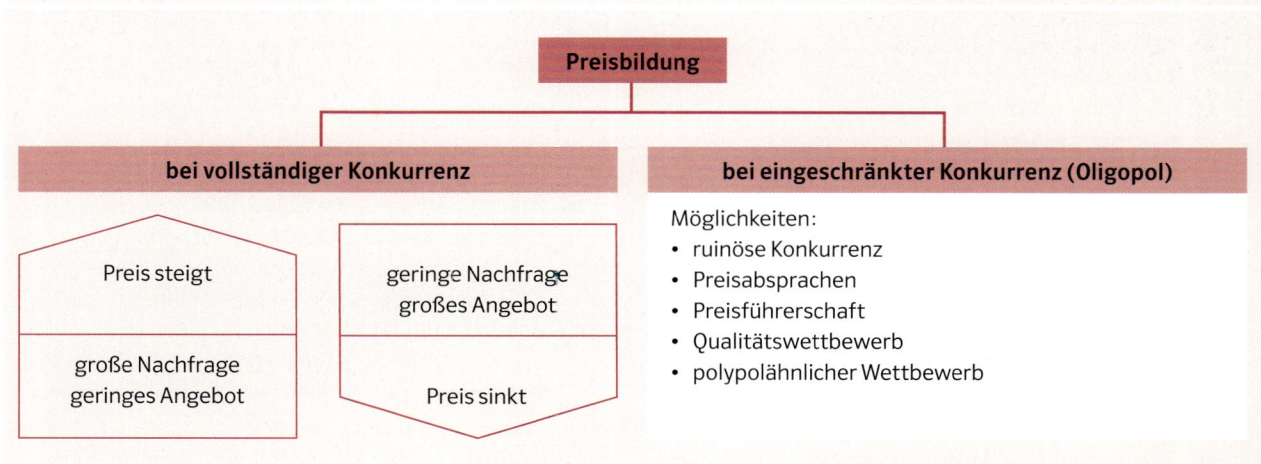

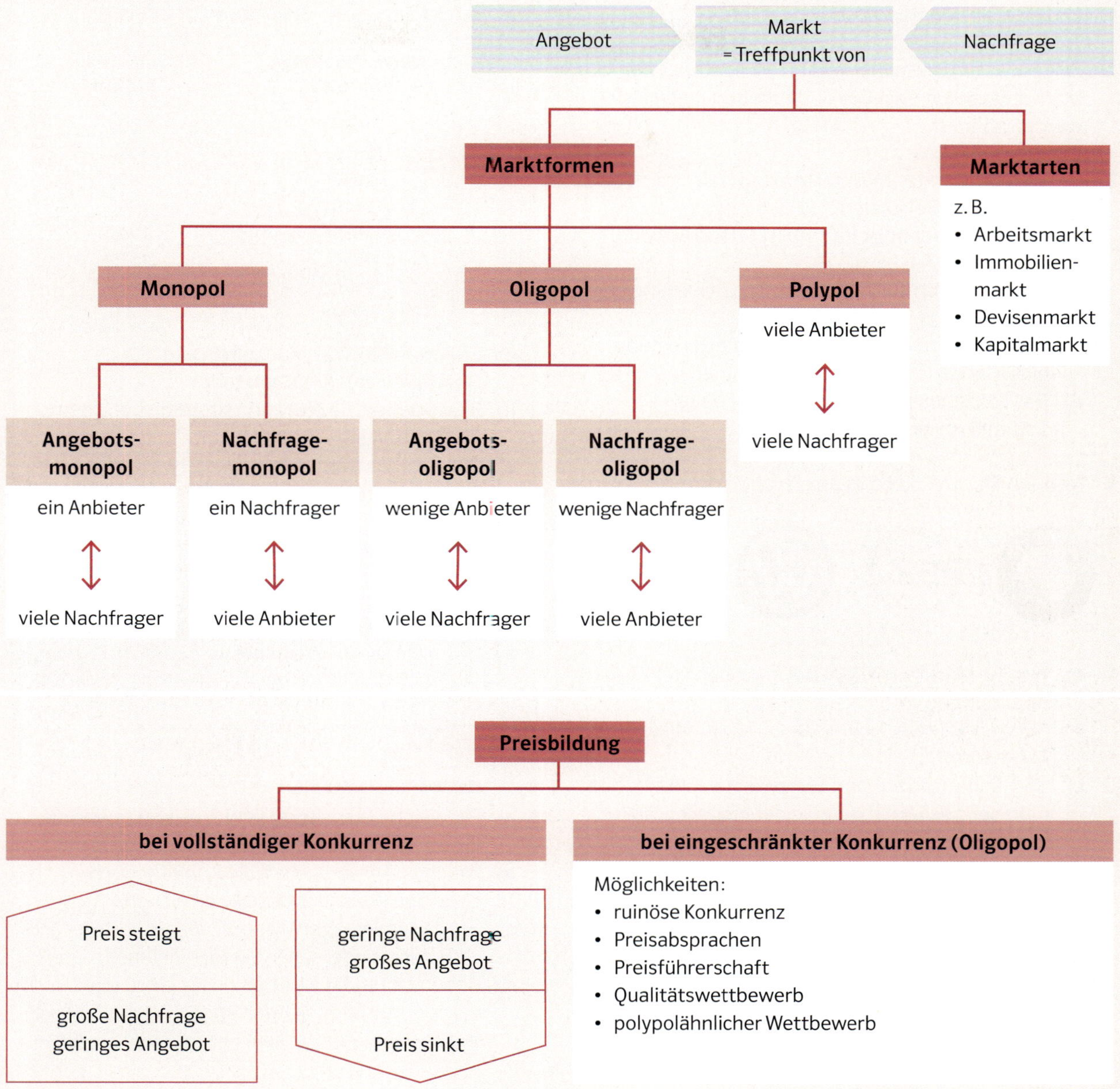

Angebot → | Markt = Treffpunkt von | ← Nachfrage

Marktformen

Marktarten

z. B.
- Arbeitsmarkt
- Immobilien-markt
- Devisenmarkt
- Kapitalmarkt

Monopol

Oligopol

Polypol

viele Anbieter

↕

viele Nachfrager

Angebots-monopol

ein Anbieter

↕

viele Nachfrager

Nachfrage-monopol

ein Nachfrager

↕

viele Anbieter

Angebots-oligopol

wenige Anbieter

↕

viele Nachfrager

Nachfrage-oligopol

wenige Nachfrager

↕

viele Anbieter

Preisbildung

bei vollständiger Konkurrenz

Preis steigt

große Nachfrage
geringes Angebot

geringe Nachfrage
großes Angebot

Preis sinkt

bei eingeschränkter Konkurrenz (Oligopol)

Möglichkeiten:
- ruinöse Konkurrenz
- Preisabsprachen
- Preisführerschaft
- Qualitätswettbewerb
- polypolähnlicher Wettbewerb

Arbeitsteil

1. Erklären Sie den Begriff „Markt".

2. Zeigen Sie am Beispiel des Fahrradmarktes, wie Märkte räumlich, sachlich und funktional gegliedert werden können.

3. Um welche Märkte (Marktarten) handelt es sich bei den folgenden Beispielen?
   a) Ein Tourist benötigt für seinen Urlaub ausländisches Geld.
   b) Frau Weller erhält im Haarstudio Löckle eine neue Dauerwelle.
   c) Für Investitionen möchte eine Unternehmung einen langfristigen Kredit aufnehmen.
   d) Das Modehaus Schicki stellt seine neue Sommerkollektion vor.

4. Nennen Sie zwei nichtorganisierte Märkte.

5. **a)** Welche Marktform liegt bei den oben stehenden Abbildungen vor?
   b) Nennen Sie zwei weitere Beispiele für diese Marktform.
   c) Begründen Sie anhand von zwei Beispielen, dass man beim Automarkt von einer eingeschränkten Konkurrenz sprechen kann.

6. Nennen Sie das wesentliche Merkmal eines
   a) Angebotsmonopols und geben Sie zwei Beispiele.
   b) Polypols und nennen Sie ebenfalls zusätzlich zwei Beispiele.

7. Welche Gefahren können durch Monopole und Oligopole für die Verbraucher entstehen?

8. **a)** Kann der Monopolist die Preise beliebig festsetzen? Begründen Sie.
   b) Überlegen Sie, weshalb sich der Staat in manchen Bereichen ein Monopol vorbehält.

9. An der Stuttgarter Aktienbörse werden täglich die Aktienkurse ermittelt. Für den heutigen Börsentag liegen die nebenstehenden Aufträge vor.
   a) Stellen Sie den Verlauf von Angebot und Nachfrage in einem Koordinatensystem dar. Verwenden Sie folgenden Maßstab: x-Achse: 500 Stück = 1 cm, y-Achse: 5 € = 1 cm.

b) Ermitteln Sie den Gleichgewichtspreis.

Kurs in €	Verkaufsaufträge in Stück	Kaufaufträge in Stück
120	1 150	5 000
125	2 150	3 750
130	2 850	2 850
135	3 400	2 350
140	3 850	1 900
145	4 250	1 550
150	4 600	1 250
155	5 000	900

   c) Erläutern Sie, was man unter dem Gleichgewichtspreis versteht.
   d) Beschreiben Sie die Marktsituation bei einem Preis von 145 €.
   e) Welcher Zusammenhang besteht zwischen dem Preis und der Höhe von Angebot und Nachfrage?

Lebensmittel-Einzelhandel
Preiskampf der Discounter geht weiter

Der Preiskampf im Lebensmitteleinzelhandel geht mit unverminderter Härte weiter. Aldi senkte abermals die Preise für mehr als 30 Produkte um bis zu 23 Prozent. Edeka, Rewe, Netto, Penny und Norma ziehen nach. Der Preisrutsch wirkt sich auf die gesamte Branche aus.

http://www.faz.net/aktuell/wirtschaft/unternehmen/lebensmittel-einzelhandel-preiskampf-der-discounter-geht-weiter-1596161.html, letzter Zugriff am 20.02.2013

---

10. **a)** Für welche Marktform sind Preiskriege, wie sie dieser Zeitungsausschnitt schildert, typisch?
   b) Welches Ziel versuchen die Anbieter durch derartige Preisnachlässe zu erreichen?
   c) Hat dieses Verhalten der Anbieter nur Vorteile für die Verbraucher oder sehen Sie auch Gefahren darin?
   d) Neben einem Preiskrieg sind für diese Marktform bei der Preisbildung noch andere Verhaltensweisen der Anbieter typisch. Beschreiben Sie diese.

11. Beim Polypol (vollständige Konkurrenz) versuchen die Hersteller eines gleichartigen Gutes häufig, die Marktübersicht der Verbraucher zu beeinträchtigen.
   a) Weshalb sind Hersteller an dieser Situation interessiert?
   b) Wie können solche Versuche erfolgen?
   c) Nennen Sie Beispiele für solche Märkte.

12. In unserer sozialen Marktwirtschaft richtet sich der Preis nicht immer nach Angebot und Nachfrage. Suchen Sie hierzu zwei Beispiele und begründen Sie Ihre Überlegungen.

2 Wettbewerbsstörungen

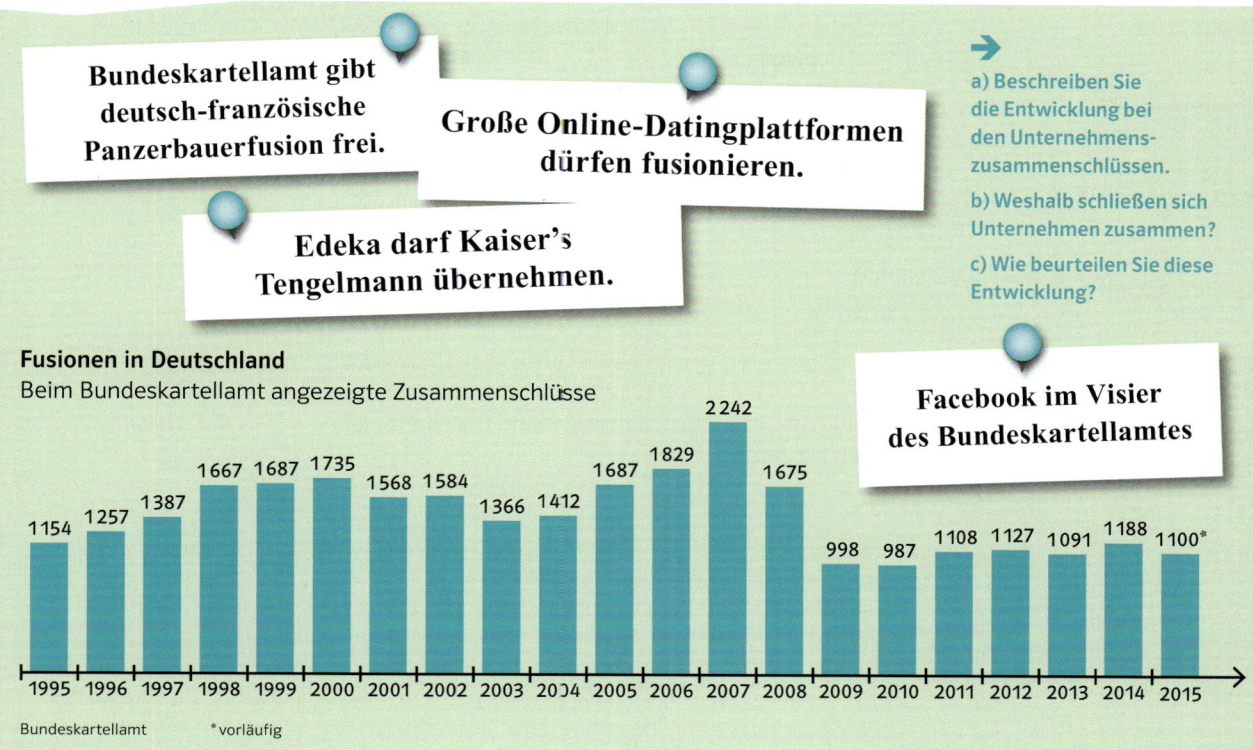

Bundeskartellamt gibt deutsch-französische Panzerbauerfusion frei.

Große Online-Datingplattformen dürfen fusionieren.

Edeka darf Kaiser's Tengelmann übernehmen.

→ a) Beschreiben Sie die Entwicklung bei den Unternehmens-zusammenschlüssen.

b) Weshalb schließen sich Unternehmen zusammen?

c) Wie beurteilen Sie diese Entwicklung?

Fusionen in Deutschland
Beim Bundeskartellamt angezeigte Zusammenschlüsse

Facebook im Visier des Bundeskartellamtes

Jahr	Anzahl
1995	1154
1996	1257
1997	1387
1998	1667
1999	1687
2000	1735
2001	1568
2002	1584
2003	1366
2004	1412
2005	1687
2006	1829
2007	2242
2008	1675
2009	998
2010	987
2011	1108
2012	1127
2013	1091
2014	1188
2015	1100*

Bundeskartellamt   *vorläufig

2.1 Kartelle

Kartelle entstehen durch vertragliche Abmachungen von Unternehmungen der gleichen Branche, die auf diese Weise den **Wettbewerb** untereinander ausschließen oder zumindest **einschränken** wollen. Hierbei bleiben die Kartellmitglieder rechtlich vollkommen selbstständig, ihre wirtschaftliche Selbstständigkeit jedoch wird durch die Zusammenarbeit der beteiligten Firmen erheblich eingeschränkt.

Die Kartellabsprachen, die mündlich oder schriftlich festgelegt werden können, enthalten beispielsweise Vereinbarungen über Preise, Marktaufteilung oder Lieferbedingungen. Da Kartelle den Wettbewerb unter den Anbietern einschränken, können die Verbraucher durch solche Absprachen benachteiligt werden. Deshalb verbietet das **Gesetz gegen Wettbewerbsbeschränkungen (Kartellgesetz)** grundsätzlich die Bildung von Kartellen. Dieses Verbot gilt unter anderem für Kartellarten in der Übersicht auf der folgenden Seite.

In bestimmten Fällen sind Ausnahmen vom Kartellverbot möglich, z. B. **bei mangelnder Spürbarkeit**. Da das Verbot nicht jede unbedeutende Bagatellbeschränkung erfassen soll, betrachtet man Vereinbarungen zwischen Wettbewerbern als nicht spürbar, wenn deren gemeinsamer Marktanteil 10 %

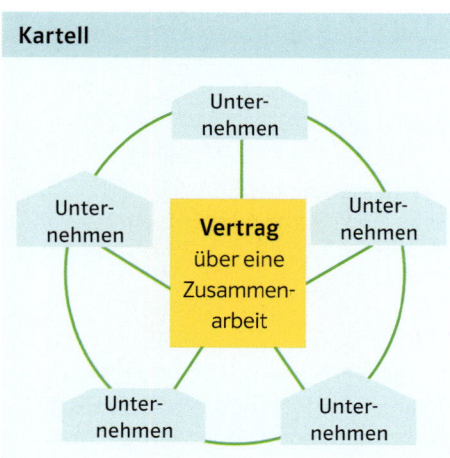

Kartell

Unternehmen

Unternehmen

Unternehmen

Vertrag über eine Zusammenarbeit

Unternehmen

Unternehmen

§ 1 GWB

Bundeskartellamt ermittelt:

Wurstkartell

Bierkartell

Klokartell

Matratzenkartell

Verbotene Kartellarten – eine Auswahl	
Preiskartell	Die Mitglieder treffen Preisabsprachen.
Quotenkartell	Jedem Unternehmen wird eine bestimmte Produktionsmenge zugeteilt, um über die Angebotsmenge den Preis zu beeinflussen.
Kalkulationskartell	Die beteiligten Firmen vereinbaren den gleichen Aufbau ihrer Kalkulation, um zu gleichen Preisen zu gelangen.
Gebietskartell	Jedem Unternehmen wird ein bestimmtes Absatzgebiet zugeteilt, um in diesen Gebieten den Wettbewerb auszuschließen.
Rabattkartell	Die Mitglieder legen eine einheitliche Rabattgewährung fest.
Konditionenkartell	Einheitliche Lieferungs-, Zahlungs- und Geschäftsbedingungen wie Öffnungszeiten werden vereinbart.

nicht übersteigt. Ebenso werden Absprachen zwischen kleinen und mittleren Unternehmen als nicht spürbar angesehen.

GWB § 2 Ausnahmsweise sind auch wettbewerbsbeschränkende Vereinbarungen vom Kartellverbot freigestellt, sofern sie die Warenerzeugung oder Warenverteilung der Mitglieder verbessern oder wenn sie den technischen oder wirtschaftlichen Fortschritt fördern. Allerdings darf dies nicht dazu führen, dass der Wettbewerb für einen wesentlichen Teil des Marktes ausgeschaltet wird.

GWB § 3 Ausdrücklich erleichtert ist die Zusammenarbeit im Bereich des Mittelstands (**Mittelstandskartelle**). Kleineren und mittleren Unternehmen gestattet dies viele Formen der Kooperation, um zum Zweck der Rationalisierung zusammenzuarbeiten, sofern dies deren Wettbewerbsfähigkeit verbessert und den Wettbewerb nicht wesentlich beeinträchtigt.

Alle **freigestellten Kartelle** unterliegen der **Missbrauchsaufsicht**. Zuständig hierfür sind die Landesbehörden betroffener Bundesländer, länderübergreifend das **Bundeskartellamt in Bonn**. Verstöße gegen das Kartellgesetz gelten als Ordnungswidrigkeit und können mit erheblichen Bußgeldern belegt werden.

Freigestellte Kartellarten – eine Auswahl	
Rationalisierungskartell	Es wird rationalisiert, indem die Produktion auf bestimmte Typen beschränkt wird.
Normen- und Typenkartell	Die Mitglieder beschließen die einheitliche Anwendung von Normen und Typen.
Mittelstandskartell	Zusammenarbeit kleiner und mittelständischer Unternehmen zum Zweck der Rationalisierung, um die Wettbewerbsfähigkeit zu verbessern.
Sonstige Kartelle	Zusammenarbeit von Unternehmen z. B. zur Verbesserung der Entwicklung, Forschung, Erzeugung, Verteilung, Beschaffung, Rücknahme oder Entsorgung von Waren.

Syndikat

Die stärkste Form des Kartells ist das **Syndikat**. Hier vertreiben oder beschaffen die Kartellmitglieder Produkte über eine gemeinsame Einkaufs- oder Verkaufsgesellschaft, die meist die Rechtsform einer GmbH, Genossenschaft oder AG hat. Syndikate sind unter bestimmten Voraussetzungen vom Kartellverbot freigestellt.

2.2 Unternehmenskonzentration

Konzern

Im Vergleich zu Kartellen sind **Konzerne** eine wesentlich engere Form des Zusammenschlusses. Hier werden rechtlich selbstständige Unternehmen unter einer einheitlichen Leitung wirtschaftlich zusammengefasst. Die Konzernbildung erfolgt meist über kapitalmäßige Beteiligungen. Besitzt ein Unternehmen die Aktienmehrheit eines anderen, so kann es damit einen entscheidenden Einfluss ausüben. Unternehmen, welche andere beherrschen, werden als **Muttergesellschaften** bezeichnet, die abhängigen als Tochtergesellschaften.

Von **Schwestergesellschaften** spricht man, wenn Unternehmungen gegenseitig maßgeblich an ihrem Kapital beteiligt sind. Schwestergesellschaften bleiben rechtlich selbstständig, ihre wirtschaftliche Unabhängigkeit wird jedoch dadurch eingeschränkt, dass jede Unternehmung durch ihre Kapitalbeteiligung auf die andere Einfluss ausüben kann.

Häufig steht an der Spitze eines Konzerns eine Dachgesellschaft, eine sogenannte **Holdinggesellschaft**, die alle Konzernunternehmungen kapitalmäßig beherrscht. Die Holding-Gesellschaft selbst produziert nicht, vielmehr ist sie eine reine Verwaltungs- und Finanzierungsgesellschaft.
Konzerne, die in mehreren Ländern Tochtergesellschaften besitzen, werden als multinationale Konzerne **(Multis)** bezeichnet.

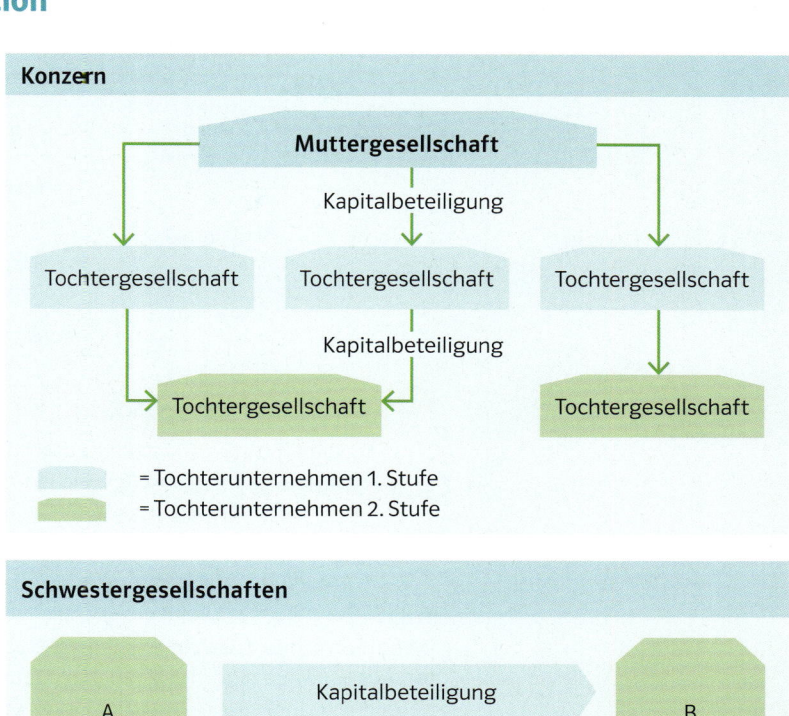

Je nach Art der Konzernunternehmung unterscheidet man:

- **horizontale Konzerne**, eine Verbindung von Unternehmen, die sich auf der gleichen Produktionsstufe befinden. Beispiel: verschiedene Brauereien
- **vertikale Konzerne**, wenn sich Unternehmungen vorgelagerter und nachgelagerter Produktionsstufen zusammenschließen. Beispiel: Erzgrube – Stahlwerk – Stahlhändler
- **anorganische Konzerne**, ein Zusammenschluss von Unternehmen aus völlig verschiedenen Wirtschaftszweigen. Beispiel: zum Oetker-Konzern gehören Puddingpulverfabriken, Eiskremfabriken, Konservenfabriken, Brauereien, Banken, eine Hochseeflotte u.a.

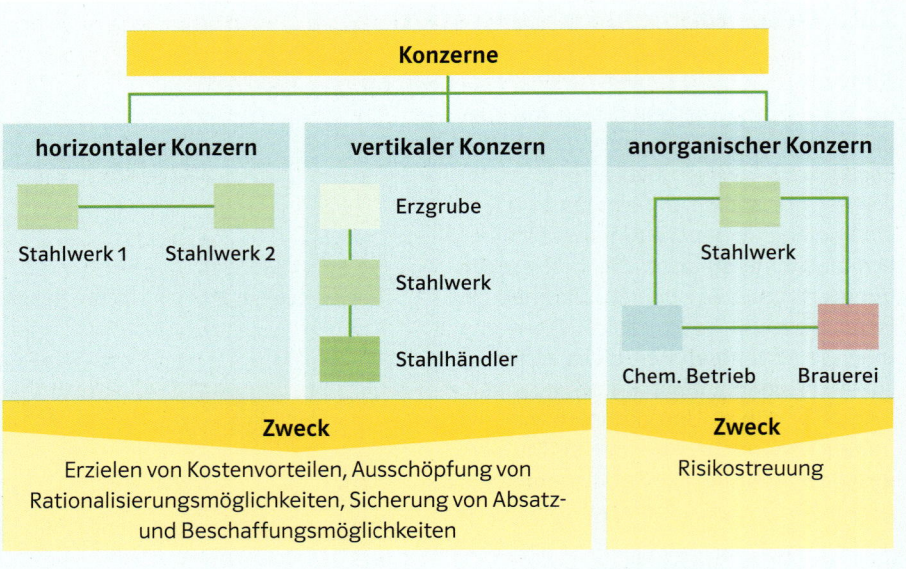

Trust

Diese Form des Zusammenschlusses war früher vorwiegend in den USA verbreitet. Mittlerweile sind Trusts auch in Deutschland durchaus üblich. Hier verlieren die beteiligten Unternehmen sowohl ihre rechtliche als auch ihre wirtschaftliche Selbstständigkeit, sie werden zu einer neuen Firma verschmolzen. Man bezeichnet diesen Vorgang auch als **Fusion**.

Ein **Trust** kann entstehen, indem ein Unternehmen andere aufnimmt (Aufnahme) oder es wird eine neue Gesellschaft gegründet, in der alle aufgehen (Neugründung).
Beispiele: Aufnahme der Dresdner Bank in die Commerzbank, Aufnahme der Plusmärkte in die Nettomärkte, Verschmelzung der Gmünder Ersatzkasse mit der Barmer Ersatzkasse zur Barmer GEK.

Ursachen und Auswirkungen der Unternehmenskonzentration

Unternehmenszusammenschlüsse können die wirtschaftliche und technische Entwicklung fördern. Andererseits können durch Kartelle, Konzerne oder Trusts marktbeherrschende Positionen oder sogar Monopole entstehen.

Schließen sich Unternehmen zu Kartellen, Konzernen oder Trusts zusammen, kann dies dazu führen, dass einzelne Firmen eine marktbeherrschende Stellung erreichen, dass der Wettbewerb gestört wird oder dass manche Waren nur noch von wenigen Unternehmen angeboten werden. Um derart nachteilige Folgen zu verhindern, wurde das **Gesetz gegen Wettbewerbsbeschränkungen (Kartellgesetz)** geschaffen.

Zuständig für seine Einhaltung ist das **Bundeskartellamt** in Bonn. Seine Aufgaben:
- **Missbrauchsaufsicht:** Marktbeherrschende Unternehmen werden überwacht. Missbrauchen sie ihre Stellung, indem sie z. B. Konditionen vorschreiben oder überhöhte Preise verlangen, kann das Kartellamt dies untersagen.
- **Kartellaufsicht:** Das Bundeskartellamt achtet darauf, dass keine verbotenen Kartelle entstehen oder dass bei freigestellten Kartellen kein Missbrauch vorliegt.

Verhängte Bußgelder des Bundeskartellamts 2014	
Branche	**in Mio. €**
Wursthersteller	rd. 338
Bierbrauer	rd. 338
Zuckerhersteller	rd. 280
Bergbauspezialarbeiten	rd. 17
Tapetenhersteller	rd. 17
Matratzen	rd. 8
Betonpflastersteine	rd. 6
Wärmetauscher-Service	rd. 2

www.bundeskartellamt.de

- **Fusionskontrolle:** Ab bestimmten Größenordnungen müssen beabsichtigte Fusionen angemeldet werden. Führen Zusammenschlüsse zu einer Marktbeherrschung, kann das Bundeskartellamt sie untersagen.
- Überprüfung der Vergabe öffentlicher Aufträge

Vorteile der Konzentration	Nachteile der Konzentration
• Kostenersparnis in der Produktion. Preissenkungen, wenn die Unternehmen ihre Kostenersparnis im Preis weitergeben. • Eine größere Kapitalkraft ermöglicht umfangreichere Forschungs- und Entwicklungsvorhaben. • Durch eine größere Marktmacht können sich die Unternehmen im internationalen Wettbewerb besser behaupten. • Durch Normung und Typisierung ist der Einsatz von kostensenkender Massenproduktion möglich.	• Überhöhte Preise, wenn kein ausreichender Wettbewerb stattfindet. • Der Schutz rückständiger Betriebe hemmt technischen Fortschritt. • Unwirtschaftliche Produktionsweisen werden beibehalten und führen zu überhöhten Preisen. • Konzern- bzw. Trustbildung kann marktbeherrschende Unternehmen oder Monopole entstehen lassen, was den Wettbewerb ausschalten würde. • Fehlentscheidungen solcher Unternehmen können die gesamte Wirtschaft stören.

Das Kartellgesetz verbietet auch die „Preisbindung der zweiten Hand", d.h. der Hersteller darf dem Handel den Endverkaufspreis nicht vorschreiben. Eine Ausnahme besteht nur bei Verlagserzeugnissen (Buchpreisbindung).

Bei Verstößen gegen das Kartellgesetz kann das Bundeskartellamt Bußgelder in Millionenhöhe verhängen.

Schließen sich Unternehmen innerhalb der EU zusammen, unterliegen sie der Aufsicht der Europäischen Kommission in Brüssel. Hier wird darauf geachtet, dass auf europäischer Ebene der Wettbewerb nicht beeinträchtigt wird.

Info
Bundeskartellamt
u65h9m

2.3 Betriebliche und gesamtwirtschaftliche Arbeitsteilung

Entwicklung der Arbeitsteilung

Schon sehr früh erkannten die ersten Menschen, dass sie bei der notwendigen Güterversorgung eine unterschiedliche Geschicklichkeit besaßen. Der eine war vielleicht besonders geschickt im Herstellen von Jagdwerkzeugen, dafür war er ein schlechter Jäger. Ein anderer wiederum, der ein guter Jäger war, eignete sich nicht so sehr zur Herstellung von Töpfen oder Häusern.

Aus dieser Erkenntnis heraus begannen die Menschen, sich entsprechend ihrer Fähigkeiten zu spezialisieren und den Lebensunterhalt durch den Tausch ihrer Erzeugnisse zu sichern. Aus der **Selbstversorgung** in der **geschlossenen Hauswirtschaft** entstanden die ersten **Grundberufe**, die allmählich weiter spezialisiert wurden. So wurde z.B. aus dem einstigen Händler ein Einzelhändler, ein Großhändler, ein Importeur oder ein Exporteur.

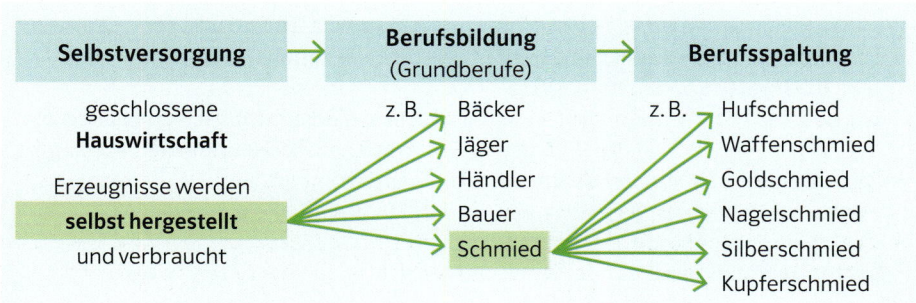

Erhöhung der Arbeitsproduktivität durch Arbeitszerlegung

Trotz erfolgter Berufsbildung und Berufsspaltung fallen innerhalb eines Berufs bzw. Betriebs Arbeiten an, für die der einzelne Arbeitnehmer eine unterschiedliche Geschicklichkeit besitzt. Ein anschauliches Beispiel, das hier gekürzt angeführt werden soll, lieferte der Schotte Adam Smith bereits im 18. Jahrhundert.

> Wenn auch aus der Herstellung von Stecknadeln ein eigener Beruf entstanden ist, so kann ein einzelner Arbeiter am Tag 2–3, höchstens 20 Stück davon herstellen. Teilt man diese Arbeit jedoch in einzelne Verrichtungen auf, so dass ein Arbeiter den Draht abspult, ein zweiter ihn geradebiegt, ein dritter ihn zurechtschneidet usw. …, so können 10 Arbeiter ca. 48 000 Stecknadeln produzieren, also rund 4 800 pro Arbeiter.

In dem Beispiel von Adam Smith wird die menschliche Arbeitskraft sehr viel „produktiver" eingesetzt, d. h., mit gleichem Aufwand wird wesentlich mehr produziert. Man sagt: Die Arbeitsproduktivität hat sich erhöht.

Die betriebliche Arbeitsteilung oder Arbeitszerlegung ermöglicht also eine sinnvollere und wirtschaftlichere Gestaltung von Arbeitsabläufen und erhöht somit die Arbeitsleistung, d. h., die Arbeitsteilung dient der **Rationalisierung** des Betriebs. Durch Untersuchung der einzelnen Arbeitsabläufe und Arbeitsplätze wollte der amerikanische Unternehmer Frederic W. Taylor beides praktischer gestalten und dadurch Höchstleistungen erzielen. Der nach ihm benannte **Taylorismus** wird heute

Vorteile der Arbeitszerlegung	Nachteile der Arbeitszerlegung
• Durch die ständige Wiederholung des gleichen Arbeitsgangs erlangen die Arbeitnehmer eine **höhere Produktivität**. Ein Arbeitnehmer, der beispielsweise immer das gleiche Teil zuschneidet, kann dies schneller und besser als seine Kollegen.	• Da ständig dieselben Tätigkeiten ausgeführt werden, müssen die Arbeiter ihren Körper einseitig beanspruchen. **Gesundheitsschäden** können die Folge sein.
• Aufgrund der höheren Fertigkeit und des rationelleren Arbeitsablaufs entsteht eine beachtliche **Zeitersparnis** (z. B. entfällt das Umdenken auf andere Handgriffe nach einer Arbeit oder der Gang zu anderen Maschinen und das Holen anderer Arbeitsmittel).	• Gleichbleibende, eintönige Arbeit führt zu **rascher Ermüdung** und **Langeweile**.
• Die **Ausbildungszeiten verkürzen sich** erheblich, da meist eine kurze Einarbeitung reicht.	• Durch die Spezialisierung werden die Fähigkeiten der Beschäftigten nur einseitig gefordert und entwickelt. **Geistige und seelische Fähigkeiten können verkümmern.**
• Es werden weniger Fachkräfte benötigt, **Hilfskräfte** können eingesetzt werden.	• Die Arbeitnehmer **verlieren die Übersicht über den gesamten Herstellungsgang**, viele kennen nicht einmal die Bedeutung ihrer Tätigkeit, d. h., sie sehen nie das Endprodukt.
• Die Arbeitnehmer können durch die starke Aufteilung der Verrichtungen die Arbeit übernehmen, die am besten zu ihnen passt.	• Bei speziellen Tätigkeiten können die Arbeitnehmer vom Betrieb abhängig werden.

in der Bundesrepublik Deutschland durch die REFA (Verband für Arbeitsgestaltung, Betriebsorganisation und Unternehmensentwicklung) weiterentwickelt. Ihr Ziel: Rationalisierung und gerechte Entlohnung.

Die Arbeitszerlegung bietet den Arbeitnehmern den großen Vorteil der Spezialisierung. Andererseits können die Nachteile der Arbeitsteilung auch einen Rückgang der Arbeitsleistung bewirken. Viele Unternehmen versuchen, diesem Problem zu begegnen, indem sie die Arbeitsaufgaben wechseln, erweitern oder Arbeitsgruppen bilden, die gemeinsam Arbeitsaufgaben bewältigen.

Zunehmende Rationalisierung und Spezialisierung führen zu einer immer weiter zunehmenden betrieblichen und gesamtwirtschaftlichen Arbeitsteilung. Die Arbeitsteilung entwickelte sich aus den zunehmenden menschlichen Bedürfnissen und den damit verbundenen Arbeiten, die immer differenziertere Kenntnisse von den Menschen erfordern. Die gesparte Zeit war ein riesiger Gewinn. Der technische Fortschritt führte zu einer weiteren Spezialisierung der Anforderungen an die einzelnen Berufe. Durch die Arbeitsteilung werden die einzelnen Produktionszweige stärker voneinander abhängig, was ein hohes Maß an Planung und Absprache erfordert. In einer sozialen Marktwirtschaft übernimmt der Preis dann die Steuerung dieser Prozesse. Im Rahmen der globalen Prozesse ist es möglich, dass ein Autoteil in Amerika oder Asien produziert wird, in Deutschland zu einem Auto montiert wird, das dann wieder nach Amerika oder Asien exportiert wird.

Arbeitsteil

1. Welcher Unterschied besteht zwischen der Berufsspaltung und der Arbeitszerlegung?

2. Welche Vorteile bietet die Arbeitszerlegung für die Arbeitnehmer und für den Betrieb?

3. Welche Vorteile und welche Gefahren sehen Sie in einer zunehmenden gesamtwirtschaftlichen und internationalen Arbeitsteilung?

2.4 Staatliche Eingriffe

Der Staat greift vielfach in das Wirtschaftsgeschehen ein, meistens um den Wettbewerb zu fördern, oft aber auch wettbewerbsstörend. Störend wirkt z. B. die Erhebung von **Einfuhrzöllen**, um die einheimische Wirtschaft vor ausländischer Konkurrenz zu schützen.

Zuschüsse (Subventionen) wie Wohngeld sollen z. B. die Mietbelastung der Haushalte senken und sicherstellen, dass Vermieter marktgerechte Mieten erzielen und neue Wohnungen bauen. Aus ähnlich verständlichen Gründen werden unter anderem die Landwirtschaft, der Bergbau oder der Schiffbau unterstützt. Staatlich verordnete **Monopole**, wie das Leitungsmonopol der Wasserwerke, sollen eine gleichmäßige Versorgung der Bevölkerung sichern. Schließlich kann der Staat direkt in das Marktgeschehen eingreifen, indem er **Höchstpreise** oder **Mindestpreise** festsetzt. Höchstpreise sollen die Verbraucher vor überhöhten Preisen schützen, vor allem bei lebensnotwendigen Gütern. Da Höchstpreise unter dem Gleichgewichtspreis liegen, werden mehr Waren nachgefragt als angeboten. Viele Käufer sind jedoch bereit, mehr zu zahlen. Die Folge: Es entstehen Schwarzmärkte. Der Staat muss reagieren, er muss die Waren rationieren und die Märkte überwachen. Genauso problematisch ist es, wenn Mindestpreise festgesetzt werden. Dies zeigte sich besonders deutlich am Agrarmarkt der Europäischen Union.

Info ⊕
EU-Agrarmarkt
w98b2u

EU-Agrarmarkt

Nach dem Zweiten Weltkrieg litt Europa bis Ende der 1950er-Jahre unter Hunger und Nahrungsmittelknappheit. Eine gemeinsame Agrarpolitik (Landwirtschaftspolitik) im Zuge der Europäischen Einigung sollte dem entgegenwirken. Die Anbaubedingungen innerhalb der EU und in der Welt sind sehr unterschiedlich. Nicht-EU-Länder könnten den Markt mit billigen Produkten überschwemmen; die Bauern in Deutschland und in der EU würden leer ausgehen. Deshalb sollte eine **Gemeinsame Agrarpolitik (GAP)** die landwirtschaftliche Produktion steigern, Landwirten ein angemessenes Einkommen sichern und Verbraucher zu vernünftigen Preisen ausreichend mit Nahrungsmitteln versorgen. Dafür wurden folgende Maßnahmen ergriffen:

- Alle wichtigen Erzeugnisse wie Getreide, Milch, Fleisch kaufte die EU zu **garantierten Preisen**, es bestand **Abnahmegarantie**.
- Gegenüber Nicht-EU-Ländern bestand **Außenschutz**. War der Weltmarktpreis niedriger, verbilligte die EU die Ausfuhr (Export) landwirtschaftlicher Erzeugnisse, indem sie den Unterschied erstattete. Umgekehrt verhinderte sie, dass die EU auf Kosten der Bauern mit billigen Importen (Einfuhren) überflutet wurde. Importe wurden deshalb durch einen Zuschlag verteuert.

Die Eingriffe in den Agrarmarkt wurden wegen ihrer Folgen heftig kritisiert, denn die Bauern der EU produzierten enorme Überschüsse, z.B. bei Milch, Wein, Getreide, Fleisch oder Obst. Da Abnahme und Preis garantiert waren, stiegen die Produktionsmengen immer mehr. Riesige Überschüsse mussten aufgekauft und eingelagert, zum Teil sogar vernichtet werden. Beispielsweise wurde Blumenkohl über Jahre hinweg vernichtet. Dennoch erhöhte sich jedes Jahr die Blumenkohlanbaufläche. Direkt für die Vernichtung zu produzieren, erwies sich für viele Produzenten als lohnend, was alle Bürger empörte. In den 1980er-Jahren entfielen nahezu zwei Drittel des EU-Haushalts auf den Agrarbereich. Trotz dieser enormen Zuschüsse reichten die Einkommen der kleineren und mittleren Betriebe nicht aus. Großbetriebe dagegen konnten durch stärkere Rationalisierung und bessere Maschinenauslastung billiger erzeugen. Sie wurden von der damaligen Landwirtschaftspolitik begünstigt. Die Folge: Seit den 1960er-Jahren ging die Zahl der Betriebe in Deutschland um 80 % zurück von 1,6 Millionen auf rund 320 000 heute. Zugleich wurden die verbliebenen Betriebe immer größer und produktiver. 1950 ernährte ein Landwirt mit seiner Ernte rund 10 Menschen, heute sind es 135. Dieser enorme Produktivitätszuwachs bewirkte eine stetige Zunahme der Überschüsse.

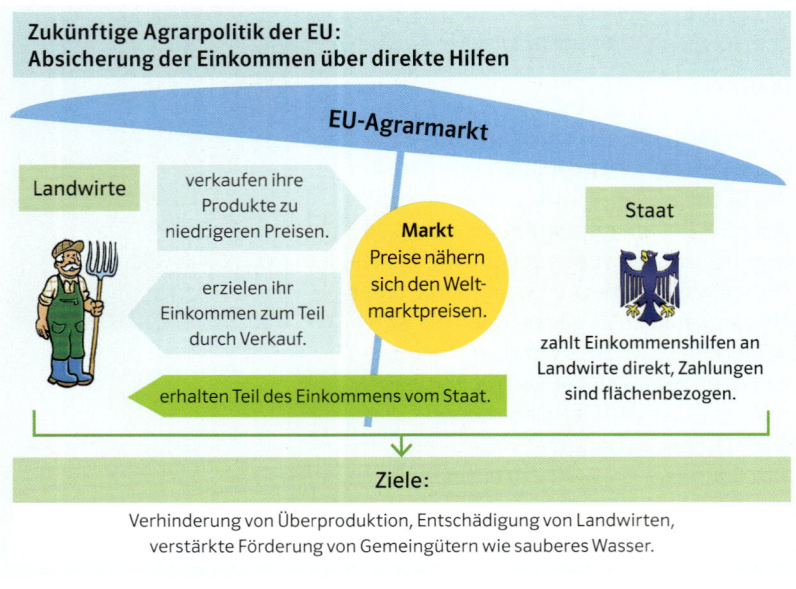

Zukünftige Agrarpolitik der EU: Absicherung der Einkommen über direkte Hilfen

EU-Agrarmarkt

Landwirte — verkaufen ihre Produkte zu niedrigeren Preisen. — **Markt** Preise nähern sich den Weltmarktpreisen. — **Staat** zahlt Einkommenshilfen an Landwirte direkt, Zahlungen sind flächenbezogen.

erzielen ihr Einkommen zum Teil durch Verkauf.

erhalten Teil des Einkommens vom Staat.

Ziele:

Verhinderung von Überproduktion, Entschädigung von Landwirten, verstärkte Förderung von Gemeingütern wie sauberes Wasser.

Um weitere Überschüsse zu vermeiden, wurden seit 1992 die Stützpreise für landwirtschaftliche Produkte wie Rindfleisch, Getreide oder Milch erheblich gesenkt und Ackerflächen stillgelegt. Als Ausgleich erhielten die Landwirte **Direktzahlungen**. Außerdem wurden **Quoten** eingeführt, wie z.B. die **Milch-Quote**, die bis März 2015 einzuhalten war. Die Bauern durften nur noch bestimmte Mengen produzieren und wurden mit Preisabschlägen bestraft, wenn sie mehr erzeugten.

Reform der Gemeinsamen Agrarpolitik (GAP)

Bereits 2003 begann die EU, die Direktzahlungen weniger von der Produktionsmenge abhängig zu machen.

Um die Zahlungen in voller Höhe zu erhalten, müssen Landwirte seither Auflagen im Umweltschutz und Tierschutz erfüllen, sowie bei der Tiergesundheit und Lebensmittelsicherheit. Direktzahlungen orientieren sich somit mehr am Dienst, den Landwirte der Öffentlichkeit erweisen.

Da bisherige Maßnahmen nicht ausreichen, sind folgende Reformziele geplant:

- Sichere Nahrungsmittelversorgung angesichts der steigenden Weltbevölkerung
- Direktzahlungen mit Obergrenzen als Einkommensgrundlage der Landwirte
- Naturschutzauflagen für Direktzahlungen (z. B. keine Monokulturen, Grünland ausweisen)
- Förderung benachteiligter Gebiete, z. B. bei Anbau auf schlechten Böden
- höhere Flächenprämien für Jungbauern, sollen Höfesterben entgegenwirken
- Exportsubventionen gleichen billigere Weltmarktpreise aus.

Wettbewerbsstörungen und staatliche Eingriffe

Wettbewerbsstörungen

Kartelle

- vertragliche Abmachungen
- rechtliche Selbstständigkeit bleibt, wirtschaftliche wird teilweise aufgegeben

Unternehmenskonzentration

Konzerne

- einheitliche Leitung
- rechtliche Selbstständigkeit bleibt, wirtschaftliche wird aufgegeben

Trusts

- rechtliche und wirtschaftliche Selbstständigkeit gehen verloren
- Verschmelzung

Auswirkungen

Vorteile

- Förderung des technischen Fortschritts
- stärker im internationalen Wettbewerb
- kostengünstigere Herstellung kann zu niedrigeren Preisen führen

Nachteile

- evtl. überhöhte Preise
- Schutz rückständiger Betriebe kann Fortschritt hemmen
- evtl. Einschränkung des Wettbewerbs

Bundeskartellamt

überwacht die Einhaltung des Kartellgesetzes, das Unternehmenszusammenschlüsse regelt und den Wettbewerb sichert.

staatliche Eingriffe in den Wettbewerb

z. B.
- staatliche Monopole
- Einfuhrzölle

- Subventionen
- Höchst- und Mindestpreise

Agrarmarkt EU
- Direktzahlungen
- Naturschutz

- Schutz durch Einfuhrzölle
- Quoten für Produktionsmengen

Arbeitsteil

1. Erläutern Sie, was man unter folgenden Unternehmenszusammenschlüssen versteht:
a) horizontal **b)** vertikal **c)** anorganisch

2. a) Nennen Sie fünf verschiedene Kartellarten. Geben Sie dabei an, ob diese verboten oder freigestellt sind.
b) Welche Kartellart liegt im nachfolgenden Zeitungsartikel vor? Wie wirkt sich dieses Kartell aus?
c) Die Erdöl exportierenden Länder haben sich in einem Kartell (OPEC) zusammengeschlossen. Welche Kartellart liegt bei diesem Zusammenschluss vor? Begründen Sie Ihre Meinung.
d) Welcher Unterschied besteht zwischen Konzernen und Kartellen?

Kaffeestaaten halten an Ausfuhrbeschränkung fest

LONDON (rtr). Die Organisation der Kaffee exportierenden Staaten (ACPC) hat ihre Quotenregelung für die Begrenzung der Kaffeeausfuhr um ein weiteres Jahr verlängert. Die 14 Staaten würden in den zwölf Monaten ab Juli die Ausfuhr auf 52,75 Millionen Sack (je 60 Kilogramm) beschränken, teilte die ACPC mit. Ziel sei, die Preise auf dem derzeitigen Niveau zu halten. Die Preise für ungeröstete Kaffeebohnen waren seit Januar um 80 bis 100 Prozent gestiegen. Händler erklären dies mit leeren Lagern und knapper Versorgung mit Arabica-Kaffee aus Lateinamerika.

Stuttgarter Zeitung

3. Geben Sie an, welcher Unternehmenszusammenschluss in der unten stehenden Abbildung vorliegt.

Aus Plus wird Netto.
Seit Mitte 2010 sind alle 2 300 Plus-Märkte in das Netto-Filialnetz integriert.

4. Erläutern Sie, was man unter Muttergesellschaften, Schwestergesellschaften und Tochtergesellschaften versteht.

5. Bei welchen Unternehmenszusammenschlüssen
a) bleiben die beteiligten Unternehmen nur rechtlich selbstständig,
b) verlieren die beteiligten Unternehmen ihre rechtliche und wirtschaftliche Selbstständigkeit?

6. a) Welche Ziele strebt die EU durch ihre Agrarpolitik an?
b) Um diese Ziele (Frage a) zu erreichen, griff die EU in der Vergangenheit sehr stark in den Agrarmarkt ein. Welche Probleme ergaben sich durch solche Eingriffe?
c) Die Weltmarktpreise für landwirtschaftliche Produkte unterscheiden sich zum Teil erheblich von dem EU-Preisniveau. Wie gleicht die EU solche Preisunterschiede aus?
d) Zählen Sie wichtige Schritte der geplanten Reform des EU-Agrarmarktes auf.

7. a) Beurteilen Sie die Entwicklung der Unternehmenszusammenschlüsse am Beispiel des Lebensmitteleinzelhandels.
b) Welche Vorteile und welche Gefahren bringen solche Zusammenschlüsse?

„Kleine Händler sterben aus" – Lebensmitteleinzelhandel in Deutschland

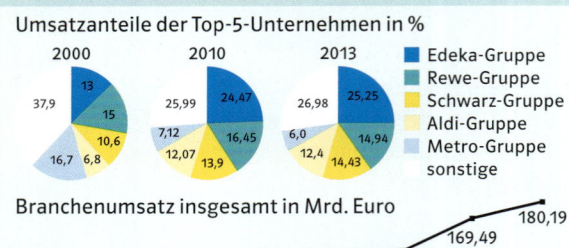

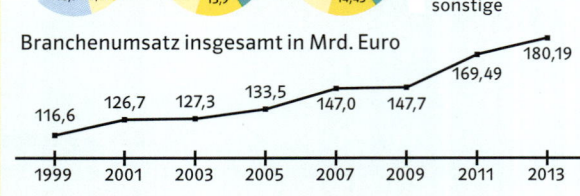

8. a) Welche Behörde sichert den Wettbewerb, indem sie Unternehmenszusammenschlüsse überwacht?
b) Unter welchen Voraussetzungen kann sie die Fusion zweier Unternehmungen verbieten?
c) Nennen Sie weitere Aufgaben dieser Behörde.

3 Bedeutung des Staates in der sozialen Marktwirtschaft

Das Verhältnis von Markt und Sozialem in Deutschland — Angaben in Prozent

Markt zu sehr im Vordergrund	49
Soziales zu sehr im Vordergrund	17
Beides ausgewogen	24
weiß nicht	10

Infratest

→ a) Wie hätten Sie auf die Umfrage über die soziale Marktwirtschaft geantwortet?

b) Begründen Sie Ihre Antwort.

Die Wirtschaft der Bundesrepublik Deutschland funktioniert anders als die der Volksrepublik China. In Guatemala herrschen andere wirtschaftliche Rahmenbedingungen als in Schweden. Obwohl zwischen den verschiedenen Volkswirtschaften zahlreiche Unterschiede bestehen, lassen sich alle auf zwei verschiedene Wirtschaftsordnungen zurückführen. Entweder kann der Staat keinerlei Einfluss auf den Wirtschaftsablauf nehmen oder er kann alles bis ins Detail regeln. Dementsprechend unterscheidet man zwei völlig gegensätzliche Modelle:

- die **freie Marktwirtschaft**
- die **Zentralverwaltungswirtschaft**.

Freie Marktwirtschaft

Die **freie Marktwirtschaft** war die Wirtschaftsordnung der Industriestaaten des 19. Jahrhunderts. In reiner Form kommt sie heute nicht mehr vor. Zu ihren bekanntesten Vertretern zählte der Schotte Adam Smith. Er ging davon aus, dass alle Menschen nur ihren Vorteil suchen. Darum wollen Unternehmer möglichst hohe Gewinne, Arbeitnehmer hohe Löhne und Käufer preiswerte Waren. Deshalb müssen Unternehmer immer kostengünstiger produzieren, wenn sie im Wettbewerb beste-

Adam Smith (1723–1790)

Freie Marktwirtschaft

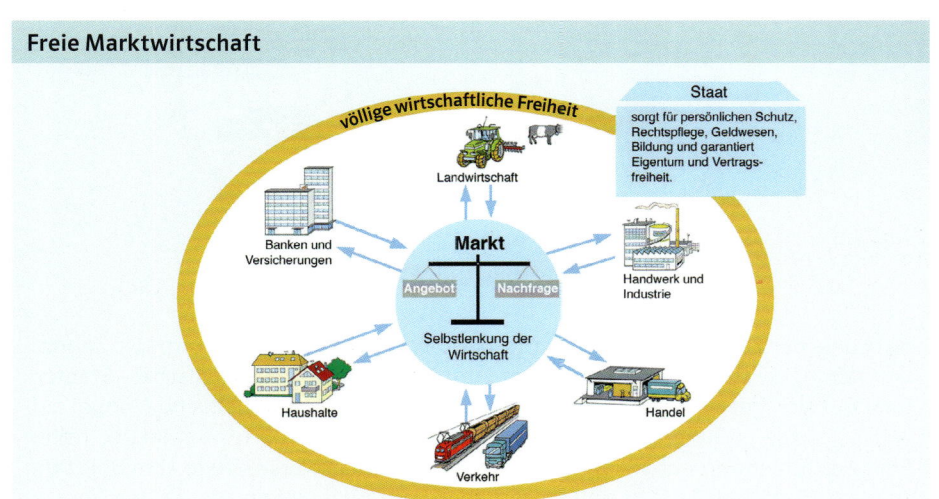

hen wollen. Durch Angebot und Nachfrage soll sich die Wirtschaft selbst steuern, denn wer Waren anbietet, die zu teuer sind oder die von den Kunden nicht geschätzt werden, scheidet aus. Deshalb verzichtet der Staat auf jegliche Eingriffe in den Wirtschaftsablauf. Er sichert lediglich die **Vertragsfreiheit**, garantiert das **Privateigentum**, sorgt für den persönlichen Schutz, regelt das Geldwesen, ermöglicht die Bildung und übernimmt die Rechtspflege. Sämtliche wirtschaftlichen Entscheidungen überlässt er dem einzelnen Bürger.

Probleme der freien Marktwirtschaft: Zum Nachteil der Schwächeren wurde die wirtschaftliche Macht missbraucht. Die Vertragsfreiheit ermöglichte Preisabsprachen, ruinöse Konkurrenz führte zu Monopolbetrieben. Die Verbraucher waren stark benachteiligt. Menschliche Arbeit wurde gehandelt wie eine Ware. Lange Arbeitszeiten, Kinderarbeit, unmenschliche Arbeitsbedingungen, Hunger und Krankheit beherrschten den Alltag, soziale Sicherung gab es nicht. Da der Staat das Wirtschaftsgeschehen nicht beeinflusste, ergaben sich starke Konjunkturschwankungen mit großer Arbeitslosigkeit und Elend.

Zentralverwaltungswirtschaft

Die freie Marktwirtschaft brachte den Arbeitnehmern große Not und soziales Elend. Diese Missstände veranlassten Karl Marx und Friedrich Engels, eine neue Wirtschaftsordnung zu fordern. Sie verlangten die **Sozialisierung** (d.h. **die Verstaatlichung der Produktionsmittel**) sowie eine zentrale Planung und Steuerung der Wirtschaft durch den Staat. Die Lenkung der gesamten Volkswirtschaft erfolgte dabei so, als wäre sie nur ein einziges riesiges Unternehmen. Ebenso mussten auch Arbeitsplätze und Berufswahl zentral gesteuert werden. Staatliche Planbehörden bestimmten,

Karl Marx (1818–1883)

- welche Güter jeder Betrieb zu produzieren hat,
- wieviel ein Betrieb herstellen muss,
- welche Rohstoffe verwendet werden,
- woher diese Rohstoffe zu beziehen sind,
- wem die Waren geliefert werden,
- welche Preise dafür verlangt werden,
- welche Löhne die Beschäftigten erhalten,
- was ein- und ausgeführt werden darf.

Zentralverwaltungswirtschaft

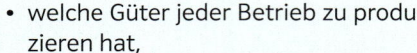

Nachteile der Zentralverwaltungswirtschaft: Eine abgewandelte Form der Zentralverwaltungswirtschaft war die Wirtschaftsordnung der sozialistischen Staaten. Dort hat sich gezeigt, dass auch diese Wirtschaftsordnung erhebliche Mängel aufwies. Denn je umfangreicher eine Wirtschaft geplant wird, desto häufiger treten Planungsfehler auf. Dabei konnten kleine Fehler ein großes Gefüge zum Stillstand bringen. Betriebe, die starr an Planvorgaben gebunden waren, ein riesiger Verwaltungsapparat und mangelnde Versorgung gehörten zum Alltag der Bevölkerung. Ebenso hat sich gezeigt, dass auch in der Planwirtschaft die Arbeitnehmer nur dann zu Höchstleistungen bereit sind, wenn sie einen persönlichen Gewinn erzielen. Die Einsatzbereitschaft für das Gemeinwohl hält sich dagegen in Grenzen. Orden und Ehrenzeichen wie „Held der Arbeit" waren ein zu geringer Leistungsanreiz.

Soziale Marktwirtschaft

Die freie Marktwirtschaft und die Zentralverwaltungswirtschaft kommen in reiner Form nicht vor. Überall dort, wo sie in abgewandelter Form anzutreffen sind, lassen sie schwerwiegende Mängel erkennen. Nach dem Zweiten Weltkrieg wurde deshalb heftig über die zukünftige Wirtschaftsordnung diskutiert. Letztlich entschieden jedoch die Siegermächte darüber. So wurde in der späteren DDR die Zentralverwaltungswirtschaft eingeführt. Im Westen drängten vor allem die USA auf die Einführung der Marktwirtschaft. Allerdings war die Rolle des Staates zunächst umstritten. Aufgrund der Erfahrungen der Weltwirtschaftskrise (1929–1933) forderten viele einen stärkeren Einfluss des Staates. Andererseits waren die Folgen des starken Staatseinflusses während der Hitlerzeit nicht vergessen.

Aus diesen gegensätzlichen Haltungen entwickelte der damalige Wirtschaftsminister Ludwig Erhard eine neue Wirtschaftsordnung, die **soziale Marktwirtschaft**. Sie sollte die Vorteile der Marktwirtschaft ermöglichen, gleichzeitig aber deren Nachteile vermeiden. So wird versucht, auf der einen Seite ein hohes Maß an persönlicher Freiheit zu ermöglichen, andererseits sollen die sozialen Missstände der freien Marktwirtschaft abgewendet werden. Um dies zu erreichen, greift der Staat zugunsten der wirtschaftlich Schwachen in den Wirtschaftsablauf ein.

Ludwig Erhard (1897–1977)
Bundesminister für
Wirtschaft 1949–1963,
Bundeskanzler 1963–1966

Soziale Marktwirtschaft

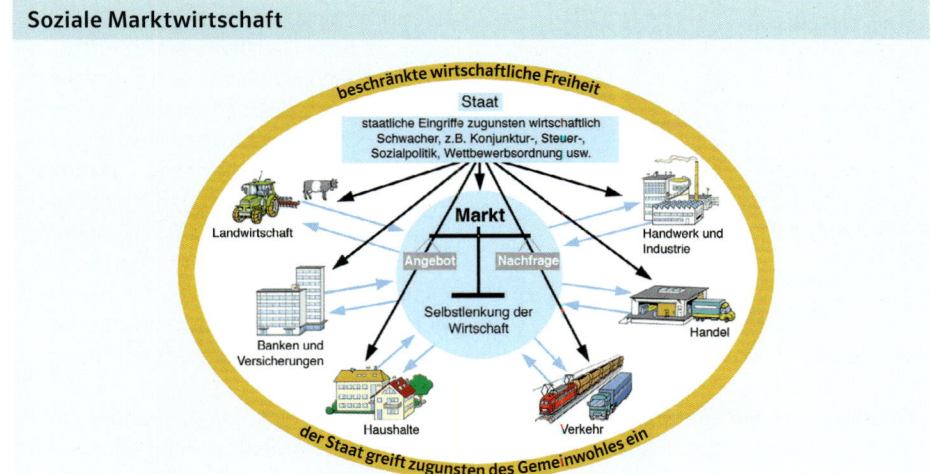

In der sozialen Marktwirtschaft laufen die wirtschaftlichen Aktivitäten wie in der freien Marktwirtschaft ab; z.B. regeln Angebot und Nachfrage den Wirtschaftsablauf, sind Produktionsmittel Privateigentum oder können sich alle Wirtschaftsteilnehmer frei betätigen. Es herrscht Gewerbefreiheit, Vertragsfreiheit, freie Arbeitsplatzwahl, freie Berufswahl, freier Handel usw. Allerdings werden einige Rechte eingeschränkt, wie die folgenden Beispiele zeigen:

• Der Staat unterstützt das Privateigentum; es soll aber zugleich dem „Wohl der Allgemeinheit dienen". Dies schließt eine vollständig freie Verfügbarkeit aus, da beispielsweise Vorschriften für Lärmschutz, Arbeitszeiten oder Umweltschutz bestehen.

• Die Vertragsfreiheit ist eingeschränkt, wenn Unternehmen Preisabsprachen treffen wollen.

• Um Handwerksbetriebe zu eröffnen, sind Meisterprüfung bzw. Berufspraxis erforderlich.

Grundgesetz Art. 14

(1) Das Eigentum und das Erbrecht werden gewährleistet. Inhalt und Schranken werden durch die Gesetze bestimmt.
(2) Eigentum verpflichtet. Sein Gebrauch soll zugleich dem Wohle der Allgemeinheit dienen.
(3) Eine Enteignung ist nur zum Wohle der Allgemeinheit zulässig. Sie darf nur durch Gesetz oder aufgrund eines Gesetzes erfolgen, das Art und Ausmaß der Entschädigung regelt. Die Entschädigung ist unter gerechter Abwägung der Interessen der Allgemeinheit und der Beteiligten zu bestimmen. Wegen der Höhe der Entschädigung steht im Streitfalle der Rechtsweg vor den ordentlichen Gerichten offen.

Grundgesetz Art. 20

(1) Die Bundesrepublik Deutschland ist ein demokratischer und sozialer Bundesstaat.

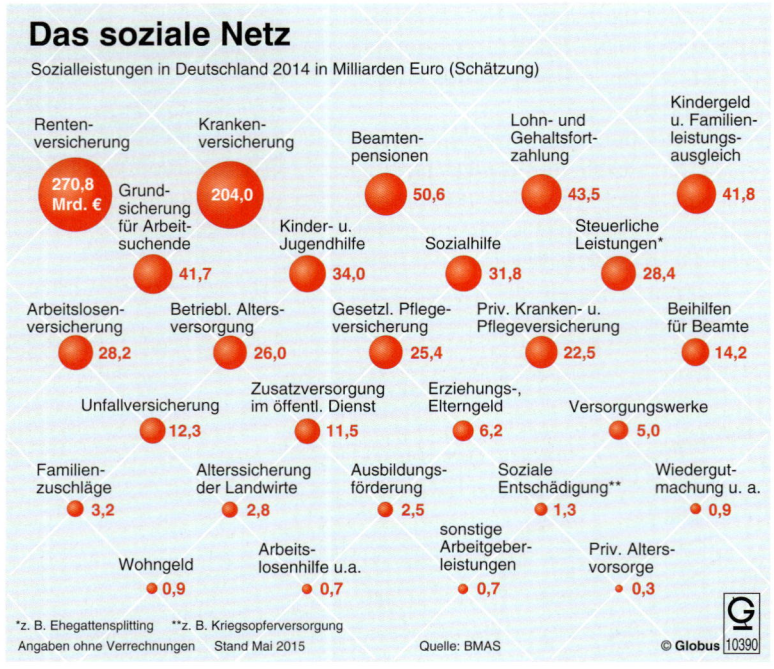

Artikel 20 des Grundgesetzes verpflichtet den Staat auf demokratische und soziale Prinzipien. Um diesen Anspruch zu verwirklichen, bedient er sich vorwiegend der folgenden **Instrumente:**

Sozialpolitik: Wer in Not gerät, kann auf die Hilfe der Gemeinschaft zählen. Das System der **Sozialversicherungen** hilft bei Krankheit, Arbeitsunfällen, Arbeitslosigkeit und abnehmender Schaffenskraft. Reichen die Leistungen der Sozialversicherung nicht aus, dann springen Sozialgeld und Sozialhilfe ein. Damit auch wirtschaftlich Schwache sozial gesichert sind, unterstützt sie der Staat u. a. durch Kindergeld, Wohngeld, Sozialwohnungsbau, Ausbildungsförderung. **Arbeitsschutzbestimmungen** sollen menschenunwürdige und gesundheitsschädigende Arbeitsbedingungen verhindern. Beispiele: Kündigungsschutz-, Arbeitszeit-, Mutterschutz-, Jugendarbeitsschutzgesetz sowie Schwerbehindertenschutz im Sozialgesetzbuch und Gewerbeordnung.

Einkommens- und Vermögenspolitik: Damit eine gerechte Einkommens- und Vermögensverteilung erreicht wird, zahlt derjenige, der mehr verdient, sowohl absolut (in Euro) als auch prozentual mehr Steuern **(Steuerprogression)**. Die Einteilung in Steuerklassen soll die besonderen Verhältnisse der einzelnen Steuerpflichtigen berücksichtigen. Zusätzlich werden innerhalb bestimmter Einkommensgrenzen verschiedene soziale Leistungen gewährt, z. B. die **Spar- und Bausparförderung**.

Wettbewerbspolitik: Unternehmen versuchen häufig, den Wettbewerb einzuschränken, indem sie beispielsweise vereinbaren, gleiche Preise zu verlangen. Vielfach schließen sie sich auch zu Großunternehmen zusammen und schränken dadurch den Wettbewerb ein. Dies führt fast immer zu Nachteilen für die Verbraucher. Durch das Gesetz gegen Wettbewerbsbeschränkungen (Kartellgesetz) verbietet der Staat Kartelle, kontrolliert und überwacht Unternehmenszusammenschlüsse. Des Weiteren kontrolliert er die Preisgestaltung marktbeherrschender Unternehmen. Weitere Gesetze zur Ordnung des Wettbewerbs und zum Schutze des Verbrauchers sind z. B. das Produkthaftungsgesetz, das Lebensmittelrecht, das Mess- und Eichgesetz und die Preisangabenverordnung.

Strukturpolitik: Nicht alle Gebiete unseres Landes haben den gleichen Lebensstandard und die gleichen Beschäftigungsbedingungen. Um allen Bürgern gleiche Entwicklungschancen zu ermöglichen, fördert der Staat wirtschaftlich schwache Regionen, indem er Zuschüsse und günstige Kredite für die Neugründung und Erweiterung von Betrieben zur Verfügung stellt. Auch bestehende oder existenzgefährdete Betriebe werden unterstützt, wenn dadurch Arbeitsplätze gesichert werden können oder wenn der Staat wichtige Wirtschaftszweige erhalten möchte. So erhalten z.B. die Landwirtschaft, der Bergbau und die Eisen- und Stahlindustrie staatliche Unterstützungen **(Subventionen)**.

Konjunkturpolitik: Wirtschaftskrisen können zu Insolvenzen und großer Arbeitslosigkeit führen. Um dies zu verhindern, beeinflusst der Staat die wirtschaftliche Lage (Konjunktur), indem er seine **Steuern und Staatsausgaben** (Einnahmen- und Ausgabenpolitik) erhöht oder senkt (siehe auch S. 253).

Öffentliche Unternehmen: Damit die Bevölkerung gleichmäßig mit wichtigen Gütern und Dienstleistungen versorgt wird, werden diese häufig von öffentlichen Unternehmen angeboten. Dazu zählen Wasserwerke, Schulen, Hochschulen, Theater, Krankenhäuser und andere wichtige öffentliche Einrichtungen. Beispielsweise würde ein privater Verkehrsbetrieb jede unrentable Strecke im Personennahverkehr sofort einstellen.

Soziale Marktwirtschaft

Soziale Marktwirtschaft					
Selbstlenkung der Wirtschaft durch Angebot und Nachfrage					
– Gewerbefreiheit – Vertragsfreiheit – freie Preisbildung – Privateigentum					
jedoch					
staatliche Eingriffe in den Wirtschaftskreislauf					
Sozialpolitik	**Wettbewerbspolitik**	**Einkommenspolitik**	**Strukturpolitik**	**Konjunkturpolitik**	**Öffentliche Unternehmen**
z.B. Sozialversicherungen	z.B. Kartellgesetz	z.B. Steuerprogression	z.B. Subventionen	z.B. öffentliche Ausgaben	z.B. Verkehrsbetrieb
Ziel	Ziel	Ziel	Ziel	Ziel	Ziel
Unterstützung Bedürftiger	Sicherung des Wettbewerbs	gerechte Verteilung von Vermögen	Unterstützung schwacher Gebiete und Wirtschaftszweige	Beeinflussung der Konjunktur	Sicherstellung der Versorgung der Bevölkerung
Die wirtschaftlich Schwachen sollen geschützt werden.					

Arbeitsteil

Edelstahl
*für verdiente
Eisenbahner*

Die goldene Kuh
*für Milchvieh-
produzenten*

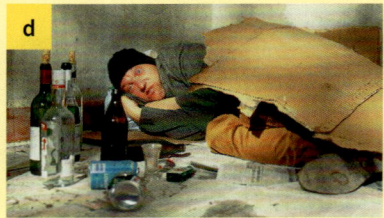

1. Geben Sie an, für welche Wirtschaftsordnung die Abbildungen jeweils typisch sind.

2. Welche Probleme waren charakteristisch für die freie Marktwirtschaft, welche für die Zentralverwaltungswirtschaft?

3. Erläutern Sie, wie es nach dem Zweiten Weltkrieg zur Einführung der sozialen Marktwirtschaft in Westdeutschland kam.

4. a) Wie unterscheidet sich die soziale Marktwirtschaft von der freien Marktwirtschaft?
b) Zeigen Sie Gemeinsamkeiten zwischen der freien Marktwirtschaft und der sozialen Marktwirtschaft.

5. Nennen Sie einen Grundsatz der sozialen Marktwirtschaft, der
a) aus der freien Marktwirtschaft,
b) aus der Zentralverwaltungswirtschaft stammt.

6. Auf welche Bereiche erstrecken sich in unserer sozialen Marktwirtschaft die Maßnahmen des Staates?

7. Welche staatlichen Maßnahmen dienen der sozialen Sicherung?

8. Nennen Sie zwei Gründe, weshalb der Staat die Wirtschaftsstruktur fördert.

9. Welche Aufgabe haben die öffentlichen Unternehmungen in einer sozialen Marktwirtschaft?

10. Die Gemeinden klagen über eine explosionsartige Kostenerhöhung für soziale Bereiche.
a) Wie erklären Sie sich diese Entwicklung? Nennen Sie mögliche Gründe.
b) Nehmen Sie Stellung zu der Aussage: „Unser soziales Netz ist zur sozialen Hängematte geworden!"
c) Nennen Sie drei Beispiele für den Missbrauch sozialer Leistungen und suchen Sie nach Lösungen zur Verhinderung dieses Missbrauchs.
d) Welche Auswirkungen hätte die Abschaffung des Sozialgeldes?
e) Wie erklären Sie sich die zunehmende Armut in Deutschland bei gleichzeitiger Erhöhung der „Anzahl der Reichen"?

4 Sozialprodukt als gesamtwirtschaftliche Messgröße

Wenn früh am Morgen die Werksirene dröhnt,
und die Stechuhr beim Stechen lustvoll stöhnt,
in der Montagehalle die Neonsonne strahlt,
und der Gabelstapelführer mit der Stapelgabel prahlt.

Refrain:
Ja dann wird wieder in die Hände gespuckt,
wir steigern das Bruttosozialprodukt,
jajaja jetzt wird wieder in die Hände gespuckt.

Die Krankenschwester kriegt 'nen Riesenschreck:
schon wieder ist ein Kranker weg.
Sie amputierten ihm sein letztes Bein,
und jetzt kniet er sich wieder mächtig rein. … *Refrain*

Wenn sich Opa am Sonntag auf sein Fahrrad schwingt,
und heimlich in die Fabrik eindringt,
dann hat Oma Angst, dass er zusammenbricht,
denn Opa macht heut wieder Sonderschicht. … *Refrain*

A-A-A-An Weihnachten liegen alle rum und sagen Buhuhuu.
Der Abfalleimer geht schon wieder nicht mehr zuhuhu.
Die Gabentische werden immer bunter,
und am Mittwoch kommt die Müllabfuhr
und holt den ganzen Plunder.

Text: Friedel Geratsch / Reinhard Baierle (c) SMPG Publishing GmbH

➜
a) Worüber informiert das Bruttosozialprodukt?

b) Weshalb wird die Steigerung des Bruttosozialproduktes für so wichtig erachtet?

c) Wie stehen die Verfasser dieses Textes dazu?

4.1 Sozialprodukt

Die Leistung unserer Wirtschaft verändert sich jedes Jahr. Um die Wirtschaftskraft eines Staates zu messen, rechnet man alle Sachgüter und Dienstleistungen zusammen, die innerhalb eines Jahres erzeugt wurden. Als einheitlicher Maßstab wird hierfür der Marktpreis verwendet. Das Ergebnis dieser Addition nennt man **Sozialprodukt**.

Für das Sozialprodukt werden verschieden ermittelte Werte verwendet: Zum einen gibt es das **Bruttoinlandsprodukt (BIP)**, das den Wert aller Dienstleistungen und Sachgüter einer Volkswirtschaft kennzeichnet, der innerhalb der **Landesgrenzen** in einem Jahr entstanden ist. Diese können auch von Ausländern erbracht worden sein. Davon wird das **Bruttonationaleinkommen (früher: Bruttosozialprodukt)** unterschieden, das den Wert der Dienstleistungen und Sachgüter zusammenfasst, der von **Inländern** in einem Jahr erwirtschaftet worden ist, gleichgültig, ob die Werte im In- oder Ausland entstanden sind. Die beiden Maßstäbe unterscheiden sich in ihrer Höhe nicht stark. Als Gradmesser für den Wohlstand einer Nation wird, vor allem wegen der internationalen Vergleichbarkeit, in letzter Zeit in Deutschland das BIP verwendet.

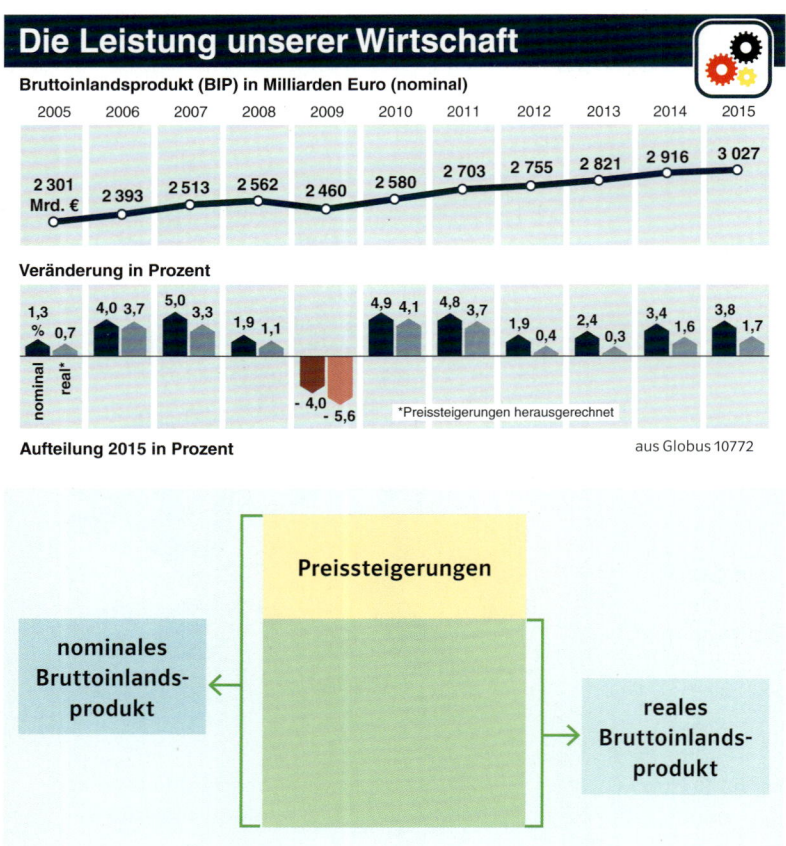

Die Leistung unserer Wirtschaft

Bruttoinlandsprodukt (BIP) in Milliarden Euro (nominal)

2005	2006	2007	2008	2009	2010	2011	2012	2013	2014	2015
2 301 Mrd. €	2 393	2 513	2 562	2 460	2 580	2 703	2 755	2 821	2 916	3 027

Veränderung in Prozent

nominal / real*

1,3 % / 0,7   4,0 / 3,7   5,0 / 3,3   1,9 / 1,1   – 4,0 / – 5,6   4,9 / 4,1   4,8 / 3,7   1,9 / 0,4   2,4 / 0,3   3,4 / 1,6   3,8 / 1,7

*Preissteigerungen herausgerechnet

Aufteilung 2015 in Prozent

aus Globus 10772

Preissteigerungen

nominales Bruttoinlandsprodukt

reales Bruttoinlandsprodukt

Aus dem Schaubild ist zu ersehen, dass das Bruttoinlandsprodukt der Bundesrepublik Deutschland nahezu jedes Jahr angestiegen ist. Allerdings muss dies nicht unbedingt bedeuten, dass die Güterproduktion entsprechend zugenommen hat.

Ein Anstieg kann u. a. auf Preissteigerungen zurückzuführen sein, denn wenn die Preise steigen, so steigt auch das sogenannte **nominale Bruttoinlandsprodukt** (nominal = betragsmäßig), obwohl nicht mehr Güter produziert worden sind. Vermindert man das nominale Bruttoinlandsprodukt um die Preissteigerungsrate (Inflationsrate), so erhält man das **reale Bruttoinlandsprodukt** (real = tatsächlich). Erst dieses ermöglicht eine klare Aussage über die Wirtschaftsleistung eines Landes und deren Veränderungen. In der Bundesrepublik Deutschland hat es fast jedes Jahr einen nominalen Anstieg des Bruttoinlandsprodukts gegeben. Real betrachtet war diese Zunahme jedoch wesentlich geringer. Teilweise ist das reale Bruttoinlandsprodukt im Vergleich zum Vorjahr etwas zurückgegangen.

Aussagekraft des Bruttoinlandsprodukts

Der Lebensstandard einer Bevölkerung wird meist an der Höhe des Bruttoinlandsproduktes gemessen. Allerdings ist dies sehr umstritten. So bringt eine Zunahme des realen Bruttoinlandsproduktes nicht automatisch einen höheren Lebensstandard mit sich. Nur wenn das reale **Bruttoinlandsprodukt pro Kopf der Bevölkerung** steigt, führt dies auch zu einem wachsenden Wohlstand. Denn nur dann stehen jedem Einwohner mehr Güter und Dienstleistungen zur Verfügung. Wächst dagegen die Bevölkerung schneller als das Bruttoinlandsprodukt, so hat das eine Verschlechterung des Lebensstandards zur Folge; ein Problem, das sich bei vielen Entwicklungsländern beobachten lässt.

Weitere Schwächen in der Aussagekraft des Bruttoinlandsprodukts:
- Sehr viele Leistungen sind nicht enthalten, z. B. die unbezahlte Arbeit der **Hausfrauen**, Heimarbeiter, Hobbygärtner oder die ehrenamtliche Vereinstätigkeit. Der Wert dieser Leistungen beträgt mehr als 1000 Milliarden €.
- Auch **Schwarzarbeit** ist nicht genau erfasst; allein sie wird im Jahr 2015 auf rd. 339 Milliarden Euro geschätzt.
- Das Bruttoinlandsprodukt enthält auch Leistungen, die den Lebensstandard vermindern. Enorme Beträge werden für die **Beseitigung von Schäden** verwendet (Umweltschäden, Unfallschäden usw.). So beschäftigt z. B. ein Verkehrsunfall Ärzte, Krankenhäuser, Versicherungen, Werkstätten, Autohersteller usw. Dadurch wird das Sozialprodukt erhöht, aber der Wohlstand vermindert. Der **Staat** kann einen großen Teil des Sozialprodukts verbrauchen, z. B. für die Verwaltung oder die Rüstung.
- Über die **ungleiche Verteilung** des Wohlstands gibt das Bruttoinlandsprodukt ebenfalls keine Auskunft.

4.2 Entstehung, Verwendung und Verteilung des Bruttoinlandsprodukts

Das Bruttoinlandsprodukt (und auch das Sozialprodukt) wird auf drei verschiedene Arten ermittelt. Man kann errechnen, wo es entstand, wie es verwendet wurde und wie es verteilt wurde. Dementsprechend unterscheidet man:

- die **Entstehungsrechnung**
- die **Verwendungsrechnung**
- die **Verteilungsrechnung**.

Entstehungsrechnung

An der Entstehung des Bruttoinlandsprodukts sind alle Wirtschaftsbereiche beteiligt. Um es zu berechnen, wird von allen Bereichen der Wert der erbrachten Güter und Dienstleistungen zusammengezählt. Die Entstehungsrechnung gibt also Auskunft darüber, wo das Bruttoinlandsprodukt erarbeitet wurde. Den größten Beitrag leistet der Dienstleistungsbereich, dessen Anteil in den letzten Jahren immer mehr zugenommen hat. An zweiter Stelle folgt das produzierende Gewerbe (Industrie und Handwerk). Der landwirtschaftliche Anteil beträgt hingegen nur noch 0,6 %.

Alle Angaben in Prozent

Dort erarbeitet:

69,0 % Dienstleistungsbereiche

25,8 — Produzierendes Gewerbe
4,7 ⌐ Baugewerbe
0,6 Land- u. Forstwirtschaft

aus Globus 10772

Verwendungsrechnung

Verbraucht werden die produzierten Güter und Dienstleistungen von den privaten Haushalten, vom Staat sowie von den Unternehmen. Die Verwendung des Bruttoinlandsproduktes ist von großer Bedeutung für den Lebensstandard einer Bevölkerung.

Beispiele: Ist der private Verbrauch besonders hoch, so werden die Investitionen entsprechend verringert, ein weiteres Wirtschaftswachstum und zukünftiger Lebensstandard sind gefährdet. Verbraucht der Staat selbst einen großen Anteil für zivile oder militärische Zwecke, dann können die Unternehmen entsprechend weniger investieren und die privaten Haushalte entsprechend weniger verbrauchen.

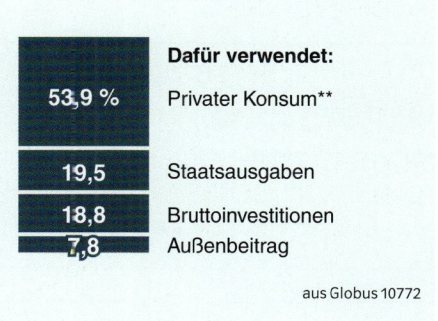

Dafür verwendet:

53,9 % Privater Konsum**

19,5 Staatsausgaben

18,8 Bruttoinvestitionen

7,8 Außenbeitrag

aus Globus 10772

Werden der private Verbrauch, der Staatsverbrauch und die Investitionen zusammengezählt, erhält man den Teil des Sozialprodukts, der im Inland verwendet wird. Da das Bruttoinlandsprodukt die im Inland erzeugten Werte enthält, müssen die Güter, die ins Ausland ausgeführt werden (Export), hinzugezählt und die Güter, die aus dem Ausland eingeführt werden (Import), abgezogen werden. Die Differenz zwischen Export und Import bezeichnet man als **Außenbeitrag**.

Verteilungsrechnung

Die erzeugten Güter und Dienstleistungen wurden mit Geld bezahlt. Durch die Verteilungsrechnung erfährt man, wer dieses Geld erhalten hat, also ob es in Form von Löhnen und Gehältern an die Arbeitnehmer ausbezahlt wurde oder ob es als Gewinne und Zinsen den Unternehmern bzw. Kapitalanlegern zugeflossen ist.

Allerdings kann nicht das ganze Geld verteilt werden. Ein Teil davon muss für Ersatzinvestitionen **(Abschreibungen)** verwendet werden. Dies sind Aufwendungen, um jene Güter zu ersetzen, die wegen der Produktion abgenutzt wurden. Des Weiteren müssen die Unternehmen indirekte Steuern wie die Mehrwertsteuer an den Staat abführen. Der verbleibende Betrag, das **Volkseinkommen**, wird zwischen Unternehmern und Arbeitnehmern aufgeteilt. Das Volkseinkommen ist also geringer als das Bruttoinlandsprodukt.

Der Anteil der Arbeitnehmer am Volkseinkommen wird als **Lohnquote** (2015: 68,1 %) bezeichnet. **Gewinnquote** (2015: 31,9 %) nennt man den Anteil der Unternehmer und Kapitalgeber. Die Verteilung des Volkseinkommens, also die Höhe von Lohnquote und Gewinnquote, ist ein häufiger Streitpunkt in Tarifverhandlungen.

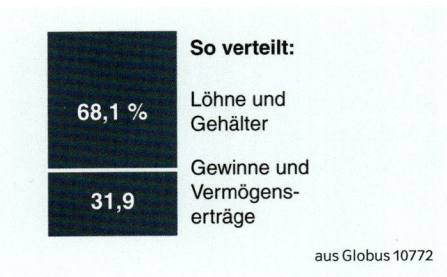

So verteilt:

68,1 % Löhne und Gehälter

31,9   Gewinne und Vermögenserträge

aus Globus 10772

Bruttoinlandsprodukt: Entstehung, Verwendung, Verteilung

Bruttoinlandsprodukt

= Wert aller erbrachten Güter und Dienstleistungen in einem Land innerhalb eines Jahres

nominales Bruttoinlandsprodukt

= Bruttoinlandsprodukt zu bestehenden Preisen

reales Bruttoinlandsprodukt

= nominales Bruttoinlandsprodukt, vermindert um Preissteigerungen

Entstehungsrechnung

Wo entstanden?
- Dienstleistungsbereich
- Produzierendes Gewerbe
- Handel
- Landwirtschaft

Verwendungsrechnung

Wofür verwendet?
- Privatverbrauch
- Staatsausgaben
- Investitionen
- Außenbeitrag

Verteilungsrechnung

Wie verteilt?
- Löhne (Lohnquote)
- Gewinne und Zinsen (Gewinnquote)

Arbeitsteil

1. Erläutern Sie, was man unter dem Bruttoinlandsprodukt versteht.

2. Unterscheiden Sie zwischen nominalem und realem Bruttoinlandsprodukt.

3. a) Gibt das reale Bruttoinlandsprodukt allein eine verlässliche Auskunft darüber, ob der Lebensstandard einer Bevölkerung gestiegen ist? Begründen Sie.
   b) Ein Arbeiter fährt mit dem Auto 30 Kilometer zur Arbeit. Wie wirkt es sich aus, für ihn und das Bruttoinlandsprodukt, wenn er in drei Minuten zu Fuß zur Arbeit könnte?

4. Welche Aussage über das Wirtschaftswachstum eines Landes ist möglich, wenn
   a) das nominale Bruttoinlandsprodukt steigt, das reale stagniert?
   b) das nominale Bruttoinlandsprodukt steigt, das reale zurückgeht?

5. Weshalb ist das Volkseinkommen geringer als das Bruttoinlandsprodukt?

6. a) Nennen Sie die wichtigsten Bereiche, in denen das Bruttoinlandsprodukt entsteht.
   b) Wofür wird das Sozialprodukt verwendet?

7. Erklären Sie folgende Begriffe:
   a) Volkseinkommen
   b) Lohnquote
   c) Gewinnquote.

8. Welche Gefahr sehen Sie in einer erheblichen Steigerung der Lohnquote?

9. Erläutern Sie, was man unter dem Außenbeitrag versteht.

10. Welchen Zusammenhang sehen Sie zwischen dem Wachstum des Bruttoinlandsprodukts einerseits und einer lebenswerten Umwelt andererseits?

11. Die Handwerksorganisationen schätzen, dass allein im Handwerk rund 600 000 Arbeitsplätze durch Schwarzarbeit verloren gehen.
    a) Ermitteln Sie für diese 600 000 Arbeitsplätze anhand der unten stehenden Zahlen den jährlichen Einnahmeausfall durch Schwarzarbeit für
       - die Rentenversicherung,
       - die Krankenversicherung,
       - die Arbeitslosenversicherung,
       - die Unfallversicherung,
       - den Staat (wegen der Lohnsteuer).
    b) Weshalb wird Ihrer Meinung nach so viel „schwarz gearbeitet"?
    c) Wie könnte Ihrer Meinung nach die Schwarzarbeit eingedämmt werden?
    d) Neben der Schwarzarbeit gibt es weitere Tätigkeiten, die nicht vom Bruttoinlandsprodukt erfasst werden. Nennen Sie zwei solcher Tätigkeiten.

TEURE SCHWARZARBEIT

Jährliche Beitrags- und Steuerausfälle für 10 000 Arbeitsplätze (Westdeutschland), die durch Schwarzarbeit verloren gehen (in €):

Rentenversicherung	**51 Mio.**
Krankenversicherung	**36 Mio.**
Arbeitslosenversicherung	**17 Mio.**
Pflegeversicherung	**4 Mio.**
Unfallversicherung	**4 Mio.**
Lohnsteuer	**46 Mio.**

5   Probleme der sozialen Marktwirtschaft

Verbraucherpreisanstieg in %			Arbeitslosenquote in %		
2,1	5,7	6,9	7,9	7,7	7,1
2011	2013	2015	2011	2013	2015

Leistungsbilanzsaldo in Mrd. Euro			Wirtschaftswachstum in %		
165	182	249*	3,7	0,3	1,7
2011	2013	2015	2011	2013	2015

* vorläufiger Wert

→ Welche Probleme deuten die Abbildungen an?

5.1   Soziale Sicherungssysteme

Das soziale Netz erstreckt sich nahezu auf alle Lebensbereiche. Finanziert wird dieses Netz durch Steuern und Sozialversicherungsbeiträge von Arbeitnehmern und Arbeitgebern, deren Abgabenbelastung zunehmend steigt. So müssen in der **Rentenversicherung** immer weniger Arbeitnehmer immer mehr Rentner versorgen. Schätzungen gehen davon aus, dass es im Jahr 2040 erstmals mehr Rentner als Beitragszahler geben wird. Deshalb werden allen Beteiligten Opfer abverlangt. Unter anderem musste deshalb das **Rentenalter** (Lebensarbeitszeit) **erhöht** werden. Gleichzeitig fielen Rentenerhöhungen geringer aus, **wurden höhere Staatszuschüsse** gezahlt und wurde das zukünftige **Rentenniveau gesenkt**. Inzwischen beträgt der Beitragssatz der Rentenversicherung 18,7% des Bruttoverdienstes, dass er weiter steigen wird, ist abzusehen. Ebenso ist ersichtlich, dass in Zukunft die **Renten** wohl noch stärker **gesenkt** werden müssen.

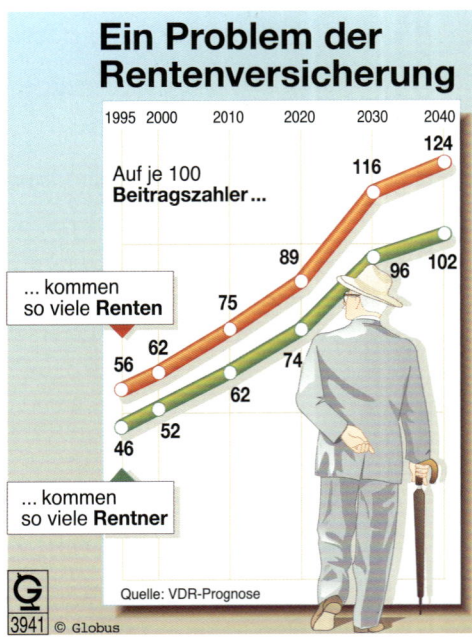

Ein Problem der Rentenversicherung

Auf je 100 **Beitragszahler ...**

... kommen so viele **Renten**

... kommen so viele **Rentner**

1995	2000	2010	2020	2030	2040

56 — 62 — 75 — 89 — 116 — 124

46 — 52 — 62 — 74 — 96 — 102

Quelle: VDR-Prognose

3941 © Globus

Die gesetzliche Rente reicht künftig als Alterssicherung nicht mehr aus. Durch die letzte **Rentenreform** soll seit dem Jahr **2002** eine zusätzliche kapitalgedeckte Altersvorsorge diese Lücke schließen (sog. Riester-Rente). Der Staat fördert hierbei mit Zulagen und Steuervergünstigungen die eigenverantwortliche Altersvorsorge der Arbeitnehmer. Die **private Vorsorge** ist **freiwillig**, die Förderung ist abhängig von Kinderzahl, Familienstand und Einkommenshöhe (siehe auch S. 50).

Ein späterer Rentenbeginn wirkt sich jedoch negativ auf den Arbeitsmarkt aus. Die Folge: Die Belastung der **Arbeitslosenversicherung** nimmt zu.

Auch die **Krankenversicherung** hat in den letzten Jahren eine wahre Kostenexplosion erlebt. Neben steigenden Beiträgen hat dies unter anderem zur Folge, dass ständig Leistungen gekürzt werden müssen (z. B. Einführung eines Eigenanteiles bei Zahnersatz für die Versicherten).

Durch die Überalterung der Bevölkerung sind weitere Kostensteigerungen zu erwarten, sowohl in der Krankenversicherung als auch in der **Pflegeversicherung**.

Wegen des gesunkenen Anteils der Arbeitnehmer an der Gesamtbevölkerung sinken Steuereinnahmen des Staates und Beitragseinnahmen der Sozialversicherungen. Gleichzeitig steigt die Zahl derjenigen, die Sozialgeld oder Arbeitslosenunterstützung erhalten. Arbeitslosenversicherung, Gemeinden und Bundeshaushalt geraten in starke Finanznöte. Denn **staatliche Leistungen** wie Kindergeld, Arbeitslosengeld II bzw. Sozialgeld, Wohngeld oder Ausbildungsförderung (2013 erhielten ca. 2,4 Millionen Bürger in Deutschland Sozialhilfe nach dem Sozialgesetzbuch XII) setzen entsprechend hohe Staatseinnahmen voraus. Da diese nicht ausreichen, müssen andauernd Leistungen gekürzt werden. Trotzdem können zahlreiche Leistungen nur noch durch eine erhebliche Staatsverschuldung finanziert werden.

Es wird deutlich: Sozialversicherungen und Staat erreichen bald die Grenzen ihrer Leistungsfähigkeit; weitere schmerzliche Einschnitte im „Sozialen Netz" sind zu erwarten. Zwar wird es auch in Zukunft eine soziale Sicherung geben, allerdings auf einem deutlich niedrigeren Niveau, deshalb muss die **Eigenverantwortung** der Bürger zunehmen.

5.2 Subventionen – Staatsquote – Privatisierung

Subventionen

Jede Tonne Steinkohle, die an Ruhr und Saar gefördert wird, kostet rund 160 €. Auf dem Weltmarkt wäre sie für gut 40 € zu haben. Damit deutsche Kohle überhaupt noch Abnehmer findet, wird sie durch **Subventionen** „wettbewerbsfähig" gemacht.

Subventionen sind finanzielle Hilfen ohne Gegenleistungen, die der Staat aus unterschiedlichen Gründen an private Unternehmen gewährt. Derartige Finanzhilfen erhalten beispielsweise die Landwirtschaft oder die Werftindustrie.

Manche dieser Branchen sind nur mithilfe dieser Zuschüsse überlebensfähig oder haben sich dauerhaft auf ihren Bezug eingestellt. Um die Staatsquote zu senken, wurde seit einiger Zeit begonnen, Subventionen abzubauen, ein weiterer Abbau ist vorgesehen.

Staatsquote

Die **Staatsquote** gibt an, welchen Anteil die Staatsausgaben an der Wirtschaftsleistung haben, genauer gesagt: am Bruttoinlandsprodukt. In den letzten Jahren ist sie besorgniserregend hoch, 2014 betrug sie 44,3 % (1960: 32,9 %).

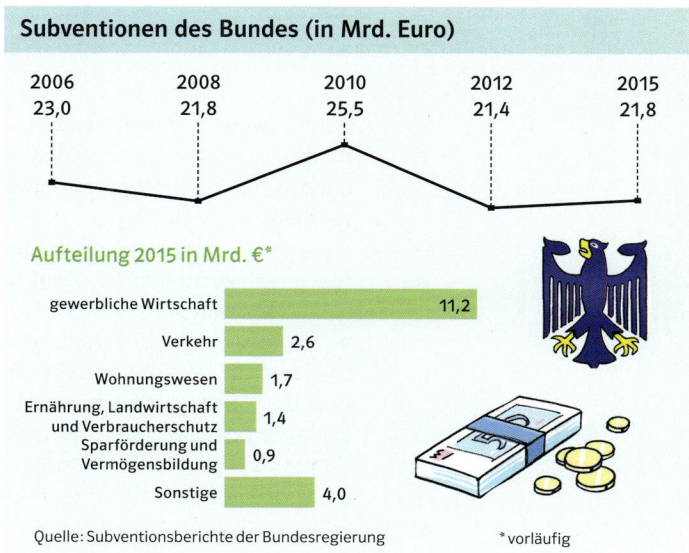

Subventionen des Bundes (in Mrd. Euro)

2006	2008	2010	2012	2015
23,0	21,8	25,5	21,4	21,8

Aufteilung 2015 in Mrd. €*

gewerbliche Wirtschaft	11,2
Verkehr	2,6
Wohnungswesen	1,7
Ernährung, Landwirtschaft und Verbraucherschutz	1,4
Sparförderung und Vermögensbildung	0,9
Sonstige	4,0

Quelle: Subventionsberichte der Bundesregierung   * vorläufig

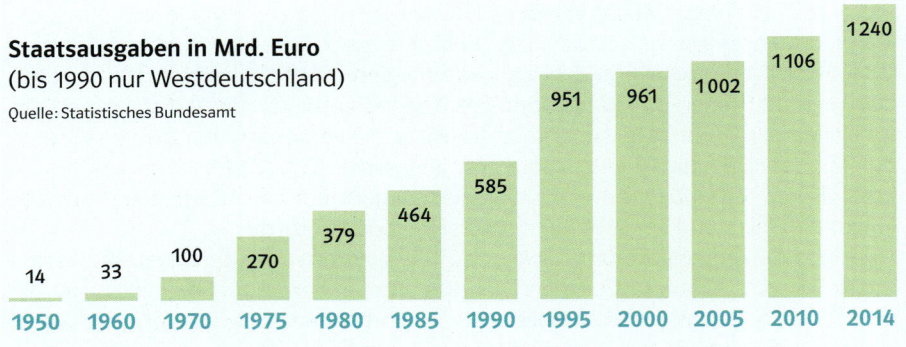

Staatsausgaben in Mrd. Euro
(bis 1990 nur Westdeutschland)
Quelle: Statistisches Bundesamt

1950	1960	1970	1975	1980	1985	1990	1995	2000	2005	2010	2014
14	33	100	270	379	464	585	951	961	1002	1106	1240

Alle gesellschaftlichen Gruppen sind sich einig, dass die Quote gesenkt werden muss. In anderen Ländern wie den USA liegt sie zwischen 30 und 40 %. Die Folgen unserer hohen Staatsquote spürt jeder Arbeitnehmer bei seiner Lohnabrechnung: Die Durchschnittsbelastung mit Sozialabgaben und Steuern nimmt seit Jahren zu. Auch die Unternehmer klagen seit Jahren über die Auswirkungen der hohen Staatsquote, die sie in Form hoher Steuerbelastung und hoher Lohnzusatzkosten spüren. Vielfach wird sogar die Ansicht vertreten, die hohe Staatsquote gefährde den Unternehmensstandort Deutschland (siehe S. 206 f. Lohnzusatzkosten).

Gemeinden zahlen zu

Alle Angaben in Prozent

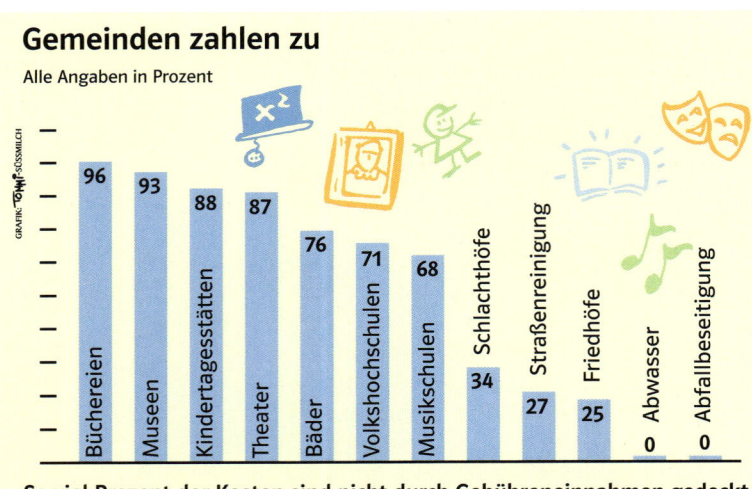

GRAFIK: OHM+SÜSSMILCH

Büchereien	Museen	Kindertagesstätten	Theater	Bäder	Volkshochschulen	Musikschulen	Schlachthöfe	Straßenreinigung	Friedhöfe	Abwasser	Abfallbeseitigung
96	93	88	87	76	71	68	34	27	25	0	0

So viel Prozent der Kosten sind nicht durch Gebühreneinnahmen gedeckt

Privatisierung

Öffentliche Unternehmen sollen die Bevölkerung gleichmäßig und kostengünstig mit wichtigen Gütern und Dienstleistungen versorgen. Allerdings arbeiten die meisten Unternehmen sehr unrentabel. Viele der angebotenen Güter sind nicht kostengünstig, sondern teuer. Daher benötigen die meisten öffentlichen Unternehmen erhebliche Staatszuschüsse. Dies liegt häufig daran, dass diese Betriebe eine Monopolstellung haben. Fehlender Wettbewerb lässt Unternehmen gleichgültig reagieren. Neuerungen werden als unwichtig erachtet. Wegen der Gewissheit, dass Verluste vom Steuerzahler getragen werden, ist der Wille, sie zu verhindern, gering. Viele Staatsunternehmen arbeiten deshalb unproduktiv, vielfach mit überhöhtem Kapital- und Personaleinsatz. Nachdem immer größere Staatszuschüsse benötigt wurden, begann man vor einigen Jahren, öffentliche Unternehmen zu privatisieren.

Die **Privatisierung** spart Staat und Steuerzahlern Geld und der Verkauf bringt zusätzliche Staatseinnahmen. Privatunternehmen wollen Gewinne erzielen, darum müssen sie produktiv arbeiten und kostengünstig anbieten. Durch die Privatisierung kommen die Verbraucher deshalb in den Genuss fallender Preise, wie z. B. der Verkauf der Telekom gezeigt hat. Bahn und Post wurden bereits zum Teil privatisiert, auch die Lufthansa und zahlreiche Energieversorgungsmonopole sollen in private Hände übergehen. Zunehmend mehr Gemeinden lassen Müllabfuhr, Straßenreinigung und Abwasserbeseitigung von Privatfirmen erledigen.

5.3 Harmonisierung in der EU

Inzwischen ist die EU auf 28 Mitgliedstaaten angewachsen. Mit dem Europäischen Binnenmarkt hat dieses Europa ohne Grenzen einen gemeinsamen Markt für mehr als 500 Millionen Menschen geschaffen. Der EU-Binnenmarkt ist aber noch nicht vollständig verwirklicht, in verschiedenen Bereichen gelten für manche Staaten noch Übergangsregelungen. Wichtige Unterschiede und Behinderungen müssen noch beseitigt werden:

- So müssen z. B. die Steuersysteme angeglichen werden, vor allem die unterschiedlichen Umsatzsteuersätze. Derzeit bewegen sie sich zwischen 15 und 25 %. Auch bei den Verbrauchssteuersätzen bestehen erhebliche Unterschiede. Deshalb gibt es nach wie vor Beschränkungen im Handel mit Genussmitteln zwischen den EU-Staaten. Wein, Spirituosen, Tabak usw., die zu gewerblichen Zwecken verwendet werden, müssen deshalb immer noch im Einfuhrland angemeldet und nachversteuert werden. Nur wenn die Waren der privaten Verwendung dienen, bleiben sie steuerfrei, sofern bestimmte Höchstmengen nicht überschritten werden.
- Letzte Handelshemmnisse müssen abgebaut werden, d. h. zahlreiche nationale Vorschriften und Normen waren und sind anzupassen. Allein in Deutschland unterschied man mehr als 20 000 Industrienormen, in anderen Ländern noch viel mehr. Beispiel: Ein Elektrounternehmen, das seine Produkte innerhalb der gesamten EU vertreiben wollte, musste bis zu 35 verschiedene Elektrostecker herstellen. Erst der „Eurostecker" sorgte für Einheitlichkeit. Mit Beginn der Währungsunion am 1. Januar 1999 wurden weitere Handelshemmnisse beseitigt, vor allem die vielen Industrie-, Sicherheits-, Gesundheits- und Lebensmittelvorschriften.
- Innerhalb der gesamten EU besteht Freizügigkeit für Arbeitnehmer und Niederlassungsfreiheit für Unternehmer. Unterschiedliche Ausbildungsgänge müssen deshalb gegenseitig anerkannt werden. Mindestvorschriften sollen sicherstellen, dass Qualifikationen nicht zu große Unterschiede aufweisen.

Im Dezember 1991 wurde in Maastricht der Vertrag über die **Europäische Union (EU)** abgeschlossen; die Einführung einer Währungsunion sowie die Entwicklung einer **Wirtschafts- und Sozialunion** wurde beschlossen. In einer europäischen Wirtschafts- und Sozialunion werden die Arbeitsmärkte offen sein. Deshalb müssen nationale Unterschiede für gleiche Arbeiten aufgehoben werden. Ist dies nicht der Fall, wandern viele Arbeitnehmer in die Länder ab, in denen die höchsten Löhne gezahlt werden.

Dasselbe gilt für die enormen Unterschiede bei den **Sozialversicherungen**, im Bereich des **Arbeitsschutzes**, des **Arbeitsrechts** und des **Umweltschutzes**. Zwar wurden EU-weit Mindeststandards festgeschrieben, aber nur wenige Länder wie Frankreich oder Dänemark haben einen ähnlich hohen Standard wie Deutschland. Um die Wettbewerbsfähigkeit ihrer Industrie nicht zu schmälern, wollen viele EU-Länder (z. B. Großbritan-

Die Europäische Union

nien), dass die EU sich an ihrem niedrigeren Niveau orientiert. Gelingt keine Angleichung **(Harmonisierung)**, dann reagieren auch die Unternehmen, sie werden in Regionen mit niedrigen Sozialstandards abwandern (siehe auch Lohnzusatzkosten S. 206 f.).

5.4   Ziele der Wirtschaftspolitik und Zielkonflikte

Wirtschaftskrisen können zu großer Not für weite Teile der Bevölkerung führen. Um dies zu verhindern, beeinflusst der Staat das Wirtschaftsgeschehen. Die Hauptziele der staatlichen Wirtschaftspolitik wurden 1967 im **Stabilitätsgesetz** festgelegt (genauer: im „Gesetz zur Förderung der Stabilität und des Wachstums der Wirtschaft"). Im Einzelnen sind dies: **Preisniveaustabilität**, **hoher Beschäftigungsstand**, **stetiges und angemessenes Wirtschaftswachstum** und **außenwirtschaftliches Gleichgewicht**.

In der wirtschaftlichen Praxis ist es jedoch sehr schwierig, alle vier Ziele gleichzeitig zu erfüllen. Vielfach behindern Maßnahmen, die der Erfüllung des einen Zieles dienen sollen, das Erreichen eines anderen. Da es nahezu magische Kräfte erfordert, sie gleichzeitig zu erreichen, spricht man bei der staatlichen Wirtschaftspolitik vom **magischen Viereck**.

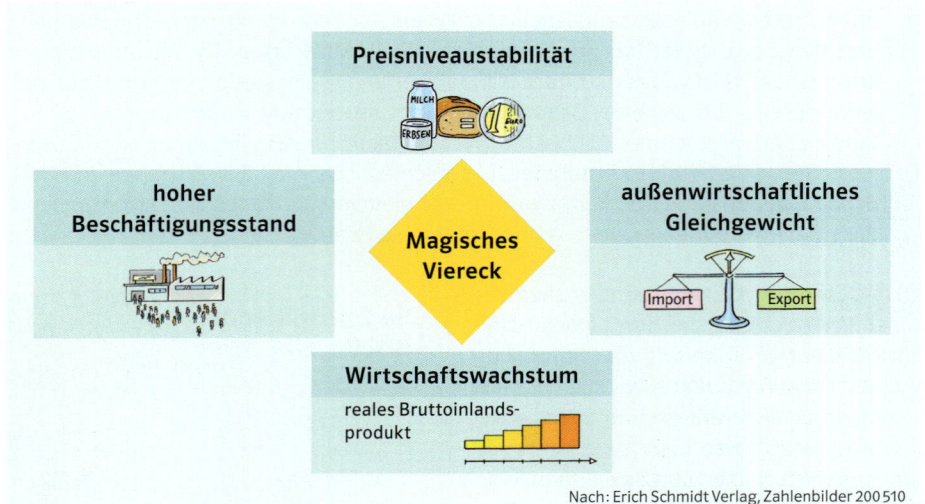

Nach: Erich Schmidt Verlag, Zahlenbilder 200 510

Die Preissteigerungsrate beträgt höchstens 2 %.

Preisniveaustabilität

Durch Inflationen nach dem Ersten und Zweiten Weltkrieg verloren Millionen von Sparern ihr Vermögen. Größere Preissteigerungen verteuern unsere Produkte auf dem Weltmarkt und verschlechtern dadurch unsere internationale Wettbewerbsfähigkeit. Stabile Preise sind daher eine wichtige Voraussetzung für einen hohen Beschäftigungsstand und angemessenes Wirtschaftswachstum. Absolut stabile Preise gibt es in einem marktwirtschaftlichen System nicht. Man spricht von **Preisniveaustabilität**, wenn die Preissteigerungsrate 2 % nicht übersteigt.

Hoher Beschäftigungsstand (Vollbeschäftigung)

Arbeitslosigkeit führt bei den betroffenen Arbeitnehmern zu verminderten Einkommen und zu einer Einschränkung des Lebensstandards. Für den Staat bedeuten hohe Arbeitslosenzahlen geringere Staatseinnahmen bei gleichzeitig zusätzlichen Ausgaben durch Unterstützungszahlungen (z. B. Sozialgeld). Vollbeschäftigung ist daher ein wichtiges Ziel staatlicher Wirtschaftspolitik.

Absolute Vollbeschäftigung gibt es in einer Volkswirtschaft nicht. Denn aus unterschiedlichen Gründen wird immer eine bestimmte Anzahl von Personen ohne Arbeit sein. Beispiele: körperliche Behinderung, Kündigung, Arbeitsunwilligkeit, Wohnortwechsel, saisonale Arbeitslosigkeit (z. B. Bauwirtschaft im Winter). Die Vollbeschäftigung gilt als erreicht, wenn die Arbeitslosenquote 2 % nicht übersteigt. Beträgt sie mehr als 2 %, spricht man von Unterbeschäftigung, von Überbeschäftigung, wenn sie unter 1 % liegt.

hoher Beschäftigungsstand

Die Arbeitslosenquote beträgt höchstens 2 %.

Stetiges und angemessenes Wirtschaftswachstum

Nur durch eine zunehmende Güterproduktion steigt auch der Lebensstandard eines Staates. Dieses Wirtschaftswachstum wird u. a. auch benötigt, damit Arbeitnehmer, die durch den technischen Fortschritt freigesetzt wurden, an anderer Stelle wieder eingesetzt werden können.

Das Wachstum einer Volkswirtschaft wird gemessen am Anstieg des realen Bruttoinlandsprodukts. Ein **stetiges und angemessenes Wirtschaftswachstum** gilt als erreicht, wenn das Bruttoinlandsprodukt um 3 bis 4 % steigt.

stetiges und angemessenes Wirtschaftswachstum

Das Bruttoinlandsprodukt steigt um 3 bis 4 %.

Außenwirtschaftliches Gleichgewicht

Die Wirtschaft der Bundesrepublik Deutschland ist in besonderem Maße von anderen Ländern abhängig, da sie die meisten Rohstoffe vom Ausland beziehen muss. Sie ist daher gezwungen, einen großen Teil der daraus erzeugten Waren wieder in andere Länder zu verkaufen, um diese Rohstoffe bezahlen zu können.

Werden deutsche Produkte vom Ausland verstärkt gekauft, so lässt der höhere Export die inländische Gütermenge abnehmen, gleichzeitig steigt durch die Verkaufserlöse die Geldmenge an. Dies führt zu Preissteigerungen und Inflation. Bietet das Ausland seine Waren günstiger an, so wird in Deutschland die Nachfrage nach diesen Produkten steigen. Die Einfuhren (Importe) nehmen zu, gleichzeitig vermindern sich die Ausfuhren (Exporte). Der Absatz der deut-

außenwirtschaftliches Gleichgewicht

Import Export

Die Leistungsbilanz ist ausgeglichen …

schen Hersteller geht zurück. Betriebsstilllegungen und große Arbeitslosigkeit können die Folge sein. Der Wert von Ausfuhren und Einfuhren sollte daher möglichst gleich groß sein. Ist dieser Idealzustand erreicht, so spricht man **von außenwirtschaftlichem Gleichgewicht**. Genauer gesagt: Ein außenwirtschaftliches Gleichgewicht liegt vor, wenn die **Leistungsbilanz** ausgeglichen ist. Die Leistungsbilanz erfasst vor allem die Importe und Exporte von Gütern. Sie enthält aber auch sogenannte Übertragungen zwischen In- und Ausland, denen kein Güterverkehr zugrunde liegt, z. B. Überweisungen von ausländischen Arbeitnehmern in ihre Heimatländer, den Auslandsurlaub vieler Deutscher oder die Entwicklungshilfe.

Weitere Ziele der Wirtschaftspolitik

Umweltschutz: Hoher Beschäftigungsstand und Wirtschaftswachstum belasten unsere Umwelt erheblich. Ein wichtiges Ziel jeder Wirtschaftspolitik muss deshalb sein, Wirtschaftswachstum und hohen Beschäftigungsstand nur noch durch solche Maßnahmen zu fördern, die unsere ohnehin stark gefährdete Umwelt nicht noch zusätzlich belasten.

Beispiele: Manche bisherigen Produktionsverfahren verursachen Luftverschmutzung und Waldsterben. In vielen Bereichen ist die Beseitigung gefährlicher Abfälle nur unbefriedigend gelöst.

Gerechte Einkommens- und Vermögensverteilung: Derzeit bestehen in der Bundesrepublik Deutschland teilweise noch große Unterschiede bei den Einkommens- und Vermögensverhältnissen. Durch eine Vielzahl von Maßnahmen versucht der Staat, eine Besserung zu erreichen.

Beispiele: höhere Steuersätze für Spitzenverdiener, Förderung der vermögenswirksamen Leistungen, Wohngeld, Sozialwohnungen, Ausbildungsförderung usw. Um die Ziele Umweltschutz und gerechte Einkommens- und Vermögensverteilung gebührend zu berücksichtigen, hat man das magische Viereck zum **magischen Sechseck** erweitert.

Zielkonflikte

Zwischen den einzelnen Zielen der Wirtschaftspolitik bestehen verschiedenartige Beziehungen. So können diese Ziele sich gegenseitig ergänzen.

Beispiel: Maßnahmen, die das Wirtschaftswachstum fördern, kommen auch dem hohen Beschäftigungsstand zugute, da zum Wirtschaftswachstum Arbeitskräfte benötigt werden.

Meistens jedoch behindert das Erreichen des einen Zieles die Erfüllung eines anderen. Man spricht dann von einem **Zielkonflikt**, da die gleichzeitige Verwirklichung beider Vorstellungen Probleme bereitet:

- Maßnahmen, die dem hohen Beschäftigungsstand dienen, gefährden die Preisniveaustabilität.
- Stabiles Preisniveau erfordert preisdämpfende Maßnahmen, die wiederum den hohen Beschäftigungsstand und das Wirtschaftswachstum infrage stellen können.
- Ein starkes Wirtschaftswachstum kann Probleme beim Umweltschutz verursachen. Da alle Hauptziele der staatlichen Wirtschaftspolitik (magisches Viereck bzw. Sechseck) nicht gleichzeitig zu erreichen sind, versucht man, sie zumindest in Einklang zu bringen. In der Praxis bedeutet dies: Man wird zunächst die Ziele anstreben, die aktuell am wenigsten erreicht sind.

Beispiele für Zielkonflikte der Wirtschaftspolitik

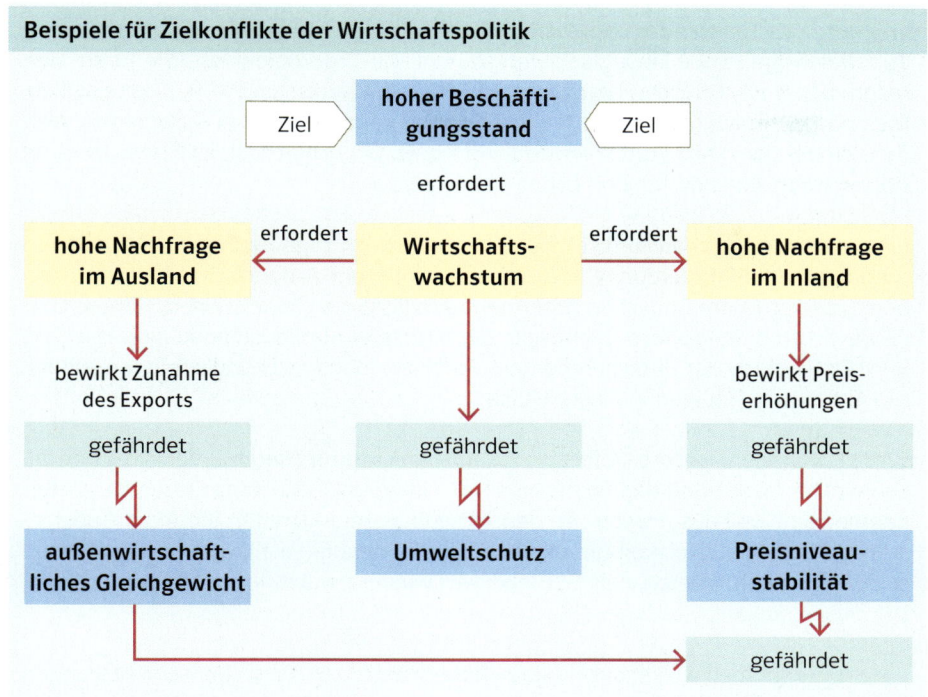

Konjunkturzyklen

Die wirtschaftliche Lage eines Landes verändert sich laufend. Es gibt Zeiten, in denen Produktion, Nachfrage und Beschäftigung ansteigen, und Zeiten, in denen sie zurückgehen. Diese ständige Veränderung der Wirtschaftslage bezeichnet man als **Konjunktur**. Untersuchungen haben ergeben, dass sich bestimmte Phasen des Wirtschaftsablaufs andauernd wiederholen, d. h. es gibt einen typischen **Konjunkturverlauf**. Dieser erfolgt wellenförmig und wiederholt sich in der Regel alle 4 bis 11 Jahre. Vier Konjunkturphasen können unterschieden werden:

- **Tiefstand (Depression)**
- **Hochkonjunktur (Boom)**
- **Aufschwung (Expansion)**
- **Abschwung (Rezession)**

Konjunkturphasen

Der Konjunkturverlauf

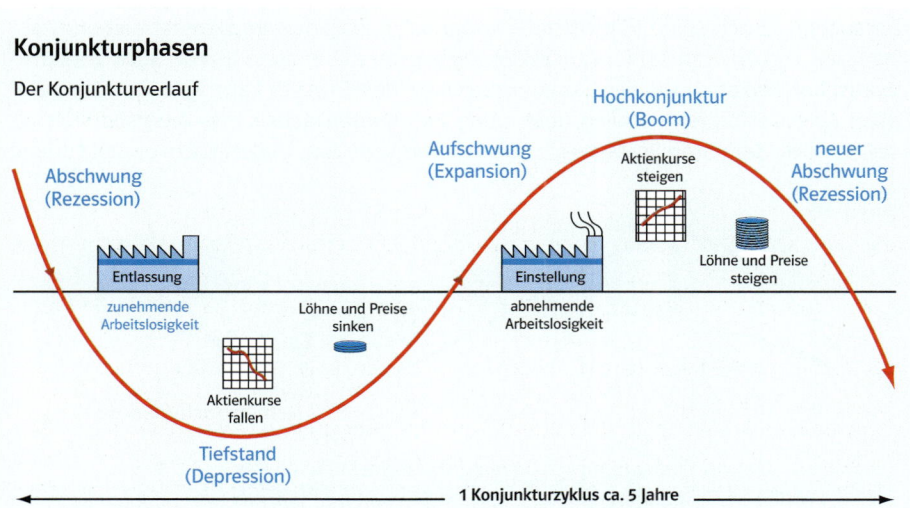

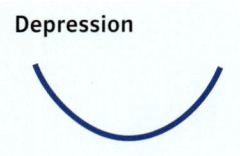

Depression

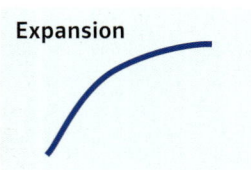

Expansion

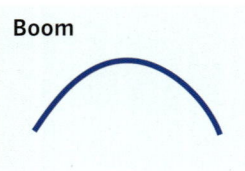

Boom

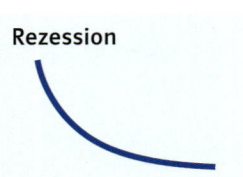

Rezession

Während des **Tiefstands (Depression)** haben die Unternehmer aufgrund mangelnder Nachfrage große Absatzschwierigkeiten. Die Produktion erreicht ihren Tiefstand. Daher ist die Investitionsbereitschaft gering. Preise und Aktienkurse sinken. Dies hat zur Folge, dass statt Gewinne vorwiegend Verluste erwirtschaftet werden. Produktionskapazitäten werden verringert, die Arbeitslosigkeit erreicht ihren Höchststand, Einkommen und Löhne gehen zurück.

Ein **Aufschwung (Expansion)** setzt ein, wenn die Nachfrage zunimmt. Denn dadurch erhöht sich die Produktion, wodurch wiederum mehr Arbeitskräfte benötigt werden. Dieser größere Bedarf an Arbeitnehmern lässt die Löhne steigen. Höhere Löhne bewirken eine größere Nachfrage, die ihrerseits die Preise ansteigen lässt. Da nun die Gewinne der Unternehmungen wachsen, lohnen sich Investitionen wieder. Die Aktienkurse steigen in dieser Phase.

Diese Entwicklung setzt sich fort bis zur **Hochkonjunktur (Boom)**. Hier erreichen die Lohnsteigerungen und die Nachfrage ihren Höhepunkt. Die Kapazitäten der Unternehmen sind voll ausgelastet. An den Aktienbörsen erklimmen die Aktien Höchststände. Die Arbeitslosigkeit nimmt ab. Wegen fehlender Fachkräfte und um Kosten zu sparen, rationalisieren viele Betriebe, was wiederum über Kredite finanziert wird. Die Zinsen steigen. Gestiegene Kosten werden auf die Preise abgewälzt.

Viele Unternehmen wollen das Risiko zu hoher Kosten für Produktionserweiterungen nicht eingehen, die Investitionen verringern sich. Andere Betriebe können die gestiegenen Kosten nicht mehr tragen und müssen ihre Tätigkeit einstellen. Arbeitskräfte werden entlassen. Die Nachfrage nimmt weiterhin ab. Der **Abschwung (Rezession)** setzt ein. Die Produktion wird weiterhin verringert. Betriebsschließungen mehren sich, große Arbeitslosigkeit entsteht. Die ersten Anzeichen einer erneuten Depression sind in Sicht, ein Konjunkturzyklus ist beendet, ein neuer beginnt.

5.5 Instrumente des Staates zur Beeinflussung der Wirtschaft (Fiskalpolitik)

Durch staatliche Konjunkturpolitik soll starken **Konjunkturschwankungen** entgegengewirkt werden. So kann der Staat bei einer beginnenden Rezession (Abschwungphase) konjunkturbelebende Maßnahmen ergreifen, um ein Abgleiten in die Depression (Tiefstand) zu verhindern. Während der Hochkonjunktur hingegen wird er versuchen, durch seine Eingriffe die Konjunktur zu dämpfen: Die staatlichen Maßnahmen wirken dem Konjunkturzyklus entgegen; daher spricht man auch von **antizyklischer Fiskalpolitik**. Die Konjunkturpolitik des Staates kann grundsätzlich auf zwei Arten erfolgen, nämlich über seine **Einnahmen** oder seine **Ausgaben**. Beide sollen nach dem Stabilitätsgesetz antizyklisch sein, d. h. in der Hochkonjunktur soll

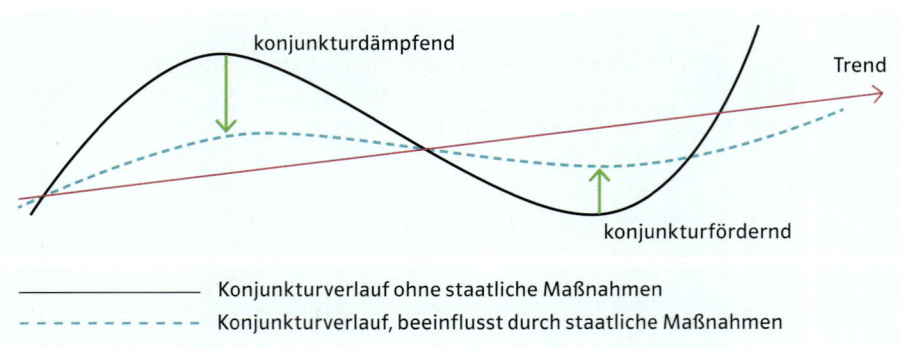

konjunkturdämpfend

Trend

konjunkturfördernd

―――――――― Konjunkturverlauf ohne staatliche Maßnahmen

- - - - - - - - Konjunkturverlauf, beeinflusst durch staatliche Maßnahmen

der Staat konjunkturdämpfend handeln, indem er seine Einnahmen durch Steueranhebungen erhöht und somit Kaufkraft abschöpft; während der Rezession hingegen wird er konjunkturbelebend einwirken und seine Ausgaben ausweiten. Im Einzelnen betrifft dies die Steuerpolitik, die Geldpolitik und die Sozialpolitik.

Konjunkturbelebende Maßnahmen des Staates

Während einer **Rezession (Abschwungphase)** versucht der Staat, die Konjunktur durch geeignete Mittel zu fördern („anzukurbeln"). Im Einzelnen:

Staatsaufträge zur Konjunkturbelebung

- Die Regierung erhöht die Staatsaufträge.
  Beispiel: Der Staat lässt Straßen und Brücken bauen. Damit sinkt die Arbeitslosigkeit in der Bauindustrie und bei den Zulieferern.
- Die Verringerung der Sparförderung (Sparprämien) soll die Verbraucher dazu bewegen, ihr Geld auszugeben und so die Wirtschaft zu beleben.
- Verbesserte Abschreibungsmöglichkeiten vermindern den steuerpflichtigen Gewinn der Unternehmen. Diese Steuerersparnisse sollen die Investitionsbereitschaft anregen.
- Steuersenkungen sollen das verfügbare Einkommen vergrößern, dadurch die private Nachfrage erhöhen und die Unternehmen zu Investitionen veranlassen.
- Gezielte Wirtschaftshilfen (Subventionen) für private Haushalte und bestimmte Wirtschaftszweige sollen die Wirtschaft beleben. Beispiele: Landwirtschaft, Wohnungsbau.

Konjunkturdämpfende Maßnahmen des Staates

In der **Hochkonjunktur** wird der Staat versuchen, die bereits bekannten Maßnahmen gegenteilig einzusetzen, um die Konjunktur zu dämpfen („bremsen"). Im Einzelnen:
- Bereits beschlossene Staatsaufträge werden vermindert.
- Die Sparförderung wird erhöht, um Geld abzuschöpfen.
- Abschreibungsmöglichkeiten werden gekürzt, um die Investitionsbereitschaft der Unternehmer zu verringern.
- Steuererhöhungen sollen die private Nachfrage und Investitionsneigung dämpfen.
- Subventionen werden gekürzt oder abgebaut.

Probleme der staatlichen Konjunktursteuerung

Die staatliche Konjunkturbeeinflussung ist in der Praxis häufig sehr problematisch. So soll der Staat z. B. während des Konjunkturabschwungs zusätzliche Ausgaben vornehmen und Steuern senken; andererseits sind gerade in dieser Phase die Staatseinnahmen durch zurückgehende Steuereinnahmen ohnehin schon gering. Die gewünschten zusätzlichen Staatsausgaben können jetzt nur durch zusätzliche Verschuldung finanziert werden.
Auch die Verminderung von Staatsausgaben während einer Expansion ist nur in beschränktem Umfang möglich, denn ein erheblicher Teil dieser Ausgaben sind Personalkosten oder ist gesetzlich vorgeschrieben. Außerdem leidet die Bevölkerung unter einer Einschränkung der öffentlichen Leistungen.

Instrumente der Geldpolitik

Seit dem 1. Januar 1999 wird die Geldpolitik nicht mehr von der Deutschen Bundesbank wahrgenommen, sondern von der **Europäischen Zentralbank (EZB)**. Während die staatliche Wirtschaftspolitik versucht, durch konjunkturdämpfende und konjunkturbelebende Maßnahmen die Konjunkturschwankungen möglichst gering zu halten, verfolgt die **EZB** vorrangig ein anderes Ziel: Sie will die Preisstabilität erhalten.

Um die Preisstabilität zu sichern, versucht sie die **Geldmenge** im **Eurowährungsraum** zu steuern. So wird die EZB z. B. bei hohen Preissteigerungen die Geldmenge verringern, um den Geldwert zu stabilisieren. Zur Beeinflussung der Geldmenge wendet sie vorwiegend folgende Maßnahmen an:

Refinanzierungsgeschäfte (Offenmarktgeschäfte): Durch Refinanzierungsgeschäfte (Offenmarktgeschäfte) versorgt die Europäische Zentralbank die Privatbanken mit zusätzlichem Geld. Gegen die Verpfändung von Sicherheiten wie festverzinsliche Wertpapiere oder Wechsel können sie sich im Europäischen Zentralbankensystem Geld besorgen. Durch die Veränderung des Zinssatzes für diese Kredite kann die EZB die Geldmenge beeinflussen. Je höher der Zins ist, desto uninteressanter ist es für die Banken, sich

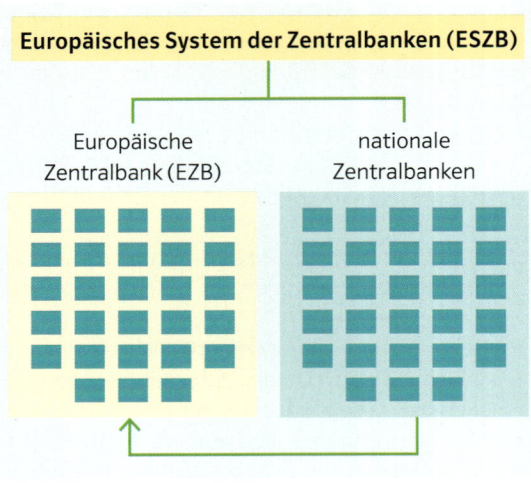

bei der EZB Geld zu besorgen. Verpfänden die Banken wegen einer Zinserhöhung weniger Wertpapiere und Wechsel, so ist die Geldmenge insgesamt geringer. Umgekehrt kann die EZB den Zinssatz auch senken, sodass die Geldmenge steigen wird. Mittlerweile gilt der **Refinanzierungssatz** – ähnlich wie früher der Diskontsatz der Bundesbank – als **Leitzinssatz** für andere Zinsen. Steigt er, so erhöhen sich in der Regel auch die Zinsen für Sparguthaben und für Kredite. Dadurch verändert sich das Sparverhalten und die Neigung, Kredite aufzunehmen. Damit wird wiederum auch die Geldmenge beeinflusst.

Mindestreserven: Die Europäische Zentralbank kann von den Privatbanken verlangen, dass diese einen bestimmten Prozentsatz ihrer Kundeneinlagen als verzinste Mindestreserven bei den nationalen Zentralbanken hinterlegen (in Deutschland bei der Bundesbank). Erhöht die EZB diesen Satz, dann können die Banken weniger Kredite vergeben, die Geldversorgung der Wirtschaft wird eingeschränkt und Kredite werden entsprechend verteuert, die Wirtschaft wird gedämpft. Das Umgekehrte passiert bei einer Verminderung des Mindestreservesatzes.

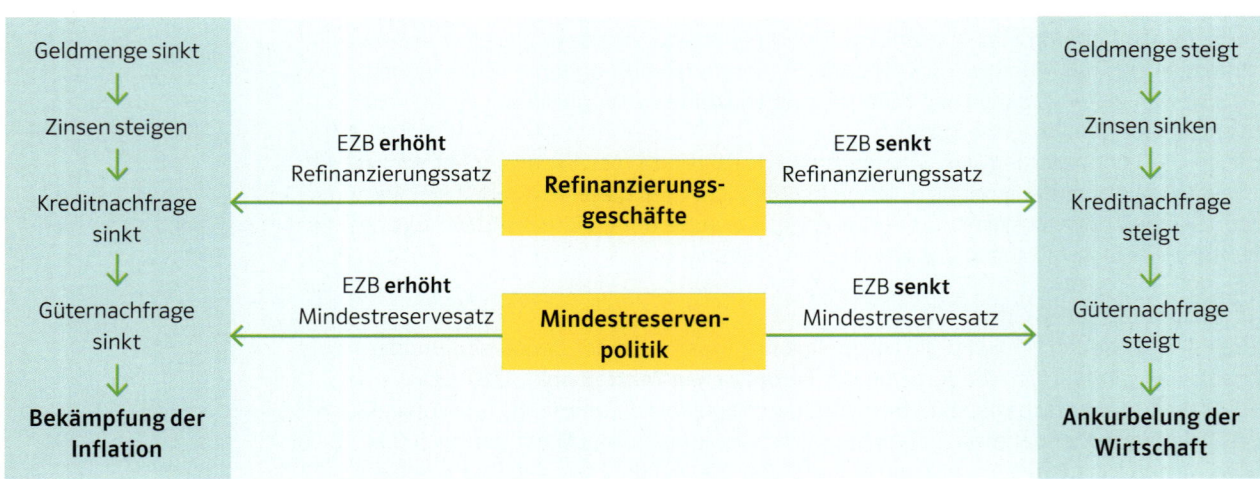

Ziele und Maßnahmen der Wirtschaftspolitik

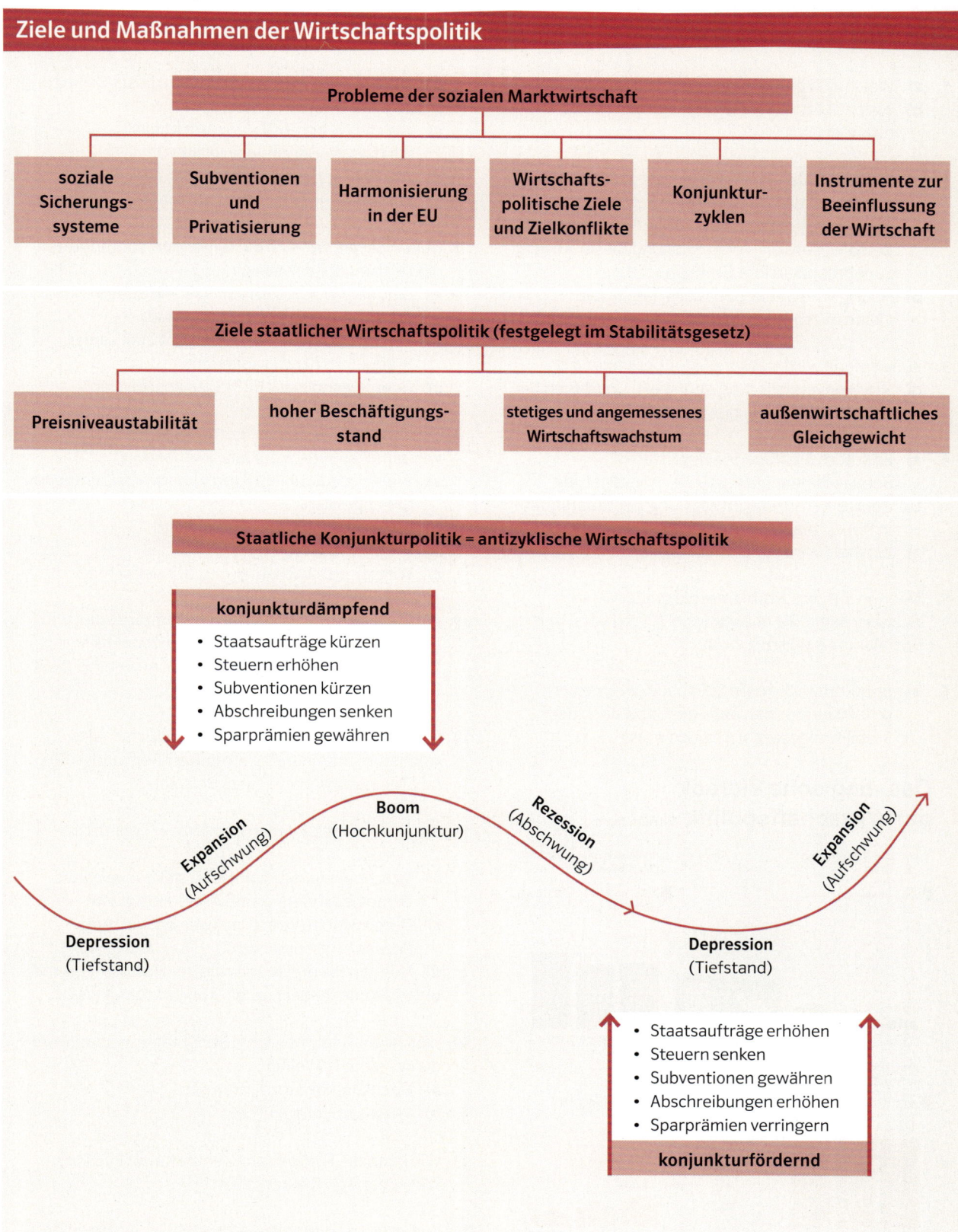

Probleme der sozialen Marktwirtschaft

- soziale Sicherungssysteme
- Subventionen und Privatisierung
- Harmonisierung in der EU
- Wirtschaftspolitische Ziele und Zielkonflikte
- Konjunkturzyklen
- Instrumente zur Beeinflussung der Wirtschaft

Ziele staatlicher Wirtschaftspolitik (festgelegt im Stabilitätsgesetz)

- Preisniveaustabilität
- hoher Beschäftigungsstand
- stetiges und angemessenes Wirtschaftswachstum
- außenwirtschaftliches Gleichgewicht

Staatliche Konjunkturpolitik = antizyklische Wirtschaftspolitik

konjunkturdämpfend

- Staatsaufträge kürzen
- Steuern erhöhen
- Subventionen kürzen
- Abschreibungen senken
- Sparprämien gewähren

Expansion (Aufschwung)

Boom (Hochkunjunktur)

Rezession (Abschwung)

Expansion (Aufschwung)

Depression (Tiefstand)

Depression (Tiefstand)

- Staatsaufträge erhöhen
- Steuern senken
- Subventionen gewähren
- Abschreibungen erhöhen
- Sparprämien verringern

konjunkturfördernd

Arbeitsteil

1. a) Welches Problem hat die Rentenversicherung?
b) Welche Lösungsvorschläge werden hierzu diskutiert?

2. a) In der sozialen Marktwirtschaft greift der Staat zugunsten der wirtschaftlich Schwächeren in das Marktgeschehen ein. Zeigen Sie an einem Beispiel, dass die Verwirklichung dieser Absicht zunehmend an ihre Grenzen stößt.
b) Häufig wird behauptet, dass das soziale Netz von vielen missbraucht werde. Gibt es Beispiele?

3. Zunehmend wird stärkere Eigenbeteiligung bei der Krankenversicherung gefordert. Überlegen Sie Vorteile und Nachteile dieser Regelung.

4. a) Erläutern Sie folgende Begriffe: Subventionen, Staatsquote, Privatisierung.
b) Beurteilen Sie die Entwicklung der Staatsquote in Deutschland.
c) Weshalb wird zunehmend privatisiert?

5. Nennen Sie zwei Probleme, die gelöst werden müssen, damit die europäische Wirtschafts- und Sozialunion ein Erfolg wird.

6. a) Entnehmen Sie dem Schaubild, welche wirtschaftspolitischen Ziele der Staat nach dem Stabilitätsgesetz anstreben muss.

b) Welche Ziele wurden 2014 nach dieser Schätzung erreicht, welche nicht?
c) Welche weiteren Ziele versucht die Wirtschaftspolitik zu erreichen?
d) Weshalb spricht man bei der staatlichen Wirtschaftspolitik auch vom magischen Viereck?

7. Geben Sie an, wie sich die folgenden Vorgänge auf die Leistungsbilanz auswirken:
a) Geldüberweisungen von ausländischen Arbeitnehmern in ihr Heimatland.
b) Ein Betrieb exportiert einen Großteil seiner Produktion nach Frankreich.
c) Deutschland bezieht Erdgas aus Russland.

8. Beschreiben Sie das Verhalten folgender wirtschaftspolitischer Ziele zueinander:
a) Preisniveaustabilität und außenwirtschaftliches Gleichgewicht.
b) hoher Beschäftigungsstand und Preisniveaustabilität.
c) Wirtschaftswachstum und Umweltschutz.

9. Weshalb muss ein hoher Beschäftigungsstand ein wichtiges Ziel staatlicher Wirtschaftspolitik sein? Denken Sie dabei an die Folgen der Arbeitslosigkeit für Arbeitnehmer und Gesellschaft.

10. Inwieweit sind Umweltschutz und Wirtschaftswachstum miteinander vereinbar? Begründen Sie Ihre Meinung anhand eines Beispiels.

11. a) Aus welchen Phasen besteht ein Konjunkturzyklus?
b) Welche Konjunkturphase ist gekennzeichnet durch besonders große Arbeitslosigkeit?
c) Durch welche Verhaltensweisen wird eine Rezession verursacht?
d) Nennen Sie drei Merkmale der Hochkonjunktur.
e) Wie lange dauert ca. ein Konjunkturzyklus?

12. Welche Maßnahmen kann der Staat anwenden, um die Wirtschaft in einer
a) Hochkonjunktur zu „bremsen",
b) Rezession „anzukurbeln"?

13. Wie kann die Europäische Zentralbank (EZB) die Wirtschaftspolitik beeinflussen?

14. Wie können Unternehmen und Haushalte in einer Depression antizyklisch handeln?

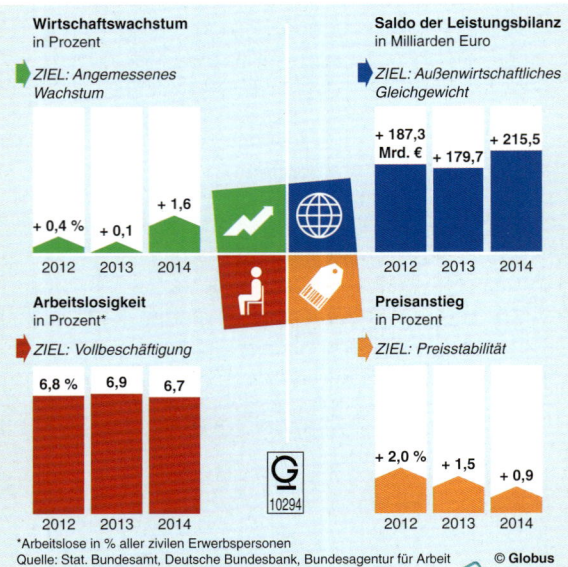

Das magische Viereck der Wirtschaftspolitik in Deutschland

Wirtschaftswachstum in Prozent
ZIEL: Angemessenes Wachstum
+ 0,4 % | + 0,1 | + 1,6
2012 | 2013 | 2014

Saldo der Leistungsbilanz in Milliarden Euro
ZIEL: Außenwirtschaftliches Gleichgewicht
+ 187,3 Mrd. € | + 179,7 | + 215,5
2012 | 2013 | 2014

Arbeitslosigkeit in Prozent*
ZIEL: Vollbeschäftigung
6,8 % | 6,9 | 6,7
2012 | 2013 | 2014

Preisanstieg in Prozent
ZIEL: Preisstabilität
+ 2,0 % | + 1,5 | + 0,9
2012 | 2013 | 2014

*Arbeitslose in % aller zivilen Erwerbspersonen
Quelle: Stat. Bundesamt, Deutsche Bundesbank, Bundesagentur für Arbeit
© Globus
10294

6 Finanzierung der staatlichen Aufgaben

Anlässlich ihres Geburtstags hat Dennis seine Freundin Bianca zum Abendessen eingeladen. Im Lokal fällt ihnen sofort die nebenstehend abgebildete Serviette auf. Neugierig geworden, lesen sie den Text.

Bianca: „Ist das nicht unverschämt, was man heutzutage alles zahlen muss? Kein Wunder, dass von meinem Bruttolohn so wenig übrig bleibt."

Dennis: „So darfst du das nicht sehen, der Staat braucht das Geld."

Bianca: „Wofür denn? Außerdem kassiert der Staat noch viel mehr, als auf dieser Serviette steht."

Dennis: „Trotzdem, du siehst das etwas einseitig."

> *Nachdem wir die Schankerlaubnis-, Getränke-, Vergnügungs-, Mehrwert-, Einkommen-, Grund-, Gewerbe-, Lohn-, Kirchen-, Hunde- und Kapitalertragssteuer bezahlt, Beiträge zur Krankenkasse, Berufsgenossenschaft, Familienausgleichskasse, Renten-, Arbeitslosen-, Pflege-, Lebens-, Feuer-, Einbruchs-, Unfall- und Haftpflichtversicherung, die Ausgaben für Gas, Wasser, Elektrizität, Heizung, Müllabfuhr, Schornsteinfeger, Telefon, Zeitungen, Zeitschriften, Radio, Fernsehen, GEMA usw. entrichtet haben, bleibt uns diesen Monat nur das Geld für diese Reklame übrig und Sie zu bitten, unser Unternehmen durch regen Besuch zu unterstützen.*
> *Für Ihren Besuch danken Ihnen das zuständige Finanzamt sowie*
> ***Ihre Gaststätte***

➔ **a)** Weshalb erhebt der Staat die öffentlichen Abgaben?

b) Welche Arten von öffentlichen Abgaben sind Ihnen bekannt?

6.1 Notwendigkeit und Verwendung der Staatseinnahmen

Finanzierung öffentlicher Aufgaben

Die öffentliche Hand (Bund, Länder, Gemeinden) kann ihre umfassenden Aufgaben nur erfüllen, wenn sie über entsprechende Gelder verfügt. Ohne öffentliche Abgaben wären viele staatliche Leistungen nicht möglich.

Die größten Ausgabenbereiche des **Bundes** sind Arbeit und Soziales, die Verteidigung, die Schuldentilgung und das Verkehrswesen. Die Hauptaufgaben der **Länder** erstrecken sich auf das Bildungswesen, die Polizei und die Justiz. Wichtige Aufgaben der **Gemeinden** sind u.a. der Straßenbau, der Bau und Unterhalt von Schulen und Krankenhäusern, die Müllabfuhr und die Wasserversorgung.

Der Bundeshaushalt

Ausgaben in Milliarden Euro

Jahr	Ausgaben
2006	261,0 Mrd. €
07	270,5
08	282,3
09	292,3
10	303,7
11	296,2
12	306,8
13	307,8
14	295,5
15*	301,6
2016*	316,9

Aufteilung 2016*

129,9 Mrd. €	Arbeit u. Soziales
34,3	Verteidigung
25,2	Bundesschuld
24,6	Verkehr, digit. Infrastruktur
16,4	Bildung, Forschung
14,9	allg. Finanzverwaltung
14,6	Gesundheit
9,1	Familie, Jugend
7,8	Inneres
7,6	Wirtschaft, Energie
7,4	Entwicklungshilfe
5,9	Finanzen
5,6	Ernährung, Landwirtschaft
4,8	Auswärtiges
4,5	Umwelt, Bau
4,3	Sonstiges

Nettokreditaufnahme in Mrd. Euro

2006	27,9 Mrd. €
07	14,3
08	11,5
09	34,1
10	44,0
11	17,3
12	22,5
13	22,1
14	0
15*	0
2016*	0

10676 © Globus   Quelle: Bundesfinanzministerium   *Soll   Stand Nov. 2015

Beeinflussung der Konjunktur

Steuererhöhungen verkleinern das verfügbare Einkommen von Unternehmern und Verbrauchern und dämpfen somit die Nachfrage. Diese Maßnahme wird vorwiegend in der Hochkonjunktur angewendet. Steuersenkungen werden hingegen in wirtschaftlich schlechter Lage (z. B. Rezession) vorgenommen, da sie den gegenteiligen Effekt bewirken sollen, also eine Erhöhung der Nachfrage.

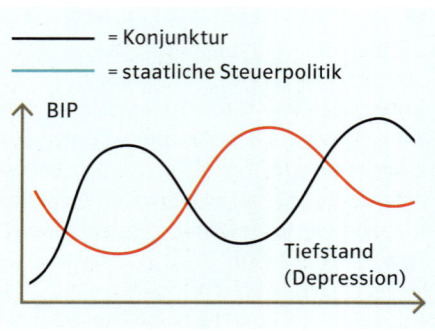

Beeinflussung des Konsumverhaltens

Durch manche Steuererhöhung will der Staat das Verbraucherverhalten beeinflussen. Die Branntwein- und die Tabaksteuer werden z. B. erhöht, um den Verbraucher vom Kauf abzuhalten und so seine Gesundheit zu sichern. Durch eine Erhöhung der Mineralölsteuer soll die Bevölkerung zu sparsamem Energieverbrauch angeregt werden.

Umverteilung von Einkommen und Vermögen

Wer ein höheres Einkommen bezieht, zahlt überdurchschnittlich viel Steuern. Dies wird erreicht durch die sogenannte **Steuerprogression**. In Extremfällen zahlen Kleinverdiener 0 % und Großverdiener bis zu 45 % Steuern bei der Lohn- und Einkommensteuer. Weitere Beispiele der Umverteilung sind Wohnungsbauprämien und die Berücksichtigung des Familienstands bei der Steuerhöhe. Auf diese Art versucht der Staat, innerhalb gewisser Grenzen eine Umschichtung des Vermögens zu erreichen.

6.2   Arten der Staatseinnahmen

Damit der Staat seine Aufgaben erfüllen kann, benötigt er (Bund, Länder, Gemeinden) erhebliche Finanzmittel. Eine wichtige Einnahmequelle des Staates sind die Gewinne der Bundesbank und die Gewinne von Unternehmen, die ihm gehören oder an denen er beteiligt ist.

Obwohl hier erhebliche Gewinne erwirtschaftet werden, decken diese nur einen geringen Teil der Staatsausgaben ab. Deshalb ist die öffentliche Hand gezwungen, den Großteil ihrer Aufgaben durch **öffentliche Abgaben** zu finanzieren. Es werden drei große Gruppen öffentlicher Abgaben unterschieden:

- **Gebühren** und **Beiträge**
- **Zölle**
- **Steuern**.

Gebühren und Beiträge

Gebühren und Beiträge werden für spezielle Gegenleistungen erhoben. Eine **Gebühr** ist eine Abgabe, die ein einzelner Bürger zu entrichten hat, wenn er eine bestimmte staatliche Leistung in Anspruch nimmt.

Beispiele: Führerscheingebühr, Passgebühr, Rundfunkgebühr, Parkgebühr.

Ein **Beitrag** liegt vor, wenn der Staat eine bestimmte Abgabe für eine ganz spezielle Gegenleistung fordert, auch wenn diese Leistung gar nicht gewünscht oder in Anspruch genommen wird. Beispiele: Sozialversicherungsbeiträge, Grundstückserschließungsbeiträge, Anliegerbeiträge für Kanalisation, Stromversorgung oder Trinkwasser.

Zölle

Zölle sind Abgaben, die erhoben werden, wenn Waren über die Staatsgrenzen gebracht werden.

- **Ausfuhrzölle** fallen an, wenn Waren ausgeführt werden. Die Bundesrepublik Deutschland, die an einer Förderung des Exports interessiert ist, erhebt keine Ausfuhrzölle.
- **Einfuhrzölle** sind die übliche Zollart. Sie werden erhoben, wenn Waren eingeführt werden. Die importierten Produkte werden dadurch verteuert.
- **Finanzzölle** sollen dem Staat zusätzliche Einnahmen verschaffen. Sie werden meist auf begehrte Waren erhoben, die im Inland nicht hergestellt oder angebaut werden wie z. B. Tee oder Kaffee.
- **Schutzzölle** sollen die inländische Wirtschaft vor ausländischer Konkurrenz schützen. Die niedrigen Weltmarktpreise werden auf das höhere heimische Niveau angehoben, um dadurch Wirtschaftszweige zu erhalten, an denen der Staat ein wirtschaftliches Interesse hat, z. B. die Landwirtschaft, die Textilindustrie oder die Stahlindustrie.

Die Bedeutung der Zölle geht allerdings immer mehr zurück. Innerhalb der EU herrscht Zollfreiheit. Zwar erhebt die Europäische Union gemeinsame Außenzölle, deren Aufkommen in den EU-Haushalt fließt, aber auch diese Zölle sollen weiter abgebaut werden. Die Welthandelsorganisation (WTO) strebt einen weltweiten Zollabbau an, da Zölle den freien Welthandel beeinträchtigen.

Steuern

Steuern sind mit ca. 80 % die Haupteinnahmequelle des Staates. Sie sind Einnahmen ohne spezielle Gegenleistung und werden zwangsweise erhoben.
Bund, Länder und Gemeinden decken ihren Finanzbedarf durch ca. 50 verschiedene Steuern.

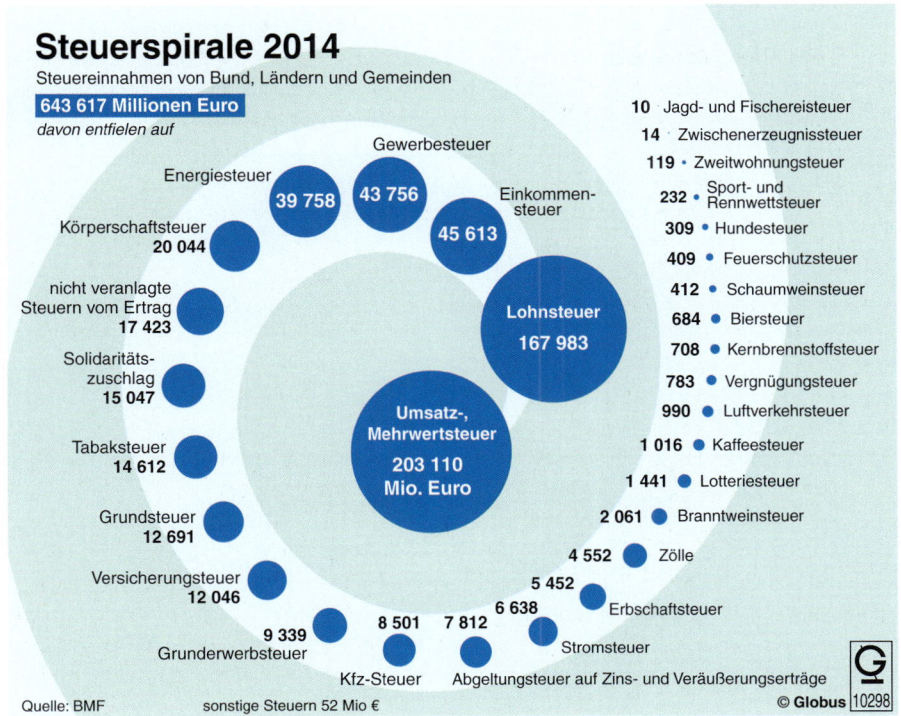

Um angesichts dieser Steuervielfalt eine bessere Übersicht zu erhalten, werden Steuern folgendermaßen eingeteilt:

Einteilung nach der Erhebungsart: Bei **direkten Steuern** wird der Steuerzahler unmittelbar besteuert. Derjenige, der die Steuer bezahlen soll, trägt auch die Steuerbelastung. Er kennt die Steuerhöhe und führt die Steuerschuld an das Finanzamt ab. Beispiele: Einkommensteuer, Kfz-Steuer.

Bei **indirekten Steuern** wälzt der Steuerpflichtige die Steuerlast auf den Endverbraucher ab, der sie also indirekt zahlt. Der Unternehmer, der die Steuer abführen muss, gibt sie über den Warenpreis an den Kunden weiter, der sie letztendlich zu tragen hat. Die genaue Steuerbelastung kennt der Kunde selten. Bei Genussmitteln beträgt sie z. B. mehr als 50 %. Beispiele: Kaffeesteuer, Mineralölsteuer, Mehrwertsteuer, Versicherungssteuer.

Einteilung nach dem Steuergegenstand: Besitzsteuern knüpfen an das Vermögen bzw. das Einkommen an. Beispiele: Lohnsteuer, Grundsteuer, Gewerbesteuer, Erbschaftsteuer, Körperschaftsteuer. **Verkehrssteuern** belasten bestimmte rechtliche und wirtschaftliche Vorgänge. So unterliegt z. B. der Erwerb von Grundstücken der Grunderwerbsteuer. Weitere Beispiele: Mehrwertsteuer, Kfz-Steuer. **Verbrauchssteuern** werden auf bestimmte Verbrauchsgüter erhoben. Beispiele: Tabaksteuer, Kaffeesteuer, Mineralölsteuer, Biersteuer, Schaumweinsteuer.

GG Art. 106   **Einteilung nach dem Steuerempfänger:** Zu den **Bundessteuern** zählen vor allem die Verbrauchssteuern und einige Verkehrssteuern. Die wichtigsten **Ländersteuern** sind die Kfz-Steuer, die Grunderwerbsteuer, die Erbschaftsteuer und die Biersteuer. Wichtige **Gemeindesteuern** sind die Grundsteuer, die Hundesteuer, die Schankerlaubnissteuer und die Vergnügungssteuer. Die wichtigsten Steuern sind **Gemeinschaftssteuern**, d. h. sie werden zwischen Bund, Ländern und Gemeinden aufgeteilt; vor allem Lohnsteuer, Mehrwertsteuer, Gewerbesteuer und Einkommensteuer. Die **Kirchensteuer** beträgt je nach Bundesland 8 oder 9 % der Lohn- bzw. Einkommensteuerschuld.

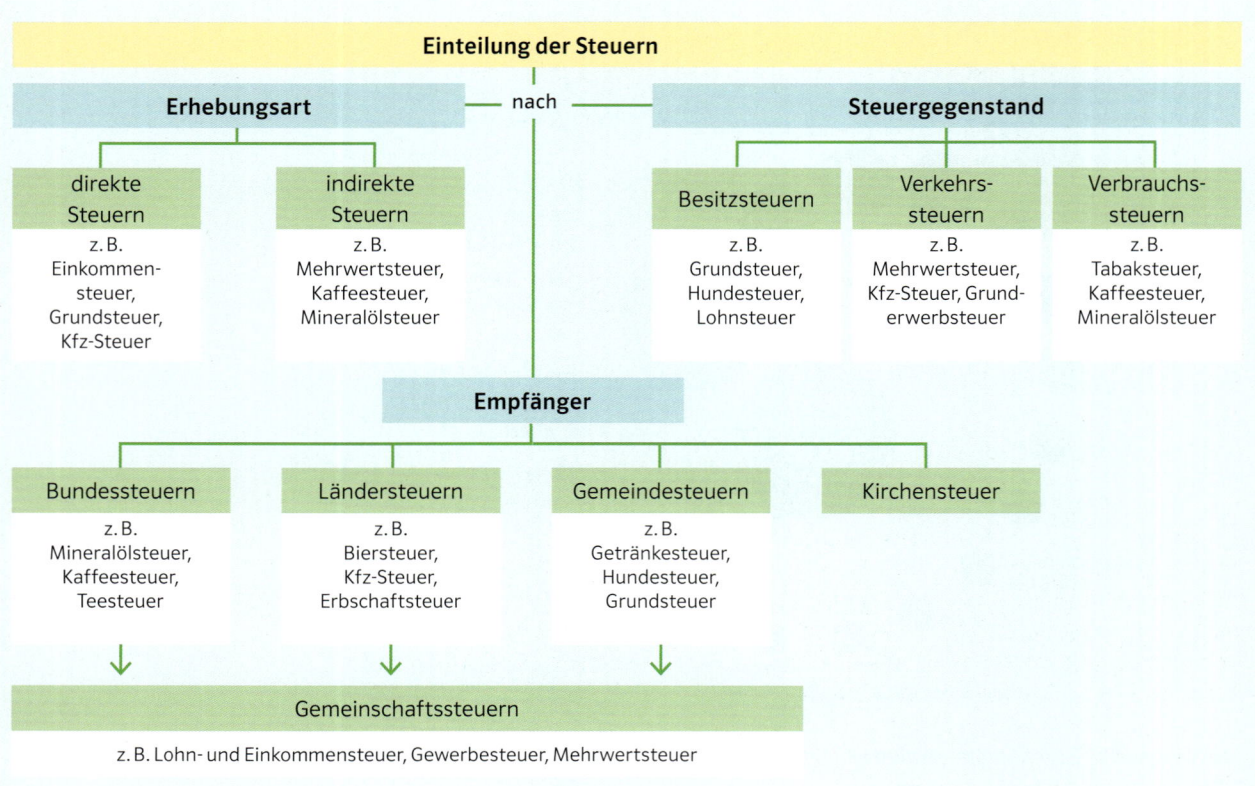

6.3 Besteuerung des Einkommens

Wer Einkünfte erzielt, muss **Einkommensteuer** bezahlen. Die meisten Berufstätigen zahlen die Einkommensteuer als **Lohnsteuer**. Obwohl die Lohnsteuer die wichtigste Einnahmequelle des Staates bildet, ist sie keine selbstständige Steuerart, sondern eine besondere Erhebungsform der Einkommensteuer bei Arbeitnehmern. Der Arbeitgeber ist verpflichtet, die Lohnsteuer vom Arbeitslohn einzubehalten und an das Finanzamt abzuführen. Die Einkommensteuer dagegen muss vom Steuerpflichtigen selbst an das Finanzamt abgeführt werden. Außerdem müssen Einkommensteuerpflichtige spätestens am 31. Mai für das abgelaufene Kalenderjahr eine **Einkommensteuererklärung** abgeben. Das Einkommensteuergesetz kennt sieben Einkunftsarten, die besteuert werden:

Einkünfte, die nicht unter diese sieben Einkunftsarten fallen wie z.B. Arbeitslosengeld I, Arbeitslosengeld II, Sozialgeld oder Lotteriegewinne sind einkommensteuerfrei. Dasselbe gilt für Einkünfte, die den Grundfreibetrag nicht übersteigen, wie z.B. niedrige Ausbildungsvergütungen. Werden Einkünfte aus mehreren Einkunftsarten bezogen, so werden diese addiert.

Einkünfte aus	Beispiele
1. Land- und Forstwirtschaft	Weinbauern, Gärtnereien, Forstbetriebe
2. Gewerbebetrieb	Handwerks-, Handels- und Industriebetriebe
3. selbstständiger Arbeit	Ärzte, Rechtsanwälte, Steuerberater, Architekten
4. nichtselbstständiger Arbeit	Löhne, Gehälter, Ausbildungsvergütungen
5. Kapitalvermögen	Zinsen, Dividenden
6. Vermietung und Verpachtung	Mieteinnahmen, Pachteinnahmen
7. sonstigen Einkünften	Rentenbezüge, Spekulationsgewinne

Steuerklassen

Grundlage für die Berechnung der Lohnsteuer sind die **Steuerklassen**, in die alle Arbeitnehmer eingeteilt werden. Dadurch sollen persönliche Verhältnisse wie Familienstand und Kinderzahl berücksichtigt werden. In den einzelnen Lohnsteuerklassen ist die Besteuerung deshalb unterschiedlich hoch, obwohl die Höhe des Einkommens gleich ist.

Steuerklasse I	für ledige, geschiedene, verwitwete Arbeitnehmer, sowie für verheiratete Arbeitnehmer, die dauernd getrennt leben.
Steuerklasse II	für die in Steuerklasse I genannten Arbeitnehmer, wenn bei Ihnen der Entlastungsbetrag für Alleinerziehende zu berücksichtigen ist.
Steuerklasse III	für verheiratete Arbeitnehmer, deren Ehegatte keinen Arbeitslohn bezieht oder der nach Steuerklasse V besteuert wird.
Steuerklasse IV	für verheiratete Arbeitnehmer, wenn beide Ehegatten Arbeitslohn beziehen.
Steuerklasse V	für Verheiratete, die beide Arbeitslohn beziehen. Wenn ein Ehegatte die Steuerklasse III gewählt hat, erhält der andere die Klasse V.
Steuerklasse VI	für die zweite oder die weiteren Lohnsteuerkarten, die ein Arbeitnehmer benötigt, wenn er nebeneinander von mehreren Arbeitgebern Arbeitslohn bezieht.

Damit die Lohnsteuer richtig einbehalten wird, benötigt der Arbeitgeber von seinen Arbeitnehmern sogenannte **elektronische Lohnsteuerabzugsmerkmale (ELStAM)**, z.B. Steuerklasse, Zahl der Kinderfreibeträge, Konfession (siehe nächste Seite). **Ehegatten** können ihre **Steuerklassen wählen**, entweder die Steuerklassen III/V oder IV/IV. Die Kombination IV/IV ist sinnvoll, wenn beide etwa gleich viel verdienen. III/V empfiehlt sich, wenn ein Ehepartner deutlich mehr Einkommen bezieht. Allerdings kann es bei dieser Kombination am Jahresende zu einer Steuernachzahlung kommen. Um Nachzahlungen zu vermeiden, können Ehegatten das **Faktorverfahren** beantragen. Durch die Steuerklassenkombination IV-Faktor zu IV-Faktor soll der monatliche Lohnsteuerabzug gerechter werden. Beispiel: Wer nur 20 % zum gemeinsamen Einkommen beiträgt, soll auch nur 20 % der gemeinsamen Lohnsteuer zahlen.

Info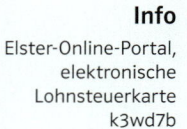

Elster-Online-Portal,
elektronische
Lohnsteuerkarte
k3wd7b

2013 wurde die papiergebundene Lohnsteuerkarte durch eine **„elektronische Lohnsteuerkarte"** ersetzt.

Arbeitnehmer müssen bei Beginn des Arbeitsverhältnisses lediglich ihre **Steuer-Identifikationsnummer** angeben und das Geburtsdatum mitteilen. Damit kann der Arbeitgeber vom Bundeszentralamt für Steuern die Lohnsteuerabzugsmerkmale (Steuerklasse, Freibeträge, Kinderfreibeträge, Konfession) auf seinen PC übertragen und die Lohnsteuer richtig abrechnen.

Wie viel Lohnsteuer einbehalten werden muss, kann aus der **Lohnsteuertabelle** abgelesen werden.

pro Monat in Euro

Lohn/ Gehalt bis Euro	Steuerklasse	Lohn-steuer	ohne Kinderfreibetrag			0,5 Kinderfreibetrag			1,0 Kinderfreibetrag			1,5 Kinderfreibetrag		
			SolZ 5,5%	Kirchensteuer 8%	9%	SolZ 5,5%	Kirchensteuer 8%	9%	SolZ 5,5%	Kirchensteuer 8%	9%	SolZ 5,5%	Kirchensteuer 8%	9%
1799,99	I	153,66	8,45	12,29	13,82	0,00	6,30	7,09	0,00	1,39	1,56	0,00	0,00	0,00
	II	113,66	6,25	9,09	10,22	0,00	3,50	3,94	0,00	0,00	0,00	0,00	0,00	0,00
	III	0,00	0,00	0,00	0,00	0,00	0,00	0,00	0,00	0,00	0,00	0,00	0,00	0,00
	IV	153,66	8,45	12,29	13,82	6,35	9,24	10,40	0,00	6,30	7,09	0,00	3,63	4,08
	V	367,50	20,21	29,40	33,07									
	VI	397,50	21,86	31,80	35,77									
1802,99	I	154,25	8,48	12,34	13,88	0,00	6,35	7,14	0,00	1,42	1,60	0,00	0,00	0,00
	II	114,25	6,28	9,14	10,28	0,00	3,54	3,98	0,00	0,00	0,00	0,00	0,00	0,00
	III	0,00	0,00	0,00	0,00	0,00	0,00	0,00	0,00	0,00	0,00	0,00	0,00	0,00
	IV	154,25	8,48	12,34	13,88	6,39	9,30	10,46	0,00	6,35	7,14	0,00	3,67	4,13
	V	368,50	20,26	29,48	33,16									
	VI	398,33	21,90	31,86	35,84									

Steuertarif

Durch den **Steuertarif** wird die Steuerschuld ermittelt, die sich aus dem zu versteuernden Einkommen ergibt. Die Steuersätze sind unterschiedlich hoch. Grundsätzlich gilt:

Je höher das Einkommen, desto höher die Steuerschuld.

Der Steuertarif unterscheidet 3 Zonen:
- Am Anfang steht der Grundfreibetrag, auch **Nullzone (= steuerfreies Existenzminimum)** genannt. Ledige müssen bis zu einem jährlichen Einkommen von 8 652 € (Verheiratete: 17 304 €) keine Steuern zahlen.
- Danach beginnt die **Progressionszone**. Einkommen, die über der Nullzone liegen, werden mit einem ansteigenden Steuersatz belastet. Der Steuersatz dieser Tarifzone beginnt bei 14 % und erhöht sich ständig, bis er bei einem zu versteuernden Einkommen von 53 666 € (Verheiratete: 107 332 €) den Spitzensteuersatz von 42 % erreicht.
- Der Steuertarif endet mit der **Proportionalzone**. Jeder Euro, der über einem zu versteuernden Einkommen von 53 666 € liegt (Verheiratete: 107 332 €), wird mit 42 % bis 45 % besteuert.

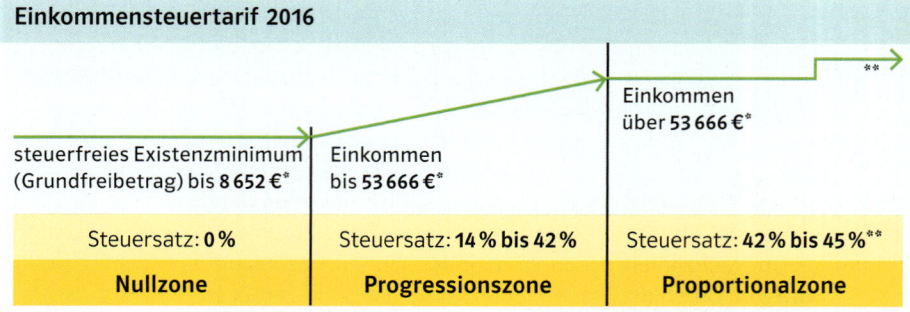

Einkommensteuertarif 2016

Einkommen über **53 666 €***

steuerfreies Existenzminimum (Grundfreibetrag) bis **8 652 €***   Einkommen bis **53 666 €***

Steuersatz: **0 %**	Steuersatz: **14 % bis 42 %**	Steuersatz: **42 % bis 45 %***
Nullzone	**Progressionszone**	**Proportionalzone**

* Die genannten Beträge gelten für Ledige; für zusammenveranlagte Ehepaare gelten die doppelten Summen.
** Für private Einkommen über 254 447 € bei Ledigen, 508 894 € bei Verheirateten wird ein Zuschlag von 3 Prozentpunkten auf den Spitzensteuersatz von 42 % erhoben. Für diese Einkommen gilt ein Spitzensteuersatz von 45 %.

6.4 Grundzüge der Einkommensteuererklärung

Wer als Unternehmer Einkünfte erzielt, muss für das abgelaufene Kalenderjahr beim Finanzamt eine **Einkommensteuererklärung** abgeben. Dasselbe gilt für Arbeitnehmer, die neben ihrem Verdienst weitere Einkünfte von mehr als 410 € bezogen haben. Auch zusammenveranlagte Ehegatten, die sich für die Steuerklassenkombination III/V entschieden haben, müssen eine Steuererklärung einreichen. Wer einen Freibetrag bei ELStAM (Elektronische Lohnsteuerkarte) eintragen lässt, muss ebenfalls eine Steuererklärung abgeben.

Termin für die Abgabe der Einkommensteuererklärung ist der 31. Mai des folgenden Kalenderjahres; auf Antrag kann die Frist verlängert werden. Arbeitnehmer, die nur ihren Arbeitsverdienst beziehen, brauchen keine Steuererklärung abzugeben. Sie erhalten dann aber auch keine zu viel bezahlten Steuern vom Finanzamt zurück.

Das Formular für die Einkommensteuererklärung besteht aus einem **Mantelbogen** und mehreren **Anlagebögen**, z. B. Anlage N für Einkünfte aus nichtselbstständiger

Info

Elster, elektronische Steuererklärung u6d546

2015

1	X Einkommensteuererklärung	X Antrag auf Festsetzung der Arbeitnehmer-Sparzulage
2	Erklärung zur Festsetzung der Kirchensteuer auf Kapitalerträge	Erklärung zur Feststellung des verbleibenden Verlustvortrags

Eingangsstempel

Auszug aus dem Mantelbogen

3	Steuernummer	12345/67890
4	**An das Finanzamt** Stuttgart II Bei **Wohnsitzwechsel**: bisheriges Finanzamt	
5		

Allgemeine Angaben

6   Telefonische Rückfragen tagsüber unter Nr.

Steuerpflichtige Person (stpfl. Person), nur bei Zusammenveranlagung: **Ehemann / Lebenspartner(in) A** nach dem LPartG *)

7	Identifikationsnummer (IdNr.) 64 123 456 789	*) Bitte Anleitung beachten.
8	Name Pohl	Geburtsdatum 12.02.1997
9	Vorname Michael	**Religionsschlüssel:** Evangelisch = EV Römisch-Katholisch = RK
10	Titel, akademischer Grad	nicht kirchensteuerpflichtig = VD Weitere siehe Anleitung
11	Straße (derzeitige Adresse) Windhalmweg	Religion EV
12	Hausnummer 9 Hausnummerzusatz Adressergänzung	
13	Postleitzahl 70599 Wohnort Stuttgart	
14	Ausgeübter Beruf Auszubildender u. Maurer	

1	Name Pohl	**Anlage N**
2	Vorname Michael	**Jeder Ehegatte / Lebenspartner mit Einkünften aus nichtselbständiger Arbeit hat eine eigene Anlage N abzugeben.**
3	Steuernummer 12345/67890	X stpfl. Person / Ehemann / Lebenspartner(in) A
4	eTIN lt. Lohnsteuerbescheinigung(en), sofern vorhanden eTIN lt. weiterer Lohnsteuerbescheinigung(en), sofern vorhanden	Ehefrau / Lebenspartner(in) B

Einkünfte aus nichtselbständiger Arbeit

Angaben zum Arbeitslohn	Lohnsteuerbescheinigung(en) Steuerklasse 1 – 5		Lohnsteuerbescheinigung(en) Steuerklasse 6 oder einer Urlaubskasse	
				4
5 Steuerklasse 168	EUR	Ct	EUR	Ct
6 Bruttoarbeitslohn 110	21 384	—	111	
7 Lohnsteuer 140	1 906,–		141	
8 Solidaritätszuschlag 150	104,83		151	
9 Kirchensteuer des Arbeitnehmers 142	152,48		143	

Auszug aus der Anlage N

Arbeit oder Anlage V für Einkünfte aus Vermietung und Verpachtung. Wichtige Daten wie Arbeitslohn, einbehaltene Lohn- und Kirchensteuer können der **Lohnsteuerbescheinigung** entnommen werden. Sie wird am Jahresende sowie beim Ausscheiden aus dem Betrieb vom Arbeitgeber ausgestellt. Da die Lohnsteuerbescheinigung vom Arbeitgeber bereits elektronisch an das Finanzamt übermittelt wurde, muss der Arbeitnehmer nur noch die ausgefüllten Formulare und erforderlichen Belege beim Finanzamt einreichen.

Grundlage für die Berechnung der Steuerschuld ist das zu **versteuernde Einkommen**. Bei Arbeitnehmern (= Einkünfte aus nichtselbstständiger Arbeit) wird es ermittelt, indem man folgende Beträge vom Jahresbruttoverdienst abzieht:

Jahresbruttoverdienst
– Werbungskosten
– Sonderausgaben
– Außergewöhnliche Belastungen
– Freibeträge
= zu versteuerndes Einkommen

Werbungskosten sind Ausgaben, die entstehen, um die Einnahmen zu erhalten oder zu sichern. Bei Einkünften aus nichtselbstständiger Arbeit sind dies die Kosten der Berufskleidung, Fahrtkosten zum Arbeitsplatz (2016: 0,30 € je Entfernungskilometer), Beiträge zu Berufsverbänden, Fachliteratur und sonstige Arbeitsmittel. Für Werbungskosten gibt es derzeit (2016) einen **Arbeitnehmer-Pauschbetrag** von 1000 €. Dieser Pauschbetrag ist in die Steuertabellen eingearbeitet, d.h. er wird bereits bei der monatlichen Lohnsteuerberechnung berücksichtigt. Sind höhere Werbungskosten entstanden, können diese in der Steuererklärung geltend gemacht werden, sofern sie durch Belege nachgewiesen werden.

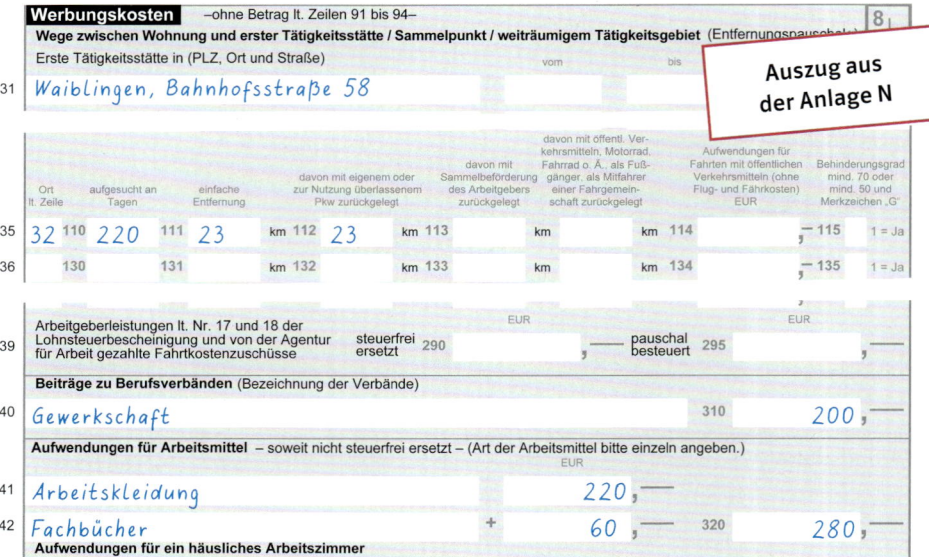

Sonderausgaben sind private Ausgaben, an denen der Staat ein Interesse hat und die er deshalb steuerlich begünstigt. Man unterscheidet:
- **Vorsorgeaufwendungen:** Sie gliedern sich in **Altersvorsorgeaufwendungen**, z.B. Beiträge zur gesetzlichen Rentenversicherung sowie in **sonstige Vorsorgeaufwendungen**, z.B. Beiträge zu Kranken-, Pflege-, Arbeitslosen-, Unfall- und Haftpflichtversicherungen. Da die Kranken- und Pflegeversicherungsbeiträge nahezu voll abgesetzt werden können, wirken sich die anderen Versicherungen nur noch bei niedrigen Kranken- und Pflegeversicherungsbeiträgen aus. Vorsorgeaufwendungen werden je nach Art nur bis zu bestimmten Höchstbeträgen anerkannt. Eine Vorsorgepauschale, die von der Einkommenshöhe abhängig ist, wird automatisch berücksichtigt, da sie in die Steuertabellen eingearbeitet ist. Da die Berechnung der Höchstbeträge für die Vorsorgeaufwendungen sehr kompliziert ist, empfiehlt es sich, bei der Einkommensteuererklärung immer die gesamten Vorsorgeaufwendungen anzugeben.

- **übrige Sonderausgaben** wie beispielsweise Spenden, Kosten für die eigene Berufsausbildung oder gezahlte Kirchensteuer. Für die übrigen Sonderausgaben gilt ein Sonderausgabenpauschbetrag von 36 €, bei Ehepaaren 72 €. Höhere Ausgaben können teils voll, teils beschränkt abgezogen werden. So ist z. B. die gezahlte Kirchensteuer unbeschränkt abzugsfähig, Spenden für kirchliche, mildtätige und gemeinnützige Zwecke werden bis zu 20 % der Einkünfte anerkannt.

	Beiträge zur Altersvorsorge		stpfl. Person / Ehemann / Lebenspartner(in) A EUR				
	Beiträge						*Auszug aus der Anlage Vorsorgeaufwand*
4	– lt. Nr. 23 a/b der Lohnsteuerbescheinigung (Arbeitnehmeranteil)	300	*1 999*				
5	– zu landwirtschaftlichen Alterskassen sowie zu berufsständischen Versorgungseinrichtungen, die den gesetzlichen Rentenversicherungen vergleichbare Leistungen erbringen (abzgl. steuerfreier Zuschüsse) – ohne Beiträge, die in Zeile 4 geltend gemacht werden –	301		—	401		,
6	– zu gesetzlichen Rentenversicherungen – ohne Beiträge, die in Zeile 4 geltend gemacht werden –	302		—	402		,
7	– zu zertifizierten Basisrentenverträgen (sog. Rürup-Verträge) mit Laufzeitbeginn nach dem 31.12.2004 – ohne Altersvorsorgebeiträge, die in der Anlage AV geltend gemacht werden –	303		—	403		,
8	Arbeitgeberanteil / -zuschuss lt. Nr. 22 a/b der Lohnsteuerbescheinigung	304	*1 999*		404		—
9	Arbeitgeberanteil zu gesetzlichen Rentenversicherungen im Rahmen einer pauschal besteuerten geringfügigen Beschäftigung (bitte Anleitung beachten)	306			406		—
10	Eine Eintragung ist stets vorzunehmen; bei Zusammenveranlagung von jedem Ehegatten / Lebenspartner: Haben Sie zu Ihrer Krankenversicherung oder Ihren Krankheitskosten Anspruch auf – steuerfreie Zuschüsse (z. B. Rentner aus der gesetzlichen Rentenversicherung) oder – steuerfreie Arbeitgeberbeiträge (z. B. sozialversicherungspfl. Arbeitnehmer und deren mitversicherter Ehegatte / Lebenspartner) oder – steuerfreie Beihilfen (z. B. Beamte oder Versorgungsempfänger und deren Ehegatten / Lebenspartner)?	307	1 = Ja 2 = Nein		407		1 = Ja 2 = Nein

	Beiträge zur inländischen gesetzlichen Kranken- und Pflegeversicherung						
11	Arbeitnehmerbeiträge zu Krankenversicherungen lt. Nr. 25 der Lohnsteuerbescheinigung	320	*1 689*	—	420		—
12	In Zeile 11 enthaltene Beiträge, aus denen sich kein Anspruch auf Krankengeld ergibt	322		,	422		,
13	Arbeitnehmerbeiträge zu sozialen Pflegeversicherungen lt. Nr. 26 der Lohnsteuerbescheinigung	323	*251*	,	423		,
14	Zu den Zeilen 11 bis 13: Von der Kranken- und / oder sozialen Pflegeversicherung erstattete Beiträge	324		,	424		,
15	In Zeile 14 enthaltene Beiträge zur Krankenversicherung, aus denen kein Anspruch auf Krankengeld ergibt, und zur sozialen Pflegeversicherung	325		—	425		—
16	Beiträge zu Krankenversicherungen – ohne Beiträge, die in Zeile 11 geltend gemacht werden – (z. B. bei Rentnern; bei freiwillig gesetzlich versicherten Selbstzahlern, wenn der Datenübermittlung nicht widersprochen wurde)	326		—	426		—
17	In Zeile 16 enthaltene Beiträge zur Krankenversicherung, aus denen sich ein Anspruch auf Krankengeld ergibt	328		,	428		,

Außergewöhnliche Belastungen sind z. B. Aufwendungen wegen Körperbehinderung, Unterstützung bedürftiger Personen, Eigenbeteiligung bei Zahnersatz. Es handelt sich hierbei um Aufwendungen, die nicht jeder Steuerpflichtige hat.

Freibeträge werden nach unterschiedlichen Voraussetzungen gewährt.

Beispiele: Sparer-Pauschbetrag, Kinderfreibetrag, Altersentlastungsbetrag.

Gründe für eine „freiwillige Einkommensteuererklärung" (Antragsveranlagung)

Fast 90 % aller Arbeitnehmer holen mit der Steuererklärung Geld zurück. Das Statistische Bundesamt hat zuletzt für 2010 festgestellt, dass jeder veranlagte Arbeitnehmer durchschnittlich 873 € zu viel bezahlte Steuern zurückerhalten hat.

Die Lohnsteuer ist eine Jahressteuer, die monatlich erhoben wird, der Arbeitgeber behält die auf den monatlichen Arbeitslohn entfallende Steuer ein und führt sie an das Finanzamt ab.

Eine schwankende Höhe des Arbeitslohns während des Jahres, z. B. durch Gehaltserhöhung, Überstunden oder Arbeitslosigkeit, führt zu unterschiedlichen monatlichen Lohnsteuerbeträgen. Ein Arbeitnehmer wird beispielsweise nach einer Gehaltserhöhung so besteuert, als ob er dieses Gehalt das ganze Jahr bezogen hätte. Diese Benachteiligung wird durch eine „freiwillige Einkommensteuererklärung" (genauer: **Antrag auf Einkommensteuerveranlagung**) nach Ablauf des Kalenderjahres beseitigt. Hier wird die wirkliche Jahreslohnsteuer mit den bereits gezahlten und auf der Lohnsteuerbescheinigung ausgewiesenen Steuerbeträgen verglichen. Zu viel gezahlte Steuer wird zurückerstattet.

Weitere Gründe für eine „Antragsveranlagung" können sein:
- Werbungskosten und Sonderausgaben übersteigen die Pauschalbeträge.
- Außergewöhnliche Belastungen sind entstanden.
- Die Heirat des Steuerpflichtigen und eine dadurch erfolgte Änderung der Steuerklasse können die Steuerbelastung mindern.
- Vorsorgeaufwendungen übersteigen die in die Tabellen eingearbeiteten Pauschalen.
- Eine Arbeitnehmersparzulage wird beantragt.

Der Antrag auf Durchführung einer Einkommensteuerveranlagung ist spätestens am 31. Dezember des vierten Jahres beim Finanzamt einzureichen. Hier können auch die nötigen Formulare angefordert werden.

Einnahmen des Staates

Notwendigkeit der Besteuerung

| Finanzierung öffentlicher Aufgaben | Beeinflussung der Konjunktur | Umverteilung von Einkommen und Vermögen | Beeinflussung des Konsumentenverhaltens |

Einnahmen des Staates

Gewinne

| staatliche Unternehmungen | Bundesbank |

öffentliche Abgaben

Gebühren
Abgaben (Preise) für bestimmte staatliche Leistungen
↓
an den Einzelnen, z. B. Pass

Beiträge
↓
an die Gemeinschaft, z. B. Kanalisation

Zölle
Abgaben beim grenzüberschreitenden Warenverkehr

Steuern
Abgaben ohne direkte Gegenleistung

Einkommensteuer

Einkunftsarten
Einkommensteuerpflichtig sind die Einkünfte aus den 7 Einkunftsarten.

Lohnsteuer
Sie ist eine besondere Erhebungsform der Einkommensteuer bei Arbeitnehmern.

Lohnsteuerklasse
Sie berücksichtigt die persönlichen Verhältnisse beim Steuerabzug.

Steuertarif
Er bestimmt, wie viel Einkommensteuer zu zahlen ist.

Einkommensteuerberechnung

zu versteuerndes Einkommen	**Einkommensteuerveranlagung**
Es ergibt sich nach Abzug von Werbungskosten, Sonderausgaben, Freibeträgen und außergewöhnlichen Belastungen.	Sie dient der Festsetzung der Steuerschuld durch das Finanzamt.

Gründe für eine „freiwillige" Einkommensteuererklärung

vom Arbeitgeber einbehaltene Lohnsteuer

Überzahlung wegen **schwankender Einkommenshöhe** —

Die **tatsächlichen Werbungskosten** übersteigen den Arbeitnehmerpauschbetrag. —

Die **tatsächlichen Sonderausgaben** übersteigen die Pauschbeträge. —

Außergewöhnliche Belastungen sind entstanden. —

zu erstattende Lohnsteuer	**wirklich zu zahlende Lohnsteuer**

Arbeitsteil

19 ZIGARETTEN 4,50€

1. Der Staat versucht, durch die Besteuerung verschiedene Ziele zu erreichen.
  a) Auf welches Ziel weist die oben stehende Abbildung hin?
  b) Welche weiteren Ziele verfolgt der Staat mit der Steuererhebung?

2. Wie wirken sich Steuererhöhungen auf die wirtschaftliche Lage (Konjunktur) aus, welche Auswirkungen haben Steuersenkungen?

3. Über welche Einnahmequellen verfügt der Staat?

4. Unterscheiden Sie zwischen direkten und indirekten Steuern.

5. Nennen Sie jeweils zwei wichtige
  a) Bundessteuern,
  b) Ländersteuern,
  c) Gemeindesteuern.

6. a) Welche Zollarten werden unterschieden?
  b) Welche Vorteile und welche Nachteile sehen Sie in der Erhebung von Schutzzöllen?

7. Einkommensteuer, Tabaksteuer, Kfz-Steuer, Mineralölsteuer, Mehrwertsteuer, Kaffeesteuer, Grundsteuer, Erbschaftsteuer, Biersteuer:
   a) Welche der oben genannten Steuern sind Besitz-, Verbrauchs- oder Verkehrssteuern?
   b) Welche der oben genannten Steuern sind direkte, welche sind indirekte Steuern?

8. Welche Einkünfte unterliegen der Einkommensteuer?

9. Unterscheiden Sie Einkommensteuer und Lohnsteuer.

10. Weshalb werden bei der Lohnsteuererhebung einzelne Steuerklassen gebildet?

11. Teilen Sie die folgenden Arbeitnehmer den entsprechenden Steuerklassen zu:
    a) ein verheirateter Arbeitnehmer, dessen Frau nicht arbeitet,
    b) ein lediger Arbeitnehmer.

12. Sofort nach der bestandenen Gesellenprüfung haben Ingo und Anja geheiratet. Sie arbeiten in derselben Firma und beziehen jeweils einen Bruttolohn von rund 1 800 €.
    a) Welche Steuerklassen können beide wählen?
    b) Ermitteln Sie mithilfe des Auszugs aus der Steuertabelle von S. 262 die sinnvollste Wahlmöglichkeit.
    c) Wie viel Euro „spart" die richtige Wahl der Steuerklasse jeden Monat? Gehen Sie bei der Berechnung von 9 %* Kirchensteuer aus.

13. a) Der Steuertarif setzt sich aus verschiedenen Zonen zusammen. Nennen Sie diese und geben Sie die entsprechenden Steuersätze dieser Zonen an.
    b) Begründen Sie, weshalb es im Steuertarif eine Nullzone gibt.
    c) Preissteigerungen werden durch Lohnsteigerungen aufgefangen. Der Arbeitnehmer erleidet also keinen Einkommensverlust. Stimmt diese Aussage auch unter Berücksichtigung des Steuertarifs?

14. Erläutern Sie den Begriff „zu versteuerndes Einkommen".

* Anmerkung: Kirchensteuer in Bayern und Baden-Württemberg 8 %, in allen anderen Bundesländern 9 %

15. a) Erläutern Sie, was man unter Werbungskosten versteht und geben Sie zusätzlich zwei Beispiele dafür an.
    b) Einem Arbeitnehmer sind im vergangenen Jahr 800 € Werbungskosten entstanden. Wie wirkt sich dieser Betrag in seiner Einkommensteuererklärung aus?
    c) Einem Arbeitnehmer sind im vergangenen Jahr 1 500 € Werbungskosten entstanden. Welchen Betrag erhält er hierfür bei seiner Einkommensteuererklärung zurückerstattet, wenn sein durchschnittlicher Steuersatz 28 % beträgt?

16. Überlegen Sie, weshalb der Staat entstandene Sonderausgaben steuerlich begünstigt, und nennen Sie vier Beispiele für Sonderausgaben.

17. Nennen Sie Beispiele für außergewöhnliche Belastungen.

18. a) Weshalb wird von vielen Arbeitnehmern eine „freiwillige" Einkommensteuererklärung (= Antragsveranlagung) durchgeführt?
    b) Nennen Sie drei Fälle, in denen eine „freiwillige" Einkommensteuererklärung sinnvoll ist.
    c) Das deutsche Steuersystem wird von vielen Seiten kritisiert. Analysieren Sie in diesem Zusammenhang die unten stehende Karikatur.

„Mal sehen … das sind die 18 Bände ‚Einkommenssteuer leicht gemacht' …"

 Methode „Analyse von Karikaturen" S. 325

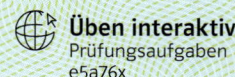 **Üben interaktiv**
Prüfungsaufgaben
e5a76x

Prüfungsaufgabe

a) In der sozialen Marktwirtschaft greift der Staat in das Wirtschaftsgeschehen ein. Erläutern Sie in diesem Zusammenhang die Karikatur.

b) Zeichnen Sie einen Konjunkturzyklus und beschriften Sie die einzelnen Phasen. Ordnen Sie anschließend die beiden Bildteile der Karikatur den entsprechenden Phasen zu.

c) Nennen Sie zwei Möglichkeiten, wie der Staat in der rechten Bildhälfte eingreifen kann. Geben Sie zusätzlich die beabsichtigte Wirkung dieser Maßnahmen an.

d) Im Stabilitätsgesetz sind die Ziele festgelegt, die der Staat bei seiner Wirtschaftspolitik erreichen soll. Nennen Sie diese Ziele.

e) Erklären Sie die Bedeutung des Grundfreibetrags am Beispiel eines Auszubildenden, der 7 200 € im Jahr verdient.

f) Berechnen Sie mithilfe des unten abgebildeten Schaubilds, wie viel Steuer die ledige Tina Brendle zu zahlen hat, wenn sie ein zu versteuerndes Jahreseinkommen von 30 000 € hat.

g) Welchen Familienstand und wie viele Kinder hat Tinas Kollege Martin Zöllner, wenn er Lohnsteuerklasse III/1 hat?

h) Tina Brendle will bei ihrer Einkommensteuererklärung folgende Ausgaben geltend machen:

1. Spende an die Welthungerhilfe,
2. Beiträge für private Rentenversicherung,
3. Fahrtkosten für die Fahrt zwischen Wohnung und Arbeitsstelle,
4. Kosten der Arbeitskleidung,
5. Gewerkschaftsbeitrag.

Ordnen Sie die Ausgaben den Begriffen „Werbungskosten" bzw. „Sonderausgaben" zu.

i) Weshalb gewährt der Staat z. B. für die Beiträge zu einer privaten Unfallversicherung Steuervorteile?

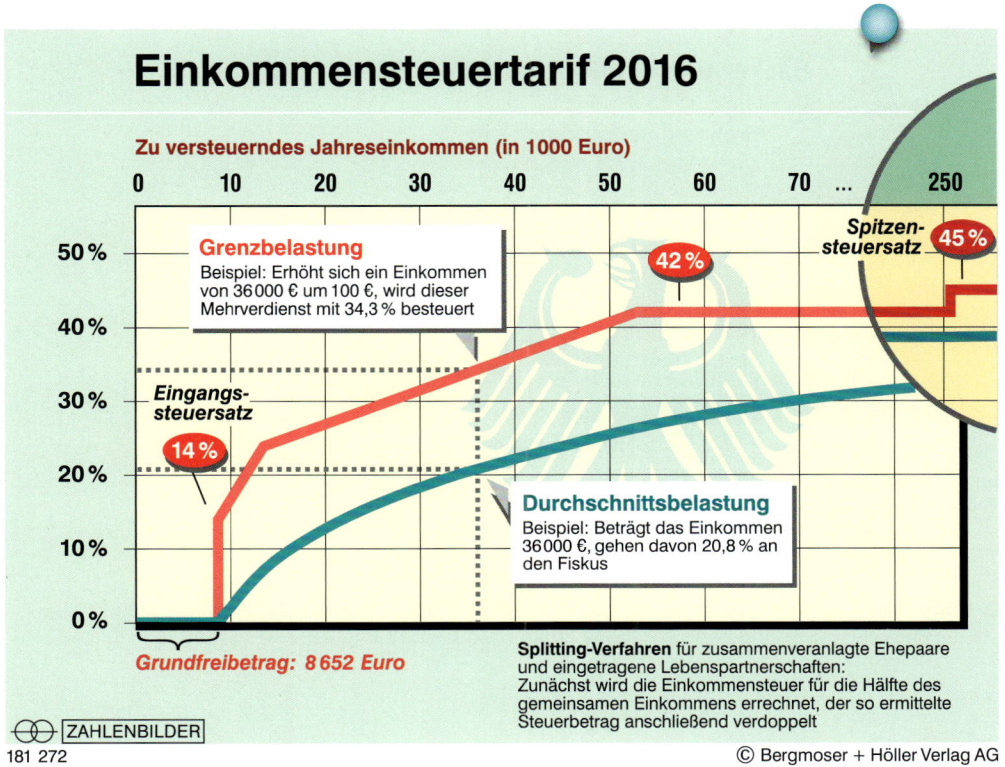

© Bergmoser + Höller Verlag AG

Prüfungsaufgabe

Der nächste Winter kommt bestimmt!!!

Nutzen Sie unsere Sommerpreise, ergänzen Sie Ihren Heizölvorrat.

Sommerzeit – Pelzmantelzeit

Clevere Kundinnen kaufen ihren Pelzmantel jetzt. Im Winter könnte es teuer werden …

Markisen zu Winterpreisen!!!

a) Erläutern Sie anhand der Werbeanzeigen, wovon der Preis einer Ware beeinflusst wird.

b) In den Lebensmittelgeschäften einer Großstadt wird der Liter Frischmilch zwischen 0,69 € und 1,29 € verkauft. Nennen Sie drei Gründe, weshalb nicht alle Kunden ihre Milch in dem Geschäft kaufen, in dem sie am billigsten angeboten wird.

c) In der Europäischen Union wurden den Landwirten für viele Erzeugnisse verbindliche Mindestpreise garantiert. Welche Vorteile und welche Nachteile ergaben sich daraus?

d) Beschreiben Sie am Beispiel des Bäckerhandwerks die Entwicklung bei der Unternehmenskonzentration.

e) Welche Gründe können Unternehmen veranlassen, sich zusammenzuschließen?

f) Beschreiben Sie zwei Formen von Zusammenschlüssen.

g) Zeigen Sie drei Gefahren auf, die sich aus den von Ihnen beschriebenen Zusammenschlüssen ergeben können.

h) Begründen Sie, weshalb Unternehmenszusammenschlüsse durch das Bundeskartellamt überwacht werden.

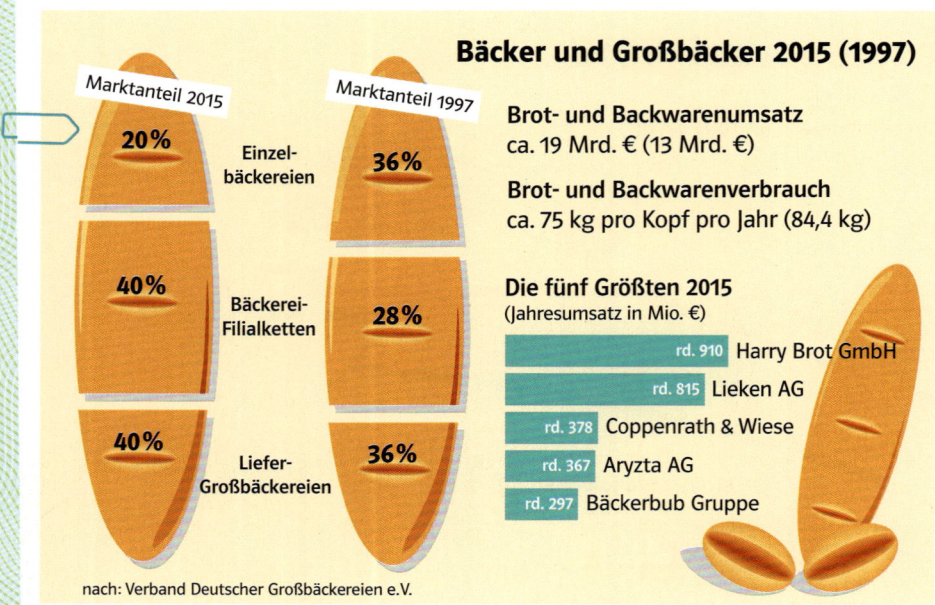

Bäcker und Großbäcker 2015 (1997)

Marktanteil 2015 / Marktanteil 1997

	Marktanteil 2015	Marktanteil 1997
Einzelbäckereien	20 %	36 %
Bäckerei-Filialketten	40 %	28 %
Liefer-Großbäckereien	40 %	36 %

Brot- und Backwarenumsatz
ca. 19 Mrd. € (13 Mrd. €)

Brot- und Backwarenverbrauch
ca. 75 kg pro Kopf pro Jahr (84,4 kg)

Die fünf Größten 2015
(Jahresumsatz in Mio. €)

rd. 910	Harry Brot GmbH
rd. 815	Lieken AG
rd. 378	Coppenrath & Wiese
rd. 367	Aryzta AG
rd. 297	Bäckerbub Gruppe

nach: Verband Deutscher Großbäckereien e.V.

Simulation einer Unternehmensgründung

Unternehmensziele
Standort und Gründung
Wahl der Rechtsform eines Unternehmens
Finanzierung
Betriebliche Kosten
Marketing

Linktipps
Kapitel
d2ze6f

1 Unternehmensziele

Unternehmer müsste man sein!!!

Kaiser's Kleider
Änderungsschneiderei
Lange Str. 13
08456 Hosenheim

Partyservice
Littmann
www.littmann.de
Tel. 0815/123456

FLIESEN U. NATURSTEINBELÄGE
GERD KIESSTEIN · MEISTERBETRIEB
45612 STEINBRECH
TEL. 0199/3216448

Auto-Werkstatt
Manfred Felger
Freie Kfz-Werkstatt
Am Bahnhof 1
11188 Keilriehen

→ Welche Gründe wären für Sie maßgebend, sich selbstständig zu machen?

1.1 Ziele erwerbswirtschaftlicher Unternehmen

Privatunternehmen arbeiten nach dem **erwerbswirtschaftlichen** Prinzip, d.h. es sind Betriebe, die den Markt mit Gütern versorgen, weil sie einen Gewinn anstreben. Der Gewinn fließt dem Inhaber des Unternehmens zu. In der Regel sind die Unternehmungen in einer Marktwirtschaft darauf aus, den möglichst maximalen Gewinn zu erzielen. Allerdings gilt diese Aussage nur mit Einschränkungen, denn wichtig für einen Unternehmer ist nicht die Erhöhung des absoluten Gewinns ohne Rücksicht auf den notwendigen Kapitaleinsatz, sondern ein möglichst günstiges Verhältnis zum eingesetzten Kapital (= Rentabilität). Beispielsweise wäre ein verdoppelter Gewinn bei verzehnfachtem Kapitaleinsatz kein wirtschaftlicher Erfolg.

Um langfristig dieses Ziel der **Gewinnmaximierung** umsetzen zu können, bedarf es der Verwirklichung einer Reihe unterstützender Ziele wie z.B.:
• ständige Verbesserung von Produktivität und Rentabilität,
• hohe Qualität von Produkten und Dienstleistungen,
• Beachtung und Umsetzung von technischen Neuerungen (Innovationen),
• optimale Gestaltung der Betriebsorganisation und der betrieblichen Abläufe,
• Arbeitsplatzsicherheit, vor allem in Großbetrieben, in denen die Arbeitnehmer nach dem Betriebsverfassungsgesetz an der Unternehmensleitung beteiligt sind,
• gutes Firmenimage (guter Name des Unternehmens).

Nachhaltigkeit

Das Prinzip der **Nachhaltigkeit** stammt ursprünglich aus der Forstwirtschaft des 18. Jahrhunderts. Es besagte: In einem bestimmten Zeitraum dürfen nur so viele Bäume gefällt werden, wie auch wieder nachwachsen können. Dadurch sollte der zukünftige Bedarf auch für nachfolgende Generationen gesichert werden. Weil in Deutschland heute noch nach diesem Prinzip verfahren wird, steht der Rohstoff Holz immer noch zur Verfügung; in Zukunft auch für unsere Nachkommen.

Schon in vergangener Zeit haben verschiedene Kulturen den Gedanken der Nachhaltigkeit in ihrer Architektur verwirklicht. So wurden Bauten errichtet, die lange, auch von nachfolgenden Generationen, genutzt werden können. Heute werden statt Naturbaustoffen neue Materialien entwickelt. Zum Beispiel ultrahochfester Beton, um im Sinne der Nachhaltigkeit langlebige und witterungsbeständige Bauten zu erstellen, die sogar Erdbeben überstehen.

Römische Brücke von Alcántara aus dem 1. Jahrhundert.

In den letzten Jahrzehnten stieg das Bewusstsein für die Notwendigkeit des Umweltschutzes. Unter diesem Aspekt bedeutet Nachhaltigkeit, die Bedürfnisse der gegenwärtigen Generation zu befriedigen, ohne dabei die Bedürfnisse künftiger Generationen zu gefährden.

Eine nachhaltige Unternehmensstrategie zeichnet sich dadurch aus, dass sie die wirtschaftliche **Leistungsfähigkeit**, die **soziale Sicherheit** und **die Erhaltung der natürlichen Lebensgrundlagen (Ökologie)** miteinander in Einklang bringt. Dies lässt sich unter anderem durch folgende Maßnahmen erreichen:

- Nutzung umweltfreundlicher Verkehrsmittel,
- Standortentscheidungen berücksichtigen das öffentliche Verkehrsnetz,
- Verwendung von Recyclingmaterialien,
- verantwortungsvoller Umgang mit Schadstoffen,
- umweltgerechte Auswahl von Rohstoffen und Lieferanten,
- Einsatz von erneuerbaren Energien und Ökostrom sowie nachwachsenden Rohstoffen,
- umweltfreundliche Entsorgung von Abfällen,
- Ersatz von umweltschädlichen Produkten,
- Kennzeichnung verkaufter Erzeugnisse mit Umweltzeichen wie „Blauer Engel", „grüner Punkt" oder „Biosiegel",
- Produktion langlebiger und qualitativ hochwertiger Erzeugnisse statt Wegwerfartikel, deren Reparatur nicht lohnt,
- Förderung von nachhaltigem Kaufverhalten durch Preisgestaltung,
- Investitionen in Forschung und Entwicklung,
- Einhaltung technischer und sozialer Arbeitsschutzmaßnahmen.

1.2 Ziele öffentlicher Unternehmen

Die meisten öffentlichen Unternehmen gehören den Gemeinden, den Ländern oder dem Bund und arbeiten nach dem **Bedarfsdeckungsprinzip**: Ihr Hauptziel ist es, die bestmögliche Deckung des Bedarfs der Bevölkerung sicherzustellen. Dies gilt vor allem für Güter und Dienstleistungen, an denen private Anbieter kein Interesse haben, z. B. weil hier kein Gewinn erzielt werden kann. Andererseits gibt es Versorgungsbereiche, an denen ein starkes öffentliches Interesse besteht. Diese Bereiche will man nicht dem privaten Gewinnstreben überlassen. Öffentliche Unternehmen verfolgen dabei unterschiedliche Teilziele:

Bedarfsdeckung	Verlustminimierung	Kostendeckung	angemessener Gewinn
Diese Unternehmen sollen sicherstellen, dass die Bevölkerung mit wichtigen Gütern und Dienstleistungen versorgt wird. Beispiele: Gas-, Wasserwerke, Verkehrsbetriebe	Diese Unternehmen können ihre Leistungen nicht zu einem kostendeckenden Preis anbieten. Die entstehenden Verluste werden durch die öffentliche Hand gedeckt. Beispiele: Theater, Museen, öffentlicher Personennahverkehr	Die Kosten der betrieblichen Tätigkeit sollen durch den Gegenwert der Leistung, den Preis, gedeckt werden. Ein Gewinn wird nicht erwirtschaftet. Beispiele: Müllbeseitigung, Wasserwerke	Diese Unternehmen wollen einen angemessenen Gewinn erzielen. So erwirtschaften Energieversorgungsunternehmen häufig Gewinne, die zum Verlustausgleich bei den örtlichen Verkehrsbetrieben herangezogen werden.

1.3   Ziele von Genossenschaften

Friedrich Wilhelm Raiffeisen (1818–1888), Genossenschaftsgründer und Sozialreformer

Die Zielsetzung einer Genossenschaft besteht nicht darin, einen möglichst hohen Gewinn zu erwirtschaften. Vielmehr will sie durch einen gemeinschaftlichen Geschäftsbetrieb für ihre Mitglieder wirtschaftliche Vorteile schaffen. Manche Genossenschaften bieten z. B. günstigere Einkaufsmöglichkeiten, andere übernehmen den Verkauf der erzeugten Waren.

Die Entstehung der Genossenschaften geht zurück ins 19. Jahrhundert. Während der „industriellen Revolution" schlossen sich die wirtschaftlich schwachen Handwerker und Landwirte zusammen, um sich durch gemeinsame Einrichtungen gegenüber den Großbetrieben zu behaupten. Als **Selbsthilfeorganisation** gründete 1847 Friedrich Wilhelm Raiffeisen die erste landwirtschaftliche Genossenschaft. Hermann Schulze-Delitzsch gründete 1849 die erste gewerbliche Genossenschaft, deren Zweck der gemeinsame Rohstoffeinkauf für Tischler und Schuster war.

Wie die Kapitalgesellschaften sind auch die Genossenschaften (eG = eingetragene Genossenschaft) juristische Personen. Eine Genossenschaft kann von mindestens drei Personen (Genossen) gegründet werden, nach oben ist die Mitgliederzahl unbegrenzt. Die Gründungsmitglieder legen auch das Statut (die Satzung) fest. Darin wird unter anderem die Haftung der Genossen geregelt. Normalerweise beschränkt sich die Haftung auf den Geschäftsanteil, wie man die Kapitaleinlage der Genossen nennt. Allerdings kann auch vereinbart werden, dass die Mitglieder im Insolvenzfall beschränkte oder unbeschränkte Nachschusszahlungen leisten müssen (sogenannte Nachschusspflicht).

Der **Vorstand**, der aus mindestens zwei Mitgliedern besteht und von der Generalversammlung gewählt wird, ist das leitende Organ. Er führt die Geschäfte und vertritt die Genossenschaft nach außen.

Der **Aufsichtsrat** besteht aus mindestens drei Mitgliedern. Er wird ebenfalls von der Generalversammlung gewählt. Als überwachendes Organ kontrolliert er die Tätigkeit des Vorstands, prüft den Jahresabschluss und berichtet darüber in der General-versammlung. Die **Generalversammlung** ist das beschließende Organ. Sie wird von den Mitgliedern der Genossenschaft gebildet. Beschlüsse werden durch Abstimmung gefasst, wobei allerdings nicht nach Geschäftsanteilen, sondern nach Köpfen abgestimmt wird.

Arten von Genossenschaften

Art	Aufgabe	Beispiele
Kreditgenossenschaft	Gewährung günstiger Kredite	Volksbanken, Raiffeisenbanken
Baugenossenschaft	Bau von günstigen Wohnungen	örtliche Bauunternehmen
Konsumgenossenschaft	durch Großeinkauf günstiger Weiterverkauf an die Mitglieder	Konsum, Coop
Betriebsgenossenschaft	gemeinsame Anschaffung und Nutzung von Maschinen	Mähdrescher
Absatzgenossenschaft	Verkauf der von Mitgliedern erzeugten Produkte	Obsterzeuger
Einkaufsgenossenschaft	preisgünstiger Großeinkauf von Rohstoffen, Maschinen, Waren	Schreiner, Friseure, Edeka
Produktionsgenossenschaft	Verarbeitung der von den Mitgliedern erzeugten Produkte	Molkereien, Winzergenossenschaften

Unterschiedliche Unternehmensziele

Unternehmensziele

erwerbswirtschaftliche Unternehmen
- Gewinnmaximierung
- Rentabilität
- hoher Marktanteil
- Nachhaltigkeit

öffentliche Unternehmen
- Bedarfsdeckung
- Kostendeckung
- Verlustminimierung
- angemessener Gewinn

Genossenschaften
- wirtschaftliche Vorteile für Mitglieder
- gemeinsamer Einkauf
- gemeinsame Produktion

Arbeitsteil

1. Nennen Sie wichtige Ziele der erwerbswirtschaftlichen Unternehmung.

2. Nennen Sie drei Ziele, welche die Gewinnmaximierung langfristig unterstützen.

3. Welche Ziele sind für öffentliche Unternehmen von Bedeutung? Warum?

4. a) Erläutern Sie den Begriff „Nachhaltigkeit".
   b) Welche Maßnahmen eines Unternehmens fördern diese Zielsetzung?

5. Nach dem verfolgten Zweck unterscheidet man verschiedene Genossenschaften. Nennen Sie vier Beispiele.

6. Welcher Gedanke war ausschlaggebend für die Gründung von Genossenschaften?

7. a) Wie stehen Sie zu der Aussage: „Als Selbstständiger hat man ausgesorgt!"?
   b) Stellen Sie die Vor- und Nachteile der Selbstständigkeit gegenüber.

2 Gründung eines Unternehmens

→
a) Welche Überlegungen müssen angestellt werden, bevor jemand ein neues Unternehmen gründet?

b) Beurteilen Sie diese Unterhaltung.

2.1 Motive und Businessplan

Motive für Unternehmensgründer

Die Motive, die jemanden veranlassen, ein Unternehmen zu gründen, sind unterschiedlich. Meist ist es eine **Idee** für ein neues Produkt oder eine Dienstleistung, von deren Erfolg man fest überzeugt ist. Eine große Rolle spielt auch der Wunsch nach mehr **Unabhängigkeit** und **Eigenverantwortung**. Häufig sind **Unzufriedenheit** und fehlende **Aufstiegschancen** bei Arbeitnehmern der Auslöser für den Schritt in die Selbstständigkeit. Man möchte nach Jahren der Abhängigkeit endlich unabhängig sein von Weisungen eines Vorgesetzten. Ebenso kann **drohende Arbeitslosigkeit** die Ursache für eine Existenzgründung sein. Andere erhoffen sich mehr **Ansehen** und ein **höheres Einkommen**. Auch **jahrelange Branchenerfahrung** und die Möglichkeit, die eigenen **Qualifikationen** auszunutzen, können der Grund für den Weg in die Selbstständigkeit sein. Manche möchten ihr **Hobby zum Beruf machen**. Oftmals sind es auch Tüftler oder Forscher, die nach jahrelanger Arbeit eine bahnbrechende **Erfindung** machen und diese nun selbst vermarkten wollen.

Businessplan

Die Auslöser für eine **Geschäftsidee** sind also sehr vielfältig. Damit der Erfolg der Selbstständigkeit auch eintritt, bedarf es eines klaren und überzeugenden Konzepts, eines **Businessplans**.

BUSINESSPLAN
Hundesalon

BUSINESSPLAN
Eiscafé

BUSINESSPLAN
Gastronomie/Kneipe

Fertige Businesspläne, Vorlagen oder Muster für die Existenzgründung gibt es im Internet und bei den entsprechenden Verbänden in Hülle und Fülle. Das Angebot reicht von kostenlos bis kostenpflichtig, von einfach bis kompliziert. Man kann sich sogar fertige Businesspläne kaufen oder anfertigen lassen.

Mit dem Businessplan sollen vor allem Kreditgeber wie Banken angesprochen werden. Anhand der Angaben überprüfen sie, welches Risiko eine Kreditvergabe birgt. Mögliche Gesellschafter oder Kapitalgeber schätzen mit seiner Hilfe die Attraktivität einer Investition ein. Öffentliche Stellen nutzen den Businessplan als erste Grundlage für die Vergabe von Fördermitteln oder Steuererleichterungen. Neuen Mitarbeitern hilft er zu beurteilen, wie sicher ihr künftiger Arbeitsplatz sein wird. Auch für mögliche Kunden und Lieferanten ist er von Interesse. Selbst für den Existenzgründer ist ein Businessplan sinnvoll, da er hilft, seine Geschäftsidee in eine klar gegliederte Form zu überführen, was den Gründer zwingt, konkret zu planen wie er seine Idee erfolgreich verwirklichen möchte. Man sieht: **Ein Businessplan ist eine unverzichtbare Voraussetzung für jede Existenzgründung**.

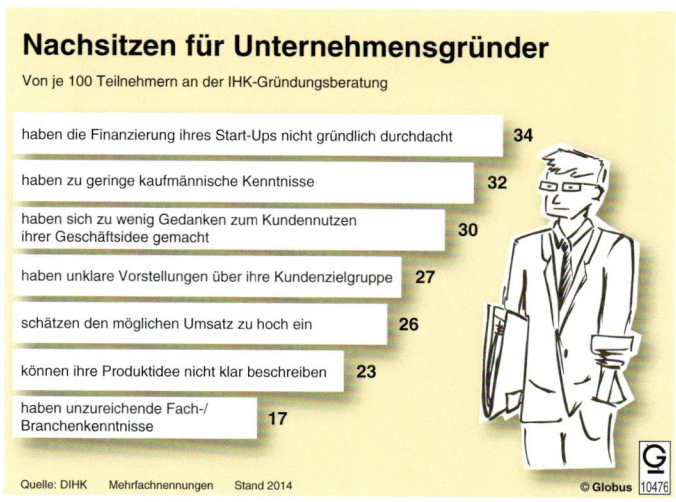

Der Businessplan ist sozusagen ein schriftlicher Fahrplan für die nächsten 3 bis 5 Jahre, wie die Geschäftsidee in die Tat umgesetzt werden soll. Er beschäftigt sich mit den Produkten oder den Dienstleistungen, die man anbieten will, mit den Kunden, der Konkurrenz, der Finanzierung, der Rechtsform des Unternehmens usw. Vereinfacht: Im Businessplan legt man fest, was man vorhat und was zu tun ist, damit das Gründungsvorhaben gelingt. Man plant aber nicht nur, sondern der **Plan** soll auch der **Kontrolle** der Zielsetzungen dienen.
Die nachfolgende Checkliste soll dem künftigen Unternehmer helfen, seine Geschäftsidee zu überdenken und zum Konzept reifen zu lassen.

1. Die Geschäftsidee
- Was ist Ihre Geschäftsidee?
- Welchen Nutzen hat Ihre Arbeit?
- Welchen zusätzlichen Nutzen, welche zusätzliche Leistung und Attraktivität bieten Sie im Unterschied zur Konkurrenz an?
- Wie bekannt ist Ihr Produkt/Ihre Dienstleistung?
- Was kostet Ihr Produkt/Ihre Dienstleistung?

2. Markteinschätzung
- Welche Kunden kommen infrage?
- Was sind die Wünsche dieser Kunden?
- Wie groß ist das Marktvolumen dieser Kunden?
- Mit welcher Werbung erreichen Sie Ihre Kunden?
- Sind Sie eventuell von wenigen Großkunden abhängig?

3. Konkurrenzanalyse
- Wer sind Ihre Konkurrenten?
- Was kostet Ihr Produkt/Ihre Dienstleistung bei der Konkurrenz?
- Können Sie preisgünstiger sein als die Konkurrenz?

- Wie könnten die Konkurrenten reagieren? Und wie reagieren Sie auf die Konkurrenz?
- Welchen Service bietet die Konkurrenz?

4. Standort
- Wo also haben Sie für Ihr Produkt/ Ihre Dienstleistungen einen Erfolg versprechenden Markt und keine (übermächtige) Konkurrenz?

5. Geschäftsverbindungen
- Mit wem wollen Sie Ihr Unternehmen starten? Allein? Partner? Angestellte? Lieferanten, Hersteller, Großhändler?

6. Zukunftsaussichten
- Wie könnte die Entwicklung in Ihrer Branche aussehen?
- Wie wird sich die Nachfrage nach Ihrem Angebot entwickeln? Ist es jetzt in Mode, bald nicht mehr?
- Wie lange können Sie einen Vorsprung durch zusätzlichen Nutzen oder eine zusätzliche Leistung halten?
- Gibt es vergleichbare Branchen, an denen Sie sich orientieren können?

Bundesministerium für Wirtschaft Broschüre „Starthilfe – der erfolgreiche Weg in die Selbstständigkeit"

2.2   Wahl des Standorts

Der Standort ist von entscheidender Bedeutung für die Zukunft eines Betriebs. Er beeinflusst die Umsatzhöhe, die erzielbaren Preise, ebenso die Kosten und somit den Gewinn. Jedes Unternehmen wird versuchen, den „günstigsten Standort" zu ermitteln. Es wird ihn dort wählen, wo die Kosten am geringsten sind und der erwartete Nutzen am größten ist. Für die Wahl des richtigen Unternehmensstandorts sind eine ganze Reihe von Faktoren zu berücksichtigen wie:

- **Kundennähe**
  Gibt es genügend Kundschaft?
- **Konkurrenz**
  Wie stark sind Zahl, Größe und Anziehungskraft der Konkurrenten?
- **Kosten**
  Wie hoch sind Mieten, Energiekosten und Steuern?
- **Verkehrsanbindung**
  Können Kunden und Lieferanten problemlos den geplanten Standort erreichen?
- **Arbeitskräfte**
  Bietet der Arbeitsmarkt vor Ort geeignete Mitarbeiter? Wie ist das Lohnniveau?
- **Behördliche Auflagen**
  Gibt es Umwelt- und Bauvorschriften?

Wodurch wird die Standortwahl beeinflusst?

Kosten

Kundennähe

Behördliche Auflagen

Standortwahl als Kompromiss

Konkurrenz

Verkehrs- anbindung

Arbeitskräfte

Für ein Unternehmen ist es sehr schwierig, alle diese Faktoren angemessen zu berücksichtigen. Es wird deshalb bei der Wahl seines Standorts Kompromisse schließen.

2.3   Berufsbezogene Voraussetzungen

Nach Artikel 12 Absatz 1 Grundgesetz haben alle Deutschen das Recht, sich selbstständig zu machen und einen Betrieb zu gründen **(Gewerbefreiheit)**. Auch für andere EU-Staatsbürger gelten in der Regel die gleichen Bedingungen.
Die Ausübung eines Gewerbes ist an bestimmte **persönliche Voraussetzungen** gebunden, z. B. volle Geschäftsfähigkeit des Gründers oder geordnete Lebensver-

Einzelhandel:
Das Gewerbe ist grundsätzlich erlaubnisfrei. Beim Handel mit Arzneimitteln und Milch etc. ist ein Sachkenntnisnachweis erforderlich.
Hotel- und Gaststättengewerbe:
Eine Gaststättenerlaubnis wird erteilt, wenn der zukünftige Wirt persönlich zuverlässig ist und an einer Unterweisung der zuständigen Kammer teilgenommen hat. Die vorgesehenen Betriebsräume müssen der Gaststättenverordnung und den amtlichen Hygiene- und Feuerschutzvorschriften genügen.
Handwerk:
Handwerksbetriebe bedürfen nach der Handwerksordnung des Eintrags in die Handwerksrolle. In 41 von 94 Handwerksberufen ist die Meisterprüfung Voraussetzung für den Eintrag. Auch in 35 Berufen mit „Meisterzwang" werden Gesellen ohne Meisterprüfung eingetragen, wenn sie 6 Jahre Berufspraxis besitzen und 4 davon in leitender Funktion tätig waren (Stand 2016).

hältnisse. Für einige Gewerbezweige ist eine besondere Genehmigung erforderlich (Vorlage bei der Gewerbeanmeldung). Viele andere sind nicht erlaubnispflichtig.

2.4 Gründungshilfen

Wer auch immer ein eigenes Unternehmen gründen möchte, sollte sich beraten lassen. Beratung ist keine Nachhilfe, sondern **Entscheidungshilfe**. Dies sollte übrigens auch in den ersten Jahren nach der Firmengründung gelten. Eine erste Beratung sollte folgende Fragen klären:

- Reichen meine persönlichen und fachlichen Kenntnisse aus?
- Stimmen meine Markteinschätzungen?
- Sind meine finanziellen Vorstellungen realistisch?
- Sind meine Pläne realisierbar?
- Lohnt es sich für mich, das Risiko der Selbstständigkeit einzugehen?

Erste Informationen für Existenzgründer bieten berufsständische Organisationen wie die **Industrie- und Handelskammern** (IHK) sowie die **Handwerkskammern (HWK)**. Weitere Beratungsstellen sind die **Fachverbände** der einzelnen Branchen sowie die **Institute der Wirtschaft**.

Neben Informations- und Schulungsveranstaltungen für Existenzgründer bieten Kammern und Verbände eine kostenlose, persönliche Existenzgründerberatung oder Existenzaufbauberatung an.

Bei staatlichen Stellen wie z.B. dem **Bundesministerium für Wirtschaft** oder den entsprechenden Stellen bei den Landeswirtschaftsministerien gibt es kostenloses Informationsmaterial.

Neben den genannten Einrichtungen erhält man Beratungen bei den folgenden Stellen. Dabei sollte beachtet werden, dass für bestimmte Beratungen staatliche Zuschüsse erhältlich sind:

- **Steuerberater** unterstützen bei den Gründungsvorbereitungen, bei der Einrichtung einer Buchhaltung und beraten bei allen Steuerfragen.
- **Kreditinstitute** beraten vorwiegend in Finanzierungsfragen, liefern jedoch auch bei Bedarf Informationen über Branchen und Märkte.
- **Freie Unternehmensberater** führen Marktanalysen durch, erarbeiten Unternehmensplanungen, erstellen Finanzierungskonzepte.
- **Rechtsanwälte und Notare** sollten vor allem beim Erstellen von Verträgen zu Rate gezogen werden, um unliebsamen Überraschungen vorzubeugen.

2.5 Finanzielle Förderung und Wirtschaftsförderung

Der Start in die unternehmerische Selbstständigkeit wird durch **finanzielle Hilfen** von EU, Bund, Ländern und Gemeinden unterstützt. Diese Förderprogramme bieten vor allem günstige Kredite an. Manche verlangen ermäßigte Zinssätze, andere bieten tilgungsfreie Jahre oder verzichten auf Sicherheiten. Aufgrund der großen Anzahl verschiedener Programme ist es sehr schwierig, die optimale Kombination zu finden. Ohne Rat kann man viel Geld verschenken. Deshalb sollte unbedingt die Betriebsberatungsstelle der zuständigen Kammer in Anspruch genommen werden. Wichtige Existenzgründungshilfen sind z.B.:

- **ERP-Gründerkredite** bei der KfW-Bankengruppe
- **Eigenkapitalhilfe-Darlehen** bei der KfW-Bankengruppe
- **Existenzgründungs-Darlehen** der Landesbanken

 Info

Bundesministerium für Wirtschaft und Technologie Förderberatung, Existenzgründung
kn72h3

- **Ausfallbürgschaften** durch Kreditgemeinschaften, die in allen Bundesländern eingerichtet wurden. Sie übernehmen Bürgschaften für Handwerker, die für Bankkredite keine ausreichenden Sicherheiten besitzen. Solche Bürgschaften sichern bis zu 80 % des benötigten Kredits.
- **Innovationsförderungsprogramme** beinhalten Zuschüsse, Kredite, Risikobeteiligungen und Bürgschaften für Gründer von technologieorientierten Unternehmen.

Info
Baden-Württemberg
Wirtschaftsförderung
e86vd6

Ziel der Wirtschaftsförderung ist es, Unternehmen in einer bestimmten Region neu anzusiedeln oder ihr Fortbestehen zu sichern. Den Unternehmen werden durch reduzierte Steuersätze oder Bauland Anreize gesetzt, sich in diesem Gebiet niederzulassen. Staatliche Fördermaßnahmen sind z. B. Vorzugskredite, finanzielle Unterstützung für Unternehmensgründungen, die Schaffung von Technologieparks und deren Bestandspflege. Wirtschaftsförderung wird durch landeseigene Institutionen, durch Landkreise oder durch Gemeinden betrieben. Das Bundesministerium für Wirtschaft unterstützt den Aufbau Ost mit speziellen Absatzförderungs- und Vermarktungshilfeprogrammen.

2.6 Franchising

Info
Franchising
v2ku7h

Ein Betriebsgründer kann sich viele Probleme und Risiken ersparen, wenn er sich ein fertiges Konzept kauft. Das System heißt **Franchising** und wird heute in vielen Branchen praktiziert.

Franchise-Typen

Vertriebsfranchising: Der Franchisenehmer verkauft bestimmte Waren in seinem Geschäft. Das Geschäft trägt den Namen des Franchisegebers. Beispiel: Eismann, McDonald's

Dienstleistungsfranchising: Der Franchisenehmer bietet Dienstleistungen unter der Geschäftsbezeichnung des Gebers an und verpflichtet sich, bestimmte Richtlinien und Vorgaben einzuhalten. Beispiele: Musikschule, Hotelkette

Produktionsfranchising: Nach Anweisungen des Franchisegebers stellt der Nehmer eine bestimmte Ware selbst her. Er verkauft die Produkte unter dem Warenzeichen des Franchisegebers. Beispiel: Getränkeabfüllbetrieb wie z. B. Cola

Beim **Franchiseverfahren** liefert ein Unternehmer – der **Franchisegeber** – Name, Marke, Know-how und Marketing. Gegen Gebühr räumt er dem **Franchisenehmer** das Recht ein, seine Waren und Dienstleistungen zu verkaufen. Er bietet dafür die Gewähr, dass kein anderer Franchisenehmer in seinem Gebiet einen Betrieb eröffnet.

Weitere Leistungen des Franchisegebers:
- Durchführung von Markttests
- Kalkulationshilfen
- laufende geschäftliche Betreuung und Beratung
- Werbung für alle Franchisenehmer
- Ausbildung und Fortbildung des Franchisenehmers und seiner Mitarbeiter

Der Entscheidungsspielraum des Franchisenehmers wird zwar eingeschränkt (z. B. bei der Auswahl der anzubietenden Produkte), dafür erhält er aber eine relative Sicherheit geboten, weil der Franchisegeber eine große Anzahl von überbetrieblichen Leistungen für ihn übernimmt. Je nach Art des Unternehmens kann Franchising mit hohen Kosten verbunden sein, so wird z. B. bei McDonald's neben den laufenden Gebühren eine Mindestinvestition von 600 000 € verlangt. Des Weiteren müssen strenge Regeln beachtet werden; so ist bei manchen Franchisegebern die Teilnahme an mehrmonatigen Lehrgängen eine zwingende Grundvoraussetzung.

2.7 Anmeldung der Unternehmensgründung

Die Gründung eines eigenen Betriebs macht eine Vielzahl von Anmeldeformalitäten sowie die Beachtung von zahlreichen gesetzlichen Vorschriften notwendig. So muss jeder Gewerbebetrieb beim zuständigen **Gewerbeamt** (der Gemeindeverwaltung) angemeldet werden. Notwendig hierzu sind ein Personalausweis (Pass) und evtl. besondere Genehmigungen und Nachweise (z. B. Handwerkskarte, Konzession usw.). Das Gewerbeamt leitet eine Kopie des Anmeldeformulars automatisch an die wichtigsten Stellen weiter.

DFV
DEUTSCHER
FRANCHISE
VERBAND E.V.

So viele Tage dauert es, in diesen Ländern ein Unternehmen zu gründen:	
Land	Tage
Neuseeland	1
Belgien	4
Kanada	5
USA	6
Großbritannien	13
Deutschland	15
Schweiz	20
Russland	30
Spanien	47

Checkliste zur Anmeldung eines Kleinbetriebs des Handwerks:

1. Eintragung in die **Handwerksrolle** der **Handwerkskammer**
   → Ausstellung einer Handwerkskarte ☑

2. Je nach Rechtsform Eintragung des Unternehmens in das **Handelsregister** (Es wird beim zuständigen Amtsgericht geführt.) ☑

3. Meldung über Beginn des Gewerbes an das gemeindliche **Gewerberegister**
   → Ausstellung einer Gewerbeanmeldungsbestätigung ☑

4. Anmeldung beim **Finanzamt** nach der Steuergesetzgebung
   → Zuteilung einer **Steuernummer** ☑

5. Mitteilung an die zuständige **Berufsgenossenschaft**
   → Sicherung der Unfallversicherung ☑

6. Information an die Agentur für Arbeit
   → u. U. Fördermittel für Mitarbeiter, Zuteilung einer **Betriebsnummer** ☑

7. Anmeldung von Arbeitnehmern innerhalb von 14 Tagen bei den zuständigen **Krankenkassen** → Sozialversicherung ☑

8. Aushandeln der Bezugsbedingungen **bei Versorgungsunternehmen** für Strom, Gas, Wasser und Müllabfuhr ☑

9. Einholung der **Betriebsgenehmigung** bei überwachungspflichtigen Anlagen ☑

10. Besorgung von u. U. notwendigen **Sondergenehmigungen** (Information durch Behörden oder Kammern) ☑

Gründung eines Unternehmens

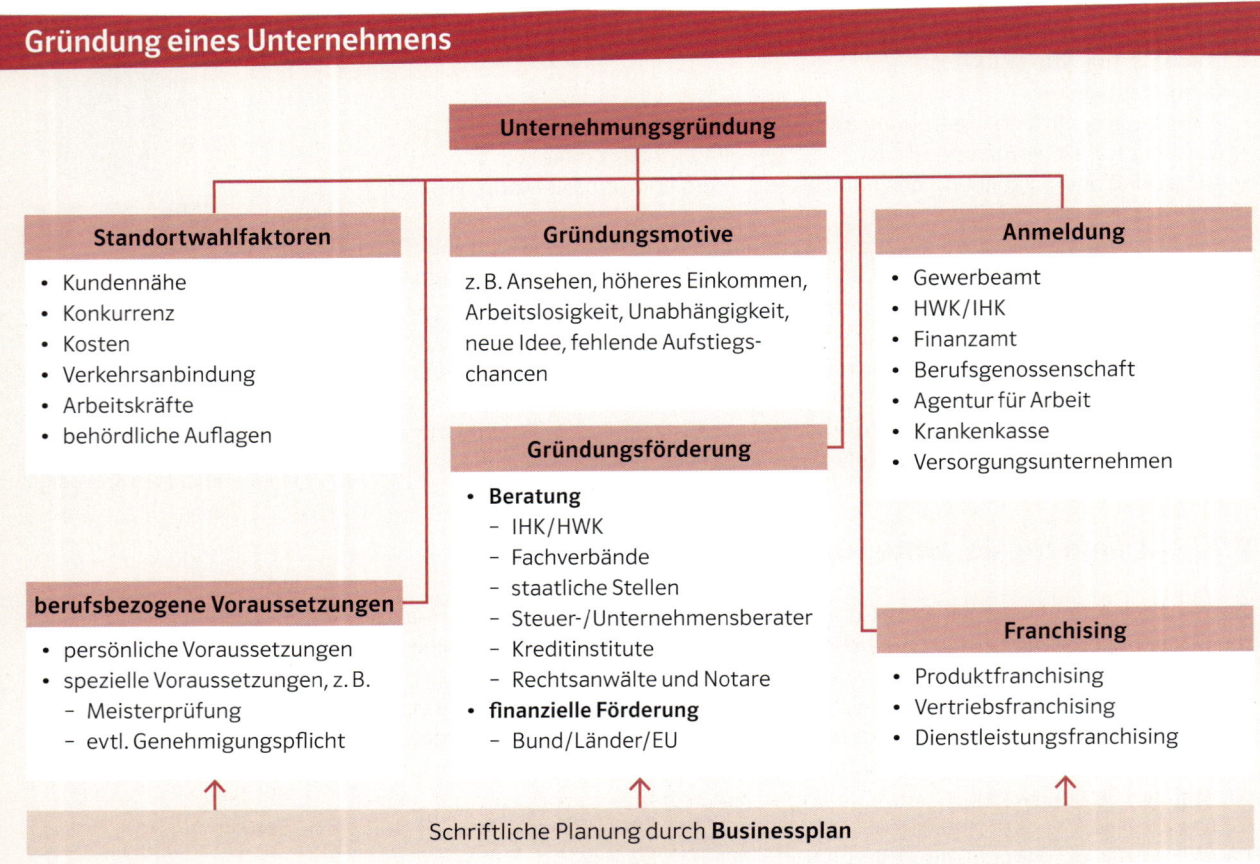

Unternehmungsgründung

Standortwahlfaktoren

- Kundennähe
- Konkurrenz
- Kosten
- Verkehrsanbindung
- Arbeitskräfte
- behördliche Auflagen

berufsbezogene Voraussetzungen

- persönliche Voraussetzungen
- spezielle Voraussetzungen, z. B.
  - Meisterprüfung
  - evtl. Genehmigungspflicht

Gründungsmotive

z. B. Ansehen, höheres Einkommen, Arbeitslosigkeit, Unabhängigkeit, neue Idee, fehlende Aufstiegschancen

Gründungsförderung

- **Beratung**
  - IHK/HWK
  - Fachverbände
  - staatliche Stellen
  - Steuer-/Unternehmensberater
  - Kreditinstitute
  - Rechtsanwälte und Notare
- **finanzielle Förderung**
  - Bund/Länder/EU

Anmeldung

- Gewerbeamt
- HWK/IHK
- Finanzamt
- Berufsgenossenschaft
- Agentur für Arbeit
- Krankenkasse
- Versorgungsunternehmen

Franchising

- Produktfranchising
- Vertriebsfranchising
- Dienstleistungsfranchising

Schriftliche Planung durch **Businessplan**

Arbeitsteil

1. Eine Existenzgründung kann unterschiedliche Motive haben. Zählen Sie vier davon auf.

2. Nennen Sie fünf Standortfaktoren.

3. Welche berufsbezogenen Voraussetzungen für die Gründung eines Handwerksbetriebs gibt es?

4. Welche Einrichtungen bieten erste Informationen für Betriebsgründer?

5. Nennen Sie fünf mögliche finanzielle Existenzgründerhilfen.

6. Erklären Sie das Franchiseverfahren.

7. Nennen Sie Vorteile und Nachteile des Franchising für den Franchisenehmer.

8. Wen müssen Sie bei einer Betriebsgründung informieren? Nennen Sie drei Stellen und begründen Sie, warum Sie diese Stellen informieren müssen.

9. Jedes Jahr wird eine enorme Zahl von Unternehmen geschlossen; ein Teil davon wegen Insolvenz. Fast ein Viertel der insolventen Unternehmen bestand 2015 weniger als 3 Jahre, was auf Fehler bei der Existenzgründung schließen lässt. Nennen Sie die häufigsten Fehler und beschreiben Sie, wie sich diese vermeiden lassen.

10. a) Überlegen Sie, welche Gründe für den Abkehrwillen vom Standort Deutschland ausschlaggebend sind.
    b) Welche Vorteile bietet der Standort Deutschland Ihrer Meinung nach?

11. a) Entwickeln Sie sich im Team eine erfolgversprechende Geschäftsidee.
    b) Beschaffen Sie aus dem Internet die Vorlage eines Businessplans, die Sie auf Ihre Geschäftsidee anpassen. Der Plan sollte sich an der Checkliste S. 277 orientieren.
    c) Überzeugen Sie Ihre Klasse von der Geschäftsidee, indem Sie den Businessplan vorstellen.

Simulation einer Unternehmensgründung

3   Wahl der Rechtsform eines Unternehmens

„Ganz schön schwierig,
sich für die richtige
Rechtsform zu entscheiden.

→
a) Muss diese Entscheidung
wirklich so schwierig sein?
b) Worin liegen Ihrer
Meinung nach die Probleme
bei der Wahl der richtigen
Rechtsform?

Bei der Gründung eines Unternehmens wird vieles überlegt, z.B. ob man die richtige Unternehmerpersönlichkeit ist, ob eine Marktlücke vorhanden ist, welche Geschäftsausstattung man braucht und wie diese finanziert werden kann. Über die Wahl der besten, der richtigen Unternehmensform macht man sich weniger Gedanken. Dies ist jedoch falsch! Ein Fehler in diesem Bereich kann früher oder später alles, was in mühsamer Arbeit aufgebaut wurde, zunichtemachen.
Ein wichtiges Merkmal einer Unternehmung ist ihre Rechtsform. Sie gibt unter anderem Auskunft über folgende Fragen:
* Wer bringt das erforderliche Kapital auf?
* Wer haftet für die Schulden?
* In welchem Umfang wird gehaftet?
* Wer ist berechtigt, die Unternehmung zu leiten und nach außen zu vertreten?
* Wer erhält den erwirtschafteten Gewinn?

Übersicht über Rechtsformen der Unternehmung

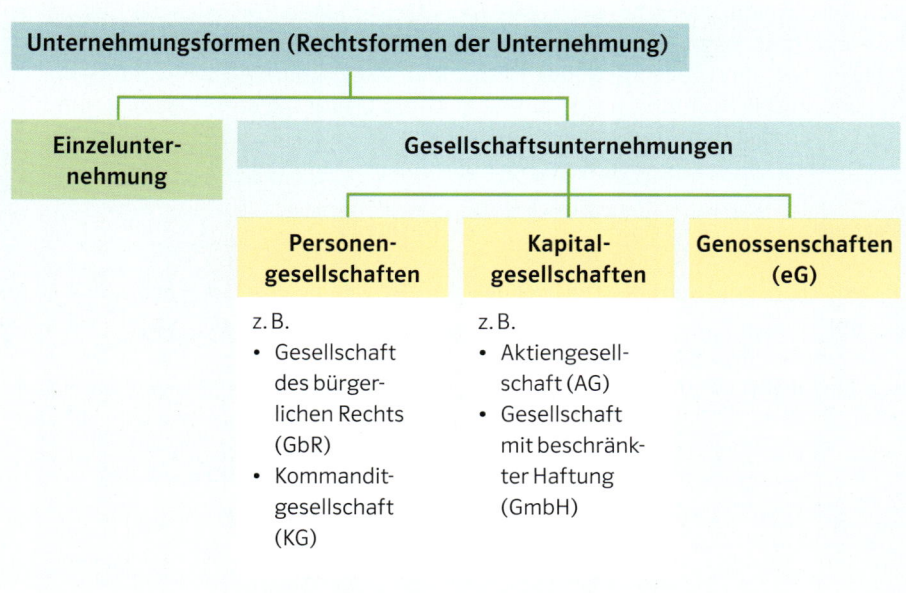

3.1   Einzelunternehmung

Die Einzelunternehmung ist die Rechtsform, die in der Bundesrepublik am weitesten verbreitet ist. Typische Einzelunternehmungen, die im Übrigen rund 70 % aller Unternehmungen ausmachen, sind z. B. die kleineren Handwerksbetriebe, die landwirtschaftlichen Betriebe oder die Einzelhandelsbetriebe.

Im Mittelpunkt der Einzelunternehmung steht ein einzelner Unternehmer, der das Kapital aufbringt, die Unternehmung leitet und für die Schulden unbeschränkt haftet, also auch mit seinem Privatvermögen. Er allein hat die gesamte Entscheidungsgewalt und übernimmt auch allein die Verantwortung und das gesamte Risiko. Dafür hat er den vollen Anspruch auf den Unternehmensgewinn. Geeignet ist die Einzelunternehmung besonders für Existenzgründer und Kleingewerbetreibende. Die Geschäftsbezeichnung, unter der ein Einzelunternehmer seine Unternehmung betreibt, muss mindestens seinen Vornamen und Familiennamen enthalten. Kleingewerbetreibenden (Nichtkaufleuten) ist der Eintrag ins Handelsregister freigestellt. Sofern sie sich eintragen lassen, werden sie zum Kaufmann und unterliegen den Kaufmannsregeln des HGB (Handelsgesetzbuch). So können sie beispielsweise einen Firmennamen führen, höhere Verzugszinsen berechnen, formfrei Bürgschaften eingehen oder bei anderen Kaufleuten die Gewährleistung begrenzen. Dem stehen u. a. die Buchführungspflicht oder eine strengere Prüfungs- und Rügepflicht beim Handelskauf gegenüber. Erreicht das Unternehmen eine bestimmte Größe, dann **muss** der Einzelunternehmer sogar als **Kaufmann** (Istkaufmann) im **Handelsregister** eingetragen werden. In beiden Fällen schreibt das HGB vor, dass der Firmenname **(Firma)** einen **Rechtsformzusatz** erhält, nämlich „eingetragener Kaufmann" oder eine verständliche Abkürzung wie „e. K.", „e. Kfm." oder „e. Kfr.". So wird beispielsweise die Einzelunternehmung Max Bauer durch den Eintrag zu „Max Bauer e. K.".

HGB § 1

Firma nennt man den Namen, unter dem ein eingetragener Kaufmann seine Unternehmung betreibt. Im Gegensatz zur Geschäftsführung von Nichtkaufleuten muss diese nicht mehr den Namen des Unternehmers enthalten. Max Bauer e. K. könnte seine Firma beispielsweise auch „Gigabyte Computerhandel e. K." nennen. Er kann seinen Firmennamen auch vererben und verkaufen.

Arbeitslose, die sich als Einzelunternehmer selbstständig machen, können staatlich gefördert werden. Für eine aussichtsreiche **Existenzgründung** können sie von der Agentur für Arbeit zusätzlich zum Arbeitslosengeld I sechs Monate lang einen steuerfreien **Gründungszuschuss** von 300 € monatlich erhalten. Trägt sich das Geschäftskonzept, dann kann es den Zuschuss neun weitere Monate erhalten (Stand 2016). Sofern der Jahresgewinn 50 000 € nicht übersteigt, sind die „Mini-Unternehmer" sogar von der Buchführungspflicht befreit. Die Umsatzsteuerbefreiung kann das Geschäft ankurbeln, denn der Gründer kann seine Leistungen steuerfrei und somit preiswerter anbieten. Existenzgründer dürfen auch Mitarbeiter einstellen.

Vorteile	Nachteile
• Der Unternehmer verfügt allein über den Gewinn.	• Der Unternehmer haftet unbeschränkt mit seinem Geschäfts- und Privatvermögen.
• Der Unternehmer kann alleine und schnell entscheiden.	• Der Unternehmer trägt das Risiko alleine.
• Ein einzelner Unternehmer kann sich schnell an wirtschaftliche Veränderungen anpassen.	• Die Kapitalkraft und Geldbeschaffungsmöglichkeiten sind begrenzt.
• Es besteht große Unabhängigkeit gegenüber anderen Meinungen.	• Die Nachfolge des Inhabers kann Probleme bereiten.

3.2 Personengesellschaften

Schließen sich zwei oder mehr Personen zusammen, um gemeinsam eine Unternehmung zu betreiben, so bilden sie eine Personengesellschaft, wenn mindestens eine Person unbeschränkt mit ihrem gesamten Geschäfts- und Privatvermögen haftet. Vielfach entstehen Personengesellschaften aus umgewandelten Einzelunternehmungen, die so ihre Kreditwürdigkeit erhöhen wollen oder die wegen eines gestiegenen Kapitalbedarfs Gesellschafter aufnehmen müssen.

Ein anderer Grund kann zum Beispiel in der Absicht liegen, die Haftung, das Risiko oder die Arbeitsbelastung auf mehrere Personen zu verteilen. Oft wird auch versucht, auf diese Weise Fachkräfte für ein Unternehmen zu gewinnen. Selbst steuerliche Vorteile können eine solche Umwandlung ratsam erscheinen lassen. Häufig wollen Unternehmer Verwandte an der Unternehmung beteiligen. Auch machen persönliche Gründe (z. B. Alter, Erbfall) die Gründung einer Personengesellschaft erforderlich.

Wichtige Personengesellschaften sind die **Gesellschaft bürgerlichen Rechts** (GbR), die **Offene Handelsgesellschaft** (OHG) und die **Kommanditgesellschaft** (KG).

Gesellschaft bürgerlichen Rechts (GbR)

Sie stellt die einfachste und unkomplizierteste Rechtsform dar. Rechtsgrundlage ist das BGB, deshalb wird die GbR auch BGB-Gesellschaft genannt. Durch eine vertragliche Vereinbarung, die sowohl zwischen natürlichen als auch juristischen Personen getroffen werden kann, wird ein gemeinsames Ziel bestimmt. Auch mündliche Abmachungen können als Vertrag gelten (z. B. Fahrgemeinschaft, Lottogemeinschaft). Bei der Gründung wird zwar die Schriftform empfohlen, sie ist aber nicht zwingend nötig. Durch die Rechtsprechung des Bundesgerichtshofs wird der GbR nach außen eine **Teilrechtsfähigkeit** zugebilligt. So kann sie eigene Rechte und Pflichten begründen, beispielsweise unter ihrem Namen klagen und verklagt werden. Lässt sie sich freiwillig ins Handelsregister eintragen, wird sie zur OHG. Gemessen am Einzelunternehmen entstehen keine steuerlichen Nachteile.

BGB §§ 705 ff.

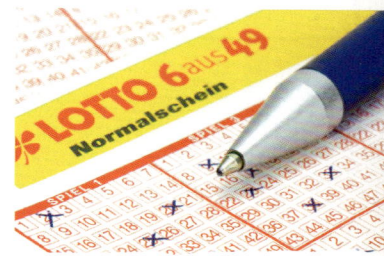

Werden keine besonderen Absprachen im Gesellschaftsvertrag getroffen, dann gelten folgende gesetzliche Regelungen:
- Für jedes abzuschließende Geschäft müssen **alle Gesellschafter** zustimmen, d. h. sie führen die Geschäfte gemeinschaftlich.
- Ebenso wie die Geschäftsführung steht die Vertretung der Gesellschaft nach außen allen Gesellschaftern gemeinsam zu. Allerdings gilt es hier als sinnvoll, die **Vertretungsbefugnis** und die **Geschäftsführung** einem Geschäftsführer zu übertragen.
- Jedem Gesellschafter steht der gleiche Gewinnanspruch zu.

Offene Handelsgesellschaft (OHG)

Die OHG ist ein Zusammenschluss von mindestens zwei Gesellschaftern, die gemeinsam ein Unternehmen betreiben. Im Firmennamen muss die Bezeichnung „offene Handelsgesellschaft" enthalten sein oder eine verständliche Abkürzung wie z. B. Hecht OHG, Wal & Hecht OHG, Wal OHG.

Zur Gründung der OHG schließen die beteiligten Personen einen Vertrag, den sogenannten **Gesellschaftsvertrag**. Werden darin keine abweichenden Regelungen getroffen, so gelten immer die gesetzlichen Bestimmungen (HGB). So ist zunächst jeder Mitinhaber zur **Geschäftsführung** und **Vertretung** der Firma berechtigt und verpflichtet. Das heißt, alle Gesellschafter haben demnach das Recht, die Firma nach außen zu vertreten und Geschäfte abzuschließen, die auch die anderen Gesellschafter binden.

Nach dem Gesetz erhält jeder Gesellschafter bei der **Gewinnverteilung** zunächst 4 % auf seine Kapitaleinlage; der Rest wird nach Köpfen verteilt. Ein eventueller Verlust wird ebenfalls pro Kopf aufgeteilt.

HGB §§ 105 ff.

Für die Kapitaleinlage ist keine Mindesthöhe vorgesehen, sodass es vorkommen kann, dass z. B. ein Gesellschafter das ganze Kapital einbringt, der andere hingegen vor allem kaufmännische oder technische Fähigkeiten beisteuert.

Von besonderer Bedeutung bei der OHG ist die **Haftung** aller Gesellschafter. Sie haften nämlich **unbeschränkt**, also auch mit ihrem Privatvermögen. Jeder Gesellschafter muss für die Geschäfte der anderen Gesellschafter einstehen, er haftet also auch **solidarisch**. Da alle Gesellschafter **unmittelbar**, also persönlich haften, kann ein Gläubiger auswählen, welchen Gesellschafter er zur Haftung heranziehen möchte. Aufgrund der unbeschränkten Haftung besitzt die OHG eine sehr gute Kreditwürdigkeit.

Vorteile	Nachteile
• Unterschiedliche Kenntnisse und Fähigkeiten können genutzt werden. • Risiko, Haftung und Arbeitsbelastung werden verteilt. • Zusätzliche Gesellschafter können neues Kapital hinzuführen. • hohe Kreditwürdigkeit	• uneingeschränkte Haftung • Meinungsverschiedenheiten zwischen den Gesellschaftern können dem Unternehmen schaden. • Im Vergleich zu Kapitalgesellschaften ist die Kapitalaufnahme beschränkt.

Kommanditgesellschaft (KG)

HGB §§ 161 ff.

Die **Kommanditgesellschaft** ist eine Personengesellschaft, die der OHG sehr ähnlich ist. Der wesentliche Unterschied besteht darin, dass es zwei Arten von Gesellschaftern gibt, nämlich den **Komplementär**, auch Vollhafter genannt, und den **Kommanditisten**, den sogenannten Teilhafter.

Die Komplementäre sind die persönlich haftenden Gesellschafter. Sie haben grundsätzlich die gleichen Rechte und Pflichten wie die OHG-Gesellschafter, d. h. sie haften nicht nur mit ihrer Kapitaleinlage, sondern auch mit ihrem Privatvermögen. Dagegen beschränkt sich die Haftung eines Kommanditisten nur auf seine Kapitaleinlage. Dafür ist er allerdings auch nicht zur Geschäftsführung und Vertretung der Gesellschaft berechtigt.

Die KG wird von den Komplementären geleitet und geführt. Allerdings besitzen die Kommanditisten ein Kontrollrecht, d. h. sie können beispielsweise Einsicht in die Bücher nehmen oder eine Bilanzabschrift verlangen. Bei außergewöhnlichen Geschäften besitzen sie ein Widerspruchsrecht.

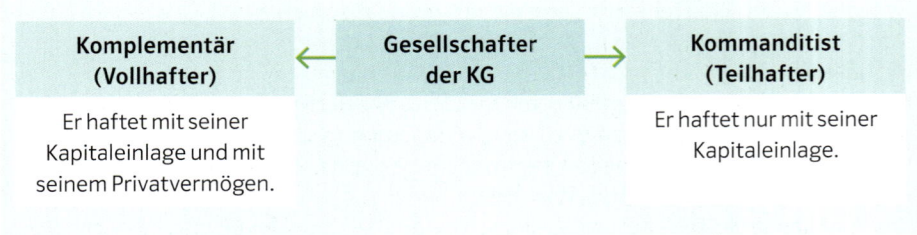

Komplementär (Vollhafter)	← Gesellschafter der KG →	Kommanditist (Teilhafter)
Er haftet mit seiner Kapitaleinlage und mit seinem Privatvermögen.		Er haftet nur mit seiner Kapitaleinlage.

Vom Gewinn erhalten alle Gesellschafter zunächst 4 % ihrer Kapitaleinlage. Der Rest ist in angemessenem Verhältnis zu verteilen, ebenso ein eventueller Verlust. Um Streitigkeiten vorzubeugen, wird das angemessene Verhältnis normalerweise im Gesellschaftsvertrag festgelegt.

Im Firmennamen einer KG dürfen nur die Namen von Vollhaftern enthalten sein. Ebenso wie bei der OHG muss er den Zusatz „Kommanditgesellschaft" enthalten oder eine verständliche Abkürzung. Beispiele: Hecht KG, Wal & Hecht KG, Wal KG.

3.3 Kapitalgesellschaften

Eine besondere Form der Gesellschaftsunternehmungen sind die Kapitalgesellschaften. Im Vordergrund steht die Aufbringung größerer Kapitalbeträge durch die Gesellschafter und nicht deren Mitarbeit in der Unternehmung. Die Gesellschafter haften nicht mit ihrem Privatvermögen, sondern nur mit ihrer Kapitaleinlage. Kapitalgesellschaften sind **juristische Personen**, d.h. sie haben eine eigene Rechtspersönlichkeit. Deshalb werden sie vom Gesetz wie Menschen behandelt und können beispielsweise Verträge schließen und vor Gericht verklagt werden. Kapitalgesellschaften entstehen durch die Eintragung ins **Handelsregister**. Werden die Geschäfte schon vor der Eintragung aufgenommen, dann haften die Gründer dafür unbeschränkt. Zu den wichtigsten Kapitalgesellschaften gehören:
- die **Aktiengesellschaft** (AG)
- die **Gesellschaft mit beschränkter Haftung** (GmbH).

Gesellschaft mit beschränkter Haftung (GmbH)

Die Gesellschaft mit beschränkter Haftung (GmbH) ist eine juristische Person. Zur Gründung einer GmbH sind als Mindestkapital (Stammkapital) 25 000 € notwendig. Dabei ist es gleichgültig, ob dieses Stammkapital von einer Person (Ein-Mann-GmbH) oder von mehreren aufgebracht wird. Die Gesellschafter sind mit bestimmten Anteilen, sogenannten Geschäftsanteilen, am Stammkapital der Gesellschaft beteiligt. Die Mindeststammeinlage beträgt 1 €.

Die **Haftung** der Gesellschaft erstreckt sich auf das Gesellschaftsvermögen. Die Gesellschafter haften nur mit ihrem Geschäftsanteil, nicht jedoch mit ihrem Privatvermögen. Die **Gewinnverteilung** erfolgt entsprechend den Anteilen am Stammkapital. Der **Firmenname** muss die Bezeichnung „Gesellschaft mit beschränkter Haftung" enthalten.

GmbH-Gesetz

Organe der GmbH

Die **Geschäftsführung** ist das leitende Organ. Sie besteht aus einer oder mehreren Personen, die von der Gesellschafterversammlung bestellt werden.	Die **Gesellschafterversammlung** kontrolliert die Geschäftsführung und entscheidet u. a. über die Verwendung des Jahresgewinns.	Ein **Aufsichtsrat** ist wie bei der AG das kontrollierende Organ. Er muss gebildet werden, wenn das Unternehmen mehr als 500 Beschäftigte hat.

Da eine GmbH nur beschränkt haftet, ist bei der Kreditaufnahme natürlich zu erwarten, dass die Kreditgeber keinen sehr hohen Kreditrahmen einräumen. Andererseits wird gerade wegen der beschränkten Haftung diese Rechtsform sehr gerne gewählt. Der Trend zum geringen Risiko nimmt ständig zu. Im Jahre 2011 hatten ca. 10 % aller neu gegründeten Unternehmen die Unternehmensform der GmbH.

Eine beliebte Unternehmensform ist die **GmbH & Co KG**. Dies ist eine Kommanditgesellschaft, deren Vollhafter eine GmbH ist. Die Kommanditisten der KG sind in der Regel auch Gesellschafter der GmbH. Neben steuerlichen Vorteilen bietet die GmbH & Co KG die Möglichkeit, das Privatvermögen aus der Haftung herauszuhalten.

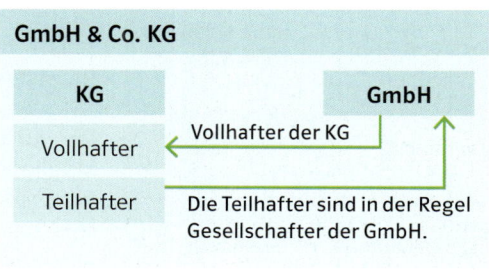

Unternehmergesellschaft (haftungsbeschränkt)/„Mini-GmbH"

Seit November 2008 kennt das GmbH-Recht eine zweite Variante der GmbH: die haftungsbeschränkte **Unternehmergesellschaft (UG)**. Abgesehen von der Gründung gelten für sie die Regelungen des GmbH-Rechts. Wird das im GmbH-Gesetz enthaltene Musterprotokoll verwendet, dann kann die Unternehmergesellschaft von heute auf morgen errichtet werden. Im Idealfall werden dafür nur 30 € Notarkosten fällig. Eine UG kann ohne bestimmtes Mindestkapital gegründet werden. Bereits 1 € Stammkapital genügt. Trotzdem ist die Haftung der Gründer beschränkt. Das Gründungskapital muss vor der Anmeldung ins Handelsregister aufgebracht werden, Sacheinlagen sind ausgeschlossen. Bei einem Euro Stammkapital stellt das sicherlich kein Problem dar. Allerdings muss ein Viertel des Jahresgewinns so lange angespart werden, bis das Mindestkapital einer normalen GmbH erreicht ist. Insofern kann man bei der UG auch von einer „Ansparungs-GmbH" sprechen. Sind 25 000 € angespart, dann kann die UG in eine reguläre GmbH umgewandelt werden. Der Firmenname muss die Bezeichnung „Unternehmergesellschaft (haftungsbeschränkt)" enthalten. Interessant ist diese **„Mini-GmbH"** vor allem für Existenzgründer, die anfangs über wenig Kapital verfügen oder für Branchen wie den Dienstleistungsbereich, die nicht so viel benötigen.

Aktiengesellschaft (AG)

Aktiengesetz

Die Aktiengesellschaft, eine **juristische Person**, ist die wirtschaftlich bedeutendste Kapitalgesellschaft. Ihre Gesellschafter, die **Aktionäre**, sind mit Anteilen **(Aktien)** am Grundkapital der Gesellschaft beteiligt und haften nur mit diesen.

Das Mindestkapital **(Grundkapital)** beträgt 50 000 €. Die AG kann von einer oder mehreren Personen gegründet werden. Dazu ist eine Satzung anzufertigen, die notariell beurkundet werden muss. Für ihre Einlagen erhalten die Gesellschafter Aktien. Der Mindestbetrag einer Aktie beträgt 1 €, jedoch sind auch Stückaktien möglich. Sie verkörpern wie Nennbetragsaktien einen Anteil am Grundkapital der AG. Allerdings lauten sie nicht auf einen Nennbetrag, sondern auf „Stück". Die Gesamtzahl der ausgegebenen Stückaktien ist nur in der Satzung und nicht auf der Aktie vermerkt. Die Aktien der Aktiengesellschaften werden an den Wertpapierbörsen gehandelt, wo ständig Preise **(Kurs)** ermittelt werden. In der Regel ist der **Kurswert**, der sich an den Börsen bildet, erheblich höher als der auf den Aktien aufgedruckte **Nennwert**. Die **Dividende** ist ein Teil des Gewinns einer AG, der an die Aktionäre ausbezahlt wird. Sie wird in Euro je Aktie angegeben.

Im Vergleich zu den anderen Unternehmensformen ist die Zahl der Aktiengesellschaften verhältnismäßig gering. Dennoch hat diese Rechtsform eine große Bedeutung, da sich durch die Ausgabe von Aktien leicht große Kapitalmengen aufbringen lassen. Deshalb und wegen der beschränkten Haftung wird diese Unternehmensform von fast allen Großunternehmen verwendet. Aktiengesellschaften, die viele Aktionäre haben, bezeichnet man als Publikumsgesellschaften. Manche davon haben mehrere hunderttausend Aktionäre.

Der **Firmenname** der AG muss den Zusatz Aktiengesellschaft enthalten. Beispiele: Deutsche Bank AG, Volkswagen AG.

Der Vorstand, der meist aus mehreren Personen besteht, leitet die Geschäfte der Aktiengesellschaft. Er wird vom Aufsichtsrat auf höchstens fünf Jahre bestellt, eine Wiederwahl ist zulässig.

Der Aufsichtsrat besteht aus mindestens drei Mitgliedern. Sie werden auf vier Jahre von den Aktionären und den Arbeitnehmern der AG (Belegschaft) gewählt. Auch die Aufsichtsratsmitglieder können wiedergewählt werden. Der Aufsichtsrat bestellt den Vorstand und überwacht

seine Geschäftsführung. Des Weiteren prüft er dessen Geschäftsbericht sowie den Jahresabschluss und berichtet darüber in der Hauptversammlung.

Die Hauptversammlung ist das beschlussfassende Organ der Aktiengesellschaft. Einmal jährlich treten die Aktionäre zusammen und bilden die Hauptversammlung, in der jeder Aktionär ein Stimmrecht pro Aktie hat. Die Hauptversammlung wählt die Aktionärsvertreter für den Aufsichtsrat. Darüber hinaus entlastet sie den Vorstand und den Aufsichtsrat für die geleistete Arbeit, beschließt über die Gewinnverteilung, ist zuständig für Satzungsänderungen und wählt die Wirtschaftsprüfer für die Abschlussprüfung.

Da nicht alle Aktionäre zur Hauptversammlung kommen, ist im Aktiengesetz vorgesehen, dass die Aktionäre sich vertreten lassen können. Dies besorgen in der Regel die Kreditinstitute, die auch die Aktien im **Depot** (Wertpapierkonto) verwalten.

Wird eine AG aufgelöst, so hat ein Aktionär einen Anspruch auf einen Teil des Liquidationserlöses. Wenn eine Aktiengesellschaft ihr Grundkapital erhöht und „junge Aktien" ausgibt, besitzen die alten Aktionäre ein Vorrecht auf den Bezug dieser Aktien (Bezugsrecht). Sie können dieses Bezugsrecht ausüben oder verkaufen.

Rechtsformen und deren Merkmale

Merkmale / Rechtsform	Gründung	Haftung	Geschäftsführung und Vertretung	Wichtige Gesellschaftsorgane	Gewinnverteilung
Einzel-unternehmung	allein durch Einzelunternehmer	allein und unbeschränkt	allein durch Einzelunternehmer	—	allein an Einzelunternehmer
GbR (Gesellschaft bürgerlichen Rechts)	mindestens zwei natürliche oder jurist. Personen mit gemeinsamem Ziel	Gesellschafter haften für alle Verpflichtungen als Gesamtschuldner mit dem Privatvermögen.	alle Gesellschafter gemeinschaftlich oder nach Vertrag	Gesellschafterversammlung, Geschäftsführer	Anteil gleich für jeden Gesellschafter
OHG (Offene Handelsgesellschaft)	mindestens zwei Personen	jeder Gesellschafter unbeschränkt	jeder Gesellschafter	Gesellschafterversammlung	4 % auf die Kapitaleinlage; Rest nach Köpfen
KG (Kommanditgesellschaft)	mindestens ein Vollhafter; mindestens ein Teilhafter	Komplementäre unbeschränkt; Kommanditisten nur mit ihrer Kapitaleinlage	nur durch die Komplementäre	Gesellschafterversammlung	4 % auf die Kapitaleinlage; Rest in angemessenem Verhältnis
AG (Aktiengesellschaft)	mindestens 1 Person; mindestens 50 000 € Grundkapital	Gesellschaftsvermögen (Aktionäre haften nur mit ihrem Anteil.)	Vorstand	Hauptversammlung, Aufsichtsrat	Dividende je nach Aktiennennwert bzw. Anteil bei Stückaktien
GmbH (Gesellschaft mit beschränkter Haftung)	mindestens 1 Person; mindestens 25 000 € Stammkapital	Gesellschaftsvermögen (Gesellschafter haften nur mit ihrem Geschäftsanteil.)	Geschäftsführer	Gesellschafterversammlung, Geschäftsführer (je nach Umfang der Gesellschaft: Aufsichtsrat)	nach Geschäftsanteilen
UG (Unternehmergesellschaft)	bei UG mindestens 1 €				

Arbeitsteil

1. Nennen Sie zwei wichtige Personengesellschaften.

2. **a)** Nennen Sie drei wichtige Merkmale einer Einzelunternehmung.
   b) Welche Vorteile bzw. Nachteile ergeben sich aus dieser Unternehmensform?
   c) Welche Gründe können zur Umwandlung einer Einzelunternehmung in eine Personengesellschaft führen?

3. Was sind die wichtigsten Merkmale einer GmbH?

4. Erklären Sie, warum die GbR die einfachste Unternehmensform darstellt.

5. Nennen Sie die Besonderheiten der GmbH & Co KG.

6. Im Jahre 2014 wurden in Deutschland ca. 722 285 neue Unternehmen gegründet, davon alleine rd. 12 % als GmbH. Begründen Sie die Beliebtheit dieser Rechtsform.

7. Ingo Häcker (19 Jahre) und sein Freund Timo Netzer (17 Jahre) wollen ein Internet-Café gründen. Ein Freund hat ihnen empfohlen, die Rechtsform einer GmbH bzw. einer UG zu wählen. Die beiden setzen in ihrer Stammkneipe einen handschriftlichen Vertrag mit folgendem Inhalt auf:

Vertrag

Wir, Ingo Häcker und Timo Netzer, betreiben gemeinsam das Internet-Café „Globus". Wir wollen alles gemeinsam erledigen.

Ingo Häcker   Timo Netzer

a) Wäre der Vertrag so gültig? Begründen Sie Ihre Aussagen mit dem Gesetz.
b) Welche formellen Anforderungen werden an den Gesellschaftsvertrag einer GmbH bzw. UG gestellt?
c) Wie müsste dieser Vertrag inhaltlich aussehen? Machen Sie einen Vorschlag.
d) Wie könnte der Name der GmbH lauten?
e) Welche Probleme könnten sich für Ingo und Timo bei einer Bankkreditaufnahme ergeben?

Auszug aus dem GmbH-Gesetz

§ 1 Zweck; Gründerzahl
Gesellschaften mit beschränkter Haftung können nach Maßgabe der Bestimmungen dieses Gesetzes zu jedem gesetzlich zulässigen Zweck durch eine oder mehrere Personen errichtet werden.

§ 2 Form des Gesellschaftsvertrags
(1) Der Gesellschaftsvertrag bedarf notarieller Form. Er ist von sämtlichen Gesellschaftern zu unterzeichnen.
(1a) Die Gesellschaft kann in einem vereinfachten Verfahren gegründet werden, wenn sie höchstens drei Gesellschafter und einen Geschäftsführer hat. Für die Gründung im vereinfachten Verfahren ist das in der Anlage bestimmte Musterprotokoll zu verwenden. […]

§ 3 Inhalt des Gesellschaftsvertrags
(1) Der Gesellschaftsvertrag muss enthalten:
1. die Firma und den Sitz der Gesellschaft,
2. den Gegenstand des Unternehmens,
3. den Betrag des Stammkapitals,
4. die Zahl und die Nennbeträge der Geschäftsanteile, die jeder Gesellschafter gegen Einlage auf das Stammkapital (Stammeinlage) übernimmt. […]

§ 4 Firma
(1) Die Firma der Gesellschaft muss, […] die Bezeichnung „Gesellschaft mit beschränkter Haftung" oder eine allgemein verständliche Abkürzung dieser Bezeichnung enthalten. […]

§ 5 Stammkapital; Geschäftsanteil
(1) Das Stammkapital der Gesellschaft muss mindestens fünfundzwanzigtausend Euro betragen.
(2) Der Nennbetrag jedes Geschäftsanteils muss auf volle Euro lauten. Ein Gesellschafter kann bei Errichtung der Gesellschaft mehrere Geschäftsanteile übernehmen. […]

§ 5a Unternehmergesellschaft
(1) Eine Gesellschaft, die mit einem Stammkapital gegründet wird, das den Betrag des Mindeststammkapitals nach § 5 Abs. 1 unterschreitet, muss in der Firma abweichend von § 4 die Bezeichnung „Unternehmergesellschaft (haftungsbeschränkt)" oder „UG (haftungsbeschränkt)" führen. […]

8. **a)** Bei der KG gibt es zwei Arten von Gesellschaftern. Erläutern Sie den Unterschied.
   b) Welche Vorteile und welche Nachteile sehen Sie in der Gründung einer OHG?

4 Finanzierung

→ Wie erklären Sie sich die abgebildeten Ursachen für Insolvenzen?

4.1 Kapitalbedarf

Bei jeder Unternehmensgründung ist eine entscheidende Frage zu klären:
Wie hoch ist der Kapitalbedarf des Unternehmens?
Daran knüpft eine weitere Frage an:
Wie ist der Kapitalbedarf zu finanzieren?

Typische Fehler bei der Finanzierung eines Unternehmens sind:

• zu wenig Eigenkapital,
• keine rechtzeitigen Verhandlungen mit der Hausbank,
• Verwendung des Kontokorrentkredits zur Finanzierung von Investitionen,
• hohe Schulden bei Lieferanten,
• keine öffentlichen Finanzierungshilfen beantragt,
• mangelhafte Planung des Kapitalbedarfs,
• finanzielle Überbelastung durch scheinbar günstige Kreditangebote.

Weil von einer soliden Finanzierung die Überlebenschance des Unternehmens abhängt, sind die Vorarbeiten, besonders die genaue Kapitalbedarfsermittlung, von entscheidender Bedeutung. Außerdem sollte für alle Fälle eine Reserve für Unvorhergesehenes eingeplant werden.

BMWi-Existenzgründungsportal	Businessplan
Kapitalbedarf: Finanzierung der Gründung und der betrieblichen Anlaufphase	
	Euro
Gründungskosten	
Beratungen	
Anmeldungen/Genehmigungen	
Eintrag ins Handelsregister	
Notar	
+ Sonstige	
Gesamt	
Kosten für Anlaufphase (Ausgaben bis zum ersten Geldeingang aus Umsatz für bestimmten Zeitraum, z.B. 3 Monate)	
Personalkosten, inkl. eigenes Geschäftsführergehalt bei Kapitalgesellschaften (alle Kosten inkl. Lohnnebenkosten)	
Beratung	
Leasing	
Miete/Pacht	
Werbung	
Vertrieb	
Betriebliche Steuern	
Versicherungen	
Reserve für Startphase, Folgeinvestitionen und Unvorhergesehenes	
+ Sonstige	
Gesamt	
Unternehmerlohn (Bei Einzelunternehmen und Personengesellschaften zur Sicherstellung der privaten Lebenshaltungskosten)	
Anlagevermögen	
Patent-, Lizenz-, Franchisegebühren u.ä.	
Grundstücke/Immobilien einschl. Nebenkosten	
Produktionsanlagen, Maschinen, Werkzeuge	
Betriebs-, Geschäftsausstattung	
Fahrzeuge	
Gesamt	
Umlaufvermögen	
Material- u. Warenlager	
Kapitaldienst	
Zinsen für Existenzgründungsdarlehen/Bankkredite	
Tilgung	
= **Kapitalbedarf**	

Bundesministerium für Wirtschaft und Technologie (BMWi), 2016

4.2   Finanzierungsgrundsätze

Ist nun geklärt, wie viel Kapital gebraucht wird, gilt es, Geldquellen zur Finanzierung zu finden. Dabei sind grundsätzlich zwei Quellen zu unterscheiden:

Eigenkapital	Fremdkapital
das eigene Geld des Gründers und/ oder Beteiligungskapital von anderen Gesellschaftern	Darlehen oder Kredite von Banken und Sparkassen sowie Förderkredite/ -darlehen

Dabei gilt es, nachfolgende **Finanzierungsgrundsätze** zu beachten:

- Das **Anlagevermögen** (z. B. Grundstücke, Betriebsgebäude, Maschinen, Fahrzeuge) verlangt eine längerfristige Kapitalbindung und sollte möglichst durch Eigenkapital finanziert werden. Ist dies nicht ausreichend vorhanden, sollte der restliche Teil zumindest durch langfristiges Fremdkapital finanziert werden.

- Das **Umlaufvermögen** (z. B. Rohstoffe, unfertige Waren, Fertigwaren) kann durch kurzfristiges Fremdkapital finanziert werden (z. B. Lieferantenkredite, Kontokorrentkredit).

4.3   Finanzierung durch Eigenkapital

Es gilt der Grundsatz: **Je mehr Eigenkapital, desto sicherer.** Eigenkapital dient als:
- Sicherheits- und Risikopolster, um finanzielle Engpässe zu überbrücken,
- Zeichen der Kreditwürdigkeit gegenüber Geldgebern.

Als Faustregel gilt: Der Anteil des Eigenkapitals am Gesamtkapital sollte nicht unter 20 % liegen, eher höher. Deswegen sollte unter anderem geprüft werden:
- Wie hoch sind die Ersparnisse?
- Können bis zur geplanten Existenzgründung weitere Beträge angespart werden?
- Welche Sachmittel können in das Unternehmen eingebracht werden?
- Können Verwandte Geld zu günstigen Konditionen zur Verfügung stellen?
- Können Partner/Teilhaber, die Kapital haben, aufgenommen werden?

Kreditarten im Überblick

Beim **Kontokorrentkredit** (Überziehungskredit, Kosten 12 – 15 % pro Jahr) wird das Geschäftskonto überzogen, um laufende Zahlungen abzuwickeln. Grundlage ist eine vertragliche Vereinbarung mit der Hausbank, die Überziehungen bis zu einer vereinbarten Höhe akzeptiert. Kontokorrentkredite sind relativ teuer.

Der **Lieferantenkredit** entsteht dadurch, dass der Unternehmer ein eingeräumtes Zahlungsziel des Lieferanten (zumeist 30 Tage) ausnutzt. Dabei wird meist auf Skontoabzug verzichtet. Vielfach ist es günstiger, Skonto auszunutzen, evtl. sogar unter Kreditaufnahme durch die Bank.

Das **Darlehen** ist ein Kreditvertrag mit vereinbarter Auszahlungssumme. Das Darlehen kann in Raten während der vereinbarten Laufzeit oder als Gesamtsumme am Ende der Laufzeit zurückgezahlt werden.

4.4 Finanzierung durch Fremdkapital

Für den Kreditnehmer stellt sich aufgrund der unterschiedlichen Zinsen und Kosten der einzelnen Kreditinstitute das Problem des Preisvergleichs. Hilfe bietet hier der **Effektivzinssatz**.

Die Effektivverzinsung gibt Auskunft über den tatsächlich zu zahlenden Zins einschließlich aller Gebühren und sonstigen Kosten. Der nach einer komplizierten Formel errechnete Effektivzinssatz wird in Tabellen oder Computerprogrammen gefasst. Anhand dieser Tabellen lässt sich bei verschiedenen Zinssätzen und Laufzeiten der jeweilige effektive Jahreszins ableiten (siehe auch S. 150 ff. Kredite).

4.5 Kreditsicherung

Kreditinstitute verleihen Spareinlagen von Kunden in Form von Krediten an andere Kunden. Dies erfordert ein Höchstmaß an Absicherung. Das Risiko einer Kreditgewährung im Rahmen von Existenzgründungen ist naturgemäß größer als bei „etablierten" Firmen. Außerdem liegen noch keine Vergangenheitsdaten vor. Neben der persönlichen Zuverlässigkeit des Kreditnehmers verlangen die Kreditinstitute deshalb meist zusätzliche **Sicherheiten**:

Bürgschaften

Bei einer Bürgschaft verpflichtet sich eine dritte Person gegenüber dem Kreditgeber, das Darlehen zurückzuzahlen, wenn der Kreditnehmer nicht mehr dazu in der Lage ist. Üblich ist eine selbstschuldnerische Bürgschaft. Dies bedeutet, dass der Gläubiger (Bank) vom Bürgen sofort Zahlung verlangen kann, wenn der Schuldner seinen Verpflichtungen nicht vertragsgemäß nachkommt.

Verpfändung von Wertpapieren, Waren und sonstigen Vermögenswerten

Bei einer Verpfändung von Gegenständen geht das Pfandobjekt (meist Schmuck oder Wertpapiere) in den Besitz des Gläubigers (Bank) über.

Sicherungsübereignung von beweglichen Sachen

Bei einer Sicherungsübereignung wird das Eigentum an dem sicherungsübereigneten Gegenstand an den Kreditgeber übertragen. Der Schuldner kann jedoch diesen Gegenstand nutzen (er bleibt also Besitzer). Beispiel: Wird ein über Kredit finanziertes Auto sicherungsübereignet, kann der Fahrzeughalter das Auto zwar nutzen, muss aber den Kfz-Brief dem Kreditgeber aushändigen, damit eine unberechtigte Veräußerung (Verkauf) des Autos unmöglich gemacht wird.

Grundschuld oder Hypothek

Eine Grundschuld oder Hypothek ist ein Pfandrecht an Grundstücken oder Gebäuden. Dieses Pfandrecht wird beim Grundbuchamt in das Grundbuch eingetragen. Kann der Schuldner sein Darlehen nicht vereinbarungsgemäß zurückzahlen, so hat die darlehensgebende Bank die Möglichkeit, diese Hypothek zu verwerten, d. h. die Bank kann das Gebäude im Wege der Zwangsversteigerung verwerten.

4.6 Leasing

Der **Leasingvertrag** hat eine große Ähnlichkeit mit dem Mietvertrag und dem Pachtvertrag. Ein Leasingnehmer zahlt an den Leasinggeber die Leasingrate. Dafür wird ihm der langfristige Gebrauch einer Sache gestattet. Am Ende der vereinbarten Laufzeit muss der Leasingnehmer die Sache zurückgeben, eventuell kann er sie auch kaufen.

Leasen kann man grundsätzlich alles, z. B. Lagergebäude, Maschinen, Autos, EDV-Anlagen, Krankenhäuser oder Theater. Auch ungewöhnliche Objekte können leasingfähig sein. So wurden schon einmal Löwen für einen Safaripark geleast. In den letzten Jahren hat diese Finanzierungsform immer mehr an Bedeutung gewonnen. Während Leasing ursprünglich nur im gewerblichen Bereich Anwendung fand, hat es inzwischen auch im privaten Bereich Einzug gehalten.

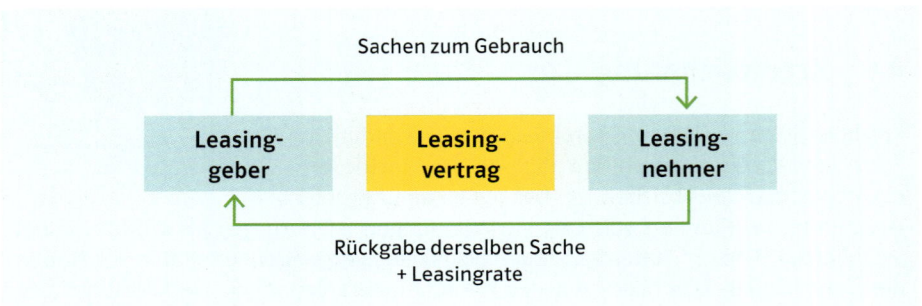

Leasinggeber können sein:
- die Hersteller der Gegenstände (häufig bei EDV-Anlagen),
- Leasing-Gesellschaften, die nach Vertragsabschluss aufgrund von speziellen Kundenwünschen beim Hersteller den entsprechenden Gegenstand erwerben und dann an den Kunden verleasen.

Die **Leasingzeit** beträgt für bewegliche Wirtschaftsgüter in der Regel mindestens drei Jahre, meist jedoch vier bis sechs Jahre. Für Gebäude wird normalerweise eine Leasingdauer von 20 bis 30 Jahren vereinbart.

Die **Leasingraten** richten sich nach der Vertragsdauer. Da sie unter anderem den Abschreibungsbetrag, die Zinsen des eingesetzten Kapitals, den anteiligen Verwaltungsaufwand sowie die Risikoprämie der Leasinggesellschaft decken müssen, betragen die monatlichen Leasingraten je nach Vertragsdauer zwischen 2 und 3 % des Anschaffungspreises.

Aufgrund der großen Vielfalt von Leasingmöglichkeiten ist ein genereller Vergleich zwischen Barkauf, Ratenkauf und Leasing schlecht möglich. Allgemein jedoch bietet es u. a. folgende Vorteile:
- Der Leasingnehmer kann seine Produktionsanlagen immer auf dem neuesten Stand der Technik halten.
- Durch die Leasinggesellschaft erhält er in der Regel eine andauernde Betreuung und Beratung.
- Je nach Art des Leasingvertrags können sich steuerliche Vorteile ergeben.
- Es besteht ein geringerer Kapitalbedarf für Investitionen, da die Anlagen nicht gekauft werden müssen.

Wege zur Unternehmensfinanzierung

Finanzierung

Eigenkapital

- als Sicherheits- und Risikopolster
- als Zeichen der Kreditwürdigkeit
- zur Finanzierung des langfristigen Anlagevermögens

Fremdkapital

- Kontokorrentkredit
  (auf dem laufenden Konto)
- Lieferantenkredit
  (Warenschulden)
- Darlehen
  (langfristiger Kredit)

Leasing

„Miete" über Leasinggeber
(Leasinggesellschaft)

Kreditsicherung

- Bürgschaft
- Verpfändung
- Sicherheitsübereignung
- Grundschuld oder Hypothek
- Kapital- oder Risikolebens-
  versicherung

Arbeitsteil

1. Beschreiben Sie, welche Fehler bei der Finanzierung eines Unternehmens häufig gemacht werden.

2. Nennen Sie die beiden möglichen Finanzierungsquellen.

3. Welche Finanzierungsgrundsätze gilt es zu berücksichtigen bei der Finanzierung des
   a) Anlagevermögens,
   b) Umlaufvermögens?

4. Warum sollte die Laufzeit der Fremdkapitalaufnahme die Nutzungsdauer der damit finanzierten Maschinen nicht übersteigen?

5. Welche Bedeutung hat Eigenkapital bei einer Unternehmensgründung?

6. Erklären Sie Funktionsweise und Bedeutung des Lieferantenkredits.

7. Erklären Sie den Unterschied zwischen einem Kontokorrentkredit und einem Bankdarlehen.

8. Was versteht man unter der Effektivverzinsung?

9. Beschreiben Sie drei Arten von Kreditsicherheiten.

10. a) Erklären Sie die Besonderheiten eines Leasingvertrags.
    b) Nennen Sie drei Vorteile des Leasingvertrags.

11. Auch rentabel arbeitende Betriebe können zahlungsunfähig (illiquide) werden, wenn z. B. die monatlichen Ausgaben die Einnahmen übersteigen.
    a) Welche Gründe kann es für eine Zahlungsunfähigkeit geben?
    b) Was kann dagegen getan werden?

5   Betriebliche Kosten

Franz Müller hat sich als Schreinermeister selbstständig gemacht. Ein Kunde möchte ein Angebot über die Anfertigung und den Einbau eines neuen Einbauschranks haben. Da dies für Franz Müller der erste Auftrag ist, überlegt er.

→

Welche Überlegungen zur Erstellung des Angebots muss Franz Müller anstellen und welche Daten benötigt er, um dem Kunden einen Preis zu nennen?

Unternehmen erzeugen unterschiedliche **Leistungen**. Sie können Sachgüter produzieren wie Autos, Radiogeräte und Bücher, oder sie erbringen Dienstleistungen wie beispielsweise einen Haarschnitt oder eine Steuerberatung.

Damit eine Unternehmung diese Leistungen erstellen kann, muss sie andere Güter und Dienstleistungen einsetzen, die bezahlt werden müssen.
Beispiele: Maschinen, Rohstoffe, Werkzeuge, Arbeitskräfte.
Dieser in Geld ausgedrückte „Werteverzehr" wird als **Kosten** bezeichnet.

Kosten	Leistungen
z.B.:	z.B.:
• Rohstoffe	• Möbel
• Löhne	• Radiogeräte
• Maschinen	• Versicherungen
• Abschreibungen	• Kredite

Betrieb

Produktion

Da eine Unternehmung bestrebt ist, Gewinne zu erzielen, wird sie versuchen, ihre betrieblichen Leistungen mit möglichst geringen Kosten zu erstellen. Die genaue Erfassung der Kosten ist für die Unternehmer von großer Bedeutung, denn sie bildet unter anderem die Grundlage für die Preisermittlung (Kalkulation).

Auch die Planung, ob beispielsweise eine Produktion aufgenommen oder ein Betrieb gekauft wird, orientiert sich an der zu erwartenden Kostenhöhe. Häufig führen Unternehmer Betriebsvergleiche durch, d.h. sie vergleichen die Kosten des eigenen Betriebs mit den Kosten branchengleicher, aber fremder Betriebe. Auch hierzu ist eine exakte Kostenerfassung die Voraussetzung.

5.1 Fixe und variable Kosten

Erhöht oder senkt ein Betrieb seine Produktion, so steigen oder sinken in der Regel auch die Kosten. Dies gilt allerdings nur für einen Teil der Kosten. Man unterscheidet deshalb feste (fixe) und veränderliche (variable) Kosten.

Fixe Kosten

Sie fallen unabhängig von der Produktionsmenge immer in der gleichen Höhe an und werden daher als fix (fest) bezeichnet. Fixe Kosten entstehen selbst dann, wenn überhaupt nicht produziert wird.
Beispiele: Mieten, Versicherungsprämien, Steuern, Kreditkosten, Personalkosten der Verwaltung, Abschreibungen.

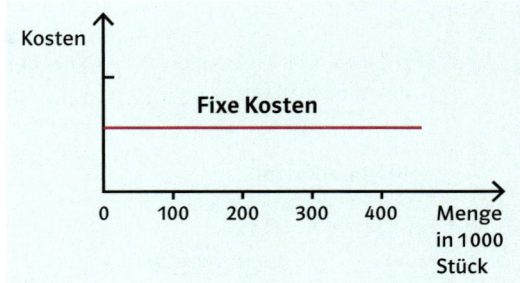

Variable Kosten

Sie verändern sich gleichmäßig mit der hergestellten Menge. Nimmt die Produktion zu, so steigen entsprechend die variablen Kosten an, bei rückläufiger Produktion vermindern sie sich.
Beispiele: Rohstoffverbrauch, Fertigungslöhne, Energieverbrauch, Verpackungskosten.

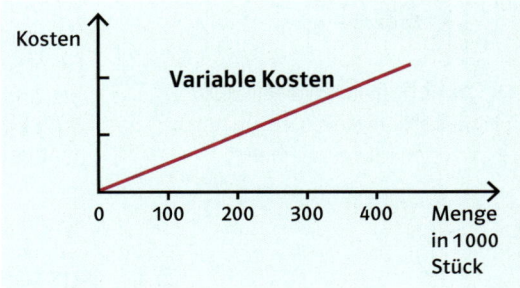

Gesamtkosten

Zählt man die fixen und variablen Kosten zusammen, so erhält man die Gesamtkosten. Jeder Unternehmer ist nun bestrebt, den Anteil der fixen Kosten so gering wie möglich zu halten, um dadurch vom Produktionsumfang unabhängiger zu werden. Denn Betriebe, die einen hohen Fixkostenanteil aufweisen, müssen bei einem Produktionsrückgang mit ansteigenden Stückkosten rechnen.

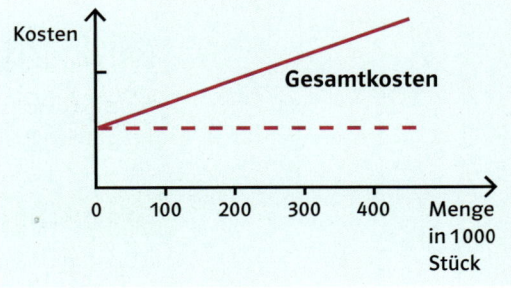

Je mehr die Produktionsmenge zunimmt, umso mehr vermindert sich der Anteil der fixen Kosten an den Gesamtkosten, folglich sinken die Stückkosten. Man bezeichnet diesen Zusammenhang als das **Gesetz der industriellen Massenfertigung**. Beispielhaft ist dieser Zusammenhang in der nachfolgenden Tabelle ersichtlich.

Produzierte Menge (Stück)	Fixe Kosten (€)	Variable Kosten (€)	Gesamtkosten (€)	Stückkosten (€)
0	200 000,00	0,00	200 000,00	–
50 000	200 000,00	50 000,00	250 000,00	5,00
100 000	200 000,00	100 000,00	300 000,00	3,00
200 000	200 000,00	200 000,00	400 000,00	2,00
400 000	200 000,00	400 000,00	600 000,00	1,50

Einzelkosten

lassen sich dem einzelnen Erzeugnis direkt zurechnen.

Gemeinkosten

lassen sich über Verteilungs- schlüssel dem einzelnen Erzeugnis indirekt zurechnen.

5.2   Einzel- und Gemeinkosten

Damit man den Verkaufspreis einer Ware exakt kalkulieren kann, muss man wissen, welche Kosten die Herstellung eines Produkts verursacht hat. Dabei zeigt sich, dass nicht alle Kosten einem Erzeugnis direkt zugerechnet wer- den können. Deshalb unterscheidet man Einzelkosten (= direkte Kosten) und Gemeinkosten (= indirekte Kosten).

Einzelkosten können einer betrieblichen Leistung (z. B. einem Produkt) di- rekt zugeordnet werden, weil sie für jedes einzelne Erzeugnis exakt fest- stellbar sind.
Beispiele: Fertigungslöhne, Fertigungsmaterial, Spezialwerkzeug für ein Produkt. Wegen der direkten Zurechnungsmöglichkeit spricht man auch von direkten Kosten.

Gemeinkosten können einer betrieblichen Leistung nicht direkt zugerechnet werden, da sie für alle oder für mehrere Produkte anfallen.
Beispiele: Gehälter der Verwaltung, Mietkosten, Hilfs- und Betriebsstof- fe, Abschreibungen, Energiekosten, Kreditkosten, Steuern, Wartungs- und Instandhaltungskosten. Die Gemeinkosten werden dem einzelnen Pro- dukt indirekt zugerechnet, und zwar prozentual mithilfe eines Verteilungs- schlüssels.

5.3   Kostenarten-, Kostenstellen- und Kostenträgerrechnung

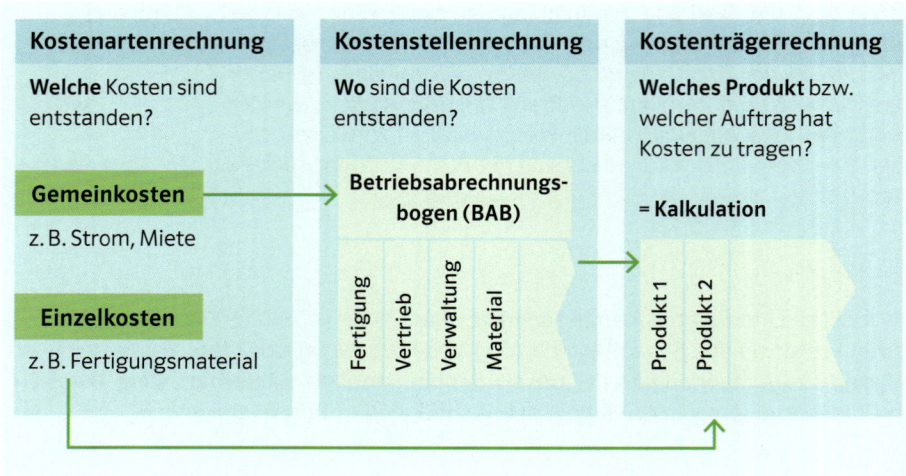

Die **Einzelkosten** (z. B. Materialeinzelkosten) gehen direkt in die **Kalkulation** (Kos- tenträgerrechnung) ein, da sie für das Produkt oder den Auftrag genau berechenbar sind. Die **Gemeinkosten** müssen mittels **Verteilerschlüssel** (Hilfsmittel Betriebsab- rechnungsbogen BAB) auf die Kostenstellen verteilt werden. Die Kostenstellen wer- den durch Zuschlagssätze (z. B. Vertriebsgemeinkostenzuschlagssatz) in der Kalku- lation berücksichtigt.

5.4 Kalkulation der Selbstkosten

Kalkulieren bedeutet, eine verlässliche Grundlage für die Preisgestaltung zu erstellen. Zu diesem Zweck muss der Unternehmer einen **Angebotsvergleich** durchführen, um mittels einer Bezugskalkulation den günstigsten Lieferanten zu finden. Danach kann er zunächst seine Selbstkosten ermitteln. Eine Kalkulation kann über verschiedene **Kalkulationsmethoden** erstellt werden.

Fallbeispiel Angebotsvergleich S. 311

Divisionskalkulation

Sie wird dort angewandt, wo nur ein Erzeugnis hergestellt wird, d.h. bei einfacher Massenproduktion wie z.B. in Zementfabriken oder Elektrizitätswerken. Man erhält die Kosten eines einzelnen Erzeugnisses, wenn man die Gesamtkosten eines Zeitraumes durch die Anzahl der in dieser Zeit hergestellten Produkte dividiert.

Beispiel: Ein Elektrizitätswerk hat in einem Monat 8 906 000 kWh Strom erzeugt. Dabei entstanden Gesamtkosten in Höhe von 1 068 720 €.

$$\text{Selbstkosten je kWh} = \frac{\text{Gesamtkosten}}{\text{erzeugte Menge}} = \frac{1\,068\,720\,\text{€}}{8\,906\,000\,\text{kWh}} = 0{,}12\,\text{€/kWh}$$

Einfache Zuschlagskalkulation

In vielen Handwerksbetrieben werden die Gemeinkosten in einer Summe erfasst und meist auf die Lohnkosten bezogen. Der Vorteil dieser vereinfachten Zuschlagskalkulation ist, dass Gemeinkosten nicht über BAB getrennt erfasst und berechnet werden müssen.

$$\text{Gemeinkostenzuschlagssatz in \%} = \frac{\text{Gemeinkosten pro Periode} \times 100\,\%}{\text{Lohnkosten pro Periode}}$$

Beispiel: Ein Handwerksbetrieb hat im vergangenen Jahr folgende Kosten ermittelt:
Fertigungskosten 150 000 €
Gemeinkosten   262 500 €

$$\text{Gemeinkostenzuschlagssatz in \%} = \frac{262\,500\,\text{€} \times 100\,\%}{150\,000\,\text{€}} = 175\,\%$$

Beispiel: Der Handwerksbetrieb hat einen Auftrag abgewickelt, für den Material im Wert von 160,00 € verbraucht wurde. Ein Mitarbeiter hat 20,5 Stunden daran gearbeitet. Er erhält einen Stundenlohn von 19,60 €.

Materialkosten lt. Entnahmeschein		160,00 €
Fertigungslohn lt. Stundenzettel	= 20,5 Std × 19,60 €	= 401,80 €
Gemeinkostenzuschlag	= 175 % von 401,80 €	= 703,15 €
Selbstkosten des Auftrages		**1264,95 €**

Der Nachteil dieser Kalkulationsmethode liegt darin, dass die Gemeinkosten auf den Fertigungslohn bezogen werden. Hier ist zu prüfen, ob die Gemeinkosten wirklich proportional (im gleichen Verhältnis) zu dem Fertigungslohn steigen.

Zuschlagskalkulation

Bei der Zuschlagskalkulation werden ebenfalls Einzel- und Gemeinkosten unterschieden, aber getrennt nach den sogenannten **Hauptkostenstellen** Material-, Fertigungs-, Verwaltungs- und Vertriebsstelle. Die Zurechnung erfolgt nach den im BAB ermittelten Gemeinkostenzuschlagssätzen.

Beispiel: Für einen Auftrag fallen folgende Einzelkosten an: 54,6 m² Material mit 24,50 €/m²; Stundenlohn 21,80 €; benötigte Zeit für den Auftrag 16,3 Std.; Gemeinkostenzuschlagssätze: Materialgemeinkostenzuschlag 10 %, Fertigungsgemeinkostenzuschlag 201 %, Verwaltungsgemeinkostenzuschlag 8 %, Vertriebsgemeinkostenzuschlag 6 %.

Fallbeispiel
Angebotsvergleich
S. 311

Kalkulationsschema			Beispiel		
	Fertigungsmaterial (FM)			1337,70	
+	Materialgemeinkosten (in % des FM)	(10 %)		133,77	
=	**Materialkosten (MK)**				1471,47 €
+	Fertigungslohn (FL)			355,34	
+	Fertigungsgemeinkosten (in % des FL)	(201 %)		714,23	
=	**Fertigungskosten (FK)**				1069,57 €
=	**Herstellungskosten (HK)** (HK = MK + FK)				2541,04 €
+	Verwaltungsgemeinkosten (in % der HK)		(8 %)		203,28 €
+	Vertriebsgemeinkosten (in % der HK)		(6 %)		152,46 €
=	**Selbstkosten (SK)**				2896,78 €

5.5 Kalkulation des Verkaufspreises

Kein Unternehmer kann sich damit zufriedengeben, seine erzeugten Leistungen zum Selbstkostenpreis zu verkaufen. Er wird einen angemessenen **Gewinnzuschlag**, abhängig von der Marktsituation (Welchen Preis gibt der Markt her?), kalkulieren. Außerdem müssen **Rabatt** (Preisnachlass z. B. bei großen Abnahmemengen) und **Skonto** (Abzug, wenn Zahlung innerhalb einer bestimmten Frist erfolgt) in der Kalkulation berücksichtigt werden.

Beispiel: Die Selbstkosten eines Auftrags betragen 2896,78 € (siehe oben). Im Betrieb wird mit folgenden Sätzen kalkuliert: Gewinn 12 %; Kundenrabatt 10 %; Skonto 3 %.

	Selbstkosten	2896,78 €		
+	Gewinn, bezogen auf Selbstkosten (12 %)	347,61 €		
=	Barverkaufspreis	3244,39 €	97 %	
+	Kundenskonto 3 % i. H.	100,34 €	3 %	
=	Zielverkaufspreis	3344,73 €	100 %	90 %
+	Kundenrabatt 10 % i. H.	371,64 €		10 %
=	**Listenverkaufspreis (netto)**	**3716,37 €**		100 %

Beim Verkauf fällt noch die **Mehrwertsteuer** an (2016: 19 %).
Die Folge: Der Listenpreis wird um diesen Betrag erhöht.

Kostenrechnung und Ermittlung der Selbstkosten

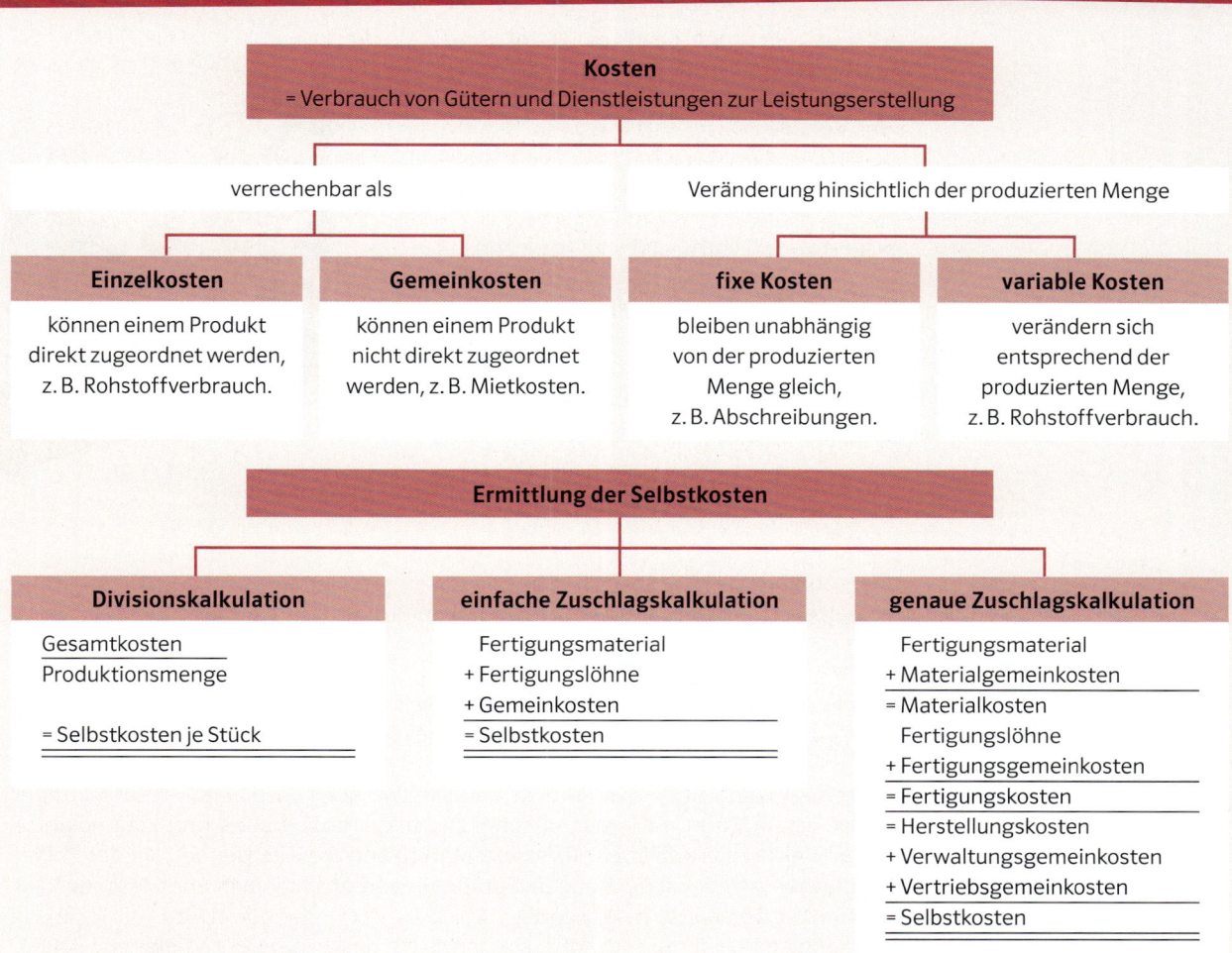

Kosten
= Verbrauch von Gütern und Dienstleistungen zur Leistungserstellung

verrechenbar als

Veränderung hinsichtlich der produzierten Menge

Einzelkosten

können einem Produkt direkt zugeordnet werden, z. B. Rohstoffverbrauch.

Gemeinkosten

können einem Produkt nicht direkt zugeordnet werden, z. B. Mietkosten.

fixe Kosten

bleiben unabhängig von der produzierten Menge gleich, z. B. Abschreibungen.

variable Kosten

verändern sich entsprechend der produzierten Menge, z. B. Rohstoffverbrauch.

Ermittlung der Selbstkosten

Divisionskalkulation

Gesamtkosten
Produktionsmenge

= Selbstkosten je Stück

einfache Zuschlagskalkulation

Fertigungsmaterial
+ Fertigungslöhne
+ Gemeinkosten
= Selbstkosten

genaue Zuschlagskalkulation

Fertigungsmaterial
+ Materialgemeinkosten
= Materialkosten
Fertigungslöhne
+ Fertigungsgemeinkosten
= Fertigungskosten
= Herstellungskosten
+ Verwaltungsgemeinkosten
+ Vertriebsgemeinkosten
= Selbstkosten

Arbeitsteil

1. Unterscheiden Sie zwischen fixen und variablen Kosten.

2. Erklären Sie das Gesetz der industriellen Massenproduktion.

3. Welche Kosten eines betrieblich genutzten Lkw sind fixe, welche variable Kosten?

4. Prüfen Sie, ob Einzel- oder Gemeinkosten vorliegen:
  a) Bezahlung des monatlichen Gehalts von 1400 € an den Pförtner,
  b) Rohstoffentnahme gemäß Materialentnahmeschein über 2500 €,
  c) Frachtkosten für 500 kg des Produkts A in Höhe von 60 €.

5. Welche Aufgaben haben Kostenartenrechnung, Kostenstellenrechnung und Kostenträgerrechnung?

6. Ein Zementwerk stellt in einer Abrechnungsperiode 16 500 Tonnen Zement her. An Kosten hierfür werden 727 500 € festgestellt. Wie hoch sind die Selbstkosten für einen Sack Zement mit 25 kg?

7. Ein Schreiner kalkuliert für einen Auftrag: Materialkosten 160 €, Lohn Meister 6 Std. je 22 €; Lohn Geselle 14,5 Std. je 14,60 €; Lohn Auszubildender 5,3 Std. je 6,20 €; Gemeinkosten 145 % der Lohnkosten. Kalkulieren Sie die Selbstkosten.

8. In einem Friseursalon soll ein Damenhaarschnitt kalkuliert werden. Folgende Daten liegen vor: Arbeitszeit 40 Minuten; Lohnkosten 12,60 €/Std.; Gemeinkosten 125 % (bezogen auf die Lohnkosten); Gewinnzuschlag 18 %; Mehrwertsteuer 19 %.
  a) Wie viel Euro kostet der Haarschnitt?
  b) Runden Sie das Ergebnis praxisgerecht.

6 Marketing

"Liebeserklärungen" jährlich in Deutschland an "Seine Majestät", den Kunden:

♥ 29 000 000 000 € Werbekosten

♥ 8 851,25 Std. Werbespots im Fernsehen

♥ 584 000 Anzeigenseiten in Zeitungen und Zeitschriften

♥ 1 642 500 Rundfunkwerbespots

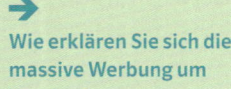

Wie erklären Sie sich die massive Werbung um Kunden?

Marketing ist mehr als nur Werbung. In unserer modernen Form der Wirtschaft ist es praktisch unmöglich, ein Unternehmen ohne ein gut funktionierendes Marketing zum wirtschaftlichen Erfolg zu führen. Die Hauptfrage lautet:

> **Wo, wie, an wen und zu welchen Bedingungen können wir welche Produkte „vermarkten"?**

Es genügt nicht, ein gutes Produkt herzustellen oder anzubieten. Weit wichtiger ist es, einen Markt dafür aufzubauen, zu halten, auszubauen und kontinuierlich neue Märkte zu erschließen. Komplexe Märkte und die wachsende Zahl der Anbieter machen immer wieder neue und umfangreiche Maßnahmen und Methoden zur Gewinnung von Käufern notwendig.

Marketing ist nicht nur für große, sondern auch für kleinere Unternehmen wichtig. Ein Handwerksbetrieb, der ganz auf Marketing verzichtet, wird nicht sehr viele Kunden haben. Woher sollten diese auch wissen, dass z. B. eine Fleischerei einen hervorragenden Partyservice betreibt oder dass ein Schreiner auch Einbauküchen liefert sowie Parkettböden verlegt und restauriert.

Die meisten Großunternehmen machen wichtige Entscheidungen in der Werbung, der Produkt-, Preis- oder Vertriebspolitik von Marktprognosen abhängig. Viele kleinere und mittlere Unternehmen neigen fälschlicherweise dazu, bisherige Absatzkonzepte beizubehalten, nur um Kosten einzusparen.

Marktforschung

Nur wer genau weiß, was auf den Märkten passiert und welche Wünsche die Verbraucher haben, kann marktbezogen handeln. Damit man den Markt beeinflussen und auf seine Veränderungen reagieren kann, muss er deshalb laufend beobachtet und erforscht werden. Dies ist die Aufgabe der **Marktforschung**. Sie hilft, neue Entwicklungen (Trends) zu erkennen und untersucht z. B.

- Gewohnheiten der Verbraucher und Kunden,
- technische Neuerungen,
- neue Werbemethoden,
- Veränderungen der Konkurrenzsituation,
- die Preisentwicklung.

Die **Marktforschung** beschäftigt sich also mit der Untersuchung von **Absatzmärkten**, dem **Verhalten** der **Marktkonkurrenten** sowie dem **Verbraucherverhalten**. Üblicherweise führen die Unternehmen derartige Untersuchungen bzw. Marktforschungsaufgaben nicht selbst durch, sondern sie beauftragen eines der zahlreichen Marktforschungsinstitute, die über die erforderlichen Spezialisten verfügen.

Neben aufwendigen Paneluntersuchungen (Meinungsumfragen) können viele Marktdaten aus bereits bekannten Quellen entnommen werden, z. B. aus unternehmensinternen Statistiken, Kundenkarteien, Verbandsmitteilungen, Daten des Statistischen Bundesamtes usw. Diese „einfachere Art der Marktforschung" kann im Unternehmen selbst erfolgen.

Die Ergebnisse der Marktprognose bieten die Entscheidungsgrundlage für **Marketingmaßnahmen**. Ein Unternehmen kann eine ganze Reihe von Einflussmöglichkeiten nutzen, um seine Ziele zu erreichen – es kann sich dabei verschiedener **Marketinginstrumente** bedienen.

Marktforschung
Marktforschungsinstitute
↓
Paneluntersuchung: Meinungsumfrage mit standardisiertem Fragebogen und vorgegebenen Auswahlantworten. Befragt wird ein repräsentativer (stellvertretender) Teil der Bevölkerung.
Ziel ↓
Marktprognose
Konkrete Aussagen über Absatzchancen eines veränderten oder neuen Produktes. Auskunft über Maßnahmen, die vom Unternehmen einzuleiten sind.

6.1 Produkt- und Sortimentspolitik

Produktpolitik

Alle Produkte, die ein **Industrie- oder Handwerksbetrieb** herstellt, bilden sein **Produktionsprogramm**. Da sich Ansprüche und Gewohnheiten der Kunden ständig ändern, müssen sich die Hersteller von Produkten mit ihrem Produktionsprogramm neuen Entwicklungen anpassen. Bei der **Produktpolitik** geht es um die marktgerechte Gestaltung des Produktangebots. Dabei stehen vier Aspekte im Vordergrund:

Produktinnovation	Produktmodifikation	Produktvariation	Produktselektion
Es werden **neue Produkte** in das Produktionsprogramm aufgenommen.	Die ständige **Anpassung** des Produkts an neue Trends, technische Entwicklungen und Kundenbedürfnisse (Produktverbesserung).	Das Angebot verschiedener **Produktvarianten** desselben Produkts, um unterschiedliche Zielgruppen anzusprechen.	Die bewusste Förderung oder **Rücknahme von Produkten** aus dem Angebotsprogramm, je nach Erfolg am Markt.
▼	▼	▼	▼
Beispiel: Aufnahme von Bioprodukten oder Recyclingprodukten in das Produktionsprogramm.	Beispiel: Ausstattung eines Wasserkochers mit einer Temperaturvorwahl.	Beispiel: Aufnahme einer Zweitmarke, die billiger ist als das Markenprodukt (No-Name-Produkte).	Beispiel: Statt des technisch veralteten Walkmans werden nur noch Musikplayer hergestellt.

Sortimentspolitik

Da **Handelsbetriebe** ihre Produkte nur vertreiben und nicht produzieren, bezeichnet man deren Warenangebot als **Sortiment**.

Bei einem **breiten Sortiment** können die Kunden **viele verschiedene Waren (Warengruppen)** in einem Geschäft kaufen, was den Kunden Zeit erspart. Je größer das Sortiment, desto schwieriger wird es, eine große Auswahl innerhalb der Warengruppen bereitzustellen. Auch sind die Verkäufer in der Regel keine Fachleute, da sie ganz unterschiedliche Warengruppen verkaufen.

Ein **tiefes Sortiment** bietet den Kunden eine große Auswahl **innerhalb einer Warengruppe** und meist auch eine gute fachliche Beratung. Derartige Fachgeschäfte können in der Regel auch spezielle Kundenwünsche erfüllen.

Die **Sortimentspolitik** soll klären, wie umfassend das Waren- oder Dienstleistungsangebot sein soll **(Sortimentsgestaltung)**, welche **Produktlinien** besonders interessant sind und welche nicht. Die Maßnahmen der Sortimentspolitik lassen sich unterscheiden in:

- **Sortimentserweiterung**, z. B. Bioprodukte werden in das Sortiment aufgenommen,
- **Sortimentsbereinigung**, z. B. die technisch veralteten Videokassetten werden aus dem Sortiment entfernt,
- **Sortimentsumstrukturierung**, z. B. umweltfreundliche Produkte ersetzen umweltschädliche Erzeugnisse.

6.2   Vertriebspolitik

Der Vertrieb ist häufig das teuerste an einem Produkt. In manchen Branchen (z. B. in der Kosmetikindustrie) betragen die Herstellungskosten nur noch etwa 10 % des Endpreises. Wichtiger Teil des Marketings ist deshalb die Vertriebspolitik. Sie legt fest, wie die Produkte zu den Käufern gelangen. Unterschiedliche Erzeugnisse erfordern unterschiedliche Vertriebswege. So benötigen besonders erklärungsbedürftige Produkte (z. B. komplizierte technische Geräte) einen sehr persönlichen Vertrieb über den Facheinzelhandel. Einfachere Waren (z. B. Konserven oder Süßwaren) können über Supermärkte vertrieben werden. Auch die Gewohnheiten der Kunden bzw. deren Aufgeschlossenheit gegenüber den Verkaufsmethoden beeinflusst die Vertriebspolitik. Im Einzelnen unterscheidet man wie folgt:

Beim **direkten Vertrieb** vertreibt der Hersteller seine Produkte selbst entweder durch Werksverkauf, Filialen, Vertreter oder den Direktversand. Die Vorteile liegen in der genauen Produktkenntnis und in der Einsparung der Händlerkosten. Besonders verbreitet ist diese Vertriebsform im Handwerk.

Beim **indirekten Vertrieb** setzen die Hersteller ihre Produkte mit Hilfe des Handels ab. Die Kosten, die dem Handel dabei entstehen, werden an die Endverbraucher weitergegeben. Üblich ist dies vor allem bei Massen- und Konsumgütern wie Süßwaren, Konserven oder Getränken.

Beim **Franchising** vertreibt der Einzelhändler die Produkte des Unternehmens eigenständig in Lizenz, z. B. McDonald's und Hallo Pizza (siehe S. 280).

Verschiedene Möglichkeiten des Vertriebs schließen sich nicht zwangsläufig gegenseitig aus. Häufig bieten Unternehmen mehrere Varianten parallel an. Nach welchem Konzept die Vertriebsstrategie jeweils aufgebaut ist, kann von Unternehmen zu Unternehmen vollkommen unterschiedlich sein, obwohl sie ähnliche Produkte anbieten. Dies kann daran liegen, dass sie nach einem unterschiedlichen Geschäftsmodell angeboten werden, z. B. als preisgünstiger Internetshop ohne Serviceleistungen oder hochpreisiges Fachgeschäft mit individueller Beratung und ausgeprägtem Kundenservice. Auch die Marktposition und die Finanzkraft beeinflussen die Vertriebspolitik.

6.3 Preis- und Konditionenpolitik

Preispolitik

Der Preis ist für viele Kunden ein wichtiges Kaufargument. Entscheidend dabei ist, welchen Nutzen der Käufer sich von dem Produkt verspricht und welchen Preis er dafür zu zahlen bereit ist. Die Absatzentwicklung eines Unternehmens wird deshalb wesentlich von seiner Preispolitik beeinflusst. Für die Gestaltung einer optimalen Preispolitik sind grundsätzlich folgende Faktoren ausschlaggebend:

- **Verhalten der Nachfrager (Kunden)**
  Welchen Preis akzeptieren Kunden? Wie reagieren sie auf Preisveränderungen?
- **eigene Produktionskosten**
  Was kostet mein Produkt in der Herstellung?
- **Konkurrenten und Ersatzprodukte**
  Welche Konkurrenten habe ich? Welche Preise verlangen sie? Was kosten mögliche Ersatzprodukte und bei welchem Preis kaufen Kunden Ersatzprodukte?

Konditionenpolitik

Die Konditionenpolitik umfasst die Gestaltung von Kreditbedingungen, Rabatten sowie Liefer- und Zahlungsbedingungen. Folgende Konditionen sind denkbar:

Lieferungsbedingungen
- Übernahme der Transportkosten
- Übernahme der Verpackungskosten

Zahlungsbedingungen
- Gewährung von Zahlungszielen
- Gewährung von Skonti, Boni
- Gewährung von Rabatten

Finanzierungshilfen
- direkte Kreditierung des Auftrags
- Vermittlung von Finanzierungen
- Leasingangebote

Garantieleistungen
- Werksgarantien über die gesetzlichen Fristen hinaus

6.4 Werbung

Werbung soll den Verbraucher durch den Einsatz von Werbemitteln zum Kauf eines Produkts anregen oder eine positive Einstellung zum Unternehmen und seinen Erzeugnissen herstellen. Entsprechend der Werbeabsicht unterscheidet man deshalb zwischen **Absatzwerbung** und **Öffentlichkeitsarbeit (Public Relations)**.

Aufgaben der Werbung:
- alte Kunden erhalten und neue Kunden gewinnen,
- neue Produkte (Dienstleistungen) am Markt einführen,
- den Verbraucher informieren,
- Aufbau eines Marken- oder Firmenimages,
- psychologische Anreize bieten, ein bestimmtes Produkt zu kaufen.

Absatzwerbung: Grundlage jeder erfolgreichen Werbeaktion ist der **Werbeplan**. Er beginnt mit der Festlegung der **Werbeziele**, z. B. Neueinführung eines Erzeugnisses oder Absatzsteigerung. Danach muss das **Werbebudget** bestimmt werden. Seine Höhe hängt vor allem davon ab, welche Werbemittel eingesetzt werden und wie viele Personen angesprochen werden sollen. Im nächsten Schritt muss die **Zielgruppe** ausgewählt werden, z. B. Jugendliche, Hausfrauen, Handwerker.

Steht die Zielgruppe fest, kann die **Werbebotschaft** formuliert werden, d. h. die Werbeziele werden zu treffenden Aussagen. Als Nächstes sind die passenden Werbemittel und Werbeträger auszuwählen. **Werbemittel** sind z. B. Zeitungsanzeigen, TV-

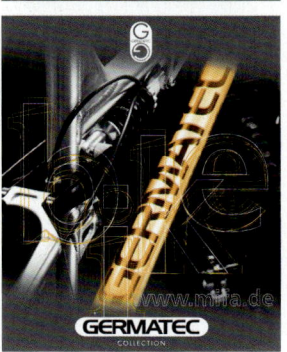

Info
Deutscher Werberat
pd4n7m

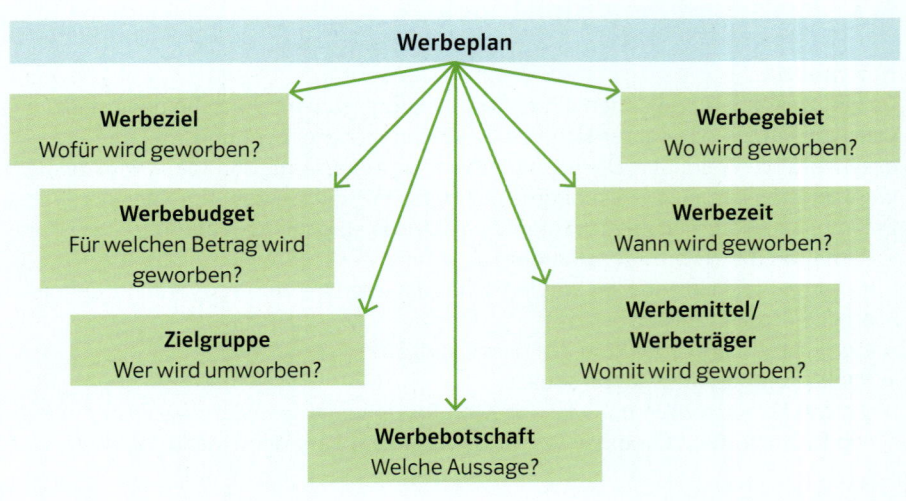

Spots, Plakate, gezielte Werbebriefe, Prospekte, Kataloge, Flugblätter. **Werbeträger** wie Tageszeitungen, Fachzeitschriften, Rundfunksender bringen die Werbemittel an die Umworbenen. Zuletzt müssen noch das **Werbegebiet** und die **Werbezeit** bestimmt werden.

Am Ende einer Werbeaktion steht die **Werbeerfolgskontrolle**. Die einfachste Kontrollmöglichkeit besteht darin, den Umsatz vor der Werbung mit dem Umsatz nach der Werbung zu vergleichen. Da oft mehrere Werbemittel gleichzeitig eingesetzt werden, wendet man zusätzlich weitere Kontrollmöglichkeiten an, z. B. Meinungsumfragen oder Bestellformulare, die sich auf das Werbemittel beziehen.

Öffentlichkeitsarbeit (Public Relations):
Genießt ein Unternehmen in der Öffentlichkeit Ansehen und vertraut man ihm, dann werden auch seine Werbemaßnahmen wirkamer sein. Da folglich auch der Absatz dadurch steigt, sollte die Öffentlichkeitsarbeit (Public Relations) nicht vernachlässigt werden. Hierzu bieten sich vielfältige Möglichkeiten, z. B. Zeitungsberichte, Sponsorentätigkeit, Ausstellungen, Tage der offenen Tür, Betriebsbesichtigungen, Unterstützung von sozialen Einrichtungen oder Sportvereinen usw.

6.5   Servicepolitik (Kundenbetreuung)

Bei vielen Produkten und Dienstleistungen sind die Beschaffenheit und der Preis gut vergleichbar. Ziel eines Unternehmens muss daher sein, sich und die eigenen Produkte von der Konkurrenz abzuheben. Ein guter Service sowie fachkundige Beratung sind gute Ansatzmöglichkeiten dafür. Welche Zusatzleistungen können geboten werden?

Kundendienst	Garantieleistungen	Beratung und Finanzierung
Lieferung frei Haus, Betreuung und Installation; Wartung, Überprüfung und Reparatur	Garantiezusagen (über die gesetzliche Gewährleistung hinaus); Kulanzleistungen, z. B. großzügige Behandlung von Reklamationen und Änderungswünschen	Einsatzberatung (z. B. bei technischen Geräten); Kreditgewährung, z. B. Einräumung von Zahlungszielen, Skonto, Rabatt

6.6 Ökomarketing

Wachsende Umweltverschmutzung hat das Verbraucherverhalten sehr verändert. Zunehmend verhalten sich Verbraucher umweltbewusst. Sie achten beim Einkauf darauf, dass Produkte umweltfreundlich hergestellt wurden und dass sie umweltverträglich sind. Diese veränderten Verbrauchergewohnheiten dürfen von den Unternehmen nicht vernachlässigt werden. Denn wenn einem Unternehmen ein umweltschädliches Produktionsverfahren nachgewiesen wird oder wenn seine Erzeugnisse der Umwelt schaden, leidet der Absatz. Werden die eigenen Produkte dagegen mit Umweltzeichen ausgezeichnet, dann fördert dies den Verkauf dieser Erzeugnisse.

Umweltschutz
- verbessert das Unternehmensimage,
- erschließt neue Märkte und Verbrauchergruppen,
- sichert langfristig die Wettbewerbsfähigkeit.

6.7 Qualitätssicherung

Eine gute Möglichkeit, sich im Wettbewerb von der Konkurrenz abzuheben, besteht darin, dem Kunden qualitativ hochwertige Produkte und Dienstleistungen anzubieten. Eine gute Qualität spricht sich herum, was kostenlose Werbung bedeutet.
Weitere Vorteile von Qualitätskontrollen sind z. B.:
- Kosten für Ausschuss entfallen,
- Gewährleistungen und Nachbesserungen werden eingespart,
- das Firmenimage verbessert sich,
- hohe Kosten aus dem Produkthaftungsgesetz werden vermieden.

> **Nr. 352**
>
> Dieser aus besten Garnen hergestellte Qualitätsstrumpf wurde vor dem Verpacken eingehend geprüft. Sollten Sie dennoch irgendeine Beanstandung haben, senden Sie uns bitte zur Kontrolle diesen Zettel mit ein.

Wichtigstes Ziel der **Qualitätssicherung** ist daher die Vermeidung von Fehlern und nicht deren Beseitigung. Fehler lassen sich nur dort vermeiden, wo sie verursacht werden. Die Qualitätssicherung ist deshalb als Prozess zu betrachten. Dieser beginnt bei der Produktionsplanung, setzt sich fort bei der Konstruktion, schließt die Fertigung mit ein bis zur Abnahme der Erzeugnisse durch den Kunden.
Allerdings verursachen auch Qualitätskontrollen Kosten. Deshalb muss darauf geachtet werden, dass die Kontrollkosten nicht die Kostenvorteile und Absatzsteigerungen übersteigen. Viele Betriebe lassen sich die Qualität ihrer Produkte zusätzlich bestätigen, z. B. durch **Gütezeichen** (siehe auch S. 95).

In Deutschland gibt es rund 50 000 zertifizierte Unternehmen. Die Zertifizierung ist zwar keine Pflicht, es gibt allerdings Branchen, in denen sie durch Ansprüche der Abnehmer praktische Pflicht geworden ist, beispielsweise bei Automobilzulieferern. Auch in anderen Branchen steigt der Druck, sich zertifizieren zu lassen. Denn bei einem nach ISO 9001 zertifizierten Betrieb kann der Kunde davon ausgehen, dass die betrieblichen Prozesse und Strukturen funktionieren und auf ständige Qualitätssteigerung ausgerichtet sind. **ISO** (**I**nternational **O**rganization for **S**tandardization) heißt die weltweite Dachorganisation der nationalen Normungsinstitute. Aufgrund der Globalisierung der Märkte (internationale Verflechtung) werden die Normen dieser Organisation immer wichtiger, insbesondere die **ISO-Normen 9 000 bis 9 004**. Unabhängig von Produkten und Branchen regeln sie die Einführung und Überprüfung innerbetrieblicher Qualitätssicherungssysteme. Fehler und Mängel sollen nicht erst nach der Leistungserstellung vermieden werden, sondern von Anfang an. Die Erfüllung der ISO-Normen kann sich ein Unternehmen durch das **Zertifikat** eines unabhängigen und anerkannten Prüfers bestätigen lassen (sogenannte **Zertifizierung**), z. B. durch Technische Überwachungs-Vereine (TÜV).

Folgen schlechter Qualität

schlechte Qualität durch Eigen- und/oder Fremdverschulden
↓
höhere Prüf- und Folgekosten
↓
höhere Herstellungskosten
↓
schlechtes Betriebsergebnis
↓
höherer Fehlerdurchschlupf
↓
Kundenreklamationen
↓
Verlust von Marktanteilen
↓
Verlust von Arbeitsplätzen

Maßnahmen zur Absatzförderung

Marketing

Wie, wo, an wen und zu welchen Bedingungen werden Produkte vermarktet?

Marktforschung	Preis- und Konditionenpolitik	Werbung	Servicepolitik (Kundenbetreuung)	Ökomarketing
	Vertriebspolitik	Produkt- und Sortimentspolitik	Qualitätssicherung	

Marketing-Mix:
abgestimmter Einsatz der Marketinginstrumente

Arbeitsteil

1. Nennen Sie die Aufgaben der Marktforschung.

2. Was versteht man unter „Marketing-Mix"?

3. Die wichtigsten Problemfelder der Produktpolitik sind die Produktinnovation, Produktmodifikation, die Produktvariation und die Produktselektion. Was versteht man darunter? Nennen Sie Beispiele.

4. Welche Faktoren sind maßgebend für die Preisgestaltung eines Unternehmens?

5. Ein Jungunternehmer legt seine Verkaufskonditionen fest. Nennen Sie mögliche Konditionen und begründen Sie deren sinnvolle Einsatzmöglichkeiten.

6. Erläutern Sie den Begriff Werbung.

7. Nennen Sie fünf Aufgaben der Werbung.

8. Nehmen Sie Stellung zu folgenden Zitaten von Oliviero Toscani und Abraham Lincoln:
a) „Aufgrund folgender Untaten erkläre ich hiermit den Prozess gegen die Werbung für eröffnet:
– Verschwendung von Unsummen
– Verbrechen gegen die Intelligenz
– soziale Nutzlosigkeit
– heimliche Verführung
– Lüge
– Verherrlichung der Dummheit"

b) „Man kann zwar alle Leute einige Zeit zum Narren halten und einige Leute allezeit. Aber alle Leute allezeit zum Narren halten, das kann man nicht" (Abraham Lincoln).

9. Welche Werbemittel würden Sie einsetzen bei
a) einem Fahrzeuglackierbetrieb (Handwerk),
b) einer Elektronikfirma für ein neues Handy,
c) einem Friseursalon,
d) einem Schreinerbetrieb,
e) einer Metallbaufirma (Garagentore aus Metall).
Begründen Sie Ihre Entscheidung.

10. Sie planen eine Werbeaktion für Ihren Ausbildungsbetrieb. Erstellen Sie einen Maßnahmenkatalog.

11. Nennen Sie die Aufgaben des Vertriebs.

12. Warum sind Kundenservice und -beratung für ein Unternehmen heute unverzichtbar?

13. Erklären Sie den Unterschied zwischen einer Garantie- und einer Kulanzleistung.

14. Worin sehen Sie die Bedeutung des Umweltschutzes für Betriebe?

15. Nennen Sie mögliche Folgen für einen Betrieb, wenn schlechte Qualität produziert und verkauft wird.

Üben interaktiv
Prüfungsaufgaben
9z6r2g
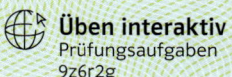

Prüfungsaufgaben

Simulation einer Unternehmensgründung

Die Sportprofi Maier e. K. ist ein mittelständisches Unternehmen mit 10 Mitarbeitern. Das Unternehmen verkauft vor allem Sportartikel aus den USA. Zum Angebot gehören u. a. Sportschuhe, Sportbekleidung und Golfschläger.

a) Um welche Unternehmensform (Rechtsform) handelt es sich bei Sportprofi Maier e. K.?

b) Nennen Sie drei Vorteile dieser Rechtsform für den Unternehmer Maier.

c) Welche Gründe könnten Herrn Maier dazu veranlassen, sein Unternehmen in eine GmbH umzuwandeln?

d) Welche Vorteile bringen Serviceleistungen dem Kunden und dem Geschäft?

e) Unternehmer Maier will im Sportbekleidungs- und Sportgerätebereich die Marketinginstrumente
 – Produkt- und Sortimentspolitik,
 – Preis- und Konditionenpolitik sowie die
 – Werbung neu gestalten.
 Wie könnte dies Ihrer Meinung nach aussehen? Worauf würden Sie achten?

f) Welche Werbemittel sollte Unternehmer Maier sinnvollerweise einsetzen?

g) Gestalten Sie für Ihren Ausbildungsbetrieb einen Marketing-Mix.

h) Nehmen Sie Stellung zu der Aussage:
 „In Deutschland vermindern gesetzlich vorgeschriebene betriebliche Umweltschutzmaßnahmen die internationale Wettbewerbsfähigkeit."

Simulation einer Unternehmensgründung

a) Nennen Sie drei wichtige Ziele erwerbswirtschaftlicher Unternehmen.

b) Immer wieder gibt es neue Unternehmen, die sich aufgrund ihrer guten Geschäftsidee auf dem Markt platzieren können und Erfolg haben. Erklären Sie, weshalb eine gute Geschäftsidee für eine Unternehmensgründung besonders wichtig ist. Zeigen Sie dies an einem selbst gewählten Beispiel.

c) Bei der Wahl der Unternehmensform kommen für Jungunternehmer u. a. die GbR bzw. die GmbH infrage. Nennen Sie für beide Gesellschaftsformen jeweils einen Vorteil und einen Nachteil.

d) Die Standortwahl ist für Unternehmen eine wichtige Entscheidung. Erläutern Sie jeweils zwei Standortfaktoren, die besonders wichtig sind für einen Friseur und für einen Industriebetrieb.

e) Unternehmen, die im Ausland investieren, versprechen sich bei der Wahl des Landes erhebliche Standortvorteile. Formulieren Sie drei Argumente für Standortvorteile Chinas.

Ein junger Handwerksmeister erstellt ein Kundenangebot und erhält den Auftrag. Nach Abwicklung des Auftrags stellt er fest, dass die Kosten um 10 % höher liegen als der angebotene Preis.

f) Welche Ursachen könnte die „Fehlkalkulation" haben?

g) Welche Probleme könnten durch solche „Fehlkalkulationen" in diesem Betrieb entstehen?

h) Ein großes Problem für Betriebe ist die steigende Fixkostenbelastung. – Wie erklären Sie sich diese Entwicklung? – Was lässt sich dagegen unternehmen?

i) Zur Ermittlung des Angebotspreises für einen Kühlschrank liegen bei einer Firma folgende Daten vor: Verbrauch von Fertigungsmaterial 134,85 €, Fertigungslöhne 205,20 €, Gemeinkostenzuschlagssätze: Materialgemeinkosten 20 %, Fertigungsgemeinkosten 90 %, Verwaltungsgemeinkosten 15 %, Vertriebsgemeinkosten 8 %. Der Gewinnzuschlag wird mit 20 % angesetzt. Außerdem sollen noch 10 % Rabatt und 2 % Skonto gewährt werden. Ermitteln Sie den Listenverkaufspreis.

Fallbeispiel Kreditvergleich

Gründe einen Kredit aufzunehmen gibt es viele. Er scheint eine einfache und schnelle Lösung zu sein, um z. B. ein neues Auto zu bezahlen, eine teuere Urlaubsreise zu begleichen oder eine neue Küche zu finanzieren. Wie sollte man sich also verhalten, wenn man einen Kredit braucht?

Zunächst: Nichts überstürzen, in Ruhe vergleichen, sich von mehreren Seiten beraten lassen – rechnen. Nur wer gründlich Zinssätze und andere Kreditkonditionen verglichen hat, kann sicher sein, dass der aufgenommene Kredit sich nachträglich nicht als überteuert herausstellt.

Der erste Weg sollte zur Hausbank führen. Hier kann man sich vor Ort beraten lassen. Das persönliche Gespräch hat viele Vorteile. Die Hausbank kennt die finanzielle Situation des Kreditnehmers am Besten. Dies erleichtert die Beratung sowie die Entscheidung für oder gegen eine Kreditvergabe. Im persönlichen Gespräch vor Ort kann man sich auch verschiedene Kreditvarianten ausrechnen lassen, z. B. mit längeren Laufzeiten und unterschiedlich hohen Monatsraten.

Ob aber das Kreditangebot der Hausbank günstig ist oder teuer, kann man nur durch einen Vergleich herausfinden. → Daher sollte man sich von mehreren Banken beraten lassen.

Viele Banken verzichten auf ein aufwendiges Filialnetz und bieten Kredite direkt über das Internet an. Da diese sogenannten Direktbanken geringere Verwaltungskosten haben, können hier Kreditkonditionen oft besser sein als bei der Hausbank.

Problemsituation:

Sie haben vor wenigen Wochen Ihre Ausbildung beendet und eine neue Stelle angetreten. Sie verdienen nun rund 1200 € netto. Allerdings ist Ihr neuer Arbeitsplatz mit öffentlichen Verkehrsmitteln nur sehr schlecht zu erreichen. Deshalb wollen Sie ein gebrauchtes Auto kaufen.

Mazda MX5 – 4 800 €
Erstzulassung 02/04, 60 000 km, 66 KW/90 PS

Ein Kollege bietet Ihnen das unten abgebildete Auto zu einem absoluten „Freundschaftspreis" von 4 800 € an. Leider haben Sie keine Ersparnisse. Ihre Großeltern schenken Ihnen für die bestandene Gesellenprüfung 200 €; von Ihren Eltern bekommen Sie aus diesem Anlass sogar 300 €. Den Rest müssen Sie über einen Bankkredit finanzieren.

Arbeitsauftrag:

1. Arbeiten Sie in Gruppen zusammen.
2. Legen Sie die persönliche Situation eines Gruppenmitgliedes zugrunde. Überprüfen Sie Ihre finanzielle Situation genau. Berücksichtigen Sie alle monatlichen Ausgaben wie z. B. die Handyrechnung, Versicherungen (z. B. ca. 95 € pro Monat für das Auto, 108 €/Jahr Kfz-Steuer usw.) und ermitteln Sie, wie viel Geld von Ihrem Nettoeinkommen am Monatsende übrig bleibt, um einen Kredit zurückzuzahlen. Verwenden Sie hierzu den Haushaltsplan auf S. 148.
3. Entscheiden Sie, wie hoch die Monatsraten sein können und berücksichtigen Sie, dass unvorhergesehene Ereignisse eintreten können.
4. Suchen Sie anschließend im Internet ein günstiges Kreditangebot für den benötigten Kredit.

Suchhilfen:

Geben Sie in einer Suchmaschine Stichworte wie **Kreditvergleich, Kreditvergleichsrechner, Privatkredit Vergleich** ein.

Vorgehensweise:

Vergleichen Sie immer Angebote mit gleichem Kreditbetrag und gleicher Laufzeit, berücksichtigen Sie den effektiven Jahreszins. Dann wird sehr schnell ersichtlich, welche Angebote günstig und welche sehr teuer sind.

→ **Präsentieren** Sie der Klasse das Ergebnis Ihrer Recherche und begründen Sie Ihre Entscheidung.

Fallbeispiel Angebotsvergleich

⊕ **Material**
Angebotsvergleich (Tabellen)
n44qm2

Timo Neumann ist Auszubildender beim Möbelhersteller Modern Living. Für ein Möbelhaus sollen 200 Gartentische mit Tischplatten aus Granit hergestellt werden. Für diesen Auftrag soll Timo bei 3 Lieferanten Angebote für Granittischplatten einholen. Danach soll er einen Angebotsvergleich durchführen, den besten Lieferanten ermitteln und das Ergebnis seinem Chef präsentieren.

Timos Anfrage bei 3 Lieferanten hat mittlerweile folgende Angebote ergeben:

Hubers Natursteinwerk, Zwiesel	Zang Chinese Stone, Frankfurt	P. Rigatoni, Carrara
– 215 € für eine Natursteinplatte – ab 100 Stück 5 % Rabatt – 3 % Skonto bei Zahlung innerhalb von 7 Tagen – keine Versandkosten – Lieferzeit 6 Wochen	– 380 € für 2 Natursteinplatten – ab 200 Stück 10 % Rabatt – zahlbar ohne Abzug bei Lieferung – Versandkosten 500 € für 100 Platten – Lieferzeit 12 Wochen	– 700 € für 4 Natursteinplatten – ab 150 Stück 5 % Rabatt – 2 % Skonto bei Zahlung innerhalb von 10 Tagen – Versandkosten 150 € für 50 Platten – Lieferzeit 2 Wochen

Timo will seinem Chef ein fundiertes Ergebnis präsentieren. Deshalb hat er die firmeneigenen Erfahrungen mit dem betreffenden Lieferanten ausgedruckt:

Hubers Naturstein:

Hubers Natursteinwerk ist ein kleinerer Hersteller im Bayerischen Wald, hat aber einen guten Ruf in der Branche. Der Hersteller bietet aufwendig hergestellte Erzeugnisse mit einem hohen Qualitätsanspruch. Bisherige Lieferungen erfolgten stets zur vollsten Zufriedenheit. Für telefonische Beratung und Betreuung sind immer kompetente Ansprechpartner erreichbar. Berechtigte Reklamationen werden schnell und unbürokratisch abgewickelt.

Zang Chinese Stone:

Der chinesische Hersteller hat seine deutsche Niederlassung mit deutschsprachigen und versierten Fachleuten besetzt. Diese beraten gut und sind problemlos zu erreichen. Bei Reklamationen zeigt man sich sehr großzügig und kulant, weil der chinesische Hersteller seinen Marktanteil in Deutschland noch mehr vergrößern will. Die Firma hat ein gutes Image, da ihre Produkte qualitativ hochwertig sind. Deshalb sind Reklamationen sehr selten. Bestellungen werden ausschließlich über die deutsche Niederlassung abgewickelt. Da die Lieferung direkt aus China erfolgt, sind die Lieferzeiten erheblich länger als bei deutschen Anbietern.

P. Rigatoni:

Der Hersteller produziert ausschließlich in Italien. Dennoch kann er in der Regel schnell liefern, da er über große Produktionskapazitäten verfügt. Aufgrund seiner günstigen Preise ist er in Italien Marktführer. Bei der Abwicklungen von Bestellungen treten gelegentlich Verständigungsprobleme und Missverständnisse sowie daraus resultierende Falschlieferungen auf. Für Kundenberatung und Reklamationen gibt es jedoch einen deutschsprachigen Kundendienst. Die Abwicklung von Reklamationen läuft etwas umständlich und schwerfällig, häufig sind Rückfragen zu beantworten. Schon öfters wurden fest vereinbarte Liefertermine wegen stattfindender Streiks nicht eingehalten. Die Qualität der Erzeugnisse ist zufriedenstellend.

Der **Bezugspreis**, **Lieferkonditionen** und **Erfahrungsberichte** sollen die Grundlage von Timos Entscheidung sein. Diese will er anhand der in der Firma verwendeten **Scoring-Tabelle** treffen.

Arbeitsauftrag:

1. Bilden Sie Arbeitsgruppen.
2. Verwenden Sie das unter dem oben genannten Online-Code abgebildete Schema und ermitteln Sie den Bezugspreis für jedes Angebot aus.
3. Füllen Sie die Scoring-Tabelle anhand der ermittelten Bezugspreise und der Erfahrungsberichte aus.
4. Entscheiden Sie, welches aus Ihrer Sicht das beste Angebot ist und präsentieren Sie Ihr Ergebnis.

Grundlagen wirtschaftlichen Handelns

„Ich kann mir nicht vorstellen, dass es einen Menschen gibt, der nicht immer neue Bedürfnisse hat."

Ludwig Erhard (1897–1977)
Bundesminister für Wirtschaft 1949–1963
Bundeskanzler 1963–1966

„Die Welt hat genug für jedermanns Bedürfnisse, aber nicht für jedermanns Gier."

Mahatma Gandhi (1869–1948)
Führer der indischen Unabhängigkeitsbewegung,
bis heute Vorbild für gewaltloses Handeln

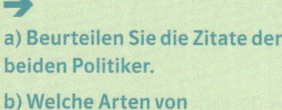

a) Beurteilen Sie die Zitate der beiden Politiker.

b) Welche Arten von Bedürfnissen kennen Sie?

Bedürfnisse

Bedürfnisse sind der Ausgangspunkt wirtschaftlichen Handelns. Ein **Bedürfnis** ist das Empfinden eines **Mangelgefühls**, das man beseitigen will. Jeder Mensch hat Bedürfnisse. Damit er nicht verhungert, muss er Nahrung zu sich nehmen; um nicht zu erfrieren, muss er sich kleiden; als Schutz vor Hitze oder Kälte, benötigt er eine Wohnung. Kein Mensch kann existieren, wenn diese grundlegenden Bedürfnisse nicht befriedigt werden. Sie werden deshalb **Existenzbedürfnisse** genannt.

Jeder Mensch hat täglich verschiedene Bedürfnisse. Neben den Existenzbedürfnissen kann er vielleicht seine Bildung als mangelhaft empfinden. Um dem abzuhelfen, hat er den Wunsch, verschiedene Bücher zu lesen. Eventuell will er seinen körperlichen oder seelischen Zustand verbessern, z. B. durch Kino, Fernsehen, Radio oder durch eine Reise. All diese Bedürfnisse bezeichnet man als **Kulturbedürfnisse.**

Der Lebensstandard in Deutschland ist in den letzten Jahren ständig gestiegen, d. h. neben den Existenzbedürfnissen und Kulturbedürfnissen konnten sich die Einwohner zunehmend **Luxusbedürfnisse** leisten. Diese werden nicht unbedingt zum Leben benötigt. Sie bieten entbehrliche Annehmlichkeiten, z. B. teure Genussmittel, einen Sportwagen, einen privaten Swimmingpool oder kostbaren Schmuck.
Die genaue Abgrenzung zwischen Existenz-, Kultur- und Luxusbedürfnissen ist schwierig. So kann das Bedürfnis nach einer teuren Musikanlage für einen Diskothekenbesitzer ein Existenzbedürfnis darstellen, in bestimmten Bevölkerungsschichten ein Kulturbedürfnis und für viele sogar ein Luxusbedürfnis sein. Auch der technische Fortschritt und das Einkommen beeinflussen die Einteilung der Bedürfnisse. In einem abgelegenen Dorf eines unterentwickelten Landes ist ein Fernsehgerät ein Luxusbedürfnis, in modernen Ländern dagegen längst ein Kulturbedürfnis.

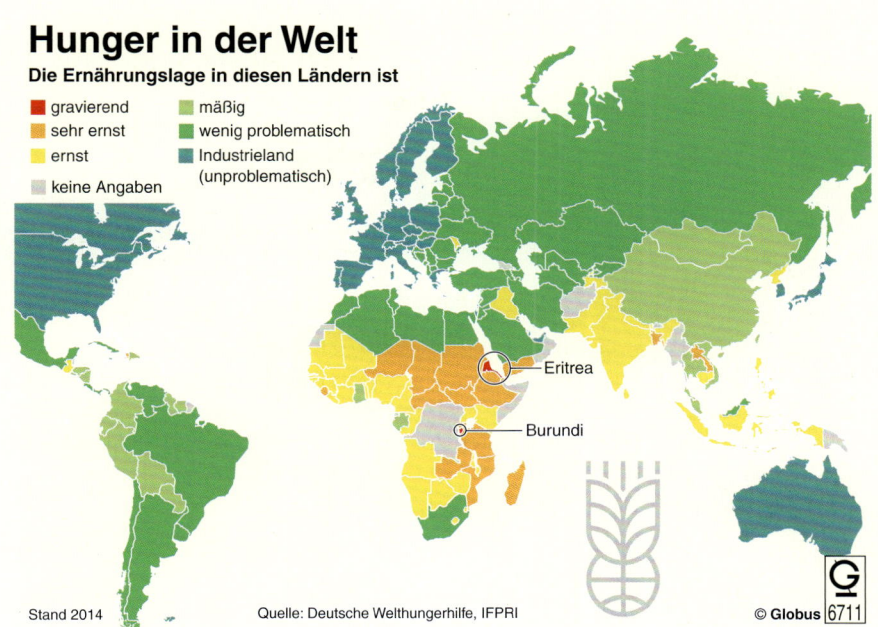

Hunger in der Welt

Die Ernährungslage in diesen Ländern ist

- gravierend
- sehr ernst
- ernst
- keine Angaben
- mäßig
- wenig problematisch
- Industrieland (unproblematisch)

Eritrea

Burundi

Stand 2014   Quelle: Deutsche Welthungerhilfe, IFPRI   © Globus 6711

Die abgebildete Weltkarte unterscheidet in Industrieländer, in denen die Menschen gut und überernährt sind, sowie in Länder, wo man die Ernährungslage als wenig problematisch einschätzt oder solche, wo sie mäßig ist und schließlich in Länder, deren Ernährungslage man als ernst, sehr ernst oder sogar als gravierend bezeichnen muss. Betrachtet man die Karte, so stellt man fest: In Deutschland ist eine einfache Mahlzeit ein Existenzbedürfnis. Viele Einwohner z. B. von Burundi, dem Kongo, Indien oder Eritrea würden dasselbe Nahrungsangebot als Luxusbedürfnis ansehen.

All die Existenz-, Kultur und Luxusbedürfnisse, die jeder Mensch hat, kann der einzelne selbst befriedigen, vorausgesetzt, er hat das Geld dazu und die gewünschten Leistungen werden angeboten. Bedürfnisse des Einzelnen bezeichnet man auch als **Individualbedürfnisse.**

Daneben gibt es Bedürfnisse, die nicht der Einzelne, sondern nur die Gesellschaft als Ganzes befriedigen kann. Sie werden **Kollektivbedürfnisse** genannt. Dazu zählen z. B. der Wunsch nach einem modernen Krankenhaus, einer Schule, die Versorgung mit Strom oder der Ausbau des Verkehrsnetzes.

Aus Bedürfnissen wird erst dann ein **Bedarf**, wenn diese mit Kaufkraft (Geld) ausgestattet sind.
Beispiel: Jemand hat das dringende Bedürfnis, einen rasanten Sportwagen zu fahren, bedauerlicherweise fehlt aber das nötige Geld. Aus diesem Bedürfnis kann kein Bedarf entstehen.

Der Bedarf der Menschen äußert sich als **Nachfrage** am Markt. Dies ist erst dann der Fall, wenn von zahlungsbereiten Käufern die entsprechenden Güter tatsächlich verlangt werden.
Beispiel: Nach Unterrichtsende empfindet ein Schüler Durst (= Existenzbedürfnis). Mit einem Blick in seine Geldbörse überzeugt er sich davon, dass er noch genügend Geld besitzt (= Bedarf). Er geht in einen Supermarkt und kauft eine Limonade (= Nachfrage).

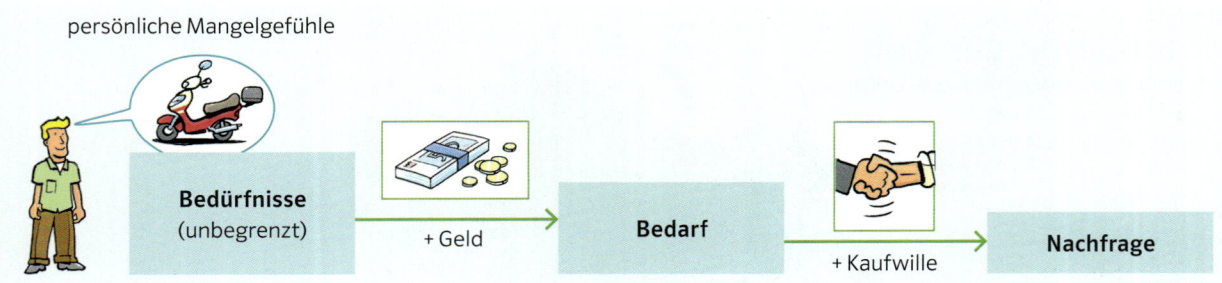

persönliche Mangelgefühle

Bedürfnisse (unbegrenzt) → + Geld → **Bedarf** → + Kaufwille → **Nachfrage**

In modernen Industriegesellschaften ist das Wachstum der Bedürfnisse häufig geringer als die Produktionskapazitäten vieler Unternehmungen. Absatzschwierigkeiten verbunden mit Arbeitslosigkeit können die Folge sein. Um ihren Absatz zu sichern, versuchen Unternehmen durch Werbung immer neue Bedürfnisse bei den Verbrauchern zu wecken.

Güter

Güter sind die Mittel, mit denen die Menschen ihre Bedürfnisse befriedigen. Stehen sie kostenlos und unbegrenzt zur Verfügung, dann werden sie als freie Güter bezeichnet. Typische **freie Güter** sind z. B. Luft, Sonnenenergie, Sand in der Wüste oder Wasser im Meer. Freie Güter gibt es heutzutage immer weniger. So zählen z. B. sauberes Wasser und frische Luft durch zunehmende Umweltbelastung nur noch sehr begrenzt zu den freien Gütern. Zwar kann man in Flüssen kostenlos baden; sauberes Wasser, das aus der Leitung kommt, muss man allerdings bezahlen. Das an sich freie Gut Wasser wird zum wirtschaftlichen Gut.
Alle anderen Güter sind knapp; man erhält sie nur unter Einsatz von Kosten, d. h. ihre Gewinnung oder Herstellung setzt zielgerichtetes wirtschaftliches Handeln voraus. Daher werden diese Güter nur gegen Bezahlung auf dem Markt angeboten. Knappe Güter bezeichnet man deshalb auch als **wirtschaftliche Güter**.

Wirtschaftliche Güter werden unterschieden in **Sachgüter** sowie **Rechte** und **Dienstleistungen**. Sachgüter **(materielle Güter)** sind als Gegenstände vorhanden, z. B. Möbel, Lebensmittel, Kleidungsstücke oder Maschinen. Rechte und Dienstleistungen dagegen kann man nicht anfassen, da sie nicht als Gegenstände vorhanden sind. Man nennt sie deshalb **immaterielle Güter**. Dienstleistungen erbringen z. B. Ärzte, Rechtsanwälte, Taxifahrer oder Friseure. Zu den Rechten zählen u. a. Patente, Mietverträge, Marken, Lizenzen oder Wegerechte.

Werden Güter zur unmittelbaren Befriedigung von Bedürfnissen verwendet, spricht man von **Konsumgütern**. Beispiele: Haushaltsgeräte, Lebensmittel, Kleidungsstücke. Setzt man sie hingegen zur Herstellung anderer Güter ein, dann werden sie **Produktionsgüter** genannt. Beispiele: Maschinen, Werkzeuge, Rohstoffe.
Ob man ein Gut zu den Konsumgütern oder zu den Produktionsgütern zählt, hängt davon ab, wer darüber verfügt. Wird eine Nähmaschine in einem Privathaushalt eingesetzt, ist sie ein Konsumgut, für einen Schneider dagegen ein Produktionsgut.

Hinsichtlich ihrer Nutzungsdauer unterscheidet man **Gebrauchs- und Verbrauchsgüter**. Gebrauchsgüter wie Kühlschränke, Fernsehgeräte, Maschinen können über einen längeren Zeitraum genutzt werden. Verbrauchsgüter dagegen lassen nur eine einmalige Nutzung zu, sie werden verbraucht. Typische Verbrauchsgüter sind Rohstoffe, Benzin, Strom oder Lebensmittel.

Ökonomisches Prinzip

Jeder Mensch hat eine große Anzahl von Bedürfnissen: das Bedürfnis nach Brot, um den Hunger zu stillen; das Bedürfnis nach einer Wohnung oder das Bedürfnis nach einem Auto usw. Die Bedürfnisse des Menschen sind unbegrenzt. Er wird aber sehr bald feststellen, dass seine Mittel zur Bedürfnisbefriedigung knapp sind. Dies zwingt den Menschen dazu, mit den vorhandenen Gütern sparsam umzugehen, also zu wirtschaften, so dass er möglichst viele seiner Bedürfnisse befriedigen kann. Wer so handelt, verfährt nach dem sogenannten wirtschaftlichen oder **ökonomischen Prinzip**.

Der wirtschaftliche Umgang mit den Gütern kann durch das Maximalprinzip oder das Minimalprinzip erfolgen.

Nach dem **Maximalprinzip** handelt, wer mit den vorhandenen Mitteln den größtmöglichen (maximalen) Erfolg erzielen möchte.
Beispiel: Die Leucht AG verfügt über Produktionsstätten, Arbeitskräfte, Maschinen, Werkzeuge, Transportmittel, Rohstoffe, usw. Das Maximalprinzip verlangt, die vorhandenen Mittel so einzusetzen, dass die größte mögliche (maximale) Gütermenge damit erzeugt wird.

Nach dem **Minimalprinzip** handelt, wer ein vorgegebenes Ziel mit dem geringst möglichen (minimalen) Einsatz von Mitteln erreichen will.
Beispiel: Für die Produktion von Lampen benötigt die Leucht AG Messinggrundstäbe in einer bestimmten Qualität. Das Minimalprinzip besteht nun darin, denjenigen Lieferanten auszuwählen, bei dem die benötigten Rundstäbe am günstigsten zu erhalten sind.

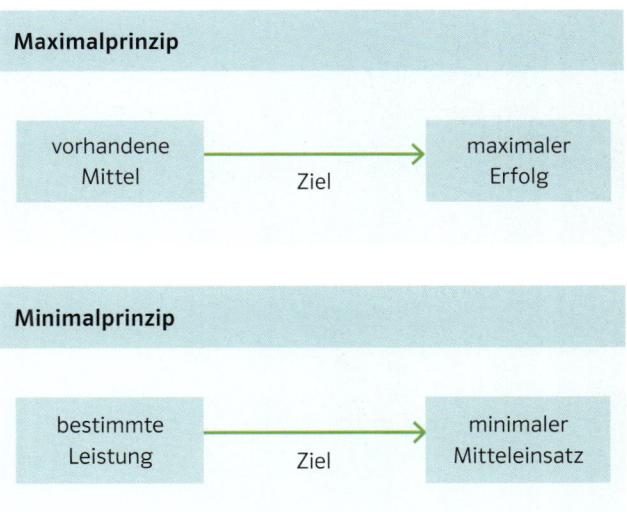

Das ökonomische Prinzip ist die Richtschnur für sinnvolles wirtschaftliches Handeln. Es gilt nicht nur für den betrieblichen, sondern auch für den privaten Bereich.

Beispiel: Paul möchte ein Smartphone kaufen. Er hat sich für ein ganz bestimmtes Modell eines bekannten Herstellers entschieden. Da er wirtschaftlich handelt, fragt er verschiedene Händler nach ihren Verkaufspreisen. Er kauft das Gerät schließlich bei dem billigsten Anbieter. Wenn Paul derartig handelt, verfährt er nach dem Minimalprinzip.
Beispiel: Nach dem Maximalprinzip würde Paul verfahren, wenn er versucht, für einen bestimmten Geldbetrag (z. B. 20 €) von seiner Lieblingslimonade so viele Flaschen wie möglich zu kaufen. Holt er sie in dem Geschäft, wo er für sein Geld die meisten Flaschen bekommt, dann hat er wirtschaftlich gehandelt.

Grundlagen wirtschaftlichen Handelns

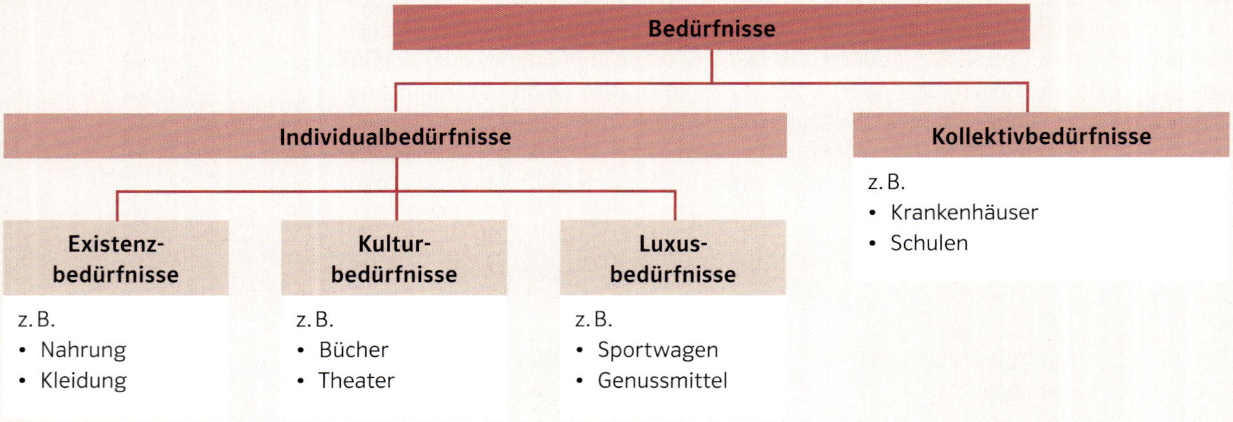

Bedürfnisse

Individualbedürfnisse

Kollektivbedürfnisse

z. B.
- Krankenhäuser
- Schulen

**Existenz-
bedürfnisse**

z. B.
- Nahrung
- Kleidung

**Kultur-
bedürfnisse**

z. B.
- Bücher
- Theater

**Luxus-
bedürfnisse**

z. B.
- Sportwagen
- Genussmittel

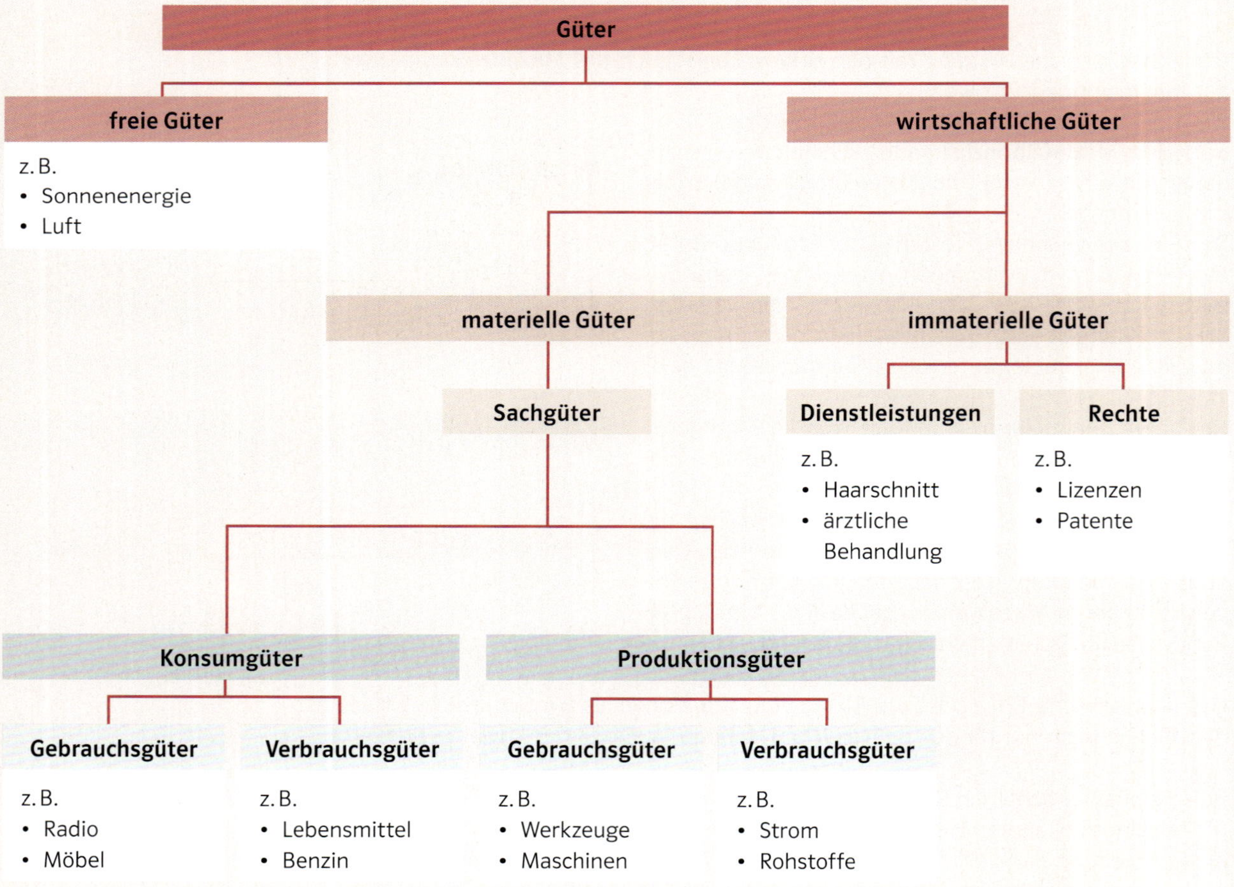

Güter

freie Güter

z. B.
- Sonnenenergie
- Luft

wirtschaftliche Güter

materielle Güter

immaterielle Güter

Sachgüter

Dienstleistungen

z. B.
- Haarschnitt
- ärztliche
  Behandlung

Rechte

z. B.
- Lizenzen
- Patente

Konsumgüter

Produktionsgüter

Gebrauchsgüter

z. B.
- Radio
- Möbel

Verbrauchsgüter

z. B.
- Lebensmittel
- Benzin

Gebrauchsgüter

z. B.
- Werkzeuge
- Maschinen

Verbrauchsgüter

z. B.
- Strom
- Rohstoffe

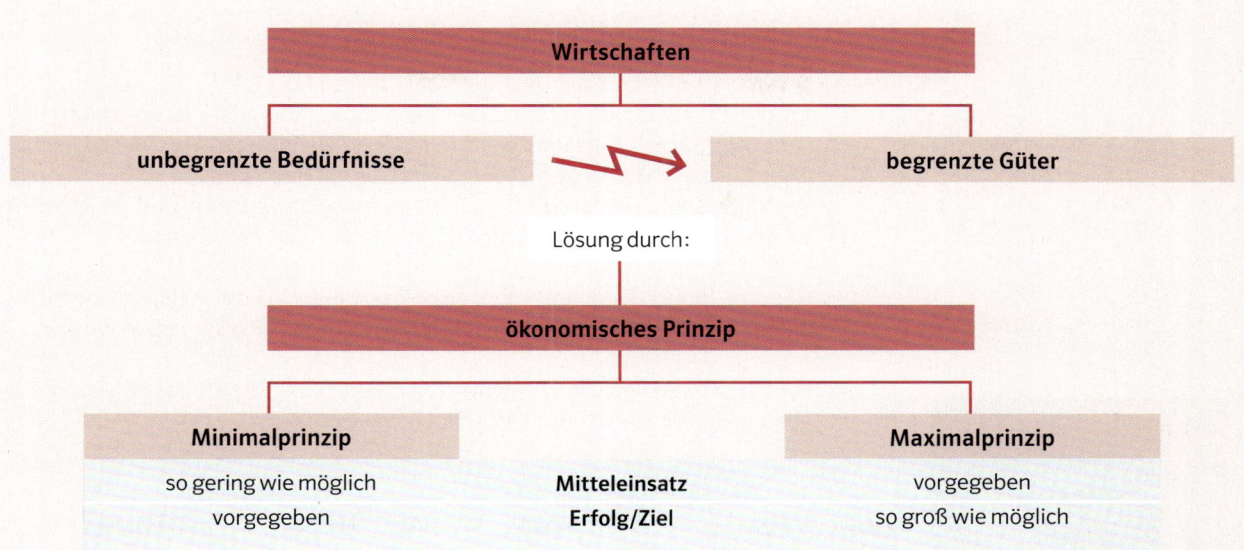

Arbeitsteil

1. Wie können Bedürfnisse eingeteilt werden? Nennen Sie je Bedürfnisart zwei Beispiele.

2. Erklären Sie die Begriffe
   a) Kollektivbedürfnisse,
   b) Individualbedürfnisse.

3. Warum werden Bedürfnisse auch als „Motor der Wirtschaft" bezeichnet?

4. Wovon können Bedürfnisse des Einzelnen abhängen? Zählen Sie verschiedene Faktoren auf.

5. Erklären Sie den Begriff „freie Güter" und geben Sie zwei Beispiele an.

6. Können freie Güter auch knapp werden? Begründung!

7. Nennen Sie zwei Dienstleistungen.

8. Tragen Sie in der folgenden Einteilung in jedes freie Kästchen jeweils zwei Beispiele ein.

	Konsumgüter	Produktionsgüter
Gebrauchsgüter		
Verbrauchsgüter		

9. Ordnen Sie folgende Güter allen (!) Ihnen bekannten Güterarten zu.
   a) Fabrikhalle
   b) Benzin für den privaten Pkw
   c) telefonische Rechtsberatung

10. Erläutern Sie, was man unter dem ökonomischen Prinzip versteht.

11. Unterscheiden Sie
    a) das Minimalprinzip und
    b) das Maximalprinzip.

12. Geben Sie an, ob in den folgenden Beispielen nach dem Minimalprinzip oder nach dem Maximalprinzip gehandelt wird.
    a) Kauf eines möglichst guten Tablet PCs für 200 €
    b) Kauf eines bestimmten Musikplayers für möglichst wenig Geld
    c) Lackieren einer vorgegebenen Fläche mit möglichst wenig Farbverbrauch
    d) Ein Autofahrer versucht, mit einer Tankfüllung möglichst viele Kilometer zurückzulegen.
    e) Sophia hat ihre Berufsausbildung erfolgreich abgeschlossen. Jetzt sucht sie eine eigene Wohnung, die monatlich 300 € kostet und möglichst groß ist.
    f) Tim verkauft sein altes Mountainbike meistbietend bei eBay.

Umgang mit Rechtsfällen

**Info**
Gesetzestexte im Internet
85xf72

Im privaten und beruflichen Leben kommt es häufig zu Streitigkeiten, die sehr oft gerichtlich geklärt werden müssen. Daher ist es von Vorteil, Einblicke in juristisches Denken und in die Arbeit mit Rechtstexten zu bekommen. Wichtige und wesentliche Gesetzesinhalte sollen erkannt und verstanden werden, damit man sich im „Paragrafendschungel" zurechtfindet.

Gesetze können nicht jeden Einzelfall lösen. Sie stellen nur allgemeine Richtlinien dar. Diese müssen dann auf den speziellen Fall übertragen werden.

Da es unterschiedliche Problemstellungen bzw. Streitfälle gibt, sind zur Lösung immer zuerst die „**4-W-Fragen**" zu stellen:

=

Wer
(Anspruchsteller)

will **was**
(Anspruch)

von **wem**
(Anspruchgegner)

woraus?
(Anspruchs- oder Gesetzesgrundlage)

Bei der Problemlösung wird immer nach dem gleichen Prinzip vorgegangen. Im Folgenden wird die **Methode der Fallbearbeitung** vorgestellt:

1. Schritt: Lesen und Verstehen

Der zu lösende Fall muss zu Beginn **mehrmals sorgfältig** durchgelesen werden. Dabei sollten wichtige sowie auch unbekannte Begriffe <mark>farbig markiert</mark> bzw. <u>unterstrichen</u> werden. (Dies ist in den nachfolgenden Fällen bereits erfolgt.) Klären Sie die unbekannten Begriffe.
Beim Lesen ist besonders auf **Zahlenangaben** zu achten. Zeit- oder Datumsangaben deuten oft auf Fristen oder Verjährung hin und Altersangaben auf fehlende Geschäfts- oder Deliktfähigkeit.
Werden im Fall keine konkreten Angaben gemacht, geht man vom normalen Verlauf der Dinge aus, z. B. dass es sich um volljährige Personen handelt – ohne Sonderregelung.

2. Schritt: Analyse des Problems
Formulieren der Fallfrage: Wer will was von wem?

Beteiligte und Ansprüche der Beteiligten erkennen:

Wer von wem?
Beteiligte können u. a. folgende Parteien sein:
Schuldner und Gläubiger, Besitzer und Eigentümer, Käufer und Verkäufer, Arbeitnehmer und Arbeitgeber, Mieter und Vermieter, Dritte, …
will was?
Welche Willenserklärungen gaben die Beteiligten ab?
Welche Ansprüche werden gestellt?

Es dürfen keine Dinge in den Sachverhalt hineininterpretiert werden. Nur feststehende Tatsachen sind zu berücksichtigen.

3. Schritt: Ansprüche/gesetzliche Regelungen finden
Woraus werden die Ansprüche abgeleitet?

Dieser Schritt ist die eigentliche Schwierigkeit bei der Arbeit mit Gesetzestexten.

Einige gesetzliche Regelungen beschäftigen sich mit **Ansprüchen.** Diese erkennt man an der Formulierung: jemand wird verpflichtet, etwas zu tun, zu unterlassen, zu verlangen oder herauszugeben.

Daneben enthalten die Gesetze aber auch **Einwendungen** gegen die Ansprüche.

Werden Sie mit einem Fall konfrontiert, zu denen Ihnen die Gesetzesgrundlagen nicht gegeben sind, hilft Ihnen das Sachverzeichnis am Ende des Gesetzbuches weiter. Bei der Suche sollte man sich ein Schlagwort überlegen, welches zum Sachverhalt passt.

4. Schritt: Vergleich

Die gefundenen Paragrafen sind in ihre einzelnen Bestandteile zu zerlegen und mit den Angaben im gegebenen Fall zu vergleichen.

Nur beim tatsächlichen Vorliegen **aller** gesetzlichen Voraussetzungen ist ein Anspruch entstanden.

5. Schritt: Formulieren der Lösung

Wie lautet die entsprechende Rechtsfolge? Das Ergebnis des 4. Schritts wird mit Verweis auf Gesetzesangaben zu Papier gebracht.

Wie ist die Rechtslage in folgenden Fällen?

Lösen Sie die nachfolgenden Fälle unter Zuhilfenahme der jeweils abgedruckten Gesetzesauszüge.

Wenden Sie dabei die einzelnen **Schritte der Fallbearbeitung** an!

 Üben
weitere Rechtsfälle
z8y357

 Info
weiterer Rechtsfall
mit Musterlösung
6258dy

Mehrarbeit, die sich lohnt!

1. Schritt: Lesen und Verstehen

Paulina (16 Jahre), Auszubildende zur Friseurin, zeigt in der Berufsschule stolz ihren Tablet-PC. Ihr Mitschüler Hans fragt sie neidvoll, wie sie sich eine Wohnung und derart teure Anschaffungen leisten kann. Paulina antwortet, dass sie neben ihrer vertraglich vereinbarten Ausbildungsvergütung von monatlich rund 500,00 Euro netto noch ca. 250 Euro mehr ausbezahlt bekommt. Sie begründet dies mit einer zwischen ihr und dem Ausbildungsbetrieb Haarsalon Mayer zusätzlich getroffenen Vereinbarung, wonach eine tägliche Mehrarbeit von 1,5 Stunden und die zweimalige monatliche Samstagsarbeit festgehalten worden sind. Außerdem verzichtet sie während ihrer Ausbildungszeit jährlich auf 8 Tage ihres Urlaubs gegen Auszahlung. Hans zweifelt die Rechtmäßigkeit dieser Vereinbarung an.

Zu Recht?

2. Schritt: Analyse des Problems
Wer will was von wem?

Haarsalon Mayer (Wer?) vereinbart mit seiner Auszubildenden Paulina (von wem?) während der Dauer der Berufsausbildung Folgendes (will was?):
– eine tägliche Mehrarbeit von 1,5 Stunden
– Samstagsarbeit zweimal monatlich
– einen jährlichen Verzicht auf 8 Tage des Urlaubs gegen Auszahlung.

3. Schritt: Ansprüche/gesetzliche Regelungen finden
Woraus werden die Ansprüche abgeleitet?

Zunächst handelt es sich um Parteien des Privatrechts. Da Paulina aber erst 16 Jahre alt ist und eine Berufsausbildung absolviert, ist speziell das Jugendarbeitsschutzgesetz (JArbSchG) bei der Falllösung heranzuziehen. Hinsichtlich der Auszahlung des anteiligen Jahresurlaubs muss das Bundesurlaubsgesetz (BUrlG) zur Hilfe genommen werden.

§ 1 JArSchG – Geltungsbereich
(1) Dieses Gesetz gilt [...] für die Beschäftigung von Personen, die noch nicht 18 Jahre alt sind,
1. in der Berufsausbildung, [...].

§ 8 JArbSchG – Dauer der Arbeitszeit
(1) Jugendliche dürfen nicht mehr als acht Stunden täglich und nicht mehr als 40 Stunden wöchentlich beschäftigt werden. [...]
(2a) Wenn an einzelnen Werktagen die Arbeitszeit auf weniger als acht Stunden verkürzt ist, können Jugendliche an den übrigen Werktagen derselben Woche achteinhalb Stunden beschäftigt werden. [...]

§ 15 JArbSchG – Fünf-Tage-Woche
Jugendliche dürfen nur an fünf Tagen in der Woche beschäftigt werden. Die beiden wöchentlichen Ruhetage sollen nach Möglichkeit aufeinanderfolgen.

§ 16 JArbSchG – Samstagsruhe
(1) An Samstagen dürfen Jugendliche nicht beschäftigt werden.
(2) Zulässig ist die Beschäftigung Jugendlicher an Samstagen nur [...]
2. in offenen Verkaufsstellen, in Betrieben mit offenen Verkaufsstellen, in Bäckereien und Konditoreien, im Friseurhandwerk und im Marktverkehr, [...] Mindestens zwei Samstage im Monat sollen beschäftigungsfrei bleiben.

(3) Werden Jugendliche am Samstag beschäftigt, ist ihnen die Fünf-Tage-Woche (§ 15) durch Freistellung an einem anderen berufsschulfreien Arbeitstag derselben Woche sicherzustellen. [...]

§ 19 JArbSchG – Urlaub
(1) Der Arbeitgeber hat Jugendlichen für jedes Kalenderjahr einen bezahlten Erholungsurlaub zu gewähren.
(2) Der Urlaub beträgt jährlich [...]
2. mindestens 27 Werktage, wenn der Jugendliche zu Beginn des Kalenderjahrs noch nicht 17 Jahre alt ist, [...]

§ 7 BUrlG – Zeitpunkt, Übertragbarkeit und Abgeltung des Urlaubs
[...]
(3) Der Urlaub muss im laufenden Kalenderjahr gewährt und genommen werden. Eine Übertragung des Urlaubs auf das nächste Kalenderjahr ist nur statthaft, wenn dringende betriebliche oder in der Person des Arbeitnehmers liegende Gründe dies rechtfertigen. [...]
(4) Kann der Urlaub wegen Beendigung des Arbeitsverhältnisses ganz oder teilweise nicht mehr gewährt werden, so ist er abzugelten.

4. Schritt: Vergleich

Paulina ist 16 Jahre alt und wird zur Berufsausbildung beschäftigt. Das Jugendarbeitsschutzgesetz ist anzuwenden (§1 JArbSchG).
Gemäß §8 JArbSchG dürfen Jugendliche nicht mehr als 8 Stunden täglich bzw. 40 Stunden wöchentlich beschäftigt werden. Demzufolge ist die tägliche Mehrarbeit Paulinas von 1,5 Stunden unzulässig, da die maximale Wochenarbeitszeit von 40 Stunden überschritten wird.
§15 JArbSchG regelt, dass Jugendliche nur an fünf Tagen in der Woche zu beschäftigen sind. Nach §16 JArbSchG ist eine Beschäftigung samstags grundsätzlich nicht erlaubt. Ausnahmen sind in bestimmten Berufszweigen möglich (§16 Absatz 2 Nr. 2 JArbSchG). Dazu zählt das Friseurhandwerk. Daher ist es vorerst zulässig, dass Paulina an zwei Samstagen beschäftigt wird.
§16 Absatz 3 JArbSchG besagt weiterhin, dass bei einer samstäglichen Beschäftigung trotzdem die Fünf-Tage-Woche einzuhalten ist.
Da Paulina zu Beginn des Kalenderjahres noch keine 17 Jahre alt ist, steht ihr gemäß §19 JArbSchG ein Jahresurlaub von 27 Werktagen zu. Des Weiteren ist geregelt, dass das Bundesurlaubsgesetz auch für Jugendliche in Beschäftigung anzuwenden ist. §7 Absatz 3 BUrlG legt fest, dass dem Beschäftigten sein Jahresurlaub gewährt werden muss. Der Arbeitnehmer hat diesen auch in Anspruch zu nehmen. Ausnahmen sind nur zulässig, wenn der Arbeitnehmer das Arbeitsverhältnis beendet (§7 Absatz 4 BUrlG).

5. Schritt: Formulieren der Lösung

Die zwischen der Auszubildenden Paulina und ihrem Ausbildungsbetrieb geschlossene Vereinbarung ist nach §§8, 15, 16 JArbSchG sowie 7 BUrlG unzulässig. Paulina ist eine tägliche Mehrarbeit von 1,5 Stunden nicht gestattet. Die jährliche Auszahlung von 8 Tagen ihres Urlaub ist ebenfalls rechtlich nicht zulässig.

Irren ohne Folgen? (komplex)

1. Schritt: Lesen und Verstehen

Maler Klecks verkauft dem Elektromeister Schmidt für 1200 Euro ein Gemälde, welches in einer Woche übereignet und bezahlt werden soll.
Im Vertrauen auf diese Absprache erwirbt Herr Schmidt einen in sein Büro passenden Bilderrahmen. Da das Gemälde Sondermaße hat, musste er den gewünschten Rahmen vom Tischler anfertigen lassen (Preis 200 Euro).
Eine Woche später will Herr Schmidt wie verabredet das Gemälde abholen und bezahlen. Dabei stellt Herr Klecks fest, dass er sich beim Kaufpreis im Kaufvertrag verschrieben hat. Das Bild sollte eigentlich 2100 Euro kosten. Klecks erklärt, er fechte den Kaufvertrag an. Elektromeister Schmidt hält die Anfechtung für unwirksam und besteht auf Erfüllung des Kaufvertrags. Sollte die Anfechtung jedoch wirksam sein, fordert Herr Schmidt vom Maler Klecks den Betrag von 200 Euro für den schon gekauften Bilderrahmen, der dann überflüssig wäre.

Hat Herr Schmidt einen Anspruch auf Übergabe des Gemäldes?

2. Schritt: Analyse des Problems
Wer will was von wem?

Elektromeister Schmidt als Käufer (= Wer?) will die Übereignung des Gemäldes zum Kaufpreis von 1200 Euro (= will was?) von Maler Klecks (= von wem?).

3. Schritt: Ansprüche/gesetzliche Regelungen finden
Woraus werden die Ansprüche abgeleitet?

Es handelt sich um Parteien des Privatrechts, demnach ist das BGB heranzuziehen.

§ 145 BGB – Bindung an den Antrag
Wer einem anderen die Schließung eines Vertrags anträgt, ist an den Antrag gebunden, es sei denn, dass er die Gebundenheit ausgeschlossen hat.

§ 433 BGB – Vertragstypische Pflichten beim Kaufvertrag
(1) Durch den Kaufvertrag wird der Verkäufer einer Sache verpflichtet, dem Käufer die Sache zu übergeben und das Eigentum an der Sache zu verschaffen. Der Verkäufer hat dem Käufer die Sache frei von Sach- und Rechtsmängeln zu verschaffen.
(2) Der Käufer ist verpflichtet, dem Verkäufer den vereinbarten Kaufpreis zu zahlen und die gekaufte Sache abzunehmen.

Maler Klecks hält den Kaufvertrag aufgrund seiner Anfechtung für nichtig.

§ 142 BGB – Wirkung der Anfechtung
(1) Wird ein anfechtbares Rechtsgeschäft angefochten, so ist es als von Anfang an nichtig anzusehen.
(2) Wer die Anfechtbarkeit kannte oder kennen musste, wird, wenn die Anfechtung erfolgt, so behandelt, wie wenn er die Nichtigkeit des Rechtsgeschäfts gekannt hätte oder hätte kennen müssen.

§ 143 BGB – Anfechtungserklärung
(1) Die Anfechtung erfolgt durch Erklärung gegenüber dem Anfechtungsgegner.
(2) – (4) […]

§ 119 BGB – Anfechtbarkeit wegen Irrtums
(1) Wer bei der Abgabe einer Willenserklärung über deren Inhalt im Irrtum war oder eine Erklärung dieses Inhalts überhaupt nicht abgeben wollte, kann die Erklärung anfechten, wenn anzunehmen ist, dass er sie bei Kenntnis der Sachlage und bei verständiger Würdigung des Falles nicht abgegeben haben würde.
(2) Als Irrtum über den Inhalt der Erklärung gilt auch der Irrtum über solche Eigenschaften der Person oder der Sache, die im Verkehr als wesentlich angesehen werden.

§ 121 BGB – Anfechtungsfrist
(1) Die Anfechtung muss in den Fällen der §§ 119, 120 ohne schuldhaftes Zögern (unverzüglich) erfolgen, nachdem der Anfechtungsberechtigte von dem Anfechtungsgrund Kenntnis erlangt hat. Die einem Abwesenden gegenüber erfolgte Anfechtung gilt als rechtzeitig erfolgt, wenn die Anfechtungserklärung unverzüglich abgesendet worden ist.
(2) Die Anfechtung ist ausgeschlossen, wenn seit der Abgabe der Willenserklärung zehn Jahre verstrichen sind.

4. Schritt: Vergleich

Ein Kaufvertrag ist ein zweiseitiges Rechtsgeschäft und kommt nach § 145 BGB durch zwei übereinstimmende Willenserklärungen (Antrag und Annahme) zustande. Herr Schmidt ist der Meinung, dass der zwischen ihm und Maler Klecks geschlossene Kaufvertrag rechtsgültig ist. Mit Kaufvertrag haben sich Klecks und Schmidt über den Verkauf des Gemäldes zum Kaufpreis von 1200 Euro geeinigt, so dass zunächst der Erfüllungsanspruch von Schmidt entstanden ist. Daraufhin verlangt er gemäß § 433 BGB die Übergabe des Gemäldes und verpflichtet sich zur Zahlung des vereinbarten Kaufpreises von 1200 Euro.

Beim Abschluss des Kaufvertrags hat sich Maler Klecks jedoch bei der Höhe des Kaufpreises verschrieben und befand sich nach § 119 BGB im Erklärungsirrtum, welcher zur Anfechtung berechtigt. Gemäß § 143 Absatz 1 BGB i. V. m. § 121 BGB hat Klecks die Anfechtung gegenüber Schmidt unverzüglich und ausdrücklich erklärt, nachdem ihm sein Irrtum (Zahlendreher beim Kaufpreis) aufgefallen ist. Somit beruft sich Klecks auf die Nichtigkeit des Kaufvertrags. Die Voraussetzungen für eine wirksame Anfechtung nach § 142 BGB durch Klecks sind erfüllt.

5. Schritt: Formulieren der Lösung

Aufgrund der Anfechtung durch Klecks gem. § 119 BGB ist der geschlossene Kaufvertrag zwischen Maler Klecks und Elektromeister Schmidt rückwirkend nichtig. Die Wirkung der Anfechtung ist gem. § 142 BGB rechtsvernichtend. Herr Schmidt hat keinen Erfüllungsanspruch nach § 433 BGB. Er kann daher keine Übereignung des Gemäldes verlangen und muss keinen Kaufpreis zahlen.

Nachdem Herr Schmidt nun erkennen musste, dass der Kaufvertrag nicht wirksam geworden ist, möchte er seinen Anspruch auf Erstattung der ihm entstandenen Kosten in Höhe von 200 Euro durch Maler Klecks überprüfen.

2. Schritt: Analyse des Problems
Wer will was von wem?

Elektromeister Schmidt als Beschädigter (= Wer?) will die Kostenübernahme in Höhe von 200 Euro für die Anfertigung des nun überflüssigen Bilderrahmens als entstandener Schaden (= will was?) vom Schadenverursacher Maler Klecks (= von wem?)

3. Schritt: Ansprüche/gesetzliche Regelungen finden
Woraus werden die Ansprüche abgeleitet?

§ 122 BGB – Schadensersatzpflicht des Anfechtenden
(1) Ist eine Willenserklärung nach § 118 nichtig oder auf Grund der §§ 119, 120 angefochten, so hat der Erklärende, wenn die Erklärung einem anderen gegenüber abzugeben war, diesem, andernfalls jedem Dritten den Schaden zu ersetzen, den der andere oder der Dritte dadurch erleidet, dass er auf die Gültigkeit der Erklärung vertraut, jedoch nicht über den Betrag des Interesses hinaus, welches der andere oder der Dritte an der Gültigkeit der Erklärung hat.
(2) Die Schadensersatzpflicht tritt nicht ein, wenn der Beschädigte den Grund der Nichtigkeit oder der Anfechtbarkeit kannte oder infolge von Fahrlässigkeit nicht kannte (kennen musste).

Keine Einwendungen sind erkennbar. Hinsichtlich der Höhe der Kosten könnte es unter Umständen zu Streitigkeiten kommen.

4. Schritt: Vergleich

Herr Schmidt als Beschädigter kannte den Grund der Anfechtung bei Vertragsabschluss nicht und konnte auf die Gültigkeit des Vertrages vertrauen. Er hat daraufhin einen Bilderrahmen für 200 Euro anfertigen lassen. Durch die Anfechtung des Kaufvertrages wegen Erklärungsirrtums nach § 119 BGB durch Maler Klecks wurde der Kaufvertrag nichtig. Herrn Schmidt ist dadurch ein Schaden von 200 Euro entstanden. Die Kosten für den Bilderrahmen erscheinen wegen der notwendigen Sonderanfertigung angemessen.

5. Schritt: Formulieren der Lösung

Elekromeister Schmidt kann von Maler Klecks nach § 122 Absatz 1 BGB die Zahlung von 200 EUR als Schadensersatz verlangen.

Analyse von Karikaturen

Karikaturen „auf den Grund gehen"

Karikaturen (italienisch caricare = überladen, übertreiben) sind übertriebene Zeichnungen menschlicher Schwächen und/oder gesellschaftlicher Zustände und Probleme. Diese werden verkürzt, mit einfachen grafischen Mitteln und auf ironische Weise dargestellt.
Ziel ist es, den Betrachter nachdenklich zu machen und zu einer **eigenen Meinungsbildung** herauszufordern.
Es ist nicht immer leicht, Karikaturen zu entschlüsseln und einzuordnen. Bei der Analyse kann immer nach dem gleichen Prinzip vorgegangen werden. Dabei sind **5 Fragen** zu stellen:

1. Schritt: Was ist zu sehen?

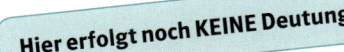
Hier erfolgt noch KEINE Deutung!

Beschreiben Sie die abgebildeten
• Figuren (Kleidung, Gestik/Mimik, Größenverhältnisse, …)
• Hintergründe
• Symbole
• Farben
• Texte, Überschriften, …
• Gibt es Auffälligkeiten?

2. Schritt: Wer sind die handelnden Figuren?

Sofern die Karikatur mehrere Figuren zeigt, sind die Hauptdarsteller zu benennen.

3. Schritt: Wen stellen diese dar?

Hier findet die **erste Deutung** statt. Die Figuren können zum Beispiel sein: Arbeitnehmer, Arbeitgeber, Unternehmer, Käufer, Verkäufer, Politiker, …
Es erfolgt ein erster Situationsbezug.

4. Schritt: Wie lautet die Kernaussage der Karikatur?

Dieser Schritt ist die eigentliche Herausforderung bei der Analyse von Karikaturen. Durch das schrittweise Beantworten der Fragen 1 bis 3 gelangt man zur **Absicht des Zeichners**.
• Was kritisiert er?
• Wofür ergreift er Partei?
• …

5. Schritt: Welche Meinung vertreten Sie? Begründung!

Hier erfolgt die **abschließende Bewertung** der Karikatur und ihrer Kernaussage. Worin stimmen Sie zu, worin entgegen?
Sie sollen selbst Stellung beziehen und Ihre Ansicht begründen!

Auswertung von Statistiken/Schaubildern

Statistiken und Schaubilder stellen eine wichtige Grundlage für wirtschaftliche Entscheidungen dar. Wer sie richtig lesen kann, ist in der Lage, sich schnell über Sachverhalte zu informieren und sich eine **fundierte Meinung** zu bilden. Schaubilder können mehr aussagen als ein langer Text. Allerdings können sie auch in die Irre führen, wenn man voreilige Schlüsse zieht. Um Fehlinterpretationen zu vermeiden, müssen sie **sorgfältig und kritisch ausgewertet** werden. Dabei ist wie folgt vorzugehen:

1. Schritt: Erfassen

> Hier erfolgt noch KEINE Bewertung!

> Eine Statistik informiert, indem sie Daten und Zahlen als Tabelle oder Diagramm verbildlicht. Hierbei gibt es keine einheitliche Leserichtung.
> Bei einem Schaubild werden die statistischen Angaben zusätzlich durch Bilder unterstützt.

Verschaffen Sie sich einen **ersten Überblick über die Inhalte**:
- Lesen Sie die Überschrift. Sehen Sie sich die Bildelemente genau an. Klären Sie unbekannte Begriffe.
- Um welche Darstellungsform handelt es sich? (Tabelle, Diagrammart)
- Handelt es sich um absolute Zahlen, um Prozentzahlen, um Mengenangaben oder Größenangaben?
- Woher stammen die Daten und wer hat sie ermittelt (Quelle, Erhebungszeitraum, Gebiet)?
- Wer hat das Schaubild erstellt/veröffentlicht und wie glaubwürdig ist die Herkunft der Daten?

2. Schritt: Beschreiben

Stellen Sie die **zentralen Aussagen** kurz zusammen:
- Wie verlaufen die Daten (gleichmäßig, sprunghaft, …)?
- Lassen sich Trends erkennen?
- Welche Vergleiche der Angaben sind möglich (Minimal-, Maximalwerte)?
- Fallen bestimmte Werte besonders auf?
- Sind Zusammenhänge sichtbar?
- In welchem Zusammenhang wurden die Daten veröffentlicht?

3. Schritt: Beurteilung

Hier erfolgt die **abschließende kritische Bewertung**:
- Ist die Überschrift eindeutig und passt sie zum Inhalt?
- Ist die Darstellungsform angemessen?
- Können die Daten überprüft werden? Ist die Quelle seriös?
- Sind die Daten aktuell, aussagekräftig und miteinander vergleichbar?
- Gibt es Widersprüche/Fehler oder bleiben Fragen unbeantwortet?
- Wirken die Bildelemente im Schaubild illustrierend oder manipulierend?
- Lässt sich aus der Darstellungsart eine bestimmte Absicht erkennen?
- Kann die Veröffentlichung der Daten Jemandem nutzen oder schaden?

Durchführung eines Rollenspiels

Im Betrieb gelten andere Regeln wie in der Schule oder zu Hause. Deshalb ist die Gefahr groß, in Konfliktsituationen falsch zu reagieren. Man kann sich zu viel gefallen lassen, sich Feinde machen oder bei Vorgesetzten unangenehm auffallen. Richtiges Verhalten bei Konflikten kann man üben. Rollenspiele sollen Situationen aus dem Alltagsleben ins Klassenzimmer übertragen. Sie bieten die Möglichkeit, Problemsituationen spielerisch zu lösen und verschiedene Lösungswege auszuprobieren, ohne dabei etwas zu riskieren. Beispiele für Rollenspiele:

- Arbeitgeber und Gewerkschaft führen Tarifverhandlungen.
- Arbeitgeber und Arbeitnehmer vertreten ihre Position vor dem Richter beim Arbeitsgericht.
- Ein Bewerbungsgespräch zwischen Arbeitgeber und Bewerber wird geübt.
- Ein Meister kritisiert eine Auszubildende; sie sei unzuverlässig.

1. Schritt: Einführung in die Konfliktsituation

Lesen Sie die Situationsbeschreibung. Klären Sie, worin das Problem besteht. Besorgen Sie nötiges Material.

2. Schritt: Vorbereitung

Bilden Sie Gruppen für die verschiedenen Rollen.
Bearbeiten Sie die Ihre Rollenkarte:
- Worin besteht der Konflikt aus der Sicht der Rolle?
- Wie sollte der Konflikt aus Ihrer Sicht gelöst werden?
- Überlegen Sie mögliche Argumente für Ihre Position.
- Überlegen Sie Gegenargumente und wie Sie darauf antworten.
- Besprechen Sie Ihre Vorgehensweise.
- Wählen Sie den Spieler für die Rolle aus.

3. Schritt: Durchführung des Rollenspiels

Spieler: Spielen Sie Ihre Rolle, wie in der Gruppe geplant. Beachten Sie die nebenstehenden Gesprächsregeln.
Andere Gruppenmitglieder: Beobachten Sie die Spieler, notieren Sie Auffälligkeiten im Verhalten und in der Argumentation.

4. Schritt: Auswertung

Fassen Sie die Argumente der Spieler zusammen und beurteilen Sie deren Gesprächsverhalten. Bewerten Sie das Spielergebnis.

> Gesprächsregeln:
> - Hören Sie Gesprächspartnern ohne Hektik zu.
> - Versuchen Sie deren Argumente zu verstehen.
> - Fassen Sie sich kurz.
> - Unterlassen Sie persönliche Angriffe.
> - Erkennen Sie bessere Argumente möglichst an.
> - Akzeptieren Sie Ihre Gesprächspartner, gehen Sie auf deren Aussagen bewusst ein.
> - Halten Sie Blickkontakt.
> - Überzeugen Sie durch eine aufrechte Körperhaltung.

Problemsituation Tarifverhandlung

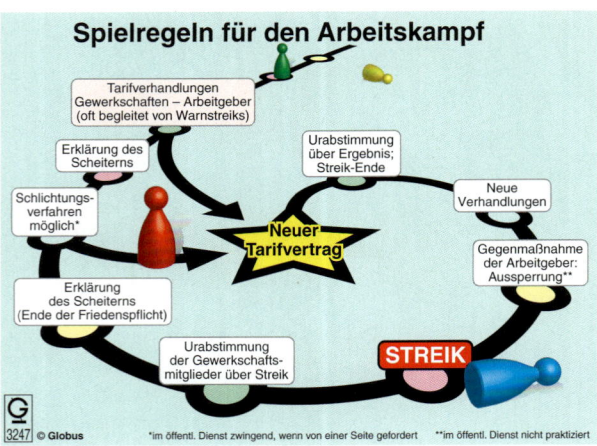

Spielregeln für den Arbeitskampf

Tarifverhandlungen Gewerkschaften – Arbeitgeber (oft begleitet von Warnstreiks)

Erklärung des Scheiterns

Schlichtungs-verfahren möglich*

Erklärung des Scheiterns (Ende der Friedenspflicht)

Urabstimmung der Gewerkschafts-mitglieder über Streik

STREIK

Urabstimmung über Ergebnis; Streik-Ende

Neue Verhandlungen

Gegenmaßnahme der Arbeitgeber: Aussperrung**

Neuer Tarifvertrag

3247 © Globus   *im öffentl. Dienst zwingend, wenn von einer Seite gefordert   **im öffentl. Dienst nicht praktiziert

Die Tarifverhandlungen zwischen der Industriegewerkschaft Metall (IG Metall) und dem Arbeitgeberverband Metall sind gescheitert. Nun soll in einem Schlichtungsverfahren versucht werden, doch noch zu einem Vertragsabschluss zu kommen, mit dem beide Seiten leben können. Um den Druck auf die anderen Verhandlungspartner zu erhöhen, haben die Parteien unterschiedliche Arbeitskampfmittel, nämlich den Streik und die Aussperrung. Während des Schlichtungsverfahrens sind diese jedoch verboten.

Führen Sie zu dieser Konfliktsituation ein Rollenspiel durch, bilden Sie für jede Rollenkarte eine Gruppe und legen Sie Ihr Verhandlungsziel fest.

Rollenkarte für Vertreter/in der Gewerkschaft

Die Arbeitnehmer haben folgende Interessen: Eine deutliche Erhöhung der Tariflöhne, weil die tarifliche Arbeitszeit verlängert und der Jahresurlaub gekürzt wurde. Seit der letzten Tariflohnerhöhung sind die Lebenshaltungskosten mehr als 4% gestiegen. Vor allem gestiegene Sozialversicherungsbeiträge, Strompreise, Mietnebenkosten und Benzinkosten machen das Leben teurer.
Verhandlungsziel: deutliche Lohnerhöhung
Mindestziel: … % mehr Lohn pro Monat sowie … € Einmalzahlung.

Rollenkarte für unabhängige/n Schlichter/-in

Der Schlichter hat folgende Interessen: Er wurde als Unparteiischer gebeten, ein Schlichtungsverfahren durchzuführen, um einen drohenden Arbeitskampf zu vermeiden, sowie einen Kompromiss zu finden, mit dem beide Seiten leben können.

Rollenkarte für Vertreter/in des Arbeitgeberverbandes Metall

Die Arbeitgeber haben folgende Interessen: Die Lohnkosten sollen niedrig gehalten werden, um die gestiegenen Preise der Zulieferer, z. B. Eisen und Stahl, Kunststoffe usw. auszugleichen. Außerdem sind die Transportkosten und Energiekosten rasant gestiegen. Auch der Mindestlohn verteuert die Produktion erheblich. Man sieht die Wettbewerbsfähigkeit gefährdet durch günstige Anbieter aus dem Ausland.
Verhandlungsziel: minimale Lohnerhöhung
Äußerste Kompromissgrenze: … % Lohn pro Monat sowie eine Einmalzahlung von … €

Problemsituation Kündigung

Emma ist Auszubildende in Freddys Frisurenstudio. Obwohl Sie im 2. Lehrjahr ist, wird sie in den letzten Wochen hauptsächlich mit Hilfsarbeiten beschäftigt. Kaum ist Sie von der Post zurück, wo sie Pakete abliefern musste, wird sie erneut fortgeschickt. Jetzt soll sie für den Chef und die Kollegen in der nahegelegenen Pizzeria das Mittagessen holen. Emma, die immer ihr eigenes Vesper dabei hat, lehnt ab. Als ihr Chef sie nochmals auffordert, weigert sich sie erneut und schreit ihn an. Dieser kündigt ihr daraufhin fristlos.

Führen Sie zu dieser Konfliktsituation ein Rollenspiel durch, bilden Sie für jede Rollenkarte eine Gruppe und legen Sie Ihr Verhandlungsziel fest.

Rollenkarte für Arbeitsrichter/in

Der Richter/die Richterin hat folgende Interessen:
- Durchführen der Verhandlung nach den Etappen des Arbeitsgerichtsverfahrens,
- eine gütliche Einigung zu erzielen,
- notfalls auch ein Urteil zu verkünden.

Rollenkarte für Emma

Situation aus der Sicht der Auszubildenden:
Meine Eltern haben sich bereits beschwert über ausbildungsfremde Arbeiten wie z. B. Essen holen, Schaufenster putzen, Schnee schippen usw. Ich bin jetzt im 2. Lehrjahr und habe noch nie Haare geschnitten, immer nur welche gewaschen. Die meisten Lehrlinge von meinem Chef sind durch die Gesellenprüfung gefallen, weil nicht richtig ausgebildet wird. An diesem Tag sollte ich wieder alles Mögliche machen, nur nichts, was mit meinem Beruf zu tun hat. Da ist mir einfach der Kragen geplatzt.
Verhandlungsziel: Formulieren Sie eine Klageschrift und tragen Sie diese vor Gericht vor. Stützen Sie sich hierbei auf gesetzliche Grundlagen. Entwerfen Sie eine Strategie, die Sie vor Gericht verfolgen können. Stellen Sie fest, welche Forderungen Sie erheben sollten.

Rollenkarte für Emmas Chef

Situation aus der Sicht der Ausbildenden:
Eigentlich war ich mit Emma immer zufrieden. Nur ganz selten wurde sie zu ausbildungsfernen Arbeiten herangezogen. Das Holen des Mittagessens sollte sie nur deshalb übernehmen, weil unsere Hilfsarbeiterin krank war. Alle anderen Fachkräfte bedienten gerade Kunden und waren unabkömmlich. Als Chef kann ich es nicht zulassen, dass eine Angestellte mich vor Mitarbeitern anschreit und sich weigert, meine Anweisungen zu befolgen. Auf Kunden wirkt dieses Verhalten abschreckend, bei Mitarbeitern untergräbt es die Disziplin. Da ich ein derartiges Verhalten nicht durchgehen lassen kann, muss ich auf der Kündigung bestehen.
Verhandlungsziel: Formulieren Sie Argumente, wie Sie mit Ihrem Rechtsanwalt die Kündigung begründen können. Stützen Sie sich hierbei auf die rechtlichen Vorschriften.

Sachwortregister

Bildquellennachweis

Cover Masterfile Deutschland GmbH, Düsseldorf; **8.1** Picture-Alliance (dpa-infografik), Frankfurt; **8.2** Picture-Alliance (dpa-infografik), Frankfurt; **9.1** Ullstein Bild GmbH (Becker & Bredel), Berlin; **9.2** Picture-Alliance (Nestor Bachmann), Frankfurt; **10** ddp images/AP Photo (Thomas Kienzle), Hamburg; **13** creativ collection Verlag GmbH, Freiburg; **15** Action Press GmbH (Foto Pollex), Hamburg; **16** Handwerkskammer Region Stuttgart, Stuttgart; **20.1** Ullstein Bild GmbH (J. Wegner/CHROMORANGE), Berlin; **20.2** Pädagogischer Austauschdienst (PAD), Bonn; **20.3**; **21.1** Nationale Agentur Bildung für Europa beim Bundesinstitut für Berufsbildung (NA beim BIBB), Bonn; **21.2** MEV Verlag GmbH, Augsburg; **22.1** Picture-Alliance (dpa-infografik), Frankfurt; **22.2** Bundesagentur für Arbeit, Nürnberg; **26** Picture-Alliance (dpa-infografik/Karen Losacker), Frankfurt; **28.1** mediacolor's P & F Müller (dia), Zürich; **28.2** BMW AG MediaPool, München; **31.1** Berufsgenossenschaft Nahrungsmittel u. Gastgewerbe, Mannheim; **31.2** Die Rückemänner Werbeagentur GmbH, Hamburg; **32** Keystone (Volkmar Schulz), Hamburg; **33.1** Hauptverb. d. gewerbl. Berufsgen., Sankt Augustin; **33.2** www.ce-zeichen.de; **33.3** VDE VERBAND DER ELEKTROTECHNIK ELEKTRONIK INFORMATIONSTECHNIK e.V.; **33.4** Agentur Bernd Eisert, Blaustein; **33.5** Mauritius Images (Markus Mitterer), Mittenwald; **34** Thinkstock (Jupiterimages), München; **35.1** Fotolia LLC (Picture-Factory), New York; **35.2** VISUM Foto GmbH (Ekkehart Reinsch), Hamburg; **37.1** LaCatrina – Fotolia.com; **37.2**; **37.3**; **37.4** Fotolia LLC (T. Michel), New York; **37.5**; **37.6** Fotolia.com (LaCatrina), New York; **37.7** Fotolia.com (blende11.photo), New York; **37.8** Fotolia LLC (r.classen), New York; **37.9**; **37.10** Fotolia LLC (LaCatrina), New York; **37.11**; **37.12**; **37.13** dreamstime.com (Julesunlimited), Brentwood, TN; **39** Getty Images, München; **40** Mauritius Images (imagebroker), Mittenwald; **41** Picture-Alliance (dpa-infografik), Frankfurt; **42** Bilderberg (Claudia Schiffner), Hamburg; **43.1** DGUV – Dt. Gesetzliche Unfallversicherung e.V., Berlin; **43.2** Getty Images (Jochen Eckel/Bloomberg), München; **44.1** Bundesagentur für Arbeit, Nürnberg; **44.2** Bergmoser + Höller Verlag, Aachen; **45** Argus (Hartmut Schwarzbach), Hamburg; **48** Picture-Alliance (Zentralbild), Frankfurt; **49**.1 shutterstock (Albina Tiplyashina), New York, NY; **49**.2 mediaskill OHG Bildmaschine (Michaela Begsteiger), Berlin; **50** Fotolia LLC (Daniel Bujack), New York; **51.1** shutterstock (Gina Sanders), New York, NY; **51.2** shutterstock (Stocksnapp), New York, NY; **53** Thinkstock (iStockphoto), München; **56** Fotolia LLC (Vivid Pixels), New York; **57.1** Deutsche Bahn AG; **57.2** VfB Stuttgart Marketing GmbH, Stuttgart; **57.3** Ullstein Bild GmbH (Schöning), Berlin; **57.4** Handwerkskammer Konstanz, Konstanz; **58.1** www.bilderbox.com, Thening; **58.2** Picture-Alliance (Kai Remmers), Frankfurt; **58.3** Picture-Alliance (Markus Scholz), Frankfurt; **67** Nusko, Ulrich, Bern; **69** iStockphoto (RF/Duncan Walker), Calgary, Alberta; **70** MEV Verlag GmbH, Augsburg; **74.1** Ullstein Bild GmbH (Sylent Press), Berlin; **74.2** Picture-Alliance (kai Remmers), Frankfurt; **82.1** Bulls Press (Jim Unger), Frankfurt; **82.2** Rauschenbach, Erich, Berlin; **88** YOUR PHOTO TODAY (Eric Bach), Taufkirchen; **92.1** Mauritius Images (Mitterer), Mittenwald; **92.2**; **92.5**; **92.8** MEV Verlag GmbH, Augsburg; **92.3** Klett-Archiv (Hans-Werner Thunig), Stuttgart; **92.4** Fotosearch Stock Photography (PhotoDisc), Waukesha, WI; **92.6** Getty Images RF (Photodisc), München; **92.7** Mauritius Images (age), Mittenwald; **93.1**; **93.2** JOMO Zuckerbäckerei Ges.m.b.H., Leobendorf; **95.1**; **95.2**; **95.3** RAL, Sankt Augustin; **96.1** Deutsches Insitut für Normung e.V., Berlin; **96.2** VDE VERBAND DER ELEKTROTECHNIK ELEKTRONIK INFORMATIONSTECHNIK e.V.; **96.3** Hauptverband der gewerblichen Berufsgenossensca, Sankt Augustin; **96.4** www.ce-zeichen.de; **96.5**; **96.6**; Bundesanstalt für Landwirtschaft und Ernährung; **96.7** RAL, Sankt Augustin; **97** Deutsche Energie-Agentur GmbH, Berlin; **98** Klett-Archiv (Hans-Werner Thunig), Stuttgart; **99** Bundesministerium für Ernährung, Landwirtschaft und Verbraucherschutz, Berlin; **101.1** Stiftung Warentest, Berlin; **101.2** Stiftung Warentest: test 8/2014, www.test.de; **101.3** Stiftung Warentest (www.test.de/kopfhoerer), Berlin; **102.1**; **102.2**; **102.3** Verbraucherzentrale Bundesverband e.V., Berlin; **102.4** Deutscher Mieterbund e.V., Berlin; **102.5** Bundesministerium für Ernährung, Landwirtschaft und Verbraucherschutz, Berlin; **103.1** SWR, Stuttgart; **103.2** ARD-aktuell (HR/ARD-Design.de), Hamburg; **103.3** Verbraucherzentrale Bundesverband e.V., Berlin; **103.4** Stiftung Warentest, Berlin; **104** Stiftung Warentest: test 2/2012, www.test.de; **106** Ullstein Bild GmbH (CARO/Teschner), Berlin; **107** Picture-Alliance (Arco-Images), Frankfurt; **108** Mauritius Images (J.W. Alker/Imagebroker), Mittenwald; **112** Justizministerium Baden-Württemberg, Stuttgart; **113.1** MEV Verlag GmbH, Augsburg; **113.2** Thinkstock (istock/AndreyPopov), München; **116** shutterstock (Auremar), New York, NY; **119.1**; **119.2** Klett-Archiv, Stuttgart; **119.3** Deutsche Postbank AG, Bonn; **120** iStockphoto (Ericsphotography), Calgary, Alberta; **121** Deutsche Bundesbank, Frankfurt; **122** LBBW, Stuttgart; **123** American Express International Inc., Frankfurt am Main; **124.1.2** LBBW, Stuttgart; **126.1**; **126.2** Kerner Volksbank eG, Kernen im Remstal; **126.3** MasterCard Europe, Frankfurt am Main 126.4,5 **Visa Europe**; **126.6** vario images GmbH & Co.KG (imagebroker), Bonn; **127.1** Interfoto, München; **127.2** InterCard AG, Taufkirchen; **127.3** Imago (Rüdiger Wölk), Berlin; **128.3** EURO Kartensysteme GmbH, Frankfurt am Main; **128.4** MasterCard Europe, Frankfurt am Main; **128.5** Visa Europe; **128.6** MasterCard Worldwide; **128.7** EURO Kartensysteme GmbH, Frankfurt am Main; **128.8** Visa Europe Services Inc., Frankfurt am Main; **129.1** PayPal (Europe) S.à r.l. et Cie, Luxembourg; **129.2** Giropay GmbH, Frankfurt am Main; **129.3** paydirekt GmbH, Frankfurt am Main; **130.1** MasterCard Europe, Frankfurt am Main; **130.4** Visa Europe Services Inc., Frankfurt am Main; **131** Picture-Alliance (GLOBUS Infografik), Frankfurt; **132** Picture-Alliance (dpa-Infografik), Frankfurt; **134** shutterstock (Edward Westmacott), New York, NY; **137** Imago (Hans-Günther Oed), Berlin; **139** Axel Springer Syndication GmbH, Berlin; **141.1** Imago, Berlin; **141.2** Fotosearch Stock Photography (PhotoDisc), Waukesha, WI; **141.3** MEV Verlag GmbH, Augsburg; **141.4** EZB, Frankfurt; **142** Haitzinger, Horst, München; **144.1**. Imago, Berlin; **144.2** panthermedia.net (paulfleet), München; **145** Action Press GmbH (Foto Langbehn), Hamburg; **146.1** Action Press GmbH (Ralf Jürgens), Hamburg; **146.2** Picture-Alliance (GLOBUS Infografik), Frankfurt; **147** Picture-Alliance (dpa-infografik), Frankfurt; **153** SCHUFA Holding AG, Wiesbaden; **159.1** imu-Infografik, Duisburg; **159.2** MEV Verlag GmbH, Augsburg; **160** iStockphoto (Melhi), Calgary, Alberta; **167.1** shutterstock (Erwin Wodicka), New York, NY; **167.2** iStockphoto (Clerkenwell Images), Calgary, Alberta; **167.3** Bildagentur-online (Begsteiger), Burgkunstadt; **167.4** Ullstein Bild GmbH (Joker/Steuer), Berlin; **171.1** Picture-Alliance (Bernd Weißbrod), Frankfurt; **172.2** Picture-Alliance (dpa-infografik), Frankfurt; **172.2** Bergmoser + Höller Verlag, Aachen; **175.1** Werner Bachmeier Fotojournalist/Bildarchiv, Ebersberg; **175.2** Picture-Alliance (Rainer Jensen), Frankfurt; **176** Picture-Alliance (dpa-infografik), Frankfurt; **183** AURA (Emanuel Ammon), Luzern; **186** Bergmoser + Höller Verlag, Aachen; **192** Intro, Berlin; **193** Keystone (Jochen Zick), Hamburg; **195** Photothek.net Gbr (Ute Grabowsky), Radevormwald; **196** Picture-Alliance (dpa/DB), Frankfurt; **198.1** f1 online digitale Bildagentur, Frankfurt; **198.2** Getty Images (Javier Larrea), München; **198.3** iStockphoto (Robert van Beets), Calgary, Alberta; **198.4** Ullstein Bild GmbH (JOKER/Hady Khandani), Berlin; **207** Picture-Alliance (dpa-infografik), Frankfurt; **208.1** Bulls Press, Frankfurt; **208.2** Picture-Alliance, Frankfurt; **208.3** Action Press GmbH (Thüringen Press), Hamburg; **209** Picture-Alliance (dpa-infografik), Frankfurt; **211** vario images GmbH & Co.KG (Chromorange), Bonn; **212** Haitzinger, Horst, München; **214.1** Ullstein Bild GmbH (CARO/Frank Sorge), Berlin; **214.2** Action Press GmbH (OED,HANS-GÜNTHER), Hamburg; **220** Klett-Archiv (Hans-Werner Thunig), Stuttgart; **222.1** BMW AG MediaPool, München; **222.2** Adam Opel AG, Rüsselsheim; **222.3** VW AG Medienarchiv, Wolfsburg; **222.4** Daimler AG Medienarchiv, Stuttgart; **225.1**; **225.2**; **225.3**; **225.4** Brau Holding International GmbH & Co. KGaA, 81925; **227** Bundeskartellamt, Bonn; **230** Getty Images, München; **233** Ullstein Bild GmbH (The Granger Collection), Berlin; **234** akg-images, Berlin; **235** Picture-Alliance (Sven Simon), Frankfurt; **236** Picture-Alliance (dpa-Infografik), Frankfurt; **237.1** MEV Verlag GmbH, Augsburg; **237.2** Klett-Archiv (Hans-Werner Thunig), Stuttgart; **238.1**; **238.2** Klett-Archiv, Stuttgart; **238.3** ddp images GmbH (Lohnes), Hamburg; **238.4** laif (Paul Langrock/Zenit), Köln; **238.5** Mauritius Images (Ley), Mittenwald; **240.1** Picture-Alliance (dpa-infografik), Frankfurt; **240.2** iStockphoto (Fatihhoca), Calgary, Alberta; **240.3** Helga Lade Fotoagentur, Frankfurt; **241.1**; **241.2** Picture-Alliance (dpa-infografik), Frankfurt; **243** Picture-Alliance (dpa-infografik), Frankfurt; **244.1** Picture-Alliance (Martin Gerten), Frankfurt; **244.2** Fotex GmbH (Uwe Widmann), Hamburg; **244.3** Picture-Alliance (GLOBUS Infografik), Frankfurt; **246** Thomas Süssmilch, Kirchheim/Teck; **247** Picture-Alliance (dpa-infografik), Frankfurt; **253** Picture-Alliance (dpa), Frankfurt; **256** Picture-Alliance (dpa-infografik), Frankfurt; **257** Picture-Alliance (dpa-infografik), Frankfurt; **258.1** Klett-Archiv (Hans-Werner Thunig), Stuttgart; **258.2** Ullstein Bild GmbH (Sylent Press), Berlin; **259.1** Argum (Falk Heller), München; **259.2** Picture-Alliance (dpa-infografik), Frankfurt; **262** Fotolia.com (Doc Rabe Media), New York; **263.1**; **263.2** gemeinfrei; **264** gemeinfrei; **265** gemeinfrei; **267** Picture-Alliance, Frankfurt; **268** Bulls Press (Jim Unger), Frankfurt; **269.1** Eckart Munz; **269.2** Bergmoser + Höller Verlag, Aachen; **272.1** shutterstock.com (Pavel L Photo and Video), New York, NY; **272.2** shutterstock.com (gvictoria), New York, NY; **272.3** Imago, Berlin; **273** Thinkstock (vector99), München; **274.1** shutterstock.com (DavidPinoPhotography), New York, NY; **274.2** shutterstock.com (crystal51), New York, NY; **274.3** shutterstock.com (Dmitry Kalinovsky), New York, NY; **274**.4 BVR, Berlin; **276.1** iStockphoto (dulezidar), Calgary, Alberta; **276.2** Fotolia.com (fotowebbox), New York; **276.3** Thinkstock (istockphoto), München; **276.4** dreamstime.com (Michael Biehler), Brentwood, TN; **277** Picture-Alliance (dpa-infografik), Frankfurt; **278.1** NORDSEE GmbH, Bremerhaven; **278.2** Tchibo GmbH, Hamburg; **278.3** OBI, Wermelskirchen; **278.4** Apollo-Optik Holding GmbH & Co. KG, Schwabach; **278.5** Yves Rocher GmbH, Stuttgart; **278.6** BabyOne GmbH, Münster; **278.7** Hamm Reno Group GmbH, Osnabrück; **278.8** Blume 2000 New Media ag, Norderstedt; **279** Deutscher Franchise-Verband e.V., Berlin; **285** Fotolia LLC (by-studio), New York; **293** Bulls Press (Jim Unger), Frankfurt; **304.1** allesalltag bildagentur, Hamburg; **304.2** Die Bildstelle (Auredia Sarl), Hamburg; **305.1** akg-images, Berlin; **305.2** MIFA Mitteldeutsche Fahrradwerke AG, Sangerhausen; **307.1** RAL, Sankt Augustin; **307.2** Der Grüne Punkt . Duales System Deutschland GmbH, Köln; **310** Mauritius Images, Mittenwald; **311** Schneeweiß, Pia, Taucha; **312.1** akg-images, Berlin; **312.2** Interfoto, München; **313** Picture-Alliance (dpa-infografik), Frankfurt; **314** Fotosearch Stock Photography (Digital Vision), Waukesha, WI; **328** Picture-Alliance (dpa-infografik), Frankfurt

Sollte es in einem Einzelfall nicht gelungen sein, den korrekten Rechteinhaber ausfindig zu machen, so werden berechtigte Ansprüche selbstverständlich im Rahmen der üblichen Regelungen abgegolten.

Inhalte des Online-Bereiches